El mundo de Atenas

Luciano Canfora

El mundo
de Atenas

Traducción de Edgardo Dobry

EDITORIAL ANAGRAMA

BARCELONA

Título de la edición original:
Il mondo di Atene
© Gius. Laterza & Figli
  Roma-Bari, 2011

Diseño de la colección: Julio Vivas y Estudio A
Ilustración: foto © David Ridley / Arcangel Images

Primera edición: febrero 2014

© De la traducción, Edgardo Dobry, 2014
© EDITORIAL ANAGRAMA, S. A., 2014
  Pedró de la Creu, 58
  08034 Barcelona

ISBN: 978-84-339-6363-5
Depósito Legal: B. 93-2014

Printed in Spain

Liberdúplex, S. L. U., ctra. BV 2249, km 7,4 - Polígono Torrentfondo
08791 Sant Llorenç d'Hortons

ÍNDICE

Séptima parte
UNA MIRADA AL SIGLO IV

Quiero expresar mi agradecimiento a Luciano Bossina, Rosa Otranto, Massimo Pinto, Claudio Schiano, Giuseppe Carlucci y Vanna Maraglino por sus valiosas aportaciones. En el cuidado del texto han contribuido Maria Rosaria Acquafredda, Francesca de Robertis, Elisabetta Grisanzio, Stefano Micunco, Antonietta Russo, Maria Chiara Sallustio. Doy las gracias a Guido Paduano, director de *Dioniso*, por haberme permitido reformular, dentro de este libro, el ensayo «Eurípides en Melos», aparecido en la nueva serie de la revista (1, 2011).

Introducción

Atenas, entre mito e historia

> *The battle of Marathon, even as an event in English history, is more important than the battle of Hastings. If the issue of the day had been different, the Britons and the Saxons might still have been wanderig the woods.*
>
> John Stuart Mill
> «Early Grecian History and Legend»,
> reseña de *History of Greece* de Grote
> *(The Edimburg Review*, octubre de 1846, p. 343)

I. CÓMO NACE UN MITO

1

El «mito» de Atenas se encierra en algunas frases del epitafio de Pericles parafraseado, y al menos en parte inventado, por Tucídides. Son sentencias con pretensiones de eternidad y que legítimamente han desafiado al tiempo, pero también son fórmulas no del todo comprendidas por los modernos, y acaso por eso han resultado aún más eficaces, y han sido blandidas con trasnochado engreimiento. Otras partes del epitafio, mientras tanto, son ignoradas, quizá porque molestan el cuadro que los modernos, recortando los pasajes exquisitos del original, quieren agigantar. Baste como ejemplo la exaltación de la violencia imperial ejercida por los atenienses en cualquier parte de la tierra.[1]

Memorable y afortunada entre todas, en cambio, es la serie de valoraciones en torno a la relación de Atenas, considerada en su conjunto, con el fenómeno del extraordinario florecimiento cultural: «En síntesis, afirmo que nuestra ciudad *en su conjunto* constituye la escuela de Grecia»;[2] «entre nosotros cada ciudadano puede desarrollar de manera autónoma su persona[3] en los más diversos campos con gracia y desenvoltura»;[4]

---

1. Tucídides, II, 41, 4 (πανταχοῦ δὲ μνημεῖα κακῶν τε κἀγαθῶν ἀίδια). Friedrich Nietzsche comprendió plenamente el significado de estas palabras, en el undécimo «fragmento» de *La genealogía de la moral*, primera parte [1887]. Niezstche tradujo correctamente, al contrario que tantos filólogos antes y después de él, las palabras μνημεῖα κακῶν τε κἀγαθῶν ἀίδια por «unvergängliche Denkmale [...] *im Guten und Schlimen*» («monumentos imperecederos en bien y en mal») y reconoció en esas palabras del Pericles de Tucídides «voluptuosidades del triunfo y de la crueldad».

2. Tucídides, II, 41, 1: τῆς Ἑλλάδος παίδευσιν.

3. Dice τὸ σῶμα: la referencia es también física.

4. εὐτραπέλως: que se refiere al ingenio, la agilidad física, la *volubilidad*. Las palabras están escogidas con mucho cuidado. Veremos por qué.

«amamos la belleza pero no la ostentación; y la filosofía[5] sin inmoralidad».[6]

Algunas de estas expresiones han sido objeto de amplificaciones posteriores, ya en la Antigüedad, como es el caso del epigrama a la muerte de Eurípides atribuido a Tucídides, en el que Atenas se vuelve de «escuela de Grecia» en «Grecia de Grecia».[7] Otros han contribuido a crear un cliché perdurable. Por ejemplo: «Frente a los peligros, a los otros la ignorancia les da coraje, y el cálculo, indecisión»;[8] nosotros los atenienses afrontamos los peligros racionalmente, teniendo pleno conocimiento y conciencia; ellos viven para la disciplina y los ejercicios preventivos, nosotros no somos menos aunque vivamos de modo más relajado;[9] los lacedemonios no nos invaden nunca solos sino que vienen con todos sus aliados, mientras nosotros, cuando invadimos a los vecinos, *vencemos*[10] (!) aunque combatamos solos casi siempre.

Si ahora consideramos el célebre capítulo que describe el sistema político ateniense,[11] la contradicción entre la realidad y las palabras del orador se vuelve aún más evidente. Baste tener en cuenta que Tucídides, quien sin circunlocuciones melifluas o edulcorantes define el largo gobierno de Pericles como «democracia sólo de palabras, y en los hechos una forma de principado»,[12] precisamente en este epitafio hace hablar a Pericles de modo tal que suscita la impresión (en una lectura superficial) de que el estadista, en su faceta de orador oficial, está describiendo un sistema político democrático y a la vez tejiendo su elogio. Pero no le basta con eso: le hace elogiar el trabajo de los tribunales atenienses en los que «en las disputas privadas las leyes garantizan igual tratamiento a todo el mundo».[13] Por no hablar de la visión totalmente idealizada del funcionamiento de la asamblea popular como lugar en el que habla cualquiera que tenga algo útil que decir a la ciudad y se es apreciado ex-

5. Dice literalmente: φιλοσοφοῦμεν. También esto debe haber contribuido a la curiosa ocurrencia de Voltaire en el *Tratado sobre la tolerancia*, donde los muchos jueces populares que votaron, sin conseguir salvarlo, a favor de Sócrates son todos *tout court* definidos como «filósofos».

6. Dice: μαλακία. Tucídides, II, 40, 1.

7. *Anthologia Graeca*, VII, 45.

8. Tucídides, II, 40, 3: ἀμαθία/λογισμός.

9. Tucídides, II, 39, 1: ἀνειμένως διαιτώμενοι οὐδὲν ἧσσον ἐπὶ τοὺς ἰσοπαλεῖς κινδύνους χωροῦμεν.

10. Tucídides, II, 39, 2: κρατοῦμεν. Es una afirmación pretenciosa si se tienen en cuenta las frecuentes derrotas atenienses en los choques en tierra.

11. Tucídides, II, 37.

12. Tucídides, II, 65, 9: λόγῳ μὲν δημοκρατία, ἔργῳ δ᾽ ὑπὸ τοῦ πρώτου ἀνδρὸς ἀρχή.

13. Tucídides, II, 37, 1.

clusivamente en función del valor, en tanto que la pobreza no es ⎡
pedimento.[14]

2

Tucídides era perfectamente consciente de que estaba imitando un discurso de ocasión –con todas las falsedades patrióticas inherentes a ese género de oratoria–, cosa que los intérpretes de su obra no deberían olvidar en ningún caso. Tucídides comparaba, intencionadamente, la Atenas imaginaria de la oratoria períclea «oficial» con la verdadera Atenas períclea; éste es asimismo un supuesto necesario para leer sin equivocaciones el célebre epitafio. Desde nuestro punto de vista, el primero en comprender plenamente el profundo carácter mistificador de este importante discurso fue Platón, quien en el *Menéxeno* parodió ferozmente este epitafio inventando el epitafio de Aspasia –la mujer amada por Percicles y perseguida por la mojigatería oscurantista ateniense–, elaborado, dice Sócrates en ese diálogo, «pegando las sobras» del epitafio de Pericles.[15] La *pointe* de la invención platónica, suscitada probablemente por la reciente aparición de la obra tucídea, resulta tanto más punzante si se considera que el Pericles de Tucídides, en el epitafio, exalta la entrega del ateniense medio a la filosofía, mientras que Aspasia había sido blanco de una denuncia del comediógrafo Hermipo y Diopites presentaba y hacía aprobar un decreto, dirigido contra Anaxágoras, que «sometía a juicio con procedimiento de urgencia a quienes no creyeran en los dioses o enseñaran doctrinas sobre los fenómenos celestes»;[16] mientras Menón o Glicón arrastraban a Fidias a los tribunales y después a la cárcel. Anaxágoras, Fidias, Aspasia: es el círculo de Pericles, en cuyo centro está Aspasia. Por eso es cruel, o mejor dicho perfectamente conforme a la falsedad de los epitafios, hacer decir precisamente a Pericles que el ateniense ama la belleza y la filosofía; y particularmente eficaz imaginar –como sucede en el *Menéxeno*– una parodia de tal oratoria como obra de Aspasia.

14. Ibídem: οὐδ᾽αὖ κατὰ πενίαν [...] κεκώλυται.
15. Platón, *Menéxeno*, 236b.
16. Acerca de todo esto, cfr. Plutarco, «Vida de Pericles», 32. Sobre la discusión surgida a partir de esta muy bien articulada información de Plutarco, confirmada en Ateneo, XIII, 589e, escolio a Aristófanes, *Los caballeros*, 969, Pseudo-Luciano, *Amores*, 30, véase el comentario de Philip. A. Stadter a Plutarco, *Pericles* (University of North Carolina Press, Chapel Hill, 1989, p. 297).

detenerse a pensar que también la explicación orgullo-
[···] que Pericles da en este discurso acerca de por qué los ate-
[···] las guerras sin necesidad de imponerse esa dura disciplina
[···] alizadora que es característica de Esparta causa un efecto de
[···] el lector, que sabe desde el primer momento que la guerra
[···] se habla, deseada por el propio Pericles, acabó en derrota (y,
contra [···] oda su previsión, precisamente en el mar).

En resumen, la Atenas del mito –un mito fecundo pero no por eso
menos mítico– es la que queda grabada en el epitafio pericleo-tucidídeo.

3

Lo cierto es que los caminos de la historia y los del mito están estrechamente entrelazados. El destino historiográfico es el ejemplo más de-
mostrativo. Si se consideran en perspectiva las vicisitudes de su recep-
ción se puede observar que enseguida fue objeto de discusiones y de
rechazos. Isócrates (436-338 a. C.), Platón (428-347 a. C.), Lisias
(¿445/444?-¿370?) aparecen como protagonistas de este episodio. Isócrates en el *Panegírico*, Lisias en el *Epitafio* y Platón en el *Menéxeno*, más o
menos contemporáneos si se tiene en cuenta el dato de que Isócrates escribió el *Panegírico* entre 392 y 380, constituyen la primera e iluminadora reacción a la difusión de la obra «completa» de Tucídides aconteci-
da en aquel periodo de tiempo. Isócrates defiende el imperio y responde
a Tucídides (y a su «editor» Jenofonte) por haberlo puesto radicalmente
en discusión, y precisamente por eso *entiende al pie de la letra todo aquello que en elogio de Atenas y de su imperio se lee en el epitafio pericleo* (reto-
cándolo y parafraseándolo en varios pasajes.)[17] Platón, crítico de toda la
tradición democrática ateniense fundada en el pacto entre señores y
pueblo, que él toma por fuente de corrupción y de mala política, no
sólo no duda en incluir a Pericles entre los gobernantes que han causado
la ruina de la ciudad *(Gorgias,* 515), sino que en el *Menéxeno* parafrasea
crudamente algunos puntos cardinales del epitafio para aplastarlos bajo
un manto de sarcasmo. Un ejemplo definitivo es el modo en que el célebre pensamiento pericleo-tucidídeo sobre la democracia ateniense[18] se

17. Para el *Panegírico*, 13, 39-40, 42, 47, 50, 52, 105, véase, en este orden, Tucídides, II, 35; 37; 38, 2; 40; 41, 1; 39, 1; 37. Se podrían agregar alusiones a la «arqueología» y al diálogo melio-ateniense.
18. Tucídides, II, 37, 1: «Es llamada *demokratia* debido a que no depende de
unos pocos sino de la mayoría, etc.»

transfigura grotescamente en las palabras de la Aspasia pl[...]
quien la llama democracia y quien de otra manera, con[...]
place, pero en realidad es una aristocracia con el apoyo[...]
Las palabras de Aspasia que vienen a continuación de[...]
de citar son extraordinariamente alusivas (dirigidas con claridad[...]
cles *princeps* de Tucídides, II, 65, 9): «¡Porque reyes[21] siempre hemos tenido!» Sin embargo, para que al lector le quede claro que todo el epitafio de Aspasia es paródico, Platón no duda en hacerle decir que la
campaña de Sicilia, llevada a cabo «por la libertad de los leontinos» (!),
encadenó una serie de éxitos aunque terminó mal (242e), que en Helesponto (Cícico) «hemos apresado en un solo día a toda la flota enemiga»
(243a), y que la guerra civil del 404/403 ha terminado «de manera mag-
níficamente equilibrada» (243e), a pesar de que Platón conocía perfectamente la masacre a traición de oligarcas cometida por la democracia restaurada en 401, en la emboscada de Eleusis.[22] Tampoco renuncia Platón
a ridiculizar la fórmula que tanto conmueve a los modernos («Atenas escuela de Grecia») haciéndola banalizar por Aspasia del modo siguiente:
«en Maratón y en Salamina hemos enseñado a todos los griegos
(παιδευθῆναι τοὺς ἄλλους Ἕλληνας) cómo se combate por tierra y cómo
se combate por mar».[23]

Pero no debe olvidarse que el verdadero antiepitafio –contemporáneo del monumento perícleo-tucidídeo– es el opúsculo dialógico de
Critias *Sobre el sistema político ateniense*, en el que cada uno de los puntos principales que Pericles toca en su discurso de Estado son invertidos
y presentados bajo la cruda luz del abuso cotidiano sobre la que, según
el autor, se sostiene el sistema político-social ateniense.[24] No se limita a

19. Platón, *Menéxeno*, 238c-d.

20. De ahí la idea de Plutarco («Vida de Pericles», 9) de hacer una lectura de esas
palabras, y más generalmente del juicio de Tucídides sobre Pericles, a través del filtro
platónico: «Tucídides define como aristocrático el gobierno de Pericles.»

21. Dice: βασιλῆς (238d).

22. Jenofonte: *Helénicas*, II, 4, 43; cfr. Aristóteles, *Athenaion Politeia*, 40, 4, y
Justino (Trogo), V, 10, 8-11.

23. Platón, *Menéxeno*, 241c.

24. Desde mi punto de vista, acertaban quienes (Carel Gabriel Cobet, *Novae Lec-
tiones*, Brill, Leiden, 1858, pp. 738-740) creyeron reconocer un diálogo en el *pamphlet*
contra la democracia titulado *Sobre el sistema político ateniense*, conservado entre las obras
de Jenofonte pero que no se puede atribuir a su autoría. Es un escrito de primera importancia dentro de la literatura antigua: breve, penetrante, verídico en muchos pasajes aunque siempre parcial. Si, como creo también yo, los interlocutores son dos, se puede constatar fácilmente que el primero sería un crítico-problemático, mientras que el segundo
desarrolla el papel «instrumental» del portador de certezas. Para la atribución a Critias,

...trar que la democracia sería en realidad violencia de clase, mal go-
..ierno, reino de la corrupción y del abuso de los tribunales, reino del
derroche y del parasitismo, sino que remacha con firmeza que las formas
de arte elevado (gimnástica y música en su visión ostentosamente *ancien
régime*) han sido pisoteadas por la democracia con la eliminación misma
de los hombres que encarnan tales artes.[25]

Agréguese a esto un dato que se suele ignorar. Hubo mucha literatura y muchos panfletos antiatenienses, pero se perdieron. Plutarco (que
escribía en los tiempos de Nerva y Trajano) aún la leía y la utilizaba en
las *Vidas* de los atenienses del siglo V. Había, en ese tipo de producción,
acusaciones y datos (con seguridad sesgadas o sesgadamente enunciadas)
de todo género, incluida la noticia, que Idomeneo de Lámpsaco daba
por cierta, de que a Efialtes lo habría hecho matar el propio Pericles, su
aliado político.[26] Muchos de estos materiales debieron confluir en el décimo libro «Sobre demagogos atenienses», de las *Filípicas* de Teopompo.[27] Pero el mito de Atenas, gracias sobre todo a la mediación de las se-
lecciones de las bibliotecarias de Alejandría y a la fuerza de la cultura
romana –que neutralizó la peligrosa política de Atenas y, en cambio, en-
fatizó su papel cultural universal y emblemático–, por fin se impuso. No
se comprendería de otro modo el esfuerzo ingente de las escuelas de retórica de todo el imperio, en las cuales se volvía continuamente a contar
en forma de *exercitationes* la gran historia de Atenas, ni la gigantesca réplica de Elio Arístides (II d. C.) a Platón en el precioso aunque pedan-
tesco discurso «En defensa de los cuatro», es decir, de los cuatro grandes
de la política ateniense del gran siglo, a quienes Platón acusa en el *Gorgias*. Ni se explicaría tampoco la operación misma de Plutarco, en las
Vidas paralelas, que pone a Atenas y a Roma (¡es decir, de un lado Atenas y del otro los amos del mundo!) al mismo nivel. Sin embargo, Plutarco conocía bien toda esa literatura demoledora y la utilizaba cuando
era preciso. El mito, para él, estaba definitivamente consolidado.

---

propuesta con sólidos argumentos por August Boeckh, véase E. Degani, *Atene e Roma*,
29, 1984, pp. 186-187. Es decisivo el testimonio de Filóstrato, *Vida de los sofistas*, I, 16,
donde se dice que Critias, hablando del ordenamiento ateniense, «lo atacaba ferozmente
fingiendo defenderlo». (En efecto, una serie de ingenuos intérpretes, del *émigré* conde de
La Luzerne [Londres, 1793] a Max Treu [*s.v. Ps-Xenophon, RE*, IX.A, 1967, col. 1960,
ll. 50-60], cayeron en la trampa.) Cfr., más arriba, *Primera parte*, cap. IV.

25. [Jenofonte], *Atheneaion Politeia*, I, 13 (donde καταλέλυκεν puede no significar
sólo la eliminación de la política).

26. Plutarco, «Vida de Pericles», 10, 7.

27. *FGrHist* 115 F 85-100 (y 325-327?).

4

La fuerza de ese mito está en la duplicidad de l[...]
que es posible y justo leer el epitafio perícleo. Es evide[...]
desvinculado de la situación concreta (el epitafio co[...]
por excelencia) y de la experiencia concreta de los prot[...]
princeps en primer lugar), esa imagen de Atenas sigue [...]endo fundamento, y por eso pudo ser erigida y finalmente se impuso. Pero la paradoja reside en que esa grandeza que traza el Pericles tucidídeo –y que regía ya entonces– era esencialmente obra de las clases altas y dominantes
a las que el «pueblo de Atenas», en cuanto les resultaba posible, derroca-
ba y perseguía. El «verdadero» Pericles lo sabía muy bien y lo había vivido y padecido en primera persona. La grandeza de esa clase consistía en
el hecho de haber *aceptado el desafío de la democracia*, es decir, la convivencia conflictiva con el control obsesivamente atento y con frecuencia
oscurantista por parte del «poder popular»; es decir, de haberlo aceptado
a pesar de detestarlo, como queda claro en las palabras de Alcibíades,
exiliado en Esparta desde hacía breve tiempo, cuando define la democracia como «una locura universalmente reconocida como tal».[28]

La fuga de Anaxágoras, perseguido por la acusación de ateísmo, o el
llanto en público, humillación extrema, de Pericles frente a un jurado de
millares de atenienses (en el encomiable esfuerzo por salvar a Aspasia)[29] no
bastaron para desplazar esa extraordinaria élite dispuesta a *aceptar la democracia para así poder gobernarla*. Una élite «descreída» que eligió ponerse a
la cabeza de una masa popular «mojigata» pero dispuesta a tener peso político a través del mecanismo delicado e imprevisible de la «asamblea». Los
dos sujetos enfrentados se modificaron recíprocamente a lo largo del conflicto. El estilo de vida del «ateniense medio»[30] se deja ver de manera veraz
en la comedia de Aristófanes, que, por el hecho mismo de haber adoptado
esa forma y haber obtenido un éxito nada efímero, demuestra de por sí
que ese pueblo mojigato era a la vez capaz de reírse de sí mismo y de su
propia caricatura. El estilo de vida de la élite dominante es puesto en escena por Platón en la ambientación de los diálogos en los que proliferan,
entre otros personajes, los políticos empeñados contra la democracia (Clitofonte, Cármides, Critias, Menón, etc.); diálogos no siempre tan ajetrea-
dos como *El banquete* pero animados por esa curiosidad intelectual libre
de condicionamientos, esa pasión por la duda, por el divertimento de la

28. Tucídides, VI, 89, 6.
29. Plutarco, «Vida de Pericles», 32, 5.
30. «Durchschnitts-Athener» es una expresión de Friedrich Nietzsche.

...ncia y la libertad de costumbres que se advierte por doquier en los
...ogos, con excepción de las *Leyes*. No se trata, por tanto, necesariamen-
...e de la vida «inmoral» de Alcibíades[31] o de la turbia voluntad de profanación de lo «sagrado» que advertimos tras los escándalos de 415 a. C., sino
de la escena del *Fedro*, la escena del *Protágoras*, la plácida escena en que se
desarrolla el que es acaso el diálogo más importante de todos, la *República*.
The People of Aristophanes frente a *The People of Plato*.

La causticidad con la que Aristófanes, en *Las nubes*, representa ese
mundo elitista, con Sócrates en el centro, frente a su público, en el que
prevalecía ciertamente el tipo de «ateniense medio», demuestra —como,
por otra parte, el Sócrates platónico declara abiertamente en la *Apología*— que el «ateniense medio» detestaba y miraba con sospecha ese mundo, del que por lo general provenían las personas que se ponían (por
turnos y ganándose el consenso) al frente de la ciudad. Aristófanes está
en un equilibrio inestable entre estos dos importantes asuntos sociales:
es el oficio que ha elegido el que lo ha llevado a esa situación; si no hubiera sido así, su trabajo artístico habría fracasado. Por eso es tan com-
plicado definir cuál es «el partido» de Aristófanes.

El blanco de los cómicos —se lee en el *pamphlet* dialógico de Critias— no
son casi nunca las personas «que están con el pueblo o pertenecen a la masa
popular», sino por lo general «personas ricas, o nobles, o poderosas»,[32] es
decir, gente de nivel social alto, comprometida con la política. Después, sin
embargo, agrega que son blanco también «algunos pobres o algunos
demócratas»[33] cuando intentan «adjudicarse demasiadas obligaciones o ponerse por encima del demo»;[34] cuando son éstos los atacados —dice— el pueblo está contento. Todo este desarrollo es valioso no sólo porque demuestra
que el teatro cómico es en verdad el termómetro político de la ciudad, sino
porque arroja luz sobre las articulaciones en el interior de la clase dirigente.
Ésta se compone también de personas que se inclinan abiertamente por la
parte popular, secundando sus aspiraciones y pulsiones, evitando, por tanto, la actitud hábilmente paidéutica (como Pericles o Nicias); se trata, en
definitiva, de personajes como Cleón, por mencionar un gran nombre,
además de gran objetivo de Aristófanes. Las palabras del opúsculo parecen
«recortadas» sobre el caso Cleón, sobre el feroz martilleo de Aristófanes

31. Acerca de su erotismo desenfrenado y retorcido, cfr. Lisias, fr. 30 Gernet, además de Ateneo XIII, 574d.

32. [Jenofonte], *Athenaion Politeia*, II, 18.

33. Esto es lo que significa τῶν δημοτικῶν: cfr. *LSJ, s.v.*, II, 2, donde los ejemplos
extraídos de la literatura política son cuantiosos.

34. πλέον ἔχειν τοῦ δήμου: acusación terrible, en régimen de abierto predominio
popular, como intentaba ser Atenas.

contra él. Se podrían recordar asimismo los ataques a Cleofonte en las comedias de la década de 410, hasta *Las ranas*. Con la advertencia de que también en el caso de Cleofonte (llamado «fabricante de instrumentos musicales» λυροποιός) el cliché de la extracción popular[35] es tomado con cautela, dado que sabemos que su padre era un Κλειππίδης (Cleipides), quizá estratego en 428,[36] y cuyo relieve, en todo caso, está confirmado por el intento de iniciarle un proceso de ostracismo.[37]

En efecto, sería un error considerar a la élite que acepta dirigir la democracia afrontando sus desafíos un bloque unitario. Existen –en su interior– divisiones de clanes y de familias, hay rivalidades y maniobras de todo género. Es emblemático el episodio del ostracismo de Hipérbolo (quizá en 418 a. C.),[38] líder popular cuya liquidación política se realizó gracias a una repentina, e instrumental, alianza entre los clanes opuestos de Nicias y de Alcibíades, que se disputaban en diversos campos la herencia de Pericles después de la entrada en escena de Cleón (421). Episodios de este tipo demuestran cuán vulnerable y voluble era la «mayoría popular» en la asamblea, y cuán manipulable era la «masa popular» por parte de los líderes «bien nacidos» y de sus agentes políticos.[39]

5

El «milagro» que esa extraordinaria élite supo cumplir, gobernando bajo la presión no precisamente agradable de la «masa popular», es el de haber hecho funcionar la comunidad política más relevante del orbe de las ciudades griegas y, a la vez, haberse modificado al menos en parte, en el corazón del conflicto, a sí misma y a su antagonista. Esto se comprende bien estudiando la oratoria ática, donde se puede observar cómo la palabra de los «señores» –los únicos cuya palabra conocemos–[40] se impregna de va-

---

35. Más tarde pasará a la tradición atidográfica conocida por Aristóteles (*Athenaion Politeia*, 28, 3).

36. Cfr. R. Meiggs y D. Lewis, *A Selection of Greek Historical Inscriptions*, Claredon Press, Oxford, 1969, 1988[2], p. 41; D. Kagan, *The Fall of the Athenian Empire*, Cornell University Press, Ithaca-Londres, 1987, pp. 249-250.

37. G. Daux, «Chronique des fouilles et découvertes archéologiques en Grèce en 1966», *Bulletin de Correspondance Hellénique*, 91, 2, 1967, p. 625; E. Vanderpool, «Kleophon», *Hesperia*, 21, 1952, pp. 114-115 e ídem, *Ostracism at Athens*, The University of Cincinnati, Cincinnati, 1970, pp. 27-28.

38. Otras fechas posibles son entre 418 y 415.

39. «Rétrores menores» los llamaba Hipérides.

40. A través de las obras de los historiadores y del *corpus* demosténico.

lores políticos que están en la base de la mentalidad combativa y reivindicativa de la «masa popular»: ante todo τὸ ἴσον, lo que es igual y, por tanto, justo. Lo hemos visto –al principio– recorriendo los motivos cardinales del epitafio pericleo. Del cual se capta el sentido sólo parcialmente si nos limitamos a constatar hasta qué punto es limítrofe del discurso demagógico.[41]

El Pericles de Tucídides describe con extraordinaria eficacia el «estilo de vida» ateniense (aunque hace reverberar sobre el demo las características que son, por el contrario, exclusivas de la élite),[42] y es también sumamente eficaz en la descripción –antitética– de *la caída del modelo Esparta*.[43] No está simplemente redimensionando, o demoliendo, la imagen del enemigo; al romper en pedazos ese modelo, el Pericles tucidídeo liquida como impracticable *el modelo idolatrado por la parte de las clases altas no dispuesta a aceptar* (como Pericles y sus antepasados Alcmeónidas) *el desafío de la democracia;* modelo que, con furor ideológico, intentaba trasplantar e instaurar en Atenas. (Cosa que, aprovechando la circunstancia beneficiosa, para ellos, de la derrota de 404, intentaron efectivamente,[44] fracasando). Tucídides es, en este sentido, como Zeus que mira desde lo alto a la vez a ambas formaciones;[45] es capaz de ver y de destacar al mismo tiempo (para quien tenga ojos para apreciarlo) el carácter deformador y por desgracia sustancialmente verdadero de la exaltación de Atenas proferida en el epitafio. Pero el juego –inherente al objetivo y a la estructura del género epitafio– consiste precisamente en hacer decir, a quien habla, que esa grandeza de obras y de realización «es obra vuestra». Ahí está el juego sutil de lo verdadero y lo falso que convergen y en cierto sentido coinciden. Por eso, análogamente, el imperio es, para Tucídides, al mismo tiempo necesario, innegociable, pero intrínsecamente culpable y prepotente y por tanto, se podría decir, destinado a sucumbir (aunque sobre este punto el último Tucídides[46] no está de acuerdo y parece casi optar por el carácter no inevitable de la derrota).

41. De allí el desacuerdo diametral entre Platón y Tucídides acerca del juicio sobre Pericles.

42. Φιλοσοφοῦμεν!

43. Tucídides, II, 39: debe tenerse en cuenta todo el capítulo, construido por entero sobre esta polaridad.

44. Resulta emblemático que en 404 las heterías oligarquías no nombraron 10 próbulos (como se había hecho en 411) sino 5 éforos (Lisias, XII, 43-44), con lo que proclamaban su voluntad de adoptar directamente el modelo de Esparta.

45. Es una célebre imagen del ultratucidídeo Luciano de Samosata (*Cómo debe escribirse la historia*, 49).

46. II, 65 (la última página suya según una atractiva, aunque indemostrable, suposición de Maas).

De esta duplicidad de planos descienden *los dos tiempos de la historia de Atenas:* de un lado el tiempo histórico y contingente, que es el de una experiencia política que –tal como era en su contingente historicidad– se ha autodestruido,[47] y del otro lado el tiempo prolongado, que es el de la persistencia a lo largo de milenios de las conquistas de esa edad frenética. Se nos podría impulsar más lejos, observando que si Atenas funcionó de ese modo fue tanto porque una élite abierta aceptó la democracia, es decir, el conflicto y el riesgo constante del abuso, entonces eso significa que, a su vez, *también ese mecanismo político,* en cuya definición tanto se afanaron e inquietaron los intérpretes (de Cicerón[48] a George Grote o a Eduard Meyer), *llevaba dentro de sí dos tiempos históricos:* el *ut nunc* del que el opúsculo de Critias es *sólo en parte* una caricatura y, de otro lado, el valor inestimable del conflicto como detonante de energía intelectual y de creatividad duradera,[49] que es quizá el verdadero legado de Atenas y el alimento legítimo de su mito.

47. Como dice Filóstrato al principio de la «Vida de Critias»: «de todos modos, se hubiera destruido por sí mismo» *(Vida de los sofistas,* I, 16).

48. *Nimia libertas* dice Cicerón en *De Republica,* I, 68. Véase sobre este punto C. Wirszubski, *Libertas. Il concetto politico di libertà a Roma tra Repubblica e Impero,* traducción al cuidado de Giosuè Musca, Laterza, Bari, 1957, p. 70, n. 2. Para Cicerón, el modelo político de la Atenas clásica es, en efecto, negativo, mientras el mito viviente para él es el de «Atenea omnium doctrinarum inventrices» *(De oratore,* I, 13).

49. Lo cual impulsó a Voltaire, en una ocasión, a sostener la hipótesis de que precisamente la perenne guerra civil del mundo griego habría potenciado su fuerza intelectual: «Como si la guerra civil, el más horrendo de los flagelos, alimentase un nuevo ardor y nuevas energías al espíritu humano, es en esta época cuando en Grecia florecen todas las artes» («Pyrrhonisme de l'histoire», en *L'évangile du jour,* IV, 1769 = *Oeuvres complètes de Voltaire,* ed. Moland, XXVII, pp. 235-299. Aquí se trata del capítulo VIII, titulado «Sobre Tucídides». Voltaire piensa sin duda también en la Francia del siglo XVI). Una pregunta suscitada por la perfección alcanzada en Atenas por el arte del discurso es si en verdad esta finura estilística, argumentativa y retórica tenía como destinatario «el populacho de la Pnyx», como lo expresó una vez con deliberada dureza Wilamowitz *(Die Griechische Literatur des Altertums,* Teubner, Leipzig, 1905², p. 75). Este gran y acaso insuperado conocedor del carácter griego descreía, inducido tal vez por su íntima desconfianza en la democracia de cualquier época, de que un pueblo –como el ateniense– continuamente expuesto a los efectos y a las seducciones de la palabra disfrutada colectivamente –del teatro, la asamblea, el tribunal y la logografía– se convirtiera al mismo tiempo en un interlocutor sensible a tanta pericia (que sin embargo sólo se desplegaba en la medida en que tenía un destinatario). ¿No dirá acaso Aristófanes a su público «sois σοφώτατοι»? ¿No hace decir a Eurípides, en *Las ranas,* «a esos [y señala al publico] yo les he enseñado a hablar» (v. 954)? Además de eso, nunca hubiera descuidado el efecto *recitación* (recordemos la oratoria «tonante» de Pericles, puesta de relieve por Plutarco sobre la base de fuentes de época, y es sólo un ejemplo). He aquí un punto de vista que ayuda a comprender qué entendemos por fecundidad del conflicto: casi una heterogénesis de los fines.

II. LUCHA EN TORNO A UN MITO

1

Como es sabido, el imperio ateniense tuvo su origen en una iniciativa de los insulares que habían colaborado, en la medida de sus respectivas fuerzas, en la victoria de la guerra naval contra los persas (480 a. C.). Creación de la flota, impulsada previsoramente por Temístocles, construcción tumultuosa de las «grandes murallas» con el propósito de transformar Atenas en una fortaleza con una magnífica salida al mar, y nacimiento de una liga inicialmente de tipo paritario («Atenas y sus aliados» con el tesoro federal emplazado en la isla de Delos) son acciones concomitantes que señalan el inicio del siglo ateniense; la victoria en Maratón, diez años antes, era sólo uno de los antecedentes (susceptible, entonces, de otros desarrollos). Tal como el siglo XX empieza en 1914, así el siglo V a. C. empieza con Salamina y el nacimiento del imperio ateniense, destinado a durar poco más de setenta años, hasta el colapso de 404 y la reducción de Atenas, ya privada de muralla y sin flota, a mero satélite de Esparta.[1]

Pero el estado de cosas creado por la derrota fue progresivamente desmantelado. Los ideólogos extremistas, admiradores del modelo de Esparta, permanecieron poco tiempo en el gobierno, consumidos y arrollados por la guerra civil. Con el creciente empeño lacedemonio contra Persia se produjo el inevitable cambio de estrategia de la gran monarquía asiática («directora» de la política griega, según una feliz intuición de Demóstenes)[2] y el péndulo persa osciló hacia Atenas: diez años después de 404, un estratego ateniense, Conón (que había tenido un papel protagonista en la victoriosa batalla de las Arginusas en 406), al mando de una flota persa, destruía la flota espartana cerca de Cnido, y con dinero persa resurgían las grandes murallas de Atenas (394/393). De este modo, los efectos de la derrota y de la capitulación quedaban anulados y

1. *Helénicas*, II, 2, 20-23.
2. «Cuarta filípica», 51.

se creaban las premisas para el renacimiento, bajo otra forma y con diferentes condiciones sancionadas en el pacto, de una nueva liga marítima con mando en Atenas. Se conserva la lápida sobre la que se inscribió el decreto, presentado por un tal Aristóteles del demo de Maratón, buen orador según Demetrio de Magnesia,[3] que establecía las condiciones para la nueva liga.[4]

Entre la primera y la segunda liga, entre las cuales transcurre exactamente un siglo (478-378 a. C.), hay diferencias sustanciales en lo que respecta a cuestiones neurálgicas y puntos significativos. La primera liga tenía un objetivo declarado inherente a la razón misma por la que había surgido: continuar la guerra contra el invasor persa y liberar a los griegos de Asia (objetivo del que Esparta, a pesar de estar siempre a la cabeza de la liga panhelénica que había derrotado a los persas, se había desentendido); la segunda liga —que es sucesiva a la «paz general» o «paz del Rey» (386 a. C.)— establece que los griegos y el Gran Rey deben estar en paz recíproca.[5] La primera liga comportaba una contribución de todos los firmantes, que enseguida pasó de militar (naves) a financiero (el tributo);[6] la segunda liga relanza explícitamente, en su acto constitutivo, el principio del tributo.[7] La primera liga había visto enseguida proliferar los gobiernos homólogos, es decir las democracias de tipo ateniense, en las ciudades aliadas. (Critias daba una explicación lúcida de este automatismo: «el demo ateniense sabe que, si en las ciudades aliadas cobraban fuerza los ricos y "buenos", el imperio del pueblo de Atenas duraría bien poco».)[8] El documento fundacional de la segunda liga sanciona explícitamente que cada uno de los miembros de la alianza tenga «el tipo de régimen político que prefiera».[9] Por el contrario, cuando en 431 se iba ya inevitablemente hacia el conflicto, que se extendería por largo tiempo, el ultimátum transmitido por Esparta a Atenas, y rechazado por Pericles, fue una orden formal de «dejar libres a los griegos»,[10] es decir, de disolver la liga y desmantelar el

3. Cfr. Diógenes Laercio, V, 35.
4. *Syll.*[3] 147 = *IG,* II[2] 43 = M. N. Tod, *A Selection of Greek Historical Inscriptions,* II, Clarendon Press, Oxford, 1948, 1968[3], n.º 123.
5. *Syll.*[3] 147, líneas 12-14 (según la razonable reconstrucción de Silvio Accame). Es notable que estas líneas que contienen la aceptación de la paz del Rey hayan sido, más tarde, deliberadamente erosionadas.
6. Tucídides, I, 99, 3, que precisa: «de ello fueron en un principio responsables los propios aliados», quienes prefirieron absolverse de las obligaciones de la alianza pagando el tributo.
7. Línea 23: μήτε φόρον φέροντι.
8. [Jenofonte], *Athenaion Politea,* I, 14.
9. Línea 21: πολιτείαν ἣν ἂν βούληται.
10. Tucídides, I, 139, 3; cfr. II, 8, 4, y II, 12. Cfr., más abajo, cap. XXIX.

imperio; y cuando en 404 vencieron, los lacedemonios anunciaron «el principio de la libertad para los griegos».[11] La segunda liga nace en el seno de una firme exigencia a los lacedemonios «de dejar libres y autónomos a los griegos».[12] En medio sucedió el terrible decenio 404-394, de completo y directo predominio lacedemonio en gran parte de las ciudades e islas que habían sido aliadas-súbditas de Atenas, el desastroso conflicto contra el Gran Rey conducido por Agesilao rey de Esparta y la «paz general» de 386 que dejaba a Esparta vía libre en Grecia. Éste es, en fin, el sentido de la apelación, ateniense esta vez, a la «libertad de los griegos».

2

¿Cómo se explica la convergencia, una vez más, a un siglo de distancia y a pesar de la ferocidad de la guerra peloponesia y la dureza creciente del primer imperio, de tantas comunidades (c. 75) nuevamente hacia Atenas como eje de una alianza panhelénica? El ideólogo de tal proceso fue Isócrates, buen amigo de Timoteo, el hijo de Conón, es decir, de quien, con dinero persa, había «llevado», como escribe Plutarco, «a Atenas al mar».[13] El «manifiesto» de esta operación fue el *Panegírico*, en el que Isócrates trabajó durante más de diez años y que daría a conocer en 380. En ese escrito, sin duda influyente entre las élites y no sólo las atenienses, el uso político de la historia alcanza uno de sus vértices: Atenas ha derrotado a los invasores persas, y esto ha legitimado su imperio; el imperio fue violento dentro de los límites de la estricta necesidad;[14] Esparta en su decenio de dominio incontestado lo hizo mucho peor; ahora se trata de proyectar de nuevo una guerra por la libertad de los griegos contra Persia y, por tanto, *naturaliter* es que a Atenas le toca ser punto de referencia. La legitimación es por tanto una vez más la victoria sobre los persas conseguida un siglo antes. Esta actitud, que sin embargo no existe en la *letra* del decreto de Aristóteles, está en el origen de una interpretación del nuevo pacto de alianza que tiene su eje en Atenas como reconocimiento de un primado adquirido por la victoria con la que cien años antes Atenas había «salvado la libertad de los griegos».[15] Esto no se

11. *Helénicas*, II, 2, 23.
12. Líneas 9-10: ὅπως ἂν Λακεδαιμόνιοι ἐῶσι τοὺς Ἕλληνας ἐλευθέρους καὶ αὐτονόμους κτλ.
13. Plutarco, *La gloria de los atenienses*, I.
14. *Panegírico*, 100-101.
15. Heródoto, VII, 139.

dice en el decreto de Aristóteles; alguien ha extirpado, de ese decreto, precisamente las líneas en las que se reconocía y aceptaba la «paz del Rey», es decir, el acuerdo que sancionaba la renuncia por parte de las potencias griegas a perseguir los objetivos por los cuales había nacido la primera liga.

3

La justificación del imperio en razón de la victoria sobre los persas he tenido una larga historia. Cuando Isócrates la retoma es ya pura ideología: el ataque a Oriente está fuera del alcance de Atenas (y de cualquier otra potencia griega). La segunda liga naufragará después de treinta años de una guerra extenuante entre Atenas y sus aliados (la «guerra social»: 357-355); algunos años más tarde, guiada por Demóstenes, Atenas buscará la ayuda persa contra Macedonia y al fin será precisamente Macedonia la que desencadene el ataque decisivo a Oriente, que producirá en pocos años la disolución del imperio persa (344-331 a. C.). El mito de Atenas como liberadora de los griegos *debido a* su victoria sobre los persas funcionaba aún cuando Demóstenes –en 340/339– intentaba jugar, con desenvoltura realpolítica, la carta persa, chocando en la asamblea, todavía en la vigilia de Queronea, contra el arraigado mito de «enemigo tradicional de los griegos» y por tanto «perpetuo adversario histórico de Atenas».[16]

Pero ese mito, que había sido el aglutinante político-propagandístico del imperio, en la segunda liga era ya sólo un fantasma.

En torno a ese mito se desarrolló una batalla historiográfica de tipo revisionista (como se dice ahora) que es instructivo recorrer sumariamente. Los protagonistas son Heródoto y Tucídides. Heródoto, nacido en Halicarnaso, y por tanto súbdito del Gran Rey, emigrado muy joven, eligió Atenas; allí difundió, en lecturas públicas, parte de su obra,[17] participó en la fundación de la colonia panhelénica de Turios impulsada por Pericles y tomó ciudadanía en ella. No se sabe hasta qué año ni dónde vivió. Conoció, y comentó, el creciente malhumor contra Atenas, agudizado en la vigilia de 431. Todo hace pensar que asistió por lo menos al principio del conflicto. Su opinión, historiográfica y política a la

16. «Cuarta filípica», 31-34.
17. Esto se deduce de lo que se dice acerca de las reacciones del público (probablemente ateniense) frente a su relato del intento democrático del persa Otanes (III, 80 y VI, 43). Él dice: «algunos griegos no me creyeron».

vez, consiste en insertar una página de polémica muy actual contra esas reticencias justo allí donde emprende la narración de la tremenda y destructiva invasión persa de 480: «aquí», escribe, «me veo obligado a manifestar una opinión que será *odiosa a la mayoría de la gente*».[18] Declaración muy comprometida, que hace evidente, de modo simple y directo, la vastedad del odio ateniense a la difundida voluntad, por parte de una gran mayoría, de no seguir escuchando que Salamina legitima el imperio. «No obstante», prosigue, «como me parece verdadera, no la callaré.» Dice sin más demora la palabra odiosa «a la mayoría de la gente»: si los atenienses se hubieran rendido a Jerjes nadie más habría osado enfrentarse al Gran Rey. Pero el razonamiento no se detiene allí, sino que es desarrollado mediante una cuidadosa casuística y culmina con la hipótesis de que incluso los lacedemonios, abandonados por sus aliados, «habrían muerto noblemente [...] o viendo antes que los demás griegos favorecían a Jerjes, habrían pactado con él». En conclusión: «Así pues, quien diga que los atenienses fueron los salvadores de Grecia no faltará a la verdad, pues la balanza se habría inclinado a cualquiera de los lados que ellos se hubieran vuelto. Habiendo decidido mantener libre a Grecia, ellos fueron quienes despertaron a todo el resto de Grecia que no favoreció a los persas y quienes, con ayuda de los dioses, rechazaron al Gran Rey.» «Los oráculos espantables y terroríficos que venían de Delfos no los persuadieron y osaron aguardar al invasor de su país.»

Más que para la memoria futura, esta página parece escrita para ser disfrutada de inmediato. Es la respuesta a una polémica actual, viva. No debe descuidarse el hecho más evidente: la introducción, al principio del relato referido a la epopeya de medio siglo antes, de una página que tiene como objetivo declarado el de replicar la hostilidad que *hoy*, en el momento en el que Heródoto se apresta a narrar esa epopeya, inevitable y casi «universalmente» (πρὸς τῶν πλεόνων ἀνθρώπων), sorprende a quien intente evocar aquellos hechos.

El ataque es preparado, pocas líneas antes, por un cuadro crudamente realista de las reacciones de las diversas ciudades griegas a la invasión:[19] hubo quien creyó salvarse haciendo inmediatamente acto de sumisión, dando «al persa tierra y agua»; otros, que no pretendían hacerlo, eran presa del terror «pues no había en Grecia naves en número suficiente para resistir al invasor», y de éstos «no querían emprender la guerra y favorecían al medo de buen grado (μηδιζόντων δὲ προθύμως); la

18. Heródoto, VII, 139: ἐπίφθονον πρὸς τῶν πλεόνων ἀνθρώπων [trad. esp. de María Rosa Lida, *Los nueve libros de la Historia*, Lumen, Barcelona, 1986, vol. II, p. 251].
19. Heródoto, VII, 138.

28

campaña del Rey nominalmente se dirigía contra Atenas, pero se lanzaba en realidad contra toda Grecia». Aquí hay una acusación que envuelve a muchos que ahora son intolerantes respecto de Atenas y de su dominio; y hay también una valoración militar: 1) hacía falta una flota adecuada (y sólo Atenas sabría ponerla en juego); 2) la derrota de Atenas, objetivo declarado, habría comportado la sumisión de todos los demás griegos.

De las palabras de Heródoto deducimos indirectamente otro dato: que la consigna espartana («Atenas deja que los griegos sean autónomos»),[20] que circulaba en el momento en que el historiador ateniense de adopción escribía esa página, tenía un gran éxito, puesto que –como él mismo reconoce sin eufemismos– recordar que «Atenas había decidido que sobreviviese la libertad de los griegos» suscitaba odio por parte de casi todos los griegos. No hay quien no vea que «fue Atenas quien quiso que Grecia quedara libre» suena como una réplica directa a la consigna «Atenas, deja que los griegos sean autónomos». Tampoco puede pasar inadvertido el tono asertivo y apasionadamente polémico que invade toda la página, alejada del habitual tono equilibradamente objetivo que es usual en Heródoto. Ni dejará de verse que el sacrificio, poco más que simbólico, de los espartanos en las Termópilas queda fuera del balance de conjunto contenido en esta página.

Heródoto sabe además –y no lo esconde al referirse a la primera invasión persa, contenida por los atenienses en Maratón– que en esa ocasión corrieron voces inquietantes acerca del comportamiento de los Alcmeónidas, es decir, de la familia de Pericles, sospechosos de complicidad con el enemigo.[21] Antes incluso Heródoto rindió cuenta del paso cumplido por el mismo Clístenes, después de la expulsión de Iságoras (apoyado por los espartanos) de la Acrópolis y de su definitiva afirmación (508/507 a. C.): presentarse en Persia «para suscribir una alianza que contenía las condiciones usuales para quien pretendiese establecer relaciones con Persia: tierra y agua debían ser concedidos al Gran Rey».[22] Esparta fue una ayuda importante para echar a Hipias (510 a. C.), sucesor de su padre Pisístrato, de la «tiranía»; e Hipias se refugió en Persia, y fue visto por los griegos como un instigador de la invasión persa. En la lucha de las facciones atenienses, los espartanos se alinearon con Iságo-

20. Tucídides, I, 139, 3.
21. Heródoto, VI, 115 y 121-124.
22. Heródoto, V, 73. Cfr. G. Camassa, *Atene, la costruzione della democrazia*, l'Erma di Bretschneider, Roma, 2007, p. 83; G. Nenci (ed.), *Erodoto, Le Storie, Libro V. La rivolta della Ionia*, Mondadori («Fondazione L. Valla»), Milán, 1994, pp. 267-268.

ras contra Clístenes; el demo se levantó contra Iságoras y los espartanos, y Clístenes se apoyó en Persia. En Maratón, los Alcmeónidas lanzaron señales de entendimiento a los persas. Heródoto intenta exculparlos de esa acusación infame, y su argumentación apologética desemboca en el gran nombre de Pericles. La victoria contra esa primera invasión la había obtenido el clan político-familiar (Milcíades, padre de Cimón) adversaria de los Alcmeónidas. Pero un jovencísimo Pericles pagará el coro para Esquilo, para la tetralogía que comprende *Los persas*. Desde finales del siglo VI a. C., entonces, Persia es la «gran directora», en palabras de Demóstenes, y alterna invasiones con cambios repentinos de alianzas, y es respondida, por parte griega, con igual desenvoltura: Esparta derrotará a Atenas con ayuda de los persas en la larga «guerra del Peloponeso».

Sin embargo, entrelazado en esta andadura real de los hechos político-militares, coexiste y vive el mito: el mito de la victoria sobre los persas, debido esencialmente a Atenas. El imperio se basa en el presupuesto, el prestigio y la fuerza militar derivada de aquella victoria. Y es dirigido con puño de hierro por Pericles durante su largo gobierno «principesco», en el supuesto realpolítico de que «el imperio es una tiranía»,[23] mientras aumenta la oposición más radical contra el imperio y el propio Pericles manda a sus emisarios a Esparta, en la vigilia de la gran guerra (432/431 a. C.), a declarar el derecho al imperio con estas palabras:

... al enterarnos de que un considerable clamor se había levantado contra nosotros [...]. Queremos dejar claro, a propósito de toda la cuestión suscitada respecto de nosotros, que no tenemos nuestras posesiones indebidamente, y que nuestra ciudad es digna de consideración. ¿Para qué hablar de hechos muy antiguos, atestiguados por los relatos a los que se presta oído más que por la vista del auditorio? En cambio, de las guerras persas y de hechos que vosotros mismos conocéis, aunque pueda resultar un tanto enojoso que los aduzcamos siempre como argumento, es preciso que hablemos. Pues lo cierto es que, en el curso de aquellas acciones, se corrió un riesgo para prestar un servicio, y si vosotros participasteis de los efectos de ese servicio, nosotros no debemos ser privados de toda posibilidad de hablar de ello, si nos resulta útil. Nuestro discurso no será tanto un discurso de justificación como de testimonio y de aclaración, para que os deis cuenta de contra qué ciudad tendrá lugar la contienda si no deliberáis bien. Afirmamos, ciertamente, que en Maratón nosotros solos afrontamos el peligro ante los bárbaros, y que cuando más tarde volvieron, al no poder defendernos

23. Tucídides, II, 63, 2.

por tierra, nos embarcamos con todo el pueblo en las naves y participamos en la batalla de Salamina; esto fue, precisamente, lo que impidió que aquéllos atacaran por mar y saquearan, ciudad tras ciudad, el Peloponeso,[24] pues no hubiera sido posible una ayuda mutua contra tantas naves. Y la mayor prueba de esto la dieron los mismos bárbaros: al ser vencidos por mar, consideraron que sus fuerzas ya no eran iguales y se retiraron a toda prisa con el grueso de su ejército.[25]

Mitología política y realpolítica se entretejen. En el centro están siempre los Alcmeónidas, no casualmente implicados por los espartanos, en el frenético lanzamiento de exigencias cada vez más inaceptables intercambiadas entre ambas potencias cuando ya se había decidido que habría guerra. La exigencia fue expulsar de Atenas a los descendientes de la familia (los Alcmeónidas) que dos siglos antes habían masacrado al atleta golpista Cilón (636 o 632 a. C.); es decir, ¡echar de Atenas al alcmeónida Pericles! Nunca un uso político de la historia fue más intensa y abiertamente instrumental. Sin embargo, el mito no era mera creación ideológica. Existía el verdadero sentimiento, incluso por parte de los adversarios más tenaces, de que Atenas era la ciudad que había salvado la libertad de los griegos de la invasión. Cuando Tebas, Corinto y varias otras, en abril de 404, sucedida ya la capitulación de Atenas, exijan su destrucción, es decir, aplicarle el mismo tratamiento que Atenas había infligido a quienes se rebelaban contra su imperio, serán los espartanos quienes lo veten con un argumento memorable: «No se puede hacer esclava a una ciudad griega que ha hecho grandes cosas en el momento en que Grecia corría el máximo peligro.»[26]

Hay argumentos para pensar que Esparta había adoptado esta posición para no consentir que los más poderosos de sus aliados (Tebas y Corinto) cobraran suficiente fuerza como para anular a Atenas –como ellas mismas se proponían. ¿Pero quién podrá separar el interés político de la palabra política y de la mitología histórico política? En ningún caso uno solo de esos factores funciona en estado puro y aislado de los demás.[27]

24. Estas palabras son idénticas a las de Heródoto, VII, 139; es el eslogan oficial ateniense para justificar el imperio.

25. Tucídides, I, 73 [trad. esp. de Juan José Torres Esbarranch, Gredos, Madrid, 2000, pp. 134-136].

26. *Helénicas*, II, 2, 20.

27. Casi no hay necesidad de evocar Stalingrado: la Rusia soviética salvó entonces, con un enorme sacrificio, a Europa de la conquista hitleriana. Sobre esa base creó

Tucídides combatió ese mito o, mejor dicho, consideró parte de su búsqueda de «verdad»[28] el desvelar el sentido de ese mito, su fuerza como instrumento imperial y su progresivo debilitamiento. Lo cual hace hábilmente, sin utilizar nunca la primera persona sino hablando a través de los mismos atenienses. Éstos hablan al congreso de Esparta, en la vigilia misma del conflicto, en el modo en que acabamos de mostrar; pero en otras dos ocasiones muy significativas los oímos hablar de ese mito, y hacen la desconcertante declaración de que ellos son los primeros en no creérselo. Esto sucede en dos ocasiones en las cuales los atenienses son presentados como promotores de guerras «injustas»: en el coloquio a puerta cerrada con los representantes de Melos, en la vigilia del ataque contra la isla rebelde (V, 89), y en el choque dialéctico entre Hermócrates de Siracusa y el embajador ateniense Eufemo, poco antes de comenzar el asedio ateniense de Siracusa (VI, 83).

Las palabras que Tucídides hace pronunciar a los representantes atenienses en Melo son particularmente desmitificadoras: «No recurriremos a una extensa y poco convincente retahíla de argumentos (λόγων μῆκος ἄπιστον)», un largo discurso no creíble, engañoso, «sosteniendo que nuestro imperio es justo porque vencimos a los persas en su momento». Eufemo es menos cruel pero no menos elocuente: «No queremos construir bellas frases (καλλιεπούμεθα) diciendo que ejercemos el imperio con toda razón porque nosotros solos derrotamos a los bárbaros.» «Bellas frases» es menos tajante que «extensa y poco convincente retahíla de argumentos». Pero hay una circunstancia distinta que explica la diferencia de tono: Melos había sido una de las promotoras de la liga delio-ática en 478; Sicilia, Siracusa en particular, había sido apenas rozada por la guerra entre griegos y persas al principio del siglo.

Tucídides, que nació cuando el mito ya se apagaba, puede ser fríamente «revisionista». Pero la fuerza de ese mito se percibe aún en el reproche que, en los tiempos de Augusto, Dionisio de Halicarnaso pronuncia a propósito de ese diálogo entre los melios y los atenienses:

---

el imperio, colapsado después de cerca de medio siglo y defendido y justificado siempre en nombre de Stalingrado. Es interesante en este sentido el relato del encuentro y del diálogo entre Helmut Schmidt y Leonid Bréznev (en presencia de Willy Brandt) en Bonn, en mayo de 1973, en H. Schmidt, *Menschen und Mäche* [1987] [trad. esp.: *Hombres y poder*, Actualidad y Libros, Barcelona, 1898].

28. Ésta es la palabra bajo cuyo signo pone toda su obra (I, 20, 3).

Tucídides –dice el historiador y retórico– hace hablar a esos embajadores «de manera indigna acerca de la ciudad de Atenas».[29]

5

¿Hasta cuándo fue Atenas, y hasta qué momento fue considerada, una «gran potencia»? La caída del segundo imperio fue compensada, desde el punto de vista de las relaciones de fuerza en la península, por el recíproco desgaste de las potencias antaño aliadas y ahora rivales, Tebas y Esparta, entre los años 371 (Leuctra) y 362 a. C. (Mantinea). En ese mundo griego «cada vez más desordenado», del que Jenofonte se despide en las últimas frases de las *Helénicas*,[30] Atenas es todavía la mayor potencia naval. En este supuesto material se basa la política demosténica de contraposición con Macedonia, es decir, con la monarquía militar gobernada por una dinastía que, a partir de Arquelao, había mirado hacia Grecia: hacia Atenas como faro de la modernización y hacia Tebas como modelo para un aparato militar esencialmente terrestre, como era, hasta entonces, el macedonio.

Para Filipo, Atenas es aún la gran antagonista. Demóstenes no deja de repetirlo: habrá vencido cuando nos haya derrotado, habrá paz cuando nos haya subyugado también a nosotros. Después de la victoria de Queronea sobre la coalición panhelénica creada por Demóstenes (agosto de 338 a. C.), Filipo, «ebrio», improvisará una escena histérica de *komos*,[31] análoga al ballet improvisado por Hitler ante la noticia de la caída de Francia e inmortalizado por camarógrafos alemanes en una película que ha dado la vuelta al mundo. La escena de Filipo poniéndose a bailar descompuesto, pisándose los pies al ritmo de la música y recitando grotescamente el decreto de Demóstenes que había determinado la declaración de guerra, significa muchas cosas: que la campaña de Queronea no había sido un paseo; pero también que Filipo tenía suficientes espías en Atenas para disponer, en una guerra ya desencadenada, de copias de documentos oficiales del país enemigo; que Demóstenes como personaje era para él, más allá del *enemigo*, un antagonista percibido como de igual peso y relevo. Plutarco relata el momento posterior a la borrachera: «cuando volvió a estar sobrio, y comprendió ple-

---

29. «Sobre Tucídides», 38 (= I, p. 390, 16-17 Usener-Radermacher).

30. *Helénicas*, VII, 5, 27: ἀκρισία δὲ καὶ ταραχὴ ἔτι πλείων μετὰ τὴν μάχην ἐγένετο ἢ πρόσθεν ἐν τῇ Ἑλλάδι.

31. Plutarco, «Vida de Demóstenes», 20, 3.

namente la enormidad de la batalla que se había desarrollado, tuvo un escalofrío[32] pensando en la habilidad (δεινότητα) y la fuerza (δύναμιν) de Demóstenes, y considerando que había sido obligado (ἀναγκασθείς) por él a ponerlo todo en juego –la hegemonía y su propia vida– en una fracción de un único día». Incluso un enemigo interno de Demóstenes y fiel «quinta columna» de Filipo en Atenas –es decir, Esquines–, durante el juicio contra Ctesifonte, que fue de hecho un proceso contra la política antimacedonia llevada a cabo por Demóstenes y finalmente derrotada, declaró que Filipo «no era en absoluto un necio y no ignoraba que había arriesgado su entera fortuna *en una pequeña fracción de jornada*».[33]

Atenas seguía siendo, a los ojos de un realpolítico sin parangón como Filipo, a todos los efectos una «gran potencia».[34] Precisamente en el terreno de la táctica militar, Filipo trazó las necesarias consecuencias de tal constatación. De ahí la percepción del riesgo extremo de verse obligado a una gran batalla campal.[35] De donde surge toda su táctica «oblicua», ejecutada durante años, a partir de la conclusión de la tercera «guerra sacra» y de la paz de Filócrates (346), de progresivo acercamiento a Atenas sin llegar nunca al choque directo, sin soltar jamás una mordaza que iba progresivamente a apretarse en torno a la ciudad enemiga, única potencia temible de la península. Una táctica perfecta para adormecer la opinión pública ateniense y preciosa para dotar de argumentos a quienes lo apoyaban en el interior de la potencia adversaria. Por eso Demóstenes insiste incesantemente en la táctica inédita adoptada por Filipo, en el truco de la «guerra no declarada»,[36] en el nuevo modo de hacer la guerra, fundado esencialmente en la «quinta columna», en el programático rechazo del choque directo, y en el uso hábil de tropas ligeras para acciones rápidas y siempre colaterales respecto del verdadero objetivo: una guerra de hecho permanente, nunca declarada y nunca cuerpo a cuerpo, en los antípodas de las invasiones estacionales espartanas del siglo anterior.[37] La genialidad táctica de Demóstenes consistió en comprender el cambio y en poner en juego una suerte de estrategia periclea adaptada al nuevo siglo: nada de choque campal en el que jugárselo todo, sino conducir –de lejos– la guerra «corriendo» directamen-

32. Sería interesante descubrir la fuente que aporta este detalle...

33. Esquines, *Contra Ctesifonte*, 148: ἐν ἡμέρας μικρῷ μέρει.

34. Incluso después del final de la segunda liga marítima y la «guerra social».

35. Ἀναγκασθείς, dice Plutarco.

36. «Tercera filípica», 10 y *passim*.

37. «Tercera filípica», 48-52: uno de los textos más importantes sobre la historia del arte militar.

te al territorio enemigo.[38] Igual que Pericles en su primer discurso,[39] Demóstenes enumera los recursos, los puntos fuertes de los atenienses y los puntos débiles del adversario.[40] Sólo después de haber tejido una gran alianza, una temible (al menos sobre el papel) coalición panhelénica, decidió lanzarse a la batalla. Y perdió.

Pero Filipo no invadió el Ática, como se había temido al conocerse la derrota; buscó el acuerdo. Dio cuerpo a una «paz común» con el tratado de Corinto (336). Era consciente de haber vencido pero no estaba seguro de haber reducido definitivamente a Atenas. No debe por tanto sorprendernos el hecho de que, algunos decenios más tarde, cuando el fin del imperio persa a manos de Alejandro había cambiado la faz del mundo, sin embargo, a la noticia de la muerte de Alejandro, Atenas estuviera en condiciones de movilizar nuevamente una coalición panhelénica que durante algunos meses (323-322, la denominada «guerra lamiaca») puso en peligro el predominio macedonio de Europa. Con el final de la guerra lamiaca, más que con Queronea, termina la historia de Atenas como gran potencia.

<h2 style="text-align:center">6</h2>

El tema de la «grandeza» y del «ejemplo» de los antepasados es obviamente un ingrediente fundamental en la oratoria política ateniense, a pesar de que no era fácil encontrar tantas victorias para evocar, con excepción de aquellas sobre los persas y aquellas míticas de Teseo contra las amazonas. Era un tema de epitafio, y es obviamente un tema que fortalece de por sí la oratoria ficticia o, mejor dicho, la propaganda histórico-política de Isócrates. En los discursos de Demóstenes a la asamblea este tema toma cuerpo de otra forma: se convierte en una confrontación comparativa entre las diversas «hegemonías» sucesivas en la península a lo largo del siglo V, un panorama historiográfico en escorzo, apuntado como un arma en la batalla en curso. Es un ejemplo perfecto del uso político de la historia de Atenas:

> Voy a deciros acto seguido por qué me inspira la situación tan serios temores, para que, si son acertados mis razonamientos, os hagáis cargo de ellos y os preocupéis algo al menos de vosotros mismos, ya

38. Ibídem, 51.
39. Tucídides, I, 141-142.
40. «Tercera filípica», 52.

que, según se ve, los demás no os importan; pero si mis palabras os parecen las de un estúpido o un charlatán, no me tengáis en lo sucesivo por persona normal ni volváis ahora ni nunca a hacerme caso.

Que Filipo, de modesto y débil que era en un principio, se ha engrandecido y hecho poderoso; que los helenos están divididos y desconfían unos de otros; que, si bien es sorprendente que haya llegado a donde está, habiendo sido quien fue, no lo sería tanto que ahora, dueño de tantos países, extendiera su poder sobre los restantes, y todos los razonamientos semejantes a estos que podría exponer, los dejaré a un lado; pero veo que todo el mundo, comenzando por vosotros, le tolera lo que ha sido eterna causa de las guerras entre los helenos. ¿Qué es ello? Su libertad para hacer lo que quiera, expoliar y saquear de este modo a todos los griegos uno por uno, y atacar a las ciudades para reducirlas a la servidumbre. Sin embargo, vosotros ejercisteis la hegemonía helénica durante setenta y tres años, y durante veintinueve los espartanos.[41] También los tebanos tuvieron algún poder en estos últimos tiempos a partir de la batalla de Leuctra; pero, no obstante, ni a vosotros ni a los tebanos ni a los lacedemonios os fue jamás, ¡oh atenienses!, permitido por los helenos obrar como quisierais ni mucho menos; al contrario, cuando les pareció que vosotros, o mejor dicho, los atenienses de entonces, no se comportaban moderadamente con respecto a alguno de ellos, todos, incluso los que nada podían reprocharse, se creyeron obligados a luchar contra ellos en defensa de los ofendidos; y de nuevo, cuando los espartanos, dueños del poder y sucesores de vuestra primacía, intentaron abusar y violaron largamente el equilibrio, todos les declararon la guerra, hasta los que nada tenían contra ellos. Pero ¿por qué hablar de los demás? Nosotros mismos y los espartanos, que en un principio no teníamos motivo alguno para quejarnos los unos de los otros, nos creíamos, sin embargo, en el deber de hacernos la guerra a causa de las tropelías que veíamos cometer contra otros. Pues bien, todas las faltas en que incurrieron los troyanos durante aquellos treinta años y nuestros mayores en los setenta, eran menores, ¡oh atenienses!, que las injurias inferidas por Filipo a los helenos en los trece años mal contados que lleva en primera línea; o, por mejor decir, no eran nada en comparación con ellas.[42]

41. Para la hegemonía espartana los veintinueve años parecen calculados desde la victoria espartana en Egospótamos (verano de 405) hasta la victoria de Cabrias en Naxos (376). Henri Weil ha observado que, para un ateniense, esta victoria marcaba una era, incluso más que la victoria tebana en Leuctra (371).
42. «Tercera filípica», 20-25.

La verdad histórica cede el paso a la necesidad, inmediata, urgente, de dibujar con claridad el retrato del *enemigo*. En este punto, la lucha salvaje por la hegemonía, que se extiende durante más de un siglo, se convierte en una carrera de caballos en la que las potencias chocan «aunque al principio no había agravios recíprocos de los que dolerse», sólo por el deber de «reparar agravios infligidos a los otros». En esta carrera Atenas tomó la delantera, porque su hegemonía fue la más larga, en tanto que la tebana se difumina casi en la nada;[43] y porque Esparta, como ya argumentaba Isócrates en el *Panegírico*, cometió más injusticias en su breve hegemonía que Atenas en sus más de setenta años.

El lector corre el riesgo de creernos. En esta página parece que la historia conocida comenzase con la hegemonía ateniense, con el imperio, y no hubiera habido en cambio una muy larga fase precedente en la cual la potencia reguladora fue Esparta. Pero Esparta no había sabido, o querido, exportar su «mito».

43. ἴσχυσαν δέ τι τουτουσὶ τοὺς τελευταίους χρόνους.

III. UN MITO ENTRE LOS MODERNOS

1

El 19 de enero de 1891 el *Times* de Londres anuncia el descubrimiento de la *Constitución de los atenienses* (᾿Αθηναίων Πολιτεία) de Aristóteles. Se trataba de cuatro fragmentos de rollo adquiridos, en representación del British Museum, por E. A. T. W. Budge, durante la campaña de adquisiciones 1888/1889. Las primeras cinco columnas de texto, escritas sobre el reverso del papiro, fueron advertidas enseguida; el 30 de enero, es decir diez días después del anuncio oficial, aparece la *editio princeps* del fundamental tratado histórico-anticuario, al cuidado de Sir Frederic George Kenyon. En julio del mismo 1891 salía en Berlín la edición, con amplio aparato crítico al cuidado de Ulrico von Wilamowitz-Moellendorff y de Georg Kaibel. Al mismo tiempo aparecían numerosas ediciones en otros países (la de Haussoullier en París, la de Ferrini en Milán, etc.).

A partir de ese momento gran parte de los libros sobre Atenas debieron ser profundamente actualizados cuando no reescritos. Incluso el gran comentario de Johannes Classen a Tucídides, es decir la obra más importante sobre historia de Atenas, fue rehecha —la actualización se debió a Julius Steup— a la luz de los nuevos conocimientos. El fruto más importante de esta época fue *Aristóteles und Athen* de Wilamowitz (1893).

Por primera vez un libro proveniente de la forja intelectual más fecunda de la Atenas clásica, la escuela de Aristóteles, venía a llenar aquellas lagunas que Guicciardini lamentaba como habituales y casi inevitables en nuestro conocimiento de la Antigüedad, los datos de hecho:

> Creo que todos los historiadores, sin excepción, se han equivocado en este punto, ya que han dejado de escribir muchas cosas que en sus tiempos eran ya conocidas, dándolas como conocidas por todos; por eso en las historias de los romanos, de los griegos y de todos los demás,

se espera hoy la noticia en muchos ámbitos; por ejemplo acerca de la autoridad y diversidad de los magistrados, del orden del gobierno, de los modos de la milicia, de la grandeza de las ciudades y de muchas cosas similares, que en tiempos de quien escribió eran muy conocidas, y fueron omitidas por ellos.[1]

Con un poco de humor se podría decir que, por lo que respecta a la Atenas clásica, el hallazgo del tratado histórico-anticuario de Aristóteles ha ido al encuentro precisamente de esta precisa constatación de Giucciardini.

2

Acerca del nacimiento y desarrollo del imperio ateniense, teníamos una descripción sintética y sobria en el primer libro de Tucídides, al principio de su *excursus* sobre el medio siglo que transcurre entre la victoria de Salamina (480) y el estallido de la larga guerra contra Esparta y sus aliados (431). Allí Tucídides explica, en pocas palabras, cómo se había producido la deriva imperial de la alianza surgida en la estela de la victoria ateniense contra Persia.[2] Pero la atención del historiador y político se dirige sobre todo a la relación cada vez más desigual entre Atenas y sus aliados, y no a la paralela y consecuente transformación de «pueblo de Atenas» en clase privilegiada dentro de la realidad imperial, considerada en su funcionamiento complejo y orgánico.

Tucídides da eso por sobrentendido. Sí se refiere a ello, en cambio, en diversos puntos de su *pamphlet* dialogado, el autor del *Sistema político ateniense*. Su mirada se centra en el parasitismo del «pueblo ateniense» respecto de los recursos de la ciudad; los aliados, en cuanto víctimas, aparecen repetidamente, pero lo hacen sobre todo a propósito de la maquinaria judicial ateniense.[3] No falta una referencia al tributo pagado anualmente por los aliados,[4] pero la ventaja clara y concreta que el «pueblo ateniense» extrae de ello queda sobrentendida, como un dato obvio.

Esta extraordinaria y lúcida visión de un mundo desigual, en el que el «botín» derivado de la explotación de los aliados se reparte entre señores y pueblo, aparece como un largo parlamento, un verdadero tratado

1. Francesco Giucciardini, *Ricordi*, 143.
2. Tucídides, I, 98-99.
3. [Jenofonte], *Athenaion Politeia*, I, 14-16.
4. [Jenofonte], *Athenaion Politeia*, II, 1; III, 2; III, 5.

de sociología de la Atenas imperial, que Bdelicleón («Despreciacleón») pronuncia en *Las avispas* de Aristófanes (422 a. C.).[5] La cuestión había estado en el centro de la comedia de Aristófanes titulada *Los babilonios* (426 a. C.), que había dado al autor un público dominado por el temor hacia el poderoso Cleón, y cierto riesgo personal. Los aliados eran presentados como esclavos del «pueblo ateniense». No conocemos los detalles porque la comedia se perdió. En *Las avispas*, el análisis aparece *diversificado* según el distinto grado de ventaja que los grupos sociales extraen del imperio: al «pueblo ateniense» van las migajas; los privilegios mayores van a los «grandes»,[6] a los que ya son «ricos».

> *Bdelicleón.* Considera, pues, que tú y todos tus colegas podríais enriqueceros sin dificultad, si no os dejaseis arrastrar por esos aduladores que están siempre alardeando de amor al pueblo. Tú, que imperas sobre mil ciudades desde la Cerdeña al Ponto, sólo disfrutas del miserable sueldo que te dan, y aun eso te lo pagan poco a poco, gota a gota, como aceite que se exprime de un vellón de lana; en fin, lo preciso para que no te mueras de hambre. Quieren que seas pobre, y te diré la razón: para que, reconociéndoles por tus bienhechores, estés dispuesto, a la menor instigación, a lanzarte como un perro furioso sobre cualquiera de sus enemigos. Como quieran, nada les será más fácil que alimentar al pueblo. ¿No tenemos mil ciudades tributarias? Pues impóngase a cada una la carga de mantener a veinte hombres y veinte mil ciudadanos vivirán deliciosamente, comiendo carne de liebre, llenos de toda clase de coronas, bebiendo la leche más pura, gozando, en una palabra, de todas las ventajas a que les dan derecho nuestra patria y el triunfo de Maratón. En vez de eso, como si fuerais jornaleros ocupados en recoger la aceituna, vais corriendo detrás de quien os paga el salario.[7]

Es un pasaje capital desde muchos puntos de vista. La mentalidad parasitaria del «pueblo ateniense», su férrea convicción de tener derecho a vivir a costa del imperio, de los súbditos, se manifiesta aquí con toda su brutalidad: «¿No tenemos mil ciudades tributarias? Pues impóngase a cada una la carga de mantener a veinte hombres y veinte mil ciudadanos vivirán deliciosamente, comiendo carne de liebre, etc.» Es muy significativa también la concepción según la cual el ciudadano singular ate-

---

5. Aristófanes, *Las avispas*, 698-712.
6. «Gordo» (παχύς) es exactamente el término adoptado por Aristófanes para indicar a los ricos: *La paz*, 639; *Los caballeros*, 1139; *Las avispas*, 287.
7. Aristófanes, *Las avispas*.

niense es «amo» de las ciudades-aliadas-súbditas: «Tú, que imperas (ἄρχων) sobre mil ciudades, etc.»; así como la visión del salario, garantizado como un derecho, como efecto directo –también reducido al mínimo vital de la voracidad de los ricos–: «el miserable sueldo que te dan». Persuasión profundamente arraigada de un derecho adquirido, que es el homólogo de la persuasión no menos arraigada de un emblemático representante de la clase de los señores, Alcibíades, acerca del natural derecho al mando. Las primeras palabras que pronuncia, en la *Historia* de Tucídides, son: «Ciertamente, atenienses, me corresponde a mí más que a otros tener el mando [...] y además creo que lo merezco.»[8] Y continúa: «En efecto, los griegos se han formado una idea de nuestra ciudad superior a su potencia real gracias a la magnificencia de la delegación que yo envié a Olimpia [...]. Por otra parte, todo el brillo de que hago gala en la ciudad con mis coregias o con cualquier otro servicio, etc.» Al hacerle decir esto, Tucídides describe el sistema político ateniense mejor que cualquiera de las teorías generales sobre la «democracia». A lo largo de su intervención, Alcibíades lanza un ataque frontal a las pretensiones de «igualdad» con un argumento brutal: «aquel a quien le van mal las cosas no halla a nadie con quien dividir a partes iguales su infortunio»;[9] por tanto la *división igualitaria* es un concepto errado desde su raíz. Precisamente a esto se refiere Bdelicleón cuando intenta abrir los ojos de su padre, entregado seguidor del poderoso del momento (Cleón): «te lo pagan [el salario] poco a poco, gota a gota, como aceite que se exprime de un vellón de lana». Y explica: «Quieren que seas pobre, y te diré la razón: para que, reconociéndoles por tus bienhechores, estés dispuesto, a la menor instigación, a lanzarte como un perro furioso sobre cualquiera de sus enemigos.» Es la lúcida descripción de un mecanismo, de la circularidad señores/pueblo que se verá en la obra cuando Alcibíades empuje al «pueblo» ya predispuesto a la campaña colonial-imperial contra Siracusa.[10]

En el parlamento de Bdelicleón destaca una cifra: «veinte mil ciudadanos vivirán deliciosamente, comiendo carne de liebre». Es la misma cifra que se ha podido leer, tras el hallazgo de la *Constitución de los atenienses* de Aristóteles, en referencia precisamente al uso del «tributo» aliado como alimento del «Estado social» ateniense: «Como había sugerido Arístides, dieron a la mayoría de los ciudadanos (τοῖς πολλοῖς) un

---

8. Tucídides, VI, 16, 1: Καὶ προσήκει μοι μᾶλλον ἑτέρων, ὦ Ἀθηναῖοι, ἄρχειν [...], καὶ ἄξιος ἅμα νομίζω εἶναι.
9. Tucídides, VI, 16, 4.
10. De la que, burlonamente, dirá Aspasia en el antiepitafio del *Menéxeno* que había sido una cruzada por la «libertad» (Platón, *Menéxeno*, 242e-243a).

fácil acceso al sustento (εὐπορίαν τροφῆς). Sucedía en efecto que de los tributos y de las tasas derivadas de los aliados fueron alimentadas más de veinte mil personas (πλείους ἢ δισμυρίους ἄνδρας τρέφεσθαι).»[11]

Aristóteles prosigue aportando los detalles que justifican y articulan esa cifra (20.000): de los 6.000 jueces a los 1.600 arqueros, de los 1.200 jinetes a los 500 buleutas, de los 500 guardianes de los arsenales a los 50 guardianes de la Acrópolis, etc. Este memorable cuadro del «Estado social» ateniense ha sido relacionado con la prensa antiateniense;[12] del habitual Estesímbroto de Tasos –que fue el autor emblemático de la crítica aliada del sistema ateniense– al libro décimo de las *Filípicas* de Teopompo. No se puede pasar por alto la coincidencia sustancial con el genial parlamento de Bdelicleón. El nexo entre explotación del imperio y bienestar mínimo y generalizado del «pueblo ateniense» (es decir, su naturaleza de colectivo privilegiado de aquello que aparece también en la tradición antigua y moderna como el sujeto colectivo de la «democracia») queda definitivamente confirmado. «Una camarilla que se reparte el botín», según la cruda definición que Max Weber dio de la democracia antigua.[13]

3

Antes de que fueran descubiertos los papiros de la *Constitución de los atenienses* de Aristóteles, Alexis de Tocqueville había formulado la definición más opuesta a la retórica y más sustancialmente verídica, así como levemente irónica, del «sistema» ateniense. Partía para ello simplemente del dato demográfico: «Todos los ciudadanos participaban de los asuntos públicos, pero no eran más que 20.000 ciudadanos sobre más de 350.000 habitantes: todos los demás eran esclavos y desarrollaban la mayor parte de los trabajos y de las funciones que en nuestro tiempo corresponden al pueblo y a las clases medias.» Este cuadro se basa, probablemente, en otro género de fuentes de información más que en el parlamento de Bdelicleón. En la base está la noticia de Ateneo[14] sobre el censo ateniense realizado en los tiempos de Demetrio de Falero (316-

11. Aristóteles, *Athenaion Politeia*, 24, 3.
12. Hay amplia información sobre este punto en el comentario de Rhodes (Oxford, 1981), p. 301.
13. Véase más abajo § 5.
14. *Deipnosofistas*, VI, 272b-d: «21.000 ciudadanos, 10.000 metecos, 400.000 esclavos [fuente Ctesicles: *FGrHist* 245 F 1].»

306 a. C.) conocida quizá a través de Hume o, mejor, de las lecciones de Volney en la École Normale.[15]

Tocqueville hace esta deducción: «Atenas, por lo tanto, con su *suffrage universel*,[16] no era, en el fondo *(après tout)*, más que una república aristocrática en la que todos los nobles[17] tenían igual derecho al gobierno.»[18]

Esta original y fundamentada presentación de los datos implica un importante punto de encuentro con una parte de la historiografía de inspiración marxista que se desarrolló sobre todo en la segunda mitad del siglo XX, particularmente atenta a poner de relieve, contra la idealización acrítica de la antigüedad, la naturaleza esclavista de aquellas sociedades. Era una visión que ayudaba a poner en una perspectiva más ajustada el análisis de las dinámicas sociales y políticas de la «sociedad de los libres», evitando cortocircuitos, por ejemplo entre «pueblo de Atenas», *plebs* urbana de la Roma republicana y clase obrera europea de los siglos XIX y XX.[19]

Esta actitud crítica no fue vista favorablemente sino en todo caso con afectada suficiencia por parte de los estudiosos de la Antigüedad occidental, sacudida de su serenidad habitual por los efectos de la guerra fría, sublevada por el escolasticismo de los «colegas soviéticos» (para decirlo con unas célebres palabras de Arnaldo Momigliano). La necesidad de contrastar esa historiografía impulsó entonces a mejorar el nivel crítico (los meritorios estudios de Moses Finley y de tantos otros sobre muchas articulaciones y sobre diferentes estatutos de la condición esclavista en el mundo grecorromano), pero trajo además mucha palabrería sobre la intrínseca *humanitas* que habría civilizado incluso la relación amo-

15. David Hume había manifestado su escepticismo acerca de la cifra de esclavos *(Of the Popoulousness of Ancient Nations)*, y fue seguido en ello por Letronne en su *Mémoire sur la population de l'Attique* (1822) y por muchos otros, hasta Beloch, *Die Bevölkerung der griechisch-römischen Welt* (1886, pp. 89-90); pero no por August Boeckh en la *Economía pública de los atenienses* (1817¹), con el desacuerdo de Moses Finley *(Ancient Slavery and Modern Ideology*, 1980, p. 79). Las cifras de Ateneo, confirmadas inequívocamente por el fr. 29 Jensen de Hipérides relativo a la propuesta de liberación de ciento cincuenta mil esclavos después de Queronea, fueron adoptadas y utilizadas con inteligencia por Constantin François Volney en su *Leçons d'Histoire* (1795) en la École Normal de París (véase la ed. Garnier, 1980, p. 141).

16. Graciosa definición en términos decimonónicos de la práctica asamblearia.

17. Es obvio que *nobles* aplicado a los hombres del pueblo de Aristófanes es irónico, en especial viniendo del conde de Tocqueville.

18. *De la démocratie en Amérique*, II, 1840, parte I, cap. 15.

19. El propio Marx había manifestado, en alguna ocasión, su rechazo y sarcasmo respecto de los cortocircuitos antiguo-presente habituales en la retórica jacobina.

esclavo. *Sklaverei und Humanität* es el título de un libro famoso del ex racista Joseph Vogt, que pretendía ser la respuesta alemana-federal a la historiografía alemana-soviética; hoy, con justicia, ha caído en el olvido.

No nos aventuraremos a una reconstrucción analítica de esta apasionante página de la historia de la historiografía. Daremos, en todo caso, un perfil esquemático de las corrientes y de las opciones interpretativas más fecundas. Esta historia puede comenzar con los efectos historiográficos de las apropiaciones girondino-jacobinas (¡no sólo jacobinas!) de la Antigüedad clásica, y más específicamente con la inclinación jacobina por la ciudad antigua como sede emblemática del *pouvoir social* (además, obviamente, del aspecto ético: modelo de virtud, de elocuencia, etc.). La reacción a tal recuperación –que nacía, entre otras cosas, de la falta de otros modelos fuertes, útiles para dar un remoto fundamento histórico a la práctica y a la mentalidad revolucionaria– fue benéfica en el plano historiográfico; impulsó la dirección de una lectura no mitologizante y falsa de aquel mundo. Se comprende esto en las lecciones de Volney, que ya hemos evocado, y por otra parte en la historiografía británica *tory*, cuyo libro más importante, en este ámbito, es la *History of Greece* de William Mitford (1784-1810). Para Mitford, la democracia ateniense se basaba en el despotismo de la clase pobre, que volvía insegura incluso la propiedad privada y ponía en peligro el bienestar y la serenidad individual. Sintomático de los efectos desorientadores derivados de la recuperación jacobina, pero también de la carga polémica de los antagonistas, es el paralelo que Mitford instituía entre el Comité de Salud pública jacobino y el gobierno de los Treinta (Critias y compañía, líderes de la segunda oligarquía) en la Atenas de 404/403.[20]

La reacción más importante a la *History of Greece* de Mitford surgió de una operación no menos marcada por su tiempo, como fue la *History of Greece* de George Grote [1846-1856, pero el impulso para emprender el importante trabajo (12 volúmenes) se remontaba a la década de 1820]. Grote provenía de una familia de banqueros y su trabajo de historiador –precioso para nosotros, todavía hoy– se juzgaría, con los mezquinos parámetros académicos en boga en nuestros tiempos, como obra de un buen «diletante».[21] Su mundo intelectual era el del ala liberal más avanzada *(whigs):* fue diputado en la Cámara Baja desde 1832 hasta

20. *History of Greece*, V, cap. 21.
21. Tal vez porque con frecuencia los académicos estudian sin prestar atención más que a la titulografía.

1841 (nació en 1794); pero no menos importante es su cercanía al pensamiento utilitarista de Jeremy Bentham (y de los «reformadores sociales») y fue muy cercano a los dos Mill, padre e hijo, James y John Stuart. Memorables son sus batallas para hacer efectivamente significativo –si no propiamente democrático– el sufragio electoral. Batallas perdidas si se considera lo tardío de la fecha (1872) en que el mecanismo del voto se volvió efectivamente secreto en Gran Bretaña (Grote murió en 1871). Toda la reconstrucción de Grote, basada en un gran conocimiento de las fuentes antiguas, se sostiene sobre una orientación política favorable a la democracia: la Atenas de Pericles, pero también la de Cleón, son los hechos históricos a los que da mayor relevancia.

Los liberales radicales (en el umbral, en cierto modo, de la «reapropiación jacobina») reivindican Atenas, y su modelo, *en cuanto democrática*. Los conservadores al estilo de Mitford la rechazan *por la misma razón*.

En posición más reservada están los liberales antijacobinos, como el último Benjamin Constant, el del excesivamente valorado discurso *De la libertad de los antiguos comparada con la de los modernos* (1819). Su presupuesto, como queda claro ya en el título y en todo el aparato comparativo, es que la antigua idea de libertad, cualquiera que fuera la forma que asumiera, fue limitativa de los derechos individuales (en el centro de los cuales Constant pone, en posición preeminente, el derecho a disfrutar de la riqueza),[22] si no totalmente liberticida. Es célebre la página final sobre el choque que plantea entre «gobierno» y «riqueza», que culmina en la complaciente profecía: «vencerá la riqueza».[23] Pero Atenas le crea algunos problemas (es mucho más fácil «disparar» sobre la Espartacuartel del abate Mably). Por una parte, Constant es muy consciente de la crítica a lo Volney: «Sin los esclavos, veinte mil atenienses no hubieran podido deliberar todos los días en la plaza pública.»[24]

Al mismo tiempo, Constant tiene bien presente la consideración de Montesquieu *(Esprit des Lois*, libro II, cap. 6) de Atenas como «repúbli-

---

22. Es una notable coincidencia con la crítica de Mitford a la democracia ateniense.

23. «On échappe au pouvoir en le trompant; pour obtenir les faveurs de la richesse, il faut la servir; celle-ci *doit* l'emporter» (de *Oeuvres politiques de Benjamin Constant*, ed. de C. Louandre, París, 1874, p. 281).

24. Ibídem, p. 266. Acerca de este punto, Madame de Staël era más jovial: «Aristophane», escribe en el capítulo «De la Comédie», en el tomo II de *De l'Allemagne*, «vivait sous un gouvernement tellement républicain, que l'on y communiquait tout au peuple, et que les affaires publiques passaient facilement de la place publique au théatre» (ed. Flammarion, II, p. 32). Cicerón –también él incómodo frente al modelo de Atenas– deplora duramente la libertad de palabra de la comedia ática: «¡Plauto», dice, «no se hubiera permitido nada por el estilo con los Escipiones!» *(De Republica*, IV, 11).

ca comercial», que por tanto no educa en el ocio, como Esparta, sino en el trabajo. Por consiguiente, Atenas representa una excepción respecto del esquema que Constant está planteando, porque allí circula riqueza, y por eso —escribe— «entre todos los Estados antiguos, Atenas es el que resulta más semejante a los modernos». Pero Atenas es además la ciudad que condena a muerte a Sócrates, que encuentra culpables «a los generales de las Arginusas e impone a Pericles la rendición de cuentas [!]», y es por añadidura la ciudad donde rige el ostracismo. Aquí Constant evoca con horror: «Recuerdo que en 1802 se insinuó, en una ley sobre los tribunales especiales, un artículo que introducía en Francia el ostracismo griego; ¡y Dios sabe cuántos elocuentes oradores, para que se aceptara este artículo, que sin embargo fue rechazado, nos hablaron de la libertad de Atenas!»[25] Es la ciudad en que se practica la censura; y la víctima es nada menos que Sócrates. «Défions-nous, Messieurs, de cette admiration pour certaines réminiscences antiques!»[26] En definitiva, la polaridad que pretende instituir entre una *libertad opresiva* (es decir, la democracia antigua) y la *libertad libre* de los modernos (auspiciada por él y que, ingenuamente, creyó ver realizada en la Francia de Luis XVIII) se descompone cuando se trata de Atenas. Allí su teorema se desbarata, porque Atenas es las dos cosas a la vez, como se deduce, por otra parte, del epitafio perícleo-tucidídeo, si se sabe leerlo.

Sería interesante, aunque no es el tema que nos ocupa, seguir sistemáticamente los destinos historiográficos de estas lecturas opuestas.[27] La paradoja es que la opción pro o contra Atenas haya seguido manifestándose como contraposición político-ideal entre «derecha» e «izquierda». La crítica conservadora ha seguido insistiendo sobre la peligrosidad de la democracia ateniense, rozando incluso aspectos concretos como el funcionamiento parasitario de la soberanía popular ateniense, pero sin perder nunca de vista el radicalismo político moderno como proyección actual de ese modelo y verificación viviente de su negatividad (Eduard Meyer en la *Geschichte des Altertums* [1884[1]-1907[2]]; Beloch, *Attische Politik seit Perikles* [1884] y, más tarde, en la *Griechische Geschichte* [1916[2]]; Wila-

25. Ed. cit., p. 275. En cambio en Grote (III, pp. 128-130) el tono, cuando se trata del ostracismo, es tenue.

26. Ibídem, p. 278. Una admonición que, junto con otras motivaciones más profundas, recoge Max Weber en la polémica con Eduard Meyer; cfr. M. Weber, *Il metodo delle scienze storico-sociale*, Einaudi, Turín, 1958, pp. 198-199 [trad. esp.: *La acción social: ensayos metodológicos*, Edicions 62, Barcelona, 1984].

27. Para una orientación general de los perfiles de algunas personalidades eminentes, se puede ver: C. Ampolo, *Storie greche. La formaciones della moderna storiografia suglo anticho Greci*, Einaudi, Turín, 1997.

mowitz en *Staat und Gesellschaft der Griechen* [1923²] pero también en su apasionada adhesión a la visión y la crítica platónica de la política).[28] La crítica progresista al estilo de Grote o Glotz [1929-1938][29] ha provocado, por su parte, el mismo cortocircuito pero con opuesto espíritu. Incluso un Max Pohlenz formuló, reseñando el *Platón* de Wilamowitz, la imputación al gran libro de haber subvaluado el «liberalismo perícleo»;[30] una grieta en el victorioso y consolidado equívoco sobre el epitafio.

4

En el clima de Weimar, la divergencia se acentúa y se tiñe de colores aún más modernos. Hans Bogner, escritor de derechas, que se adherirá al nazismo, publica en 1930 un libro sobre Atenas, *La democracia realizada (Die verwirklichte Demokratie)*, en el que las referencias a Wilamowitz (con el fin de ennoblecer su operación) son frecuentes, y cuyo sentido es en definitiva –y al amparo del ejemplo ateniense– que la democracia conduce, en su realización concreta, a la «dictadura del proletariado». En el polo opuesto, *Democracia y lucha de clases en la Antigüedad (Demokratie und Klassenkampf im Altertum*, 1921) de Arthur Rosenberg, exponente notorio del socialismo de izquierdas que más tarde confluiría en el partido comunista, traza un perfil de la democracia ateniense en términos de victoria del «partido del proletariado» y la consecuente instauración de un Estado social muy avanzado. Es suya la observación según la cual el «proletariado» ateniense, una vez en el poder, opta por la línea de «exprimir» (la imagen a la que recurre es la de la «vaca») a los ricos a través de las «liturgias» (financiación a cargo de los privados de iniciativas de relevancia y utilidad pública) en lugar de confiscarles los bienes («los medios de producción»). Se puede pensar también que, en Rosenberg, esta relectura en términos positivos de los elementos que llevaban a los historiadores de inspiración conservadora a hablar –a propósito de Atenas– de antiguo jacobinismo (Mitford) o de antigua «troisième République» (por ejemplo Meyer o también Drerup, *Aus einer alten Advokaten-*

28. No sólo en el *Platón* (1919) sino también en el más popular *Der griechische und der platonische Staatsgedanke* (1919).

29. *Histoire grecque*, en el ámbito de *Histoire générale*, PUF, París. Sobre Glotz y su «simpatía por la democracia ateniense en la línea de Duruy y Grote, tanto como para caracterizarla con los ideales de la Revolución Francesa», cfr. Ampolo, *Storie greche*, op. cit., p. 104.

30. «Göttingische Gelehrte Anzeigen», 183, 1921, p. 18 [= *Kleine Schriften*, I, Olms, Hildesheim, 1965, p. 576].

republik. Demosthenes und seine Zeit, Schöningh, Paderborn, 1916) o de antiguo para-bolchevismo (Bogner), nace asimismo de una reacción intencionada contra sus propias raíces de discípulo de Meyer y, más tarde, profesor independiente en la órbita de la Universidad de Berlín.

En esta reacción, que es también un ajuste de cuentas con el propio pasado, Rosenberg realiza esfuerzos notables para cuadrar la visión positivamente progresista de la democracia ateniense con la realidad, que sin duda no le era en absoluto ajena, de la explotación imperial como fundamento del bienestar, y por tanto también de los «experimentos sociales» de la ciudad. No resulta superfluo dar aquí una idea de este intento de reconstrucción, del cual no es difícil captar los puntos débiles, que siempre va acompañado de solidez y capacidad divulgativa.[31]

Pero también se consideraba no propietarios a los niveles más bajos de la burguesía: artesanos pobres que se ganaban la vida sin aprendices, o bien campesinos paupérrimos cuya finca era apenas suficiente para sostener a la propia familia. En una comedia de la época sale como personaje popular un vendedor ambulante de salchichas. Quien conoce las condiciones del Sur en la actualidad sabe que incluso hoy abundan los buhoneros y vendedores ambulantes de este tipo. En la antigua Atenas, por descontado, esta gente era considerada no propietaria, aunque no se viese forzada a vender su propia fuerza de trabajo a cambio de remuneración. Ya antes hemos destacado que la división entre no propietarios y propietarios se basaba en el criterio de la posibilidad mayor o menor que el ciudadano tenía de procurarse el equipo para el servicio en el ejército. Con el término «proletario» en lo que se refiere a Roma, y su equivalente *tetes*, en lo que hace a Atenas, los antiguos no comprendían exclusivamente a los jornaleros, sino a los no propietarios.

Hay un escritor antiguo que nos informa exhaustivamente sobre las actividades de la Atenas de su tiempo. Nos referimos a Plutarco y a su «Vida de Pericles». Por Plutarco sabemos que una parte considerable del pueblo obtenía su remuneración de las grandes construcciones levantadas en tiempos de Pericles (445-432). Se trataba de albañiles, escultores, canteros, fundidores, tintoreros, orfebres, talladores de marfil, pintores, decoradores, grabadores; además de todos aquellos que se encargaban de la búsqueda de los materiales de construcción, es decir, mercaderes, marineros y contramaestres, para la vía marítima, y después cocheros, carreteros, postillones, cordeleros, tejedores de lino, cur-

31. El opúsculo estaba pensado para las universidades populares; de allí el tono y el estilo.

tidores, constructores de carreteras. Cada una de esas actividades, a su vez, al igual que el capitán de un ejército, ponía en acción masas de jornaleros y obreros manuales para su propio servicio, por lo cual, personas de toda edad y de cualquier oficio tomaban parte en el trabajo, compartiendo el bienestar que se conseguía. Y, como si lo tuviésemos ante los ojos, podemos imaginarnos las «masas de jornaleros y obreros manuales atenienses» despertar paulatinamente también a la política empujados por todo lo que bullía a su alrededor. El grado de instrucción de los trabajadores era relativamente elevado. Ya hacia 500 a. C. casi todos los atenienses, incluidos los pobres, sabían leer y escribir. Es verdad que no existían escuelas estatales, pero las escuelas privadas eran muy baratas y por poco dinero todo el mundo mandaba a sus propios hijos a un maestro para que les enseñara a escribir. La participación en las asambleas populares, en las que, con absoluta publicidad, se discutían los asuntos políticos que estaban a la orden del día, contribuía a instruir también a los pobres, y cuando los maestros artesanos, miembros del Consejo o de las comisiones, relataban en casa o en la barbería sus actividades o sus impresiones, los trabajadores se ponían a escuchar y se formaban su propia idea. También el desarrollo de la escuadra contribuyó considerablemente al crecimiento de la autoconciencia proletaria. Durante el periodo de la aristocracia tan sólo los caballeros llevaban armas y también la república burguesa se había pronunciado por un ejército basado en los propietarios. Pero año tras años se advirtió, cada vez más, que la fuerza de Atenas se basaba en la marina y no en el ejército de tierra. Sin el apoyo de la escuadra, el imperio se habría hundido de inmediato y junto con él su capacidad de traer el bienestar. Los treinta mil remeros necesarios para movilizar la escuadra no podían ser todos suministrados por el proletariado ateniense. No existían tantos proletarios. Por tanto, para cada salida en misión de la escuadra era necesario contratar una gran cantidad de remeros no atenienses. De todas formas el núcleo central de las tripulaciones estaba formado por los miles de ciudadanos pobres, y en particular por aquellos que ya en tiempo de paz faenaban en la mar: marineros y contramaestres, etc. Todos ellos podrían considerarse los auténticos fundadores y el sostén del imperio ateniense, desde el momento que, en tiempo de paz, eran ellos mismos quienes creaban el bienestar de los ricos mediante el trabajo de sus manos y, durante la guerra, lo defendían. Y así fue desarrollándose, en estas masas, la aspiración a gobernar directamente el Estado que les debía su existencia.

Durante los años sesenta del siglo V toda la población de Atenas se aglutinó alrededor de un partido unitario con el fin de apoderarse del poder político. Al frente está Efialtes, un hombre sobre cuya personalidad sabemos desgraciadamente bastante poco, pero que ciertamente debe ser considerado una de las mayores inteligencias políticas de la Antigüedad. Bastaba, en el fondo, con una sola disposición para derrocar el orden existente y sustituir con el poder del proletariado el de la burguesía. Se debía eliminar el principio según el cual la actividad desarrollada por el Consejo y los tribunales se consideraba meramente honorífica. En cuanto a un miembro del Consejo o a un juez popular le fuese asignada una paga diaria que le permitiese vivir, habrían caído las barreras que hasta entonces habían mantenido a los proletarios alejados de una participación activa en la vida pública. Sólo así se había salvaguardado, verdaderamente, el principio de la elección por sorteo, introducido por la república burguesa. Pues, en todas las circunscripciones del Estado, los ciudadanos pobres eran más numerosos que los ricos, y la mera aplicación del sorteo habría impuesto necesariamente en el Consejo y en los tribunales una mayoría de pobres. Una vez alcanzado este objetivo, todo lo demás habría caído por su propio peso.

Llegados a este punto, debemos aclarar de inmediato los contenidos reales de las aspiraciones políticas del proletariado ateniense; no es concebible, en este caso, una voluntad de realizar el socialismo. La exigencia de un sistema socialista sólo puede aparecer en presencia de la gran empresa industrializada, por completo inexistente en Atenas. Allí, muchos centenares de pequeñas empresas que empleaban de uno a veinte obreros no podían ser puestas en manos de la colectividad, ya que no se habría podido crear ninguna organización que estuviese capacitada para dirigir estas pequeñas empresas después de su adquisición por parte del Estado. ¿Y qué habría sido de los muchos maestros artesanos a los que tal medida habría convertido en parados? La idea de la socialización de las empresas y de las industrias habría sido irrealizable, por lo tanto, en Atenas, y nunca fue aventurada por ningún estadista ateniense. Sólo las minas eran desde tiempos inmemoriales propiedad del Estado, que la arrendaba a empresarios. Por tanto, la conquista del poder político no podía tener como consecuencia directa la socialización, sino que aspiraba a mejorar indirectamente la situación económica de los trabajadores. Qué caminos recorrió el proletariado ateniense para alcanzar este fin es algo que trataremos más adelante. Por lo que respecta, en fin, a la economía agrícola, la gran propiedad no estaba muy extendida dentro del Estado ateniense; predominaba sin duda la pequeña y mediana propiedad agrícola; por tanto, en las particulares condiciones de Atenas, ni una socialización ni una división del latifundio habrían producido cambios sustanciales. Se daban en cambio condiciones que, precisamente en la Antigüedad, suscitaron con frecuencia poderosas aspiraciones a revolucionar las relaciones de propiedad en los campos.

Si no aspiraban al socialismo, los proletarios atenienses pensaban aún menos en la abolición de la esclavitud. Ya antes hemos destacado que no existía más que de manera muy irrelevante un sentimiento de solidaridad entre los griegos libres y los esclavos importados de países bárbaros. De todos modos, el proletariado ateniense, apenas hubo asumido el poder, se preocupó de garantizar por ley a los esclavos un trato más humano, y esta medida queda para gloria perenne de los ciudadanos pobres de Atenas. La total abolición de la esclavitud habría sido de escasa utilidad práctica para los ciudadanos pobres. Por lo que respecta a Atenas no tenemos noticia de que existiese paro entre los libres y, como explicaremos más adelante, los salarios de los trabajadores libres cualificados fueron suficientemente elevados durante el periodo de la dictadura del proletariado; por tanto, no se puede suponer que con una eventual abolición de la esclavitud hubiesen aumentado.[32]

5

Las interpretaciones menos modernizadoras de Volney y Tocqueville no tuvieron demasiada fortuna, precisamente por ser poco útiles cuando el choque entre las interpretaciones del pasado se convirtió, debido a la fuerza sugestiva de la experiencia viviente, en parte no secundaria de un conflicto actual, a la vez cultural y político.

La senda que Tocqueville había indicado con mano ligera y de modo incidental fue reemprendida por Max Weber. A lo largo de toda su obra, la ciudad antigua retorna como problema. Esa reflexión sobre la ciudad antigua no puede separarse de su polémica con Meyer y con la perdurable presencia de cierto clasicismo arcaico. Con Weber la democracia ateniense vuelve a ser el vértice de una pirámide fundada sobre la explotación de recursos que la entera comunidad «democrática» se reparte: «Tomada en su conjunto», observa en la *Historia de la economía*, «la democracia ciudadana de la Antigüedad es una cofradía política. Los impuestos, los pagos de las ciudades confederadas eran sencillamente divididos entre los ciudadanos [...]. La ciudad pagaba con los ingresos de su actividad política los espectáculos teatrales, las asignaciones de grano

32. A. Rosenberg, *Demokratie und Klassenkampft in Altertum*, Velhagen & Klansing, Bielefeld, 1921 [trad. esp.: *Democracia y lucha de clases en la antigüedad*, prólogo, traducción y notas de Joaquín Miras Albarrán, Barcelona, El Viejo Topo, 2006, pp. 80-84].

y las retribuciones por los servicios judiciales y por la participación en la asamblea popular.»[33]

En *Wirtschaft und Gesellschaft*, su obra más significativa, también póstuma, este lúcido diagnóstico alcanza mayor amplitud. Nos referimos a un extenso pasaje en el que el lector podrá captar también un motivo que en un contexto bien distinto (una «conferencia de guerra» de la primavera de 1918) Wilamowitz había desarrollado con mirada extendida al conjunto de las sociedades antiguas: el de la génesis militar de la ciudadanía, es decir del ciudadano-soldado como fundamento de la *polis* y de modo más general de la comunidad arcaica:[34]

Resumiendo, podemos decir que la antigua *polis* constituyó, tras la creación de la disciplina de los hoplitas, una corporación de guerreros. Cualquier ciudad que quisiera seguir una política activa de expansión en el continente debía seguir, en mayor o menor medida, el ejemplo de los espartanos, es decir, formar ejércitos de hoplitas adiestrados escogidos entre los ciudadanos. Incluso Argos y Tebas crearon en la época de su expansión contingentes de guerreros especializados –en Tebas, ligados a los vínculos de confraternidad personal–. Las ciudades que no poseyeran tropas de este tipo, como Atenas y la mayor parte de las demás, quedaban constreñidas, sobre el terreno, a la posición defensiva. Después de la caída de los linajes [γένη], los hoplitas ciudadanos constituyeron la clase decisiva entre los ciudadanos de pleno derecho. Este estrato no encuentra ninguna analogía ni en la Edad Media ni en otras épocas. También las ciudades griegas distintas de Esparta tenían, en medida más o menos importante, el carácter de un campamento militar permanente. Por eso, a principios de la *polis* de los hoplitas, las ciudades habían desarrollado un creciente aislamiento respecto del exterior, en antítesis con la amplia libertad de movimientos de la época de Hesíodo; con frecuencia había limitaciones al carácter enajenable de los

---

33. M. Weber, *Historia económica: lineamientos de una historia universal de la economía y de la sociedad*. La expresión que usa Weber es «Bürgerzunft» (p. 284 del original). Análogo concepto desarrolla Weber en la quinta parte de *Economía y sociedad*, donde describe el funcionamiento de esta corporación de ciudadanos que es la democracia antigua, atendiendo a fuentes de primera importancia como el Pseudo-Jenofonte, *Sobre el sistema político ateniense*, I, 16, a propósito de los procesos de los aliados que se deben celebrar en Atenas, o bien Tucídides, I, 99, a propósito de la sustitución del impuesto a la participación paritaria de los aliados en la flota federal (*Max Weber Gesamtausgabe*, parte I, vol. 22.5, J. C. B. Mohr, Tubinga, 1999, p. 290).

34. U. von Wilamowitz-Moellendorff, *Volk und Heer in den Staaten des Altertums*, en *Reden und Vorträge*, II, Weidmann, Berlín, 1926[4], pp. 56-73.

lotes de guerra. Pero esta institución desapareció por largo tiempo en la mayor parte de las ciudades, y se volvió completamente superflua cuando asumieron importancia predominante los mercenarios reclutados o bien, en las ciudades portuarias, el servicio en la flota. Pero también entonces el servicio militar fue, en última instancia, decisivo para el dominio político de la ciudad, y ésta conservó el carácter de una corporación militar. Hacia el exterior, fue precisamente la democracia radical de Atenas quien apoyaba esa política expansionista que, abrazando Egipto y Sicilia, era extraordinaria en relación con el limitado número de sus habitantes. Hacia el interior la *polis*, en cuanto grupo militar, era absolutamente soberana. La ciudadanía disponía a su albedrío del individuo singular en todos los aspectos. La mala administración doméstica, especialmente el despilfarro del lote de tierra heredado (los *bona paterna avitaque* de la fórmula de interdicción romana), el adulterio, la mala educación de los hijos, el maltrato de los padres, la impiedad, la presunción —es decir, en general, todo comportamiento que ponía en peligro la disciplina y el orden militar y ciudadano, y que podía excitar la cólera de los dioses contra la *polis*— eran duramente castigados, a pesar de la famosa afirmación de Pericles en la oración fúnebre de Tucídides, según la cual en Atenas cada cual podía vivir como quería.[35]

El más weberiano de los historiadores del siglo XX que trabajaron sobre la Grecia antigua fue sin duda Moses Finley. Le debemos mucho, en casi todos los campos que se refieren a la realidad económica y social del mundo griego: de la propiedad territorial en el Ática a las variadas y diversificadas formas de esclavitud en el llamado helenismo periférico, a la comprensión plena de la distinción entre esclavitud-mercancía (la vigente en la «moderna» sociedad ática) y la esclavitud de tipo hilota («feudal»), a la identificación de los diversos estatus «a medias entre libertad y esclavitud». Sin la enseñanza de Weber, la obra de Finley sería inconcebible. Por eso sorprende que se aparte de Weber precisamente en la lectura de la *política* ateniense. El mito positivo de esa «democracia» obra también en Finley en muchos de sus escritos de su última etapa, dedicados al aspecto político de la Atenas clásica: ante todo en *Democracy, Ancient and Modern*, donde encontramos una serena relectura de los momentos más embarazosos de esa historia:

> Lo que sucede en Atenas a finales del siglo V no se repite en ninguna otra parte porque sólo Atenas ofrecía la necesaria combinación de

35. Max Weber, *Wirtschaft und Gesellschaft* [1922].

elementos: soberanía popular, un grupo amplio y activo de pensadores vigorosamente originales y las experiencias únicas provocadas por la guerra. Se trata precisamente de las condiciones que atrajeron hacia Atenas a las mejores mentes de Grecia, y que durante un tiempo la pusieron en una situación particularmente precaria. Atenas pagó un precio terrible: la mayor democracia griega se volvió famosa ante todo por haber condenado a muerte a Sócrates y por haber criado a Platón, el más fuerte y radical moralista antidemocrático que el mundo haya conocido.[36]

Es imposible no oír en estas palabras, así como en general en la revalorización finleyana del modelo de Atenas, el eco de la «caza de brujas» de la América macartista, de la que el propio Finley fue víctima.

6

El mito de Atenas es en verdad inagotable. No sería superfluo el intento de indicar aquí los *libros* y las *orientaciones de pensamiento* que lo han alimentado, en contraste quizá con otros «mitos»: es el del espartano-dórico, por ejemplo, que ha sido declinado ya sea en la variante austero-igualitaria (por el abate Mably y por una parte del jacobinismo culto)[37] ya sea en la variante «racial» (de los *Dorier* de Karl Otfried Müller al *Píndaro* de Wilamowitz).[38] Pero no se puede olvidar otro *mito de Atenas*, asimismo embarazoso: el de los teóricos sudistas americanos durante la guerra de Secesión, el «modelo ateniense de Charleston»[39] que ha tenido un inesperado *Nachleben* en Sudáfrica (Haarhoff: ¡el mito de la «Grecia capta» y la defensa «blanda» del apartheid!).

36. *The Ancient Greeks*, 1963.
37. Véase además el prefacio de G. F. Gianotti a *Le tavole di Licurgo* (Sellerio, Palermo, 1985).
38. Para no mencionar la formulación extrema de tal modo de ver Esparta: «el más luminoso ejemplo de Estado de base racial de la historia humana», según una definición hitleriana registrada en el volumen *Hitler's Table Talk, 1941-1942*, Londres, 1973², p. 116.
39. *Ideologie del classicismo*, Einaudi, Turín, 1980, pp. 26-30. Sobre John Caldwell Calhoun, véase asimismo M. Salvadori, *Potere e libertà nel mondo moderno. John C. Calhoun: un genio imbarazzante*, Laterza, Roma-Bari, 1996. Sobre Haarhoff, que es citado aquí a continuación, cfr. *Ideologie del classicismo*, p. 267.

7

Una última consideración debería referirse a dos personajes que han encarnado, a su vez mitificados y abusivamente explotados por la historiografía, el mito de Atenas: Pericles y Demóstenes. En síntesis muy resumida, se podría observar una diferencia: el mito de Pericles se ha alimentado de la búsqueda de una ascendencia remota de formas políticas definibles como «democráticas». En cambio, el mito de Demóstenes ha tenido (desde los tiempos en los que Fichte incitaba a Alemania, o mejor dicho a Prusia, a la guerra de liberación del opresor Bonaparte y Jacobs traducía, con alusiones al presente, *Olínticas* y *Filípicas)* una estrecha relación con el nacionalismo en el sentido de reivindicación de la nación frente a la opresión extranjera. Ello ha dado vida a la perdurable visión de un Demóstenes campeón de la «libertad» y ha engendrado a su vez una transformación indebida del «héroe» Demóstenes incluso en un campeón de la democracia ateniense en cuanto régimen de libertad. Esta distorsión choca, como es evidente, con su concreta acción política, con sus expresiones de áspera intolerancia hacia otras líneas políticas distintas de la suya y con su manifiesta inclinación a dar rienda suelta a un autócrata como Filipo. Libertad es para él independencia de toda hegemonía externa.

Sólo en una fase muy juvenil de su carrera de *Berufspolitiker* –para usar un término estimado por el Wilamowitz de *Staat un Gesellschaft der Griechen*–, Demóstenes blande, también él, la retórica tradicional sobre Atenas como jefe de filas de la democracia: «todas las democracias se vuelven hacia nosotros, etc.» («Por la libertad de los rodios»). Pero en la «Tercera filípica», en el pasaje sobre la hegemonía, el predominio ateniense está en el mismo nivel del espartano: la libertad es, por tanto, para él la autonomía respecto de potencias externas con un *surplus* de aspiración hegemónica.

Acerca del equívoco entre las dos libertades –aquella que rige en el interior y la que respecta al predominio de una potencia exterior– ha crecido y prosperado un mito dentro del mito: el de Demóstenes. Pero legítimamente y con interpretación sustancialmente veraz Clemenceau (en su *Démosthène*, 1926) identificó su propio papel de líder de la reconquista militar antialemana con Demóstenes.

8

Demóstenes fue uno de los primeros en pagar las consecuencias del «descubrimiento», fundamentalmente prusiano, del helenismo. No fue sin embargo un proceso del todo lineal. Por ejemplo, pocos años antes de Droysen, la oratoria demosténica se había situado como alimento (oratorio) del renacimiento, en el sentido antifrancés, de la «nación alemana» (Fichte, Jacobs). En ese momento, en tal perspectiva, Napoleón correspondía a Filipo de Macedonia mientras Prusia en lucha contra él y epicentro de un renacimiento nacional de *toda* (o casi) Alemania se correspondía con Atenas de Demóstenes. El hecho de que un siglo más tarde (1914/1915) Wilamowitz exaltase precisamente las *Freiheitskriege* de los tiempos de Fichte y de Jacobs para llamar a los alemanes a la lucha contra la Entente es sólo uno de los innumerables aspectos de la inagotable «ironía de la historia». Por otra parte, sería una nueva generación de historiadores prusianos (K. J. Beloch, sobre todo) quienes tacharan el libro de Droysen de «sensiblería».

La contraposición Demóstenes/soberanos macedonios tenía una matriz remota. Estaba presente ya en la obra historiográfica de Teopompo de Quíos, el gran historiador de Filipo, quien le había atribuido a éste el rango y el papel de «hombre más grande que Europa haya producido», allí donde enfocaba a Demóstenes bajo una luz muy negativa, en ese décimo libro de las *Historias filípicas*, que gozó asimismo de gran difusión autónoma bajo el título de «De los demagogos de Atenas».

Vitalidad de un mito de cariz eminentemente ideológico: la polaridad Demóstenes/soberanos macedonios se volvió aún más viva en la época nazi. Baste considerar las reacciones al *Demosthenes* de Werner Jaeger (1938). No hay que olvidar que el título exacto de la obra está en inglés *(The Origin and Growth of His Policy):* ello explica por qué el libro avanza extensamente hacia Queronea (338 a. C.), y sólo de pasada se considera la última fase, es decir, los quince años que transcurren hasta la *muerte* de Alejandro y del mismo Demóstenes.

Apenas publicado en California (1938) y en Berlín (1939), el *Demosthenes* fue objeto de dos importantes reseñas, respectivamente a la edición estadounidense y a la alemana: de Kurt von Fritz *(American Historial Review,* 44, 1939) y de Helmut Berve *(Göttingische Gelehrte Anzeigen,* 202, noviembre de 1940). Esencial y políticamente conforme con el pensamiento de Jaeger la primera; muy dura, por momentos sarcástica, pero muy analítica, la segunda.

La tesis central de Jaeger va a contracorriente —escribía Von Fritz, desde hacía ya tiempo exiliado de la Alemania nazi—: está persuadido de la sustancial justicia de la política demosténica («si los atenienses no hubieran seguido sus consejos el éxito habría sido seguro»). Pero la revalorización de la concreción política de Demóstenes, con frecuencia presentado como un soñador o a lo sumo como un vendido a Persia, se apartaba mucho del diagnóstico dominante (Droysen, Beloch). «Beloch», escribe von Fritz, «representante insigne de la visión positivista de la historia, en la introducción a la *Griechische Geschichte* ataca con vehemencia la opinión según la cual es el "gran hombre" quien hace la historia. Según él, los cambios históricos son producto de tendencias subconscientes de las masas anónimas. Por tanto, un hombre que se contraponía a la tendencia general de su tiempo (tendencia que –en el caso de la época de Demóstenes– condujo de la ciudad-Estado griega a la monarquía helenística) le parecía una figura insuficiente, precisamente en el terreno de la inteligencia política.» A lo que agregaba: en la Alemania de hoy los historiadores piensan de nuevo que es el gran hombre («the hero, the leader») quien hace la historia, «y el juicio a quien se opone al hombre del destino (en el caso de Demóstenes, Filipo de Macedonia) se ha ido volviendo cada vez más áspero» (p. 583). Sin embargo –ironizaba–, el héroe, si no encontrara oposición, no podría «display his heroism».

La extensa intervención de Berve, encaminada más que nunca a la progresión de su propia carrera académica bajo el Tercer Reich, es un auténtico acto de acusación. Desprecia el libro tildándolo de «una serie de conferencias», y ridiculiza la pretensión de Jaeger de ponerse en la estela de los intérpretes de Demóstenes que fueron asimismo «hombres de acción». El ataque se dirige ante todo a demoler la imagen «demasiado positiva» de la Atenas del siglo IV; admitir la presencia de fuerzas morales en la Atenas del siglo IV significa –para Berve– colocar «las aspiraciones políticas» de Demóstenes bajo una luz errónea. Jaeger es abiertamente acusado de aceptar la equivocada visión demosténica de los macedonios como no griegos (pp. 466-467). Naturalmente, Filipo está en el centro de la demostración, y Berve asegura que el origen griego de la «estirpe» de Filipo estaba irrefutablemente anclada «in seinem Griechentum». Jaeger está «ligado» («befangen») «a la óptica demosténica», a pesar de la «dura crítica» a la que Droysen y Beloch habían sometido la obra de ese político (p. 468). Los nombres de Droysen y Beloch reaparecen en diversas ocasiones y el principal reproche hacia Jaeger es precisamente el de haberse apartado de la ya consolidada tratadística sobre la política demosténica, desarrollada por la «deutsche Geschichtswissenschaft» (p. 471). No menos duro es Fritz Taeger sobre *Gnomon* de 1941, cuya reseña se cierra un tanto abruptamente con la pregunta –formulada a su vez por Droysen– acerca de si en verdad Demóstenes, incluso en su siempre exaltada «Tercera filípica», puede ser definido como «patriota», y no más bien como partidario de la política persa. No es superfluo recordar que en el mismo año del *Demosthenes* de Jaeger había salido en

Múnich el *Filipo* de F. R. Wüst, en armonía con la valoración *prusiana* del soberano.

La discusión sobre Demóstenes y Filipo, convertida casi en una metáfora de los conflictos actuales, se había desarrollado asimismo en Italia. El *Demostene* de Piero Treves (1933) y el *Filippo il Macedone* (1934) de Arnaldo Momigliano dan buena cuenta de esta polaridad. Precisamente del ambiente del fascismo cultural italiano surgió el ataque más duro contra Jaeger: la larga y áspera reseña escrita por Gennaro Perrotta para la revista del ministro de Educación Nacional Giuseppe Bottai, *Primato*.[40] Allí se lo acusa de «clasicismo», de haber consagrado a Demóstenes un «culto heroico», y se define el libro de Jaeger como una prueba de la funesta inmortalidad del clasicismo»; Piero Treves es escarnecido como autor de «un incoherente librito sobre *Demóstenes y la libertad de los griegos»*, vilipendiado el concepto de libertad como autonomía, exaltada la «necesidad y racionalidad de la historia», que está en la base del triunfo de Filipo contra la «libertad mezquinamente municipal de Atenas». Todo ello en nombre de Droysen, de Beloch y de la verdadera política «que no abusa de la retórica». El tono es intensa y nítidamente político: Treves, como judío, había tenido que exiliarse en Inglaterra por las leyes raciales de 1938, y la guerra hitleriana estaba haciendo estragos en la «libertad como autonomía». No carece de significado el hecho de que, en la traducción italiana del *Demostene* de Jaeger (Einaudi, 1942), el autor y colaborador de Calogero haya quedado en el anonimato.

9

Es preciso preguntarse acerca de la génesis de esta polaridad. En concomitancia con el «descubrimiento», o invención, droyseniano del helenismo (precisamente en el volumen de 1833, centrado en la figura de Alejandro), había tenido lugar la subversión del tradicional predominio de Demóstenes sobre su adversario histórico. Tradicional predominio basado en la noción de «libertad» como independencia de un poder extranjero. En el momento en que Filipo tomaba ventaja historiográfica, el primado de la libertad cedía el paso a la «nación» y, más tarde, con el hijo de Filipo, al imperio-cosmópolis regido por los dos pueblos «guías» (griegos e iranios). Era éste un nuevo modo de leer esos acontecimientos epocales, y era susceptible de degeneraciones e incluso de acercarse peligrosamente a las simpatías «arias». Se puede decir, de to-

40. A. III, 22, 15 de noviembre de 1942.

dos modos, que, si bien había precedentes, fue Droysen quien llevó a cabo este giro; y es innegable que tal giro repercute en el clima posterior a la «Freiheitskriege», con todo lo que de ello se deriva en términos de centralidad prusiana. (El último Droysen se consagró al estudio de la historia prusiana.) Un giro drástico, entonces, aunque bastante tardío. Surge por tanto la pregunta: ¿por qué, a pesar de que los vencedores fueron los macedonios y a pesar precisamente de que gracias a ellos y a sus instituciones culturales (Alejandría, etc.) la cultura griega se salvaron en los siglos que precedieron a la hegemonía romana, al fin fue la imagen de Demóstenes la que prevaleció, así como la de la Atenas clásica? Haría falta, milenios más tarde, un Droysen para invertir esa perspectiva y lanzar la visión del helenismo como una época positiva, como larga fase positiva de la *Weltgeschichte*. (En el nunca realizado proyecto droyseniano, el helenismo era considerado en su desarrollo histórico al menos hasta el islam.)

«No es Demóstenes quien debe ser conocido [en la escuela] por sus discursos efímeros y sus argumentos de papel contra Alejandro Magno, sino Alejandro, el fundador de esa civilización de la que han derivado el cristianismo y la organización estatal augusta.» Este famoso pensamiento de Ulrich von Wilamowitz-Moellendorff se lee en su intervención en la *Schulkonferenz* berlinesa (6-8 de junio de 1900), convocada por Guillermo II para impulsar una reforma educativa radical.[41] A pesar de su apariencia *iconoclasta* («¡no podemos renunciar a Demóstenes!», replicaron los profesores de secundaria), esa intervención respondía a un cliché: el de la exaltación del helenismo y de su verdadero fundador, Alejandro. Hay, en efecto, elementos que resaltan en las palabras que hemos recordado. Por ejemplo: ¿por qué Wilamowitz, intelectualmente alejado del cristianismo,[42] exalta a Alejandro porque habría «preparado» el cristianismo? Evidentemente es un homenaje a Droysen. Aún más: ¿cómo puede afirmar que «la organización» del imperio de Alejandro constituyó un modelo para el de Augusto? Wilamowitz hace suya una exaltación radical de Alejandro como factor espiritual y político destinado a un gran futuro –creador del helenismo–, y menosprecia a Demóstenes (¡«discursos efímeros y argumentos de papel»!), como símbolo de

41. *Verhandlungen über Fragen des höheren Unterrichts*, Halle, 1901, p. 90.
42. Lo afirma en la autobiografía latina editada hace unos años por W. M. Calder, «Ulrich von Wilamowitz-Moellendorff: An Unpublished Latin Autobiography», en *Antike und Abendland*, 27, 1981, pp. 34-51 [= ídem, *Studies in the Modern History of Classical Scholarship*, Jovene, Nápoles, 1984, pp. 147-164]. Por otra parte, en el *Griechisches Lesebuch* (1902) Wilamowitz dedica amplio espacio al Nuevo Testamento.

todo cuanto el helenismo borró: en primer lugar, la vieja y mezquina mentalidad del estrecho horizonte «ciudadano».

10

La restauración de la superioridad de la Atenas clásica se debió esencialmente a los romanos. Fueron los romanos quienes para dominar en verdad el Mediterráneo debieron derrotar no sólo a Aníbal sino sobre todo a la férrea y bien armada monarquía macedonia; fueron ellos quienes «degradaron» al «enemigo», y quienes exaltaron –en una mezcla de idealización literaria y esterilización política– a Atenas, su mito y su centralidad. Degradaron a los macedonios en favor de su propio papel imperial e inventaron, podría decirse, el «clasicismo», del que Atenas era el *focus:* es decir, lo contrario del helenismo. El hecho de que Atenas pudiera volverse a la vez un modelo políticamente peligroso, como cuando el cesaricida Marco Bruto enrolaba «republicanos» (uno de los cuales sería el pobre Horacio) entre la juventud estudiosa que frecuentaba las escuelas de la ciudad-museo, no constituía un verdadero peligro. En los tiempos de Sila ya se había visto lo que los romanos eran capaces de hacer en Atenas si ésta se mostraba militarmente molesta, como sucedió en el último estremecimiento de autonomía política, cuando Atenas se alineó con Mitrídates. El mito literario-museístico de Atenas, cuna del clasicismo, estaba vivo y florecía aún en los tiempos de Adriano. La inclinación de César, y la de Antonio, en favor de la última monarquía helenística, la de Cleopatra, no hacían mella en la elección fundamental. Si Cicerón traducía la *Corona* demosténica, en las escuelas de retórica se elaboraban *declamationes* que exorcizaban a Alejandro por no haber querido superar los límites del mundo.[43]

La cultura griega nos ha llegado –como es sabido– a través de los romanos, a través de su filtro. Esto ayuda a comprender por qué, en la literatura que ha sobrevivido, a la masiva exaltación de la Atenas clásica no se le opone ninguna corriente contraria que alabe quizá el helenismo, o bien el papel histórico de los macedonios en la mezcla oriental-occidental con todas las consecuencias de sobra conocidas. Conocemos la alternativa historiográfica impostada por Trogo *(Historiae philippecae)* a través del autor de su epítome; leemos el elogio de Filipo elaborado por Teopompo *(FGrHist* 115 F 27) a través de la áspera crítica de Polibio (VIII, 9 [11], 1-4). Éste, en efecto, como buen ideólogo del papel impe-

---

43. Séneca, *Suasoriae*, I; cfr. también *Controversiae*, VII, 7, 19.

rial e histórico de Roma, desmonta, despedaza y escarnece como contra-dictorio el memorable juicio de Filipo de Macedonia, en el que Teo-pompo trataba de aunar, aunque fueran antitéticos, la alta valoración histórico-política y el duro juicio moral sobre Filipo, «el hombre más grande que Europa haya dado». Hasta Droysen, fue Polibio quien pre-valeció.

IV. UNA REALIDAD CONFLICTIVA

1

El conflicto domina la vida ateniense en todos y cada uno de sus aspectos. El teatro pone en escena el conflicto en su misma naturaleza, génesis, finalidad y estructura. El tribunal –que, mucho más que la asamblea, es el lugar en el que se ejerce minuciosa y directamente la democracia– es y no puede no ser sino conflicto: las *Las avispas* de Aristófanes muerden como *sátira* en la medida en que se refieren a una *realidad primaria* de la vida ciudadana. La asamblea es la sede oficial del choque, áspero y continuo, en el contexto de la democracia. Del conflicto entre los valores opuestos de la aristocracia por un lado y del demo por el otro se pone en movimiento un pensamiento ético. En la *polis*, espacio restringido, la posesión de la plena ciudadanía es el bien más codiciado: cuando el conflicto degenera en guerra civil, la primera medida es la limitación de la ciudadanía. La guerra como forma normal de solución de los conflictos unifica en una actitud coherente el conjunto de este modo de ser.

«Ares, traficante de cadáveres, en medio del campo de batalla ha levantado sus balanzas», canta el coro del *Agamenón* de Esquilo, «[...] devuelve a sus deudos, pasado por la llama, un polvo pesado de tristes llantos en vez de hombres, que en urnas va llenando cómodamente.»[1] Según Platón, en las *Leyes*, los espartanos lo saben desde siempre: son criados según el axioma de «a lo largo de sus vidas existe una guerra interminable e incesante de todas las ciudades contra todas las ciudades».[2]

---

1. Esquilo, *Agamenón*, 438-442 [trad. esp. de Vicente López Soto, *La Orestiada*, Juventud, Barcelona 1980, pp. 37-38].
2. *Leyes*, I, 625e [trad. esp. de J. M. Ramos Bolaños, Akal, Madrid 1988, p. 56].

La muerte política domina la experiencia ateniense desde un principio. Es un carácter cuyas remotas raíces percibimos en la civilización griega arcaica. El hecho de que la *Ilíada*, es decir, el agrio relato de una guerra de represalia, con sus infinitas y minuciosas descripciones de la muerte, y la *Odisea*, cuyo punto culminante es una masacre por venganza, fueran desde muy pronto los textos fundacionales y formativos es la señal de una visión oscura y conflictiva de la convivencia que marca de modo perdurable aquella sociedad. La centralidad de la guerra es, por otra parte, inherente a tales sociedades, en cuanto instrumento primario para la captura de oro y esclavos, es decir, de formas primarias y fundamentales de riqueza y de producción (la esclavitud). La retórica de la guerra, el deber de la guerra, la práctica de la guerra como instrumento de selección y verificación del valor y definición de las jerarquías inviste tanto la poesía como el arte figurativo. Tirteo, Calino, Arquíloco mismo hablan de la guerra como del evidente *habitat* del hombre, es decir, en la visión arcaica, el principal factor y actor de la historia. La educación parte del presupuesto que «es bello (καλόν) morir combatiendo en primera fila». Dar la muerte y recibirla parece aquí la forma privilegiada de comunicación. Al regreso de la larga guerra en torno a Troya los guerreros griegos se ven envueltos en una serie de «rendiciones de cuentas» de carácter político-pasional, que se traducen, por ejemplo en el caso de Agamenón, en una serie de homicidios en cadena, y en el caso de Odiseo en una auténtica matanza.

Por otra parte, en la ciudad de Atenas, cuya historia conocemos con mayor continuidad, la educación cívica colectiva se efectuaba en el rito solemne y particularmente impiadoso de la exposición de los féretros (λάρνακας) de los muertos en la guerra (cada año los había), a la vista de las cuales el político más relevante hablaba a la ciudad, evocaba las guerras remotas y las recientes, elogiaba a quien había muerto por la ciudad y señalaba que tal salida de la vida era la mejor posible para el buen ciudadano. El rito se desarrolla en el lugar en el que poco después comenzarán las representaciones de tragedias, que acrecientan aún más el sentido general de familiaridad con la muerte, a través de la enésima representación (con variantes) de los momentos más sanguinarios del ciclo tebano y el troyano.

Una consideración aparte merecería la conducta durante la guerra. Una distinción de fondo se refiere al modo de tratar al enemigo no griego (contra el cual todo está permitido) y al enemigo griego. Pero en un determinado momento esta *distinción* se desdibuja. En este ámbito Atenas, que es además la sede de una producción cultural y artística que tiene escaso parangón a lo largo de la historia humana, ha dejado huellas siniestras de su brutalidad: tanto en el control con puño de hierro de la capacidad de su imperio (que duró cerca de setenta años) como en la adopción de métodos bárbaros incluso en la guerra entre los propios griegos. En el curso de la guerra de casi treinta años contra Esparta esto se verifica de la manera más palmaria. Como se ha dicho al principio, en el epitafio, Pericles, el gran estadista que representa aún hoy en el imaginario historiográfico medio el esplendor de las artes y el predominio cultural de Atenas, agita a los suyos recordándoles que la ciudad «ha dejado por todas partes monumentos eternos en recuerdo de males y bienes».[3] Resulta una mojigatería el esfuerzo, que sin embargo ha sido profuso, de edulcorar esta brutal proclama. El mismo Pericles, diez años antes, había comandado, a la cabeza de todo el colegio de los estrategos, entre los cuales se hallaba el «apacible» Sófocles, la represión contra la isla de Samo, culpable de haber derrocado el gobierno democrático filoateniense y desertado del imperio. En aquella ocasión se había mostrado en su máxima resonancia un mecanismo punitivo feroz y humillante: el de marcar a fuego a los prisioneros. A los prisioneros samos se les marcó en la frente un anzuelo ateniense. Hacia el final del conflicto, cuando Atenas se encontró frente a una flota peloponésica bien pertrechada (financiada por el rey de Persia), los generales atenienses no dudaron en practicar la amputación de la mano derecha a los marinos de las naves enemigas; quienes, con frecuencia, se ponían al servicio de Esparta sencillamente porque el oro persa había permitido a Lisandro, el creador de la potencia marítima espartana, ofrecer un sueldo más elevado.

Es cierto que tampoco los adversarios tenían la mano ligera. Los siracusanos, derrotada la gran armada ateniense, condenaron a morir en las canteras a centenares de presos atenienses (413 a. C.). Lisandro, tras la victoria decisiva contra Atenas en Egospótamos (405 a. C.), hizo arrojar al agua a centenares de prisioneros atenienses. Así se explica, también, la caída demográfica del mundo griego en el paso del siglo V al IV. Para comprender la envergadura del coste humano de todo esto conviene recordar que la guerra es, en el mundo antiguo, la norma de las relaciones internacionales; lo anómalo es la paz, por eso en los tratados de paz se indica la duración prevista. Son paces «a plazo», y casi siempre el plazo caduca mucho antes de lo previsto. La paz es, por tanto, como mucho, una larga tregua; de hecho, la palabra que designa la paz es la misma que significa «tregua»: σπονδαί.

---

3. Tucídides, II, 41, 4. Cfr., más arriba, cap. I, n. 1.

Así, es fácil comprender que decenas y decenas de conflictos difusos, que desembocan periódicamente en grandes «guerras generales», determinaran una caída demográfica imparable, a la que contribuyó mucho la gestión miope del derecho de ciudadanía, como bien dijo el emperador Claudio en el eficaz pasaje histórico que le dedica Tácito.[4]

Si Esparta es un caso semejante, en cuanto Estado aparentemente racial, en el que la comunidad «pura» dominante está en guerra permanente con las etnias-clases sociales sometidas, Atenas –incluso en la gran apertura debida al comercio, en buena medida practicado por no-atenienses residentes (los llamados *metecos*)– es igualmente hostil a la extensión indiscriminada de la ciudadanía. Ello se debía a que la ciudadanía comportaba privilegios políticos y económicos que el «pueblo», sujeto principal de la democracia, no pretendía *compartir*. En esa división entre señores y pueblo –a pesar de estar en conflicto en todo lo demás– están plenamente de acuerdo, beneficiarios como son ambos (aunque fuera en diversa medida) de las ventajas prácticas de la riqueza proveniente del imperio.

3

El conflicto es inherente a toda comunidad, excepto donde hay una estructura militarizada como en Esparta (e incluso allí el conflicto latente al final explotó, no sólo en las cíclicas rebeliones de los ilotas sino también en el interior mismo de la comunidad privilegiada de los espartanos). En las ciudades en las que las facciones, que sustancialmente coinciden con grupos sociales, chocan entre sí, la praxis habitual es la anulación cuando no la eliminación del adversario.

En los lugares reservados donde los oligarcas se reúnen y se adiestran para la lucha (en un contexto semejante surge y se desarrolla el diálogo en prosa *Sobre el sistema político ateniense)*[5] se utilizaba este juramento: «Yo seré enemigo constante del demo; le haré todo el mal que pueda» (Aristóteles, *Política*, V, 1310a 9). A la inversa, después del breve triunfo oligárquico en Atenas (411), es decir en el «Estado guía» de la galaxia democrática, la recuperada democracia obliga a todos los ciudadanos a un juramento pronunciado en el sugestivo marco de las Grandes Dionisias de 409, entre la ceremonia por los muertos y el inicio de las representaciones teatrales: «Mataré con la palabra, con la acción y con el voto

---

4. Tácito, *Anales*, XI, 24.
5. Del Pseudo-Jenofonte.

y por mi propia mano, si me fuera posible, a quien derroque la democracia en Atenas, y a quien detente un cargo después del derrocamiento de la democracia, y también a quien trate de convertirse en tirano o a quien colabore en la instauración de la tiranía. A quien matare a éstos yo lo consideraré puro frente a los dioses.»[6]

El juramento de los buleutas, que conocemos gracias al discurso demosténico «Contra Timócrates», deja entender sin sombra de dudas que entre los derechos de los buleutas se incluía el de *apresar* sin demasiadas formalidades a quien fuera descubierto conspirando en «traición a la ciudad» o «subversión de la democracia».[7]

Aristóteles, que observa y estudia desde el exterior y como científico de la política el mundo de las ciudades griegas, resume el conflicto de esta forma: las democracias son derrocadas por la desesperada defensa de los propietarios, dado que los demagogos, en el deber de adular al pueblo bajo, amenazan continuamente las propiedades inmobiliarias con la exigencia de repartición de las tierras y los capitales, imponiendo las *liturgias*; además de eso, persiguen a los ricos con la actividad que tiene como eje a los tribunales (sicofantas y denuncias) para sustraerles su patrimonio (*Política*, V, 1304b 20-1305a 7).

4

Los oligarcas mostraban, por lo general, un destacado espíritu «internacionalista». Bajo la égida de Esparta se ayudaban, unos a otros, en la lucha contra el demo.[8]

Aquí aparece, en toda su complejidad, el fenómeno de las tiranías atenienses, de su éxito, de su derrocamiento y del «nacimiento de la democracia» (acontecimiento que, en la autorrepresentación ideológica de Atenas, tiene en verdad muchos «nacimientos»).

La tiranía ateniense fue derrocada gracias a la intervención espartana, solicitada con habilidad y con fuerza por la poderosa familia de los Alcmeónidas, que sin embargo, durante un tiempo, había colaborado con la tiranía: Clístenes, protagonista de la acción que llevará a la expulsión de los hijos de Pisístrato, había sido arconte bajo Pisístrato, antes de convertirse en su opositor y terminar en el exilio. Por otra parte, la

6. Debemos este precioso documento a Andócides, «Sobre los misterios», 96-98.

7. Demóstenes, XXIV, 144. Sobre esto cfr. G. Busolt y H. Swoboda, *Griechische Staatskunde*, II, Beck, Múnich, 1926, pp. 848-849.

8. Cfr., más abajo, cap. XIV, «Internacionalismo antiguo».

base social de la facción de Pisístrato es, según las fuentes de las que disponemos, una base «popular». La famosa formulación de Heródoto según la cual Clístenes «tomó al demo en su hetería» significa, en sustancia, que el clan familiar cuyo jefe era Clístenes se apropió de esa misma base social. Para entender mejor estos fenómenos conviene recordar que los «tiranos» emergen, por lo general apareciendo como *mediadores*, en situaciones de una conflictividad insalvable entre clanes familiares-gentilicios en disputa.

Una disputa entre grupos aristocráticos desemboca en la «tiranía», tanto en Atenas como en Lesbos y en otros lugares. Sin embargo, uno de los clanes en lucha consiguió desplazar a la tiranía tras haberla apoyado inicialmente y haberla convertido luego, hábil y eficazmente, en blanco; finalmente la derrocó, con el apoyo de la gran potencia impulsora de la eunomía (εὐνομία), Esparta, ἀτυράννευτος por excelencia. El punto más delicado en este proceso es, por tanto, el intento de comprender el sentido de la acción histórica llevada a cabo por Clístenes. ¿Se trató solamente de una extraordinaria habilidad política? ¿O había en Clístenes y en los suyos mucho más que eso? ¿Existía la intuición de que el pacto entre señores y pueblo, experimentado por Pisístrato, podía gestionarse de otra manera, no paternalista ni como asunto familiar —como lo hizo Pisístrato— sino de modo abierto y libremente competitivo y conflictivo, en el que consiste el núcleo de la democracia ateniense? Esta segunda explicación es la más probable, y en todo caso la evolución sucesiva ha ido, en efecto, en esa dirección.

El giro impuesto por Clístenes hizo posible y, en cierto sentido, legitimó lo que a primera vista puede aparecer como una operación ideológica: es decir, la autolegitimación de la democracia como antítesis radical de la tiranía, y la reconducción a la órbita de la «tiranía» de toda organización política hostil a la democracia. Es coherente con tal ideología la asunción del atentado (514 a. C.) contra Hiparco, hijo menor de Pisístrato, como acto fundacional de la democracia en el Ática.

5

El recorrido por la historia ateniense como un conflicto que, con frecuencia, corre el peligro de deslizarse hacia la guerra civil, debe iniciarse con una mirada abarcadora. Es decir, que abarque desde el conflicto social exasperado que Solón, en el 594/593 a. C., neutralizó con la σεισάχθεια y la devaluación de la moneda (que cortaba de raíz la importancia de la deuda) a la toma del poder por parte de Pisístrato (561/560), la ambigua posición de los Alcmeónidas –Clístenes fue arconte bajo el gobierno de Pisístrato–, el asesinato de Hiparco (514), la intervención espartana (510), la invención contextual de la democracia y del ostracismo (508/507), el intento de ataque sorpresa de Iságoras apoyado por los espartanos contra Clístenes y la revuelta popular que llevó a Clístenes al poder.

El mecanismo puesto en marcha por Clístenes fue denominado, mucho después, «democracia». Tal palabra, habiendo tenido una evolución en su significado concreto y en su uso,[9] puede incurrir en anacronismo. Puede ser útil recordar que, cuando en 411 a. C. fue, durante un breve periodo, instaurada de nuevo una Boulé de 400 miembros en sustitución de la clisténica, de 500, un exponente de la oligarquía cercano al poder, Clitofonte, gran orador y amigo de la familia de Lisias, además de protagonista de los diálogos platónicos,[10] propuso que se emprendiera una atenta revisión de las leyes clisténicas, con una precisa advertencia: «ese ordenamiento instaurado por Clístenes no era democrático sino, en todo caso, similar al de Solón».[11] Sería más justo e históricamente fundado considerar la innovación clisténica sobre todo como una gran modificación del cuerpo cívico: se trataba de mezclar las diez tribus locales enclavando en ellas demos (es decir, «comunes») de diversas regiones del Ática,[12] y vincular a las diez tribus así mezcladas la representación en el Consejo (la Boulé de los Quinientos), en proporción de 50 buleutas por cada tribu; eso significó la verdadera ruptura con el orden tribal-gentilicio precedente. La reforma fue esencialmente «territorial» y en verdad unificó el Ática.

Pero no debemos perder de vista los elementos de continuidad. El hecho de que Clístenes fuera arconte bajo el gobierno de Pisístrato es muy significativo; y es conocida la controversia surgida cuando apareció la segunda edición del tomo I.2 de la *Historia griega* de Karl Julius Be-

---

9. Cfr., más abajo, el cap. V (y parte del IV).

10. No sólo del *Clitofonte*, que toma de él su nombre, sino también de la *República*.

11. Aristóteles, *Athenaion Politeia*, 29, 3. Esta consideración que leemos en el valioso opúsculo aristotélico, y que le es claramente atribuido a Clitofonte, ha inquietado a los grandes intérpretes de la historia antigua; de Wilamowitz *(Aristóteles und Athen*, I, Berlín, 1983, p. 102 y n. 8) a Jacoby *(Atthis*, Oxford, 1949, p. 384, n. 30) y Wade-Gery y Andrewes. Muy sensatamente, P. J. Rhodes ha insistido *(A Commentary on the Aristoteliam Athenaion Politeia*, Oxford, 1981, p. 377) en que el texto de Aristóteles es inequívoco: Clitofonte presentó esa enmienda y la justificó de ese modo. Sobre los vínculos familiares y profesionales de Clitofonte, véase D. Nails, *The People of Plato*, Hackett, Indianápolis, 2002, pp. 102-103.

12. Sobre lo cual J. G. Droysen habló con justicia de «Communalverfassung».

loch (1913) en torno a la posibilidad de que al menos una parte de las reformas clisténicas hubieran sido llevadas a cabo ya por Pisístrato.[13]

No debe tampoco olvidarse el sintético diagnóstico de Aristóteles sobre la génesis del poder de Pisístrato, allí donde afirma que el ostracismo[14] fue inventado «por la sospecha que generaban las personalidades económica y socialmente poderosas (οἱ ἐν ταῖς δυνάμεσι), en cuanto Pisístrato, *siendo jefe popular* (δημαγωγός) y revistiendo el cargo de estratego (στρατηγὸς ὤν), *se había convertido en un tirano*».[15] Hay aquí una visión concreta de la continuidad entre liderazgo popular y tiranía.[16]

Esa «modificación» clisténica impulsaba con fuerza una mayor participación del cuerpo cívico en la política. En tal sentido constituía un factor potencialmente «democrático», aun cuando la efectiva y asidua participación de una gran mayoría de quienes tenían derecho a los trabajos de la asamblea popular sea una cuestión bastante polémica. Los distintos procedimientos adoptados en el curso del tiempo, dirigidos a contrarrestar el absentismo, hacen pensar en un proceso en absoluto lineal.[17]

La creciente participación y la perdurable conflictividad entre clanes familiares y políticos es muy visible en la Atenas clisténica. La conflictividad, a la que la «tiranía» había puesto un freno paternalista,[18] derivaba ahora, con notable frecuencia y de forma violenta, en un enfrentamiento abierto.

El ostracismo fue el instrumento que se puso en funcionamiento desde muy pronto: un voto secreto indicaba qué personalidad emergente debía alejarse de la ciudad por un plazo de diez años. El objetivo era neutralizar el peligro representado por potenciales «figuras tiránicas»; es decir, encaminar el conflicto de forma aceptable incluso para quien era víctima de tal práctica, muy distinta del exilio. Era, en la práctica, la eliminación temporal de la escena, por vía «democrática», de un adversario político.[19] Demos algún ejemplo de las tensiones fa-

13. K. J. Beloch, *Griechische Geschichte*, I.2², Estrasburgo 1913, pp. 329-333. *Contra:* L. Pareti, «Pelasgica», *Rivista di filologia e di istruzione classica*, 46, 1918, pp. 160-161.

14. Acerca de lo cual véase más abajo.

15. *Athenaion Politeia*, 22, 3.

16. Acerca de la importancia de este pasaje como diagnóstico sobre la génesis de la tiranía, atrajo mi atención un genial helenista francés: Bertrand Hemmerdinger. Rhodes (p. 271) dice acertadamente que aquí δημαγωγός equivale a προστάτης τοῦ δήμου.

17. Cfr., más abajo, Primera parte, cap. II.

18. Tucídides, VI, 54, 6.

19. A pesar de que la tradición atribuye a Clístenes la institución del ostracismo, contemporáneamente a la puesta en práctica de las reformas, muchos piensan en cam-

miliares que sirven de fondo a la deliberación de los mecanismos legales de este género. En 493 Milcíades, futuro vencedor en Maratón contra la invasión persa y padre de Simón (rival, más tarde, del alcmeónida Pericles) fue acusado por los Alcmeónidas de haber ejercido la «tiranía» en Tracia.[20] En 489, es decir inmediatamente después de Maratón, fue incriminado por Jantipo, padre de Pericles, «por haber engañado a los atenienses en el asedio de Paro, y condenado a una gran multa».[21] (Los Alcmeónidas, en el momento de la batalla de Maratón, habían errado el movimiento: de un modo que ni siquiera el perícleo Heródoto consigue enmascarar, habían «medizado».)[22] Pero Jantipo, que de este modo barría del campo a un antagonista imponente, fue a su vez alejado: no con la imposición de una multa desproporcionada sino mediante el ostracismo (485-484).[23]

Al referirse al ostracismo de Jantipo, Aristóteles dice que aquél fue el primer caso de ostracismo que recaía sobre una persona no ligada a la familia de los Pisistrátidas. En efecto, la primera noticia cierta de ostracismo se refiere a un Hiparco (pariente de Hipias, hijo de Pisístrato).[24] Pero después de Jantipo serían sucesivamente condenados al ostracismo Arístides (482), su rival y más tarde impulsor de la naciente figura de Cimón, hijo de Milcíades; Temístocles (c. 470); Cimón (461);[25] Tucídides hijo de Melesias (443);[26] estos dos últimos fueron los principales antagonistas de Pericles y fueron ambos liquidados *pro tempore* gracias a este instrumento mortal. El último caso seguro de aplicación fue el de Hipérbolo (la fecha oscila entre 417 y 415). De Hipérbolo sabemos también cómo murió: condenado al ostracismo, se hallaba en Samos, en 411, donde un grupo de oligarcas aliados de Pisandro y los demás organizadores de la conjura oligárquica de Atenas lo mataron «para demos-

bio que el ostracismo fue instaurado poco antes de la primera aplicación que conocemos de este procedimiento (487 a. C.).

20. Heródoto, VI, 104.

21. Heródoto, VI, 132-137; cfr. Cornelio Nepote, *Milcíades*, 7-8.

22. Este neologismo fue creado en aquella circunstancia política para señalar a quienes, de una manera u otra, se habían alineado con los persas. Cuando Jantipo presentó esta acusación estaba casado ya con la alcmeónida Agarista, sobrina de Clístenes (c. 500; en 495 nació Pericles). [*Medizar* deriva del término *medos*, al igual que la denominación «guerras médicas». *(N. del T.)*]

23. Aristóteles, *Athenaion Politeia*, 22, 6.

24. Aristóteles, *Athenaion Politeia*, 22, 4. Se trata seguramente del Hiparco apodado «el bello», que figura en vasijas áticas del siglo VI. Cfr. J. D. Beazley, *Attic Black-figure Vase Painters*, Clarendon Press, Oxford, 1956, p. 667.

25. Plutarco, «Cimón», 17, 3.

26. Plutarco, «Pericles», 14 y 16; cfr. también Aristófanes, *Las avispas*, 947 y escolio.

trar su lealtad a la causa».[27] Tucídides, que relata el acontecimiento hasta en los mínimos detalles, se explaya además en un juicio despreciativo sobre la víctima de este asesinato perpetrado a sangre fría. Dice simplemente: «A Hipérbolo, un ateniense que era una mala persona y que había sido condenado al ostracismo no por temor a su poder y prestigio sino por su vileza y por constituir una deshonra para la ciudad, le dieron muerte...» No parece un juicio moderado, y además Tucídides no ignoraba las condiciones en las que se había condenado al ostracismo a Hipérbolo. El modo en que se expresa tiene, por otra parte, el efecto de atenuar el desconcierto suscitado por la obra ejecutada por esos asesinos y por su absurda motivación.

6

La eliminación del adversario político (que va desde la violencia física al ostracismo, el exilio o el asesinato, en una especie de *gradatio:* la escena política ateniense ofrece ejemplos de todos esos géneros) aparecía como una praxis no desconcertante sino, más bien, como el dramático devenir de la lucha política. Sorprende, en años muy posteriores, una tremenda intervención demosténica que se remonta al año 341, ya próxima la rendición de cuentas con Macedonia y cuando la obsesión de Demóstenes era la «quinta columna» del soberano macedonio en el interior de la ciudad: «la lucha es a vida o muerte: eso es lo que hay que entender. ¡A quienes se han vendido a Filipo hay que odiarlos y matarlos!».[28] La eliminación física del adversario como salida del conflicto era una posibilidad a tener siempre en cuenta, no una situación extraña –al menos potencialmente– a la praxis del cotidiano choque político.

En el corazón del primer discurso apologético frente al tribunal, Sócrates se explaya en la justificación de por qué decidió no hacer política: «Ahora bien, quizá parezca insólito el que yo ande por aquí y allá y me mezcle en muchas cosas dando consejos en privado, mientras en público no me atrevo a hacer frente a la multitud de ustedes, dando consejos a la ciudad. [...] Y no se enojen conmigo por decir la verdad. Porque no existe hombre que sobreviva si se opone sinceramente sea a ustedes, sea a cualquier otra muchedumbre, y trata de impedir que llegue a haber en la ciudad mucha injusticia e ilegalidad, sino que, para quien ha de combatir realmente por lo justo, es necesario, si quiere sobrevivir un breve

27. Tucídides, VIII, 73, 3.
28. *Sobre el Quersoneso,* 61: μισεῖν καὶ ἀποτυμπανίσαι.

tiempo, actuar privadamente, pero renunciando a hacer vida política. [...] ¿Acaso piensan ustedes que *habría salvado la vida* tantos años si hubiera actuado políticamente y, obrando de un modo digno de una persona honesta, hubiera defendido la justicia, y, de ser necesario, la hubiera puesto por encima de todo? Lejos de ello, señores atenienses, ¡nadie habría logrado tal cosa! En cuanto a mí, si alguna vez me he visto obligado a actuar en la vida pública, ustedes podrán comprobar fácilmente que tal ha sido mi principio, igual que en la vida privada.»[29] Como prueba de esta reiterada afirmación, Sócrates evoca en el mismo contexto la escena violenta de la que fue objeto en la única ocasión en que *hizo política:* «Escuchen, pues, lo que sucedió, para que sepan que no sólo no hay nadie ante quien retrocediera contra lo justo *por temor a la muerte,* sino que no retrocedería aun cuando tuviera que morir. Les hablaré con los lugares comunes propios de los pleiteadores, pero con verdad. En ningún momento, señores atenienses, desempeñé ningún otro cargo en la ciudad que el de consejero. Y sucedió que nuestra tribu, la de los Antioquidas, ejercía la pritanía cuando ustedes resolvieron juzgar en bloque a los diez estrategos que no recogieron a los muertos para las exequias tras el combate naval;[30] en bloque, es decir, de modo ilegal, como en tiempos posteriores todos ustedes lo reconocieron. En esa ocasión yo, único entre los pritanos, me opuse a hacer nada contra las leyes, y emití un voto contrario. Y cuando los oradores estaban dispuestos a denunciarme para hacerme arrestar, y ustedes daban órdenes y gritos, estimé que era necesario correr los riesgos del lado de la ley y de la justicia, antes que alinearme con ustedes en cosas injustas, *por temor a la prisión o a la muerte.* Y todo esto sucedía cuando la ciudad estaba aún en democracia.»[31] No debe olvidarse que el proceso contra Sócrates fue, en realidad, un proceso eminentemente político, por mucho que sea convencionalmente transfigurado en la consabida lectura que se da de él: baste considerar que el acusador decisivo y principal en la inducción del juicio hacia la condena fue Anito, un político de primera línea, destacado exponente de la democracia restaurada. El propio Sócrates, en el segundo discurso frente al tribunal, hace notar que fue decisivo, en su contra, el hecho de que Anito asumiese en primera persona el papel de acusador.[32]

29. Platón, *Apología de Sócrates,* 31c-32a; 32e-33a.

30. Se refiere al episodio de las Arginusas; cfr., más abajo, cap. XXVII.

31. Platón, *Apología de Sócrates,* 32a-c.

32. Ibídem, 36a: «Está claro que si Anito no se hubiera encargado de acusarme, junto con Licón, Meleto [el tercer acusador] hubiera sido multado con mil dracmas por no alcanzar ni la quinta parte de los votos.»

Las muertes políticas que recorren la historia ateniense están quizá dentro de la media de las sociedades políticas en las que no predomina el secreto: desde Efialtes (462-461 a. C.) a Androcles (411), Frínico (411) y Cleofonte (404). Muertos sobre los que cayó el misterio y sobre quienes circularon diversas versiones: «misterios de la república», aunque resueltos, que forman parte de la historia de toda *res publica*. Están además los muertos «de Estado»: Antifonte (410), los generales de las Arginusas (406), el asesinato de Alcibíades «por encargo» (404), la masacre de Eleusis (401) y, en fin, Sócrates (399). Con la condena de Sócrates, la «bestia» –para usar una conocida metáfora– se sosiega.

Pero del conflicto nace también el derecho, que a su vez es hijo de las demandas capitales a la «justicia» (τὸ ἴσον). El conflicto, en efecto, surge inevitablemente de la aspiración a la inmediata *coparticipación*, a la *división en partes iguales*. De la noción de *igual/justo* descienden también cuestiones éticas, y también la cuestión, aún más tormentosa porque es indisoluble, del sufrimiento del justo y la indiferencia inexplicable de lo divino. En Atenas todo esto desemboca en la forma de comunicación de masas más influyente: el teatro. El teatro de Dioniso, donde, en un contexto político y ritual muy sugestivo, se representaban las tragedias en presencia de toda la ciudad, es el corazón de la comunidad. Lo que las personas piensan se forma en el teatro, en la constante fruición de la dramaturgia, directamente regulada por el poder público; mucho más que en la misma asamblea popular. Aquí la palabra política asume casi siempre la forma de la mediación sospechosa, orientada al resultado inmediato, a arrancar el consenso contingente. Es de los más aculturados. No tiende necesariamente a la búsqueda de la *verdad*. Los políticos que conocen la importancia del teatro no sólo lo tienen bajo vigilancia, sino que a veces se comprometen ellos mismos como coregos. Temístocles, arconte en 493/492, adjudica el coro al autor de tragedias Frínico, que pone en escena *La toma de Mileto* (triste epopeya de la revuelta jónica contra los persas); en 476 vuelve a hacer corego de Frínico, que pone en escena *Las fenicias* (el drama basado en la victoria ateniense en Salamina); en 472 Pericles, que apenas tenía veinticinco años, es corego de Esquilo, que pone en escena *Los persas*. No todas las implicaciones de este gesto nos resultan claras: más allá del obvio sentido «litúrgico» al servicio de la ciudad, obligatoria para un político en ascenso,[33] tiene un significado especial (un Alcmeónida, con su pasado sospechoso, que contribuye a la celebración de las victorias sobre los persas), y es

33. Alcibíades, en cambio, se desahogaba en las carreras en Olimpia (y presumía de ello en sus discursos a la asamblea: cfr. Tucídides, VI, 16, 2).

asimismo una toma de posición en favor de Temístocles (que al año siguiente sería condenado al ostracismo). Todo esto «funciona» alrededor del teatro.

La tragedia es ante todo educación, catarsis, tal como lo entendió y lo teorizó Aristóteles. En el centro de la tragedia ática del siglo V están las dos categorías, la de la *culpa* y la de la *responsabilidad:* categorías eminentemente jurídicas, que fundan el derecho y dan al mismo tiempo una disciplina a la violencia latente, al conflicto que la culpa (verdadera o presunta) desencadena; y tienen además una implicación ético-religiosa, cuyo escándalo es el inexplicable sufrimiento del justo, que suscita la duda.[34]

¿Qué otra cosa, sino una ya larga experiencia del conflicto, podría haber llevado a Esquilo a hacer decir al coro de *Agamenón:* «Horrible cosa es el rencor de los ciudadanos airados, y cara se paga la maldición pública»?[35] Para salir del conflicto hay que codificar la *ley,* y de ese modo se detiene el desarrollo de la guerra en curso.

La ley, sin embargo, no es suficiente: hay esferas en las que rige la «ley no escrita». Lo cual abre el camino en sentido inverso, no ya de la ética a la ley, sino de la ley a la ética, en la hipótesis –a la que, por distintos motivos, se atienen tanto Antígona[36] como Pericles–[37] que suscita un «derecho natural». El pensamiento ético-jurídico de la Atenas que pasa del gobierno paternalista de los «tiranos» a la conflictiva «democracia» es un pensamiento que nace ya maduro.

34. Esquilo, *Agamenón*, 369.
35. *Agamenón*, 456-455.
36. Sófocles, *Antígona*, 454-455.
37. Tucídides, II, 37.

V. LA DEMOCRACIA ATENIENSE Y LOS SOCRÁTICOS

Dos pensadores fueron condenados a muerte por los tribunales atenienses: Antifón y Sócrates. Ambos eran ya septuagenarios cuando bebieron la cicuta. El primero fue acusado de haber traicionado a la ciudad conspirando con el enemigo; el segundo, de corromper a los jóvenes y de no creer en los dioses de la ciudad. El primero se había abstenido largamente de participar en la política activa y había decidido comprometerse sólo cuando creyó llegado el momento y se le ofrecía la posibilidad de instaurar un orden completamente distinto al «democrático». El segundo nunca hizo política, pero se encontró en cierto momento de su vida, dados los mecanismos atribuidos casualmente por los órganos representativos de la ciudad, en la «presidencia de la república» (el colegio de los pritanos): precisamente el día en el que la asamblea, en el papel de tribunal, decidía condenar a muerte a los generales vencedores en las Arginusas, fue el único en oponerse al procedimiento ilegal, y poco faltó para que lo arrojaran físicamente de su escaño.[1] Pero el hecho es que la mayor parte de su extraordinaria fuerza crítica se dedicó a la política como problema.

Ambos habrían podido huir para salvarse, y sin embargo se quedaron en Atenas, afrontando el juicio y la muerte. Ambos, aunque de manera muy distinta, habían desafiado a la democracia ateniense y aceptaron las consecuencias extremas de tal desafío.

Antifón fue arrestado y procesado enseguida (411/410), apenas caído su liderazgo. Sócrates fue procesado en 399, se podría decir que repentinamente: varios años después de que el experimento oligárquico puesto en marcha por algunos de sus amigos hubiera fracasado y quedara dividido en dos etapas (403 y 401).

En torno a ambos hombres existen, por así decir, dos constelacio-

---

1. Platón, *Apología*, 32b.

nes. Para Antifonte, y para la acción política que llevó a cabo, se mencionan varios nombres: Tucídides ante todo, pero también Terámenes y Sófocles (y en cierto sentido también Aristófanes, limitado a la acción pública que decidió desarrollar en defensa de quien se había «comprometido» con el gobierno oligárquico de 411). Tucídides dejó, en el seno de su obra, una huella profunda de su vínculo con Antifón.[2] Terámenes fue el más celoso colaborador de la empresa puesta en marcha por Antifón y también su (metafórico) verdugo y acusador. Sófocles se encontró, junto con el padre de Terámenes y otros, en el colegio de los ancianos («próbulos», como fueron llamados) que puso en marcha el proceso de deslegitimación de la democracia que iba a desembocar rápidamente en el triunfo (efímero) de la trama liderada por Antifón.

Sócrates tuvo a su alrededor a muchos seguidores; como él mismo dice en la *Apología*, también a jóvenes muy ricos.[3] Alcibíades, Jenofonte, Critias, Cármides y, en la generación más joven, Platón; pero también Lisias, Fedro (gravemente involucrado en el proceso de los Hermocópidas)[4] y muchos más.

Además, hay relaciones, de las que tenemos algún indicio, que vinculan ambas constelaciones y las dilatan. Critias nos lleva a Eurípides[5] (de quien se decía maliciosamente que incluso Sócrates mismo era un oculto inspirador). Jenofonte, que estuvo en la caballería, que no gozaba de muy buena fama, bajo el gobierno de Critias, nos lleva a Tucídides, es decir, a una pieza importante de la otra «constelación». Jenofonte decide poner en forma de «comentarios» muchos de los diálogos que Sócrates había impulsado y dirigido[6] (Arriano de Nicomedia, en los tiempos de Adriano, hizo una operación parecida respecto a Epicteto, poniéndose explícitamente bajo la égida del modelo jenofónteo), y fue también[7] el heredero del legado tucidídeo, que publicó volviendo accesible, y enseguida objeto de fuertes polémicas, la más importante e influyente obra de historia política anterior a Polibio. A su vez los caminos de Eurípides y de Tucídides se cruzan en el autoexilio macedonio: para ambos la Atenas que había vuelto al antiguo régimen se volvió irrespirable.

Pero es sin duda Jenofonte el nexo evidente entre ambos círculos. Fue

2. Tucídides, VIII, 68; cfr., más abajo, toda la parte IV, en especial el cap. XVII.
3. Platón, *Apología de Sócrates*, 33b.
4. Cfr., más abajo, cap. XII.
5. Cfr., más abajo, cap. II, para la colaboración dramatúrgica entre ambos.
6. Son los llamados *Memorables*, a los que Diógenes Laercio se refiere con agudeza (*Vida de los filósofos*, II, 48).
7. El modo en que esto sucedió se nos escapa.

él quien adoptó la táctica de exculpar a Sócrates afrontando (como veremos más abajo) las acusaciones políticas implícitas que estaban en la base del proceso, y por eso escogió el camino poco convincente de separar –también en el plano biográfico– la imagen de Sócrates de la de Alcibíades y Critias. En cambio Platón, en el seno de su *corpus*, que tiene siempre a Sócrates como protagonista,[8] vuelve a ponerlo, sin tapujos, en su verdadero *milieu*: Critias, Alcibíades, Cármides, Clitofonte, Menón, etc.

Jenofonte, al obrar de tal modo, afronta también un problema personal, ya que Critias resulta embarazoso, como «camarada», no sólo para Sócrates, sino también para él mismo. De ahí su opción de «socratizar» a Terámenes en el *Diario de la guerra civil*[9] que agrega al final del legado tucidídeo[10] del que se encarga; animado en esta decisión por la presencia, en la parte final del relato elaborado por Tucídides, de un amplio diario tucidídeo de la primera oligarquía.[11] «Socratizar» a Terámenes –vinculándolo con la aventura de León de Salamina–[12] era la única vía para apartarse de una experiencia –el gobierno de Critias– con la que la ciudad no iba a reconciliarse nunca.

Así, Jenofonte contribuyó a salvar la obra de Tucídides, «esterilizó» el retrato político de Sócrates separándolo de Critias y «socratizó» a Terámenes para borrar su propio compromiso con Critias. Le debemos también, sin embargo, la salvación del afilado diálogo de Critias *Sobre el sistema político ateniense;*[13] y es mérito no menos relevante que su labor con el legado tucidídeo (legado que –leía Diógenes Laercio en sus fuentes– «hubiera podido robar»).[14]

8. Con la excepción de las *Leyes*, lo que debería hacernos pensar que precisamente por eso en los otros diálogos hay mucho de Sócrates (tal como pensaba, por ejemplo, Aristóteles).

9. *Helénicas*, II, 3, 10-II, 4, 43.

10. *Helénicas*, I, 1, 1-II, 3, 9.

11. Tucídides, VIII, 47-98.

12. Sobre esto, cfr., más abajo, cap. XXVIII.

13. Si ese opúsculo se ha salvado junto con las obras de Jenofonte es evidente que había entrado en su «Nachlass» (los papeles dejados por él cuando murió). Tomar conciencia de estos fenómenos significa orientarse en la historia de los textos. Max Treu [*s.v. Ps.-Xenophon, RE*, IX.A, 1996, col. 1980, ll. 16-20] tiene en cuenta este tipo de fenómenos y no obstante escribe: «La hipótesis de que esta anónima *Athen. Respublica* haya sido encontrada en el legado póstumo *(Nachlass)* de Jenofonte puede parecer creíble desde el punto de vista de la historia de la tradición; pero no se pueden aducir argumentos que sostengan esta hipótesis.» Impagable.

14. Diógenes Laercio, II, 57.

Después de que Sócrates hubiera desaparecido (399 a. C.), pero cuando aún no se habían apagado los ecos de su juicio, Polícrates, orador adversario del ambiente de los socráticos, escribió un *pamphlet* en el que dejaba claro las verdaderas razones de la condena. En sustancia, la acusación era directamente política: Sócrates había «criado» a los dos políticos responsables de la ruina de Atenas, es decir a Alcibíades y a Critias (quien era además tío de Platón). En la Atenas de la «restauración democrática» esos dos nombres bastaban por sí mismos para indicar, emblemáticamente, la mala política. A Alcibíades se le podía reprochar, aunque sea con alguna simplificación, la derrota en la larga guerra contra Esparta, además del intento de ponerse en posición «tiránica» respecto del normal funcionamiento de la ciudad democrática (intento confirmado por su estilo de vida «tiránico», es decir, excesivo); a Critias se debía la feroz guerra civil que había devastado el Ática después de la derrota militar (abril de 404/septiembre de 403 a. C.).

Se comprende entonces la envergadura del ataque de Polícrates: el mal maestro –era éste el sentido de su *pamphlet*– debía pagar por haber causado, en última instancia, con sus enseñanzas, la ruina de Atenas. Esta tesis no ha tenido éxito en la tradición moderna, *pero en Atenas* –excepto en los círculos de los socráticos y en su descendencia intelectual– *se convirtió en la opinión dominante*. Baste recordar al menos dos episodios, ambos muy sintomáticos. En 346, es decir, más de cincuenta años después de la muerte de Sócrates, en un juicio político muy importante que vio enfrentarse a dos líderes de gran peso –Demóstenes y Esquines–, éste, hablando *contra Timarco* frente a un numeroso público (como era normal en el caso de importantes juicios políticos) y persuadido de decir algo agradable y apreciado por el público, afirma, con el propósito de rememorar a los atenienses la sabiduría de sus veredictos procesales: «Acordaos, atenienses, que habéis condenado a muerte al sofista Sócrates, quien había educado a Critias el tirano» (§ 173). Esta ocurrencia de Esquines vale más que cualquier demostración indirecta: significa que un orador de éxito daba por supuesto que ése era el juicio que el «ateniense medio» conservaba de aquel acontecimiento sucedido medio siglo antes. El otro episodio, no menos significativo, es algunas décadas posterior. Se trata del decreto que un tal Sófocles propuso, y Demócares (sobrino de Demóstenes y su heredero político) apoyó, para la clausura de las escuelas filosóficas de Atenas. La idea prevaleciente era que en el ambiente «aislado» de tales escuelas respecto de la ciudad (una vez más se trataba de la herencia socrática) se conspiraba contra la democracia.

El «renacimiento» del mito positivo de Sócrates (fuera de la descendencia filosófica) se debe al «humanismo» ciceroniano, mucho más que a los ejercicios apologéticos florecidos no sin motivo en la cultura retórica de la Antigüedad tardía, como en la *Apología de Sócrates* de Libanio. Se debe a Cicerón la apreciación del filósofo que habría devuelto la especulación filosófica «del cielo a la tierra» (por haber centrado su reflexión, precisamente, en la ética y en la política). Está claro que, en la mentalidad política romana, la *licentia*, la *nimia libertas*, características de la democracia ateniense, aparecían como el blanco preciso de la crítica socrática, y Sócrates aparecía, por tanto, como la víctima de ese régimen de abusos.

De Cicerón al ciceroniano Erasmo *(o sancte Socrates ora pro nobis!)* el mito pasa al pensamiento moderno. Voltaire, en el *Tratado sobre la tolerancia*, dedica un capítulo casi «heroico» al inquietante juicio contra el filósofo: Voltaire intenta conciliar la devoción por Sócrates con su visión favorable de Atenas y de la «tolerancia» de los atenienses; su hallazgo consiste en que, si casi 300 jurados, aunque salieran derrotados por estar en minoría, votaron a favor de la absolución de Sócrates, entonces había en Atenas nada menos que «casi 300 filósofos». *Escamotage* pseudológico cuyo presupuesto es, justamente, la ya firme ubicación de Sócrates como héroe positivo en el firmamento de los «grandes» griegos y romanos. Medio siglo después, Benjamin Constant, que también tendería a colocar a Atenas en una luz menos negativa entre las repúblicas antiguas de las que recomienda despedirse de una vez para siempre, indica en todo caso el juicio y la condena de Sócrates como el indicio más claro del inaceptable carácter opresivo de esas repúblicas (1819). Habría que esperar, para ver aflorar una posición «a la Esquines», el libro de un culto *radical* estadounidense, I. F. Stone, *El juicio de Sócrates* (1988). Más allá de cierto extremismo de neófito, el libro de Stone percibe el problema, aunque no lo argumenta en profundidad. Se le escapa quizá que no se trató de un caso individual, aunque sea particularmente espinoso. A pesar del retrato platónico, de hecho, nosotros nos vemos hoy impulsados a pensar que el papel de Sócrates fue *políticamente central* en aquellos años, aunque se tratara de una politicidad negativa. El hecho mismo de que en torno a él orbitaran algunas de las figuras políticas más relevantes, que Aristófanes sintiese la necesidad de atacarlo frontal y repetidamente *(Nubes primeras, Nubes segundas)*, que otros importantes cómicos lo atacaran acusándolo de ser también el *ghost-writer* de Eurípides, otro personaje mal visto (Calias, fr. 15 Kassel-Austin), y que Platón escogiese ponerlo en el centro de una sociedad política en permanente discusión, representándolo como la conciencia política de la ciudad, son todos elementos que denotan su *centralidad*, de la que no se puede prescindir cuando se argumenta acerca del acontecimiento de su muerte.

¿En qué consiste, en efecto, la constante, mayéutica, discusión socrática puesta en escena por Platón, si no en la continua crítica de los fundamentos del sistema político vigente en Atenas y, más generalmente, de los fundamentos de la política (y no sólo democrática)? La cuestión retorna de diálogo en diálogo y gira en torno a los temas cruciales de la competencia y el mejoramiento de los ciudadanos. La cuestión preliminar que aflora en diversas ocasiones es cuál es *el objeto específico* de la política y qué *institutio* es necesaria para su cumplimiento; y si se trata de *competencias* que pueden adquirirse, como sucede con las competencias necesarias para realizar otros oficios. El mejoramiento de los ciudadanos, a su vez, comporta la cuestión del *conocimiento del bien* por parte de quien aspira a gobernar y lucha por conquistar ese papel. Sorprende, en ese caso, la falta de escrúpulos con que el Sócrates platónico juzga severamente incluso las figuras más eminentes de la política ateniense del «gran siglo». Temístocles y Pericles *in primis*. Sorprende –y fue objeto de réplica por parte de los rétores tardíos, como Elio Arístides– la valoración de Pericles como gran corruptor, como aquel que ha dejado a los ciudadanos «peores de como los había recibido» cuando subió al poder *(Gorgias,* 515e). Nada excluye que Platón haga decir, en tales casos, a Sócrates juicios efectivamente pronunciados por él o, al menos, que eran habituales en su entorno.

La réplica de Jenofonte, al principio de los *Memorables,* a la acusación de Polícrates en lo que respecta a Sócrates como mal maestro de Alcibíades y Critias es débil y banalmente defensiva. Intenta demostrar que ambos habrían emprendido la vía de la política cuando ya no frecuentaban a Sócrates y sobre todo, por lo que respecta a Critias, pone el acento en el contraste, que por otra parte pudo llegar a ser mortal, entre Sócrates y Critias cuando éste tomó el poder en 404. De todos modos, nada de esto afecta a la verdad sustancial de la acusación dirigida a Sócrates de haber «adiestrado» en su círculo a estos exponentes, si no artífices, de la disolución de la Atenas democrática. He aquí por qué semejante «apología» resulta ineficaz, en especial si se considera que quien la escribe es alguien que había combatido al servicio de los Treinta, y además en el cuerpo selecto y peligrosamente sectario de la caballería. Precisamente su adhesión activa al gobierno de los Treinta (más activa que la de Platón, como se desprende de la *Séptima carta;* y más activa, obviamente, que la de Sócrates, limitada a su opción de «permanecer en la ciudad») hizo que Jenofonte prefiriera, en 401 (tras el trauma de la masacre de Eleusis), desaparecer de la escena y enrolarse con Ciro el joven. ¡Resulta así una verdad poco importante su apología de Sócrates, encaminada a «limpiarlo» de la mala política de Critias!

No es casualidad que entre los escritos conservados de Jenofonte figure también –como sabemos– el duro y sarcástico *pamphlet* antidemocrático *Sobre el sistema político ateniense*. Esto significa simplemente que Jenofonte tenía entre sus «papeles» el escrito programático de aquel que, durante la dictadura de los Treinta, había sido su jefe.

Si la mirada de los socráticos hacia la ciudad es crítica, son diferentes los resultados: la posición de Critias es políticamente prudente y, si es necesario, sin prejuicios (como cuando, al servicio de Terámenes, se había comprometido en el retorno de Alcibíades); la elección de Sócrates fue dejar que se consumara hasta sus últimas consecuencias el «escándalo» de la condena a muerte (negándose a huir); la de Platón, será intentar en otra parte los experimentos de filosófico «buen gobierno» (con efectos desastrosos). La mirada, en cambio, de la ciudad hacia los filósofos es sumaria y hostilmente equívoca: para Aristófanes, en *Las nubes*, Sócrates es un monstruoso cruce entre un banal sofista que hace juegos de palabras y un divulgador del ateísmo de Anaxágoras. No sorprende la simplificación. Llama la atención en todo caso que una materia de este tipo pareciese, a un autor experimentado y sensato como Aristófanes, adecuada para captar el interés de un público tan amplio como el que acudía al teatro.

VI. LOS CUATRO HISTORIADORES DE ATENAS

La historia del gran siglo de Atenas nos ha llegado a través de cuatro testimonios atenienses fundamentales –Tucídides, Jenofonte, Platón, Isócrates–, tres de los cuales, de uno u otro modo, están ligados al socratismo. Platón y Jenofonte fueron amigos y seguidores de Sócrates. Isócrates aparenta ser un nuevo Sócrates: no hace política pero da consejos de política; se presenta como enemigo de los sofistas. Los otros tres muestran o dejan ver claramente su propia renuncia a la política. Platón, en la *Carta séptima*, describe con cautela e ironía su única experiencia política ateniense, al principio del gobierno de los Treinta. Jenofonte no tomó el camino de la política hasta que Critias subió al poder. Sólo entonces se comprometió, evidentemente con la esperanza de que la *eunomia* fuese representada por aquellos hombres; después de lo cual debió ocuparse en poner distancias apologéticas respecto de los peores aspectos de ese gobierno, en el cual había militado. El único que intentó hacer política con convicción, «en la ciudad democrática»[1] y posteriormente con los Cuatrocientos, fue Tucídides. De los cuatro es el único historiador verdadero que tuvo además una obstinada y activa vida política.

¿En qué sentido los otros tres merecen el título de historiadores del gran siglo de Atenas? Isócrates y Platón han diseminado en sus obras referencias al funcionamiento y a la historia de la ciudad y a los grandes políticos que la habían dirigido; Platón se divierte en el *Menéxeno* acuñando una contrahistoria grotesca de Atenas. Pero Isócrates hizo mucho más. No sólo trató reiteradamente de la historia de Atenas en el *Panegírico* y en el *Panatenaico*, sino que además inventó un objeto literario nuevo, el opúsculo político, en forma de oratoria ficticia, cuajado de referencias históricas. La invención de este nuevo objeto literario, que demuestra que la asamblea popular en cuanto tal tiene cada vez menos peso, posee nu-

---

1. [Jenofonte], *Sobre el sistema político ateniense*, II, 20.

merosas implicaciones: significa, entre otras cosas, que el público de Isócrates no se limita al de la ciudadd. De hecho, Isócrates extendió su influencia a personajes no atenienses; desde su punto de vista no está fuera de lugar dirigirse como consejero espontáneo a poderosos extranjeros, como el tirano de Siracusa o el soberano de Macedonia. Fuera de Atenas encontró a muchas de sus amistades, a algunos de los cuales sugirió un camino más específico, por ejemplo impulsando hacia la historiografía a Teopompo de Quíos y a Éforo de Cumas. El hecho de que para éstos el impulso hacia la historiografía viniera de Isócrates, como Cicerón repite varias veces sobre la base de fuentes que obviamente no declara, fue puesto en duda, a principios del siglo XX, sin motivos serios, pero quizá por la fascinación que ejerce la hipercrítica sobre los eruditos. Hoy se puede afirmar tranquilamente que la noticia conocida por Cicerón a través de la tradición no ha sido cuestionada por ninguna documentación posterior.

El primer trabajo historiográfico al que Teopompo se entrega, las *Helénicas*, es una nueva continuación de Tucídides. Es posterior a la realizada por Jenofonte al regresar a Grecia (394 a. C.) y se perfila, en base a los fragmentos de los que disponemos, como deliberada rectificación de lo que Jenofonte había realizado. El sello macroscópico de tal obra de revisión y refutación está en la amplitud misma de las *Helénicas* de Teopompo (once o, según Diodoro, doce libros frente a los dos, o tres si se sigue el papiro Rainer, jenofónteos que componen sus *Helénicas);* la otra señal de desacuerdo radical está en la adopción de un punto de llegada distinto: el renacimiento de Atenas debido a Conón (padre de Timoteo y amigo de Isócrates), además de Persia, o bien en 394 contra 404. Por su parte, Isócrates no había ahorrado dardos dirigidos a Jenofonte en el *Panegírico*, donde habla de aquellos que se habían convertido en «siervos de un esclavo», es decir, Lisandro, harmosta de Atenas en 404, o cuando define como «desechos de las ciudades griegas» a los Diez Mil que se enrolaron con Ciro.

Jenofonte llegó a ser historiador por casualidad. Poseedor del legado tucidídeo, lo hizo público. Inventaría después, él también, un objeto literario nuevo al escribir la *Anábasis* –historia memorialística de un periodo que no llega a los tres años y que abarca siete libros, densos de hábiles reconstrucciones apologéticas– y sólo mucho más tarde había emprendido el relato de la guerra entre Esparta y Persia bajo el mando de Agesilao, en la que él mismo había participado; en la práctica, era una continuación de la *Anábasis*.[2] En fin, mucho más tarde narraría el conflicto

2. Frente a una obra de carácter compuesto, como las *Helénicas*, un gran intérprete como Jacob Burckhardt supo poner en primer plano una consideración genética y

espartano-tebano y la crisis de la hegemonía espartana en el Peloponeso. Su principal actividad literaria, a la que pensaba dejar ligado su nombre, era la del filósofo socrático y también la del escritor técnico.

Pero su iniciativa de poner en circulación la obra de Tucídides, «en vez de apropiársela», como dice el antiguo biógrafo, fue el acontecimiento principal en la historia de la historiografía griega. No sólo porque salvó la más imponente historia política de aquella época, sino porque volvió operativo un modelo que sería decisivo, al que él mismo se adaptó con grandes dificultades. Sobre todo creó un caso político-historiográfico, ante el que reaccionaron en diversa medida, más o menos en el mismo periodo de tiempo, los otros dos: Isócrates y Platón. Estaba en juego la interpretación del gran siglo, de la política de Pericles, de la justicia o iniquidad del imperio y de las razones de su caída. Isócrates escogió la vía de defender las razones del imperio ateniense hasta el final (desde el *Panegírico* al *Panatenaico*); Platón, por el contrario, prefirió revisar el origen del mal ya en los «grandes» que habían creado ese imperio, empezando por Temístocles, o lo habían transformado en tiranía, empezando por Pericles.

La difusión de la obra tucidídea realizada por Jenofonte ocasionó reacciones inmediatas. En su epitafio ficticio, Lisias parafrasea así las palabras del Pericles tucidídeo («nos bastará con haber obligado a todo el mar y a toda la Tierra a ser accesibles a nuestra audacia, y con haber dejado por todas partes monumentos eternos en recuerdo de males y bienes»):[3] «No hay tierra ni mar en el que nosotros, los atenienses, no seamos expertos; por todas partes, quien llora su propia desventura canta a la vez un himno a nuestras virtudes bélicas.»[4] Es evidente aquí la alusión a las palabras del Pericles tucidídeo, el cual en efecto dice justo antes que Atenas «no necesita un Homero *que nos haga el elogio*». Las correspondencias entre ambos pasajes –uno puesto como conclusión, el otro al principio– son a tal punto visibles y precisas («hemos conquista-

---

analítica. Incluso en el ámbito de un sintético perfil de historia cultural, ponía de relieve la profunda diferencia (y esgrimía la hipótesis de un origen distinto) de los primeros dos libros de las *Helénicas* respecto del resto de la obra. En esos libros iniciales –observaba– la materia es expuesta «de modo tan rico y sugestivo que se ha podido pensar en una utilización de material tucidídeo». Y añadía: «Del libro III en adelante nos encontramos frente a un diario del cuartel general espartano» (*Griechische Kulturgeschichte* [1872-1875], II).

3. Tucídides, II, 41, 4.

4. Lisias, *Epitafio*, 2.

do toda tierra y todo mar», «por todos lados hemos dejado huellas tan grandes como dolorosas», «no necesitamos un Homero que nos haga el elogio», «el llanto de nuestras víctimas es el canto que alaba nuestras gestas») que la voluntad alusiva de Lisias hacia el epitafio perícleo-tucidídeo parece consolidada.[5] Dado que el epitafio es objeto de alusiones por parte de Platón (*Menéxeno*) y de Isócrates (*Panegírico*) en el mismo periodo de tiempo, la de Lisias es una confirmación ulterior del hecho de que la obra tucidídea fue conocida hacia finales del año 390, y que el epitafio que ella contiene causó tal impacto como para provocar tres reacciones por parte de los historiadores más relevantes, por diversas razones, en el panorama político cultural ateniense. Era también para ellos una de las partes más significativas y, quizá, el balance de toda la obra que póstumamente se conocía y comenzaba a circular gracias a Jenofonte.

La experiencia biográfica y política de la que mana la historiografía ateniense ayuda a comprender algunas de sus características dominantes. De la circunstancia de encontrarse en la «oposición» respecto del poder democrático y, por tanto, en situación de tener que interpretar cada vez (si no enmascarar) el discurso político, estos autores han extraído una doble orientación siempre en dependencia del *habitus* mental orientado a separar las palabras de las cosas y a ver a éstas más allá y por debajo de aquéllas. Es una visión sustancialmente realista de la dinámica histórica (y, antes aún, de la política). Es un compromiso analítico dirigido a descubrir la *necesidad* de los hechos históricos (y, antes aun, de los políticos). Una tercera característica se deriva de las otras dos: un hábito mental revisionista respecto de los *idòla* de la consolidada y tradicional narración de la historia ciudadana (el equivalente historiográfico de aquello que terminó por ser la *patrios politeia*, controvertido fetiche, en el plano constitucional). Sobre este terreno Isócrates es equívoco: en el *Areopagítico* consigue tejer a la vez el elogio del orden político espartano (§ 61) como «óptima constitución» por su condición de «democrática» y el elogio del magnífico equilibrio demostrado por los atenienses en el momento de la caída de la segunda oligarquía (403), todo ello en el cuadro de una propuesta decididamente restauradora como la restitución del Areópago, depuesto de sus poderes, en su momento, por la reforma de Efialtes.

Aunque influido por simpatías políticas o más genéricamente ideológicas, estos historiadores buscan ponerse en la óptica del observador

5. Véase el detalle en M. Nouhaud, *L'utilisation de l'histoire par les orateurs attiques*, Les Belles Lettres, París, 1982, p. 113.

que da a cada uno lo suyo, que sabe repartir errores y razones, pero sobre todo que quiere –y sabe– mirar por debajo de los hechos. Un legado que la historiografía moderna, humanística, de explícita e intencionada inspiración clásica, no ha perdido.

En ello reside su fuerza. Forma parte de este realismo la atención reservada al conflicto entre las clases sociales como motor de la historia. Una característica esta que los historiadores antiguos no tenían razones para esconder, no existiendo el temor de que se les reprochara. Por otra parte, los historiadores modernos de la Antigüedad, muy familiarizados con las fuentes, dedujeron sin complejos, de las fuentes que tan egregiamente frecuentaban, un punto de vista muy trascendental. Cuando un Fustel de Coulanges, en su «Thèse» sobre Polibio (1958), abre diciendo: «En todas las ciudades griegas había dos clases: los ricos y los pobres», no hace otra cosa que reconstruir lo que Platón y Aristóteles pusieron en primer plano en sus obras políticas, y Demóstenes en algunos de sus discursos (la «Cuarta filípica», por ejemplo).

El descubrimiento de las causas profundas y decisivas, aunque no siempre visibles, de los hechos históricos se basa a su vez en el supuesto de que una concatenación «necesaria» de causas que no pueden no tener esos efectos está en la base de ellos. Con Tucídides entra en escena, y se impone, la noción de «necesidad» histórica; desde el prólogo, en cuyas frases conclusivas aparece esa comprometida declaración enunciada en primera persona: «La causa más verdadera, aunque nunca se manifiesta en las declaraciones, creo que la constituye el hecho de que los atenienses al hacerse poderosos e inspirar miedo a los troyanos *los obligaron a luchar.*»[6] Esta idea de «necesidad» vuelve también en el nuevo prólogo que preanuncia la reapertura del conflicto y el carácter «inevitable» de la rotura de la paz de Nicias («obligados [ἀναγκασθέντες] a romper el tratado acordado después de los diez años, se encontraron de nuevo en una situación de guerra declarada»).[7] Pericles en persona dirá, en el discurso que Tucídides le hace pronunciar justo antes del principio de las hostilidades: «Es preciso saber, sin embargo, que la guerra es inevitable.»[8] Jenofonte, en el «diario» de la guerra civil, hará decir a Critias, empeñado en explicar por qué los Treinta mandan a la muerte a tanta gente desde que accedieron al poder, que «donde hay cambios de régimen en todas partes ocurre eso, porque Atenas es la ciudad más poblada de Grecia y porque durante mucho tiempo el pueblo se ha mantenido en el poder».[9]

---

6. Ἀναγκάσαι ἐς τὸ πολεμεῖν (Tucídides, I, 23, 6).
7. Tucídides, V, 25, 3.
8. Tucídides, I, 144, 3: εἰδέναι δὲ χρὴ ὅτι ἀνάγκη πολεμεῖν.
9. Jenofonte, *Helénicas*, II, 3, 24.

Tucídides elabora también la teoría de que se pueden estudiar los «síntomas» de los hechos históricos. Lo dice a propósito de la reconstrucción del pasado más remoto, en la denominada «arqueología»; lo dice a propósito de la estrecha concatenación, en cualquier lugar en que se produzca un conflicto, entre guerra externa y guerra civil;[10] y lo reafirma, casi en los mismos términos, cuando explica el gran espacio que dedica a los síntomas de la peste. En la base está la idea, tomada de la sofística, de la inmutabilidad sustancial de la naturaleza humana.[11]

10. Tucídides, III, 82, 2.
11. Tucídides, I, 22, 4; II, 48; III, 82, 2.

Primera parte

El sistema político ateniense:
«Una camarilla que se reparte el botín»

Was ihr den Geist der Zeiten heißt,
Das ist im Grund der Herren eigner Geist,
In dem die Zeiten sich bespiegeln.

Lo que llamáis espíritu de los tiempos
no es más que el espíritu de los señores
en quienes los tiempos se reflejan.

W. GOETHE,
Faust, 577-579

I. «¿QUIÉN PIDE LA PALABRA?»

1

En teoría, en la asamblea popular hablan todos aquellos que lo desean. Todos tienen derecho a pronunciarse, respondiendo positivamente a la pregunta formulada por el pregonero cuando la sesión se abre: «¿Quién pide la palabra?»

Pero el funcionamiento verdadero de la asamblea era bien distinto. Hablan sobre todo aquellos que saben hablar, que tienen la formación necesaria que les permite el dominio de la palabra. La visión idealizada es la que Pericles propone al público en el epitafio: «no anteponemos las razones de clase al mérito personal, conforme al prestigio de que goza cada ciudadano en su actividad; ni tampoco nadie, en razón de su pobreza, encuentra obstáculos debido a la oscuridad de su condición social si está en condiciones de prestar un servicio a la ciudad».[1] No debe empero escapársenos que Pericles dice genérica y prudentemente «dar un aporte», más que referirse explícitamente a *hablar a la asamblea*. La realidad es, como sucede a menudo, la que se describe en la comedia.

La más antigua comedia de Aristófanes que se ha conservado, *Los acarnienses* (425 a. C.), constituye también la más antigua descripción conservada del mecanismo asambleario. El cuadro que traza el protagonista, Diceópolis, un pequeño propietario del demo de Acarne, es por completo distinto del que, con deliberada demagogia, delinea el Pericles tucidídeo. «La asamblea está desierta. Mis conciudadanos conversan en la plaza mientras se pasean para mantenerse lejos de la cuerda roja.[2] Ni

---

1. Tucídides, II, 37, 1: ἔχων τι ἀγαθὸν δρᾶσαι τὴν πόλιν.
2. Era un método drástico para bloquear los caminos que no conducían a la Pnyx (la colina al oeste de la Acrópolis donde se realizaba la asamblea) y obligar a los ciudadanos a participar en la asamblea.

siquiera a los pritanos[3] se los ve llegar.»[4] Diceópolis, que desea con vehemencia que se tomen decisiones claras en favor de la paz, está solo, «mira hacia el campo y odia la ciudad»,[5] y describe cómicamente cómo pasa el tiempo a la espera de que la asamblea por fin se pueble. «Pero esta vez», declara, «he venido bien preparado, decidido a *gritar*, a *interrumpir* y a *insultar* a los oradores si alguien habla de otra cosa que no sea la paz.»[6] «Gritar, interrumpir, insultar»: no es, sin duda, intervenir con argumentos opuestos a los de los políticos profesionales *(rhetores)*. Su derecho a la palabra es el *grito*, el insulto, la interrupción violenta de la palabra de los otros, de la palabra precisamente de aquellos que dominan ese instrumento, y son por eso mismo los protagonistas habituales de la tribuna. Quienes, como es obvio, no afrontan la asamblea solos y «desarmados»: no son tan ingenuos como para exponerse sin ninguna protección a la agresividad de los distintos Diceópolis; tienen la muchedumbre de sus ayudantes, los «rétores menores», a quienes graciosamente un político y abogado de época demosténica, Hipérides, llamaba «los señores del grito y del tumulto», cuyo papel era precisamente el de favorecer que se oyera bien a su jefe, impidiendo las repentinas incursiones de los ciudadanos que no hablan (pero gritan). Diceópolis es consciente –y, junto con él, el público de Aristófanes– de que un «pobre» no se atreve a hablar en la asamblea: todo lo contrario de lo que ocurre con la demagogia períclea convencional. Cuando, después de vanos intentos de hacerse escuchar (¡es el mismo pregonero, es decir, quien debería solicitar las intervenciones, quien lo hace callar!),[7] Diceópolis habla –dirigiéndose, obviamente, a los espectadores–,[8] lo primero que pide es que le sea perdonada semejante audacia: «¡Espectadores! No me rechacéis si yo, *a pesar de ser un mendigo*, me atrevo a hablar y a tratar ante todo de los asuntos públicos.»[9] Pero ya el coro lo había puesto en guardia: «¿Qué harás? ¿Qué dirás? Sabes que eres un descarado [...]. ¡Pretendes exponer, tú solo, opiniones contrarias a las de todos!»[10] Con seguro efecto cómico, Diceópolis –es decir, alguien que podía a lo sumo manifestarse con el grito y con la protesta descompuesta– se pone a hablar como lo haría un gran experto de la tribuna. Empieza con un exordio de gran orador: «Habla-

---

3. Que debían presidir.
4. *Los acarnienses*, 20-23.
5. *Los acarnienses*, 32-33.
6. *Los acarnienses*, 37-39.
7. *Los acarnienses*, 58.
8. Quienes huyen de la asamblea.
9. *Los acarnienses*, 496-499: περὶ τῆς πόλεως.
10. *Los acarnienses*, 490-493.

ré, y diré cosas terribles, es verdad, aunque justas.»[11] Imita el exordio típico con que el orador, contando con su consolidado prestigio de político profesional y reconocido como tal,[12] preanuncia él mismo el duro y doloroso, aunque necesario, discurso incómodo que está por pronunciar. El político consolidado sabe que no corre peligro por eso, se sabe suficientemente fuerte y con apoyos de una parte del consenso en el seno de los habituales de la asamblea, tanto como para anticipar él mismo, con hábil movimiento «pedagógico», la impopularidad que se apresta a afrontar. La impostación que Diceópolis adopta resulta por tanto de inmediata comicidad, porque es seguro que un «pobre», incluso un «mendigo» como él mismo se define antes de empezar, nunca hablaría con la seguridad y el desdén de las posibles reacciones del público, característicos de los dominadores de la tribuna.

Obviamente el discurso no es uniforme. Diceópolis cambia de registro casi en cada frase. Pero el prólogo, irresistible, denota una inversión monumental de los roles. Diceópolis no sólo habla (lo que no le resultaría conveniente por las razones que sabemos y que él mismo reconoce), sino que, sobre todo, habla como si fuese un Pericles o un Cleón.

Precisamente por haberse adjudicado el papel de hombre político que da consejos a la ciudad, a contracorriente pero con justicia, Diceópolis avanza hacia la audacia extrema: pone en tela de juicio las razones mismas por las que la ciudad se encuentra en guerra, niega abiertamente que la responsabilidad pueda recaer sobre los espartanos y ridiculiza el decreto con el que Pericles había impuesto el bloqueo comercial contra Megara, suscitando las previsibles reacciones de Esparta.

El político sólidamente enraizado en el juego asambleario puede ir mucho más allá en el «decir cosas desagradables pero justas»; difícilmente pondrá en tela de juicio los presupuestos básicos, las decisiones fundamentales. La comedia, a su modo, aunque no sin correr riesgos, sí puede hacerlo.

2

Acerca de los márgenes de audacia política concedidos a la comedia sabemos algo gracias al propio Aristófanes. El primer año de representación de *Los acarnienses*, en 426, había presentado —al parecer con gran

11. *Los acarnienses*, 501: Ἐγὼ δὲ λέξω δεινὰ μέν, δίκαια δέ.
12. El término que lo designa es, como sabemos, *rhetor* (lo emplea el propio Diceópolis al principio del prólogo).

éxito– al concurso más prestigioso, las grandes Dionisias, *Los babilonios*, en el que abordaba un asunto vital: la explotación de los aliados por parte de Atenas. Se ponía en cuestión el fundamento mismo del imperio, es decir, el pago del tributo por parte de los aliados a la caja federal, desde hacía tiempo transferida de Delos a Atenas. En la comedia (desgraciadamente perdida), los aliados eran representados como esclavos encadenados *(PCG, III.2, p. 63, VII)*. Cleón mismo reaccionó formulando una acusación contra Aristófanes en el Consejo de los Quinientos *(Los acarnienses, 379)*: la acusación –según parece– no cuestionaba tanto el diagnóstico político realista representado en la comedia cuanto el hecho de que el espectáculo, tratándose de las grandes Dionisias, comportase la presencia de ciudadanos extranjeros, provenientes precisamente de las ciudades aliadas. Las consecuencias de este movimiento de las autoridades políticas no fueron graves. Al año siguiente (425), Aristófanes concurría de nuevo, y con éxito, con *Los acarnienses*, donde atacaba sobre todo la decisión de continuar la guerra. Eso sucedía mientras la andadura bélica era favorable a la ciudad: era además un ataque que involucraba al mismo Pericles, en cuya estela Cleón se ubicaba no sin obtener consenso electoral.[13] Al año siguiente (424) presentará *Los caballeros*, un ataque frontal contra Cleón.

Naturalmente, la escena política de aquellos años es agitada: nadie ostenta la posición dominante que tuvo Pericles en su tiempo. Mientras Cleón tiene una fuerza creciente no hay que olvidar que Nicias, el muy rico y moderado Nicias –quien, respecto de Cleón, representaba una línea muy distinta y mucho menos «períclea»–, fue reelegido estratego todos los años, desde 428 en adelante, hasta el fin de la guerra (421) y aún después. No faltan, por tanto, corrientes de opinión y líderes políticos con los que Aristófanes está en distinto grado de sintonía. Para quien escribe comedias dirigidas a conseguir el aplauso del público, eso es tranquilizador. Es cierto que el tratamiento delicado que se le da a los aliados, a su progresiva reducción a la «esclavitud», no podía complacer ni siquiera a Nicias, y además a buena parte del público debía disgustarle que se pusiera en tela de juicio la fuente principal de prosperidad del «pueblo ateniense», es decir, la explotación económica de los aliados. Es evidente también que para un Diceópolis, pequeño propietario castigado por la interminable guerra con Esparta, el imperio era una necesidad menos vital que para la masa indigente que gravitaba alrededor de la flota y de los arsenales, concentrada sobre todo en El Pireo.

13. En 425 dirige (¿como undécimo estratego supernumerario?) el asedio a Esfacteria. Desde 424 en adelante fue reelecto todos los años.

Una fuente de gran importancia y de notable eficacia, la *Athenaion Politeia*, atribuida a Jenofonte, habla de una suerte de complicidad entre comediógrafos y «pueblo». Dice este autor, que por convención erudita es llamado «el viejo oligarca»,[14] que el pueblo, mientras no tolera que en las comedias se lo represente bajo una luz negativa, tiene en cambio la costumbre de *exigir* a los comediógrafos ataques personales contra las figuras emergentes aunque sean de extracción popular, y sobre todo contra ricos y nobles.[15] El autor precisa que los ataques a los populares emergentes «no desagradan» en absoluto al público porque tales figuras suscitan rechazo o sospecha. Quien escribe de este modo tiene sin duda una experiencia buena y directa del mundo del teatro. Podemos también sospechar que sobreinterprete, en actitud facciosa, ciertos comportamientos, pero parece fiable en lo que respecta al dato que, de hecho, es el fundamental: el contacto directo del público con el comediógrafo en el trabajo y la irrupción en su «taller», en el convencimiento –compartido por ambos– de la eficacia abiertamente *política* del teatro cómico. Un dato este que ayuda a entender mejor ciertas «audacias» de Aristófanes (el comediógrafo que en verdad podemos afirmar que conocemos, a salvo del naufragio de todo el resto de la «comedia antigua»): audacias que debían sin embargo contar siempre con el consenso de una parte, más allá de la diversión en sí del «pueblo ateniense», también a la vista del maltrato de sus «ídolos». Es típica del fenómeno «liderístico» esta estela de malicia incluso entre los más fieles.

En conclusión: la comedia puede decir mucho más de lo que se puede decir en la asamblea, pero, *precisamente porque habla explícitamente*, y no mediante metáforas, acerca *de la política* ciudadana, no puede descuidarse de los vínculos y los límites inherentes al funcionamiento de la maquinaria política; no puede pisar aquellas «cláusulas de seguridad» (o de garantía, como se dice en el lenguaje constitucional moderno) con el que el sistema, que en la práctica es la democracia asamblearia, se defiende a sí mismo. Más allá del tono excesivamente admirativo, es verdad lo que escribe Madame de Staël sobre Aristófanes, cuyo juicio puede valer para toda la comedia ática «antigua»: «Aristófanes», escribía la hija de Necker, «vivía bajo un gobierno a tal punto republicano que *todo* era consensuado con el pueblo, y los asuntos públicos pasaban rápidamente de la plaza de las reuniones[16] al teatro.»[17]

---

14. Aunque ningún elemento del texto haga pensar en un «viejo».
15. *Sobre el sistema político ateniense*, II, 18.
16. La Pnyx.
17. *De l'Allemagne*, cap. XXVI *(De la comédie)*.

El teatro es, en Atenas, junto a la asamblea y a los tribunales, un pilar fundamental del funcionamiento político de la comunidad. En esas tres sedes la comunidad se reconoce como tal y en ellas la comunicación es en verdad general e inmediata. Éste es un rasgo específico de Atenas. Atenas es, sin duda, dentro del mundo griego, el lugar en el que más ampliamente se consume cultura: «un país», según, nuevamente, las palabras de Madame de Staël, «en el que la especulación filosófica era casi tan familiar al común de las personas como las obras maestras del arte, donde las «escuelas» se desarrollaban *en plein air*». *En plein air*, es decir, en el teatro, se desarrollaba la discusión, paladeada y acaso escarnecida la hipótesis radical de una sociedad comunista (Aristófanes, *Ecclesiauzuse),* de la que sin embargo Platón discutía en privado. Es notable, en esta perspectiva, el juicio convergente del Pericles tucidídeo en el epitafio («somos el lugar de educación de toda Grecia»)[18] y de Isócrates en el *Panegírico*, que sin embargo se opone a ese epitafio en muchos puntos («he querido demostrar, con este discurso, que nuestra ciudad está en el origen de toda positiva realización para los otros griegos».)[19] Atenas, por otra parte, es el lugar donde se da la mayor alfabetización: basta con pensar en la absoluta mayoría de epígrafes áticos sobre los de cualquier otra procedencia para el periodo en el que Atenas fue también ciudad-líder (480-322 a. C.). En Atenas son muchos los que *escriben:* incluso el tosco Diceópolis, mientras espera que la asamblea por fin se pueble, *escribe* («Yo soy el primero en llegar a la asamblea; tomo asiento y, como estoy tan solo, suspiro, bostezo, me desperezo, suelto pedos, garabateo, cuento hasta mil»).[20]

3

El teatro es, en Atenas, una actividad pública, una actividad extremadamente vinculada al funcionamiento de la ciudad, una actividad por eso mismo continua, sin pausas, interrupciones ni silencios. El que encarga la obra, que para los poetas líricos corales (Píndaro, Simónides) eran los ricos o los «tiranos», es ahora, para los autores del teatro ateniense, la misma ciudad en cuanto comunidad política. La relación, respecto a la edad arcaica y a las formas del arte entonces vigentes, se ha invertido: es la ciudad la que debe procurarse sus dramaturgos. El teatro es un rito

18. Tucídides, II, 41.
19. Cfr. Isócrates, *Sobre el cambio,* 58 [síntesis del autor de *Panegírico*].
20. *Los acarnienses,* 30-31: «scribble [...], do sums» (trad. J. Henderson).

primario de la ciudad. Esto puede parecer a los modernos historiadores liberales uno de los aspectos liberticidas de la antigua democracia (Constant, *Sobre la libertad de los antiguos comparada con la de los modernos*, 1819, deplora «la obligación para todos de tomar parte en todos los ritos de la ciudad»). Pero también ha concitado el entusiasmo de grandes historiadores, tanto conservadores como socialistas (Wilamowitz: «el arte ya no era el bien de una clase privilegiada sino del pueblo todo»; Arthur Rosenberg: «los espectáculos teatrales de Atenas eran abiertos gratuitamente a todos los ciudadanos»).

Cuando Platón, en *El banquete* (175e), habla de más de treinta mil espectadores que aplaudieron a Agatón en 416, aporta un indicio de magnitud que no debe menospreciarse ni tomarse a la ligera.

4

La contrapartida de un tal compromiso estatal es el control de los contenidos. Pero ¿hasta qué punto era eso posible? ¿A través de qué instrumentos? Sin duda las «concesiones al coro», es decir, el sustento organizativo para la puesta en escena, eran ya un filtro. Quien «concedía el coro» era un magistrado, o sea el arconte epónimo (aquel arconte del que el año tomaba su nombre),[21] es decir, *un ciudadano cualquiera* que, precisamente, en cuanto arconte, había sido elegido al azar. Por lo tanto no era necesariamente un «competente» (pero podía ser arconte incluso un experto o también otro autor: las listas, bien conocidas, de los arcontes no parecen indicar sin embargo que se diera tal eventualidad). Para un ciudadano «normal» consciente de su función de magistrado, los parámetros de evaluación debieron de ser esencialmente los de la moralidad política, de conformidad con los valores fundamentales de la ciudad. Por eso debe considerarse creíble el testimonio, aunque sea único, de Platón en las *Leyes*, allí donde el interlocutor ateniense del diálogo afirma que el control sobre los textos teatrales sometidos a examen preliminar consiste en evaluar «si se trata de dramas *que se pueden recitar, aptos para ser representados en público*» (VII, 817d).

En el mismo contexto se habla sobre todo de partes líricas («comenzad sometiendo a la criba de los arcontes las partes líricas de vuestros dramas»). En definitiva, era necesario dar a conocer la trama y las «partes líricas». El autor continuaba trabajando, mientras tanto, en su obra y probablemente la criba proseguía hasta casi el último momento. Eso sig-

21. Aristóteles, *Constitución de los atenienses*, 56, 3.

nifica que era posible escapar a un minucioso control preventivo. En todo caso, el fracaso, la no aprobación por parte del público, era otro factor decisivo: adaptarse al gusto, a las predilecciones mentales del «ateniense medio» era otro filtro, también decisivo.

Conocemos mejor el modo en que se juzgaba la obra al final de las representaciones. El jurado estaba formado por diez ciudadanos escogidos por sorteo, uno por tribu. El arconte epónimo extraía un nombre de la urna (una por cada tribu) que contenía, cada una, numerosos nombres. Los diez juraban. Al término de las representaciones expresaban su veredicto en las tabletas; de ellas se escogían, al azar, sólo cinco. Casi una cábala. El verdadero problema consistía en la presión del público sobre el jurado, que era muy fuerte;[22] hasta el punto de que, con ocasión de un certamen muy disputado, en el que se enfrentaban un Sófocles debutante con un Esquilo ya viejo, el arconte, no consiguiendo controlar el tumulto del público, confió los papeles de jueces directamente a los diez estrategos, el más «pesado» de los cuales era Cimón. Ganó Sófocles. «La competición», comenta Plutarco, «incluso afectada por la alta presión asumida por los jueces, pudo superar el conflicto de las pasiones.»[23] El sentido está claro: sobre los estrategos, es decir sobre la máxima autoridad política de la ciudad, era menos fácil ejercer las habituales presiones violentas que sobre los jurados habituales.

5

El teatro trágico muy raramente trataba materias histórico-políticas que pudieran considerarse actuales. Cuando en 493 (o 492) a. C. Frínico puso en escena la toma de Mileto, el público tuvo una fuerte reacción emotiva, y muchos rompieron a llorar. El poeta fue castigado por haber llevado a la escena aquel desventurado acontecimiento de la revuelta jónica (por otra parte poco eficazmente conducida por los atenienses) y se prohibió volver a representar aquel episodio.[24] En cambio veinte años más tarde Esquilo, en *Los persas*, que pone en escena la derrota de los persas en Salamina y la gran victoria ateniense que dio pie al nacimiento del imperio, alcanzó el éxito; su corego fue Pericles, que tenía por entonces veinticinco años. El mecanismo de control sobre los

<hr>

22. Lo dice, alarmado, Platón: *Leyes*, II, 695a.
23. Plutarco, «Cimón», 8, 7-9. Creo que ésta es la traducción exacta, no la corriente de «la disputa fue más encendida a causa de la gravedad de los jueces».
24. Heródoto, VI, 21, 2.

contenidos no podía quedar ilustrado más claramente. Poner en escena la victoria sobre los persas era algo mucho más parecido a la pedagogía histórico-política impartida con el rito casi anual de los «epitafios» por los muertos en combate. También en los epitafios Atenas aparecía siempre victoriosa en las guerras del pasado, y siempre impulsora de las causas justas, contra enemigos que eran además déspotas o tiranos.

Pero, precisamente, la materia histórico-política en el teatro trágico no era usual. Mucho más usual era la mitológica, que tenía la enorme ventaja de la comprensibilidad inmediata por parte del público, tratándose de repertorio conocido y tradicional, además de la ventaja, para los autores, del eventual carácter alusivo de acontecimientos remotos e indiscutibles (por tanto, sustraídos a toda censura) si están oportunamente reconsiderados, vueltos a proponer, según una libertad respecto del bagaje mítico-religioso característico de la religiosidad griega. «En la escena todos los acontecimientos del momento eran escarnecidos con las bromas más ofensivas», escribe Rosenberg,[25] quien tiene el mérito de sacar a la luz el estrecho nexo existente entre las grandes, enormes masas de los espectadores y la consecuente necesidad de materiales sencillos y conocidos, además de fuertemente emotivos.

La mediación ofrecida por el bagaje mitológico libremente reinterpretado permitía *expresar valores*, es decir, dialogar con la ciudad sobre un plano, en sentido fuerte, político, hasta tomar posición y formular preguntas muy radicales. Esto escapaba a cualquier control preventivo de cualquier acérrimo arconte epónimo dotado de sentido cívico y ferviente defensor de la «moral media». El juicio negativo podía surgir del público, que rechazando el premio (como lo rechazó casi siempre con Eurípides) mostraba su impugnación de esta «política» desarrollada a través de la escena, indirecta y altamente polémica, y con frecuencia bastante violenta.

25. *Democracia y lucha de clases en la antigüedad* [trad. esp. de Joaquín Miras Albarrán, El Viejo Topo, Barcelona, 2006, pp. 111-112].

II. LA CIUDAD CUESTIONADA DESDE LA ESCENA

1

Algunos exponentes de las clases elevadas, dotados de la necesaria preparación para la política, disertaban en la asamblea, pero preferían hacer sentir su voz crítica a través del teatro, de la escena. Llegaban así a un público mucho más amplio, comparado con el endémico absentismo asambleario, y corrían menos riesgos (más allá, claro, del riesgo de no conseguir el premio).

Tucídides atestigua que, cuando, en 411 a. C., los «oligarcas» –por fin salidos a la palestra y activos en las asambleas, aterrorizados por una serie de misteriosos asesinatos políticos– intentaban imponer la propuesta de reducir la ciudadanía a sólo cinco mil personas, el argumento utilizado era que, en democracia, incluso cuando la asamblea se llenaba no se alcanzaba nunca la cifra de cinco mil participantes.[1] Frente a los (discutidos) treinta mil espectadores (incluyendo extranjeros) presentes en las Dionisias de 416, de las que habla Platón en *El banquete*, la participación ciudadana en la actividad asamblearia parece, en todo caso, mucho menos importante, y decididamente escasa. No será, por tanto, una casualidad que exponentes notorios por su activa participación en dos gobiernos oligarcas –en 411 y en 404/3– sean también conocidos como autores de tragedias: Antifontes, Critias y Teógnides.[2] Un testigo de primer orden, Tucídides, muy cercano al ambiente del que nació la conjura y la toma del poder en 411, ha trazado un perfil de Antifonte centrado precisamente en su decisión de no afrontar el «régimen democrático» en la asamblea, sino de esperar el momento propicio para golpear, y de explotar mientras tanto en otras sedes su extraordinaria capacidad.

El retrato de Antifonte compuesto por Tucídides va rápidamente al

---

1. Tucídides, VIII, 72, 1.
2. Es el mismo Teógnides que formó parte de los Treinta (cfr. Jenofonte, *Helénicas*, II, 3, 2). Aristóteles lo cita en diversas ocasiones como autor de tragedias.

corazón del asunto: «quien había organizado toda la trama», revela Tucídides, «de modo que alcanzara este resultado, y quien *se había cuidado de ello más que nadie* era Antifonte».[3] Y prosigue: «un hombre que por su capacidad no era inferior a ninguno de los atenienses de su época y sí el mejor dotado para pensar y expresar sus ideas»; pero –añade– «voluntariamente no tomaba la palabra ante la asamblea popular ni en ningún otro debate, ya que resultaba sospechoso a las masas por su fama de habilidad oratoria; sin embargo, para quienes intervenían en los debates ante los tribunales o en la asamblea, no tenía igual a la hora de prestar ayuda a quien le pedía consejo» (evidentemente, siempre que perteneciera a su círculo).

El entusiasmo de Tucídides por el «auténtico ideólogo y artífice» del golpe de Estado oligárquico no tiene reservas. Llega a elogiar de la manera más decidida y admirativa incluso el discurso en defensa propia que Antifonte pronunció cuando fue procesado, una vez caído el efímero régimen. Es un acto de coraje –se podría decir– el insertar este elogio en la propia obra histórica. Pero resulta obvio que Tucídides no escribe para ser leído en la plaza. «Y luego», escribe, «cuando se vino abajo el régimen de los Cuatrocientos y éstos fueron perseguidos por el pueblo, fue él, acusado precisamente de haber contribuido a la instauración de aquel régimen, quien realizó, a mi modo de ver, la mejor defensa frente a una petición de pena capital que jamás se haya hecho hasta nuestros días.»[4]

Este hombre, ajeno a la rutina asamblearia y sin embargo dispuesto –después de haberse involucrado en la revolución– a pagar en persona, escribía y ponía en escena tragedias; además de ser –como sabemos por Jenofonte–[5] un allegado poco afable de Sócrates. Es verdad que «Antifonte» era nombre bastante frecuente en Atenas,[6] y no pocos son los defensores de la diferenciación entre el autor de tragedias, el sofista y el promotor de la revolución oligárquica de 411. Contra la identificación del autor de tragedias y los otros dos (los cuales, en todo caso, son necesariamente la misma persona) existe una dificultad: una tradición, conocida ya por Aristóteles, coloca al autor de tragedias, ya viejo, en Sicilia, en la corte del

---

3. Tucídides, VIII, 68. Volveremos sobre esta página, más abajo, caps. XVI y XVII.

4. Sobre la denominada «apología de Antifonte» que se conservaría en fragmentos, cfr., más abajo, cap. XXII.

5. Jenofonte, *Memorables*, I, 6, 1-15.

6. Cerca de treinta Antifontes estaban registrados en la *Prosopographia attica* de Kirchner y el material epigráfico descubierto posteriormente ha ampliado la lista. Noventa años después de Kirchner, en el repertorio de John Traill (II, 1994) se elevan a ochenta y cuatro.

tirano Dionisio (que estuvo en el poder hasta 405 a. C.), y atribuye su muerte precisamente al tirano. Esto sería, obviamente, incompatible con la muerte de Antifonte anterior a 411, como consecuencia de la condena por alta traición.[7] Pero quizá es el traslado a Sicilia lo que resulta anecdótico —calcado de ilustres precedentes—, así como las florituras de las ocurrencias y versiones contrastantes en torno a la presunta *muerte por orden del tirano*, precedida por una colaboración artística con el mismo. No es oportuno adentrarse en ese terreno, resbaladizo por la falta de datos. Hasta el surgimiento de una explícita indicación contraria (si aparecen nuevos documentos) lo razonable es considerar que Antifonte ateniense, del demo de Ramnunte, fue no sólo el hombre del que Tucídides describe con admiración la trayectoria política y la valerosa muerte, sino también el hombre que ha dejado una profunda huella como defensor extremo, en el tratado *Sobre la verdad*, de las implicaciones de la antítesis sofística entre la «naturaleza» y la «ley»,[8] además del autor de tragedias de quien se conservan fragmentos aislados y algunos títulos.

Es inevitable relacionar con el sofista un fragmento constituido por un único trímetro yámbico, de un drama no precisado, que nos ha llegado a través de Aristóteles, en la primera página de los *Problemas de mecánica*: «allí donde la naturaleza es más fuerte que nosotros, nosotros conseguimos prevalecer gracias a la técnica» (847a).[9] Es interesante tener en cuenta el contexto entero del breve tratado. Aristóteles tenía la ventaja respecto de nosotros de disponer de la tragedia completa: «No debe olvidarse que la naturaleza produce a veces efectos que contrastan con nuestros utensilios: eso depende del hecho de que la naturaleza procede siempre del mismo modo lineal, mientras el utensilio es multiforme y puede asumir aspectos diversos. Cuando es necesario realizar algo que vaya más allá de los límites puestos por la naturaleza, aparecen dificultades y es necesario recurrir a una técnica. Por eso llamamos *mechané* [que significa, al mismo tiempo, «experimento», «estratagema», «aparato»] al elemento que nos ayuda cuando debemos enfrentarnos con tales aporías. Las cosas, en suma, están exactamente como las expresa Antifonte el poeta cuando dice *allí donde la naturaleza es más fuerte que nosotros, nosotros conseguimos dominarla gracias a la técnica [téchne]*.»

---

7. *Retórica*, II, 6, 1385a 9. Esto no le impide al Pseudo-Plutarco de las *Vidas de los diez oratorios* (833B) mandarlo a morir a Sicilia, como autor de tragedias por encargo de Dionisio, justamente el oligarca ajusticiado en 41, además de orador.

8. Así, efectivamente, Wilamowitz, *Der Glaube der Hellenen*, II, Berlín, 1932, p. 217.

9. Cfr. *Tragicorum graecorum fragmenta*, ed. de Snell, I, p. 196 (55 F 4).

Hay en estas palabras, entre otras cosas, una inversión de lo que Pericles sostiene en el célebre epitafio que Tucídides le hace pronunciar, allí donde Pericles exalta la bravura natural de los atenienses, quienes, a pesar de carecer del severo y largo adiestramiento característicos de los espartanos, hacen (en todos los ámbitos, incluida la guerra) más y mejor que los espartanos. Por otra parte, es evidente, también en este caso, que el epitafio aparece como lo que Tucídides quiere que sea (y que debía ser en la realidad): una retórica celebratoria «de Estado» que llegaba hasta el punto, en su impulso demagógico, de desafiar el sentido común.

2

Los ejemplos que Aristóteles aduce después, para ilustrar mejor el pensamiento contenido en el trímetro de Antifonte, ayudan a comprender y acaso nos restituyen algo del contexto en el que el autor injertaba esa sentencia. La *mechané* (es decir la *téchne*) –prosigue Aristóteles– «permite al más pequeño vencer al más grande y a los objetos que comportan una pequeña oscilación mover grandes pesos». (Ejemplo: el peso menor desplaza a otro muy superior a condición de que se pueda usar una barra, μοχλός, cada vez más larga.)

Ahora bien, Antifonte hizo con la *téchne*, en 411, aquello que a cualquiera (incluido Tucídides) le parecía una empresa *imposible*: quitar de las manos a los atenienses la democracia después de casi un siglo de práctica ininterrumpida de tal régimen político, particularmente caro al demo (es decir a la «mayoría», al más fuerte).[10] El Antifonte que exalta, en ese trímetro, la *téchne* y sus prodigios contra la superioridad de la *naturaleza*, está por tanto en plena sintonía con el Antifonte tucidídeo, quien «preparándose desde mucho tiempo antes»[11] consiguió hacer aquello que a cualquiera le hubiera parecido imposible, y que la ciencia política moderna ha definido como «fuerza incontestable de la minoría organizada».[12]

En todo esto se puede reconocer una confirmación de la *unicidad* de los presuntos tres Antifonte: el político, el pensador y el orador/autor de tragedias. Por desgracia sabemos demasiado poco de su producción como autor de tragedias, y en verdad de los tres títulos conocidos, *An-*

10. Tucídides, VIII, 68, 4.
11. Ἐπιμεληθεὶς ἐκ πλείστου: *meléte* es precisamente el ejercicio, el adiestramiento, la preparación.
12. G. Mosca, *Scritti politici,* ed. de G. Sola, II, Utet, Turín, 1982, p. 612.

drómaca, Jasón y *Meleagro*, no se conoce otra cosa que, como mucho, su trama. Pero, en cuanto a *Andrómaca*, es una vez más Aristóteles quien acude en nuestra ayuda. En la *Ética eudemia* aporta una información precisa: dice que en la *Andrómaca* de Antifonte la protagonista está dedicada a la ὑποβολή [13] o tal vez con la dedicación al recién nacido de otra madre. En la *Ética nicomaquea* Aristóteles vuelve sobre el mismo fenómeno para demostrar su tesis (el amor consiste en el amar más que en el ser amado): y de nuevo aduce el ejemplo de las madres que confían a sus bebés a otras mujeres para que los alimenten, pero siguen queriéndolos a pesar de no ser amadas ni reconocidas por ellos.[14] Sin duda tiene en mente los mismos comportamientos y acaso el mismo drama al que hace referencia explícita en la otra *Ética*. Sin demasiado éxito se han intentado diversas reconstrucciones de la *Andrómaca* de Antifonte.[15] No debe olvidarse, por otra parte, que Eurípides puso en escena su propia *Andrómaca* y que en ese drama se rozaba el mismo asunto. Allí Hermíone, esposa de Neoptólemo, agrede a Andrómaca, esclava predilecta de Neoptólemo al que incluso ha dado hijos; y Andrómaca reacciona evocando haber amado y amamantado en otros tiempos, cuando era reina y no esclava, a los «pequeños bastardos» nacidos de las extemporáneas uniones de Héctor con otras mujeres, «cuando Cipris le hacía cometer alguna falta» (vv. 222-225). Por el gesto de Aristóteles podemos pensar que en la *Andrómaca* de Antifonte se ponía en escena una situación análoga.

Condición del esclavo –que tiene clara memoria de sí cuando era libre–, no inferioridad del bárbaro, condición femenina, aporías de la monogamia: eran temas que herían en profundidad las certezas éticas y sociales de la ciudad, del «ateniense medio» buen demócrata. Antifonte se expresa sobre el tema del carácter ficticio de la distinción griego-bárbaro (es decir libre-esclavo) con fuerza en el tratado *Sobre la verdad:* «La *verdad* del sofista Antifonte», escribe Wilamowitz en su gran libro póstumo *La fe de los griegos,* «disolvía todo vínculo entre el derecho y la moral (de la costumbre) por cuanto extraía las consecuencias más radicales, extremas, del contraste entre lo que es *justo según la naturaleza* y lo que es *justo según la convención* (la *ley*).»[16] «No somos más bárbaros que los bárbaros» –escribe Antifonte en ese fragmento, que un papiro nos ha restituido– porque hayamos puesto un abismo «entre griegos y bárba-

13. Sustitución del recién nacido *(suppositio)*, *Ética eudemia*, 1239a 37.
14. *Ética nicomaquea*, 1159a 27.
15. Da noticia esencial de ello Snell en el aparato (p. 194).
16. *Der Glaube der Hellenen*, II, p. 217.

ros» allí donde *por naturaleza* somos iguales, «respiramos todos por la nariz y todos tomamos la comida con las manos».[17]

3

«Es sorprendente», comenta Wilamowitz, «que alguien que escribe de esta manera no haya sido molestado ni haya tenido que escapar de la ciudad.» La inquietud es legítima, pero puede encontrar respuesta precisamente en la hipótesis de un único Antifonte. Quien habla de ese modo, de hecho, no es necesariamente un campeón de la igualdad entre los hombres, algo así como un «legionario» de la mentalidad abolicionista afirmada en la Norteamérica de Jefferson o en la Francia de Robespierre;[18] sería un gran error anacrónico interpretar de este modo esas líneas. Aunque el contexto que se ha conservado es muy escaso, basta para hacer evidente que nos encontramos frente al exitoso ejercicio sofístico consistente en poner trabas a las certezas consolidadas de la ciudad que se considera democrática; y la palanca para sacudir esas certezas es siempre el descubrimiento de la alteridad entre ley y naturaleza. Un argumento engañoso como el de la *identidad física* («natural») de los hombres puede convertirse en destructivo respecto de los privilegios del demo (del poder en nombre de la igualdad: igualdad dudosa en una ciudad llena de esclavos) y es además una excelente premisa para valorar otras formas políticas de jerarquía, como aquella –basada en la competencia–[19] que los oligarcas inteligentes y aguerridos reivindicaban y propugnaban. Intentarán llevarlo a cabo al menos en dos ocasiones hacia finales del siglo V: en 411 bajo el liderazgo de Antifonte, y en 404 con la guía de Critias.

Es sorprendente el modo en que los modernos estudiosos se inclinan a creer que Antifonte renegara de sí mismo y de sus propias ideas en el proceso que le costó la vida (y tomen por buena la llamada *Apología*),[20] pero no están dispuestos a comprender que pudiera desafiar al demo y a sus más o menos interesados defensores, llevando a su extremo las consecuencias –en el plano filosófico– de la noción de igualdad.

La reflexión acerca de las diversas formas posibles de jerarquía política «justa», acerca de los criterios de idoneidad que deberían estar en la

---

17. Fr. 44 B, col. 2, Diels-Kranz.

18. Así lo afirma I. F. Stone, *El proceso a Sócrates*, Barcelona, Mondadori, 1988.

19. El término preferido para indicarla es γνώμη: así es indicado con frecuencia en la *Athenaion Politeia* atribuible a Critias.

20. Sobre esto cfr., más abajo, cap. XXII.

base de una sana jerarquía, acerca de las formas no «aritméticas» sino «geométricas» de justicia (ἴσον, que significa, a la vez, «justicia» e «igualdad») se concilia perfectamente con el desmantelamiento del abismo que la democracia ateniense –a partir de Solón– interpuso entre el hombre libre y el esclavo. El poder de *todos los de condición libre* es el blanco: porque esos *todos* no están seleccionados con el criterio de la idoneidad y gozan del beneficio derivado del estatus de ciudadanos de *pleno iure*, por la sola razón de encontrarse en la parte buena (es decir, por no haber caído en el campo de aquellos –los esclavos– que la ciudad democrática relega al ámbito de los no humanos). Es así como el fragmento aparentemente simplista de la *Verdad* de Antifonte, lejos de ser un «Manifiesto» *ante litteram*, se une a las premisas políticas y filosóficas de aquellos que en la ciudad democrática apuntan el defecto desde la raíz y no aceptan el compromiso con el «pueblo soberano», que consiente a los notables «guiar» y «ser guiados» por la masa incompetente (para usar la imagen que tanto gusta a Tucídides en el retrato de Pericles).

No debe escapársenos, sin embargo, el hecho de que esta crítica a la raíz del *igualitarismo privilegiado* del demo, sobre el que se basa la ciudad democrática, no es exclusiva de algunos –y Antifontes y Critias están sin duda entre ellos–, sino que es el corazón del socratismo. Toda la capacidad de molestar de Sócrates, ininterrumpida e incansable, filósofo *en plein air*, en palabras de Madame de Staël, verdadero y benéfico «tábano» de la ciudad como él mismo se define en la *Apología* (30e), gira en torno a la pregunta neurálgica sobre la *idoneidad* del político y de las masas que toman las decisiones políticas. No es una pregunta fácil de exorcizar. No se explicaría ese áspero monumento a la insensatez del modelo democrático ateniense que es el libro VIII de la *República* de Platón sin esas premisas sobre la identidad biológica de los hombres, que sin embargo no basta para hacer de ellos «animales políticos». Si «animal político» por naturaleza es, en cambio, el hombre según Aristóteles, el punto débil de su razonamiento (aparentemente más abierto hacia la ciudad democrática, quizá por el hecho de no haber sido él mismo ateniense) es la necesidad, teorizada por él, de relegar a la masa de los esclavos al plano de los no-hombres, de las máquinas hablantes.

Por otra parte, Sócrates y Antifonte aparecen en recíproca rivalidad, por ejemplo, en el singular coloquio referido por Jenofonte en los *Memorables*, pero tienen en común la reserva prejudicial frente al *igualitarismo privilegiado* de la ciudad democrática. Critias es un asiduo al círculo de Sócrates y no valen los modestos razonamientos de Jenofonte para cuestionar este dato. Platón, sobrino de Critias, además de intérprete principal del socratismo, declara él mismo, al principio de la *Carta séptima*, haberse adherido inicialmente al gobierno de los Treinta, encabezado por parientes suyos como Critias, o Cármides, uno de los «Diez del Pireo», a quien el mismo Sócrates había impulsado a la carrera política. Tampoco será suficiente el hecho de que Sócrates, demasiado independiente para aceptar sin reservas la dureza del régimen de Critias, hubiera chocado con su discípulo ahora en el poder sobre una férrea oligarquía de los pretendidos «mejores»: será igualmente condenado a muerte por la ciudad democrática, que confusamente percibía (y no se equivocaba) que la crítica socrática había sido uno de los factores disolutos respecto de la «mentalidad democrática» periódica y demagógicamente alimentada por la oratoria de los epitafios, manipuladora de la verdad.

4

También Critias recurrió al teatro: escribió y puso en escena tragedias y dramas satíricos. En su caso, como en el de Antifonte, es fácil imaginar (sería posible demostrarlo de modo puntual) que practicó esa actividad cuando todavía se encontraba alejado, deliberadamente alejado, de la política. También en su caso el teatro fue el recurso, un recurso importante y eficaz, habida cuenta de la renuncia a llevar sus propios y radicales puntos de vista a la asamblea popular o, alternativamente, a practicar el compromiso, usual para los señores que aceptan encabezar el «sistema».

El descubrimiento más importante acerca del Critias autor de tragedias se debe al joven Wilamowitz; es decir, a un estudioso que, además de ser el insuperado intérprete de la civilización griega en su desarrollo completo, tuvo una aguda sensibilidad para la ininterrumpida, y con frecuencia mal vista, tradición de «reservas» respecto de la democracia. Wilamowitz, muy joven, había definido, por otra parte, como *aureus libellus* a la *Athenaion Politeia* atribuible a Critias.[21] En esa misma y juvenil *Analecta euripidea* (1875) hizo la observación decisiva: algunas tragedias habían circulado ya con el nombre de Eurípides como autor, ya con el nombre de Critias.[22] ¿Por qué? Muchos años después, en la *Introducción a la tragedia*, expuso la explicación más probable: Eurípides había puesto en escena una tetralogía de Critias, como gesto amistoso («Freundschaftsdienst») hacia él. Comentaba este detalle –que debemos esencialmente al

---

21. Véase, más arriba, Introducción, cap. I, n. 24.
22. *Analecta euripidea*, p. 166. Wilamowitz tenía entonces veintisiete años. Se lo dedica a Mommsen, «vir summe».

hecho de que el mismo e importante monólogo del drama satírico *Sísifo* es atribuido a Critias por Sexto Empírico y a Eurípides por Aecio– con una pertinente, aunque rápida, observación: «Esto abre ulteriores perspectivas sobre los círculos con los que Eurípides estaba familiarizado.» Después precisa: «Pero también es posible que las didascalias hayan conservado el nombre de Critias y la *damnatio* caída sobre el recuerdo del "tirano" haya determinado, junto a las dudas relativas al estilo y a los pensamientos expresados en aquellos dramas, el error de la generación siguiente [de atribuir el conjunto a Eurípides].» Concluye entonces que Critias fue una figura «a tal punto significativa» que se ha llegado a creer «que hubo una amistad entre ambos».[23]

El fragmento más largo proviene de *Sísifo*, drama satírico que, según las hipótesis formuladas por Wilamowitz, concluía una tetralogía cuyos primeros tres dramas eran *Tennes*, *Radamanto* y *Pirítoo*. En cuanto a *Pirítoo*, merece atención al menos un fragmento (22 Diels-Kranz), en el que un personaje ataca sin tapujos la figura del político profesional *(rhetor)* dominador de las asambleas: «un carácter noble»,[24] así se expresa este personaje, «es cosa más segura que la ley, porque a la ley cualquier político la rompe en pedazos y le da vueltas en todas las direcciones con su labia, mientras que a un carácter no lo podrá nunca abatir». Si se piensa en el duro juicio y en la condena sin paliativos que constituye el corazón de la *Athenaion Politeia* («un político que acepta trabajar en una ciudad regida por la democracia es sin duda un sinvergüenza que tiene algo que esconder»)[25] la sintonía con el monólogo del *Pirítoo* no podría ser más clara.[26] En *Sísifo* el ataque, que la naturaleza jocosa del género satírico hace más abierto, se dirige contra la religión, presentada como invención humana de lo sobrenatural con el objetivo de la disciplina social.

Los dos pensadores a los que debemos estos importantes 42 versos se muestran consciente –el uno pensando que se trata de Critias, el otro

---

23. *Einleitung in die griechische Tragödie*, Weidmann, Berlín [1899], reimp. 1921, p. 15. Sobre la polémica secuela, en una correspondencia privada, de esta intuición de Wilamowitz, cfr. G. Alvoni, «Ist Critias Fr. 1 Sn.-K Teil des "Peirthoos" Prologs?», *Hermes*, 139, 2011, pp. 120-130. Se trata de las réplicas privadas de Wilamowitz a las críticas realizadas por Kuiper. También para *Pirítoo* la tradición reconoce como autor a «Eurípides o Critias» (Ateneo, XI, 496).

24. Emplea el término χρηστός, es decir el concepto más caro al autor de la *Athenaion Politeia*.

25. *Sobre el sistema político ateniense*, II, 20.

26. Ignoramos qué tratamiento del mito de Pirítoo adoptó Critias en su tragedia, pero es útil recordar que las pocas edificantes aventuras de Pirítoo involucraban también a Teseo, fetiche de la retrodatación *ad infinitum* de la democracia ateniense.

de Eurípides– del hecho de que, a pesar de la ficción escénica en la que habla un personaje y no el autor, aquí es el autor quien habla y manifiesta, como lo expresa Sexto Empírico, su «ateísmo». Aecio, quien conocía esos versos como de Eurípides, es, si ello es posible, aún más explícito: «Eurípides», escribe, «no quiso manifestarse, por miedo al Areópago, y entonces dio a conocer su pensamiento de este modo: llevó a la escena a Sísifo como autor de esta teoría y *sostuvo esa opinión.*» Puede parecer curioso este modo de expresarse, pero en sustancia Aecio quiere con esas palabras subrayar que, en su opinión, este texto reencontrado de Eurípides no bastaba para esconder que, precisamente, el autor pretendía difundir esas ideas irreligiosas.[27] (Por la acusación de «no creer en los dioses de la ciudad» Sócrates fue condenado a muerte por la ciudad democrática.)

Es pertinente interrogarse sobre el sentido de estas opciones; por ejemplo, el propósito de desafío: desafiar la moral común, mellar los pilares mentales del ciudadano medio.

Critias destacará en dos ocasiones en la escena política: junto a su padre, Calescro, en la primera oligarquía (411) y ya como líder, doctrinario y despiadado, de la segunda oligarquía (404). No va a la asamblea a debatir o a enfrentarse a una masa por la que no siente la menor estima, y a la que, en el opúsculo *Sobre el sistema político ateniense*, describe con rasgos mordaces, sino que espera el momento oportuno para golpear, como por otra parte sugiere varias veces en ese escrito.[28] Mientras tanto, en la espera, echa mano también él de ese extraordinario recurso, difícil de «normalizar» por completo, que es el teatro. Como Antifonte, como Eurípides.

5

No puede relacionarse directamente a Eurípides con las convulsiones políticas de la ciudad, pero su aventura personal –dentro de los límites en la que la conocemos– confirma esa cercanía a los ambientes en los que esas convulsiones tienen su origen. Los datos que podemos asumir como ciertos y particularmente significativos son dos: uno negativo y otro positivo. Al contrario que Sófocles, empeñado en ser nombrado estratego y en asumir cargos de gran peso (estrategia, helenotamia), Eurí-

---

27. Es curioso que Wilamowitz, *Aristoteles und Athen*, I, p. 175, insista en la oportunidad de distinguir al autor (Critias) del personaje (Sísifo).

28. *Sobre el sistema político ateniense*, II, 15; III, 12-13.

pides se abstuvo rigurosamente de toda actividad política. Como en el caso de Antifonte, es importante aquello que *no* ha hecho. El gesto que al final realiza, irse de Atenas después de 408,[29] es revelador de su sistemática desafección de la vida pública: se marcha cuando es restaurada la democracia, con el regreso de Trasilo y de la flota de Samos y con el fin del régimen «moderado» (terameniano) de los «Cinco Mil». Si a ello se añade la buena relación con Critias y el hecho de haber sido blanco sistemático, no menos que Sócrates, de la comedia –un buen indicador de las pulsiones del «ateniense medio»– el retrato se aclara. Así se comprende tanto su obstinación por poner en cuestión los pilares ético-político-sociales de la ciudad democrática como su fracaso sistemático frente al público. No es casual que la última de sus cinco victorias, póstuma, haya sido obtenida en la espectral Atenas gobernada por los Treinta, en 404/403.[30]

Algún sentido debe tener el hecho de que los dos críticos de la ciudad más perseguidos, Sócrates y Eurípides, hayan terminado el uno ajusticiado por delitos ideológicos y el otro autoexiliado en Macedonia y decidido a no volver nunca. Ambos podían ser considerados y definidos como amigos de Critias; ambos, con medios distintos, y en todo caso considerándose extraños a los «lugares de la política», ejercieron constantemente su crítica. La escena cómica denunciaba su vínculo recíproco: Eurípides estaba «inspirado por Sócrates», según el cómico Teléclides.[31] Habladurías: como aquella, conocida por Diógenes Laercio (IX, 54), según la cual «en casa de Eurípides» Protágoras dio lectura a su tratado *Sobre los dioses*.

Con frecuencia se habla de cierta *levitas* en este autoexilio de Eurípides en Macedonia, en la corte de Arquelao; como si fuera obvio para un hombre de casi ochenta años, en plena guerra, ponerse en camino para alcanzar la remota capital macedonia e iniciar allí una nueva vida. Como si sólo en el umbral de los ochenta años Eurípides hubiera cobrado conciencia de que el público no le ofrecía el premio, teniendo a sus espaldas una carrera comenzada casi cincuenta años antes[32] y que abarca más de setenta (o quizá noventa) dramas casi sistemáticamente derrotados. Surge en cambio como razonable explicación de una op-

---

29. La biografía literaria, de matriz alejandrina, relaciona esta decisión con la derrota del *Orestes*. Es obvio que no tiene mucho sentido semejante relación pseudoerudita.

30. Sobre esto cfr. *I drammi postumi di Sofocle e di Euripide*, en L. Canfora, *Antologia della letteratura greca*, II, Laterza, Roma-Bari, 1994, pp. 137-141.

31. Fr. 41 Kassel-Austin.

32. El año 455 es el principio habitualmente reconocido.

ción tan drástica y extrema el cambio político radical que tuvo lugar en Atenas el año anterior. El hecho de que Tucídides se acercase a Arquelao de Macedonia por los mismos años,[33] superviviente también él de la experiencia de 411[34] y del rápido deterioro del «gobierno de los Cinco Mil» que él había juzgado óptimo,[35] confirma que los intelectuales cuya relación con la «democracia realizada»[36] era ya insostenible prefirieron el exilio cuando la democracia volvió a los dominios de los hombres de Trasilo.

El argumento aducido por la biografía euripídea (Γένος Εὐριπίδου) es interesante por cuanto saca a la luz los ataques continuos de los cómicos, que habrían inducido a Eurípides a la decisión de romper con el mundo ateniense. Es evidente que se trata de una deducción de los literatos y gramáticos alejandrinos o de escuela erudita-peripatética, los cuales han razonado en términos esquemáticos propios de la biografía literaria, que es por lo general improvisada: ¡un literato sólo puede actuar por razones «literarias»! (Quizá pensaban, aquellos gramáticos, en las luchas y rivalidades del mundo literario-erudito alejandrino.)[37] Obviamente resulta poco creíble la figura de un Eurípides que toma una decisión existencial tan importante como reacción a un fenómeno que duraba desde hacía décadas (ya en los *Los acarnienses*, de 425, Eurípides es uno de los blancos). Por tanto, debe tratarse de otra cosa, aunque no puede excluirse que los cómicos se hicieran intérpretes de imputaciones e insinuaciones relativas a Eurípides *en relación con los acontecimientos dramáticos de 411-409*. No debe olvidarse que Sófocles, a pesar de su armónica relación con el público, formó parte del peculiar colectivo de los próbulos (que ya en *Lisístrata*, escrita mientras se estaba incubando el golpe de Estado, hacen su aparición en escena),[38] y más tarde fue acusado de haber favorecido el ataque por sorpresa oligárquico y la toma del poder por parte de Antifonte, Frínico y compañía.[39]

33. Praxífanes, fr. 10 Brink = Marcelino, *Vida de Tucídides*, 29-30.

34. Cfr. Aristóteles, fr. 137 Rose, y más abajo, cap. XVII.

35. Tucídides, VIII, 97, 2.

36. Es la feliz fórmula adoptada por Hans Bogner, en el ensayo del que se ha hablado en la Introducción (III, 4).

37. Telquines contra Calímaco, etc.

38. «Debían restaurar el espíritu perícleo y en cambio, por debilidad, cedieron el relevo a la oligarquía» (Wilamowitz, *Einleitung in die griechische Tragödie*, p. 14).

39. Aristóteles, *Retórica*, 1419a 25-29: se trata de una síntesis del «acta» del interrogatorio al que fue sometido Sófocles, perseguido (quizá llamado por correo) por Pisandro: acta perfectamente conocida por Aristóteles, excelente conocedor de los archivos atenienses.

Si la crisis de 411/409, característica de la época según el criterio de Tucídides, tuvo efectos en la vida de Sófocles, y en su tranquilidad personal, en el momento de la restauración democrática es razonable suponer que para Eurípides, amigo de algunos de los responsables del episodio, el clima se hubiera vuelto directamente irrespirable. A lo que quizá contribuyeron los ataques de los cómicos, tan mezquinos como efectivos. De allí la decisión grave, extrema, de autoexiliarse y de abandonarlo todo: el teatro, las relaciones humanas, etc.

También aquí la tradición biográfica deja entrever algo, con todos los riesgos que conocemos inherentes a la improvisada fabricación de la biografía antigua (relativa a los autores activos antes de Alejandría). El hecho de relacionar a Tucídides y Eurípides, y también a Agatón, durante la estancia en la corte de Arquelao en Pella,[40] y además de atribuir a Tucídides el epigrama fúnebre para Eurípides[41] puede –más allá de la técnica combinatoria siempre al acecho– tener un núcleo de verdad: el autoexilio de los personajes *en conflicto con la democracia y ya irreconciliables con ella.* Agatón mismo –en cuyo honor tiene lugar el *Banquete* platónico– es valorado desde el punto de vista de sus amistades políticas, si no por otra cosa precisamente en razón de la escena del *Banquete.* Platón no crea la escena de sus diálogos de modo meramente ficticio: la escena siempre tiene un sentido; con frecuencia reivindica la memoria de los personajes que han sido blanco de ataques diversos, *condenados,* reprimidos o implicados (como Fedro) en «escándalos» que la ciudad había afrontado lanzando acusaciones en todas direcciones.

6

Pero ¿cuáles eran entonces los temas euripídeos capaces de generar una tradición tan contundentemente malévola?

Una amplia reseña la hace, *für ewig,* la incisiva vena satírica de Aristófanes en *Las ranas,* drama que *agrede a un Eurípides ya muerto,* una prueba de implacable hostilidad. El hecho de que la familia, el papel de la mujer, la inferioridad del esclavo, la fe en los dioses haya sido puesta en tela de juicio por la dramaturgia euripídea es, para Aristófanes, una convicción. Para él –lo proclama una célebre afirmación de Esquilo, precisamente en *Las ranas*– el poeta debe ser el educador de la ciudad. Ésa es la razón principal de la derrota de Eurípides en ese memorable

40. Marcelino, *Vida de Tucídides,* 29 (= Praxífanes)
41. *Vida de Eurípides* (Γένος) = *TrGF* V.1, T 1, IA, 10.

certamen que se desarrolla en los infiernos en presencia –y con la participación activa– del dios del teatro. No debe olvidarse que, al final, la prueba decisiva a la que Dionisio somete a los contendientes es directamente política: les pide a ambos un «buen consejo» para la ciudad. Esquilo resultará vencedor con un «buen consejo» que propone, de forma aforística, la estrategia periclea de enrocarse dentro de los muros y considerar las naves como único «recurso verdadero» (vv. 1463-1465); mientras Eurípides –que pierde– formula una no demasiado sibilina propuesta tendente a recurrir a los políticos «que ahora tenemos en el olvido» (vv. 1446-1448), es decir, pide un cambio de personal político en favor «de aquellos a los que habitualmente tenemos olvidados». No podría ser más clara la referencia a aquellos que por lo general intervienen en las decisiones políticas. «Aquellos a los que habitualmente tenemos olvidados» es una expresión que se comprende mejor si se piensa en aquella división –a la que nos hemos referido– entre los políticos que aceptan el sistema y, en constante compromiso con la asamblea, lo «guían», y aquellos que, en cambio, se mantienen aparte (y que en 411 salieron a la luz). Aristófanes es un coherente impulsor de una amnistía en favor de aquellos que han sido «engañados por Frínico» (v. 689) y, precisamente, considera la iniciativa de Frínico y de los otros jefes de la efímera oligarquía un «engaño». Está a favor de la pacificación, no de la rehabilitación política de esos «engañadores», que en cambio queda velada en la respuesta de Eurípides.

No nos detendremos entonces en la crítica euripídea a los pilares éticos y sociales (familia, esclavitud, religión) en los que se basa la ciudad, pero examinaremos con cierta atención un caso concreto de *crítica política:* una discusión sobre el fundamento mismo de la democracia ateniense (y de la democracia en general) que Eurípides introduce en el corazón de una de sus tragedias, *Las suplicantes* (que puede fecharse alrededor de 424 a. C.), construida una vez más en torno a un mito bien conocido por el público, el de la saga tebana y del destino de los siete sitiadores de Tebas, con su correspondiente corolario de fratricidio.

La escena sucede en Eleusis: allí se han reunido, en el altar de Deméter, las madres de los argivos caídos frente a Tebas. Está con ellas el rey de Argos, Adraste; piden la ayuda de Atenas, y del rey Teseo, para recuperar los cuerpos de los muertos. Teseo duda al principio; después, persuadido por su madre, Etra, accede a la solicitud de interferir directamente en la disputa. El episodio concluirá con una batalla (del todo fantástica desde el punto de vista histórico) entre tebanos y atenienses, en la que estos últimos consiguen la victoria y obtienen la restitución de los cuerpos. Pero, inesperadamente, el desarrollo de la acción contempla una suerte de «entremés»: un choque dialéctico entre un heraldo tebano, llegado a Atenas, y Teseo, *en torno a la mejor forma de gobierno*. Teseo exalta las virtudes de la democracia, el heraldo denuncia sus defectos estructurales. La arbitrariedad de este entremés no puede ocultarse, por añadidura en el seno de un drama que amplifica libremente la saga tradicional creando a la vez una guerra tebano-ateniense como presupuesto del fuerte acercamiento entre Argos y Atenas.

Se ha hablado –incluso por parte de fuentes muy autorizadas– de dramas «patrióticos» de Eurípides:[42] tales serían los tres dramas que tienen, con distinta relevancia, a Teseo como protagonista, es decir *Heracles*, *Heráclidas* y sobre todo *Las suplicantes*. Es una visión holográfica-tradicional que no convence. Se debe siempre partir de la premisa, a la que nos hemos referido en diversas ocasiones, del carácter de por sí dúctil de la «política» sobre el escenario. No se trata ni del mitin (como puede ser a veces la parábasis de una comedia, con la correspondiente interrupción deliberada de la ficción escénica) ni de abierta propaganda.[43] La fuerza de la *política en la escena* está precisamente en su ductilidad y en su carácter problemático no sólo aparente sino efectivo: en ello radica su eficacia. No podría ser de otro modo en un teatro tan directamente vinculado a la vida pública y tan directamente «vigilado» por los voluntariosos magistrados dedicados al funcionamiento de esa institución. Esa política suya es tan dúctil, a pesar de su inmanencia al teatro de Atenas, que, transcurrido tanto tiempo y cuando ya el contexto concreto histórico-político inevitablemente se ha empañado y desvaído, los intérpretes se interrogan sobre diversas, y a veces opuestas, lecturas de aquellos textos tan intencionada y fecundamente «abiertos». El dato macroscópico es que, en cualquier caso, todos advertimos, a pesar de la lejanía en el tiempo, que, con la mediación de la trama casi siempre enraizada en el mito, aquellos dramaturgos no hacen otra cosa que *hablar de política:* en el sentido elevado, de los valores y de sus efectivos fundamentos, no sólo de la inmediata cotidianidad, que sin embargo se deja entrever en ocasiones.[44]

La saga sobre Teseo, y *Las suplicantes* en particular, hacen posible un goce inmediatamente patriótico, pero también una toma de conciencia

42. El más autorizado de todos fue W. Schmid en el volumen III de su monumental *Geschichte der griechischen Literatur* (que retoma la de O. Stählin), Beck, Múnich, 1940, pp. 417-462.

43. A la manera de cierto teatro «revolucionario» del siglo XX (Erwin Piscator).

44. V. di Benedetto, en su libro euripídeo, de hace ya cuarenta años *(Eurípides*, Einaudi, Turín, 1971), se arriesga a una investigación concreta de este aspecto.

de los problemas irresueltos, y capitales, de la política. El mito de Teseo se ha convertido, desde finales del siglo VI a. C., en Atenas, en un mito político: una figura necesaria para la retórica del epitafio, en cuanto «primus inventor» de la democracia o, más cautelosamente, de la *patrios politeia*, es decir, del denominado «orden heredado», presentado como característico de los atenienses. Pero todo depende de la noción de *patrios politeia;* incluso los oligarcas que interrumpieron durante un tiempo el poder popular (en 411 y de nuevo en 404) pretenden volver a la auténtica *patrios politeia.* Poner en el centro de la escena a Teseo es, por tanto, una operación hábil, a salvo de reacciones de rechazo. Teseo, de hecho, ha entrado en el grupo de los lugares comunes de los epitafios, es decir, en el repertorio de base de la educación cívica impartida al demo por sus jefes, quienes saben que, en aquella circunstancia y en ese género de oratoria, deben decir las cosas que el demo espera, desea y gusta, y gracias a las cuales se consolida.

7

El Teseo de *Las suplicantes* habla mucho, y se expone mucho más de lo que su rol icónico implica. Dejamos aparte, aquí, otro aspecto que también ayudaría a comprender la habilidad de Eurípides en la recreación de este personaje que, para algunos intérpretes modernos influidos por el clima de su tiempo, es entendido siempre como «Führer»,[45] como «rey constitucional», como líder popular, etc.; cuando no directamente como contrafigura de Pericles, en una Atenas en la que Pericles, de todas maneras, había desaparecido hacía años. Del *princeps in re publica* hablaremos en el capítulo siguiente.

Volvamos, entonces, al muy locuaz Teseo-politólogo que Eurípides ha puesto en escena. Éste desarrolla una primera intervención de teoría política en la primera parte del drama, cuando su posición todavía es desfavorable a las peticiones de ayuda de Adrasto: en ese momento Teseo se expresa con dureza contra los demagogos y más generalmente contra los políticos egoístas («los mocetones que gozan de segar la gloria y por eso aumentan las guerras sin consideración a la justicia»). Se lanza entonces a una *summa* de carácter sistemático: en la ciudad —explica— hay tres clases sociales, los ricos, que «desean tener cada vez más»; los pobres, que son peligrosos porque se entregan a la envidia y no hacen otra

---

45. Así por ejemplo, A. Meder, *Der athenische Demo zur Zeit des Peloponnesischen Krieges,* Lengerich, 1938.

cosa que tratar de perjudicar la riqueza de los propietarios y son presa de los demagogos[46] πονηροί («jefes malvados»), y los medianos («la facción mediana»), que es la única fuente de posible salvación de la ciudad y de su «orden» (vv. 238-245).

En este parlamento Teseo maltrata al demo, ávido y feroz perseguidor de la riqueza, y a los jefes políticos que, al mismo tiempo, lo secundan y lo corrompen en una perversa relación de complicidad. En la segunda parte del drama, en cambio, cuando Teseo cambia de línea y decide intervenir en favor de Argos y enfrentarse a Tebas (regida por Creonte, firme negador de la sepultura de los rebeldes), la música cambia. Se produce el choque, del todo independiente del desarrollo dramatúrgico de la *pièce*, y Teseo, provocado por la pregunta del heraldo tebano («¿quién es el τύραννος?», que significa, en sustancia, «¿quién manda aquí?»), reacciona impartiéndole una lección sobre la perfecta democracia ateniense, que calca *ad verbum* los pasajes más conocidos (y más inverosímiles) del epitafio perícleo (vv. 399-510).

El primer y principal sobresalto para el espectador viene del hecho de que se ponga en tela de juicio *la legitimidad misma* del sistema democrático. Nada parecido sería concebible frente a la asamblea popular. Es astuto hacer surgir el problema mediante un personaje que debía parecer antipático a los espectadores, el heraldo tebano –por la agresividad y por ser tebano–, pero el hecho principal que se produce en escena es que aquellos argumentos pesados y tópicos de la crítica radical a la democracia (la incompetencia del demo y la pésima calidad del personal político) «*quedan sin réplica y sin impugnación*».[47]

A la crítica radical y penetrante del heraldo tebano, Teseo opone la imagen de la democracia como reino de la ley escrita. Lo que Teseo dice es un conglomerado de los *topoi* de Otanes en el debate referido por He-

---

46. Dice exactamente προστάται (que es término casi oficial para indicar a un jefe de fracción que aspira a dirigir toda la ciudad).

47. Esto argumenta H. Bogner, *Die verwirlichte Demokratie*, Hanseatische Verlagsantalt, Hamburgo-Berlín-Leipzig, 1930, p. 87. Hans Bogner (1895-1948) fue un filólogo clásico, docente primero en Friburgo y después en Estrasburgo (hasta 1944), depurado después de la caída del Tercer Reich. Sus escritos fueron prohibidos en la República Democrática Alemana. Es notable el hecho de que haya sido él quien acuñó la fórmula «la democracia real» (en el sentido de aquello que *en realidad* es una democracia) y que una fórmula análoga haya sido acuñada apologéticamente en los tiempos del declive de la experiencia socialista-soviética, «socialismo real», para significar que ése era el único concretamente posible, y para sugerir, en consecuencia, la necesidad de contentarse con aquello que efectivamente existe más allá de las posibles construcciones ideales.

ródoto[48] (nada es peor que el tirano y una descripción convencional de los crímenes «tiránicos») y de la idealización períclea[49] de la praxis democrática (en la asamblea puede hablar quien tenga algo para decir, en los tribunales el rico y el pobre son iguales ante la ley). No debe ocultarse que, en un drama cuyo *objeto de disputa es la sepultura de los muertos de guerra*, Teseo aúna motivos de epitafio y el heraldo los hace pedazos. Trayendo a colación, precisamente en un contexto como ése, la cuestión de la escasa competencia del demo y de la mezquina bribonería del personal político en democracia, Eurípides consigue que se diga, frente al gran público y gracias al juego escénico, aquello que intelectuales disidentes respecto del sistema vigente consiguen decir, a lo sumo, en sus círculos o camarillas, o heterías.[50] Teseo, en su primera intervención de réplica, entre otras cosas escenifica la situación asamblearia: «Ésta es la libertad: *¿Quién quiere dar cualquier consejo útil a la ciudad?*» (vv. 436-437). Es la versión casi teatral del «¿quién pide la palabra?» de la praxis asamblearia, mezclada con la frase períclea-tucidídea del epitafio *si tiene algo bueno para la ciudad* la escasa notoriedad no es un impedimento».[51]

No se descarta que Pericles hubiese dicho en verdad palabras por el estilo algunos años antes (429 a. C.).[52] Otra vaga reminiscencia períclea se puede percibir inmediatamente después en el parlamento de Teseo en el que se habla de la juventud segada «como las flores de un campo en primavera».[53] Es como si Eurípides se hubiera empleado en hacer hablar a Teseo a través de un *collage* de epitafios perícleos, para después exponerlo al virulento desenmascaramiento por parte del tebano. Por añadidura, el Teseo de *Las suplicantes* es una figura en verdad paradojal: es él mismo un rey, pero embiste contra la ciudad que está, en ese momento, regida por un rey (vv. 444-446: «un rey considera enemigos y mata precisamente a los mejores, etc.»). Se trata de la misma paradoja que merma la autenticidad de la figura de Pericles: «príncipe» según Tucídides y por tanto artífice de un benéfico vaciamiento y reducción a mero *flatus vocis* de la democracia, a la que sin embargo elogia en su epitafio.[54]

48. Heródoto, III, 80.
49. Tucídides, II, 37.
50. Platón, Critias, el propio Tucídides.
51. Tucídides, II, 37, 1.
52. Se sabe por Lisias, VI, 10, que en verdad habló de leyes «no escritas» (y estamos en el mismo contexto de II, 37).
53. Aristóteles, en la *Retórica* (1365a 31), atestigua que «en el epitafio» (quizá el relativo a la guerra contra Samos: 441/440) Pericles había dicho algo semejante.
54. Es la contradicción patente entre Tucídides, II, 37 y II, 65 (retrato de Pericles como *princeps* y carácter sólo aparente de la democracia bajo su gobierno). En II, 65

Por tanto, quien creyó (Goossens)[55] que Eurípides, en la discusión heraldo/Teseo, tenía en mente una identificación Pericles-Teseo, probablemente no estaba del todo equivocado. No se daba cuenta, sin embargo, de que una operación tan sutil *no era* precisamente un monumento a Pericles a través de las palabras de Teseo; al contrario. Era una hábil desmitificación de la verdad consoladora de los epitafios con la que la clase política educa y construye su público, y consolida el consenso, confrontada con la efectiva naturaleza del poder establecido en la ciudad «democrática».

Para completar el cuadro de las alusiones, y esta vez con habilidad de político consumado, Eurípides hace pronunciar al heraldo, en su segunda intervención, una apasionada filípica contra la guerra: «Cuando un pueblo vota por la guerra nadie piensa en su propia muerte, sino que prevé la ruina de los otros. ¡Pero si la muerte hubiera estado a la vista durante la votación, la Hélade no moriría arruinada por la locura de la guerra!» (vv. 482-485). Difícil negar que aquí el heraldo expresa el pensamiento del propio Eurípides. Tiene razón Hans Bogner cuando escribe, a propósito de este parlamento del heraldo, que Eurípides no hace pronunciar a Teseo ninguna impugnación eficaz de esas críticas a la democracia, por el hecho de que ésas son precisamente *sus* propias críticas.

En esta segunda intervención, contra la guerra, también es atacada una posibilidad por la que Pericles había mostrado inclinación (recordemos el largo debate asambleario de Diceópolis en *Los acarnienses* de Aristófanes) y que ahora hacían suya los nuevos líderes, Cleón *in primis*. Por otra parte, Eurípides saca a la luz, a través de las muy eficaces palabras del heraldo, el carácter *irresponsable* de las decisiones asamblearias[56] (¡nadie piensa que va a morir, sino que prevé la muerte de los otros!); es decir, de ese mecanismo del voto que Teseo acaba de exaltar con retórica notoriamente convencional.

El heraldo tebano es letal en su ridiculización de Teseo: «Reflexiona y no te irrites con mis palabras. No vayas a darme una contestación altanera confiando en tus brazos, en la idea de que tu ciudad es libre»; y agrega: «ten cuidado de no poner la fuerza de tu brazo en la respuesta» (vv. 476-479). Después se lanza a fondo contra las asambleas favorables a la guerra, que culmina en otro tema candente para el ateniense medio, el del nexo guerra/esclavos: «¡Necios! Escogemos, en lugar de la paz, la gue-

---

queda más que claro que las palabras de Pericles en el epitafio (II, 37) son mero repertorio de epitafio. La verdadera naturaleza de las cosas es descrita justamente en II, 65.

55. «Péricles et Thésée», *Bulletin de l'Association Guillaume Budé*, 35, 1932, pp. 9-40.

56. Es un tema de Critias, *Sobre el sistema político ateniense*, II, 17.

rra, y así reducimos a esclavitud a los más débiles, hombres y ciudades» (vv. 491-493); «un capitán valiente, o un marinero, es un grave riesgo para la nave».

¿Drama «patriótico»? Lo que celebra sus fastos aquí es la política de la escena, la política de lo que no se puede decir en la asamblea.

8

La situación en la que Eurípides ambienta el choque Teseo/heraldo no está escogida al azar. Como tampoco la máscara de Teseo como jefe de una democracia.

Ambas son opciones que remiten a estereotipos. El acontecimiento puesto en escena en *Las suplicantes* es, en efecto, uno de los recurrentes en los epitafios periódicamente pronunciados en Atenas, en esa parte casi inevitable del discurso en la que el orador procede a la exaltación de los antiguos méritos de la ciudad.[57] El tema aparece también en textos estrechamente afines, como el *Panegírico* y el *Panatenaico* de Isócrates.[58] Incluso la anticipación a la era de Teseo de la democracia ateniense es un rasgo característico de la oratoria pedagógica: una vez más, encontramos amplio testimonio de esta transformación de Atenas en una «democracia *ab origine*» en el *Panatenaico* (126-129), e incluso medio siglo antes en la *Helena* del mismo Isócrates (35-37). Aquí Isócrates parece insinuar, también, un acercamiento Teseo/Pericles, ambos *monarcas democráticos:* «el pueblo, aunque soberano, le pidió que siguiera siendo monarca». El mismo *topos* de Teseo como fundador del derecho de palabra igual para todos *(isegoria)* –un alarde que destaca, como vimos, al principio del epitafio perícleo– se encuentra en el epitafio de Demóstenes para los muertos en Queronea (28) e incluso en un discurso judicial como el arduo *Contra Neera*, en el que se imagina una elección de Teseo «sobre la base de una lista de candidatos».[59]

Por tanto, en el choque Teseo/heraldo, en el que Teseo no impugna las puntuales réplicas de su antagonista, Eurípides apunta hacia temas característicos de la oratoria pedagógica oficial ateniense, y en particular el más delicado (y por lo general engañoso) de ellos: el elogio del sistema político vigente en la ciudad. Voluntad demoledora de la retórica democrática, que es bien visible asimismo en otra tragedia euripídea, *Los herá-*

---

57. Lisias, II, 7-10; Demóstenes, LX, 8; Platón, *Menéesenos*, 239 b (caricaturesco).
58. *Panegírico*, 58; *Panatenaico*, 168-171.
59. Demóstenes, *Contra Neera*, 74-75: ἐκ προκρίτων.

clidas, centrada en otro episodio predilecto de los epitafios: la ayuda dada por Atenas a los hijos de Heracles perseguidos y expulsados del Peloponeso por el cruel Euristeo.

El papel de Teseo y de Atenas no desaparece, pero es cierto que se presenta una versión insólita del episodio,[60] que redimensiona los méritos de la ciudad y saca a la luz sus dobleces y las dudas en la circunstancia histórica. Será una mujer no ateniense, en efecto, quien demuestre, en el curso de la tragedia, ese coraje que, en determinado momento, los valientes atenienses y el mismo hijo Teseo parecen haber perdido.

Para apreciar el peso y la utilización, también directamente política, de semejantes tradiciones baste considerar que –según Heródoto– los atenienses se valieron de estos precedentes, o méritos, en efecto mitológicos para reivindicar para sí mismos una posición de privilegio en el despliegue de las tropas aliadas en la vigilia de la batalla de Platea;[61] del mismo modo que, cincuenta años más tarde, reivindicarán para sí el derecho al imperio en nombre de las victorias conseguidas sobre los persas.[62]

Atacar el bagaje de los epitafios es un gesto que denota desapego respecto de la ciudad y de su autorrepresentación ideológica, alimentada asiduamente por la clase política (incluso por la más sofisticada intelectualmente, aunque, en esa ocasión, se muestre dispuesta a hablar por fórmulas). Comprendemos el peso de este juego demoledor cuando leemos el epitafio «de Aspasia» en el *Menéxeno* de Platón: está abiertamente lleno de hiperbólicas falsedades, y casi se avergüenza Sócrates, en el marco del diálogo, de haberlo recitado a su desconcertado interlocutor.

El epitafio es la repetición anual, apática y formularia, de los temas y de los mitos que afianzan el espíritu cívico: instrumento de educación política de masas. Es, precisamente, este instrumento fundamental de cohesión de la ciudad el que Eurípides somete a crítica en escena. Lo hace hábilmente, insertando con precisión, en el corazón del episodio usualmente evocado en los epitafios, el examen crítico de su ingrediente fundamental: el elogio del orden democrático.[63]

---

60. Es la libertad característica de la religiosidad griega, que permite introducir variantes en el mito.

61. Heródoto, IX, 27.

62. Tucídides, I, 73, 4.

63. No puede ser casual que todo suceda en el seno de un drama basado en la *victoria ateniense sobre Tebas*, vinculada con la disputa por la restitución de los cuerpos de los caídos, pero puesta en escena al día siguiente de una dura *derrota de Atenas por parte de Tebas* (Delion, 424), seguida de unas negociaciones nada fáciles para la restitución de los cuerpos de los caídos (cfr. Tucídides, IV, 97-98: con intenso intercambio de heraldos).

III. PERICLES «PRINCEPS»

1

Poco antes del parto, Agarista, la madre de Pericles, «tuvo un sueño: le pareció que daba a luz un león»; pocos días después nació Pericles, según cuenta Heródoto.[1] La mención de este animal, el león, es rica en significados: es el animal de referencia de la tiranía.

La fuente que habla de él, Heródoto, no podría ser más favorable a Pericles; sin embargo registra, casi como una señal de la historia posterior de este personaje extraordinario, aquella escena arquetípica. Pericles muere en pleno estallido de la peste en Atenas, en 429 a. C. Era ya anciano (había nacido, probablemente, poco después de 500 a. C.). Su vida ocupa el siglo V, uno de los periodos decisivos de la historia antigua, casi por entero: se abre bajo el signo de ese león y se cierra con una escena de tragedia, la de la ciudad que él ha arrastrado a la guerra y que lo ve abandonar la escena cuando la guerra acaba de comenzar.

El contagio de la peste fue tan desolador para la ciudad que el historiador que ha contado los acontecimientos, Tucídides, dedica páginas y páginas a la descripción de la peste y de los síntomas del contagio, «para que, si se repitiera el día de mañana, se sepa cómo se presenta esta desgracia»;[2] y describe la ciudad presa de la devastación moral y material: montones de cadáveres quemados en las calles, degradación moral, superación de los límites que regulan la convivencia.

En esta tremenda escena, Pericles desaparece. Ha llevado a la ciudad a la guerra, y la guerra ha potenciado el contagio, porque la táctica sugerida por él era la de encerrarse dentro de los muros: que los espartanos arrasen el campo —decía—, después se irán; Atenas domina el mar y por tanto es invencible.[3] En eso consiste la clave de su estrategia, im-

1. VI, 131.
2. II, 48, 3.
3. I, 142-143.

popular sobre todo para los campesinos, que veían sus bienes en peligro constante.

Acerca de él, recién desaparecido, Tucídides formula este juicio, que ha marcado el desarrollo de la historiografía:

> En efecto, durante todo el tiempo que estuvo al frente de la ciudad en época de paz la gobernó con moderación y veló por ella con seguridad, y durante su mandato Atenas llegó a ser la ciudad más poderosa; y una vez que la guerra estalló, también en aquellas circunstancias quedó claro que había previsto su potencia. Sobrevivió dos años y seis meses al inicio del conflicto, y después de su muerte se reconoció aún más la clarividencia de sus previsiones respecto a la guerra. Sostenía, en efecto, que los atenienses vencerían si permanecían tranquilos y se cuidaban de su flota sin tratar de acrecentar su imperio durante la guerra y sin poner la ciudad en peligro. Pero ellos hicieron todo lo contrario, y, con miras a sus ambiciones particulares y a su particular beneficio, emprendieron una política diferente que parecía no tener nada que ver con la guerra y que resultaba perjudicial para sus intereses y los de sus aliados.[4]

Continúa explicando por qué Pericles conseguía guiar a la ciudad mientras los otros, los que vinieron después de él, no fueron capaces:

> La causa era que Pericles, que gozaba de autoridad gracias a su prestigio y a su talento, y resultaba además manifiestamente insobornable, tenía a la multitud en su mano, aun en libertad, y no se dejaba conducir por ella, sino que era él quien la conducía; y esto era así porque, al no haber adquirido el poder por medios ilícitos, no pretendía halagarla en sus discursos, sino que se atrevía incluso, merced a su prestigio, a enfrentarse a su enojo. Así, siempre que los veía confiados de modo insolente e inoportuno, los espantaba con sus palabras hasta que conseguía atemorizarlos, y, al contrario, cuando los veía dominados por un miedo irracional, los hacía retornar a la confianza. En estas condiciones, aquello era de nombre una democracia, en realidad un gobierno del primer ciudadano.[5]

Dice: *archè tou pròtou andròs*, «del primer». También en otro pasaje, cuando habla de él, dice: en esa época Pericles «era el primero».[6]

---

4. II, 65, 5-7.
5. II, 65, 8-9.
6. I, 139: κατ'ἐκεῖνον τὸν χρόνον πρῶτος Ἀθηναίων.

Uno de los creadores de la ciencia política, Thomas Hobbes, quien sólo empezó a escribir tardíamente, y cuando lo hizo comenzó por traducir al inglés a Tucídides, acompañándolo de una admirable introducción, observa al respecto que Tucídides tuvo una visión política profundamente monárquica; de hecho, los dos personajes positivos de la historia son Pisístrato –el llamado tirano– y Pericles, el monarca. Esta imagen de la «democracia de nombre, en realidad un gobierno del príncipe», ha tenido una muy larga descendencia. Se podría decir que la idea misma del *princeps* en la realidad política de la Roma tardorrepublicana toma sus rasgos de Pericles. Es preciso mencionar aquí el nombre de Cicerón, quien –teórico de la política, crítico de la decadencia de la república romana, cuatro siglos después de Pericles– sueña con el *princeps*: piensa que la dificultad estructural de la república sólo se superará a través de un *princeps*, y así lo expresa en *De Republica*, a juzgar por los fragmentos que se conservaron, exactamente con las palabras con que Tucídides describe el poder de Pericles: «Pericles ille, et auctoritate et eloquentia et consilio, princeps civitatis suae.»[7]

Princeps por *auctoritas*, por su capacidad para hablar y hacerse escuchar y por el *consilium*, es decir por la *gnome*, por la inteligencia política. En definitiva, Tucídides fundó, describiendo a Pericles y su poder, la noción de *principado*, enmascarando, por así decir, el contexto democrático en el que Pericles se coloca; de ahí esa brutal expresión («democracia de nombre»: cuando se dice de algo que es λόγῳ («de nombre») se llama de un modo pero ἔργῳ, de hecho, es otra cosa, se quiere *enmascarar* aquello que está detrás de las palabras.

No es la única imagen de Pericles que tenemos. Del lado opuesto se ubica la más célebre representación de él, que se encuentra en el *Gorgias* de Platón. Pericles nació en torno al año 500 a. C., su admirador e historiador Tucídides nació aproximadamente en 454 a. C., Platón nació unos treinta años más tarde. Las generaciones se cruzan: Platón desciende de una familia en cuyo eje está Critias. De Critias, remontando las ramas del árbol genealógico, se llega hasta Critias el Mayor, quien estaba emparentado con Solón. Solón fue quien se opuso, en la medida de lo posible, a Pisístrato. Pisístrato fue expulsado por los Alcmeónidas, de los que Pericles desciende; estas grandes familias atenienses se entrelazan, se combaten y se vuelven a encontrar.

En el *Gorgias* es Sócrates quien habla, quien describe a los grandes corruptores de la política. A su juicio, en la historia ateniense éstos son cuatro: Milcíades, Temístocles, Pericles y Cimón. Platón es despiadado,

7. *De Republica*, I, 25.

como siempre, en su crítica radical del sistema político ateniense. Los personajes que aquí condena en bloque habían sido rivales entre sí; sin embargo, los condena a todos por igual en cuanto corruptores del pueblo. Porque hicieron aquello que Tucídides niega que Pericles haya hecho: hablar *pros hedonèn*, «para complacer» al pueblo. Reprocha a Pericles precisamente la oratoria demagógica, el estar a favor de la asamblea, y por eso dice el Sócrates del *Gorgias:* «hizo a los atenienses peores de lo que eran». No sólo lo condena por esta oratoria demagógica, por este secundar al pueblo, sino también porque por primera vez introdujo un salario para los oficios públicos.[8] El salario para remunerar un cargo, que es la clave del mecanismo democrático ateniense.

2

El ordenamiento ateniense, como todas las democracias antiguas, tiene su fundamento en la asamblea popular. Pero ¿qué es exactamente esa asamblea de todos? Cuando Heródoto contó que a la muerte de Cambises alguien había proyectado instaurar la democracia en Persia, «algunos griegos» no le creyeron. «No me creyeron», dice Heródoto, «pero es así.»[9] Decir, por ejemplo en Atenas, que en el imperio persa, inmensa realidad geográfica, alguien quería instaurar la democracia significa sugerir una asamblea de todos en un gran Estado territorial: algo imposible. Pero también en Atenas la asamblea *de todos* era una idea-fuerza. Cuando, muchos años después, los oligarcas derroquen el sistema político ateniense y abroguen el salario para los oficios públicos, declararán —como bien sabemos— que en el fondo, incluso en el régimen asambleario, cinco mil personas como máximo iban a la asamblea. A mediados del siglo V Atenas tiene treinta mil ciudadanos hombres adultos en edad militar. La realidad concreta de la democracia asamblearia es una realidad móvil, en la que el cuerpo cívico activo puede cambiar, como veremos, en razón de las relaciones de fuerza.

3

Pericles, dice Plutarco, permaneció largo tiempo indeciso acerca de a qué bando inclinarse. Pertenecía a una familia importante, muy

ias, 515d-e.
1.

rica, era un gran propietario de tierras. Sobre todo los may~ lo veían, siendo él joven, lo encontraban parecido a Pisístrato, era una desventaja, porque el tirano era visto siempre como la pesa~ de la democracia. Pericles, entonces, tuvo dudas acerca de hacia qué lado inclinarse, hasta que finalmente, «forzando su propia naturaleza», eligió el pueblo, dice Plutarco.[11] Sustancialmente, entre las dos opciones posibles, la de aceptar el sistema político democrático asambleario, apoyándolo y guiándolo, o bien la de rechazarlo, la segunda le pareció, por un momento, la preferible.

En 462 a. C. —año crucial en la historia de Atenas— hubo una conmoción. Cimón es quien guía la ciudad, o por lo menos es un líder reconocido. Su padre era Milcíades, el vencedor de Maratón. Cimón es un ciudadano leal que acepta el sistema; también él pertenece a una gran familia: la de Milcíades tenía incluso orígenes regios. Cimón se empeñaba, a petición de Esparta, en una campaña en el Peloponeso contra los ilotas, que se habían revelado. Es la tercera guerra mesenia. Cimón es amigo de Esparta, y ha llamado a sus hijos conforme a ello: a uno lo llamó Lacedemonio (es decir, espartano), y al otro Tésalo, por lo que Pericles, su enemigo, decía: «Ni siquiera son atenienses.»[12] Se compromete en esta campaña y lleva consigo a cuatro mil hoplitas, un cuerpo de expedición muy notable. Los hoplitas son además un grupo social, se podría decir, y son la base de la democracia hoplítica: son quienes van a la asamblea y aplauden a Cimón. Pero en el ínterin, a partir de 478, Atenas ha creado un imperio marítimo, los marinos se han vuelto esenciales para el funcionamiento del imperio y, como dice un enemigo de la democracia, son ellos quienes «mueven las naves», y por eso «mandan». Los hoplitas fuera, ocupados en Mesenia, y los marineros a la asamblea. La asamblea decide, bajo el impulso de dos líderes Efialtes y Pericles, quitar al consejo hasta entonces dominante, el Areópago, poderes decisivos. En la *Constitución de los atenienses* Aristóteles dice que Efialtes quitó al Areópago «los poderes sobrantes», los que se habían «agregado» después de las guerras persas (los llama *epiteta),* que eran, en sustancia, la mayor parte de los poderes judiciales.[13] Así, esos poderes pasan del Areópago a los tribunales populares. El Areópago es un órgano de cooptación, como el Senado romano. Aquellos que han formado

10. Plutarco, «Pericles», 7, 1.

11. Ibídem, 7, 4: τὰ τῶν πολλῶν καὶ πενήτων ἑλόμενος παρὰ τὴν αὐτοῦ φύσιν ἥκιστα δημοτικὴν οὖσαν.

12. Ibídem, 29, 2.

13. Aristóteles, *Constitución de los atenienses,* 25, 2.

...an por derecho en el Areópago, órgano vitalicio.
... significaba romper el dominio de un alto grupo
...elemento más importante de la ciudad, los tribuna-
...a parar toda clase de conflictos, sobre todo los que
...eza. Tribunal popular, en cambio, significa que cada
...e entre seis mil ciudadanos, los quinientos nombres que
...*Elièa* y los otros tribunales. Estos «ciudadanos cualesquiera... ...os, miembros de la clase popular, marineros, tetes (indigentes), etc. ...según el sorteo, deciden. Por eso Aristófanes, crítico agudo,
representa, en *Las avispas, la manía ateniense del tribunal*. Nosotros nos
reímos leyendo *Las avispas*, pero la comedia es seria: el tribunal es el núcleo en torno al cual se desarrolla la lucha de clases. Desplazar el poder
desde el Areópago a los tribunales populares significaba desplazar el peso
decisivo hacia otra clase social. Ésta es la reforma de 462. Tuvo lugar
gracias a que en la asamblea *había otros*. Cuatro mil hoplitas estaban en
Mesenia combatiendo a las órdenes de Cimón, y Efialtes y Pericles realizaron, con el apoyo de otra masa ciudadana, una reforma que marcó
una época.

Para mayor claridad arriesgamos una comparación. Se trata de una
realidad muy similar —en varios aspectos— a la de la Atenas de la democracia directa: el París del año II de la República, el París de las Secciones. En las Secciones hay *sectionnaires*, es decir, los habituales, los *sansculottes*. Asesinado Robespierre, los *sansculottes* abandonan las Secciones y
entonces llegan los burgueses. Las Secciones siguen funcionando, es decir, formalmente el mecanismo es el mismo, pero es como si en las venas
corriese una sangre distinta. Es lo mismo que sucede en 462; ausentes los
hoplitas, deciden los tetes, los indigentes. Entre Salamina y la tercera
guerra mesenia, Atenas se ha convertido en una gran potencia marítima,
cuya fuerza está en las naves; entonces *el sujeto social decisivo es ahora el
que está ligado al poder naval*, y Pericles está obligado a entenderse con
los tetes.

Efialtes es asesinado poco después de la reforma. No se puede decir
que se haya aclarado nunca quién lo mandó matar. Plutarco, en su inmensa doctrina, apunta, entre otros, a Idomeneo de Lámpsaco, amigo
de Epicuro, quien decía saber que había sido el propio Pericles el que
había dado la orden.[14] Plutarco vivió cinco siglos después, pero había
leído tanto sobre esa época remota que en algunos aspectos sabe más
que Tucídides. Es verdad que Lámpsaco es una de las ciudades del imperio y los intelectuales, las personalidades destacadas de las ciudades del

14. Plutarco, «Pericles», 10, 7 (= *FGrHist* 338 F 8).

imperio, no querían a Atenas y sobre todo no querían a los jefes atenienses. Podemos enumerarlos: Estesímbroto de Tasos, Ión de Quíos, Idomeneo de Lámpsaco. Tasos, Quíos, Lámpsaco: todas ciudades «súbditas». Sus obras no se han conservado, pero Plutarco las leyó por nosotros; así nos damos cuenta de que todos ellos querían poner bajo una luz siniestra a los líderes de la ciudad «tirana». Tomemos con cautela esta noticia de la eliminación de Efialtes como obra del mismo Pericles. Efialtes era de todos modos como un cuerpo extraño, era un *pobre:* esto lo dicen claramente las fuentes. «Pobre»: cosa rara en el plantel político ateniense. ¿Por cuánto tiempo iba a resignarse a ser su «segundo»? (Sobre este punto véase, más abajo, *Epimetron.)*

En la *Constitución de los atenienses,* Aristóteles da otra visión, repleta de anacronismos, según la cual Efialtes fue asesinado por un tal Aristódico de Tanagra (Beocia):[15]

> Queriendo Temístocles que el Consejo fuera disuelto, dijo a Efialtes que el Consejo iba a arrestarlo, y a los Areopagitas que iba a denunciar a ciertos ciudadanos que se habían conjurado para derribar la constitución. Y llevando a los designados por el Consejo donde se encontraba Efialtes, con la intención de mostrarles a los conjurados, se puso a hablar con ellos agitadamente. Efialtes, al ver esto, reprendido, se refugió con sólo la túnica en el altar. Admirados todos de lo sucedido, se reunió después de esto el Consejo de los Quinientos, y Efialtes y Temístocles acusaron a los Areopagitas, y de nuevo ante el pueblo dijeron lo mismo, hasta que les arrebataron el poder. Y Efialtes fue muerto a traición, no mucho después, por Aristódico de Tanagra. De este modo el Consejo de los Areopagitas fue privado de sus responsabilidades. Después de esto, sucedió que la constitución se hizo más relajada, debido al apasionamiento de los demagogos.

Merecen señalarse, también, los datos que se recaban de otra fuente, extraordinariamente importante: Antifonte fue el «cerebro» del golpe de Estado de 411. Antifonte había nacido en 480, por tanto, tenía unos quince años menos que Pericles; en definitiva, eran casi coetáneos.

Antifonte era abogado, escribía discursos para amigos que iban al tribunal por los problemas más variados, tal vez incluso cobrando (de hecho, no desdeñaba el dinero). Uno de esos discursos, «Sobre el asesinato de Herodes», escrito para un cliente, se ha conservado; el cliente estaba

---

15. *Constitución de los atenienses,* 25, 4: ἀνηρέθη δὲ καὶ ὁ Ἐφιάλτης δολοφονηθεὶς μετ᾽ οὐ πολὺν χρόνον δι᾽ Ἀριστοδίκου τοῦ Ταναγραίου.

acusado de haber matado a un cleruco ateniense, propietario de tierras en Mitilene (Lesbos). El problema consistía en que no se encontraba el cuerpo de la víctima. En cierto punto del discurso Antifonte evoca el asesinato de Efialtes y dice: «Muchos, acusados de crímenes cometidos por otros, han muerto antes de que se aclarara el asunto (πρὶν τὸ σαφὲς αὐτῶν γνωσθῆναι). Por ejemplo, en el caso de Efialtes, vuestro conciudadano, nunca se ha sabido quién lo mató. Ahora bien, si alguien hubiese pedido a sus compañeros de facción que averiguaran, tal vez formulando hipótesis, quién había matado a Efialtes, so pena de ser implicados en la resolución del asesinato, sin duda no hubiera sido agradable para ellos.»[16] Argumentación cargada de alusiones; aun cuando, como es obvio, Antifonte tenga a la vista el juicio del que se está ocupando. Sorprende esa insistencia sobre qué habría sucedido si se hubiera buscado a quienes encargaron (o ejecutaron) el asesinato de Efialtes en el ámbito mismo de su facción. Antifonte sabe bastante porque continúa recordando que, entonces, los asesinos de Efialtes «no habrían tenido éxito en el intento de hacer desaparecer su cuerpo». No sabemos el año exacto en que habla Antifonte, pero ciertamente estamos en torno a la década de 420. Efialtes había sido asesinado cuarenta años antes, por tanto habla de cosas sucedidas cuando él tenía veinte años y apela a la memoria de los más ancianos. Este testimonio vale acaso más que el de Aristóteles, y es un síntoma del hecho de que ese episodio constituía una especie de agujero negro, un episodio oscuro. Del mismo modo considera no resuelto el enigma del asesinato de Efialtes el historiador de la época cesariana Diodoro Sículo (quizá en la estela de Éforo):[17] la fuente de Diodoro es particularmente hostil a Efialtes y ve en su asesinato el justo castigo por lo que había hecho. No olvidemos que Efialtes no sólo había transferido a la Boulé, a la *Elièa* y a la misma asamblea popular poderes que estaban concentrados en manos del Areópago, sino que además había hecho transportar las tablas de madera en las que estaban escritos los textos de las leyes de la sede del Areópago a la sede de la Boulé.[18] Gesto simbólico, de gran eficacia. Diodoro insiste, en epítetos bastante ásperos, sobre el justo castigo caído sobre Efialtes, y sin embargo concluye que su muerte permanece sin aclarar.[19] Aristóteles seguramente tendría como referencia algún documento. Lo cual, lamentablemente, no basta para considerar prevaleciente su información, aportada ciento treinta años

16. «Sobre el asesinato de Herodes», 67-68.
17. Diodoro, XI, 77, 6.
18. Harpocración, *s.v.* ὁ κάτωθεν νόμος.
19. ἄδηλον ἔσχε τὴν τοῦ βίου τελευτήν.

después de los hechos, y frente a la declaración de Antifonte que, cuarenta años después de los hechos, afirmaba claramente que el misterio en torno al nombre de quién encargó y quién ejecutó el asesinato no se había desvelado aún. Se ha llegado a tomar en consideración, a este respecto, el bien conocido fenómeno de la fabricación de los falsos documentos de argumento histórico, floreciente en el siglo IV.[20] Que quede claro que esto no significa que el delito se atribuya a Pericles, que él haya resuelto de este modo su rivalidad con un político de más edad, como Efialtes. Pero es demasiado expeditivo liberarse de esta noticia tachándola sencillamente de «mentira estúpida» (Busolt).

4

Lo cierto es que, desaparecido Efialtes, Pericles *protèuei*, pasa a ser la figura principal; siguió una política que Tucídides admira, centrada en dos direcciones: los trabajos públicos y la agresividad imperial.

Cuando se dice *la Atenas de Pericles* se piensa en esa gran política urbanística: el Partenón, la Atenas *Parthènos* obviamente son signos perdurables. Fue una extraordinaria política de trabajos públicos, consistente en utilizar masas de trabajadores pagados a dos óbolos la jornada, que no es un precio demasiado elevado para una política urbanística que cambió la cara de Atenas. Cratino, el gran «maestro» de Aristófanes, hace decir a un personaje en la escena: «Están construyendo el Partenón y no lo terminan nunca.»[21] Quiere decir que se prolongan los trabajo *ad infinitum*, para seguir suscitando consenso a través de la indefinida prolongación de los trabajos públicos. Una política que al mismo tiempo da prestigio y es socialmente admirada. El hombre que guía toda esa operación es Fidias, el gran arquitecto. Dice Plutarco en la «Vida de Pericles» que Fidias era el cerebro de todos los trabajos públicos que se desarrollaban en Atenas, no sólo el controvertido artífice de la Atenas *Parthènos*. Ictino de Mileto, famoso arquitecto, proyectó el Partenón, pero el jefe de todo era Fidias. Muy cercano a Pericles, pertenecía a su círculo más íntimo: el círculo que giraba en torno a él y a Aspasia.

Figura extraordinaria es Aspasia, de Mileto: no se trata de una ateniense mojigata encerrada en su casa, que no sabe leer, que no es una «persona». Aspasia era una persona, y lo era al más alto nivel, una *hetera*. Pericles tenía una esposa anterior, de la que se separó con elegancia y

---

20. Estudiados con abundancia de ejemplos por Christian Habicht *(Hermes*, 1961).
21. Cratino, fr. 326 Kassel-Austin.

firmeza, podríamos decir: la pasó a otro marido, que quizá era Clinias, el padre de Alcibíades. Aspasia fue una mujer culta y de grandes amistades: entre sus amigos estaba Anaxágoras, por ejemplo, el blanco de los cómicos. Hermipo, cómico, le arrojó la acusación de impiedad, condimentada con las acusaciones más infamantes: criar prostitutas en casa, etc. Pero en torno a Pericles había también hombres como Heródoto, Hipodamo de Mileto, Protágoras...

5

Cuando Pericles crea, mirando hacia Occidente –y con esto pasamos a la política imperial– la colonia panhelénica de Turios, pone en juego un equipo formidable: Protágoras como legislador, Hipodamo como urbanista, Heródoto.

Atenas no era una ciudad fácil. Esa frase mesurada de Tucídides, «él los conducía en lugar de ser conducido por ellos», debe ser leída en su verdad literal, es decir, como la focalización de un punto de equilibrio. Platón puede desahogarse al decir «al secundarlos, los corrompió». Probablemente Tucídides acierta al individualizar un punto de equilibrio difícil entre el conducir y el ser conducido. Pero entre conducir y ser conducido está el azar de un proceso y la voluntad de perjudicarlo, de lo que Pericles consigue siempre salir airoso, oponiendo a los ataques de los adversarios la capacidad de crear consenso. De otro modo no se explicaría el hecho de que fuera reelegido durante treinta años en la *estrategia*, que es el máximo cargo electivo.[22] Eduard Meyer escribió: «hallazgo genial el de hacerse elegir cada año, porque esto imposibilitaba la exigencia de rendir cuentas». Al término de la magistratura, en efecto, había que enfrentarse a un proceso, la rendición de cuentas; pero él había sido ya elegido magistrado para el siguiente año, y la rendición de cuentas quedaba así permanentemente postergada.

Pero para obtener un consenso no coactivo era necesario contemporizar dos elementos: el salario para todos y el impulso continuo de ampliar el imperio, que significaba la guerra. Se podría decir que Pericles no tuvo un talento militar extraordinario. La única guerra que ganó fue contra Samos, un aliado rebelde: guerra feroz, que duró dos años, con un imponente despliegue de fuerzas. Samos, tras aquella tremenda represión, se volvió el aliado más fiel de Atenas.

22. Es lo que hará Augusto *princeps*, asumiendo año tras año la *tribunicia potestas* y el consulado.

Después tuvo otros varios intentos, y es sintomático el modo en que Tucídides redimensiona las derrotas, los errores. Es paradojal el casi ocultamiento de la más catastrófica de las empresas de Pericles, el ataque a Egipto. Es una guerra que duró seis años (459-454), y que terminó con la pérdida de doscientas naves y de miles de hombres.[23] Egipto había sido conquistado por el imperio persa bajo el reino del «loco» Cambises. Cambises, el rey loco –así es como lo presenta Heródoto–, conquista Egipto interrumpiendo la última de las dinastías faraónicas, la saíta. Pero Egipto se rebeló en varias ocasiones: la primera vez, a la muerte de Darío; la segunda, cuando murió Jerjes. Entonces un personaje notable, quizá uno de los últimos de la dinastía saíta, Inaro, conduce la rebelión y pide la ayuda de Atenas. Pericles desvía las naves que están ocupadas en la guerra con Chipre, y envía este cuerpo de expedición a Egipto. La empresa acaba en catástrofe. La aventura imperial hacia el sur fracasa, como fracasará la dirigida hacia occidente por Alcibíades, en Sicilia. Antes de su definitiva salida de la escena, el Pericles tucidídeo dice: «tenemos una flota que puede hacer mucho más de lo que hemos hecho hasta ahora»; dominamos el imperio, pero podríamos dominar Etruria, Cartago, Sicilia,[24] empuñamos un arma imbatible para dominar el Mediterráneo. Pero ¿cuál es el fin del impulso por extender el imperio? Sirve para ampliar los ingresos, para disponer de mayores recursos para alimentar al demo. Aquí radica el nexo entre consenso y política imperialista. No es casualidad que en las grandes Dionisias se exhibieran las listas de los tributos.

Es una contradicción que se anuda sobre sí misma. Esta política de expansión desmiente la teoría tucidídea según la cual la conducta periclea consistía en «no ampliar el imperio con la guerra»;[25] no es verdad, hizo exactamente lo contrario. Al fin, en la rendición de cuentas, se llega al conflicto con las otras grandes potencias, que políticamente es Esparta, pero económicamente es Corinto. En 431, la gran guerra, que durará casi veintisiete años con diversas interrupciones, explota porque el comercio ateniense choca con la actividad de la otra gran potencia comercial, Corinto, y la lucha por el control de los mercados. Corinto tiene en Megara su punto fuerte; Pericles hace que la asamblea decrete el cierre de todos los mercados atenienses a las mercancías procedentes de Megara: los megarenses no tienen derecho a vender en los mercados controlados por Atenas. Allí comienza el conflicto: los corintios empujan a Es-

23. Isócrates, *Paz*, 86; *IG*, I² 929 = *IG*, I³ 1147.
24. Tucídides, II, 62, 2; cfr. Plutarco, «Pericles», 20.
25. Tucídides, II, 65, 7.

parta a la guerra y al fin éstos aceptan, porque se dan cuenta de que sólo se sale de esa imposible coexistencia de dos imperios que compiten por la misma área geopolítica con el fin de uno de ellos.

La estrategia períclea, lo hemos dicho al principio, tiene en apariencia la lucidez de dejarse regir por una directriz que podría enunciarse así: «nos encerramos en la fortaleza de Atenas, que está protegida por muros inexpugnables, y con la flota dominamos a los enemigos. Los espartanos se desahogan devastando nuestras tierras». Una de las razones por las que Plutarco decide comparar la figura de Pericles con la de Fabio Máximo, «el que gana tiempo», reside exactamente en la estrategia militar común. Fabio Máximo no aceptó la batalla campal contra los cartagineses, y cuando en cambio aquellos que vinieron después de él la aceptaron, fueron al encuentro de la catástrofe de Cannas. Análogamente, Pericles quería evitar un choque directo, frontal, por tierra, con la gran potencia adversaria, mientras aquellos que vendrían después de él lo hacen, y pierden. Pericles sale de escena a tiempo, muere antes de que su estrategia fracase. Su heredero político, Alcibíades, no hace sino imitar el intento político de Pericles hacia Egipto: hacia occidente, en este caso, con el intento de conquistar Sicilia.

Naturalmente, la diferencia entre ambos, una vez más, radica en la capacidad de suscitar consenso. En esto reside el secreto del *princeps* Pericles.

6

Al morir, Pericles deja una ciudad en un estado desastroso. Aflora después de él otro líder, Cleón, quien ha quedado plasmado para siempre en la imagen feroz que de él trazó Aristófanes. Pero Cleón pertenecía a la clase de los caballeros, es decir que ocupaba un puesto muy alto en la escala social.

El primer Cleón, el que irrumpe en la política durante los últimos años de Pericles, se da a conocer precisamente como enemigo de Pericles. Percibe que la única derrota que éste ha sufrido en su carrera, la no reelección por única vez en treinta años, fue debida a una política bélica equivocada: a la decisión de sacrificar a los campesinos de manera tan dolorosa. Por eso ataca. Lo sabemos por las *Moirai* de Hermipo, cuyo conocido apóstrofe parece reflejar lo que Cleón decía contestando a Pericles: «oh rey de los sátiros [¡Pericles rey de los sátiros!], ¿por qué no coges la lanza en lugar de ofrecernos para la guerra sólo palabras? Desde que afilas la espada sobre la dura piedra rechinas los dientes mordido por el fogoso Cleón».[26] Así fue como Cleón se abrió camino para volverse, después de que la peste quitara de en medio al viejo estadista, el más convencido defensor de la política de guerra.[27]

*

«La historia no debe cansarse de repetir que en ella rige un criterio de medida del todo distinto de la moralidad y de la virtud privada», escribía Droysen (1808-1884) en 1838. Comienza así su reconsideración radical del juicio hostil de los contemporáneos y de la posteridad sobre el ateniense Cleón, líder de la democracia ateniense tras la desaparición de Pericles. Conocido ya por el gran público gracias a su extraordinario *Alejandro*, Droysen volvía a pensar la Atenas de finales del siglo V a través de la principal fuente contemporánea: las once comedias de Aristófanes, cuidadosamente traducidas por él.

Aristófanes divide al público, como es propio de gran faccioso. No busca complacer a todos. Tuvo durante años, en los inicios de su carrera, un gigantesco enemigo, incluso en lo personal: Cleón; y lo odió con todas sus fuerzas. Se vengó de él en su comedia más política, *Los caballeros*, que está en la base de la imagen tradicional del demagogo, que se mantuvo vigente durante siglos. Droysen no pretende en absoluto reivindicar la antigua democracia ni a su jefe más execrado. Pero, como gran historiador, aborrece los «libros negros». «Nadie», escribe, «se prestará a tejer las loas del sanguinario Robespierre o del salvaje Mario; pero, en sus actos, ellos encarnaron los sentimientos y recibieron la aprobación de millares de hombres, de los cuales los separaba sólo aquella infausta grandeza, o violencia de carácter, que es capaz de no estremecerse frente a la acción.» Añade, volviendo a Cleón, que hay momentos en los que tales hombres son necesarios: «se ofenden derechos y se

---

26. Fr. 47 Kassel-Austin.

27. «Las corrientes democráticas de la historia parecen olas sucesivas que rompen sobre la misma playa y se renuevan constantemente. Este espectáculo constante es a un tiempo alentador y depresivo: cuando las democracias han conquistado ciertas etapas de desarrollo experimentan una transformación gradual, adaptándose al espíritu aristocrático, y en muchos casos también a formas aristocráticas contra las cuales lucharon al principio con tanto fervor. Aparecen entonces nuevos acusadores denunciando a los traidores; después de una era de combates gloriosos y de poder sin gloria, terminan por fundirse con la vieja clase dominante; tras lo cual soportan, una vez más, el ataque de nuevos adversarios que apelan al nombre de la democracia. Es probable que este juego cruel continúe indefinidamente» (del final de Robert Michels, *Los partidos políticos. Un estudio sociológico de las tendencias oligárquicas de la democracia moderna*, Amorrortu, Buenos Aires, vol. II, pp. 195-196, trad. esp. de Enrique Molina de Vedia).

derrocan antiguas instituciones venerables; y sin embargo se elogia la mano audaz y fuerte que ha abierto la vía de la edad nueva y se olvida la culpa, que es inseparable de la acción humana».

Epimetron sobre el «pobre» Efialtes

El hecho de que Efialtes fuera «pobre», tal como concuerdan Plutarco («Cimón», 10, 8) y Eliano *(Historia varia*, II, 43; XI, 9; XIII, 39), ha sido contestado por Georg Busolt y la noticia calificada como pura «leyenda» sobre la base (en verdad hipotética) de que la figura de Efialtes habría sido asimilada, también en la imaginaria «pobreza», a la de Arístides *(Griechische Geschichte bis zur Schlacht bei Chaeroneia*, III.1, Perthes, Gotha, 1897, p. 246, n. 1); y, más tarde, por Heinrich Swoboda, sobre la base de que Efialtes habría sido estratego (lo cual se deduce de un confuso fragmento de Calístenes, parafraseado por Plutarco, «Cimón», 13, 4). La elección a estratego desmentiría de por sí la «leyenda» de su pobreza *(s.v. Ephialtes*, en *RE*, V, 1905, col. 2850, 29-31). También para Charles Hignett *(A History of the Athenian Constitution to the End of the Fifth Century B. C.*, Clarendon Press, Oxford, 1952, p. 194) la «leyenda» queda negada por el hecho de que Efialtes habría asumido el cargo de estratego.

Naturalmente se debería poder consolidar de modo preliminar la información, como mínimo confusa, que Plutarco («Cimón», 13, 4) recababa de Calístenes, antes de afirmar que en verdad Efialtes había sido estratego.[28] Las palabras de Plutarco contienen singulares anacronismos, y acaso sería más prudente no utilizarlas a ciegas. Plutarco se refiere, en realidad, a un razonamiento desarrollado por Calístenes en sus *Helénicas*, dirigido a demostrar la inexistencia de la «paz de Calias»: Calístenes habría afirmado que esa paz nunca había llegado a formalizarse, y que en cambio se trató de una renuncia a enviar naves al Egeo, por parte del Gran Rey, intimidado por la victoria ateniense en Eurimedonte, «como queda demostrado por las fáciles incursiones de Pericles con cincuenta naves y de Efialtes con apenas treinta más allá de las islas Quelidonias». Dado que la misión de Calias en Persia data de 449, la de Eurimedonte es de veinte años antes, y que Efialtes fue asesinado en 462, este razonamiento

---

28. Traill, *Persons of Ancient Athens*, VII, p. 566, lo da sin más como estratego. Kirchner *(PA* 6157) es más prudente. Swoboda, en la nueva redacción de la *Griechische Staatskunde* de Busolt, adopta la curiosa fórmula «Efialtes ha asumido *de vez en cuando* (¡zeitweise!) la estrategia» (II, Beck, Múnich, 1926, p. 292).

resulta incoherente y toda la información se tambalea. (Empezando por el hecho de que el documento de acuerdo conseguido por Calias –comoquiera que se lo defina– estaba comprendido en la *Recopilación de decretos* de Crátero, mientras los argumentos sobre el uso, en el decreto, del alfabeto jónico, que esgrime Teopompo [*FGrHist* 115 F 154] contra la autenticidad, no demuestran nada.)[29] Más allá de todo, no se sabría en qué año ubicar este juvenil «comando» de Pericles con cincuenta naves vagando por las islas Quelidonias, frente a las costas de la Panfilia, de las que Plutarco no habla en la biografía de Pericles (ni Tucídides en la «pentecontaetia»). «La perplejidad» acerca de estas misiones de «reconocimiento» en Panfilia, ejecutadas en años distantes (y por tanto necesariamente en 464 y 463) por Pericles y por Efialtes –adversarios de Cimón, pero ejecutores de su política–, sublevó a Wilhelm Judeich.[30]

Queda una pregunta importante: ¿basta esa confusa, y frágil, información para hacer de Efialtes un estratego al mando de una flota? ¿Por qué no hubiera podido *como taxiarco* conducir, en misión de reconocimiento, treinta trirremes? Tal alternativa es del todo compatible con la paráfrasis plutarquea de las palabras de Calístenes. Por tanto, se frustra la cadena de razonamiento que dice aproximadamente así: fue estratego, por tanto era rico, por tanto la «leyenda» acerca de su «pobreza» debe descartarse. Caído el puntal se cae toda la construcción, incluida la «certeza» de Swoboda de que Efialtes, como líder, pertenecía a una «noble estirpe» *(RE*, V, col. 2850, 3-4). (Misteriosa y muy reservada «estirpe» –pensamos– dado que el nombre de su padre, *Sofónides*, es un hápax absoluto.)[31]

En definitiva, la ascensión de Efialtes al rango de estratego no tiene fundamento sólido, y debe ser, entonces, descartada. Queda, en cambio, en pie la calificación de la condición económica registrada por Plutarco y por Eliano.

Pero ¿cómo era en verdad el documentado nexo automático entre estrategia y riqueza? La cuestión de los requisitos necesarios para la estrategia merece una aclaración. Lámaco, el estratego del que se hace mayor escarnio en *Los acarnienses*, que murió algunos años más tarde com-

29. Sobre la *vexata quaestio*: W. E. Thompson, *Classical Philology*, 66, 1971, pp. 29-30; *contra:* K. Meister, *Die Ungeschichtlichkeit des Kalliasfriedens*, Wiesbaden, 1982.

30. *Hermes*, 58, 1923, p. 12, n. 2.

31. Tenemos noticia de millares de atenienses, y él es el único con ese nombre. «A name not found on any ostraca», observó J. P. Rhodes (en su excelente capítulo sobre la reforma de Efialtes en la *CAH*, V², 1992, p. 70), el cual prudentemente no define nunca a Efialtes como «estratego» sino que precisamente se limita a registrar que «he once commanded a naval expedition (Plut. «Cim.» 13)» (ibídem).

batiendo en Sicilia, y destinatario de un importante homenaje póstumo por parte del mismo Aristófanes *(Las tesmoforiantes,* 830-845), es repetidamente definido como «pobre» por Plutarco («Nicias», 15, 1; «Alcibíades», 21, 6). El hecho de que el cargo de estratego estuviera reservado a las dos clases más elevadas del censo era una *praxis* consolidada, no una ley codificada. Tenemos diversas informaciones al respecto que, como siempre, deben someterse a análisis. Un pasaje controvertido del orador Dinarco habla de *requisitos* explícitos para poder ser elegido estratego que, sin embargo, se reducirían a tener contrato matrimonial legítimo y ser propietario de tierras en suelo ático *(Contra Demóstenes,* 71). ¡Pero también Diceópolis cumpliría tales requisitos! Aristóteles, en la *Política* (libro III), dice que, «mientras la asamblea es una reunión de personas de las más diversas edades que tienen el derecho de votar y deliberar, por modesto que sea su censo», al contrario, «por lo que respecta a los tesoreros, estrategos y otros magistrados más importantes, son escogidos de entre los ricos (ἀπὸ μεγάλων)» (1282a 28-33). Repetidamente insiste en que este principio fue establecido por Solón y permaneció en vigor como «democracia hereditaria (tradicional, *patrios)»* (1273b 35-42; 1281b 32).

La exhaustiva descripción aristotélica favorece una mejor comprensión del mecanismo y de la «división de papeles» vigente en Atenas. Vigente sobre todo como *praxis* consolidada y alimentada por el hecho mismo de que para conquistar un cargo electivo la *riqueza* era un vehículo determinante.[32] El diálogo *Sobre el sistema político ateniense* se alimenta, en referencia al tardío siglo V, de un precioso testimonio y, como de costumbre, faccioso. Escribe aquel autor que el pueblo, compuesto en gran parte de «pobres», ha conquistado, en Atenas, el derecho a ocupar los cargos, *incluso los electivos;* pero –agrega–, siendo el pueblo consciente de los propios límites, comprende que cargos electivos como la estrategia y la hiparquía resultarían ruinosos «para todo el pueblo» si se administrasen mal, y por eso prefiere abstenerse de tales cargos y dejarlos en manos de los señores o, como se suele decir, de los «buenos» ([Jenofonte], *Athenaion Politeia,* I, 2-3). Aquí todo queda aclarado a la perfección y de aquí se deduce que la elección de los ricos a esos cargos es esencialmente una *praxis consolidada.* La justificación de la renuncia de los «pobres» a aspirar a tales cargos resulta aquí aportada con crudo realismo y con viva antipatía hacia «el pueblo de los pobres»; pero hay, en el diagnóstico del oligarca, un elemento de verdad sustancial: la duda en

32. Ya en la Atenas «democrática», y más tarde en la larga historia del parlamentarismo, con la excepción de los breves paréntesis de las fases de revoluciones sociales.

aferrarse a cargos de extrema responsabilidad (aparte, se comprende, de la dificultad de conquistar el consenso electoral).[33]

Pero el pasaje es importante también por las otras informaciones que contiene. Por ejemplo la referencia a la posibilidad, puramente teórica para un «pobre», de aspirar incluso a la hiparquía. Lo que haría pensar, además, visto que el hiparco no puede ingresar en la caballería, en caballeros «indigentes». Caso límite, dado que los miembros de la caballería son *de por sí una clase del censo;* pero, evidentemente, no excluido como pura eventualidad. Por tanto, hay que entenderse acerca de la noción ateniense de «pobreza» en el ámbito —no debe olvidarse— de la «camarilla que se reparte el botín»: es decir, en una realidad en la que cualquier pobre hombre —como escribe Lisias (V, 5)— posee al menos un esclavo (el «pobrísimo» Cremilo del *Pluto* aristofáneo tiene varios esclavos [v. 26]), donde tantos no ricos son propietarios de una parcela de tierra y de varios esclavos para trabajarla, además de esclavos domésticos (como es el caso de Cnemón, pobre y arisco protagonista del *Dyskolos* de Menandro), y donde un Lámaco y un Efialtes, en la medida en que no pertenecientes a los μεγάλοι, para decirlo con Aristóteles, son considerados —con escándalo o con admiración, según el punto de vista— «estrategos *pobres*».

No sabemos las razones por las que los modernos estudiosos se han afanado en borrar este dato a propósito de Efialtes. Pero está claro que, en la relación entre Pericles y Efialtes, esta desigualdad social tiene que haber pesado.

---

33. Análoga reflexión puede hacerse a propósito del acceso de *homines novi* (es decir pertenecientes a familias oscuras) al cargo de estratego en los últimos treinta años del siglo v; acerca de esto es claro J. Hatzfeld, *Alcibiade. Étude sur l'histoire d'Athènes à la fin du Vème siècle*, PUF, París, 1940, p. 2, que toma amablemente a broma (n. 3) a Swoboda por sus esquemáticas ilaciones a propósito de la imaginaria «estirpe noble» de Efialtes.

IV. UNA CRÍTICA NADA BANAL DE LA DEMOCRACIA

Escribe Aristóteles que el punto de inflexión en el sistema político ateniense del siglo precedente está representado, tras la muerte de Pericles, por el ascenso a la dirección del Estado de hombres como Cleón y Cleofonte.[1] Aristóteles hace «visible» esta inflexión cuando registra el cambio de tono, de estilo, debido al surgimiento de nuevos jefes populares: el deterioro, de hecho, se verifica –desde su punto de vista– en el aspecto democrático. Hasta Pericles, incluso los jefes populares son «honorables» *(eudokimountes):* después emerge un Cleón, es decir, aquel que, más que nadie, ha contribuido a corromper al demo, aquel que «fue el primero que en la tribuna dio gritos e insultó, y se ciñó para hablar, mientras que los demás habían hablado con decoro». En esta representación desdeñosa y caricaturesca –que por otra parte, en la tradición sobre Cleón, se convertiría en un estereotipo– Aristóteles focaliza emblemáticamente el signo externo de la inflexión referida. A la política de los señores le sucedía la política de la gente del pueblo. Así, cuando, poco después, nombra a Cleofonte, el jefe del pueblo de los últimos años de las guerra peloponésica, lo llama desdeñosamente «el fabricante de liras».[2]

A esta periodización corresponde la distinción teórica, desarrollada en la *Política,*[3] entre «buena» y «mala» democracia, de la que la primera es tal cuando asegura «igualdad» a todos, y no la prevalencia de los «pobres» sobre los «ricos»; mientras que la segunda consiste en la incontrolada hegemonía del demo, como había sucedido, en efecto, a partir de Cleón.

Una valoración del todo análoga de la «inflexión» representada en el periodo post-Pericles viene dada, en el siglo precedente, por un protago-

---

1. *Athenaion Politeia*, 28, 3.
2. Epíteto despreciativo habitual a propósito de Cleofonte: cfr. Esquines, II, 76.
3. *Política*, IV, 1291b 30-1292a 7.

nista como Tucídides, que vivió ese cambio y explicó la centralidad en uno de los capítulos más elaborados y quizá más tardíos de su obra (II, 65). Para Tucídides, la principal diferencia entre Pericles y sus sucesores consiste esencialmente en la distinta relación con las masas: Pericles las «conducía más que dejarse conducir», mientras que aquellos que vinieron después prefirieron el camino de secundar los «placeres» del pueblo, confiándoles por completo la cosa pública.

Este tipo de evolución demagógica de la política ateniense, imputada personalmente a Cleón, es descrita en estos términos, obviamente con tintes burlescos, por Aristófanes al principio de *Los caballeros* (del año 424). Aquí Demos, el viejo patrón, es el prototipo del viejo ateniense áspero, irritable, un poco duro de oído, pero en el fondo simple e influenciable: su nuevo esclavo, el terrible Paflagonio –es decir, Cleón–, astuto y pícaro, lo adula, lo engaña, lo apoya en todo, incluso se adelanta a sus deseos, le recauda el tríobolo, un buen baño después del trabajo de heliasta y así sucesivamente.[4]

En el intento de definir el nuevo estado de cosas producido tras la desaparición de Pericles, Tucídides recurre a una fórmula («confiar el Estado a los caprichos del demo»), que, con variaciones y estilizaciones,[5] representará, para los políticos y para los teóricos del siglo siguiente, el máximo valor negativo, el «sumun» de que aquello que todo buen político debe prevenir y –cuando se produce– contrarrestar.[6] Es la *paideia* demosténica, tal como en la isocrática. Es justo lo contrario de aquella que, a finales del siglo V, en pleno predominio del demo, aparece como la principal reivindicación «popular»: que «el demo haga lo que quiera».

«El pueblo», se lee en el opúsculo *Sobre el sistema político ateniense*, «inventa diez mil pretextos para no hacer aquello que no quiere.»[7] Tras una introducción predominantemente teórica contra los fundamentos de la democracia, tal opúsculo toma en consideración algunos aspectos

4. *Los caballeros*, 40-52.
5. Χαρίζεσθαι τῷ δήμῳ, «complacer al pueblo», es la fórmula correspondiente en el siglo IV.
6. Acerca de la continuidad de «Einwände gegen die Demokratie in der Literatur des 5./4. Jarhunderts» véase el ensayo de Max Treu, que se titula precisamente así, en *Studii Clasice*, 12, 1970, pp. 17-31. Puede resultar interesante señalar que una observación de la *Athenaion Politeia* (II, 17; el demo acusa a los políticos cuando las cosas van mal, en las otras ocasiones se adjudica todo el mérito) resuena en más de una ocasión en Demóstenes.
7. *Athenaion Politeia*, II, 17.

notables: en primer lugar, la excesiva licencia de los esclavos; la vejación de los aliados, sobre todo en el plano jurídico; la función central que representa para el imperio un constante adiestramiento militar, defensivo por tierra, ofensivo y prácticamente imbatible por mar. Además se toman en consideración aspectos particulares de la política democrática, desde el comercio a la mezcla lingüística, y desde la insidiosa política externa a la censura en el teatro cómico; aquí se propone una primera conclusión: peor que el demo son esos aristócratas que aceptan su sistema; después de lo cual el desarrollo parece concluir, de forma circular, con la vuelta a la fórmula inicial (la democracia es deplorable, pero en Atenas funciona con toda coherencia respecto de sus presupuestos). Siguen ulteriores consideraciones: acerca de la lentitud de la máquina burocrática ateniense en relación con la multiplicidad de las funciones del Consejo y de la infinita serie de ceremonias religiosas, festividades, etc.; sobre la inevitable corrupción del sistema judicial, y sobre la imposibilidad de aportar modificaciones para mejorar el sistema democrático sin desnaturalizarlo. Después de esta nueva etapa conclusiva se afronta el tema de las relaciones internacionales: para el demo es inevitable apoyar las fuerzas afines también en las otras ciudades; en cuanto a los oligarcas entre los cuales se desarrolla este debate, surge la cuestión acerca de si para «derrocar la democracia en Atenas» (que parece ser el tema concreto de discusión, tan obvio que queda sobrentendido) es oportuno, además de suficiente, recurrir a aquellos que han sido privados de sus derechos (los *atimoi);* la conclusión, con la que se cierra el debate, es que tales fuerzas son completamente insuficientes.

La característica de este escritor político puede escapársenos o ser malinterpretada si no se atiende a la distinción necesaria entre su personalidad y la de los personajes que «pone en escena». Se trata por tanto de precisar la orientación del autor más allá de los personajes que dan vida al diálogo. De entre éstos resultan bien reconocibles un detractor del demo rigurosamente «tradicionalista» y uno «inteligente». Estos dos caracteres destacan durante todo el diálogo: incluso cerca del final (III, 10), el segundo explica al primero las preferencias del demo en política internacional. Pero se enfrentan de modo claro y, por así decir, acerca de los fundamentos desde los primeros párrafos del opúsculo.

El oligarca «inteligente» abre la discusión y conduce el debate, y es legítimo identificar con las suyas las posiciones del autor. Empieza por aclarar que no pretende en absoluto hacer una apología del sistema democrático, y confiesa enseguida su propia, por otra parte evidente, hostilidad hacia la democracia. Lo que le interesa es desarrollar su tesis original, que se encierra en la fórmula: «Desde el momento en que así lo han decidido, quieren demostrar que defienden bien su sistema político.» Por ello se detiene ampliamente, en su primera intervención, en explicar que el demo «comprende bien» aquello que atañe a su propio interés (hasta el punto de que deja a los expertos los cargos técnicamente comprometidos, como los militares). Todo su discurso tiende a reconducir a este género de explicaciones aquello que, en el comportamiento del demo, suscita estupor generalizado. Esta insistencia sobre la *gnome* del demo es el hilo conductor de todas las intervenciones de este interlocutor-protagonista, quien se coloca por tanto en los antípodas de la arcaica visión teognídea del pueblo bestial y *agnomon*.[8] A su interlocutor, el protagonista concede obviamente –dado que también él participa de los mismos valores– que «en toda la faz de la tierra el elemento mejor se opone a la democracia» (I, 5), que los «mejores» tienen el mínimo de desenfreno e iniquidad, que el demo tiene el máximo de ignorancia, desorden y perversidad. Él concede, como se ha observado con acierto, «el plano ético a sus interlocutores, no a sí mismo».[9] Sus análisis no versan tanto acerca de la obvia condena de los defectos de la democracia como sobre la coherencia del detestado sistema y de su funcionamiento.

El otro interlocutor, en cambio, pone objeciones desde el principio: ¿por qué permitir que cualquiera hable en la asamblea, si el demo está desprovisto de las cualidades básicas (I, 6)? ¿Qué puede entender el demo –que es *amathes*–[10] de lo que es bueno, aunque sólo sea para sí mismo (I, 7)? Estas preguntas se mueven en un plano completamente

---

8. El interlocutor principal es quien como norma enfatiza la *gnomo* del demo: cfr. ante todo I, 11 y III, 10 *(gnomo),* y I, 3; I, 7; I, 13; I, 14; II, 9; II, 16; II, 19; III, 10 *(gignosko),* así como II, 14.

9. G. Serra, *La forza e il valore,* Roma, 1979, p. 25.

10. La crítica del demo como no apto para poseer la plenitud de derechos políticos (y por tanto el gobierno de la ciudad) a causa de su impericia-ignorancia-estupidez *(agnomosyne)* es un *topos* cuya historia sería demasiado extensa de trazar. Es un texto capital, generalmente, el texto herodóteo (III, 81, donde Megabizo se pregunta: «¿cómo podría comprender, el demo, que no ha sido instruido y no tiene noción de lo bello?», cfr., *Athenaion Politeia,* I, 5 y I, 7: «¿como puede un tipo como ése comprender aquello que es bueno para sí o para el pueblo?»). Desde este punto de vista, el demo está, en la crítica oligárquica, por debajo del tirano: «él, al menos», prosigue Megabizo, «actúa sabiendo lo que hace, pero el pueblo no está ni siquiera en condiciones de comprender». La contradicción entre el demo y lo «bello», establecida por Megabizo, queda enfatizada en *Athenaion Politeia,* I, 13. Pero la tradición sobre la *agnomosyne* del demo se remonta muy atrás (cfr. incluso Solón, además del parlamento del heraldo tebano en Eurípides, *Los suplicantes,* 417-418). El interlocutor rígidamente tradicionalista, o si se quiere «teognídeo», considera las cualidades intelectuales connaturales a determinadas condiciones sociales. El desprecio por la *amatha* es típicamente aristocrático, se diría heraclíteo; piénsese en el F 1, sobre los hombres *axynetoi,* y en el F 95. También en De-

distinto respecto del análisis estrechamente político de quienes han hablado en primer lugar; quien ha abierto el debate ha expresado claramente su voluntad de prescindir del juicio sobre la democracia, y de querer en cambio describir, poniéndose en el punto de vista democrático, la coherencia y funcionalidad del sistema.

Las características opuestas de estos dos interlocutores fueron trazadas por Hartvig Frisch (que sin embargo duda en hablar abiertamente de diálogo) en las páginas en las que reconduce el horizonte mental del autor del opúsculo al relativismo de Protágoras:[11] las dos «almas» –tal como se expresa– de este autor serían la «idealista y ética» (que basa sus certezas en valores absolutos) y la «realista y materialista» (que recurre con frecuencia a conceptos como «útil», «necesidad», «fuerza»). En este opúsculo, escribe Henry Patrick, «quasi duae personae colloquuntur».[12] La discusión se vuelve más intensa cuando se toca el tema de la *eunomia* y del gobierno de la ciudad. Se podría observar –dice el antagonista– que un miembro del demo no está en condiciones de comprender ni siquiera lo útil para sí mismo, y en cambio –dice el protagonista– «ellos» comprenden que precisamente la *amathía* y la *poneria* de aquellos son funcionales a su predominio. Retoma así, de forma polémica, las palabras del interlocutor, y le explica que ésos no son valores y desvalores absolutos, que precisamente la *amathía* del pueblo favorece el sistema democrático mucho más que la *sophia* y la *areté* de los «buenos». Naturalmente, añade, de un sistema como éste no nace el mejor gobierno, pero éste es, en compensación, el mejor sistema para defender la democracia. El teognídeo replica con rigor: «Lo que el pueblo quiere no es ser esclavo en una ciudad dirigida por el buen gobierno, sino ser libre y gobernar; ¡nada le importa el mal gobierno!» A lo que responde el otro: «Pero precisamente de eso que tú consideras mal gobierno el pueblo extrae su fuerza y su libertad. Dado que, si es el buen gobierno *(eunomia)* que tú[13] buscas, entonces verás [...] que los buenos harán pagar a los

mócrito (F 185 Diels-Kranz) existe la oposición πεπαιδευμένοι-ἀμαθεῖς (pero en este pasaje la *amathía* se refiere a los ricos).

11. *The Constitution of the Athenians*, Copenhague, 1942, pp. 108-113.

12. H. N. Patrick, *De Critiae operibus pedestre oratione conscriptos*, Glasgow, 1896, p. 48.

13. ¿Quién, ante esta interpelación directa, negaría que nos encontramos frente a un diálogo? Con estas palabras –observa Kalinka *(Die Pseudoxenophontische Athenaion Politeaia*, Teubner, Leipzig-Berlín, 1913, p. 118)– está claro que no es evocada por una persona cualquiera, sino por el representante de una concesión bien precisa de la *eunomia*. Prosigue observando que la idea que «el interpelado» *(der Angeredete:* es decir aquel a quien se dirige esta interpelación directa) tiene de la *eunomia* queda expresada

malos, y serán los buenos quienes decidan la política de la ciudad, y no consentirán que los locos se sienten en el Consejo o tomen la palabra en la asamblea. Así, rápidamente, con estas sabias disposiciones, el pueblo se vería reducido a esclavitud.» Aquí el protagonista delinea una escena completamente distinta de la vigente en Atenas, una escena que comporta –como se dice explícitamente– la exclusión del demo de la asamblea, y su «sometimiento» literal.

Queda claro, por tanto, que el protagonista no es en absoluto un «moderado» (connotación que en ocasiones se ha querido extender a todo el opúsculo), ni le es en absoluto extraño el mundo de los valores y de las axiologías de su interlocutor. En todo caso él las relativiza, y por eso puede tranquilamente adoptar γιγνώσκειν, γνώμη, εὖ, δίκαιον, etc., a propósito de las decisiones del demo.[14] En eso radica la complejidad del personaje: no se puede clasificar entre los extremistas obtusos, pero eso no lo convierte, en absoluto, en un moderado. El panorama que traza como consecuencia de una eventual restauración de la *eunomia* es cualquier cosa menos dulce o conciliador. En todo caso, se trataría de un extremista con suficiente agilidad intelectual (una mentalidad que parecería influida, en este punto, por la sofística) para comprender la relatividad de los valores por los que se bate, sin la ceguera de su rígido y mentalmente inmóvil interlocutor.

Parecería incluso querer presentarse como propietario de naves, como empresario muy práctico en este sector, como alguien que sabe bien dónde y cómo procurarse hilo, tela, cera y madera para la construcción de «sus» naves (II, 11-12). Es innegable que habla en primera persona y de sus propios negocios. Dice, en efecto: «Precisamente de estos materiales están hechas mis naves», y poco después: «Así, sin mover un dedo, tengo todo esto de tierra firme, por mérito del mar.» ¿Se trata, entonces, de uno de los dos interlocutores identificables al principio? ¿Puede ser la misma persona que, en I, 19-20, hablaba de los atenienses que, «con sus siervos», han conquistado un tal conocimiento del mar «como si se hubieran ejercitado en él toda la vida»? ¿La misma persona que, al comienzo, identifica la base social de la democracia con «aquellos que manejan las naves», y que, más en general, ve en la orientación de

en I, 9; si, por tanto, la *Athenaion Politeaia* era una «réplica», se puede conjeturar que la *Angeredete* habría expresado precisamente una concepción tal y habría hecho referencia al ideal eunómico-espartano, tan arraigado en la nobleza ateniense.

14. Sobre esta relativización de los conceptos político-morales, cfr. Frisch, *The Constitution*, op. cit., pp. 110-114 (también sobre la eventual relación con Protágoras) y M. Treu, *RE*, 1966, *s.v. Xenophon*, col. 1968,65-1969,20.

los atenienses hacia el mar, en el conocimiento del mar que han adquirido, en su incomparable talasocracia, el principal presupuesto de la democracia? Cierto, es difícil sustraerse a la impresión de que quien habla
en II, 11-12 se sienta en cierto modo parte de este sistema talasocrático.
Se deberá pensar, quizá, que el crítico «inteligente» protagonista del diálogo (que, por lo general, habla en primera persona o se dirige con el
«tú» al otro interlocutor) sea también un patrón (o constructor) de naves, alguien cuya riqueza tiene esta base.[15]

Aclaramos aquí, a la luz de cuanto llevamos dicho hasta ahora, que
su capacidad de comprender las razones del adversario, así como la lógica intrínseca del sistema de poder democrático, lo lleva a la más drástica
de las conclusiones: que el sistema democrático no puede atacarse parcialmente, que si se quiere una buena *politeia* hay que derrocarlo por
completo (III, 8-9). Por tanto, en este sentido el proyecto de «alcanzar
el buen gobierno» –que en I, 9 atribuye a su interlocutor– es también el
suyo. También él «persigue la *eunomia*», sólo que, con mayor sentido
político, se da cuenta de la dificultad operativa de un proyecto semejante. Así lo demuestra cuando, en la parte final, disuade al interlocutor de
la ilusión de poner el poder en manos de los *atimoi*, es decir, cuando se
opone al proyecto, emergente en la hetería a la que este escrito estaba
destinada, de intentar el derrocamiento de la democracia confiando en
las personas a las que el demo ha golpeado privándolas de sus derechos
en distintos sentidos.

El epíteto que usualmente se le aplica a este autor es el de «viejo oligarca»: una definición acuñada por Gilbert Murray.[16] Pero no ha dejado de advertirse que, en cambio, estamos probablemente frente a un joven político recién convertido a la oligarquía radical.[17]

«Viejo oligarca» tiende a significar, sobre todo en el uso corriente,
cuán superada está la posición política que expresa este escritor, cuán
viejas son sus aspiraciones y su idiosincrasia. «Aspera arque incompta
Catonis cuiusdam Atheniensis oratio» definía este opúsculo el excelente
Marchant, editor oxoniense, en 1920. La definición implica también

---

15. La hipótesis de que el autor del opúsculo sea, él mismo, un armador de naves,
y por tanto un beneficiario de la talasocracia ateniense, está presente, por ejemplo, en
Wilhelm Nestle *(Hermes*, 78, 1943, p. 241).

16. *A History of Ancient Greek Literature*, Londres, 1898, p. 167. La expresión ha
hecho fortuna sobre todo a partir del ensayo de Gomme, así titulado.

17. R. Sealey, «The Origins of "Demokratia"», *California Studies in Classical Antiquity*, 6, 1973, p. 262.

una valoración de la calidad de este político y de sus puntos de vista;[18] valoración evidentemente reductiva, a la que han contribuido, entre otras cosas, el estilo arduo, arcaico, a veces oscuro (otro síntoma –se ha pensado– de «decrepitud»), además de la confrontación –alternativamente explícita e implícita– con Tucídides, vista por lo general, y por más de un motivo, como el límite natural de la comparación más que como el punto de referencia obligado.[19]

Por otra parte, una característica tal descuida por completo, por ejemplo, el interés nada superficial de este autor por el comercio de su ciudad y por el arte que constituye su elemento principal, la náutica. Es éste acaso el único texto conservado que describe, con autoridad y ostentación de experiencia directa, la relación existente entre el vasto flujo comercial cuyo centro es Atenas y la producción de naves (II, 11-12); la única fuente que relaciona el dominio político-militar de Atenas sobre la liga con la inevitable y total dependencia comercial de los aliados respecto de Atenas (II, 3). Queda claro que, en su concepción, el comercio es la actividad primaria de toda ciudad: ya no rige el cliché del viejo aristocrático propietario de tierras, es decir, ostentador de un «antiguo» tipo de riqueza: baste pensar en II, 11 («precisamente de estos materiales están hechas mis naves»).[20] Ni tampoco bastan las observaciones sobre el eclecticismo lingüístico de los atenienses, o sobre su disposición a asimilar usos y costumbres de los otros griegos y bárbaros (II, 8), para reconocer –como se ha querido hacer– el desprecio del oligarca hacia tales fenómenos de «corrupción». Por otra parte, no se comprende cómo pueden los oligarcas ser presentados como los «tutores» de una pureza ática de la lengua y de las costumbres, cuando en cambio ha sido, por largo tiempo, característico de la aristocracia ateniense contraer matrimonio con personas de estirpe no griega, «nórdica», e incluso vivir fuera del Ática. Son emblemáticos, en este aspecto, Milcíades, Cimón y el

18. Wilamowitz, *Aristoteles und Athen*, Berlín, 1893, I, p. 171, creía deducir la efectiva «vejez» del escritor del hecho de que su «memoria histórica» se remonta a los años cincuenta (III, 11). Pero se trata de un argumento opinable.

19. Sin embargo, no ha faltado quien, de vez en cuando –a partir de Wilhelm Roscher *(Thukydides*, Gotinga, 1842, p. 252), para terminar con Wilhelm Nestle *(Hermes*, 78, 1943, p. 232)–, ha tratado de atribuir a Tucídides este escrito como «obra juvenil», quizá por la comprensible inclinación a agrupar lo máximo posible las obras adjudicadas a los nombres conocidos, aunque también por cierta consonancia de los puntos de vista.

20. Con mayor razón deberían renunciar a la imagen del «viejo propietario de tierras» aquellos que ven en este opúsculo una única intervención enunciada por el autor en primera persona.

mismo Tucídides, quien encuentra la manera de vanagloriarse, en determinado punto de su obra, de las buenas relaciones con los «primores» de la tierra firme tracia.[21]

En realidad, la imagen del «Cato quidam Atheniensis» es equívoca, no sólo porque eclipsa la lucidez y actualidad del análisis, sino porque oculta un dato esencial para la comprensión de este opúsculo, es decir –como ya se ha señalado–, el hecho de que está recorrido por dos líneas distintas de lectura de la realidad ateniense, las cuales chocan de principio a fin, y de las cuales sobre todo la primera –«teognídea»– puede ser etiquetada como crudamente «catoniana». A lo sumo, si existe una característica notable, del todo original, de este escrito, y que constituye en cierto sentido su particularidad, ella radica precisamente en el esfuerzo constante de replicar a la mera negación de la democracia, poniéndose en su punto de vista y constatando una y otra vez que la forma política de Atenas es coherente y efectiva, aunque resulte antitética al noble y querido ideal de la *eunomia*. Esta dialéctica se resuelve y se expresa en una auténtica alternancia dialógica. El conocimiento insuficiente de una característica tal –intuida por Cobet desde 1858, retomada por Forrest (1975), y a la que se nos ha acercado en numerosas ocasiones en el curso de más de un siglo de análisis detallados y recurrentes– ha hecho que, en la interpretación abarcadora, por no decir sumaria, del opúsculo, prevalezca la impresión de encontrarse frente a un viejo «laudator temporis acti».

Pueden parecer viejas las inclinaciones culturales del «viejo oligarca». De la nueva Atenas le disgustan los monumentos, los nuevos y grandes edificios de función pública, los gimnasios y baños,[22] de los que «disfruta mucho más la masa que los pocos y los ricos» (II, 10). Le gusta en cambio la política de prestigio de un Cimón,[23] que hace «bella y grande» la ciudad con su mecenazgo, que encarna a aquellos ricos –muy admirados por el autor– que están en condiciones de adquirir con su propio dinero víctimas y recintos sacros, y de poseer privadamente gimnasios y baños (II, 9-10). Le desagrada la política urbanística de Pericles,[24] que hace todo eso con dinero del Estado: ve un interés privado

21. Tucídides, IV, 105, 1.

22. Entre los cuidados que Paflagonio-Cleón ofrece al Demo hay hasta un baño después de una jornada pasada en el tribunal *(Caballeros, 50).*

23. Plutarco, «Cimón», 13, 6-7.

24. Plutarco, «Pericles», 12-13. Sobre la política de los trabajos públicos en Atenas –de los que se ha hablado en el capítulo anterior–, véase, en general, G. Bodei Giglioni, *Lavori pubblici e ocupazione nell'antichità classica,* Bolonia, 1974, pp. 39-40. También Tucídides nota, en un pasaje famoso, que es tal la diferencia entre edificios públicos y

en estos servicios que el demo construye «para sí».[25] Le indigna precisamente el empleo de dinero público para obras de uso colectivo, que quiere decir, para él, a beneficio del demo. El espíritu de la política urbanística períclea radica, para él, en su aspecto asistencial, que es un modo de asegurar un salario a aquellos a quienes el autor llama «la canalla». «Cimón, en efecto», escribe Aristóteles, «en posesión de una hacienda principesca, en primer lugar desempeñaba los cargos públicos con gran esplendidez, y además mantenía a muchos de los de su demo [...]; incluso todas sus fincas estaban abiertas, de manera que el que quería podía disfrutar de su cosecha. Como Pericles era inferior en la hacienda para tales favores, siguió el consejo de Damónides de Oie [...] de que, como en la fortuna personal salía vencido, diese a la muchedumbre lo que era de ella.»[26]

Otra acusación que el autor dirige al demo es la de haber «liquidado a quienes cultivan la gimnástica y la música» (I, 13). Oportunamente se ha comparado con este pasaje la muy conocida definición aristofánea de la educación a la antigua de los *kaloi kagathoi:* «crecidos en medio de los gimnasios, la danza y la música» *(Las ranas,* 729). No se trata de una lamentación genérica que, en cuanto tal, podría parecer poco clara (y de hecho ha dado bastante trabajo a los críticos); es probablemente una referencia puntual, aunque alusiva, a la liquidación política de Tucídides de Melesia, condenado al ostracismo en 443 y obligado a permanecer fuera de Atenas por más de un decenio. Este tenaz adversario de Pericles era hijo del maestro de lucha más relevante de su tiempo, y sus hijos también destacaban en este arte. La gimnástica era el «símbolo heráldico» de esta gran familia.[27] El golpe infligido a una familia tan representativa del modo de practicar la vieja *paideia* es, por tanto, advertido por el autor como una señal de la destrucción de un grupo social. Por otra parte, Melesias, hijo del adversario de Pericles, estuvo entre los protagonistas del golpe de Estado de 411.

La vieja educación aristocrática es aquí enfatizada nostálgicamente respecto de la reciente oleada sofística. Pero esto no debe llamarnos a

---

estructura urbana en Atenas que, aunque Atenas fuera destruida y reducida a necrópolis, de los edificios públicos que sobrevivieran se deduciría una ciudad mucho más grande respecto de la que realmente existió: todo lo contrario del caso de Esparta (I, 10, 2).

25. Por eso creo que en II, 10 no está modificado el texto ὁ δὲ δῆμος αὐτὸς αὑτῷ οἰκοδομεῖται ἰδίᾳ παλαίστρας.

26. *Athenaion Politeia*, 27, 3-5 [trad. esp. de Manuela García Valdés, Gredos, Madrid, 1984, pp. 120-121].

27. H. T. Wade-Gery, «Thucydides the son of Melesias», *Journal of Hellenic Studies*, 52, 1932, pp. 209-210.

engaño. ¿Quién no percibe, en la tendencia relativizadora del interlocutor principal, un procedimiento típico de la nueva cultura sofística? El autor emplea, como sabemos, εὖ e δίκαιον en referencia al demo, así como para Trasímaco, en el primer libro de la *República* platónica, resulta justo «aquello que favorece a alguien». Además, el propio Aristófanes, *flatteur* de los mojigatos admiradores de la educación antigua, ¿hasta qué punto no está también embebido, más que ser un divertido fustigador, de la nueva?

Otra característica de este autor, por lo general acogida con unanimidad, es que se trata de un exiliado, de un *émigré*, como se suele decir al pensar en los nobles expulsados o huidos durante la Revolución Francesa. Por otra parte, su tono adverso a los bien nacidos que se resignan a obrar en una ciudad dominada por el demo es tan áspero, el conocimiento de los problemas de los *atimoi* es tan profundo, la costumbre de hablar de los atenienses en tercera persona es tan insistente, que parece obvio ver bajo esta luz al autor como un exiliado que habla con pleno conocimiento y con la debida dureza de la ciudad que lo ha expulsado por sus ideas políticas.[28]

La imagen de un exiliado desilusionado y lúcido, capaz, a pesar de la obvia e inocultable hostilidad, de considerar objetivamente virtudes y defectos del sistema político que lo ha excluido, parece particularmente apropiada para dar un rostro a este escritor. Un rostro del todo conveniente con el clima y los mecanismos políticos de la Grecia de las ciudades. Los expulsados —escribe Burckhardt— son figuras muy conocidas y familiares ya en los mitos,

> pero las palabras que los trágicos ponen en sus bocas son extraídas de las pavorosas experiencias del siglo V. En Sófocles, tanto Edipo como Polinices, en Colono, se permiten lanzar maldiciones contra su patria, como probablemente el poeta había escuchado él mismo [...]. La polis había empezado ya a desprender el propio cuerpo de los miembros vivientes, y hacia la mitad del siglo V la Grecia central bullía de desplaza-

28. Apenas parece necesario recordar que precisamente por eso uno de los candidatos a la paternidad de este escrito ha sido Tucídides de Mesia, condenado al ostracismo en 443; o bien, en el extremo opuesto, el mismo Jenofonte, que con este escrito se dirigiría —según Émile Belot (*La République d'Athènes, lettre sur le gouvernement des Athéniens adressée en 378 avant J. C. par Xénophon aux roi de Sparte Argésilas*, París, 1880)— a su Agesilao.

dos; en Queronea (447 a. C.) un partido entero, muy numeroso, de fugitivos [...] aportó su ayuda para derrotar a los atenienses. Lo que sostenía a los expulsados era la esperanza, vana con frecuencia; pero su vida carecía de alegría, y Teognis, que los compadecía, amonesta a su Cirno por no hacer amistad con alguno de los expulsados.[29]

Por su propia condición de tales, los expulsados se volvían también, inevitablemente, «políticos profesionales»: la conmoción política se resolvía para ellos en inmediata ventaja personal. Si era cierto –como sostendrá Demóstenes en el siglo siguiente– que la decisión de hacer vida política se toma de una vez para siempre, y que quien emprende esa vida no se desprende de ella nunca más,[30] esto es verdad con mayor motivo para los expulsados, cuya única razón de ser consiste en vencer a quien lo ha echado, para lo cual debe tejer, con frecuencia en vano, una trama política para toda la vida. El exiliado es, en la Grecia de las ciudades, un hombre de una dimensión única, con un solo objetivo, que teje y vuelve a tejer la tela de sus vínculos, de sus conexiones, que guarda los contactos personales con quien ha permanecido en la ciudad, que es cien veces derrotado y otras cien veces lo vuelve a intentar. Rara vez el exiliado regresa victorioso a la ciudad, pero en tal caso su primera labor será la de provocar nuevos exilios, nuevos perseguidos, nuevos *atimoi*, en un ciclo incesante, que se corresponde con la forma misma de la lucha política. Ésta es, desde sus albores, la lucha de exiliados que intentan regresar. Son los Alcmeónidas derrotados en Leipsydrion, que «cantaban tras la derrota en los cantos conviviales:

> Ay, Leipsydrion, traidor de los amigos,
> a qué hombres perdiste,
> nobles y recios en la lucha».[31]

Imagen característica –aunque la tradición democrática se haya apropiado del episodio–[32] de una hetería de eupátridas que tienta toda las vías de regreso posibles, y que en los lúgubres días de la derrota repite, fuera de la ciudad, el ritual ático del banquete, y encuentra una forma de solidaridad colectiva en el rito de los cantos conviviales; que prac-

---

29. *Griechische Kulturgeschichte* (curso de lecciones dictado entre 1872 y 1885).
30. Demóstenes, XIII, 35: «no podrían retirarse aunque así lo quisieran».
31. Aristóteles, *Athenaion Politeia*, 19, 3.
32. Los viejos atenienses que se dan valor en el coro de *Lisístrata* se definen «¡nosotros que fuimos a Leipsidrio cuando éramos todavía nosotros mismos!» (vv. 664-665).

tica obstinadamente, también en el exilio, los ritos característicos de los eupátridas: el diálogo, el canto convivial, el «deporte de la nobleza».[33]

Ésta es sin duda la dimensión cultural, éste es el horizonte del que surge un texto como la *Athenaion Politeia*. Es lo que ayuda a comprender por qué el autor es esencialmente un «animal político», unidimensional, que todo lo reconduce a la «política». Creo que raramente en la literatura antigua la capacidad de verlo todo desde una óptica política —característica de los fanáticos y de los doctrinarios, pero también de quien se siente portador de una verdad explosiva y totalizadora— ha tenido una expresión tan completa: del eclecticismo lingüístico a la variedad y riqueza de los alimentos, a la decadencia del deporte y el urbanismo demagógico, todo el texto anónimo lleva al detestado predominio del demo, a la circunstancia de que «es el demo», dice, «quien empuja las naves», y tiene más poder que los buenos.

La total inmersión en su presente estricto, en la lucha concreta, hace, entre otras cosas, que el autor no haga alusión alguna a un tiempo pasado en el que las cosas iban mejor. Como el oligarca del homónimo carácter de Teofrasto, que remonta los males de Atenas hasta el Teseo culpable de haber promovido el sinecismo «que dio mayor poder al demo»,[34] este oligarca no recuerda, ni añora, un «pasado positivo», no parece volverse atrás hacia una memoria consoladora, precisamente porque está proyectado únicamente hacia la acción, hacia una partida que se está jugando aquí y ahora. Incluso de una iniciativa patrocinada por Cimón, la intervención ateniense en la tercera guerra mesenia —una de las raras referencias al pasado en todo el opúsculo—, habla con desapego (III, 11). Si —raramente— muestra algún resquicio, éstos son «prospectivos», apuntan al futuro, como cuando traza el crudo cuadro de una Atenas regida por la *eunomia* (I, 9). Pero la *eunomia* está, precisamente, en el futuro, todavía por conquistar, incierta aún.

Ante la inminencia de la lucha, este «animal político» no se parece a los numerosos intelectuales atenienses bien aclimatados a su «dulce» ciudad,[35] soñadores de gabinete de la *eunomia*, es decir del «orden» espartano. Aristófanes es hasta cierto punto un ejemplo de ellos, cáustico en la representación de la *politeia* democrática-radical de su ciudad, pero impensable fuera de ella, y muy serio cuando apoya, tras las Arginusas,

33. R. Hirzel, *Der Dialog*, I, Leipzig, 1895, p. 29.
34. *Los caracteres*, XXVI, 6. Aquí el oligarca-tipo ataca un tema fijo de los epitafios.
35. Es el adjetivo con el que Platón define la democracia (*República*, VIII, 588c).

la vuelta de Alcibíades para salvarse de la derrota.[36] Para nuestro autor, este tipo de personalidades estarían entre aquellos bien nacidos que son mirados con suspicacia porque se han avenido a vivir en una ciudad dominada por el demo (II, 19).

No parece un hecho aislado. También otro opúsculo –en forma de discurso a los lariseos de Tesalia, contra Arquelao de Macedonia y a favor de Esparta–, legado junto con los escritos de Herodes Ático, pero que quizá se remonta a los últimos meses de la guerra peloponésica,[37] invoca análogo rigor. Reclama la opción filoespartana con un tono que quiere dar a entender que las decisiones políticas, una vez hechas, comprometen de verdad, no pueden ser mero *verbiage*. A quien duda en apoyar a Esparta responde que no se puede acusar a Esparta de «instalar oligarquías por doquier» ya que, precisamente, se trata «de aquella oligarquía que hemos deseado siempre y que siempre hemos augurado, y que, después de poco tiempo de disfrutarla, nos ha sido arrebatada» *(Peri politeias*, 30). Este autor sabe lo que quiere, sabe resolver la distancia entre hechos y palabras. Tenemos aquí, por tanto, otra denuncia de esa duplicidad de actitudes: entre quien «sueña» con Esparta adaptándose, sin embargo, a realidades muy distintas, y quien persigue de verdad la *eunomia*. El llamado «viejo oligarca» y el autor del *Peri politeias* se asemejan mucho.

El primero es un doctrinario. Pero su ilusión doctrinaria no consiste tanto en no darse cuenta del consagrado predominio democrático: en esto también es mucho más visionario que otros eupátridas con los que no simpatiza, dóciles y dispuestos a cohabitar con el demo. Mucho más que aquéllos, él es consciente de la distorsión que representa la democracia radical (y por tanto de su fragilidad), y espera confiado su caí-

36. *Las ranas*, 1431-1432.

37. No es el caso de afrontar aquí la disputa sobre la época de composición de este escrito. Si bien vuelve a surgir cada tanto la tendencia a restituir este escrito al siglo II d. C. (cfr. la ed. de U. Albini, Florencia, 1968, y la *Geschichte* de A. Lesky, Berna-Múnich, 1971³, p. 934, n. 1), la opinión de quien lo atribuye al final del siglo V parece sensata, así como una fecha en torno a 404 (Drerup; en favor de esta fecha «alta» se han decantado, entre otros, Beloch y Eduard Meyer). H. T. Wade-Gery *(The Classical Quaterly*, 39, 1945, pp. 19-33) propone, con argumentos notables, que el autor podría ser Critias, cuyos escritos fueron puestos en circulación por Herodes (cfr. Filóstrato, *Vida de los sofistas*, II, 1, 14 = *VS*, 88 A 21). Por lo tanto es lícito pensar que el discurso a los fariseos se haya conservado precisamente porque fue tomado como un discurso de Herodes, entre cuyas alocuciones se conservó.

da, aun cuando no sepa si ésta sucederá por obra de enemigos externos, de una afortunada traición o de un golpe de Estado. Su ilusión consiste, en primer lugar, en la idea de que el imperio sólo puede sobrevivir mediante un cambio de «signo». Por eso estigmatiza el sistemático apoyo del demo ateniense a los «peores» de la ciudad (*in primis* aliados), apremiados por las luchas civiles (III, 10); por eso se afana en denunciar los atropellos de que son víctimas los aliados a manos del demo —obligados a ir a Atenas para celebrar sus juicios, emplazados a sufrir las interminables esperas de la maquinaria estatal ateniense (I, 16 y III, 1-2). En definitiva —concluye—, los aliados se han convertido en «esclavos» del demo ateniense (I, 18).

No sorprenderá, entonces, que el problema de la lucha política, que para este autor es esencialmente guerra civil, se ponga, para él, en una perspectiva de alianzas «supranacionales». De este modo, cuando analiza el comportamiento de Atenas hacia los aliados, en particular el vejatorio sistema judicial (I, 14-16), percibe enseguida la disposición de clase que se produce en este terreno: el demo humilla y despoja a los «buenos» de las ciudades aliadas, mientras los «buenos» de Atenas «buscan salvarse de todas las maneras, sabiendo que es bueno para ellos proteger en toda circunstancia a los mejores de la ciudad». Cuando, en la parte final, es abordado el problema del sostenimiento que inexorablemente los atenienses aseguran a los «peores» en cualquier ciudad dividida por luchas civiles, la respuesta es que una posición en favor de los «mejores» sería contra natura, en cuanto llevaría al demo a inclinarse en favor de los propios enemigos y a sufrir —como ha sucedido en ocasiones— decepciones tremendas. Aquí son adoptados los ejemplos de aquellas raras veces en las que Atenas ha querido sostener la causa de los buenos y no ha sufrido más que decepciones: en Beocia, en Mileto, en la tercera mesenia.

En su visión simplificada, todas las democracias se parecen, aunque, como es obvio, Atenas es el epicentro: «en todo el mundo la democracia se opone al elemento mejor». Por tanto, no exige una especial demostración el hecho de que éstas se sostengan recíprocamente, ya que el demo «escoge a los peores en las ciudades divididas por luchas civiles». Así, es asimismo obvio que al alineamiento democrático se oponga otro internacional de las oligarquías, de los «buenos». El problema del derrocamiento de la democracia (concretamente planteado poco después: III, 12) comporta precisamente tener en cuenta este género de conexiones.

Esta sensibilidad tan aguda para el aspecto «internacional» de la lucha política es inducida —e incluso agudizada— por la guerra. En su habitual búsqueda de una fenomenología de la política, Tucídides se apoya, como es sabido, en un caso particular, el de las luchas civiles en Córcira (la actual Corfú), para deducir algunas «leyes» generales sobre la convergencia entre guerra civil y guerra externa: «todo el mundo griego», escribe, «fue sacudido por conflictos entre los jefes del demo que buscaban abrir las puertas a los atenienses y los oligarcas que buscaban abrir las puertas a los espartanos». En tiempos de paz –prosigue– el fenómeno no podía producirse de forma tan aguda y exasperada, porque no había un pretexto tan fácil para recurrir a las ayudas externas; «pero al estar en guerra y existir una alianza a disposición de ambas partes, tanto para quebranto de los contrarios como, a la vez, para beneficio propio, fácilmente se conseguía el envío de tropas en auxilio de aquellos que querían efectuar un cambio político».[38] El caso de Córcira representó un comienzo y «se imprimió por eso mayoritariamente en la conciencia de los hombres». La intuición de fondo es que la guerra civil representa la continuación de la guerra externa, y en la guerra externa encuentra las condiciones ideales para desarrollarse.

El autor del opúsculo vive esta condición en primera persona, y prevé como vía de salida para los oligarcas atenienses precisamente la práctica de abrir las puertas a los espartanos y de «dejarlos entrar» (II, 15). Por eso, en la parte final del opúsculo, a partir del tema de las conexiones internacionales de la lucha civil, deriva la reflexión sobre cómo «atacar la democracia en Atenas», además de la discusión –que se concluye negativamente– sobre el grado de confianza que se puede tener en una acción conducida por los *atimoi*. Éste es el nexo entre III, 12-13 y lo que precede, sobre lo que tanto se han interrogado los modernos, cultivando en vano las hipótesis sobre lagunas y otras soluciones.[39] Naturalmente, en un debate entre personas que tienen tantos presupuestos en común, que por tantos motivos callan acerca de muchas cosas y de otras apenas hacen algún apunte, no hace falta proceder por sucesivas (y operativas) deducciones, con explícitos tránsitos lógicos. La convicción de

38. Tucídides, III, 82, 1.
39. Cfr. Frisch, *The Constitution,* op. cit., p. 375: «The transition is imposible to explain». Schneider y K. I. Gelzer habían pensado en una laguna. En cambio, en la vía de esta explicación en términos «políticos» del pasaje que va de III, 11 a III, 12 estaba Hermann Fränkel, «Note on the closing sections os Pseudo-Xenophon», *American Journal of Philology,* 68, 1947, p. 311 (señalaba que la ayuda ateniense a las ciudades aliadas producía *atimoi,* y que por eso en III, 12 se pasa a hablar de *atimoi).* Cfr. también E. Schütrumpf, en *Philologus,* 117, 1973, p. 153, n. 5, y W. Lapini, *Commento all'Athenaion Politeia dello Pseudo-Senofonte,* Università degli studi di Firenze, Florencia, 1997, p. 288: «suponer una laguna no resuelve nada».

que sólo a través de la conexión Estado-guía de la alineación opuesta se puede vencer está tan arraigada (Platón, en la *República*, toma como norma el hecho de que la forma del Estado cambia cuando uno de los dos adversarios ha recibido ayuda del extranjero),[40] que Tucídides no esconde su admirado estupor frente al éxito de los Cuatrocientos, capaces, sólo con sus fuerzas, de «quitar la libertad al demo ateniense» cien años más tarde del fin de los pisistrátidas.[41]

Eduard Meyer intuyó que este escrito se refería en concreto a la acción contra el Estado ateniense; Mayer rechazaba la imagen de este opúsculo como «estudio teorético»: es evidente –notaba– que aquí aparece en primer plano el objetivo «de una acción política concreta».[42] En efecto, la conclusión sacada en III, 8-9 –según la cual la democracia puede derrocarse pero no cambiarse, porque no es modificable ni mejorable– comporta precisamente la concepción, como desenlace operativo de tanto debate, «del ataque armado contra la democracia ateniense» (III, 12).

Palabras éstas en las que se da por descontado que el objetivo al que se apunta es la acción violenta –lo que ilumina todo el opúsculo en su andadura ideológica, además del hecho de que se encuentren allí diversas líneas de acción o hipótesis políticas. La dicotomía no está entre emigrados y colaboracionistas.[43] Está, como sabemos, ante todo en el análisis, entre quien ataca frontalmente a la democracia sin exponer las razones y quien, aunque sin apoyarla en absoluto, se esfuerza por entenderla; y sobre todo en las conclusiones: entre quien apunta a una acción de fuerza y quien, con una visión más clara de las relaciones de poder, muestra la escasez de los recursos disponibles, aclarando que no se puede confiar en todos los *atimoi*.

Naturalmente, la cuestión más delicada, y para la cual no es fácil

40. VIII, 559e.
41. Tucídides, VIII, 68, 4.
42. *Forschungen zur alten Geschichte*, II, Halle, 1899, p. 402. Era ya la tesis –un opúsculo «proyectado» hacia la acción– de H. Müller-Strübing (*Philologus*, supl. IV, 1884, pp. 69-70), retomada después también por H. Bogner, *Die verwirklichte Demokratie*, Hamburgo, 1930, p. 109, y por M. Kupferschmid, *Zur Erklärung der pseudoxenophontischen Athenaion Politeia*, tesis de doctorado, Hamburgo, 1932. Max Treu (*RE, s.v. Xenophon*, col. 1964, 60-1965, 2) apunta a la «situación concreta» a que este escrito debe referirse. Según Wilamowitz, en cambio, el anónimo atribuye a la «stürmische Jugend» oligárquica la «resignación» (*Aristoteles und Athen*, I, p. 171, n. 72).
43. Aquellos que son atacados en II, 20.

arriesgar una respuesta, es si este diálogo es el acta, por así decir, de una reunión de hetería o bien una discusión ficticia, un desarrollo teórico-político en forma de diálogo. Es verdad que sorprende el hecho de que no se dé ni siquiera un nombre, a pesar de las muchas referencias concretas a la política del momento. Quizá no hay que excluir tampoco la posibilidad de que coexistan, en este texto singular, ambos aspectos. Tal vez lo confirma el hecho mismo de que el debate prosiga incluso después de lo que parece una conclusión.[44]

Hay, por tanto, una progresión en el análisis. La conclusión de III, 8-9 (la democracia es modificable) aparece conceptualmente sucesiva respecto a la conclusión de III, 1 (el demo es inicuo, pero desde su punto de vista aquello que hace está bien hecho, porque es coherente con la defensa de la democracia). La efectiva discusión sobre los *atimoi* brota de la constatación de la imposibilidad de intentar reformas. Existe, por tanto, no sin tránsitos bruscos, una progresión conceptual en las tres conclusiones: a) la democracia es inaceptable, aunque coherente y bien defendida; b) no es reformable; c) para derrocarla no basta con los *atimoi*. Conclusiones que se alcanzan mediante una progresión de tipo dialógico, que es acaso la más adecuada al objetivo. Lo que no se puede pasar por alto es que el debate y la conclusión de la primera parte tienen un sesgo predominantemente teórico, mientras que el debate final (donde las intervenciones del segundo interlocutor se vuelven más escuetas y comprometedoras) y las conclusiones finales tienen un sesgo predominantemente práctico.

La aversión hacia el demo está, para este autor, en el orden natural de las cosas y, a lo sumo, produce frías consideraciones, como aquella sobre la «racionalidad», desde el punto de vista del demos, de una deter-

44. III, 1, donde se retoma por entero la sangría inicial. Allí, evidentemente, se concluye la *apodexis* preanunciada en la apertura. Es legítimo pensar que después de esa «conclusión» haya cambiado algo, que lo que viene después pueda ser algo distinto. ¿Los desarrollos ulteriores –sobre todo los más cerradamente dialógicos– reflejarían ante todo una discusión verdadera? Esta sugerencia debe ser formulada con cautela. En la tradición manuscrita, como también en el diálogo melio-ateniense en el Palat. Gr. 252 de Heidelberg, la división dialógica se ha perdido. En todo caso, el hiato representado por la conclusión de III, 1 es inequívoco, y esto debería aconsejar una reconsideración del conjunto, tanto más cuanto que nunca se han aportado explicaciones satisfactorias del hecho de que, después de la conclusión anular de III, 1, el discurso se vuelve a abrir y afronta con renovado tesón nuevos argumentos. La hipótesis de un diálogo «abierto», en el que en verdad –especialmente en la parte final (III, 12-13)– chocan líneas políticas diversas, parece prevalecer sobre todo si se tiene en cuenta el final.

minada política. El blanco a condenar sin remisión es en cambio el de los bien nacidos que «han elegido *oikein* en una ciudad dominada por el demo» (II, 20). Mucho depende, evidentemente, de la interpretación de la palabra *okein*. El término podría tener aquí el sentido pleno de «actuar, ejercer la actividad política», y por tanto la frase significará «adaptarse a hacer vida política en una ciudad regida por el demo».[45] Critias recordaba puntillosamente, en uno de sus escritos, cómo habían sabido acrecentar sus riquezas privadas un Temístocles o un Cleón.[46]

Surge entonces el problema de quién es tomado como punto de atención. Hay un nombre que se ha mencionado en diversas ocasiones, y quizá acertadamente, dado el gran relieve del personaje: Alcibíades.[47] La dulce Atenas había sido el teatro más conveniente para la vida desordenada y fascinante del bello eupátrida, fanático de los caballos y de las fiestas, no ajeno a las burlas orgiásticas. Por otra parte, aquello que Alcibíades dice a Esparta, después de haber escogido la vía del autoexilio, parece justamente una respuesta puntual a la insinuante acusación que leemos en este opúsculo:

Si alguien tenía mala opinión de mí debido a mi mayor inclinación por el demo, que no piense tampoco encontrar en ello un motivo de justa indignación. Porque nosotros siempre hemos sido contrarios a los tiranos (y toda política que se opone al poder absoluto recibe el calificativo de demo), y ésta es la razón por la que ha permanecido ligado a nosotros el liderazgo del pueblo. Además, de tener nuestra ciudad un régimen democrático, era necesario que en la mayoría de los casos nos adaptáramos a las condiciones existentes. No obstante, en medio del desenfreno reinante tratamos de tener un comportamiento político lo más moderado posible. Han sido otros quienes, tanto en el pasado como ahora, han conducido a la masa a actitudes más viles; y éstos son

45. Éste es el valor de *oikein* por ejemplo en el epitafio de Pericles (Tucídides, II, 37, 1; se llama democracia διὰ τὸ [...] ἐς πλείονας οἰκεῖν) y en Tucídides, VIII, 67, 1 (καθ᾽ὅτι ἄριστα ἡ πόλις οἰκήσεται). Así lo entiende el mejor comentario moderno (Kalinka: Teubner, 1913, p. 253).

46. *VS*, 88, B 45.

47. La historia de la identificación de este personaje es como mínimo singular. La hipótesis de que fuera Pericles (propuesta por Wachsmuth en 1884) afloró casi al mismo tiempo que la que lo identifica en cambio con su adversario Tucídides de Melesia (Moriz Schmidt). No ha faltado quien pensara en Cleón, que era un caballero ateniense (H. Diller, rec. a Gelzer en *Gnomon* 15, 1939). Sobre la muy valiosa introducción de Alcibíades –un «predestinado» por nacimiento a la gran política– ya en 428, cfr. V. di Benedetto, *Eurípides: teatro e società*, Turín, 1971, p. 183.

precisamente los que me han desterrado. Nosotros, en cambio, hemos sido líderes del Estado en su totalidad, considerando que era deber de justicia contribuir al mantenimiento del sistema de gobierno con el que la ciudad alcanzaba el mayor grado de poderío y libertad y que constituía el legado de nuestros antepasados. Lo que era la hegemonía del demo (*demokratia*) lo sabíamos perfectamente las gentes sensatas, y yo mismo podría vituperarla más que nadie por cuanto me ha causado los perjuicios más grandes. Pero nada nuevo podría decirse sobre lo que es una locura reconocida; y cambiarla (μεθιστάναι αὐτήν) no nos parecería seguro cuando vosotros estabais a nuestras puertas como enemigos.[48]

Y así, gracias a esta apología de Alcibíades, estamos una vez más frente a una auténtica bifurcación. Alcibíades expresa su propia repugnancia por la *demokratia*, por esta «locura reconocida», con tanta dureza como el «viejo oligarca», pero –al contrario que él (o que un Frínico o un Antifonte)– está convencido de que precisamente la guerra y la inminente amenaza militar del enemigo han vuelto imposible cualquier intento de subvertir esta «dictadura del demo». Mientras los oligarcas promotores del golpe de Estado de 411 contarán abiertamente con la ayuda espartana, mientras el autor de este opúsculo proyecta como única hipótesis seria de salvación el clásico remedio de «abrir las puertas» y dejar entrar a los enemigos, para Alcibíades el problema político (el cambio de régimen) debe postergarse hasta el momento en que haya cesado la amenaza de la guerra; mientras tanto se debe estar en línea con «la comunidad en su conjunto». En esto Alcibíades es verdaderamente perícleo, porque la distinción de fondo para él, como buen alcmeónida, está entre el orden tradicional (demo opuesto a tiranía) que ha hecho grande y libérrima a Atenas, y la *demokratia*, es decir, el predominio incontrolado del demo. El primero debe ser defendido, porque es un valor perdurable; el segundo es transitorio y modificable mientras haya guerra. Perícleo es, asimismo, Alcibíades en su conciencia de haberse encontrado con frecuencia contra el demo y sus inspiradores, así como Pericles fue también momentáneamente derrotado cuando el demo se puso abiertamente en su contra. Con la fórmula «estábamos al frente de la comunidad en su conjunto (τοῦ ξύμπαντος)», Tucídides deja claro el hilo que liga a Pericles con Alcibíades como ideólogos de un fuerte liderazgo que se pretende, *super partes*, como guía de «la comunidad en su conjunto» (de la ξύμπασα πόλις, como se expresa Tucídides en el balance póstumo sobre Pericles).

48. Tucídides, VI, 89, 4-6.

V. «DEMOKRATIA» COMO VIOLENCIA

Al justificar su pasado ante los espartanos, Alcibíades distingue entre el «esquema tradicional», es decir, la vieja constitución surgida tras la caída de los tiranos y que había permitido la grandeza y la libertad de Atenas, y la posterior hegemonía del demo *(demokratia)*, aceptada como una fatalidad, que «nosotros los sensatos» —así se expresa— sabíamos que era, según lo sabe todo el mundo, una verdadera locura.[1] Éste es uno de los textos en los que aflora con mayor claridad la distinción entre demo como valor positivo, en cuanto antítesis de la tiranía, y «democracia» como forma degenerativa y, para usar la imagen de Alcibíades, «enloquecida» del régimen popular. Es un texto en el que claramente *demokratia* porta toda su carga de negatividad originaria.

Todo hace pensar que, en realidad, *demokratia* nació como término polémico o violento, acuñado por los enemigos del demo.[2] No es casualidad que, en el siglo V, los usos más abundantes del término sean los hostiles y despreciativos, que aparecen en la *Athenaion Politeia* y en el discurso de Alcibíades a Esparta, o los cautelosos y restrictivos del epitafio de Pericles.[3] Se puede observar también que *demokratia* es una palabra relativamente tardía —antes que en el anónimo aparece en un par de

1. Tucídides, VI, 89.
2. Véanse los ensayos de A. Debrunner, Δημοκρατία, *Festschrift E. Tièche*, Berna, 1947, pp. 11-24; V. Ehrenberg, «Origins of Democracy», *Historia,* 1, 1950, pp. 515-548 [= *Polis und Imperium*, Zúrich, 1965, pp. 264-297]; C. Meier, *Drei Bemerkungen zur Vor- und Frügeschichte des Begriffs Demokratie*, en *Discordia concors, Festschrift Bonjour*, Basilea, 1968, pp. 3-29 (y después en *Entstehung des Begriffs Demokratie*, Suhrkam, Frankfurt am Main, 1977³, pp. 7-69); R. Sealey, «The Origins of Demokratia», *California Studies in Classical Antiquity*, 6, 1973, pp. 253-295; K. H. Kimzl, Δημοκρατία, *Gymnasium,* 85, 1978, pp. 117-127 y 312-326.
3. Tucídides, II, 37, 1.

ocasiones en Heródoto–,[4] y que el uso del término sigue siendo cauto en autores que, como por ejemplo Aristóteles, no se sitúan en una posición rígidamente oligárquica. Por tanto, no se ha desactivado, con el uso, el valor pleno de ambos términos, *demos* y *kratos*, que lo componen. Hablamos evidentemente de *demokratia* como palabra ya formada, no del uso separado, quizá dentro del mismo contexto, de sus dos términos constitutivos. La famosa «mano poderosa del pueblo» de *Las suplicantes* de Esquilo (v. 604) forma parte de la «prehistoria» de *demokratia*, y alude al soberano escrutinio por mano levantada en la asamblea popular. *Las suplicantes* fue puesto en escena no mucho antes de la reforma de Efialtes.[5]

Demokratia no nace entonces como palabra de conveniencia política sino de ruptura, y expresa el predominio de una parte más que la participación en igualdad de condiciones de todos, indistintamente, en la vida de la ciudad (que se expresa mejor con *isonomía*). La democracia nace en todo caso, según Platón, con un acto de violencia: «la democracia nace cuando los pobres obtienen la victoria y a los del otro bando a unos los matan, a otros los obligan a exiliarse, y al resto los hacen partícipes en igualdad de condiciones del gobierno de la ciudad y de los cargos, que por lo general en este sistema político son por sorteo»;[6] y continúa observando que esta instauración violenta se realiza o bien directamente con las armas o bien por una espontánea autoexclusión del partido adverso «que se retira presa del terror». *Demokratia* no encierra en sí ni siquiera la implícita legitimación derivada del concepto de «ma-

4. VI, 43, 3 y 131, 1. En el primer caso se trata de la iniciativa de Mardonio de instaurar «democracias» en las ciudades griegas durante las primeras fases de la invasión persa. En el segundo caso (Clístenes estableció τὰς φυλὰς καὶ τὴν δημοκρατίην) es probable –como notó Kinzl (art. cit., pp. 312-313)– que se trate más bien del ordenamiento de Ática en tribus y demos, instaurado precisamente por Clístenes. En el bien conocido F 5 West de Solón, la cita aristotélica (*Athenaion Politeia*, 12, 1) aporta el texto más digno de atención: δήμωι μὲν γὰρ ἔδωκα τόσον γέρας (no κράτος, como se lee en la cita de Plutarco). Acerca de la formación tardía del término, véase también Von Schoeffer, *Demokratia, RE,* supl. 1, 1903, col. 346, ll. 44-50.

5. De lo que se ha hablado más arriba, Primera parte, cap. III. Mientras se mantuvo la idea de que *Los suplicantes* de Esquilo se remontaba a los años noventa del siglo V, se dedujo que esta aparición en el v. 604 era una de las primeras del concepto, si no del término democracia (o mejor dicho de la conexión, con valor político, de los elementos que lo componen). Pero en 1952 fue publicado un papiro con una didascalia que desplazó definitivamente la fecha de *Los suplicantes* a 467-463 (P. Oxy. XX, n.º 2256, fr. 3).

6. *La República*, VIII, 557a [trad. esp. de R. M. M. Sánchez-Elvira, S. Mas Torres y F. García Romero, Akal, Madrid, 2009, p. 519].

yoría»; concepto éste mucho más presente en *plethos* que en *demos*. No por casualidad Otanes, en el debate constitucional que habría tenido lugar, según Heródoto, en la corte persa en el curso de la crisis posterior a la muerte de Cambises, dice que *plethos archon*, es decir «el gobierno de la mayoría», tiene el mejor de los nombres, *isonomia*.[7] Acerca de este punto Aristóteles es muy claro y explícito:

Es un error grave, aunque muy común, hacer descansar exclusivamente la democracia en la soberanía del número; porque en las mismas oligarquías, y puede decirse que en todas partes, la mayoría es siempre soberana. De otro lado, la oligarquía no consiste tampoco en la soberanía de la minoría. Supongamos un Estado compuesto de mil trescientos ciudadanos, y que mil de ellos, que son ricos, despojan de todo poder político a los otros trescientos, que aunque pobres, son tan libres como los otros e iguales en todo, excepto en la riqueza; dada esta hipótesis, ¿podrá decirse que tal Estado es democrático? Y en igual forma, si los pobres, estando en minoría, son superiores políticamente a los ricos, aunque estos últimos sean más numerosos, tampoco se podrá decir que ésta sea una oligarquía, si los otros ciudadanos, los ricos, están alejados del gobierno.[8]

Aristóteles describe bien, mediante el *exemplum fictum* de los mil trescientos ciudadanos, un caso límite; en efecto, añade poco después que en la realidad el demo, «es decir los pobres», es más numeroso que los ricos, por lo que «existe democracia cuando los libres pobres, siendo más numerosos, son jefes, son los dueños de las magistraturas, mientras existe oligarquía cuando mandan los ricos y los nobles, los que por lo general constituyen una minoría».[9] Si, entonces, formula el ejemplo-límite de los mil trescientos ciudadanos, lo hace para mostrar cuál es el *contenido* de la democracia: consiste en la hegemonía de los más pobres. La terminología que utiliza es inequívoca: «ser más fuertes, ser los dueños de las magistraturas», etc. Se trata del predominio ligado a las relaciones de fuerza, de un *dominio* cuya eficacia puede extenderse también a las manifestaciones artísticas y del pensamiento.[10] Quien, en el escenario, cuestiona la política de la ciudad, puede verse en problemas, como le sucede a Aristófanes tras el éxito de *Los babilonios;* mientras que el

7. Heródoto, III, 80.
8. *Política,* IV, 1290a 30-40 [trad. de Manuel Azcárate].
9. *Política*, IV, 1290b 18-20.
10. *Sobre el sistema político de los atenienses*, II, 18.

pensamiento crítico independiente, el escepticismo, la irrisión típica de las clases altas hacia «los dioses de la ciudad», son perseguidos con medios políticos, precisamente por su efecto de disgregación (del proceso de Anaxágoras al de Sócrates, de la represión de la parodia de los misterios a la acusación de «impiedad» que Cleón dirige contra Eurípides: son otros tantos signos de la intolerancia liberticida de la *demokratia*).[11] De hecho, en la clasificación tipológica de las constituciones, la democracia (como la oligarquía o la tiranía) es para Aristóteles una forma degradada, cuyo correlato positivo es la *politeia*. Por tanto, *demokratia* vale esencialmente como dominio de un grupo social –el demo–, no necesariamente de la mayoría; y demo son «los pobres entre los ciudadanos», según la definición de Jenofonte[12] o, mejor dicho, como precisa Aristóteles, «los agricultores, artesanos, soldados, obreros y comerciantes».[13]

Pero si *demokratia* comienza a aflorar con mayor frecuencia a finales del siglo V, cuando en efecto comenzamos a encontrar testimonios de su uso, y entonces es adoptado sobre todo en su significado etimológico de «dominio», es decir, que tiene una raíz concreta en el hecho de que precisamente por entonces, en los veinticinco años que van de la muerte de Pericles (429) al advenimiento de los Treinta (404), tal dominio efectivamente toma cuerpo y caracteriza la vida política de Atenas. Naturalmente, el término está en uso ya desde antes, pero siempre como espejo de la tensión oligárquica (o moderada) frente al demo. En efecto, Pericles, en el epitafio, se apresura a aclarar que la forma política original de Atenas, «que no se parece a ninguna *politeia* de sus ciudades vecinas», es denominada *demokratia,* pero ello no implica exactamente un *predominio* de los «pobres»: el rico y el pobre cuentan del mismo modo por lo que valen intrínsecamente y no por lo que son socialmente.[14] Por eso

11. Acerca del fenómeno de la represión intelectual nunca faltan las actitudes absolutorias: cfr. K. J. Dover, «The Freedom of the Intellectual in Greek Society», *Talanta*, 7, 1976, pp. 24-54.

12. *Memorables*, IV, 2, 36-37.

13. *Política*, IV, 1291b 17-29. Precioso testimonio del concepto de «pobreza», sobre el cual cfr., más arriba, el *epimetron* en el cap. III.

14. El sentido de las palabras de Pericles es que, aunque el término usual para indicar este régimen sea *demokratia* (término que Pericles muestra haber adoptado por la única razón de que el sistema político que quiere describir no está limitado a los «pocos»), ello no significa que el poder popular no tenga contrapesos. La oposición fundamental, instituida por Pericles, es: «se llama *demokratia* [...] pero nosotros vivimos en un sistema político *libre* (ἐλευθέρως δὲ πολιτεύομεν)»: oposición, precisamente, entre democracia en el sentido pleno del término y libertad. Una precisa paráfrasis y explicación de este famoso pasaje está en G. P. Landmann, «Das Lob Athens in der Grabrede des Perikles», *Museum Helveticum*, 31, 1974, pp. 80-82, el cual saca justamente a la luz

Platón, en el *Menéxeno*, cuando tiene que definir el régimen vigente en Atenas, dice que siempre ha habido una «aristocracia»: «algunos la llaman democracia, otros de otra manera, en los hechos es un gobierno de los mejores con la aprobación de la masa»;[15] a continuación secunda fielmente el pensamiento de Pericles, en un parlamento que concluye en el nombre de *isonomia* («y nadie es excluido por su endeblez física, por ser pobre o de padres desconocidos»; la única «regla» es que se «concede las magistraturas y la autoridad a quienes parecen ser en cada caso los mejores»).

El Pericles tucidídeo pone el acento sobre la igualdad (τὸ ἴσον), entendida –el *Menéxeno* lo refleja fielmente– como antitética respecto del predominio de una sola parte. Puesto que τὸ ἴσον significa a la vez «lo que es igual» y «lo que es justo». Lo que podía parecer un elogio perícleo de la «democracia» ateniense, en ocasiones imputado incluso al mismo Tucídides, es en cambio uno de los textos que mayor distancia toman respecto de esa forma política.[16] En el famoso diálogo jenofonteo entre el viejo Pericles y el joven Alcibíades en torno a la violencia y a la ley, la conclusión es que, cuando la masa legisla predominando sobre los ricos, se trata de violencia, no de ley.[17]

---

que con ἐλευθέρως πολιτεύομεν se expresa finalmente «das wichtigste Stichwort: Freiheit». También otros puntos del texto han suscitado discusiones: por ejemplo, allí donde Pericles observa que en el sistema político ateniense quien «emerge» lo hace por su propia capacidad, no «por la pertenencia a un determinado grupo social» (οὐκ ἀπὸ μέρους). Esta última expresión, que el escolio malinterpretaba, se despliega convenientemente con las palabras de Atenágoras siracusano, según las cuales los oligarcas constituyen un *meros* de la *politeia* (VI, 39). Cfr., más abajo, cap. XIII.

15. *Menéxeno*, 238d: ἔστι δὲ τῇ ἀληθείᾳ μετ’ εὐδοξίας πλήθους ἀριστοκρατία.

16. El uso perícleo de *demokratia* es circunspecto y despreciativo o, mejor dicho, intenta vaciarlo de significado. Parece como si –así lo ha observado Landmann (p. 80)– el término fuera introducido «como palabra que indica otra realidad».

17. *Memorables*, I, 2, 45.

VI. IGUALITARISMO ANTIDEMOCRÁTICO

En el origen, «igualdad» se opone a la tosca concepción aristocrática, de tipo teognídeo, de la natural desigualdad entre los hombres. Como Teognis sostiene con claridad que «una cabeza de esclavo nunca nace derecha» y que «de una cebolla albarrana nunca ha nacido un jacinto ni una rosa, y de una esclava no ha nacido nunca un hijo libre»,[1] así para el autor de la *Athenaion Politeia* las cualidades innatas del demo son la ignorancia, la grosería, el desenfreno, todas características antitéticas a las de los buenos, y que los vuelven completamente ineptos para gobernar (I, 5).

La reivindicación de los derechos de los «ricos» en nombre de la igualdad es, por tanto, fruto de una reflexión más meditada, posterior a la afirmación de los impulsos isonómicos incluso en determinados ambientes aristocráticos. También aquí es central la figura de Clístenes, que introdujo –tal como lo expresa Heródoto– al demo en su hetería:[2] una evidente apertura a exigencias innovadoras, absorbidas en un cuadro de duradero predominio de las grandes familias. Sabemos que esto determinó una fractura entre la aristocracia. Las dos líneas, la isonómica y la paleoaristocrática, continúan por tanto enfrentándose, ante todo en el interior de la aristocracia; y esto mientras la aristocracia ilustrada –que hasta Pericles conservó el control de la ciudad– blande el ambiguo y falso concepto de «igualdad» como freno para la corriente democrática radical.

Pero la evolución más interesante se produce, por influencia de la sofística y de su descubrimiento del contraste entre la naturaleza y la

1. I, 535-538.
2. Heródoto, V, 66. Acerca del significado de esta expresión, cfr. P. Lévêque, «Formes des contradictions et voies de développement à Athènes de Solon à Clisthène», *Histoire*, 27, 1978, p. 538, n. 47.

ley,[3] en un ala oligárquico-radical que se ha vuelto asimismo responsable, en el plano político, de las más clamorosas tentativas de subversión del orden democrático. En la crítica extrema de los privilegios del demo, más de un teórico oligárquico parece asumir como punto de referencia precisamente eso que para un Teognis era el peor valor posible, es decir, el esclavo. El esclavo, es decir, la prueba «viviente» del fundamento genético de la desigualdad y de las diferencias de casta (el hijo de una esclava será esclavo también). Ahora bien, un Antifonte, el temible, el hosco, el «demasiado bueno» Antifonte –como lo representa Tucídides en su apasionado retrato– corroe precisamente esta certeza:

Nosotros respetamos y veneramos –escribe en el tratado *Sobre la verdad*– aquello que es de noble origen, pero lo que es de nacimiento oscuro lo rechazamos, y nos comportamos los unos contra los otros como bárbaros, porque por naturaleza somos absolutamente iguales, tanto griegos como bárbaros. Basta observar las necesidades naturales de todos los hombres [...]. Ninguno de nosotros puede ser definido ni como bárbaro ni como griego. Todos respiramos el aire por la boca y por la nariz.[4]

En la generación siguiente, Alcidamante, discípulo de Gorgias, proclamará en el *Meseniakos* el derecho de los mesenios a rebelarse contra la esclavitud espartana, porque «la divinidad nos ha hecho a todos libres, la naturaleza no ha engendrado a ningún esclavo».[5] Se discute, aquí, la tradicional «barrera» de la igualdad, la que divide al libre del esclavo (que desde este punto de vista está en el mismo plano que el bárbaro): «un esclavo de naturaleza noble no es inferior en nada a un libre».[6] La bifurcación se establece entonces entre quien considera la inigualdad un fenómeno de la naturaleza –como pensaba Teognis– y quien la ve como un producto histórico, convencional, fruto de la «ley». La orientación sofística, al menos en algunos de sus representantes, se mueve en esta última dirección. En cambio en la ciencia de la naturaleza afloran posiciones –como la de Demócrito– que aspiran a instituir una relación analógica entre microcosmos humano y macrocosmos universal, ambos regulados

3. Es clásica la formulación de Calicles en el *Gorgias* platónico (482e-483d).
4. *VS*, 87 B 44, fr. B. col. 2. Acerca de la unicidad del personaje de Antifonte, cfr., más arriba, Parte primera, cap. II, 1.
5. Citado en el escolio a Aristóteles, *Retórica*, 1373b 18 (= *Commentaria in Aristotelem Graeca*, XII.2, p. 74, ll. 31-32).
6. *Ion*, 855-856; cfr. *Frixo*, fr. 831, y *Melanipes*, fr. 41-43 Kannicht, donde además no se excluye que un esclavo pueda ser *eugenes*.

por jerarquías objetivas[7] (a pesar de que se debe precisamente a Demócrito una de las raras utilizaciones de *demokratia* en el siglo V: «la pobreza en democracia es preferible a la así llamada riqueza bajo los príncipes»).[8] La orientación naturalista tiende a tener en cuenta las diversidades y a buscar explicaciones externas al hombre, como el clima, la naturaleza del territorio, etc. Una línea de explicaciones que va del tratado de Hipócrates *Sobre los aires, las aguas y los lugares* (cap. 12) a Posidonio, y que se entrevé, banalizado, en el espurio proemio a *Los caracteres* de Teofrasto.

En la vertiente sofística, en cambio, las conductas políticas ultraoligárquicas (Antifonte, Critias), completamente opuestas al sistema democrático ateniense, se conjugan singularmente con una reflexión teórica muy avanzada –es el caso del fragmento de Antifonte sobre la igualdad–,[9] es decir, a experiencias políticas extra-atenienses (Aminias antes y Critias después alineados en Tesalia con los *penestas)* que aparecen por completo antitéticas respecto de tal ordenamiento oligárquico. De Aminias como instigador de los *penestas* en Tesalia sabemos por una puñalada de Aristófanes en *Las avispas* (vv. 1270-1274): «Se entendía con los *penestas* en Tesalia siendo él mismo un *penesta* como ningún otro.»[10] El proceso que llevó a Critias (que en Tesalia había «armado a los penestas contra los patrones», como le recrimina Terámenes) a instaurar en Atenas una feroz

7. *VS*, 68 B 34.

8. *VS*, 68 B 251.

9. Escribe Antifonte en el ya citado fragmento del tratado *Sobre la verdad:* «En esto nos comportamos recíprocamente como bárbaros, ya que por naturaleza nacemos todos iguales, bárbaros y griegos.» Palabras como mínimo rotundas y universalmente interpretadas de este modo. Por eso resulta casi inexplicable la admonición que se lee en un reciente y largo comentario a este papiro: «La traducción del pasaje no es simple, como podría parecer a primera vista [...]. Hay que evitar las expresiones ambiguas, que puedan inducirnos a ver la proclamación de una idea de indiscriminada igualdad del género humano» *(Corpus dei papiri filosofici greci e latini*, I, 1, Olschki, Florencia, 1989, p. 189). El aspecto decepcionante de este intento de subvertir una interpretación palmaria y de inmediata evidencia consiste en apuntar con el dedo a la palabra «nacimiento», asumida *ex silentio* como premisa para atribuir a Antifonte lo obvio, es decir la conciencia de la consiguiente diversificación de las capas sociales. Viene a la mente una comparación obvia: la carta de Séneca (31, 11: 47, 10) en la que el filósofo ilumina la esencia de cualquier razón que justifique en términos de nacimiento la distinción entre esclavos y libres. Siempre se ha elogiado la amplitud de miras, tan radicalmente anticipatoria, de aquella reflexión de Séneca. ¿Cómo no entender el efecto radical de la análoga formulación de Antifonte «nacemos todos iguales en todo y por todo»?

10. El chiste consiste en el hecho de que en realidad Aminias pertenecía a una noble y rica familia propietaria: J. K. Davies, *Athenian Propertied Familias 600-300 B. C.*, Oxford, 1971, p. 471; pero véase también el comentario de W. J. M. Starkie a *Las avispas* (Londres, 1897), p. 122.

dictadura antipopular, tenía origen –como es obvio– en el rechazo, heredado de su familia, del sistema dominado por el demo, y se saldó con la conciencia del carácter *excluyente* de la democracia ateniense. Conciencia que es muy evidente, por ejemplo, en un escrito como la *Athenaion Politeia*, completamente centrado en la denuncia del fenómeno más chocante: que la democracia funciona por el demo y sólo por él.

En la *Athenaion Politeia* destaca además la apreciación, polémica, según la cual en Atenas hasta los esclavos tenían un buen pasar; aunque para deducir de ello que el demo no se distingue exteriormente de los esclavos (I, 10). Aquí, en esta afirmación de que en Atenas esclavos y demo ni siquiera se distinguen, están las premisas para un pasaje posterior: ¿por qué el demo, que es en todo igual a los esclavos, concentra en sus manos la *politeia*? Detrás de ello está, evidentemente, el reconocimiento de la igualdad «de naturaleza» entre los hombres, que es el explosivo descubrimiento de la sofística. Pero este descubrimiento –que terminaba con el cuestionamiento de los mismos privilegios del demo– se ha traducido, políticamente, en experimentos ultraoligárquicos. En el caso de los Treinta, ésta fue la premisa no precisamente para experimentos «utopistas», sino, al contrario, para el intento de rebajar al demo al nivel de los esclavos, expropiándole el «espacio político». Con los Treinta parece casi verse traducido en experimento concreto el ideal de un sofista «igualitario» como Falea de Calcedonia, teórico, a caballo entre los siglos V y IV, de una rígida nivelación de la propiedad y de los patrimonios, y al mismo tiempo impulsor de la reducción de todos los trabajadores manuales (artesanos, etc.) al nivel de «esclavos públicos» *(demosioi)*[11] –una anticipación, en ciertos aspectos, del denominado «comunismo» platónico.

Queda, naturalmente, la cuestión acerca de si estamos frente a una más hábil y mejor motivada crítica aristocrática de la democracia (análoga a las críticas de un Nietzsche o de un Maurras de la democracia moderna), o si en cambio esos fermentos ideales han producido también orientaciones de signo contrario, trascendiendo el nivel de mero juego o paradoja intelectual. Es éste, tal vez, el punto más delicado de evaluar: también en relación con el efímero experimento de los Treinta, en el centro del cual se ubica una personalidad contradictoria como la de Critias.

La democracia fue atacada por sus adversarios precisamente por la cuestión de la relación con los esclavos. Se puede incluso decir que la

11. Aristóteles, *Política*, II, 1266a 39 ss., 1267b 15 ss. Sobre esto cfr., más abajo, el cap. XXXV.

mayor libertad de los esclavos en los regímenes democráticos es casi un *topos*. Según Platón, la extrema señal de degeneración, en la ciudad regida por el demo, se tiene «cuando los esclavos y las esclavas son tan libres como sus amos, y cuando hay igualdad y libertad entre hombres y mujeres».[12] Terámenes, cuando quiere definir los ideales de la democracia radical, dice: «Pero yo, Critias, siempre combato a aquellos que no creen que haya una democracia auténtica si los esclavos y los que están dispuestos a vender la ciudad por un dracma no participan del poder.»[13]

En el siglo IV los oradores lamentan sobre todo la «libertad de palabra» concedida a los esclavos. En ciertos casos está documentada la presencia, o mejor dicho la presión, de los esclavos «en los márgenes» de la democracia: es muy conocido el episodio del juicio de Foción (318 a. C.), cuando numerosos esclavos están presentes en la asamblea y algún oligarca se atreve a observar que «eso no está bien», y que esclavos y extranjeros debían abandonar la asamblea, pero la masa responde a grandes voces que «a los enemigos del pueblo, a ésos es a quienes habría que echar».[14]

Para Platón, en la ciudad democrática ni siquiera los caballos o los asnos, que circulan libremente por las calles, cederían el paso a los seres humanos.[15] Signo de esta intolerable *akolasia* es, para el autor de la *Athenaion Politeia*, que en Atenas no se puede pegar a los esclavos (I, 10). Se sabe, desde los primeros versos de *Las nubes* de Aristófanes, que en la guerra se evitaba pegar a los esclavos (vv. 6-7), evidentemente por temor a que se unieran al enemigo.[16] En rigor, uno podría preguntarse si en *Las nubes* se habla de esclavos agrícolas. Es evidente que los agrícolas eran los peor tratados, y por eso mismo los más inclinados a fugarse; de allí que sufrieran con frecuencia castigos corporales. Pero no faltan las excepciones. En 413, según Tucídides, huyen más de veinte mil esclavos, en su mayoría obreros especializados. Pero es posible que Tucídides señale el hecho precisamente por su carácter excepcional. Por otra parte, pegar a los esclavos urbanos (en especial a los trabajadores especializados, encargados de los servicios, etc.) debía ser mucho menos usual que pegar a los esclavos, más desprotegidos, de la agricultura y la minería. En cuanto a

12. *República*, VIII, 563b.
13. Jenofonte, *Helénicas*, II, 3, 48.
14. Plutarco, «Vida de Foción», 34, 5.
15. *República*, VIII, 563c.
16. B. Hemmerdinger, «L'Émigré», *Revue des Études Grecques*, 88, 1975, p. 72. Para la legislación ateniense que prohibía la violencia física contra los esclavos, véase Demóstenes, XXI, 47, y Esquines, I, 16-17, además de J. H. Lipsius, *Das attische Recht und Rechtsverfahren*, Leipzig, 1905-1915, pp. 421-422.

los testimonios de la *Athenaion Politeia*, la misma motivación aducida –visten como la gente del demo, por tanto no se distinguen, y entonces se corre el riesgo, al querer pegarles, de pegar a un libre– parece confirmar que aquí se habla de esclavos urbanos, que circulan libremente por la ciudad, mezclados con los ciudadanos y fácilmente confundibles con ellos.

Sin embargo, a diferencia de los políticos del siglo siguiente, que blanden de forma instrumental el tema de la permisividad hacia los esclavos –hasta el punto de que Demóstenes sostiene la tesis inverosímil de que a los esclavos en Atenas les sería concedida más libertad de palabra que a los ciudadanos en otras ciudades–,[17] la *Athenaion Politeia* da también datos concretos sobre las condiciones y el peso social de los esclavos en el Ática. Se alude, entre otras cosas, a una estratificación en el interior de la capa servil, con distintas condiciones de riqueza:

–Y si alguno se admira también de esto, de que permitan que los esclavos vivan allí a sus anchas (τρυφᾶν), y que algunos se den la gran vida (μεγαλοπρεπῶς),[18] también esto se vería a las claras que lo hacen con intención. Ocurre que, donde hay una potencia naval resulta inevitable, por una razón económica, ser esclavo de los esclavos, para que se me permita recibir lo que me corresponde por la actividad (la *apophorà*).[19] En definitiva, es inevitable dejarlos prácticamente libres.[20] Ya que donde hay esclavos ricos, allí ya no trae cuenta que mi siervo te tenga miedo. Pero en Esparta mi siervo te teme.

–Si en cambio tu esclavo se encontrara en situación de temerme, entonces estaría dispuesto a pagar de su dinero con tal de no poner en riesgo su persona.[21]

En este pasaje, que es también uno de los más claros lugares dialógicos del texto, se describe una trama económico-social entre la gran flota y la *apophorà:* es evidente la guerra que «produce» *apophorà*. Es otra razón, acaso decisiva, en favor de la cronología «de guerra» de este opúscu-

17. IX, 3.
18. A. W. Gomme, «The Old Oligarch», en *Athenian Studies (Ferguson)*, Cambridge, Mass., 1940, p. 41, piensa que éstas son exageraciones en el mismo plano de Aristóteles *(Athenaion Politeia*, 24, 3), que habla de εὐπορία τροφῆς a propósito de la diobelia.
19. Ἀποφορά es el dinero pagado al amo de los esclavos dados en alquiler, por las ganancias habidas por el trabajo a terceros.
20. Es decir, permitir que trabajen para terceros.
21. I, 11.

lo. Ya que probablemente es la escasez de mano de obra tanto libre como servil debida a la guerra lo que generaliza el sistema de la *apophorà* y da necesariamente mayor movilidad a la mano de obra servil mediante el sistema del alquiler. La guerra modifica profundamente el mercado de trabajo en el Ática. El fenómeno se agrava con la ocupación espartana de Decelea, cuando –como atestigua Tucídides– «todos los atenienses estaban en armas, ya sea en las murallas o en otros puntos de guardia»:[22] es evidente que el pesado y, por primera vez, permanente compromiso militar ha absorbido hombres en larga medida y a tiempo completo, y a esto se agrega la constante exposición de la flota. Al mismo tiempo la guerra provoca fugas de esclavos. Si la fuga como forma de lucha es habitual,[23] con mayor razón lo es en el caso del Ática abandonada a los espartanos, con masas de esclavos agrícolas y mineros en poder de los invasores, y con los amos casi permanentemente en la ciudad o bien en las islas, donde han transferido parte de sus bienes.[24] Con la ocupación espartana de Decelea huyen también esclavos obreros especializados, de lo que deriva una creciente valoración del trabajo servil. Los esclavos que quedan en la ciudad son mano de obra cada vez más valiosa porque cada vez abunda menos: trabajan crecientemente por su cuenta, pagando al amo la *apophorà*, y con mayor frecuencia deben ser alquilados y consentir que trabajen para terceros.[25] Es esto lo que, con su habitual lenguaje exagerado y polémico, la *Athenaion Politeia* denomina «dejar libres a los esclavos» (I, 11).

La democracia radical, por tanto, que es la principal beneficiaria de la guerra, es además responsable de esta condición más «libre» y de bienestar, asegurada a los esclavos. Cuando, en el siglo siguiente, el demo

22. Tucídides, VIII, 69, 1.

23. En *Los caballeros*, la primera reacción de los esclavos al clima violento instaurado por el advenimiento de Paflagón es: tomemos la vía habitual, ¡«huyamos»!

24. Como sabemos por Tucídides (II, 14) y como confirma la *Athenaion Politeia* (II, 16).

25. Para esta interpretación de I, 11 y de la relación guerra-*apophorà* debo dar las gracias a Carmine Ampolo por sus observaciones iluminadoras. Quizá es justo también preguntarse para qué tipo de trabajos eran alquilados estos esclavos. R. L. Sargent, «The Use of Slaves by the Athenians in Warfare», *Classical Philology*, 22, 1927, p. 272, n. 3, piensa que eran usados como obreros en los puertos, como carreteros y recaderos, etc. Frisch, *ad loc.*, cita a Andócides, I, 38, donde un amo va a cobrar la *apophorà* de un esclavo suyo empleado en las minas del Laurión. Jenofonte en los *Poroi* recuerda que Nicias alquiló cerca de mil esclavos a Sosias por una *apophorà* de un óbolo al día, e Hipónico alquiló seiscientos por una *apophorà* de una mina al día. Parece por tanto descartado que fueran habitualmente empleados como remeros (aunque sí lo fueron en momentos excepcionales, pero previa concesión de la libertad).

pierda la hegemonía política, y quede económicamente empobrecido, y la presión servil se haga más fuerte, y los ricos ya no puedan defenderse por sí solos, entonces el empeño por impedir «exilios, confiscación de bienes, remisión de deudas y liberación de esclavos con fines sediciosos» será sancionado, con la máxima evidencia, en un tratado internacional impuesto, después de Queronea, por Filipo, abierto protector de las facciones oligárquicas en las ciudades griegas.[26]

26. Cfr. Demóstenes, XVII, 15, y H. H. Schmitt, *Die Staatsveträge des Altertums*, III, Beck, Múnich, 1969, p. 10, ll. 31-32.

Segunda parte

El agujero negro: Milo

César Borgia pasaba por cruel, y su crueldad, no obstante, fue la que reparó los males de la Romaña, extinguió sus divisiones, restableció allí la paz, y consiguió que el país le fuese fiel [...]. Y es que al príncipe no le conviene dejarse llevar por el temor de la infamia inherente a la crueldad, si necesita de ella para conservar unidos a sus gobernados e impedirles faltar a la fe que le deben

MAQUIAVELO,
El príncipe, cap. 17

VII. EL DIÁLOGO TERRIBLE

El asedio de Milo (verano de 416) viene precedido –en la historia de Tucídides– del relato, en forma de diálogo, de las negociaciones entre los embajadores atenienses y los magistrados de Milo (V, 85-113). Este diálogo, de insólita extensión, da enorme relieve al episodio.

Es insólita asimismo la forma literaria: «en lugar de un discurso se atrevió a componer un diálogo», anota el escolio a V, 85. La singularidad del diálogo de los melios y los atenienses consiste en la sucesión dramática de las intervenciones como en un texto para la escena. Las primeras dos intervenciones (V, 85-86) ocupan el lugar de la habitual didascalia; las siguientes veinticinco se suceden como en un texto teatral (87-111). Hay además un segundo coloquio, de dos intervenciones conclusivas (112-113), precedidos de didascalias.

No se le escapa a los modernos el «arte mayor» de este diálogo respecto incluso de las más complejas de las demegorias (Blass), y se exaltó su carácter sofístico: «eine Diskussion *peri dikaiou*» según Wolf Aly; «Antilogie zwischen *logos dikaios* und *adikos*» según Wilhelm Schmid.

En la conclusión del capítulo sobre los años de la paz de Nicias, George Grote no sólo encontraba «at suprising lenght» el diálogo, sino que lo definía «the thucydidean dramatic fragment –*Melou halosis* if we may parody the title of the lost tragedy of Phrynichus *The capture of Miletus*».[1] Esta intuición no se le escapó a Georg Busolt, según el cual el diálogo «podría definirse como un fragmento de *Melou halosis*».[2] En 1916 Karl Julius Beloch, quien opinaba que el diálogo fue compuesto bajo la impresión inmediata de los acontecimientos, observó que «Tucídides o bien su editor» debieron de introducir el diálogo «in das Gesamtwerk».[3] En 1968

1. *History of Greece*, V, Murray, Londres, 1862^2, p. 102.
2. *Griechische Geschichte*, III.2, Perthes, Gotha, 1904, p. 674.
3. *Griechische Geschichte*, II, 2, p. 14.

Henry Dickinson Westlake lanzó nuevamente la hipótesis de que el diálogo no fue escrito originariamente para su contexto actual, sino que fue pensado como «a separate minor work».[4] El año anterior Kurt von Fritz había revelado la discrepancia entre el diálogo y su correspondiente marco narrativo. Como ha observado Antony Andrewes, «to record a conversation at such lenght was isolated thucydidean experiment».[5]

Los embajadores enviados por los estrategos a tratar con los melios hablan como filósofos de la historia y como expertos teóricos de la *Realpolitik*. Pero no son más que sujetos *anónimos*, como los que hablaban en el congreso de Esparta en el primer libro. (También allí es curiosa la intervención: ¿a título de qué los embajadores atenienses, que están de paso,[6] intervienen en una reunión de la liga peloponesia?) Esta intervención «asegura» a los estrategos: no son ellos quienes desarrollan esos razonamientos, esa extrema dureza no se les podrá imputar. Pero hay más. Los embajadores habían sido enviados a negociar con otro mandato: debían hablar frente *al pueblo*, evidentemente para desplegar unos razonamientos bien distintos y adoptar un tono completamente opuesto. Entonces *ese espectacular viraje oratorio en otra dirección*, en el que los embajadores atenienses pasan de «seductores» a maquiavélicos desmitificadores de la moral corriente, tuvo que ser *una iniciativa completamente propia*. Cosa que resulta difícil de creer. Es precisamente aquí, en esta inverosímil iniciativa autónoma de los embajadores, donde se revela con mayor claridad la *invención* de Tucídides, que, entonces, no puede sino tener un objetivo preciso.

Por tanto, no sólo es fruto de la fantasía *el diálogo como tal*, sino que lo es aún más la circunstancia en que éste puede haber tenido lugar *en esa forma* (una vez que los embajadores atenienses se encontraron frente a la sorpresa de tener que hablar a unos pocos oligarcas [ἐν ὀλίγοις] y a puertas cerradas, en lugar de hablar al pueblo en la plaza). Y también el hecho de que los embajadores tomaran *por su propia cuenta* la iniciativa de un completo cambio de *registro* y de *partitura* una vez puestos frente a la nueva situación.

La invención se vuelve menos desconcertante, e incoherente, respecto del programa de «verdad» que Tucídides expone desde el principio, si

4. *Individuals in Thucydides*, Cambridge University Press, Cambrige, 1968, p. 317, n. 1.
5. *A Historical Commentary on Thucydides*, IV, Clarendon Press, Oxford, 1970, p. 159.
6. «Estaban allí por casualidad», escribe Tucídides (I, 72, 1).

se considera que el diálogo –aunque fácilmente separable del contexto en el que ha terminado e incluso no perfectamente encastrado en él– es en realidad *otra obra* (respecto del relato del contexto, y por tanto respecto de la obra historiográfica); otra obra con otro destino, génesis y fruición (además de función).

En efecto, *precisamente debido a que es un verdadero diálogo*, construido con técnica dramática (las réplicas se suceden sin didascalias preparatorias y se distinguen *sólo en cuanto recitadas/pronunciadas por voces diferentes),* justamente por esta evidente naturaleza estructural, el diálogo melio-ateniense es obra *destinada a la recitación.* Si hiciera falta una prueba, está el hecho de que el diálogo –una vez incorporado en la obra historiográfica y *leído* como prosa, no ya recitado– ha sufrido erróneas subdivisiones y atribuciones de las réplicas, exactamente como ha sucedido con los textos para la escena. Lo demuestra el amplio comentario de Dionisio de Halicarnaso *(Sobre Tucídides,* 38), en cuyo ejemplar la réplica de los atenienses «Bueno, si habéis venido a este coloquio para formular suposiciones, etc.» (V, 87) era atribuida a los melios y en consecuencia la siguiente –«Es natural y merece disculpa el hecho de que personas en una situación como la nuestra, etc.» (V, 88)– era atribuida a los atenienses en lugar de a los melios. Es precisamente esta peculiaridad macroscópica lo que nos hace entender que su destino en cuanto diálogo era otro, que se trataba en efecto de otra obra, insertada por el editor póstumo de los papeles tucidídeos, es decir, por Jenofonte, allí donde la leemos. El injerto se realizó con dos sencillas conexiones sintácticas, la segunda de las cuales revela claramente su naturaleza como tal.[7] Tucídides, por su parte, dice con claridad (I, 22) que la suya *no* es una obra destinada al recitado (ἀγώνισμα ἐς τὸ παραχρῆμα). Es precisamente esa declaración lo que nos da la certeza de los destinos divergentes del relato historiográfico por un lado y del diálogo dramático por otro.

No conocemos la forma (ni el momento) en que Jenofonte tomó posesión de este *Nachlass* tucidídeo, o si le fue confiado; por tanto, no sabremos nunca si la decisión de insertar el diálogo –nacido para otra finalidad y otro uso– en el contexto de la breve, muy sumaria y fría noticia sobre la toma de Milos tiene su origen en la voluntad del propio Tucídides. Si la insistencia, en *Helénicas,* II, 2-3; 10, en el temor de los

---

7. V, 114, 1: Καὶ οἱ μὲν Ἀθηναίων πρέσβεις ἀνεχώρησαν ἐς τὸ στράτευμα. Οἱ δὲ στρατηγοὶ αὐτῶν [*sic*] κτλ. Es absurdo decir «los estrategos de los embajadores», como sin embargo es inevitable traducir, dada esa sucesión de palabras. No vale optar por «sus estrategos» (es decir, de los atenienses), groseramente tautológico, visto que aquéllos son los únicos estrategos en el lugar.

atenienses asediados, en 404, de «terminar como los melios», de «sufrir todo lo que ellos le habían infligido a una pequeña ciudad, cuya única culpa era no haber querido combatir a su lado», etc., son conceptos que se remontan a ese *Nachtlass* tucidídeo que Jenofonte publicó, se podría deducir también que la opción de destacar con una dramaturgia altamente patética el episodio de Milos, como «culpa» de la que se debe pagar el precio, tiene su origen en el propio Tucídides, y que por tanto la decisión de incorporar el diálogo, *nacido como obra autónoma*, en la narración podría ser suya. Pero no es una deducción obligatoria; bastaba en todo caso *haber escrito* ese diálogo en caliente, bajo la impresión de la represión ejercida contra los melios, para asumir o hacer propio, en el lugar del relato de la capitulación de Atenas, el motivo del insoslayable y merecido *châtiment* que venía a igualar las cuentas entre verdugos y víctimas. Está claro que la decisión editorial puede atribuirse a Jenofonte, cuya familiaridad con el género de los diálogos políticos estaba verificada tanto por el prolongado trato socrático como por la vinculación con Critias.

Tucídides y Critias fueron, ambos, autores de diálogos políticos, un «género» muy practicado en los ambientes oligárquicos y por la élite ateniense. Sólo si se sitúa a Tucídides en tales ambientes se comprende plenamente su obra y el sentido y el fin de la misma.[8]

---

8. Entre los innumerables autores que han afrontado el problema de la «política de Tucídides» destaca Wilhelm Roscher (1817-1894), discípulo, en Berlín, de Ranke, Niebuhr y Carl Ritter, además de fundador de la *Nationalökonomie* en Alemania. Debutó en 1842 con un magnífico (y olvidado) libro sobre Tucídides, su «maestro» y su «autor», con la divisa dantesca en la portada: *Leben, Werk und Zeitalter des Thukydides*. Como se ha dicho (más arriba, Primera parte, cap. IV, n. 19), en este estudio, lleno de experiencia política actual, Roscher hace casi abiertamente suya la sugerencia de que Tucídides pudo ser el autor de la fuertemente antidemocrática *Athenaion Politeia* que se conservó entre los papeles de Jenofonte (p. 252), y en el mismo contexto rechaza con vigor el mito de la «imparcialidad» de Tucídides. Esta última consideración –que está estrechamente conectada con la otra– puede valer también, como veremos en el siguiente capítulo, para el modo en que Tucídides ha presentado el episodio de la represión ateniense contra Milo. Aquí, en cambio, reduce el diálogo inventado por Tucídides esencialmente a un perplejo ejercicio sofístico *peri dikaiou* (Wolf Aly, recordado más arriba, en sus «Formprobleme der frühgriechischen Prosa», *Philologus*, supl. XXI, 1929, pp. 95-96) que presta atención a la forma y pierde de vista la sustancia.

VIII. LA VÍCTIMA EJEMPLAR

El remoto precedente del ataque ateniense a Milo es presentado por Tucídides de un modo bastante oscuro. El historiador intenta sugerir que Atenas no toleraba que Milo, a pesar de ser una isla del Egeo, no se adhiriera a la liga delio-ática, como sí lo hacían las otras islas. Tucídides se refiere en dos ocasiones a este episodio: en el libro tercero (año 426) y al final del quinto (año 416). El *status quaestionis* es presentado *casi* con las mismas frases: a) «querían reducir a los melios, que, siendo isleños, no estaban dispuestos a someterse a ellos ni a entrar en su alianza» (III, 91); b) «los melios no querían someterse a los atenienses como los otros isleños» (V, 84, 2). No dice, ni en un caso ni en otro, que, hasta poco tiempo antes, los melios formaban parte de la liga. Se puede observar que hay coherencia entre los dos relatos sumarios del antecedente en lo que respecta al episodio desde el punto de vista del «derecho internacional»:

1) En ambos pasajes, en efecto, Tucídides quiere dar a entender que Atenas *intenta conseguir la adhesión* de Milo sólo porque *no tolera que una isla ose quedarse fuera de la liga delio-ática.*

2) Éste es precisamente el concepto que hace expresar repetidamente a los embajadores atenienses (V, 99): «nos preocupan los isleños autónomos [ἄναρκτοι] como lo sois vosotros [ὥσπερ ὑμᾶς]». Véase también V, 97 y 95 («vuestra amistad nos perjudica más que vuestra hostilidad»).

Por tanto estamos frente a una deformación abierta y tendenciosa de la realidad, que será rectificada por Isócrates (*Panegírico*, 100) con la precisión de que los melios habían desertado (una confirmación indirecta la aportan las listas de los impuestos).

Hay, sin embargo, una divergencia sobre un punto sustancial en el plano militar. De III, 91 se deduce que la de 426 fue *una* incursión, ineficaz y aislada. De V, 84, 3 se deduce, en cambio, que, *desde que* habían comenzado las razias atenienses en territorio melio (es decir, desde 426), los melios, «impulsados por la devastación causada por los atenienses en su territorio, decidieron *pasar a la guerra abierta* contra Atenas (ἐς πόλεμον φανερὸν κατέστησαν)». Por tanto, de acuerdo con esta segunda exposición de los hechos:

a) El conflicto melio-ateniense es antiguo y se remonta a mucho antes de la expedición de 416.

b) Los melios, neutrales (según parece deducirse) desde siempre, son obligados (ἠνάγκαζον αὐτούς los atenienses!) a pasar, de la oposición a dejarse englobar en la liga, a oponerse a la «guerra abierta» (ἐς πόλεμον φανερὸν κατέστησαν).

c) La «guerra abierta» ya existe mucho antes de la llegada del cuerpo de expedición de 416 y ha sido precedida, como es evidente, por una fase de guerra no declarada o *de facto*. Ello parece confirmado sin duda por la recurrencia de la misma expresión en V, 25, 3 a propósito de un conflicto mucho más importante, el abierto entre Atenas y Esparta. Allí se dice, en efecto, que después del establecimiento de la paz de Nicias (421 a. C.) y los numerosos incumplimientos de ésta, ambas potencias «se abstuvieron de marchar contra los respectivos territorios, pero fuera de éstos, en una situación de *armisticio inestable*, se infligían unos a otros los mayores daños; finalmente empero, *obligados* (ἀναγκασθέντες) a romper el tratado acordado, se encontraron de nuevo en una situación de guerra declarada (ἐς πόλεμον κατέστησαν)». La expresión es idéntica en su totalidad, salvo en el nexo lógico, al de las incursiones y similares formas de desgaste que «obligan» a volver a la «guerra abierta». En el caso, además, de los melios, la opción de la «guerra abierta» es aún más «obligada» por cuanto las incursiones atenienses no se producen «fuera» de su territorio sino precisamente dentro de él.

Es justo preguntarse acerca del significado concreto de todo esto. Las palabras de Tucídides son muy claras: los atenienses, vista la reticencia melia a entrar en la liga, han optado por la línea «terrorista» de devastar su territorio, lo que, al repetirse de modo insistente, constante, ha *obligado* a los agredidos (véase la forma en que el relato se decanta hacia los melios) a «pasar a la guerra abierta». Tucídides había olvidado, probablemente, que en otro pasaje (III, 91) contó que Nicias usaba la devastación del territorio melio como arma de presión, aunque inútilmente; los melios permanecen fuera de la liga y la flota ateniense de más de sesenta naves se retira. Entonces la pregunta es: ¿cómo podía concretamente Milo embarcarse en una guerra contra Atenas? En sí misma la expresión puede parecer inverosímil, si se toma literalmente. Sin embargo, es muy probable que esas palabras aludan a una evolución de la situación a la que Tucídides no hace una sola referencia explícita, aunque está registrada en un documento epigráfico *(IG*, V, 1): el pasaje activo de Milo del lado de Esparta, con ayudas financieras para sostener el esfuerzo bélico espartano. Es esto quizá lo que debe leerse detrás de las palabras «pasaron a la guerra abierta».

Pero decir esto claramente habría significado admitir que el desembarco ateniense de 416 en Milo tenía un sentido y una justificación. (Después de todo, en 416 los atenienses desembarcan en Milo con una pequeña flota que era la mitad de la que fue a Nicias diez años antes, con la pretensión de negociar antes que atacar.) Decir abiertamente que Milo había pasado a apoyar la guerra espartana contra Atenas habría quitado mucho valor y gran parte de efecto emotivo al diálogo melio-ateniense (imaginado por Tucídides), en el que los roles están muy claramente asignados: el verdugo que sin miramientos teoriza el «derecho del más fuerte» y la víctima inmaculada e intrépida que combate, aun a riesgo de sucumbir, porque sabe y siente que está «del lado justo». Una manipulación elusiva del efectivo estado de cosas, que va a sumarse a otra grave reticencia: la de no haber nunca dicho, ni en III, 91 ni en V, 84, que Milo se había adherido a la liga y había contribuido hasta años recientes con un tributo, pero que en un determinado momento había dejado de cumplir sus compromisos, había en definitiva «desertado». «Desertar» y «apoyo activo en favor del enemigo» eran entonces dos pesadas imputaciones en el origen de la intervención ateniense contra Milo, como Isócrates dice clara y abiertamente, en evidente polémica con Tucídides (*Panegírico*, 100-102).

El relato de Tucídides es entonces decididamente parcial, e intenta poner la intervención ateniense bajo una luz negativa. No esconde, es verdad, que cuando los atenienses desembarcaron en Milo en 416 existía ya un estatus de guerra entre Atenas y Milo, pero no aclara cómo se explicaba concretamente tal «estado de guerra abierta» (cuya iniciativa –reconoce– fue de los melios). (Calla, en efecto, acerca de la ayuda melia a Esparta.) Para poner a Milo bajo una luz positiva dice que fue «obligada» a tal decisión por las continuas incursiones atenienses: un detalle que parece completamente inventado si se tiene en cuenta el otro informe (III, 91). Pero lo que transforma un episodio de guerra en un injustificable y escandaloso atropello ateniense contra un Estado neutral, ejercido fríamente y reconocido como tal por el mismo autor del abuso, *es el diálogo*, la completa invención de algo inverosímil: es decir, que los embajadores vinculados a un propósito preciso por sus comandantes tomasen la iniciativa de decir algo completamente distinto de aquello para lo que habían sido comisionados y se pusieran además a adoctrinar con brutal cinismo para «épater» no ya a «le bourgeois» sino a «les Méliens», aceptando que la contraparte presentara de modo completamente falso su posición propia.

Este diálogo increíble, destinado abiertamente a la recitación y fundido más tarde en el sutil contexto narrativo del acontecimiento bélico, creó de una vez para siempre, a pesar de las sensatas puntualizaciones de Isócrates, *el mito de Milo*. Fue una victoria de la propaganda sobre la verdad, por obra del principal historiador ateniense, exaltador como mínimo ególatra del «valor perenne» de la «trabajosa búsqueda de la verdad»:[1] en cierto modo, una auténtica obra maestra.

¿Cómo y por qué sucedió tal cosa? Nos orientaríamos mejor si supiéramos con certeza *cuándo* compuso Tucídides esta obra menor que es el diálogo melio-ateniense. A decir verdad, el hecho mismo de que todo lleve a concluir que se trata de una obra separada, como bien lo apreciaron, por lo demás, intérpretes muy distintos entre sí, tales como George Grote y Karl Julius Beloch, favorece la razonable hipótesis de que el diálogo fue compuesto en caliente, bajo el impacto y la emoción de los acontecimientos. Es difícil imaginar a un Tucídides que, acabada la guerra (así lo creen quienes[2] reconocen en el diálogo una serie de profecías *ex eventu* de la derrota ateniense de 404), abandona el relato –que quedó incompleto– de la guerra y «vuelve atrás» para componer otra obra, un diálogo sobre el acontecimiento de 416, en el que a los melios les toca el papel de profetas de la caída de Atenas.

Por otra parte, algunas de esas presuntas profecías *ex eventu* no acaban de cuadrar con los hechos que iban a acontecer. Por ejemplo, los atenienses replican a los melios (que habían vaticinado que «podría tocarles a ustedes el día de mañana»): «nosotros tememos menos a los espartanos que a los ex aliados».[3] Pero en 404 no fueron los ex aliados quienes pidieron la destrucción de Atenas sino los corintios y los tebanos, enfrentados en eso con Esparta, con el argumento de que «no se puede destruir una ciudad que tiene grandes méritos para toda Grecia».[4]

En torno al acontecimiento de Milo se produjo cierta corriente de opinión, al menos en los ambientes en los cuales el imperio era objeto de críticas. Aclarada la correcta información acerca de los presupuestos de los acontecimientos (Milo ha desertado y con el tiempo ha pasado a apoyar secretamente el esfuerzo bélico espartano), queda el hecho macroscópico de la decisión ateniense de arreglar las cuentas con Milo pre-

1. Tucídides, I, 20-22.

2. Por ejemplo, entre muchos otros, Gaetano de Sanctis («Postille tucididee», *Rendiconti Lincei*, 1930, p. 299) y Jacqueline de Romilly («Thucydide et l'impérialisme athénien», *Les Belles Lettres*, París, 1951, p. 231).

3. Tucídides, V, 91.

4. *Helénicas*, II, 2, 20.

cisamente en 416, *es decir cinco años después de firmar la paz con Esparta*. En este castigo retardado está el motivo del escándalo. Era usual (lo registra Isócrates, *Panegírico*, 100) reprochar a Atenas la feroz represión de Escione y de Milo: esos dos episodios eran citados a la vez (lo que, entre otras cosas, confirma la semejanza de ambos episodios), pero Escione había desertado poco después de Anfípolis, es decir en plena guerra (424/3), y había sido ejemplarmente castigada por Cleón en cuanto tuvo la oportunidad (422/1). En cambio pasarían años antes de intervenir en Milo. La intervención se desarrolló en tres fases distintas: a) desembarco e intento de negociación; b) fracaso de las negociaciones y asedio; c) rendición y duro castigo a los melios, impulsado por Alcibíades (circunstancia esta última silenciada por Tucídides).

Es evidente que fue este último acto, la matanza de los hombres adultos y el sometimiento de todos los demás, lo que causó escándalo, tratándose después de todo de un ajuste de cuentas tan retardado. La pregunta pertinente, entonces, debería haber sido no ya «por qué Atenas quiso normalizar la situación en Milo» sino «por qué Alcibíades alentó, y después impuso, las más duras represalias». Pero sobre este punto sólo se pueden hacer conjeturas. Se puede pensar, por ejemplo, que la operación nació del convencimiento de que la guerra estaba a punto de volver a empezar (el ataque a Siracusa, fuertemente alentado por Alcibíades, se produjo pocas semanas más tarde), y que por eso mismo el control completo del Egeo era indispensable, y que una dura lección infligida a los obstinados melios habría sido una admonición elocuente para todos. Y así sucesivamente.

Sobre la conmoción de esa masacre a sangre fría se establece el caso melio y se crea el mito de la víctima ejemplar. Si Tucídides compone un diálogo filosófico-político sobre el acontecimiento, simplificando y extremando las respectivas posiciones de los contendientes hasta una completa falsificación de los hechos, Eurípides, en el momento de la puesta en escena de *Las troyanas* (primavera de 416), introduce alusiones abiertas a la reciente masacre. Es lícito preguntarse, también, si la trama de *Andrómaca* (drama cuya cronología desconocemos y que los modernos comentaristas han tratado de establecer a tientas) no se resiente del acontecimiento «escandaloso» de Alcibíades. Tal como Neoptólemo pretende, y obtiene, un hijo de Andrómaca, reducida a esclava y concubina, así Alcibíades, promotor de la masacre de los melios, había querido un hijo de una esclava melia que había adquirido.[5] Episodio que

5. Sobre las reacciones de Eurípides a los acontecimientos de Milo, cfr., más abajo, cap. IX.

181

causó profunda impresión y es evocado con aspereza por el autor, quienquiera que sea, del discurso «Contra Alcibíades», conservado entre las oraciones de Andócides. El orador reprocha al «buen hijo de Clinias» haber querido un hijo de la mujer de la cual, de hecho, había «matado al padre y a la familia» (§ 23).

No es relevante, ahora, determinar si el orador que ataca en este discurso a Alcibíades es en verdad Andócides (cosa que parece altamente improbable) o Féax (el adversario de Alcibíades en el momento del ostracismo de Hipérbolo), o un bien rétor no muy hábil que ha creado este discurso atendiendo a informaciones verídicas.[6] Lo que merece atención, en todo caso, es el testimonio del efecto explosivo que la operación cumplida en Milo por voluntad de Alcibíades había provocado. Para el orador de *Contra Alcibíades*, Milo y Alcibíades forman una unidad. Plutarco disponía de fuentes, quizá documentales, que precisaban el papel de Alcibíades en la asamblea que había decidido proceder a la matanza de los prisioneros («Vida de Alcibíades», 16). Tucídides oculta completamente la responsabilidad de Alcibíades en los acontecimientos,[7] en tanto que, inventando las circunstancias y el contenido del célebre diálogo, crea las premisas para la asunción de la masacre de los melios como emblema de la deriva tiránica del imperio ateniense. Éste es uno de los hilos conductores, y quizá el más importante, de toda su obra.

Su informe del final del asedio es extremadamente sumario. La decisión más grave no fue la de llevar a Milo a la liga délico-ática, sino la de infligirle un castigo ejemplar y hasta despiadado. Pero Tucídides evita determinar esa responsabilidad, atribuyéndola genéricamente a los «atenienses», a la vez que enfatiza al máximo, construyendo en torno de ello una reflexión teórica, la decisión de (volver a) someter a Milo a la disciplina imperial. Realiza así una operación que quita importancia a la responsabilidad subjetiva de los comandantes.

Se podría decir que pone en escena una inversión radical de la conducta habitual del «pueblo» en ciudades regidas por democracias. Mientras el pueblo –sostiene el Pseudo-Jenofonte– hacía recaer la responsabilidad, especialmente en lo que respecta a la política extranjera, sobre el

6. Además está bien informado acerca del peso del tributo aliado deseado por Alcibíades (11).

7. Sin embargo en el mismo contexto (V, 84, 1) es pródigo en noticias acerca de la acción contemporánea desarrollada por él mismo en Argos, cuyo objetivo era eliminar los elementos residuales filoespartanos presentes en la ciudad.

político individual que se ha expuesto directamente en una decisión, así como sobre el sujeto colectivo que vota o rechaza en la asamblea esas decisiones (*Athenaion Politeia*, II, 17), Tucídides atribuye siempre y sólo la responsabilidad a los «atenienses». Para él éste es un punto de constante polémica.[8]

Así, en el caso de la intervención militar en Milo (además de la decisión de adoptar, en el encuentro con los melios, el tono más realpolítico posible, cerrado a toda posibilidad de mediación), al final resulta que son siempre y sólo «los atenienses» quienes deciden, actúan y se ensañan.

8. Cfr. VIII, I: «¡como si no lo hubieran decidido ellos mismos!» (la expedición contra Siracusa).

IX. EURÍPIDES EN MILO

1

En el verano de 416, cuando acababa de decidirse el envío de una flota contra Milo, o bien la flota recién había desembarcado en la isla, Eurípides solicitó el coro para una tetralogía dedicada al ciclo troyano: *Alejandro, Palamedes, Las troyanas* y el drama satírico *Sísifo*. Fue representada en las Dionisias de 415 (marzo), cuando Milo ya había sido conquistada, estableciendo en ella una cleruquía ateniense; los habitantes fueron exterminados, las mujeres reducidas a esclavitud. Hasta ese momento la gran expedición contra Siracusa no había sido sometida a discusión en la asamblea.

El hecho de que la tetralogía cuya cumbre es el drama *(Las troyanas)* consagrado al duro destino de las prisioneras troyanas se haya concebido en la estela de la campaña contra Milo —como se ha intentado demostrar en alguna ocasión— es una hipótesis más que legítima. Puede parecer problemática la conexión que alguien ha establecido entre *Las troyanas* y el surgimiento en Atenas de una psicosis de masa favorable a la expedición contra Siracusa: Tucídides data, de manera demasiado sumaria por otra parte, tal «voluntad difusa» en el invierno de 416/5 (VI, 1, 1), cuando la tetralogía ya había sido representada.

La conexión entre *Las troyanas* y la sorprendente campaña ateniense contra Milo ha aparecido siempre como una evidente posibilidad a grandes conocedores del *corpus* conservado de Eurípides, tales como Gilbert Murray[1] y Gilbert Norwood;[2] éste escribió, con gran sensatez: «No spectator could doubt that "Troy" is Milo» (p. 244). Objetar que los espectadores, en las Dionisias de 415, es decir, algunas semanas más tarde de la caída de Milo, encontraban las conexiones, pero el autor en cam-

---

1. *Euripides and His Age*, Oxford, 1946², p. 83.
2. *Greek Tragedy*, Londres, 1948⁴.

184

bio no había pensado[3] en ellas, resulta pueril. O, mejor, se puede vincular con el fenómeno más general de la fabricación de una tesis a contracorriente, con el fin de imponerse a la atención del público erudito.

En realidad, el razonamiento adoptado para poner en tela de juicio el nexo entre *Las troyanas* y el sometimiento de Milo se basó en una cronología dilatada por los sucesos derivados del asedio y de la capitulación de Milo, además de asentarse sobre una interpretación incorrecta del capítulo de Tucídides (V, 116) que narra la conclusión del episodio. La cronología dilatada consiste en prolongar los tiempos del acontecimiento llenando el «vacío» (que no es tal) del relato tucidídeo. Se trata, para ser exactos, del supuesto vacío narrativo ente «los melios tomaron de nuevo, por otro punto, una parte del muro de asedio ateniense, donde no había mucha guardia» y el inmediato «cuando, a causa de estos hechos, llegó de Atenas un nuevo cuerpo expedicionario» (116, 2-3). La imaginación de Van Erp Taalman se ha regodeado en la postulación (p. 415) de embajadas, deliberaciones, alistamiento de una nueva flota, un nuevo viaje, nuevo desembarco en Milo, etc., a fin de postergar lo máximo posible la caída de Milo y permitir a Eurípides la conclusión de la escritura de *Las troyanas* antes de la caída de Milo y de la consiguiente masacre y sometimiento de sus habitantes. Para completar su empeño dilatorio, la estudiosa se libera, a escondidas por así decir, de las palabras que vienen justo después, ὡς ταῦτα ἐγίγνετο, con el argumento de que muchos editores, a partir de Ernst Friedrich Poppo, las han considerado sospechosas (a causa del imperfecto ἐγίγνετο). Pero el sentido de ellas no es «*apenas* sucedió esto» (en cuyo caso se necesitaría el aoristo ἐγένετο), sino, más probablemente, «*mientras* sucedía esto». Los ejemplos de ὡς con ese sentido están en Juan y en la Epístola a los gálatas (Liddell-Scott, *s.v.* ὡς, A.d.). Nada excluye a priori que se trate de una glosa, pero el sentido sería entonces (y en tal caso se trataría de la observación de un lector antiguo): «mientras sucedía esto». Cosa que señalaría –o bien como anotación del mismo Tucídides o bien como observación de un lector cuyas palabras han tenido la posibilidad de penetrar en el texto en el lugar preciso– que la llegada de los refuerzos, destinados evidentemente a cerrar enseguida la incómoda prolongación del asedio, sucede mientras los atenienses sufrían por parte melia el chasco de una exitosa salida de los sitiados. Para decirlo brevemente: la razón por la que los refuerzos (ἄλλη στρατιά) partieron de Atenas no debe necesariamente vincularse con un denso (y lento, por añadidura) trajín de embajadores y una serie

3. Así A. M. van Erp Taalman Kip, «Euripides and Milo», *Mnemosyne*, 40, 1987, p. 415.

de asambleas que se integran en una fantasiosa lectura del texto de Tucídides, sino más simplemente con la necesidad de cerrar rápidamente una campaña que de simple «expedición punitiva» de éxito seguro se estaba transformando en un embarazoso asedio sin fin. Para una decisión de ese tipo no era necesario ese trajín encaminado, sobre todo, a dejar que Eurípides trabajara sin molestias... Después de todo, la idea de que las comunicaciones navales entre Atenas y Milo se produjeran con una lentitud exasperante es fruto de la mera desinformación. Basta con mirar la carta geográfica del Egeo: si entre Taso y la desembocadura del Estrimón hay media jornada de navegación,[4] desde El Pireo a Milo hay poco más de una jornada. Por otra parte, quien haya leído la crónica del ir y venir entre Atenas y Milo en los días de las dramáticas decisiones dirigidas a castigar o bien a ahorrar las responsabilidades de la deserción,[5] o de la solicitud a Atenas del envío de nuevas naves *en el curso* de la batalla naval de las Arginusas,[6] puede tener una idea mucho más concreta y precisa de los tiempos de las operaciones de ese tipo.

En definitiva, los argumentos pseudotécnicos de este tipo carecen de valor, o bien conducen a conclusiones opuestas. El problema serio, y que merece atención, es el hecho mismo del ataque a Milo *en pleno periodo de paz* (primavera de 416). Volveremos más abajo sobre los efectos de esta decisión político-militar de Atenas. Aquí diremos enseguida que, en todo caso, el drama de Eurípides rebela de forma evidente una puesta al día de último momento influida por la brutal conclusión del sitio de Milo.[7] Hay, en efecto, una escena, al principio de *Las troyanas* –el diálogo entre Poseidón y Atenea (vv. 48-97), inmediatamente después de las palabras prologales de Poseidón (vv. 1-47)– que puede con razón considerarse un añadido de último momento: extraño al desarrollo del drama y a sus alternativas, superflua y casi obstaculizadora entre el anuncio de la presencia en escena de Hécuba (v. 37: πάρεστιν Ἑκάβη), es decir, del personaje con el que la acción toma impulso, y las palabras de ésta. El diálogo entre Poseidón y Atenea es completamente superfluo respecto del posterior desarrollo del drama; éste versa sobre la futura venganza que se abatirá sobre los aqueos vencedores, sobre su trabajoso y trágico «regreso». Por él sabemos que Atenea está airada contra sus propios pro-

4. Para la flotilla capitaneada por Tucídides: IV, 104, 4.
5. Tucídides, III, 31-50.
6. Jenofonte, *Helénicas*, I, 6, 21-22.
7. La solución quirúrgica –expurgar los vv. 48-97– adoptada por J. R. Wilson («An Interpolations in the Prologue of Euripides' *Troades*», *Greek Roman and Byzantine Studies*, 8, 1967, pp. 205-223) tal vez no merece ni siquiera ser mencionada.

tegidos (los aqueos), y que Poseidón, ya rival, se complace en secundar a Atenea en su nueva orientación. Pero nada de lo que está preanunciado en tal diálogo sucederá en el curso del drama: la escena sirve únicamente –al parecer– para que Poseidón pronuncie la sentencia más general según la cual «necio es cualquier mortal que conquista una ciudad» ya que inevitablemente prepara «su propia ruina», «él mismo es obligado a morir» (vv. 95-97). Una «profecía» que los melios pronuncian, en las primeras réplicas del diálogo con los generales atenienses que Tucídides relata, cuando prevén, después de la eventual derrota de los atenienses, que su gran castigo sería tomado como modelo y admonición para todos (V, 90). Lo más probable es que circulara un discurso semejante; que, por ejemplo, aquellos que no aprobaron el ataque contra Milo y la posterior represión de los vencidos crearan este tipo de consideraciones: que en un futuro Atenas pagaría duramente ese acto de fuerza desproporcionada. Es difícil descartar la hipótesis de que fuera precisamente el tratamiento despiadado infligido a los melios lo que indujo a Eurípides a insertar, al principio de un drama que sin duda se prestaba a ello por el tema, la inequívoca referencia y admonición.

2

El ataque contra la isla de Milo se desencadenó, como apuntábamos antes, *en tiempos de paz*, en tanto estaba en vigor la paz estipulada en 421, que se suele definir como «paz de Nicias», ya que fue éste quien la impulsó y la rubricó. Este elemento suele quedar en la sombra en las consideraciones modernas sobre aquel episodio, gracias a la andadura misma del relato de Tucídides, que enumera como «años de guerra» incluso los que son de paz. Añádase a ello la tendencia del relato tucidídeo a redimensionar esa paz como «tregua poco fiable» y también que de la posición de Tucídides, originalmente suya, según la cual entre 431 y 404 no hubo más que una sola guerra principal, se derivó la idea de una ininterrumpida guerra de veintisiete años de duración, que se convirtió en idea establecida. Ello llevó a ver el acontecimiento de Milo como un episodio de la *guerra*, lo que ha restado mucha importancia a la gravedad de la iniciativa ateniense, que en cambio recibe nueva luz y se confirma además en el tenaz y prolongado debate acerca de las responsabilidades atenienses en aquel acontecimiento, que reaparece cíclicamente en la reflexión política ateniense (dentro de los límites en que la conocemos) hasta la vigilia de Queronea, casi a finales del siglo siguiente.

La visión unitaria de la guerra espartano-ateniense considerada un conflicto único, aunque legítima y audaz al mismo tiempo, no fue hecha ni por los contemporáneos a los acontecimientos ni en el siglo siguiente, por pensadores o por oradores políticos atenienses. Esto ha sido observado en diversas ocasiones, pero no está de más repetirlo aquí. El hecho de que los contemporáneos (o por lo menos una parte de ellos) sintieran, después de 421, que habían vuelto a una condición de paz y a las ventajas que de ella se derivaban se deduce por ejemplo de las argumentaciones, en absoluto ineficaces sobre el público de la asamblea, desarrolladas por Nicias en el debate asambleario en torno a la propuesta de Alcibíades acerca de una intervención a gran escala en Sicilia.[8] El reflorecimiento de Atenas «como consecuencia de la paz de Nicias» es descrito con tonos muy nítidos y con todo lujo de detalles por Andócides, cuando evoca aquellos años en su discurso *Sobre la paz con Esparta* (§ 8) de 392/391. Un agudo lector renacentista de este emblemático acontecimiento –Maquiavelo– había llegado, sin equivocarse, a la conclusión de que Atenas habría ganado la guerra que duró diez años (431-421).[9] En consecuencia, en aquel momento, y durante mucho tiempo después, había otra visión de la historia de la guerra, que llevaba a colocar la intervención contra Milo bajo una luz –si es posible– todavía más negativa y, por lo menos para los contemporáneos, también más verídica.

Como se ha mostrado en el capítulo anterior, Tucídides escamotea varios datos: a) que Milo había desertado de la alianza con Atenas, de la que formaba parte desde el principio (y todavía en 425), dejando de pagar el tributo mientras la guerra aún estaba en curso; b) que muy probablemente había ayudado a Esparta (véase *IG*, V, 1); c) que la propuesta de infligir a los vencidos melios el más feroz tratamiento había sido apoyada por Alcibíades.[10] Tucídides, cuya actitud respecto a Alcibíades es tan favorable como para esconder todo lo posible su responsabilidad en los escándalos de 415, «transfigura» el episodio de Milo; lo transforma en el ataque de la gran potencia al pequeño Estado que quiere mantenerse neutral *mientras está en curso la guerra* (V, 98: «reforzáis a vuestros enemigos actuales e incitáis a convertirse en enemigos a los que ni siquiera tenían intención de serlo»): un Estado neutral que ofrece en vano a los agresores la propuesta de compromiso de quedar fuera de ambas alianzas enfrentadas (V, 94).

Pero para los contemporáneos la agresión aparece bajo una luz bien

8. Tucídides, VI, 12.
9. *Discursos sobre la primera década de Tito Livio*, III, 16, 1.
10. Plutarco, *Alcibíades*, 16, 6; [Andócides], IV, 22-23.

distinta: como un arreglo de cuentas, en un periodo de paz, por parte de Atenas hacia un antiguo aliado que se había desligado de la alianza aprovechando el compromiso bélico de la gran potencia, y que ahora, en frío, era obligado a retomar sus compromisos, bajo la amenaza de un castigo ejemplar. Castigo que, después de un asedio más largo de lo previsto, efectivamente no dejó de abatirse sobre los melios, y de la forma más dura. Este «escándalo» fue el *primum movens* que impulsó a Tucídides a componer una obra insólita, el diálogo melio-ateniense, es decir, el diálogo entre el verdugo y la víctima; y que impulsó a Eurípides a insertar, justo al principio de *Las troyanas*, estrenado poco después de la masacre de los melios y el sometimiento de sus mujeres, ese breve diálogo entre Atenea y Poseidón acerca del castigo que se abatirá sobre los aqueos vencedores, que culmina con la sentencia de Posidón: μῶρος δὲ θνητῶν ὅστις ἐκπορθεῖ πόλεις / [...] / αὐτὸς ὤλεθ᾽ ὕστερον (vv. 95-97). Sobre todo, cuando se piensa en el enorme eco que el episodio tuvo en Atenas, no puede descuidarse el hecho de que el hombre más destacado y más influyente en aquel momento, Alcibíades, había querido, en su ostentoso e irritante inmoralismo, comprar una mujer de Milo recién esclavizada y tener un hijo de ella.[11] Es exactamente lo mismo que sucede en *Las troyanas*, entre Neoptólemo, hijo de Aquiles y destructor de Troya, y Andrómaca, viuda de Héctor y sometida a esclavitud por el joven conquistador: «porque después de cautivarme ha querido casarse conmigo el hijo de Aquiles, y así serviré en el palacio de los que mataron a mi marido» (vv. 658-660).

3

El drama de las prisioneras troyanas sometidas a esclavitud y subyugadas, por el derecho del vencedor, a nuevos vínculos es un motivo recurrente en la dramaturgia de Eurípides *(Hécuba, Andrómaca)*. En *Andrómaca*, de la que no conocemos la fecha de estreno, Hermíone, celosa de la fortuna sexual de Andrómaca, esclava y rival respecto de Neoptólemo, acusa crudamente: «Has llegado a tal punto de inconsciencia, desdichada de ti, que te atreves a acostarte con el hijo de quien mató a tu esposo y a parir hijos de su asesino» (170-173). En *Las troyanas*, Andrómaca –después de haber lamentado que «ha querido casarse conmigo el hijo de Aquiles, y así serviré en el palacio de los que mataron a mi marido»– reflexiona, en un cruce de curiosidad y repulsión, en torno a «lo

---

11. [Andócides], IV, 22.

que dicen» (a fin de inducir a la sumisión): «Dicen que una sola noche hace ceder la aversión de una mujer hacia el lecho de un hombre» (vv. 665-666). En una sociedad esclavista, empeñada en una guerra destructiva y productora de esclavos a gran escala, el problema está a la orden del día: Eurípides fija la mirada, sin dilaciones, en la ambigüedad de la condición de la esclavitud cuando ésta es a la vez subordinación entre los sexos. El público reaccionaba. Lo sabemos por el *Contra Alcibíades* –de autor desconocido, pero transmitido como de Andócides–, que denuncia la enormidad de la prevaricación cometida por Alcibíades (*Contra Alcibíades*, 22-23) y relaciona este comportamiento *con «las tragedias» que el público conoce bien* (piénsese, obviamente, en el ciclo troyano, y en particular en el de Eurípides). «Vosotros», dice, dirigiéndose a los jueces y más en general al público, «al ver estas cosas en las tragedias, las estimáis terribles, pero al verlas verificarse en la realidad, en una ciudad, ni siquiera les prestáis atención.»

El comportamiento de Alcibíades es definido como temerario. Quiso tener un hijo de una mujer a la que ha privado de la libertad, a cuyo padre y familiares ha matado y cuya ciudad ha destruido. Así, ha hecho de modo que el hijo nacido de ella sea enemigo de él y de la ciudad: ya que –tal como prosigue la invectiva– todo impulsaba al odio a este hijo. El parlamento culmina en la descripción de Alcibíades como aspirante a la tiranía (§ 24). Plutarco, que evoca el acontecimiento, deja entrever una discusión acerca de la dimensión del compromiso de Alcibíades en la represión en Milo y dice que «tuvo la máxima responsabilidad en la masacre de los melios», precisando que se expuso en primera persona al hablar a la asamblea para apoyar el decreto que había establecido el más feroz de los tratamientos hacia Milo.[12]

Es sintomático que, a ojos de los acusadores de Alcibíades, el crimen (moral) cometido por él, consistiese no en el haber infligido un tratamiento tan severo a los vencidos, sino en el haber obrado después, en el plano privado, de ese modo reprobable. La represión contra Milo está

12. Debe observarse aquí *per incidens* que la dureza del tratamiento infligido a los melios no se explica como el efecto de un ataque de sadismo por parte de la asamblea popular ateniense. Fue, en cambio, la confirmación más clara de lo que Isócrates (*Panegírico*, 100-114) afirma con puntillosa precisión: que Milo fue tratada *según la modalidad adoptada frente a los aliados que han desertado*. No fue distinta la propuesta de Cleón a propósito de Mitilena. El tema de la ferocidad con la que Atenas sostuvo el control del imperio es central en la reflexión de Tucídides y la réplica de Isócrates sólo es impecable en el plano formal. Es obvio que Isócrates no cita explícitamente a Tucídides (ni, después, a Jenofonte) pero lo evoca, no sin aversión, con las palabras «lo que algunos de nosotros nos deben» (100). Cfr., más abajo, cap. X.

por tanto fuera de discusión: precisamente porque se configura –para el acusador de Alcibíades, como después para Isócrates en el *Panegírico*– como «castigo». También esta fuente contemporánea considera obvio que a los melios les estaba reservado el tratamiento habitualmente infligido a los aliados «desertores». Así se considera a los melios también en la tradición, con toda probabilidad atidográfica, conocida por los antiguos comentaristas de Aristófanes (véase el escolio a *Los pájaros*, 186). Destacan, en cambio, aislados respecto de las restantes tradiciones, Tucídides y Jenofonte *(Helénicas*, II, 2, 3: «los atenienses temían sufrir lo mismo que habían infligido a los melios»), artífices –sobre todo Tucídides con la creación del «terrible diálogo», como lo define Nietzsche– del «mito» de Milo, y Eurípides con *Las troyanas*.

4

No parece equivocado, ahora que se ha generalizado una datación más alta de la tragedia, la evocación, en este contexto, de *Andrómaca*, como ya hemos señalado sumariamente. Los elementos sobre la base de los cuales se adoptan, para *Andrómaca*, fechas que oscilan entre 432 y 424 son frágiles: de la conexión con Argos (a la que hizo justicia Wilamowitz)[13] a la identificación de Δημοκράτης, que Calímaco (fr. 451 Pfeiffer) creía encontrar en las didascalias atribuidas a la tragedia, con el poeta argivo Timócrates (hipótesis rechazada por P. Tebt. 695, col. II, que propone en cambio al tragediógrafo Demócrates de Sición). El hecho mismo de que el escolio a *Andrómaca*, 445 registrase con prudencia (φαίνεται) una datación genérica («en los primeros tiempos de la guerra peloponésica»: ἐν ἀρχαῖς τοῦ Πελοποννησιακοῦ πολέμου) demuestra sólo que *no se disponía*[14] *de ninguna datación* en los documentos relativos al teatro ático. En esta materia –didascalias de las representaciones teatrales– o existe una fecha exacta o no hay más que conjeturas incontrolables (y con frecuencia formuladas sobre la base de criterios y razonamientos demasiado hipotéticos). El único dato cierto lo aportaba Calímaco en los *Pinakes* (fr. 451): la tragedia figuraba bajo el nombre de Demócrates (ἐπιγραφῆναί φησι τῇ τραγῳδίᾳ Δημοκράτην). Eso sólo puede significar –como observó Wilamowitz– «que Eurípides había entregado el drama, para ser puesto en escena, a un tal Demócrates».[15] Cosa no insólita para

13. «Göttingische Gelehrte Anzeigen», 1906, p. 628 [= *Kleine Schriften*, V.1, p. 394].
14. Ni el escolio ni sus fuentes.
15. Wilamowitz no conocía aún P. Tebt. 695, publicado en 1930.

él.[16] August Boeckh[17] había pensado en 418/417. No ha faltado quien ha sugerido 411.[18]

Por su parte Méridier no descartaría la posibilidad de relacionar el arduo parlamento de Andrómaca contra la pérfida e hipócrita deslealtad espartana (vv. 445 ss.) con el incumplimiento por parte de Esparta de la cláusula de la paz de Nicias, relativa a la restitución de Anfípolis (421/420).[19]

Merece atención, por otra parte, un dato macroscópico. Mientras la incumplida restitución de Anfípolis sólo encaja hasta cierto punto, dado que fueron los anfipolitanos *in primis* quienes se negaron a volver a ponerse bajo control ateniense, es la falta de ayuda a los melios –que en el diálogo tucidídeo se declaran en cambio completamente persuadidos de la intervención de Esparta en su ayuda– la gran traición espartana: justificada hipócritamente (es fácil suponerlo) con el argumento de que el estatus de guerra con Atenas concluyó en 421, y que desde ese año Atenas y Esparta son *aliadas*. Si, en *Andrómaca*, la situación escénica de Andrómaca respecto a Neoptólemo es la de la mujer melia reducida a esclavitud y, convertida en propiedad de Alcibíades, obligada a darle un hijo, el parlamento de ella (troyana y «melia» al mismo tiempo) contra la hipócrita deslealtad se convierte en una alusión pertinente y acuciante. «¡Oh los más odiosos de los mortales para todos los hombres, habitantes de Esparta, consejeros falsos, señores de mentiras, urdidores de males, que pensáis de modo tortuoso y dándole la vuelta a todo! Injustamente tenéis fortuna en toda Grecia (ἀδίκως εὐτυχεῖτ᾽ ἀν᾽ Ἑλλάδα)» (vv. 445-449). Éste es el desahogo de Andrómaca. La pertinencia se trasluce abiertamente allí, como lo demuestra el último verso: «Injustamente tenéis fortuna en toda Grecia.» ¿Por qué Andrómaca, en la situación en la que se encuentra en el drama homónimo, es decir, años después de la guerra troyana y tras los desastrosos *nostoi* de los vencedores (Agamenón *in premis*) hablaría de una posición hegemónica de Esparta sobre Grecia,

16. Para el *Piritoo,* cfr. Ateneo, XI, 469b («ya sea que se trate de Critias el tirano, ya sea que se trate de Eurípides»). Para el *Sísifo,* Sexto Empírico lo cita como de Critias (IX, 54); Aecio (I, 7, 2) como de Eurípides. El hecho de que *Tenes, Radamanto* y *Piritoo* constituyeran una trilogía queda claro en la *Vita Euripides* (ll. 28-29: *TrGF* V.1, T 1, I A). Para el intercambio de tragedias entre Critias y Eurípides, cfr. Wilamowitz, *Einleitung in die griechische Tragödie,* Weidmann, Berlín, 1921, p. 15, n. 22.

17. *Graecae Tragoediae principium ... num ea quae supersunt et genuina omnia sint et forma primitiva servata,* Heidelberg, 1808, pp. 189-190.

18. Lo registra L. Méridier, *Euripide* [«Collection Budé»], II, París, 1927, p. 101.

19. Pero después de muchas «vueltas» de pensamiento vuelve a la fecha «alta» (427/425).

y por añadidura usurpada con el engaño y la hipocresía? Está claro que Andrómaca habla del presente.

Quien considere el sarcasmo con el que los atenienses, en el diálogo de Tucídides, hacen pedazos la fe de los melios en una salvífica intervención espartana (V, 105), no puede no reconocer una coherencia en la situación, la motivación y las emociones. Los melios habían afirmado: «confiamos en la alianza con Esparta, *que no puede dejar de manifestarse*». Replican los atenienses: «En cuanto a vuestra opinión acerca de los espartanos, es decir que ellos, esquivando la vergüenza,[20] correrían a ayudaros, nos congratulamos por vuestra ingenuidad, pero no os envidiamos la locura.» Aquí se añade un detalle y un juicio letal sobre la hipocresía espartana: «En general los espartanos practican la virtud sólo en su casa; acerca de su modo de comportarse respecto de los otros habría mucho que decir. En dos palabras nos limitaremos a decir esto: los espartanos son quienes, según nuestro conocimiento, de manera más descarada que nadie, estiman bello aquello que les gusta a ellos y justo lo que mejor les conviene.» Concluyen el largo y áspero parlamento, que ocupa el corazón del diálogo, definiendo como «puro desvarío» la fe nutrida por los melios de ser salvados por los espartanos, en el nombre de una afinidad de estirpe.

Esparta, obviamente, no intervino, cosa que por otra parte hubiera sido muy sorprendente en un momento en el que, a pesar de todo, Esparta y Atenas estaban vinculadas por el tratado de *alianza* estipulado en 421, inmediatamente después de la firma de la paz.[21]

Para los melios fue fatal la decisión de confiar en la gran potencia espartana. Pero en 404 Lisandro, por orden de los éforos, llevó a los supervivientes melios (muy pocos, por otra parte) hacia su isla,[22] quizá todavía ocupada por los quinientos clerucos atenienses instalados allí después de la masacre.[23] Así Esparta, lugar privilegiado de la *eunomia*, pudo cuadrar una vez más las cuentas del poder y de la virtud. Andrómaca no estaba equivocada.

20. Es decir, de no correr en vuestra ayuda.
21. Tucídides, V, 23-24.
22. Jenofonte, *Helénicas*, II, 2, 9.
23. Tucídides, V, 116.

X. ISÓCRATES DESMONTA LA POLÉMICA CONSTRUCCIÓN TUCIDÍDEA ACERCA DE LOS ACONTECIMIENTOS DE MILO

Los atenienses, sitiados por tierra y por mar, no sabían qué hacer, pues no tenían naves, aliados ni alimentos; pensaban que no había salvación posible, salvo sufrir lo que ellos hicieron, no por vengarse, pues habían maltratado a hombres de pequeñas ciudades por insolencia y no por otra causa más que porque eran aliados de los espartanos.[1]

1

Este pasaje de las *Helénicas* resulta muy relevante. Es la tercera referencia al «remordimiento» de los atenienses por lo que habían hecho a los melios (además de a Escione) en el giro de unas pocas líneas. Aquí Milo no es nombrada abiertamente pero se identifica con facilidad detrás de la fórmula más ampliamente abarcadora «hombres de pequeñas ciudades» (ἀνθρώπους μικροπολίτας).

Si hiciera falta una confirmación ulterior la encontramos en la insistente y apologéticamente antitucidídea[2] referencia de Isócrates a los acontecimientos de Milo y a las instrumentales polémicas antiatenienses que derivan de ellas: en el *Panegírico* [392-380 a. C.] nombra explícitamente a los melios y los incluye entre «aquellos que han combatido en nuestra contra»;[3] en el *Panatenaico* [342-339 a. C.], después de haber mencionado nuevamente a Milo, Escione y Torón, habla de «pequeñas islas» (νησύδρια),[4] y poco después de «Milo y parecidas ciudadelas».[5] Queda cla-

1. *Helénicas*, II, 2, 10.
2. Cfr. L. Canfora, *Tucidide e l'impero*, Laterza, Roma-Bari, 1992, pp. 19, n. 5; 80-82 y 130-132.
3. Isócrates, *Panegírico*, 100-101.
4. *Panatenaico*, 70.
5. *Panatenaico*, 89.

ro, entonces, que los μικροπολῖται de *Helénicas* II, 2, 10 son los melios; por otra parte, Isócrates polemiza con dureza precisamente contra la instrumental y constante reapertura del caso Milo (debida, entre otras cosas, a la difusión por parte de Jenofonte de la obra tucidídea completa de estas páginas sobre la capitulación de Atenas). Utiliza verbos inequívocos en lo que respecta a los adversarios a los que contrapone la correcta versión de los hechos («combatían contra nosotros», «nos habían traicionado»);[6] «algunos de nosotros [τινὲς ἡμῶν: por tanto se trata de autores atenienses] nos acusan (κατηγοροῦσι), [...] nos reprochan (προφέρουσι)»;[7] o bien: «quisieron poner a nuestra ciudad bajo acusación», «insistirán (διατρίψειν) masivamente sobre los sufrimientos de los melios»; «aquellos que nos reprochan las desventuras de los melios», etc.[8] No está polemizando con un ignoto panfletista, como imaginaba Wilamowitz.[9] El blanco es Tucídides (amplificado, si así se puede decir, por la edición completa realizada por Jenofonte), como se comprende por un guiño sarcástico a un célebre parlamento dentro del diálogo melio-ateniense. Allí Tucídides hacía decir a los embajadores atenienses, dados a justificar los abusos que estaban a punto de cometer, que la ley del más fuerte, por lo que parece, rige incluso entre los dioses.[10] Isócrates, con sarcasmo eficaz, precisamente en este contexto en que justifica el castigo infligido a los melios y subraya que Esparta ha cometido crímenes mucho mayores, alude con destreza a ese infeliz parlamento: «Hay gente que piensa que *ni siquiera los dioses, desde este punto de vista, están libres de pecado* [esto es lo que afirman los atenienses en el diálogo, para justificarse]; yo, más modestamente, intentaré demostrar que en ninguna circunstancia nuestra comunidad política ha cometido abusos.»[11] Por no hablar de la estocada que reserva a los «cireos» (los mercenarios que actuaban a sueldo de Ciro el joven), y en primer lugar a Jenofonte, en el *Panegírico* (146: «gentuza incapaz de vivir en su propio país») y directamente a Jenofonte, cuando dice alto y claro que aquellos que blanden la cuestión de Milo no han dudado en «llamar benefactores a los traidores», y en «hacerse esclavos de un ilota» (*Panegírico*, 111): donde la referencia es al caballero Jenofonte que ha servido bajo las órdenes de Lisandro (brutalmente definido como «ilota» a causa de su origen poco espartano) cuan-

6. *Panegírico*, 101-102.
7. *Panegírico*, 100.
8. *Panatenaico*, 62; 63; 89 (ὀνειδίζουσι).
9. *Aristoteles und Athen,* Weidmann, Berlín, 1893, II, pp. 380-390.
10. Tucídides, V, 105.
11. *Panatenaico*, 64. En el mismo contexto (63) Isócrates replica abiertamente a [Critias], *Sobre el sistema político ateniense*, I, 14-16 (los aliados obligados a ir a Atenas para los juicios).

do Lisandro se ha hecho nombrar directamente harmosta de Atenas.[12]

Werner Jaeger supo entender la trama profunda que liga la colosal ficción de Tucídides sobre los acontecimientos de Milo con este «fin de partida» de las *Helénicas*, que lo apuesta todo al remordimiento por Milo. Escribió, en un veloz e inteligente apunte escondido en un rincón de un libro no del todo logrado como *Demosthenes*, que Jenofonte buscó «la unidad intrínseca *(Einheit der inneren Haltung)*» en Tucídides.[13] Más razonable es pensar que, simplemente, se trata de Tucídides tanto en un caso como en el otro. Después de todo, la historia editorial del legado tucidídeo se comprende mejor si se considera la proximidad política entre Tucídides y Jenofonte,[14] cimentada, podríamos decir, en la experiencia de ambos en las dos oligarquías.

2

En la base del énfasis de Tucídides sobre los acontecimientos de Milo, deformados en los presupuestos a fin de representarlos como la injustificable agresión ateniense contra un neutral, y del énfasis con el que, en las *Helénicas*, los atenienses, bajo asedio después de Egospótamos y privados de la última flota, son presentados como obsesionados por el recuerdo candente de «lo que habían hecho a los melios», está la misma premisa. La unidad de inspiración es segura, visto que –después de todo– a los atenienses, presas del remordimiento, se les atribuye, en las *Helénicas*, una visión del problema Milo (neutrales injustificadamente agredidos) del todo conforme a esa visión errónea, o mejor dicho parcial, avalada por Tucídides. Si no se tratase de una deformación intencionada dirigida a dar una imagen particularmente violenta del imperio ateniense («el imperio es tiranía», hace decir Tucídides a Pericles[15] y lo hace repetir *ad abundantiam* también a Cleón)[16] se podría hablar eufemísticamente de «coincidencia en el error»; pero se trata de un error intencionado, es decir de una deformación de los términos de un problema dirigido a sustentar un determinado juicio histórico-político.

12. *Helénicas*, II, 4, 18. Sobre este punto Wilamowitz, *Aristoteles und Athen*, II, Weidmann, Berlín, 1893, p. 389, se equivoca cuando escribe que sólo Calibio fue harmosta en Atenas.
13. W. Jaeger, *Demosthenes*, De Gruyter, Berlín, 1939, p. 204, n. 12.
14. Lo había señalado sumariamente E. Delebecque, *Essai sur la vie de Xénophn*, Les Belles Lettres, París, 1957, pp. 40-41.
15. II, 63, 2.
16. III, 37, 2.

Por todo ello es sensato argüir que el autor del relato en muchos aspectos fragmentario e incompleto, o mejor dicho accidentado, de los últimos años de la guerra, contenido en los primeros dos libros de las *Helénicas*,[17] es el propio Tucídides. Lo que, por otra parte, era notorio para toda una corriente de la erudición antigua, de Cicerón[18] a Diógenes Laercio,[19] y ha sido razonable *oponio communis* entre los modernos hasta que empezó a afirmarse cierta incredulidad esnob y preconcebida que retrocede, perpleja, incluso frente a los datos de hecho.

3

La formulación más elegante del obvio concepto de que Tucídides dejó un desarrollo incompleto de los años 411-404, y que éste, más o menos retocado, es lo que leemos en los dos primeros libros de las *Helénicas*, se debe a Christoph Friedrich Ferdinand Haacke: «res maxime memorabiles ad illud bellum pertinentes, atque ab ipso Thucydide, ut videtur, in commentariis (ὑπομνήμασι) adumbratas, aut ipse [= Jenofonte] leviter concinnavit, aut commentarios illos, quales ab auctoris familia acceperat, paucis adiectis vel mutatis, in fronte Historiae Graecae collocavit».[20] Más tarde Franz Wolfgang Ullrich[21] argumentó que el legado de Tucídides comprendía precisamente los esbozos relativos a los años 411-404. También él habló de ὑπομνήματα *(commentarii)*. La hipótesis le pareció también «veri simillima» a Ludwig Breitenbach: «... praesertium cum in scriniis Thucydidis collectam reliquorum, quae hic sripturus erat,

17. I-II, 37, 2.
18. *Brutus*, 29 («el modo en que hablaba Terámenes se puede saber por Tucídides»). Queda claro que tiene en cuenta también el relato de la guerra civil (único texto que contiene un *discurso* de Terámenes) obra de Tucídides.
19. *Vida de los filósofos*, II, 57 (τὰ Θουκυδίδου βιβλία λανθάνοντα [...] αὐτὸς εἰς δόξαν ἤγαγεν). Pero ya Dionisio de Halicarnaso transmitía la misma noticia cuando escribía que Jenofonte había compuesto la «historia helénica (τὴν ἑλληνικὴν, *scilicet* ἱστορίαν) y la que Tucídides había dejado *inacabada* (= sin pulir, sin redactar completamente) καὶ ἣν ἀπέλιπεν ἀτελῆ Θουκυδίδης» («Carta a Pompeo Gémino», 4). Es muy interesante el hecho de que, para Dionisio, esta parte definida «Tucídides imperfecto (ἀτελής)» comprendía también la guerra civil ateniense: lo que coincide con el testimonio recordado por Cicerón en el *Brutus* (29). Tampoco debe olvidarse esa parte de la tradición manuscrita que titula las *Helénicas* con el término *Paralipómenos de la historia de Tucídides*. Acerca de esto, cfr. *Quaderni di storia*, 6, 1977, p. 35, n. 12.
20. *Dissertatio chronologica de postremis belli Peloponnesiaci annis secundum Xenophontis historiam Graecam digerendis*, Stendal, 1822, p. 3.
21. *Beiträge zur Erklärung des Thukydides*, Hamburgo, 1846, pp. 132-133.

materiam illum [= Jenofonte] invenisse veri sit simillimum».[22] Después de la intervención precursora de Haacke había tenido lugar la importante toma de posición de Niebuhr, centrada en la justa intuición de la estructural diversidad, también política, de los dos primeros libros respecto de los cinco restantes.[23] El efecto y el peso de esta intervención en el desarrollo posterior de los estudios sobre las *Helénicas* queda bien aclarado por Breitenbach en la primera página de su *Praefatio* de 1853.

El honesto, aunque no siempre brillante, Ludwig Dindorf, que publicó en Oxford, en el mismo año que Breitenbach, una *Xenophontis Historia Graeca* en segunda edición «auctior et emendiator», no comprendió la importancia de la intuición de Niebuhr. Creyó, en cambio, que el genial artículo de George Cornewall Lewis,[24] centrado en la justa visión de la edición antigua como «work in progress», había «quitado de en medio» las cuestiones planteadas por Niebuhr. Dindorf no se daba cuenta de que la concreta, verídica e históricamente fundada visión de Lewis de la «edición» arcaica permitía perfeccionar, no arrinconar, la cuestión de la progresiva formación de las *Helénicas* de Jenofonte a partir de un núcleo básico: el legado de Tucídides (I-II, 2, 23). Un legado enriquecido casi contextualmente por el relato *diario* de la guerra civil (II, 3, 10-II, 4, 43) y después acrecido (no sin una laguna cronológica sumariamente cubierta con el reenvío a la *Anábasis:* III, 1, 1-2) con el relato del esplendor y decadencia de la hegemonía espartana hasta la «paz del Rey» (III, 1, 3-V, 1, 36); para después remontar el vuelo con el inesperado acontecimiento del conflicto espartano-tebano, de la así llamada hegemonía tebana a partir de la Leuctra (371) y de la inédita alianza espartano-ateniense, hasta la no definitiva batalla de Mantinea (362), con lo que Jenofonte declara no sólo su decepción frente al perdurable desorden de la escena política griega, sino también su firme decisión de no seguir adelante, de desentenderse de proseguir el relato de la historia contemporánea, como había hecho a partir de la meritoria iniciativa de poner a salvo y difundir el legado de Tucídides. Los demasiado sutiles cultores decimonónicos del agnosticismo creyeron perdido ese legado, olvidándose del rápido aunque pertinente juicio de Eduard Schwartz[25] según el cual una desaparición semejante sería en realidad «ein Rätsel»: ¡un «enigma»!

22. *Xenophontis Opera omnia*, IV, sec. III, continens *Xenophontis Hellenica*, Gotha, 1853, p. x.

23. «Über Xenophons Hellenika», *Rhenisches Museum*, 1, 1827, pp. 194-198.

24. «The Hellenics of Xenophon and their division into books», *Classical Museum*, 2, 1833.

25. *Charakterköpfe aus der antiken Literatur*, Teubner, Leipzig, 1906², p. 28.

Intermedio

XI. EFECTOS IMPREVISTOS DEL «MAL DE SICILIA» (415 A. C.): LO QUE «VIO» TUCÍDIDES

Hubo tal furor por zarpar que Tucídides, con palabras que nunca usa en otras partes de su obra, define como «eros» o «deseo desmedido»:[1] «los atenienses quisieron emprender una nueva expedición naval contra Sicilia [...], a fin de someterla si podían. La mayor parte de ellos ignoraba la extensión de la isla y el número de sus habitantes, griegos y bárbaros, así como que acometían una guerra de importancia escasamente inferior a la de la guerra contra Esparta y sus aliados».[2] Aquí, en orgullosa polémica contra las decisiones impulsivas de sus conciudadanos, traza como un experto geógrafo y etnógrafo un perfil de Sicilia y de su población. Después de lo cual comenta: «Todos estos pueblos griegos y bárbaros habitaban Sicilia, y contra esta isla tan importante los atenienses se disponían a emprender una expedición. Estaban ansiosos –ésta era la verdadera razón– de dominar Sicilia; pero al mismo tiempo querían –era un bello pretexto– prestar ayuda a sus hermanos de raza y a los aliados que se les habían unido.»[3] Pero no faltaba quien concibiera proyectos aún más ambiciosos. Un jovencísimo Alcibíades, asomado ya a la política y adiestrado en un poco feliz debut diplomático y militar en los años precedentes, más allá de Sicilia pensaba sobre todo en Cartago: en efecto, la conquista de Sicilia era para él «la premisa para la conquista de los cartagineses».[4]

En la asamblea popular el debate fue intenso. Alcibíades, a pesar de ser mirado con suspicacia –no faltaba quien reconociera, en su libre

1. Tucídides, VI, 24, 3.
2. Tucídides, VI, 1, 1.
3. Tucídides, VI, 6, 1.
4. Tucídides, VI, 15, 2; cfr. 90, 1 (Alcibíades a Esparta: «era nuestro propósito asediar también el imperio cartaginés»). M. Treu expresa algunas dudas, no del todo convincentes, acerca de tales proyectos, «Athen und Karthago», *Historia*, 3.1, 1954, pp. 42-49.

vida privada y en los gastos que se permitía como criador de caballos, la vocación de tirano–, se impuso: supo erigirse en intérprete elocuente y tranquilizador de ese «mal de Sicilia» que había ya contagiado a todos. (Plutarco dirá, parafraseando a Tucídides, que Alcibíades era quien «había incendiado aquel eros».)[5] Tucídides analiza por categorías el público de la asamblea popular que se había decidido a favor de la expedición, y para cada grupo individualiza una razón psicológica específica que lo impulsaba a la aventura: «Y de todos se apoderó por igual el ansia de hacerse a la mar: los más viejos porque pensaban que conquistarían el país contra el que zarpaban o que un poder militar tan grande no podía sufrir ningún fracaso; los más jóvenes en edad de servir, por el afán de ver y conocer aquella tierra lejana y en la esperanza de regresar sanos y salvos.»[6] Es decir, que mientras los viejos contemplaban la posibilidad del fracaso, los jóvenes le parecían a Tucídides, en el análisis de la crucial asamblea, al mismo tiempo agitados y optimistas, pero en todo caso proyectados sobre objetivos distintos de los estrictamente militares: lo verdaderamente atractivo para ellos era el conocimiento de tierras lejanas. Tucídides distingue, a continuación, dentro de la asamblea, un tercer grupo, que define como «la gran masa de los soldados», para los cuales la ventaja de la expedición consistía en la posibilidad de incrementar los ingresos de Atenas, de donde se habría derivado, para ellos, asalariados e indigentes enrolados como marineros, «un salario eterno».

A pesar del entusiasmo, observa Tucídides, la asamblea no fue del todo libre en sus decisiones: el deseo desmedido de la mayoría paralizaba el eventual desacuerdo de algunos. Si alguien no estaba de acuerdo se quedaba mudo, y si votaba en contra temía convertirse en el «enemigo de la ciudad» (y aquí Tucídides parodia una socorrida fórmula de la jerga democrática).[7] Por otra parte, como observa inmediatamente después, el mismo Nicias –el antagonista de Alcibíades en la escena ciudadana– se vio constreñido a decir lo opuesto de lo que pensaba. Contrario a la aventura, había tenido una actitud cercana al obstruccionismo en las dos asambleas, esforzándose por sacar a la luz los riesgos; interpelado por la intervención de alguien que lo llamó al orden, diciéndole que «no recurriera a pretextos sino que dijera abiertamente, delante de todos, qué fuerzas debían adjudicarle los atenienses»; al final, «contrariado», obligado a pronunciarse, pidió «no menos de cien tirremes y cincuenta mil

5. *Alcibíades*, 17, 2.
6. Tucídides, VI, 24, 3.
7. Tucídides, VI, 24, 4: κακόνους τῇ πόλει.

hombres».[8] La asamblea lo aprobó de inmediato y dio a los tres comandantes designados –Alcibíades, Nicias y Lámaco– plenos poderes.

Arrastrando a la asamblea a la decisión de embarcarse en la empresa siciliana, Alcibíades había en verdad conseguido también un segundo éxito: el de agrietar, por fin, la autoridad política de Nicias, el artífice de la ventajosa paz de 421, quien no sólo era reacio a toda aventura militar que rompiese el equilibrio alcanzado sino, además de vigilante escrupuloso del mandato perícleo de no poner en peligro la seguridad de Atenas en empresas imperiales, aspiraba abiertamente a afirmarse como el verdadero heredero y continuador de Pericles. Se oponía a él, casi desde el momento mismo en el que había vuelto la paz, el protegido de Pericles.

Es notable el modo en que Tucídides parece incoherente frente a la figura de Alcibíades, o más probablemente cómo va poco a poco modificando su propio juicio sobre el último «gran ateniense» del siglo V: el último, y casi figura bifronte con una cara vuelta al siglo V (en el plano siciliano-cartaginés se inspiraba en proyectos ambiciosos, y ruinosos, como aquel, en su tiempo, de Pericles en Egipto), y la otra cara al IV, si se piensa en su humillante relación con el sátrapa Tisafernes (que anticipa ya la dependencia, en el siglo siguiente, de las directivas y del dinero persa de un Conón y, más tarde, de un Demóstenes). Pero para Tucídides, que nos ha dejado una página de análisis psicológico sobre las relaciones entre Alcibíades y Tisafernes en la que no deja de manifestar sus propias dudas de haber comprendido de verdad la mentalidad de un sátrapa (VIII, 46, 5), Alcibíades es quien hubiera podido, a pesar de la enormidad del desastre siciliano, salvar a Atenas de la derrota, sólo con que sus conciudadanos no hubieran preferido dar crédito a sus enemigos personales y alejarlo en dos ocasiones: «a pesar de haber tomado las disposiciones más acertadas respecto de la guerra», escribe Tucídides, presentándolo pero pensando en lo que había sucedido en los últimos años del conflicto, «en la vida privada todos estaban disgustados por su forma de comportarse, y confiaron los asuntos a otros, que en poco tiempo llevaron la ciudad a la ruina».[9] Se comprende que aquí escribe un Tucídides que ya ha madurado su juicio definitivo y que ha asistido además a la caída de Atenas.

En otros pasajes, en cambio –los compuestos más o menos cuando la expedición estaba gestándose o ya en marcha, o cuando su conclusión catastrófica había hecho creer que Atenas, privada de la flor y nata de sus hombres y de todas las naves, ya no se levantaría, y en cualquier mo-

<hr>

8. Tucídides, VI, 25, 1-2.
9. Tucídides, VI, 15, 3-4.

mento espartanos y siracusanos desembarcarían en El Pireo–, bajo la viva impresión de los acontecimientos, Tucídides parece inclinarse por el diagnóstico de Nicias, es decir, que el ataque contra Siracusa era una grave imprudencia, que alejaba a Atenas de la sabia conducta periclea («no correr riesgos por agrandar el imperio»), y que sobre todo habría puesto enseguida la ciudad entre dos fuegos, con Esparta aprovechándose, tarde o temprano, del compromiso militar ateniense en tierras lejanas: lo que en efecto sucedió. Estas dos valoraciones que Tucídides hace de la parte de responsabilidad que la campaña siciliana tuvo en la ruina de Atenas continúan, curiosamente, en otra parte, en una larga digresión que parte de la noticia de la muerte de Pericles, y que parecería escrita en tiempos distintos, a medias bajo la impresión de la derrota siciliana y a medias después del final de la guerra.[10]

El cuerpo de expedición ateniense zarpó del Pireo en un clima de fiesta popular. Tucídides se detiene largamente en el estado de ánimo de los que partían y de los que los despedían. La psicología de masa de los atenienses es uno de los objetos que escruta con mayor insistencia y espíritu analítico. Los atenienses, en cuanto protagonistas de las decisiones políticas, cargados por tanto del enorme poder que les era concedido por el sistema democrático, están entre los sujetos colectivos que Tucídides tiene principalmente a la vista. Los observa mientras, afectados por el «mal de Sicilia», deciden a la ligera la ruinosa expedición; los observa en el momento en que –en la despedida– su entusiasmo se resquebraja. «Las gentes del país acompañaban [hasta el puerto del Pireo] cada cual a los suyos, unos a sus amigos, otros a sus parientes, otros a sus hijos; iban con esperanza pero sin dejar de lamentarse, pues pensaban en la tierras que conquistarían, pero, considerando cuán lejos de su patria los llevaría la travesía que emprendían, se preguntaban si volverían a ver a aquellos de quienes se despedían.»[11] Es un momento contradictorio que a Tucídides no se le pasa por alto: «En aquel momento, cuando ya estaban a punto de separarse unos de otros para afrontar el peligro, los temores les acometían más de cerca que cuando habían votado por hacerse a la mar. No obstante, ante el presente despliegue de fuerza, dada la importancia de todos los efectivos que tenían a la vista, recobraban la

10. Tucídides, II, 65, 11 («la expedición a Sicilia no fue, en sí misma, un error») se concilia mal con II, 65, 7 (donde se elogia la estrategia periclea: «no tratar de ampliar el imperio mediante la guerra»).

11. Tucídides, VI, 30, 1-2.

confianza.»[12] Hay como una insistencia intencionada en la «vista» en esta parte de la crónica de Tucídides: *el historiador observa a los otros que miran*, y se da cuenta de que la visión los anima, tal como los inquietaba la visión de los familiares a punto de partir. Se parte del sobrentendido de que la vista es el menos engañoso de los sentidos: los atenienses habían delirado con Sicilia en sucesivas asambleas, pero nada sabían acerca de ella, tal como Tucídides declara abiertamente («ignoraban incluso las dimensiones de la isla»); la visión los despierta de la fantasía, a la vez que la misma visión del enorme aparato bélico los tranquiliza.

Los extranjeros, y todos aquellos que habían descendido al Pireo no impulsados por un directo interés familiar, habían ido –observa– como a un «espectáculo», a la vez extraordinario y quimérico. La espléndida «visión» de esta flota causaba impacto –así es como Tucídides concluye la escena de la partida–, más que la grandeza misma de la empresa a la que estaba destinada.[13] Se demora en los últimos instantes que precedieron a la partida, en los pensamientos de cada uno, en los gestos como la libación colectiva sobre las naves y la plegaria, repetida desde tierra como un eco de la que los miembros de la flota pronunciaban, todos a la vez, en los barcos (y no barco por barco como era lo habitual). La atenta observación de estos detalles tiene un particular significado si se relaciona con la desesperada constatación, no mucho después, de la catástrofe: «cada uno particularmente como la ciudad en su conjunto habían perdido muchos hoplitas y jinetes, y una juventud como no había otra igual a su disposición, y por otro lado, al no ver en los arsenales naves suficientes, ni dinero en el tesoro público, ni tripulaciones para las naves, habían perdido la esperanza de salvarse en aquellas circunstancias».[14] Eso que, tras la catástrofe, los atenienses buscan con la mirada y no encuentran es exactamente aquello a cuya vista su abatimiento momentáneo se había aplacado en el momento de la partida. La interpelación entre los dos pasajes es evidente, entre otras cosas por el recurso, también aquí insistente, al elemento visual, esta vez en forma negativa («al no ver en los arsenales naves suficientes, ni dinero en el tesoro público, ni tripulaciones para las naves»).[15]

Predomina una vez más la psicología colectiva: «Cuando la noticia llegó a Atenas, la gente no le quiso dar crédito durante mucho tiempo,

12. Tucídides, VI, 31, 1.

13. Tucídides, VI, 31, 6: ὄψεως λαμπρότητι. Sería difícil sostener que Tucídides cuenta todo eso de oídas más que por haberlo visto con sus propios ojos.

14. Tucídides, VIII, 1, 2.

15. Ibídem: ἄμα μὲν γὰρ στερόμενοι καὶ ἰδίᾳ ἕκαστος καὶ ἡ πόλις [...] ἡλικίας οἵαν οὐχ ἑτέραν ἑώρων ὑπάρχουσαν [...] ἄμα δὲ ναῦς οὐχ ὁρῶντες...

ni siquiera en presencia de los propios soldados que habían escapado del escenario mismo de los hechos y que daban informaciones precisas; no podían creer que la destrucción hubiera sido tan completa y desmesurada. Pero cuando abrieron los ojos a la realidad, se encolerizaron contra los oradores que habían apoyado el envío de la expedición como si no hubieran sido ellos mismos quienes la habían votado; y también se irritaron con los intérpretes de oráculos y los adivinos, y con todos aquellos que a la sazón, con alguna profecía, les habían hecho concebir la esperanza de conquistar Sicilia.»[16] Se imaginaban ya a la flota siracusana desembarcando en El Pireo, al tiempo que temían que sus enemigos en Grecia, como dotados de pronto de doble fuerza, los persiguieran por tierra y por mar y, con ellos, los atenienses desertores. Pero la noción de la catástrofe suscita también un estremecimiento, una desesperada recuperación psicológica: «No obstante, en la medida en que permitiera la situación, la decisión era que no debían ceder, sino equipar una flota, procurándose madera y dinero donde pudieran, asegurarse el control de los aliados, y sobre todo de Eubea, aplicar algunas medidas de prudencia en la administración del Estado a fin de moderar los gastos públicos, y elegir una comisión de ancianos encargada de preparar las decisiones a tomar respecto a la situación de acuerdo con lo que fuera oportuno.»[17] Este fervor de iniciativas y de buenos propósitos suscita una ulterior consideración acerca del estado de ánimo de los atenienses en ese momento, que se dilata en consideraciones generales acerca de la psicología de la masa: «Ante el terror del momento, como suele hacer el pueblo, estaban dispuestos a actuar con absoluta disciplina.»[18]

Cuando la ciudad se había volcado en El Pireo para despedir a la gran armada, ese momento de fiesta y de color había obrado como un remedio a la angustia en la que desde hacía algún tiempo había caído Atenas a causa del misterioso atentado contra los hermes y las consecuentes y trabajosas investigaciones (VI, 27-29).

Sabiamente Tucídides cruza el relato del escándalo con el de la festiva e inquieta partida. Desde su punto de vista, la gente se había tomado la cosa «un tanto demasiado en serio»,[19] no sólo porque había visto un siniestro presagio en la partida sino también porque había imaginado

16. Tucídides VIII, 1, 1.
17. Tucídides, VIII, 1, 3.
18. Tucídides, VIII, 1, 4.
19. Tucídides, VI, 27, 3.

enseguida una trama oligárquica. Se agudiza en esta ocasión la crónica angustia del golpe de Estado, típica del ateniense medio y que tanto sarcasmo suscita en los políticos desencantados. Un sentimiento obstinado y preconcebido, irritante por su alarmismo. Un alarmismo que, en la mayoría de las ocasiones, se revela inmotivado, pero que en esta ocasión, a pesar de que Tucídides se esfuerza por sacar a la luz el carácter obtuso del demócrata medio afectado por la manía del complot («se pusieron a exagerar la importancia del conjunto e hicieron correr la voz de que tanto la parodia de los misterios como la mutilación de los hermes apuntaban al derrocamiento de la democracia»)[20] tenía fundamento, y era acaso indicio del olfato político de la gente, si es verdad que pocos años más tarde los vástagos de las mejores familias, quienes despreciaban a la *canaille*, el *Putsch*, lo intentarían de verdad. Entonces el propio Alcibíades, ahora más sospechoso que cualquier otro de ser el secreto promotor de la trama, habría dudado hasta el último momento si adherirse al *Putsch* –acaso quemándose definitivamente– o bien presentarse después, precisamente él, el fanático de los caballos a la manera de los «tiranos», como el defensor de la democracia.

Pero todo esto sucedería más tarde, cuando quedó claro que la flota enviada a combatir contra Siracusa había sido destruida, y de los hombres y de los jefes de las naves no había quedado nada. En ese momento los sospechosos se dirigieron inmediatamente a Alcibíades y a sus amigos: «Hubo entonces unas denuncias presentadas por algunos metecos y servidores, no respecto a los hermes, sino sobre otras mutilaciones de estatuas efectuadas anteriormente por jóvenes en un momento de juerga y borrachera; también denunciaron que en algunas casas se celebraban parodias sacrílegas de los misterios. Y de estos hechos acusaban, entre otros, a Alcibíades.»[21] En un clima tan envenenado, la única línea que Alcibíades podía seguir era la de pretender que se lo procesara enseguida, para exculparse. Provocaba, casi, a los adversarios, diciendo que no podían confiar un ejército como el que estaba por zarpar hacia Siracusa si él era sospechoso de delitos tan graves. Pero esto era precisamente lo que sus adversarios no querían: con las tropas ya a punto de partir y todos favorables al brillante y joven comandante que los llevaba a la aventura, el juicio hubiera sido un triunfo. Por eso hicieron de manera que partiera dejando a sus espaldas una ambigua incertidumbre. La conclusión fue «que se hiciera a la mar y que no retrasara la salida de la flota, y que a su regreso sería juzgado en un plazo determinado». «Su inten-

20. Tucídides, VI, 28, 2.
21. Tucídides, VI, 28, 1.

ción», observa Tucídides, «era que una citación le obligara a volver a Atenas para someterse a juicio por una acusación más grave, que pensaban preparar más fácilmente en su ausencia.»[22]

En un escándalo tan oscuro, pero al que seguramente Alcibíades no era del todo extraño, Tucídides toma partido. Su relato intenta descalificar a los acusadores de Alcibíades, cuando no denuncia directamente la mala fe. Toda la andadura de la investigación le parece viciada del crédito dado a denuncias indiscriminadas, cuyo único resultado fue que «dando crédito a hombres de escasa honestidad se arrestó a ciudadanos absolutamente honrados».[23] Una manera de hablar, para Tucídides, insólitamente esquemática, que nos recuerda el crudo clasismo del «viejo oligarca» y muestra cómo aquí se acentúa la parcialidad tucidídea. Alcibíades es para él la víctima de sus propios enemigos personales, favorecidos por el resentimiento popular.

De todos modos, la investigación sobre la mutilación de los hermes se cerró porque Andócides, uno de los vástagos más notorios de las grandes familias atenienses, se denunció a sí mismo y a otros de la sacrílega fechoría. A continuación se produjeron algunas condenas capitales. Algunos huyeron. Fue un resultado sobre cuyo fundamento Tucídides levanta dudas pero del que no niega que, al menos, sirvió para aflojar la tensión. Lo que no se podía prever es que, aclarada en cierto modo la primera investigación, «el pueblo de Atenas» se volviera con sospecha aún mayor hacia Alcibíades, cuyo nombre se había relacionado con el asunto de la profanación de los misterios. Había entonces –apunta Tucídides–, en Atenas, una agudización de las sospechas contra Alcibíades ausente, hasta el punto de que cualquier cosa que sucediese le era adjudicada: desde los movimientos de tropas espartanas cerca del istmo a una fantasmagórica conjura antidemocrática en la aliada Argos. La psicosis colectiva llegó a tal punto que, en espera de un imaginario ataque enemigo por sorpresa, del que Alcibíades debía ser el secreto promotor, «pasaron una noche de vigilia en armas en el templo de Teseo, dentro de las murallas»:[24] anotación sarcástica, que tiende a ridiculizar la emotividad colectiva del «pueblo de Atenas».

La condena de Alcibíades estaba ya decidida incluso antes del juicio: «Por todas partes, pues, la sospecha rodeaba a Alcibíades. Querían matarlo llevándolo frente a un tribunal.»[25]

22. Tucídides, VI, 29, 3.
23. Tucídides, VI, 53, 2.
24. Tucídides, VI, 61, 2.
25. Tucídides, VI, 61, 4.

Tucídides conoce los entresijos, los estados de ánimo, las tramas; sin demasiada cautela deja entrever su verdad: la inocencia de Alcibíades. Descalifica por completo el proceso que había conducido a las sumarias condenas de los presuntos mutiladores de los hermes. Denuncia la manera preconcebida con la que se había implicado a Alcibíades. Se expresa como quien ha sido testigo de todos los acontecimientos, unos acontecimientos por demás intricados y acerca de los cuales ninguno de los protagonistas tenía interés en decir todo lo que sabía; y a pesar de todo ello tiene una verdad que afirmar. Se permite incluso, donde lo considera necesario, un tono alusivo y unos singulares silencios. No se rebaja, por ejemplo, a mencionar el nombre de un personaje abyecto como Andócides; dice simplemente que, cuando se estaba en el colmo del terror y los arrestos de «gente honrada» se multiplicaban día tras día, «uno de los arrestados que parecía implicado hasta el fondo en el asunto», precisamente el orador Andócides, «fue persuadido por un compañero de prisión para que hiciera denuncias, ya fueran verdaderas o falsas».[26] Todo se basará en esta confesión. Para descalificarla, a Tucídides le basta con insistir acerca de las razones y sobre los razonamientos desarrollados en el secreto de la prisión, que llevaron a tales confesiones; en sustancia, que era mejor para él incluso acusarse falsamente pero al menos, alimentando al pueblo con un puñado de nombres ilustres, restituir la serenidad a todos los demás. Tucídides no deja de insistir en el inverosímil procedimiento mediante el cual el pueblo se agarra alegremente a una verdad: «El pueblo ateniense quedó contento de haber obtenido —así lo creía— la verdad.»[27]

Según Tucídides, la verdad permaneció ignota. Acerca de este punto es perentorio y detallado: distingue entre lo que «en el momento» se consiguió comprender y saber, cuando el acontecimiento se estaba desarrollando, y lo que se pudo saber más tarde. (No sorprende este «más tarde». El acontecimiento, sobre todo entre las personas, no terminó allí. Los protagonistas del choque político fueron durante mucho tiempo los mismos: Androcles, demagogo, que será asesinado por la *jeunesse dorée* en la vigilia del golpe de Estado de 411, y uno de los que más se habían manifestado contra Alcibíades en el momento del escándalo.) Las conclusiones que saca Tucídides de su propia experiencia es que «nadie, ni entonces ni más tarde, ha podido dar informaciones precisas respecto a los autores del hecho».[28] El mismo silencio acerca del nombre

---

26. Tucídides, VI, 60, 2. Sobre este punto, véanse los detalles más abajo, cap. XII.
27. Tucídides, VI, 60, 4.
28. Tucídides, VI, 60, 2.

de Andócides, así como acerca del nombre de quien indujo a Andócides a la confesión, forma parte de estas conclusiones. Esta reticencia es un trato de parcialidad o quizá de prudencia. Es, en todo caso, un silencio deliberado, que nos parece tanto más singular si se piensa que Tucídides da, en cambio, un informe minucioso del diálogo entre los dos innominados. No se trata de cualquier meteco o esclavo sino de aristócratas de cuyos casos Atenas se seguiría ocupando durante años.

En cuanto al clima dominante durante los meses de la investigación, el rasgo que Tucídides subraya con insistencia y casi repetitivamente es la sospecha. La frase «todo lo tomaban con sospecha» es repetida varias veces en un breve contexto y es la primera notación a la que Tucídides recurre cuando retoma el hilo del relato después de la digresión sobre los tiranicidios. Nuevamente, más que las acciones de los individuos se dedica a estudiar el comportamiento de ese sujeto colectivo de la historia que es «el pueblo de Atenas». La sospecha, el entusiasmo crédulo frente a las primeras confesiones de culpabilidad, la obstinación en querer ligar los escándalos a supuestas tramas oligárquicas, incluso a acontecimientos militares externos, hasta la bravuconada de la noche en armas en espera de un enemigo imaginario, son las cuñas de esta psicología tucidídea de la masa. Una psicología confusa, en la que se mezclan olfato político y mitomanía. «El pueblo sabía por tradición que la tiranía de Pisístrato y de sus hijos había terminado por resultar insoportable y que, además, no había sido derribada por ellos y por Harmodio sino por obra de los espartanos, y por ello vivía siempre en el temor y lo miraba todo con suspicacia.»[29]

Como prueba de hasta qué punto la pesadilla de los tiranos, «el olor de Hipias», era inminente, Tucídides inserta en el relato una docta reconstrucción de cómo fue en verdad el desastroso atentado de Harmodio y Aristogitón [VI, 54-59]. Quizá el *excursus* no es pertinente en ese lugar y mucho menos es necesario el relato, y quizá se liga mal con el contexto, pero le sirve a Tucídides para un fin esencial: focalizar la pesadilla de los atenienses en medio del escándalo. Por eso, después de haber relatado el antiguo suceso del que había sido víctima Hiparco, quien había llenado el Ática de hermes (acaso esta relación no es extraña a la decisión de Tucídides de poner aquí este *excursus*), continúa buscando la «razón con la cabeza» del demo: «El pueblo de Atenas tenía en la mente estos hechos y recordaba todo lo que había oído decir sobre ellos; por ello se mostraba entonces duro y suspicaz respecto de quienes habían sido acusados por el asunto de los misterios, y creía que todo aquello ha-

29. Tucídides, VI, 53, 3.

bía sido hecho con vistas a una conjura oligárquica conducente a la tiranía.»[30] Palabras en jerga, estas últimas, y por tanto dichas *ex ore Atheniensium*, como queda claro entre otras cosas por el acercamiento de oligarquía y tiranía, que no está del todo justificada pero es propia del lenguaje democrático.[31]

El resultado del episodio, ruinoso según Tucídides, fue que los atenienses, poco después del inicio de la campaña de Sicilia, hicieron volver a Alcibíades. Mandaron a Siracusa la nave *Salaminia* con el objetivo de traer a Alcibíades de vuelta a Atenas, para un juicio-farsa, cuyo resultado estaba ya decidido de antemano: «querían matarlo». Tucídides se muestra en condiciones de referir (e insiste mucho en ello) las instrucciones reservadas impartidas a quienes estaban encargados de traer a Alcibíades a Atenas sin que surgiese en él la sospecha de una trampa: «Se dio orden de exhortarle a seguir para defenderse, pero de no prenderle; cuidaban de no alterar las cosas en Sicilia, tanto entre sus propios soldados como entre los enemigos y los argivios, de quienes pensaban que se habían unido a la expedición gracias a la influencia de aquél.»[32] Pero Alcibíades iba a fugarse en Turios, burlando a sus amables carceleros.

30. Tucídides, VI, 60, 1.
31. Aristófanes, *Lisístrata*, 618-619. Cfr., más abajo, cap. XXIV.
32. Tucídides, VI, 61, 5.

Tercera parte

Cómo perder una guerra después de haberla ganado

ANTECEDENTE

Al contrario que sus contemporáneos, así como de los historiadores y políticos del siglo siguiente, Tucídides –ya lo hemos recordado– intuyó la sustancial unidad del conflicto abierto en la primavera de 431 a. C. con el ultimátum espartano y cerrado con la capitulación de Atenas, en abril de 404. Tal visión unitaria encuentra un notorio paralelismo con la valoración de las dos guerras mundiales que tuvieron lugar en la primera mitad del siglo XX como fases de un mismo conflicto.[1] En ambos casos se trata de dos periodos bélicos prolongados, en cuyo intervalo se producen conflictos menores y tensiones en otras áreas, de modo que la paz misma que concluye el primero de los dos (la paz de Nicias en el primer caso, la paz de Versalles en el segundo) es percibida como algo provisional.

Debe observarse, empero, que la conciencia de tal unidad se forma, necesariamente, a posteriori. Es el desarrollo de los acontecimientos el que va dando cada vez mayor fuerza a la idea de que el primer conflicto haya concluido sólo en apariencia y se haya inevitablemente reabierto y continuado hasta que uno de los grandes sujetos en lucha sucumbe definitivamente. Sigue firme, en todo caso, el hecho de que la persuasión misma de que se ha llegado por fin a un epílogo verdaderamente conclusivo es, con frecuencia, puesto en duda por el desarrollo ulterior de los acontecimientos; como una prueba más del hecho de que cualquier pe-

1. Esta analogía está muy presente en Moses Finley, en la introducción a la traducción de Tucídides editada en la colección Penguin Books, Londres, 1972, pp. 22-23. Finley observa, de modo muy pertinente, que en los veinte años que transcurren entre las dos guerras mundiales predominaron poco a poco, entre los estudiosos de la historia contemporánea, diferentes concepciones de las causas de la Primera Guerra Mundial, en la que cada vez cambiaba el relato de los presagios del conflicto. Tucídides cambia su idea acerca de la verdadera causa de la guerra del Peloponeso cuando descubre la unidad de todo el conflicto.

riodización histórica es provisional. No por casualidad Teopompo ha continuado la obra de Tucídides haciéndola llegar hasta 394 a. C., es decir, hasta el renacimiento de las murallas de Atenas abatidas en la capitulación de 404.

En el caso de la reflexión histórico-política de Tucídides sobre la gran guerra de la que fue testigo, vemos aflorar progresivamente en su obra el *descubrimiento* de la unidad entera del conflicto. Por su parte, Lisias, Platón y Éforo siguieron pensando en términos de tres guerras distintas: la arquidámica (431-421 a. C.), concluida con una paz muy laboriosa como la llamada «de Nicias»; la siciliana (415-413 a. C.), y la decélica (413-404 a. C.). Estos intérpretes tenían muy presente que, en los acontecimientos atenienses, la paz de Nicias había marcado un punto de inflexión y que, tal como Nicias había temido, fue precisamente el ataque de Atenas contra Siracusa en 415 lo que provocó la reapertura del conflicto entre Esparta y Atenas, principales firmantes de la paz de Nicias. Dado que el ataque de Atenas contra Siracusa no era un movimiento inevitable, se deduce que la reapertura del conflicto, que resultó catastrófica para Atenas, era sólo una pero no la única de las posibilidades. La misma gran discusión en asamblea popular entre Nicias, que desaconseja la campaña siciliana, y Alcibíades, que la alienta a la cabeza de una oleada de opiniones públicas inflamadas por la conquista presuntamente fácil de Occidente, significa que dos caminos se abrían y que el giro belicista no era una opción inevitable.[2]

Tucídides da visible relieve al hecho de que dos caminos se abrían y se siguió el equivocado, con lo que demuestra que no había madurado todavía la visión en cierto sentido determinista de un conflicto unitario, destinado inevitablemente a reabrirse y a concluirse con la anulación de una de las potencias en lucha. Tucídides fue madurando progresivamente esta visión, a medida que pudo constatar que Esparta y Corinto entraban en la guerra entre Atenas y Siracusa, y que volvían a abrir el conflicto con Grecia al cuestionar la paz de Nicias. La visión unitaria, una vez adquirida, produjo integraciones importantes en el primer libro de su obra, como el rápido perfil del medio siglo que corre entre las guerras persas y el estallido del conflicto con Esparta;[3] así como el memorable comentario que pone al final del congreso de Esparta, donde declara que los espartanos accedieron a las solicitudes de los corintios en pro de una respuesta militar a la creciente hegemonía ateniense «no porque se hubieran dejado persuadir por los corintios y por los otros aliados sino

2. Tucídides, VI, 8-26.
3. Tucídides, I, 89-118.

porque temían el constante crecimiento de la potencia ateniense y veían que la mayor parte de Grecia estaba sujeta a Atenas».[4] Descubrimiento de la unidad en la totalidad del conflicto, intuición de la «causa más verdadera»[5] (alarmas espartanas frente a la creciente potencia imperial ateniense), necesidad de trazar un rápido perfil de la génesis y crecimiento del imperio ateniense, son entonces fenómenos estrechamente vinculados entre sí y constituyen la traza soterrada para devanar, al menos en las grandes líneas, la estratigrafía de la composición del relato de Tucídides.

Pero los efectos de tal descubrimiento, que reinterpretaba de forma original toda una fase histórica, tuvo como consecuencia –en la mente del historiador– un proceso de devaluación del relieve de algunas etapas del conflicto inicialmente considerado por él mismo como de primera importancia. Por ejemplo, los incidentes (Córcira, Potidea, el embargo contra Megara) que precedieron en algunos años el estallido del conflicto, y que inicialmente le habían parecido a Tucídides causas a tal punto relevantes como para requerir una exposición analítica que ocupa gran parte del primer libro. Del mismo modo se explica el relato minuciosamente analítico de la campaña siciliana, que antes debió concebirse como la narración de otro conflicto, con su propio proemio etnográfico, y se convirtió más tarde en un relato mucho más amplio, cuyos años de guerra quedan inmersos en la única enumeración progresiva de los veintisiete años. Es de por sí evidente que esta modificación sobre la marcha de la visión general del conflicto, en el juicio de Tucídides, ha determinado descompensaciones narrativas, las cuales, por otra parte, parecieron evidentes a un crítico puntilloso, aunque no profundo, como Dionisio de Halicarnaso.[6]

*

Ahora bien, en el cuadro de esta tardía visión unitaria del conflicto es evidente que la paz de Nicias termina siendo presentada como poco más que una tregua. Pero no fue tal la percepción de los contemporáneos y acaso hasta cierto momento del mismo Tucídides, como queda claro en las propias palabras que le hace pronunciar a Nicias al principio del libro VI, allí donde Nicias describe la recuperación económica emprendida

4. Tucídides, I, 88.
5. Tucídides, I, 23, 6.
6. En una de sus páginas más autodestructivas se esfuerza en «reordenar» el primer libro de Tucídides en un orden expositivo más preciso (*Sobre Tucídides*, 10-12).

gracias a la paz tras diez años de invasiones espartanas en el Ática. Esta devaluación del significado de la paz de Nicias comporta dejar en la sombra, en el relato tucidídeo, el resultado más macroscópico de la paz: el reconocimiento finalmente formalizado del imperio ateniense por parte de Esparta y la aceptación de su consistencia «territorial».[7] Si se considera que el nacimiento mismo de la alianza estrecha en torno a Atenas había representado una rotura de la alianza panhelénica encabezada por Esparta, surgida de la invasión de Jerjes (480 a. C.), se comprende la dimensión histórica de la aceptación por parte espartana de la existencia oficial y legítima del imperio ateniense. Esa aceptación queda testificada por el texto de la paz de Nicias, que se ha conservado gracias al propio Tucídides.

Quien piense, entonces, como Maquiavelo, que Atenas había «ganado la guerra», no está del todo desencaminado. La frecuentación de los textos griegos por parte de Maquiavelo fue indirecta pero siempre a la altura de su penetrante capacidad de leer políticamente el pasado. En el libro tercero de los *Discursos sobre la primera década de Tito Livio* Maquiavelo toca casi por casualidad esta materia y apunta una vez más a una de sus drásticas formulaciones geniales. Parte de un problema exquisitamente político: el mayor peso que las élites adquieren en caso de guerra. En apoyo de esa tesis se refiere al caso de Nicias frente a la campaña siciliana e inserta, cosa bastante inusual en él, una amplia referencia al relato de Tucídides. Es allí donde deja caer, casi *per incidens*, una declaración que al lector moderno le resulta poco menos que extravagante y que en cambio es profundamente verdadera: que Atenas habría ganado la guerra. Obviamente se refiere a la guerra de diez años, concluida con la paz de Nicias, cuya envergadura política y diplomática le queda perfectamente clara:

> Siempre ha ocurrido y sucederá que las repúblicas hagan poco caso de los grandes hombres en tiempo de paz, porque envidiándoles muchos ciudadanos la fama que han logrado adquirir, desean ser sus iguales y aun superiores. De esto refiere un buen ejemplo el historiador griego Tucídides, quien dice que, habiendo quedado victoriosa la república ateniense en la guerra del Peloponeso, enfrenado el orgullo de los espartanos y casi sometida toda Grecia, fue tan grande su ambición, que determinó conquistar Sicilia.
>
> Se discutió el asunto en Atenas. Alcibíades y algunos otros ciudadanos aconsejaban la empresa, porque más que el bien público atendían a

---

7. Baste pensar que los representantes atenienses firman en nombre de «Atenas y los aliados» (Tucídides, V, 18-19).

su propia gloria, esperando ser los encargados de ejecutarla; pero Nicias, que era el primero entre los ciudadanos más distinguidos, se oponía a ella, y el argumento más fuerte que hacía en sus arengas al pueblo para persuadirle de su opinión, consistía en que, al aconsejar que no se hiciera esta guerra, aconsejaba contra su propio interés, porque bien sabía que en tiempos de paz eran infinitos los ciudadanos deseosos de figurar en primer término; pero también que, en la guerra, ninguno le sería superior ni siquiera igual (cap. 16; trad. de Luis Navarro).

XII. ESCÁNDALOS Y TRAMAS OSCURAS (415 A. C.) «CON UNA ANTOLOGÍA DE DOCUMENTOS»

1. *Los hechos*

Al despertar, los atenienses encontraron mutilados los hermes de piedra, es decir, las columnas con base cuadrangular con la cabeza y el falo de Hermes, distribuidos por toda la ciudad. Era la primavera avanzada de 415 y la gran armada destinada a someter Siracusa y conquistar Sicilia estaba a punto de partir.

Quizá una bravuconada o quizá alguien quería emprender una provocación política de amplias proporciones. Se había sabido, además, que en una casa particular se habían imitado los misterios eleusinos. «Dieron mucha importancia a este asunto», dice Tucídides, «pues daba la impresión de estar en conexión con una conjura con vistas a una revolución y al derrocamiento de la democracia.»[1] Empezaron las delaciones y los arrestos. Comenzó a sonar el nombre de Alcibíades, a quien alguien, al parecer, quería atacar. Se montó de este modo, y alcanzó enormes proporciones, el mayor «escándalo de la república» que jamás estalló en Atenas.

Se instauró en ese punto tal clima de sospechas que, según un testimonio sin duda interesado, como el de Andócides, la gente ya ni siquiera frecuentaba el ágora: «Huían», dice, «del ágora, bajo el temor de ser arrestados.»[2] Alcibíades pidió en vano ser enjuiciado rápidamente; en cambio se prefirió dejarlo partir, para después llamarlo y procesarlo en una posición de debilidad. Los arrestos golpeaban con brutalidad, sobre todo a las grandes familias y a los clanes aristocráticos. Entre otros, fue arrestado Andócides, junto a buena parte de su familia, bajo la denuncia de un tal Dioclides. Si es difícil establecer en qué medida Andócides estu-

---

1. Tucídides, VI, 27, 3.
2. «Sobre los misterios», 36. El discurso «Sobre los misterios», escrito para un juicio que se celebró dieciséis años después de los hechos, se refiere largamente a ese acontecimiento. Su tono es tan apologético que suscita sospechas casi a cada paso.

vo implicado personalmente en la mutilación de los hermes, de sus muy calculadas palabras resulta claro que el clan del que formaba parte (la «hetería» de Eufiletos) estaba inmerso en la primera línea de los acontecimientos. Ello significa que, de los numerosos arrestos que se realizaron, algunos (y no pocos) dieron en el clavo.

La delación de Andócides sirvió para desbloquear la situación. Aunque aún permanece abierta la cuestión acerca de cuál fue exactamente el contenido de esa delación. Pero lo cierto es que, una vez arrestados y castigados los denunciados, el gran miedo cesó. Como premio, Andócides obtuvo la impunidad. Sin embargo, inmediatamente después un decreto, que parecía hecho a propósito para él, presentado por un tal Isotímedes, sancionó la prohibición de la vida pública «para los reos confesos de impiedad». Andócides, sintiéndose señalado, prefirió autoexiliarse.

Desde ese momento y hasta la amnistía general de 403 llevó una vida errante, siempre a la espera de obtener el permiso para regresar. Pero la amnistía no fue resolutiva. Dejó no poco espacio a las venganzas y al arreglo de antiguas cuentas pendientes. En 399, mientras se celebraban en Eleusis los «Grandes misterios» y Andócides mismo, con otros iniciados, se encontraba allí, una acusación en su contra fue entregada al arconte rey. Los acusadores eran un tal Cefisio, además de Meleto (que podría ser el mismo que ese año acusó a Sócrates) y Epícares. Se amparaban en el decreto de Isotímides y exigían que Andócides siguiera bajo interdicción por sacrílego.

Esta vez, al contrario que en 415, se llegó a juicio. Con dieciséis años de retraso, cada una de las partes reconstruyó por fin, a su modo, el acontecimiento del escándalo. De este proceso se conserva un documento importante: el discurso compuesto por Andócides en su defensa propia, titulado tradicionalmente «Sobre los misterios», porque en la primera parte trata precisamente de los acontecimientos de los misterios profanados, mientras que una parte mucho más amplia, aunque también menos persuasiva, se refiere precisamente a la mutilación de los hermes. Se ha conservado asimismo uno de los discursos de acusación. Está en la recopilación editada bajo el nombre de Lisias: el IV, «Contra Andócides».

Pero el discurso «Sobre los misterios» no es la única reconstrucción de los hechos que aportó Andócides. Hay otra, más sumaria, en un discurso pronunciado por él entre 411 y 407, cuando intentó, sin éxito, volver a Atenas, aprovechando la crisis abierta por el golpe de Estado de 411. Es el discurso «Sobre el propio regreso», que, por una ironía de la historia de la tradición, se encuentra junto al discurso «Sobre los misterios» en la minúscula recopilación (debida sin duda a manos distintas a las del autor) de las alocuciones de Andócides.

Los tres nombres en torno a los cuales gira la interpretación de los acontecimientos son el de Andócides, encarcelado por sospechoso pero absuelto en compensación de su delación; el de Alcibíades, golosa presa para sus adversarios, y el de Tucídides, que será el historiador de esos candentes acontecimientos contemporáneos y a quien animaba el propósito de afirmar, en el cuadro noble de una obra de historia, una tesis precisa sobre la inconsistencia de las acusaciones dirigidas contra Alcibíades. Su tono es de todo menos desinteresado; sarcástico con frecuencia, como cuando describe la noche en vela pasada por los atenienses, inquietos, en espera de un ataque espartano por sorpresa, del que —según insistentes «revelaciones»— Alcibíades era oculto promotor, pero que nunca se produjo. Sin embargo, si son verdaderas las palabras que Andócides hace pronunciar a Dioclides («me dijeron: Si conseguimos obtener lo que queremos seréis de los nuestros»), tenía que haber un proyecto subversivo detrás de esa desmitificadora puesta en escena.

2. *Los documentos*

A) EL RELATO DE DIOCLIDES

Tenía en Laurio un esclavo y había de tratarse su parte de beneficio [*apophorà*]; aun habiéndome equivocado respecto de la hora, me puse en viaje apenas me levanté, muy temprano; había luna llena; y, cuando estaba junto al pórtico de Dioniso, llegué a ver a numerosos individuos que bajaban desde el Odeón hacia la orquesta; al sentir temor de ellos, yéndome hasta allí al amparo de las sombras, estaba sentado entre la columna y la estela sobre la que descansa el estratego de bronce; y veía que los individuos en cuestión eran por su número más de trescientos, y que estaban en círculo, puestos de pie, en grupos de a quince hombres, y algunos en grupos de a veinte; y, en fin, al contemplar sus rostros a la luz de la luna reconocí a la mayor parte.

Al volver a la ciudad me encontré con que ya se habían escogido los responsables de la investigación y de que hubiera sido proclamada una recompensa de cien minas por la delación. Al ver a Eufemo, el hijo de Calias, hermano de Teocles, estaba sentado en el taller de un broncista, como lo llevara acto seguido hasta el Hefesteo, se ponía a relatarle exactamente cuanto os acabo de decir, de qué manera lo había visto a él y a los otros aquella noche, y agregó: «Si queremos hacernos amigos, yo no prefiero el dinero de la ciudad al vuestro.» Eufemio me contestó: «Has hecho bien en decirlo», y me invitó a ir a casa de Leógoras, el padre de

Andócides, y al despedirme me dijo: «Allí encontrarás a Andócides y a los otros a quienes debes ver.» Al día siguiente me dirigí a casa de Leógoras, llamé a la puerta y dio la casualidad de que en ese momento salía el dueño de casa y me dijo: «¿Eres tú a quien están esperando? ¡Desde luego que no hay que rechazar a semejantes amigos!», tras lo cual se fue. Los otros me ofrecieron dos talentos de plata en vez de las cien minas ofrecidas por el erario público. Me prometieron. «Si conseguimos obtener lo que queremos, serás de los nuestros.» Respondí que pensaría en ello, y ellos me dieron cita en casa de Calias, hijo de Telocles, para que él también estuviera presente en el momento del acuerdo.

Fui a casa de Calias, me puse de acuerdo con ellos y nos intercambiamos una solemne promesa en la Acrópolis; ellos me prometieron el dinero para el mes siguiente, pero nunca llegué a recibir nada. Por esa razón los denuncié (Andócides, «Sobre los misterios», 38-42).[3]

Dioclides denunció a cuarenta y dos personas a la Boulé; los primeros dos nombres de su lista eran Mantiteo y Apsefiones, buleutas ambos. Apenas Dioclides hubo terminado su denuncia, se levantó Pisandro y propuso abrogar el decreto de Escamandrio, que prohibía infligir la tortura a los ciudadanos atenienses. Los presentes se lanzaron a apoyar ruidosamente la posición de Pisandro. Mantiteo y Apsefiones se refugiaron en el altar como suplicantes, imploraron que no se los sometiese a torturas y se les permitiera aportar garantías y sólo en ese caso someterse a juicio. Les fue concedido. Pero, apenas nombraron a sus garantes, saltaron sobre dos robustos caballos y huyeron hacia el enemigo, sin cuidarse del hecho de que —según la ley— recaerían sobre sus garantes las penas correspondientes a quienes los habían nombrado.

Terminada la sesión, el Consejo ordenó que se precediese con gran secreto al arresto de los cuarenta y dos denunciados por Dioclides (entre los cuales estaba Andócides). Los arrestados fueron encadenados. Dioclides fue coronado y llevado triunfalmente hasta el pritaneo, como benefactor de la patria. Ésta es la lista aportada por el mismo Andócides: Leogoras, Cármides, Táureas, Niseo, Calias, Eufemo, Frínico, Éucrates, Critias (Andócides, «Sobre los misterios», 43-47). Era la flor y nata de la élite, en tanto que Pisandro, que entonces se comporta con encarnizamiento, figurará, menos de cuatro años más tarde, junto a ellos en el golpe de mano oligárquico.

3. Se ha tomado como referencia la siguiente edición en español: Antifonte, Andócides: *Discursos y fragmentos*, introducción, traducción y notas de Jordi Redondo Sánchez, Madrid, Biblioteca Clásica Gredos, 1991, pp. 207-209. *(N. del T.)*

B) EL RELATO DE DIOCLIDES SEGÚN ANDÓCIDES

[Es la reconstrucción de los hechos de 415, aportada por Andócides en 399]

[36] *(Después de la primera denuncia de los Hermocópidas presentada por Teucro)*[4] Pisandro y Caricles, que se contaban entre los miembros de la comisión investigadora, y que por aquel entonces pasaban por ser en extremo favorables a los intereses del pueblo, sostenían que las acciones acontecidas no habían de ser cosa de unos pocos ciudadanos, sino que tenían como objetivo la disolución del régimen, y que convendría indagar todavía y no cejar en esa labor. En la ciudad era tal el estado de ánimo que, tan pronto como el heraldo volvía a indicar al Consejo que accediera al interior de su sede y retiraba la señal, a la vez que con esta misma señal entraba el Consejo a su sede, huían algunos en el ágora embargados por el temor de que cada uno de ellos fuera apresado.

[37] Soliviantado, pues, por los males de la ciudad, presenta Dioclides una acusación de crímenes flagrantes a la Boulé, pues afirmaba conocer a los que mutilaron las efigies de los hermes, y que eran éstos cerca de trescientos. Decía que los había visto y que se había encontrado por azar en las inmediaciones del suceso. Por tanto, jueces, a todo ello os pido que mientras prestáis atención dirijáis de nuevo vuestros recuerdos, si es que digo la verdad, y que os lo deis mutuamente a entender, porque ante vosotros se produjeron los discursos, y por ello os tengo por testigos de los hechos.

[38] Dijo Dioclides, en efecto, que tenía en las minas de Laurio un esclavo y que había de traerse su *apophorà;* que, aun habiéndose engañado con respecto a la hora, se ponía en viaje no bien se levantó, muy de mañana; que había luna llena; y que, cuando estaba junto al pórtico de Dioniso, llegaba a ver a numerosos individuos que bajaban desde el Odeón hacia la orquesta; que, al sentir temor de ellos, yéndose hasta allí al amparo de las sombras, estaba sentado entre la columna y la estela sobre la que descansa el estratego de bronce; y que veía que los individuos en cuestión eran por su número más de trescientos, y que estaban en círculo, puestos de pie, en grupos de a quince hombres, y algunos en grupos de a veinte; y, en fin, que al contemplar sus rostros a la luz de la luna reconocía a la mayor parte.

---

4. Teucro, por los hermes, denunció a: Euctemon, Galucipo, Eurímaco, Polieucto, Platón, Antidoro, Caripo, Teodoro, Alcístenes, Menéstrato, Eurixímaco, Eufileto, Eurimedonte, Ferecles, Meleto, Timantes, Arquídano, Telenico (Andócides, «Sobre los misterios», 35).

[39] Por tanto, ciudadanos, ya por de pronto se fabricaba esta añagaza el más temible de los artificios, creo yo, de modo que de él dependiera así afirmar que cualquiera de los atenienses que él quisiera, fuese quien fuese, figuraba entre estos hombres, como decir que no figuraba quien él no quisiera. Así pues, tras contemplar todo esto fui a Laurio, y que al día siguiente oí que habían sido mutilados los hermes; y, en efecto, enseguida me apercibí de que la acción era obra de estos hombres.

[40] Al volver a la ciudad, se sorprendió de que ya hubieran sido escogidos los responsables de la investigación y de que hubiera sido proclamada una recompensa de cien minas por la delación. Y al ver que Eufemo, el hijo de Calias, hermano de Telocles, estaba sentado en el taller de un broncista, como lo llevara acto seguido hasta el templo de Hefesto, se ponía a relatarle exactamente cuanto os acabo de decir,[5] de qué manera nos había visto aquella noche: que a buen seguro no iba a aceptar los emolumentos de la ciudad antes que los procedentes de nosotros,[6] de modo que nos tendría por amigos, que Eufemo, de hecho, le dijo que había hecho bien en decírselo, e incluso lo invitó a ir a casa de Leógoras,[7] «para que te encuentres allí, junto conmigo, con Andócides y con otros con quienes es preciso hacerlo».

[41] Contó que había ido al día siguiente y que llamó a la puerta, y que se encontró con mi padre, que casualmente salía en ese momento, y le dijo: «¿A ti, entonces, están esperándote éstos? Desde luego, no hay que rechazar a amigos como éstos.» Después de lo cual mi padre salió. Con que de esta manera llevaba a la perdición a mi padre, al descubrirlo como cómplice. Sostenía entonces que nosotros habíamos decidido ofrecerle dos talentos de plata en lugar de cien minas del erario público, y que, caso que obtuviéramos cuanto queríamos, él sería de los nuestros, y que de todo ello daría él garantías y a la vez las recibiría.

[42] Agregó que él había contestado que lo iba a pensar, y que nosotros lo habíamos invitado a dirigirse a Calias, hijo de Telocles, para que él también estuviera presente durante el acuerdo. De este modo, causaba a su vez la perdición de este último, cuñado mío. Afirmaba haberse llegado a la casa de Calias, que le dio en la Acrópolis palabra fidedigna, puesto que estaba de acuerdo con nosotros, y que, por más que entre todos fijamos que se le daría el dinero en el mes entrante, le men-

---

5. Empiezan las noticias dadas o reveladas por casualidad; aquí comenzamos a comprender que entre las personas vistas en la noche de luna llena estaba también Andócides.

6. Calias era cuñado de Andócides.

7. Padre de Andócides.

timos por completo porque no se lo dábamos; por consiguiente, comparecía al objeto de denunciar lo acontecido.

[43] Tal fue, ciudadanos, la acusación montada por Dioclides. Unida a ella presentó los nombres de los ciudadanos que decía conocer, en número de cuarenta y dos, y como primeros acusados a Mantiteo y Apsefión, que eran buleutas y se encontraban sentados dentro, y asimismo, a continuación, a los demás. Dijo entonces Pisandro, poniéndose en pie, que convenía abolir el decreto de la época de Escamandrio[8] y hacer subir a la rueda a los acusados para que no se hiciera de noche antes de que hubieran averiguado los nombres de absolutamente todos los demás individuos. La Boulé gritó que Pisandro tenía toda la razón.

[44] Al oírlo, Mantiteo y Apsefión se sentaron en el altar, pues suplicaban que no llegaran a ser sometidos a tortura, sino que fueran juzgados luego de haber nombrado responsables de su fianza. Después que a duras penas lo hubieron conseguido, subidos en sus monturas tan pronto como nombraron a sus fiadores, pusieron tierra por medio dirigiéndose por propia iniciativa junto a nuestros enemigos, siendo que abandonaron tras de sí a sus garantes, a quienes era menester verse sujetos a los mismos cargos por los que lo eran aquellos en cuyo favor salieron fiadores.

[45] El Consejo, entonces, después de retirarse en secreto nos hizo aprehender y encadenar con cepos. Luego, cuando hubieron convocado a los estrategos, les instaron a proclamar que cuantos de entre los atenienses vivían en la ciudad fueran hacia el ágora no sin haber tomado sus armas, hacia el Teseo cuantos vivían en los muros largos, y hacia el ágora de Hipodamo cuantos vivían en El Pireo, y que a toque de trompeta se diera a los jinetes, antes aún de la noche, la señal de acudir al Anaceo; que el Consejo se dirigiera a la Acrópolis, y pasara allí la noche, y los pritanos en la rotonda. Los beocios, por su parte, una vez hubieron tenido conocimiento de estos asuntos habían salido en campaña hasta el linde de ambos territorios. Por el contrario, a Dioclides, responsable de estos males, después de coronarlo lo conducían sobre un carro al Pritaneo, en la idea de que era el salvador de la ciudad, y tenía allí dispuesta una cena (como si fuera un benefactor de la patria).

[46] Por consiguiente, ciudadanos, por de pronto recordad esos hechos cuantos de entre vosotros estuvisteis presentes, y explicádselo a los

8. El decreto que sancionaba la prohibición de torturar a los ciudadanos atenienses. Las aclamaciones que acogieron la propuesta denotan la gravedad de la situación: la tortura era infligida sólo a los esclavos. El nombre de Escamandrio no figura entre los arcontes de 480-415: Traill (*Persons*, XV, 2006, n. 823460) conjetura 510/509.

demás; y hazme el favor de citar a continuación a los pritanos que por entonces ejercían como tales, a Filócrates y a los otros. [Aquí continuaban los testimonios].

[47] Ahora voy a dar también lectura a los nombres de los ciudadanos a quienes acusó Dioclides, para que veáis a cuántos de mis parientes él intentaba arrastrar a la ruina: en primer lugar, a mi padre; luego, a mi cuñado, puesto que al uno lo señalaba como cómplice, y en casa del otro decía haber tenido lugar el encuentro. He aquí el nombre de los otros, leedlos:

Cármides,[9] hijo de Aristóteles. Se trata de mi primo: su padre y mi madre son hermanos.

Táureas, primo de mi padre.

Niseo, hijo de Táureas.

Calias, hijo de Alcmeón, primo de mi padre.

Eufemo, hermano de Calias, hijo de Telocles.

Frínico, conocido como «el bailarín», primo.

Éucrates, hermano de Nicias[10] y cuñado de Calias.

Critias, primo también de mi padre; las madres son hermanas[11] (Andócides, «Sobre los misterios», 36-47).

C) EL DELATOR DE LA LUNA NUEVA (*¿Dioclides?*)

Preguntado uno de ellos cómo había conocido a los mutiladores de los hermes, respondió que a la claridad de la luna, con la más manifiesta falsedad, porque el hecho había sido el día primero o de la luna nueva. Esto a las gentes de razón las dejó aturdidas, pero nada influyó para ablandar el ánimo de la plebe, que continuó con el mismo acaloramiento que al principio, conduciendo y encerrando en la cárcel a cualquiera que era denunciado (Plutarco, «Vida de Alcibíades», 20, 8). *Plutarco parece atestiguar que alguien buscó responder a Dioclides, pero sin conseguirlo.*

D) EL PRIMER RELATO DE ANDÓCIDES
[fechable entre 411 y 407]

Ciudadanos, me parece que muy rectamente se ha dicho, ya por parte de quien en primer lugar lo hizo, que todos los mortales nacen

---

9. No es el Cármides hijo de Glaucón, que fue uno de los jefes de los Treinta.

10. Es el líder político muerto en Sicilia.

11. Es el futuro jefe de los Treinta (404-403 a. C.), hijo de Calescro, que tomó parte en el «golpe» de 411.

con vistas a pasarlo bien y mal a la vez, mas grande infortunio es, sin duda alguna, el errar de medio a medio, por lo que los más afortunados son quienes cometen los más insignificantes yerros, y los más sensatos los que con mayor presteza se arrepientan. Además, no se ha determinado que tal ocurra a unos sí y a otros no, sino que para todos los mortales estriba en una común fatalidad tanto incurrir en algún grave error como vivir en la desdicha. En razón de ello, atenienses, si os resolvierais sobre mí conforme a la medida humana seríais los jueces de más benigno criterio, pues cuanto me ha ocurrido no es más digno de envidia que de lamentación.

Llegué por tanto a tal extremo de infortunio −si hay que aludir tanto a mi juventud y a mi propia ignorancia como a la influencia de los que me persuadieron a llegar a tal malandanza de mi buen juicio− que me ha supuesto la obligación de escoger una de entre dos de las más inmensas desgracias: o bien no denunciar a los que todo eso han hecho, aunque hubiese querido, no por temer por mí solo, por si hubiera sido menester sufrir cualquier padecimiento, sino porque, junto conmigo, habría dado muerte a mi padre, que en nada está cometiendo injusticia −exactamente lo que le habría sido forzoso padecer si yo no hubiera querido obrar así−; o bien, de denunciar lo sucedido, no sólo no estar muerto, una vez exonerado yo mismo de todo cargo, sino además no convertirme en el asesino de mi propio padre. Antes, al menos, de eso, ¿qué no habría osado hacer un hombre?

Yo, daos cuenta de ello, de entre las presentes circunstancias preferí las segundas, que habían de reportar, en lo que a mí respecta, motivos de pesar durante un larguísimo espacio de tiempo; a vosotros, una prontísima disipación de la desgracia entonces presente. Acordaos de en qué grave peligro e indefensión os visteis, y de que os habíais inspirado mutuo temor con un sobrecogimiento tal que ni siquiera salíais ya de casa en dirección al ágora, puesto que cada uno de vosotros se imaginaba que iba a ser arrestado. Ahora bien, si en todo el asunto mi culpa quedó circunscripta a una pequeña parte, al contrario el mérito de haber puesto fin a tal situación me pertenece sólo a mí [...].

Entonces yo, del todo consciente de mis desventuras, de las que en aquel tiempo nada me fue ahorrado, unas veces por mi propia insensatez, otras por la fatalidad de las circunstancias, entonces yo comprendí que era más llevadero atender tales empresas y dejar transcurrir mis días allí donde menos llegara a estar a merced de vuestras miradas. Y partí (Andócides, «Sobre el regreso», 5-10).

E) LOS HECHOS SEGÚN LA ACUSACIÓN DE 399 A. C.

Considerad entonces la vida de Andócides desde el momento en que cometió impiedad y veréis si hay otro como él. Andócides, después del crimen, fue llevado ante el tribunal, y se condenó, por así decir, con sus propias manos a la prisión: era la pena que había propuesto para sí en el caso de que no entregara a su esclavo; y de hecho sabía bien que no habría podido entregarlo a la justicia, desde el momento en que precisamente él lo había hecho asesinar para evitar que se convirtiera en su acusador. [...] Después de lo cual permaneció alrededor de un año en prisión, y fue durante ese cautiverio que denunció a sus parientes y amigos, obteniendo a cambio la impunidad. ¿Qué clase de alma pensáis que tendría éste, si llegó a denunciar a sus seres queridos a cambio de una salvación incierta?

De todos modos, cuando hubo mandado a la muerte a las personas que decía preferir sobre cualquier otras, resultó –o pareció– delator verídico, y fue liberado. Pero vosotros enseguida deliberasteis con un decreto su exclusión de la política y de los lugares sagrados, de modo que, incluso en el caso de que sufriera agravios de sus enemigos, no pudiese obtener reparación (Pseudo-Lisias, «Contra Andócides», 21-24). *La no entrega del esclavo significaba una autoinculpación. Por eso Andócides no hace referencia a ella.*

F) EL SEGUNDO RELATO DE ANDÓCIDES [399 A. C.]

[48] Después de que estuvimos todos recluidos en una misma prisión, y era de noche y la cárcel había quedado cerrada, y que acudían del uno la madre, del otro la hermana, de aquél, mujer e hijos, y era el clamor y el lamento de los que lloraban y se afligían por las presentes desdichas, me dice Cármides, que es primo mío y de mi misma edad y que además se ha criado desde niño en mi casa:

[49] «¡Andócides!, ya estás viendo la magnitud de los presentes males; yo, en cambio, en todo el tiempo transcurrido no tuve necesidad alguna de dirigirme a ti ni de apesadumbrarte; pero ahora me veo forzado a ello por culpa de nuestra desgracia actual. Pues aquellos con quienes tenías relación y con quienes convivías –aparte de nosotros, tus parientes–, a raíz de estos cargos por cuya causa estamos nosotros en completa perdición han muerto unos, otros han huido exiliándose, puesto que en su fuero interno reconocen que cometían injusticia.

[50] »Si algo has oído sobre este asunto que nos ha sobrevenido, dilo, y primero ponte a ti mismo a salvo, y luego a tu padre, a quien es natural que quieras por encima de todos, y después a tu cuñado, que

tiene por esposa a tu hermana, justo la única que tienes, y después a cuantos otros son tus parientes y allegados, y aun a mí, que nunca hasta ahora en toda mi vida te he molestado en nada, sino que bien resuelto estoy a hacer cuanto sea menester en relación a ti y a tus compromisos.»

[51] Mientras Cármides hablaba de este modo y todos los demás iban a mi encuentro y cada cual acudía con súplicas, reflexioné para conmigo mismo: «Ay de mí, que he caído en la más terrible de todas las desgracias, ¿acaso voy a ver con indiferencia cómo contra toda justicia se hace perecer a mis propios parientes, y cómo son ajusticiados y confiscados sus bienes, y además de todo esto son inscritos en estelas, como si fueran autores de una oprobiosa ofensa a los dioses, quienes no son responsables de nada de cuanto ha ocurrido? ¿Y, aún más, cómo son injustamente llevados a total perdición trescientos atenienses, y cómo esta ciudad se instala en medio de los mayores quebrantos, y cómo se alberga mutuamente la sospecha? ¿O diré a los atenienses *cuanto oí al propio autor del delito, a Eufileto?*»

[52] Sobre todo ello, ciudadanos, todavía medité en la presente situación, pues para mis adentros iba tomando en cuenta a quienes habían cometido el delito hasta sus últimas consecuencias –ya que habían llevado a efecto la situación–, en el sentido de que, de entre ellos, unos acabaron sus días tiempo atrás al haber sido delatados por Teucro, y otros hubieron de irse camino del exilio porque fue votada su condena a muerte; pero quedaban aún cuatro de los fautores, Panecio, Queredemo, Diácrito y Lisístrato, que no fueron objeto de denuncia por parte de Teucro.

[53] Era lógico tener la impresión de que éstos, antes que otros, sin la menor excepción, eran parte de los ciudadanos que denunció Dioclides, puesto que eran amigos de quienes ya habían perecido. En todo caso, ya no había esperanza alguna de salvación segura para ellos, pero para mis parientes la ruina era manifiesta, a menos que alguien dijera a los atenienses lo ocurrido. En consecuencia, a mí me parecía que era razón de más peso privar conforme a justicia de su patria a cuatro hombres, que hoy por hoy están vivos, han vuelto además entre nosotros, e incluso poseen sus propiedades, que ver con indiferencia cómo aquéllos morían injustamente.

[54] Así pues, si a alguno de vosotros o de los otros ciudadanos se le había ocurrido, en principio, semejante consideración de mi persona, en la idea, por tanto, de que yo hice una denuncia contra mis propios compañeros de facción para salvarme –infundios que urdían en torno a mí mis enemigos personales, dispuestos como estaban a calumniarse–, examinadlo a partir de los sucesos mismos.

[55] Bien pensado, la situación es la siguiente: he de dar razón de cuanto he hecho, cuando presentes están los mismos que cometieron el delito y que por haberlo realizado se exiliaron, y ellos saben mejor que nadie si miento o digo la verdad, y aun a ellos les cumple desmentirme prueba en mano durante mi parlamento, pues yo les doy permiso; pero es menester que vosotros conozcáis la verdad de lo ocurrido.

[56] Pues éste es para mí, ciudadanos, el punto capital de este juicio: no daros la impresión, por haberme salvado, de ser un hombre ruin; y, por ende, que todos los demás, del primero al último, sepan que ninguno de los sucesos acontecidos ha sido llevado por mi parte a efecto por mor de maldad ni cobardía alguna, sino a raíz de las vicisitudes sobrevenidas principalmente a la ciudad, pero también, además, a nosotros; *pues dije lo que oí a Eufileto* para salvaguarda no sólo de mis parientes y amigos, sino también de la ciudad entera, en virtud de mi valor, según confiero yo, y no de mi bajeza. En fin, si así están las cosas, digno soy de sentirme a salvo y de haceros ver que no soy un miserable.

[57] Veamos, pues, ciudadanos, ya que sobre los temas en litigio hay que reflexionar en todo momento como cumple a personas, exactamente igual que si uno mismo estuviera inmerso en la desgracia, ¿qué habría hecho cada uno de vosotros? Ciertamente, si hubiera sido posible escoger una de dos, o morir con dignidad o salvarse de un modo honroso, cualquiera podría decir que lo sucedido era una vileza; a decir verdad, eso habrían preferido muchos, dado que preferirían vivir a morir con dignidad.

[58] Por el contrario, cuando la situación era lo más contraria que podía ser a estas que decía, la vergüenza mayor para mí consistía no ya en morir guardando silencio sin haber cometido acto de impiedad alguno, sino, más aún, en contemplar indolente cómo sucumbían de muerte segura tanto mi padre como mi cuñado como cuantos eran mis parientes y deudos, a quienes ningún otro hacía perecer sino yo, salvo que dijera que fueron otros los autores del delito. Puesto que al mentir Dioclides los llevó a prisión, su salvación no era ninguna otra sino que los atenienses averiguaran todo cuanto se hizo; por consiguiente, de no haberos dicho lo que oí me habría convertido en su asesino. Y aun habría llevado a muerte cierta a trescientos atenienses, al tiempo que la ciudad se encontraba sumida en las mayores desgracias.

[59] Es verdad que hubo por mi causa cuatro ciudadanos exiliados, precisamente los que cometieron delito. Pero todos los demás fueron exiliados o condenados a muerte por la denuncia de Teucro y no, sin duda, por mi culpa.

[60] Considerando todo esto, ciudadanos, decidí que el mal menor

era *decir la verdad lo antes posible*, refutando así las mentiras de Dioclides, castigando a quien injustamente provocaba nuestra ruina, engañaba a la ciudad y, sin embargo, aparecía como el benefactor público y era gratificado con dinero. Por eso declaré al Consejo que conocía a los responsables y revelé lo que había sucedido (Andócides, «Sobre los misterios», 48-61). *Se destaca la insistencia en el nombre de Eufileto, que era el jefe de la hetería de Andócides.*

G) DE CÓMO ANDÓCIDES DENUNCIÓ A EUFILETO (Y SE CREÓ UNA COARTADA)

Eufileto, estando nosotros bebiendo, nos sugirió su plan. Yo me opuse y por tanto no sucedió aquella vez gracias a mí. Pero más tarde, en Cinosarges, caí montando un potrillo que tenía, de suerte que me rompí la clavícula y me abrí la cabeza, y hube de ser llevado de vuelta a casa en una camilla.

Al enterarse Eufileto de cómo estaba, dice a los demás que estoy persuadido a actuar de su lado en todo aquello y que con él he convenido en disponerme a tomar parte en la acción y en mutilar el hermes que está junto al santuario de Forbanteo. Decía eso porque los engañaba completamente. Por ello, pues, el hermes que veis todos, que se halla al lado de mi casa paterna, el que erigió la tribu Egeide, es el único de los hermes que hay en Atenas que no fue mutilado, porque había de hacerlo yo, según les dijo Eufileto.

Los otros, por su parte, se enfurecieron contra mí, porque por un lado estaba al corriente de la empresa y por el otro no había hecho nada. Al día siguiente se presentaron en mi casa y dijeron:

«Andócides, nosotros hemos hecho lo que hemos hecho. Tú escoge: si te quedas tranquilo y callado nos tendrás como amigos exactamente igual que antes; pero si no lo hicieras, seremos para ti más acérrimos como enemigos personales tuyos que cualesquiera otros como amigos por nuestra causa.»

Les dije que, desde mi punto de vista, Eufileto era culpable por lo que había hecho, y que no era yo un peligro (por el hecho de estar al corriente de los sucesos), pero que en todo caso lo peligroso era el delito en sí mismo, por la razón misma de haber sido cometido.

La verdad de lo que digo queda probada por el hecho de que yo mismo ofrecí a mi esclavo para que lo interrogaran y se estableciera claramente que, en el momento del delito, yo estaba enfermo y no me levanté de la cama [...] y los pritanos sometieron a tortura a las esclavas de la casa de la que habían salido los malhechores (Andócides, «Sobre los misterios», 61-64). *Pero por el acusador [Lisias, VI, 22] sabemos que Andócides hizo matar a su esclavo antes de que fuera sometido a tortura.*

H) EL RELATO DE TUCÍDIDES

Mientras los atenienses estaban ocupados en los preparativos de la expedición [a Sicilia] los hermes de mármol que había en la ciudad (se trata de unos bloques tallados de forma rectangular que, conforme a la costumbre local, se encuentran en gran número en las entradas de las casas particulares y en los santuarios) sufrieron en su mayoría una mutilación en el curso de una sola noche. Nadie sabía quiénes eran los autores, pero éstos fueron buscados mediante el ofrecimiento de grandes recompensas. También se decretó que si alguien tenía conocimiento de cualquier otro acto de impiedad, quienquiera que fuese, lo mismo ciudadano que extranjero o esclavo, podía denunciarlo sin ningún temor. Dieron mucha importancia a este asunto, pues parecía que se trataba de un presagio para la expedición y al mismo tiempo daba la impresión de estar en conexión con una conjura con vistas a una revolución y al derrocamiento de la democracia. Hubo entonces denuncias presentadas por algunos metecos y servidores, no respecto a los hermes, sino sobre otras mutilaciones de estatuas efectuadas anteriormente por jóvenes en un momento de juerga y borrachera; también denunciaron que en algunas casas se celebraban sacrílegas parodias de los misterios. Y de estos hechos acusaban, entre otros, a Alcibíades. Y los que estaban más disgustados con Alcibíades por considerar que era un obstáculo para que ellos mismos pudieran estar bien instalados a la cabeza del pueblo prestaron oído a aquellas denuncias, y en la idea de que, si conseguían desterrarlo, ellos serían los primeros, se pusieron a exagerar la importancia del asunto e hicieron correr la voz de que tanto la parodia de los misterios como la mutilación de los hermes apuntaban al derrocamiento de la democracia y de que no había ninguna de esas fechorías en que no estuviera la mano de aquél; y como prueba aducían otros ejemplos del antidemocrático desprecio de la ley que caracterizaba su conducta.

En ese momento Alcibíades trató de defenderse y se mostró dispuesto a someterse a juicio antes de zarpar (ya estaban listos los preparativos de la expedición) a fin de que se dilucidara si era responsable de alguna de aquellas acciones; si era culpable de alguna de ellas, sufriría el castigo, pero si salía absuelto, tomaría el mando. Rogaba encarecidamente que no dieran oídos a calumnias sobre su persona mientras él estuviera ausente, sino que lo condenaran a muerte si había cometido delito, y les decía que con semejante acusación sería más prudente no enviarlo al frente de un ejército tan grande antes de haber pronunciado un veredicto. Pero sus enemigos, temerosos de que el ejército se pusiera de su lado si ya se procedía al juicio y de que el pueblo se ablandara y lo tratara con deferencia porque gracias a él se habían unido a la expedición los argivos y algunos manteneos, trataban de disuadir a la gente y de impedir por todos los medios el triunfo de la propuesta de Alcibíades; incitaron a hablar a otros oradores y éstos dijeron que se hiciera a la mar ahora y que no retrasara la salida de la flota, y que a su regreso sería juzgado en un plazo determinado. Su intención era que una citación le obligara a volver a Atenas para someterse a juicio por una acusación más grave, que pensaban preparar más fácilmente en su ausencia. Se decidió pues que Alcibíades se hiciera a la mar [...].

Ya se encontraban en la cárcel muchos y muy importantes ciudadanos y no se veía el final, sino que cada día se entregaban a la crueldad y detenían a más gente. Entonces uno de los presos, precisamente el que parecía el principal responsable, fue persuadido por uno de sus compañeros de prisión a efectuar denuncias, fueran verdaderas o falsas; en los dos sentidos se hacen conjeturas y nadie, ni entonces ni más tarde, ha podido dar informaciones precisas respecto a los autores del hecho. Aquel hombre lo convenció diciendo que, incluso en el caso de que no hubiera hecho nada, debía salvarse a sí mismo ganándose la impunidad y librar a la ciudad de aquel ambiente de sospecha; su salvación sería más segura si confesaba con garantía de impunidad que si se negaba e iba a juicio.

Así ése se inculpó a sí mismo y denunció a los demás por el asunto de los hermes. El pueblo ateniense, satisfecho de haber obtenido —así lo creía— la verdad, y que antes consideraba indignante el hecho de no saber quiénes maquinaban contra la mayoría, liberó de inmediato al delator y con él a todos los otros a los que no habría acusado; y a los acusados, tras haberlos procesado, a unos, que habían sido detenidos, los ejecutaron, y a los que habían logrado escapar los condenaron a muerte, prometiendo una recompensa a quien los matara. En todo aquello no quedó claro si los que sufrieron aquella suerte fueron castigados injustamente, pero la ciudad en su conjunto encontró un alivio manifiesto en aquel momento (Tucídides, VI, 27-29 y 60).

I) EL RELATO DE PLUTARCO

Uno de los presos y encarcelados por aquella causa fue el orador Andócides, a quien Helánico, escritor contemporáneo, da como los descendientes de Ulises. Era reputado Andócides por desafecto al pueblo y apasionado de la oligarquía y, en cuanto a la mutilación de los hermes, era sospechoso de haber participado porque la gran herma, erigida como ofrenda votiva por la tribu Egeide en las cercanías de su casa, fue casi la única que permaneció en pie de entre las más importantes; ésa es llamada, todavía hoy, «hermes de Andócides», y todos le atribuyen este nombre, aunque la inscripción sea otra. Ocurrió asimismo que entre los muchos que por aquel delito se hallaban en la cárcel, trabó amistad y confidencias Andócides con Timeo, que no lo igualaba en fama pero lo aventajaba en sagacidad y osadía. Persuadió éste a Andócides de que se delatase a sí mismo y a algunos otros en corto número; porque al que confesase se le había ofrecido la impunidad, y si para todos era incierto el éxito del juicio, para los que tenían fama de poderosos era especialmente temible. ¿No era entonces preferible mentir y salvarse a morir ignominiosamente bajo la misma acusación? ¿Y, aun atendiendo al bien común, no valía más perder a unos pocos de dudosa inocencia para salvar al mayor número y a los hombres de bien de la ira del pueblo? Con estos consejos y exhortaciones convenció Timeo por fin a Andócides, y, denunciándose a sí mismo y a otros, consiguió para sí la inmunidad conforme al decreto; pero todos aquellos a los que acusó, con excepción de los que consiguieron escapar, fueron ejecutados. Para hacer creíble la acusación, Andócides agregó a la lista algunos esclavos de su propia casa (Plutarco, «Vida de Alcibíades», 21).[12] *Atención: Timeo, no Cármides.*

3. *Sobre el relato de Eufileto a los heterios*

Si se aísla el relato de Eufileto del contexto expositivo de Andócides y de los juicios expresados por éste, y si además se considera que, al presentar a Eufileto y sus palabras, Andócides es necesariamente parcial, obtenemos aproximadamente la siguiente reconstrucción de los hechos (vistos y reconstruidos en la perspectiva de Eufileto): Eufileto propuso el atentado durante un simposio de la hetería de la que formaban parte tanto él como Andócides (y buena parte de los personajes enumerados en el «documento» de Teucro). Encontró oposición inicial de Andócides, pero después, en el momento en el que éste se hallaba ausente, pudo tranquilizar a sus compañeros de hetería asegurándoles que Andócides era ya partidario del proyecto. Andócides sostiene que Eufileto ha-

---

12. Se ha tomado como referencia la traducción de Antonio Ranz Romanillos: Plutarco, *Vidas paralelas*, vol. II, Buenos Aires, Losada, 1939, p. 95. *(N. del T.)*

bría dicho: Andócides se ha dejado convencer para colaborar y ha prometido mutilar él mismo un hermes, el del templo de Forbante.

Debe notarse que, en rigor, la única variante entre el relato de Andócides y el de Eufileto está en la interpretación de los efectos de la caída del caballo: para Andócides es el acontecimiento que lo pone fuera de juego y permite a Eufileto mentir en su contra, inventando una adhesión suya al proyecto; para Eufileto es la coartada que permitió a Andócides no participar en la mutilación, como sin embargo había prometido. Es imposible dirimir esta divergencia: ya a Tucídides le parecía imposible establecer si Andócides se había acusado de hechos realmente cometidos o no.

Eufileto debe, sin embargo, presentar a Andócides, ante los heterios, como cómplice del delito para poder después mostrarlo como traidor en el caso de que se hubiera abstenido de mutilar él mismo los hermes. En cuanto a Andócides, su relato debe encontrar necesariamente un punto de sutura con el relato de Eufileto. Andócides no puede negar el haber sido en cierto modo cómplice de la empresa de los hermocópidas; en efecto, conocía sus nombres (por eso pudo delatarlos, «con buenas intenciones») y lo hizo obligado por la necesidad; basta esto para avalar la opinión de Eufileto, quien sostenía que Andócides era en efecto cómplice de la empresa; para proclamarse inocente, aunque sin desmentir estos datos incontestables, Andócides debe no sólo quitarse de en medio, mediante la providencial caída del caballo, sino además explicar su silencio culpable en base a una presunta extorsión por parte de Eufileto.

Por eso prosigue: «Oído lo cual», es decir oído precisamente el relato de Eufileto, quien aseguraba que Andócides se había comprometido a mutilar él mismo un hermes, «los otros se enfurecieron conmigo, porque por un lado estaba al corriente de la empresa y por el otro no había hecho nada», es decir no había cometido ningún delito. De lo que se deduce que Eufileto habló con los heterios cuando ya las mutilaciones estaban hechas y se había constatado que el hermes «destinado» a Andócides estaba intacto –aunque también este dato será «controvertido»: los heterios piensan que de este modo Andócides se la había jugado, dejando huella de su propia inocencia; Andócides sostendrá, a lo largo del discurso, que se trató de una trampa con la intención de dejarlo mal parado, haciéndolo aparecer como un traidor. «Al día siguiente se presentaron en mi casa y dijeron: "Andócides, nosotros hemos hecho lo que hemos hecho. Tú escoge: si te quedas tranquilo y callado nos tendrás como amigos exactamente igual que antes; pero si no lo hicieras, seremos para ti más acérrimos como tus enemigos personales que cualesquiera otros como amigos por nuestra causa."» Aquí surge para Andócides una nueva dificultad expositiva: explicar por qué ha aceptado el chantaje sabiendo lo perjudicial que podía ser para la ciudad. Recurre entonces a la argumentación parafilosófica de la «peligrosidad» de la culpa en cuanto tal. Está arrinconado pero se sustrae con habilidad: «Les dije que, desde mi punto de vista, Eufileto era culpable por lo que había hecho, y que no era yo un peligro (por el hecho de estar al corriente de los sucesos), sino que en todo caso lo peligroso era el delito en sí mismo, por la razón misma de haber sido cometido.»

4. *Sobre la confesión de Andócides*

¿Por qué Andócides se vio obligado a hablar?

Según Andócides, fue su primo Cármides quien lo impulsó a la delación, con un discurso patético-familiar. Según Tucídides, fue «uno de sus compañeros de prisión», y con argumentos exclusivamente prácticos («su salvación sería más segura si confesaba con garantía de impunidad que si se negaba e iba a juicio»). Según Plutarco, ese compañero de prisión se llamaba Timeo; los argumentos que Plutarco le atribuye son los mismos referidos por Tucídides. El hecho de que el primo Cármides sea sólo el fruto del patetismo de Andócides (que en su apología no deja de repetir la prioridad del clan familiar por encima de cualquier otro vínculo) parece deducirse de Plutarco, quien conoce una descripción precisa del mencionado Timeo: «no lo igualaba en fama pero lo aventajaba en sagacidad y osadía». Plutarco sabe además, por sus fuentes, que no fue durante la primera noche en la prisión sino al cabo de cierto tiempo cuando el sabio Timeo había establecido una relación de confianza con Andócides y lo había inducido a la confesión. Según el acusador (Pseudo-Lisias), fue después de un año en prisión cuando Andócides se decidió a la delación [VI, 23].

El Timeo del relato de Plutarco (que es evidentemente la misma persona del relato de Tucídides) no invoca la salvación de los parientes como elemento decisivo para inducir a Andócides a la autoinculpación. En palabras del acusador, los parientes están incluso entre las víctimas de la «acusación» de Andócides. Insistir tanto sobre la salvación del clan familiar es por tanto parte de la estrategia defensiva de Andócides. Por eso tiene necesidad de hacer intervenir al primo como interlocutor decisivo.

El primo Cármides –tal es la reconstrucción de Andócides– lo habría incitado a hablar, y la delación se había referido sólo a cuatro cómplices del delito, que hasta ese momento habían huido de las investigaciones (en realidad Andócides hacía una cosa bien distinta: avalaba la

veracidad de la denuncia de Teucro a cargo de la hetería entera de Eufileto): nada en cambio –sostiene Andócides en 399– había revelado a su
propia cuenta, al contrario: afirma continuamente ser del todo extraño a
los acontecimientos. (La coartada es la caída del caballo.) Este punto le
importaba mucho, porque la acusación lanzada contra él en 399 tenía la
intención de apartarlo de la vida pública en cuanto sacrílego. Por eso
Andócides debe proclamarse inocente.

Para defenderse, escoge el hábil argumento de poner en el centro de
la cuestión la legitimidad o no, en el plano ético, de delatar a los compañeros de hetería. De sus palabras parece desprenderse que su sufrimiento íntimo se debe sobre todo a la denuncia de los compañeros, desde el
momento en que su ajenidad a los hechos es notoria, y era conocida
también por Eufileto. En cambio, es precisamente la ajenidad a los hechos lo que hubiera tenido que demostrar.

Pero su argumento corre el riesgo de desmoronarse como un castillo
de naipes si se recurre al relato del único contemporáneo, Tucídides;
quien declara: a) que Andócides se acusó sabiendo que contaba con garantía de inmunidad; b) que no se había podido establecer «ni en el momento ni después» si lo que Andócides había dicho era verdadero. (Para
Plutarco es sin duda falso.)

Pero si no era verdad lo que dijo al inculparse en 415, ¿será verdad
lo que en 399 dice haber dicho en 415? Si es verdad lo que dice en 399
(que no participó en el delito), ¿por qué admite haber obtenido, sin embargo, la impunidad? ¿Por un delito que dice no haber cometido?

Si en el discurso «Sobre el regreso» reconoce su propia «locura juvenil» como causa de su participación en el «error» y se hace cargo de «una
pequeña parte» de la culpa, este modo de hablar alude a una correspon-
sabilidad bastante más seria de la descrita en el discurso «Sobre los misterios».

Si el decreto de Isotímides lo indujo a «sustraerse a las miradas» de
los atenienses y a irse –como evoca en el discurso «Sobre el regreso»–,
nos preguntamos cómo puede proclamar en el discurso «Sobre los misterios» que el decreto de Isotímides «no le atañe en absoluto» (§ 71),
para después explayarse en una larga demostración de la eficacia caduca-
da de ese decreto. Si el decreto no lo afectaba, ¿por qué saca de él la consecuencia de haber tenido que dejar Atenas? ¿Por qué, durante el juicio,
se afana en demostrar que ese decreto carece ya de valor, que ha perdido
vigencia en las varias, sucesivas, disposiciones de amnistía? Si el decreto
no le atañe, tal demostración es innecesaria.

Si, por tanto, en 415 Andócides se había declarado culpable, al menos en lo que respecta a su persona Dioclides tenía razón. Pero si Dio-

clides denunció, entre otros, a Andócides, eso significa que creía haberlo visto en el inquietante grupo que vagaba por la ciudad la noche del atentado. Lo que terminaría por quitarle valor también a la coartada de la caída del caballo.

Por otra parte, Andócides no somete a discusión un punto esencial de la declaración de Dioclides: que hubiese luna llena (o, en todo caso, una luna tal que permitiera reconocer las caras) la noche del atentando. ¡Y, en fin, deja entender que los cuatro nombres pronunciados por él están también entre los aportados por Dioclides!

¿A cuántas personas denunció?

Andócides se obstina en repetir que sólo ha dicho cuatro nombres, los nombres de otros cuatro miembros de la hetería de Eufileto no incluidos en la denuncia de Teucro. Es un sofisma. Con su declaración, que implicaba a todos los otros denunciados, Andócides no sólo agregaba otros nombres sino que avalaba la veracidad de la denuncia de Teucro por lo que respectaba a todos los demás denunciados. Dado que, de éstos, algunos eran fugitivos y por tanto estaban vivos, sus palabras comprometían decisivamente la suerte de estos imputados.

¿Qué pasó, finalmente, con el esclavo de Andócides?

Parece un problema irresoluble. No sólo porque la acusación sostiene que Andócides lo había hecho matar para que no hablara, mientras Andócides sostiene haberlo «ofrecido», es decir, puesto a disposición de los jueces; pero además, justo en el punto en que Andócides quizá decía algo a favor de la versión de los hechos propuesta por la acusación, el texto de su discurso nos ha llegado con una laguna.

Estrechamente vinculada a esta cuestión hay otra: la de la duración del encarcelamiento de Andócides. Esto tiene interés para resolver todo lo acontecido en la noche del arresto; la acusación habla, exagerando, de un año de detención, y precisa que Andócides debió sufrir el encarcelamiento precisamente por no haber querido poner a su esclavo a disposición de los investigadores.

¿Para quién trabajaba Andócides?

Según él mismo, uno de los efectos inmediatos de sus revelaciones fue el arresto de Dioclides. Éste habría declarado que había mentido (cosa rara si se considera que Andócides, al acusarse a sí mismo, confirmaba al menos en un punto la veracidad de la acusación de Dioclides) y había revelado que había hecho suya la denuncia acerca de la instigación de Alcibíades de Fegunte (sobrino del gran Alcibíades) y de un tal Amianto de Egina. Los cuales —precisa Andócides—, presas del miedo, huyeron inmediatamente de Atenas, mientras Dioclides era sometido a un tribunal y condenado a muerte («Sobre los misterios», 65-66).

Si el clan de Alcibíades quiso perjudicar, a través de Dioclides, a la hetería de Eufileto, se puede observar que –en todo caso– la declaración hecha por Andócides, a pesar de ser ruinosa para Eufileto y los suyos, empeoraba incluso la situación de Alcibíades: hay que creer, como en efecto pretende Andócides, que desacreditaba las revelaciones de Dioclides. Quien, de todos modos, fue condenado a muerte «por haber engañado al pueblo».

5. *El juicio de Tucídides*

En el relato de Tucídides queda claro que la decisión de convocar a Alcibíades (que ya ha partido a Sicilia) para procesarlo y condenarlo fue tomada sólo después de la declaración de Andócides (VI, 61, 1-4). Es sintomático que Tucídides, quien consideraba a Alcibíades víctima de un complot, muestre –a la vez– desconfianza respecto a todas las declaraciones de Andócides. No sólo muestra enseguida sus dudas acerca de que las declaraciones aportadas por Andócides en 415 puedan ser falsas («lo indujo a hacer revelaciones, no importa si verdaderas o falsas»), sino que muestra no creer ni siquiera en la versión de los hechos aportada en el proceso de 399. «Nadie estuvo en condiciones de decir la verdad, ni en ese momento *ni más tarde»;* estas últimas palabras parecen referirse a la reapertura del «caso» en 399.[13]

La sospecha largamente difundida –según escribe Tucídides– fue que se estuviera frente a una conjura oligárquica. Dado que el ánimo popular estaba atizado por esta sospecha, muchos personajes respetables habían acabado en prisión y no se veía el final de la ola de arrestos; más bien al contrario: parecía recrudecerse día a día con nuevas detenciones. En ese punto uno de los arrestados (de esta manera anónima Tucídides se refiere a Andócides), que parecía comprometido al máximo en los acontecimientos, fue persuadido por un compañero de prisión para que delatara, de forma verídica o no.

«Lo convenció diciendo que», prosigue Tucídides, «incluso en el caso de que no hubiera hecho nada, debía salvarse a sí mismo ganándose la impunidad y librar a la ciudad de aquel ambiente de sospechas; su salvación sería más segura si confesaba con garantía de impunidad que si se negaba a juicio.»[14] Como se ha observado, el discurso del persuasor es

---

13. Esta hipótesis presupone que la fecha de la muerte de Tucídides es posterior a 398. Véase, más abajo, cap. XVIII.

14. VI, 60, 3.

aquí muy distinto del atribuido por Andócides a su primo Cármides. «Él, entonces», prosigue Tucídides, «se denunció a sí mismo y a los demás por el asunto de los hermes.» Para Tucídides no cabe duda de que Andócides se acusó a sí mismo (por otra parte la confesión se había hecho frente a la Boulé); la duda es, en todo caso, si dijo la verdad. Por otra parte, el hecho de que incluso la figura del primo sea inventada se deduce de otra fuente: una vez más, de Plutarco, quien replica punto por punto el relato de Tucídides del diálogo en la cárcel, pero precisa –tiene que saberlo por otra fuente– que el persuasor se llamaba Timeo, y era «hombre de gran sagacidad y osadía».[15] En vano los modernos tienden a conciliar las dos noticias. Eduard Meyer dice, por ejemplo, que Andócides fue persuadido a confesar por un compañero de cárcel «que el propio Andócides llama Cármides y Plutarco llama Timeo».[16] Formulación inapropiada desde el momento en que la divergencia no está sólo en el nombre sino también en las características de ambos personajes. Blass, por su parte, concilia de otro modo los datos observando que en verdad Andócides se refiere a varios otros detenidos que «le imploraban y le dirigían súplicas», y por tanto Timeo podía ser uno de éstos;[17] pero descuida el dato principal: que Timeo, en el relato de Plutarco, desarrolla exactamente la misma función que Cármides en el de Andócides, aunque es caracterizado de modo completamente distinto, lo cual desalienta todo intento de igualar ambas noticias.

Tucídides declara haber tratado desde el primer momento de obtener la «verdad» sobre los acontecimientos. Él fue testigo de lo que enseguida se pensó y se pudo decir (su lenguaje parece irreconciliable con la idea de un Tucídides exiliado que narra hechos lejanos). Pero entre los dos pasajes antes citados figura una frase que merece atención. Después de haber recordado que uno de los que estaban en la misma celda había inducido a «uno de sus compañeros» (es decir, Andócides) a hacer revelaciones «verdaderas o falsas», Tucídides comenta: «en los dos sentidos se hacen conjeturas, y nadie, *ni entonces ni más tarde*, ha podido dar informaciones precisas respecto de los autores del hecho». Son palabras muy sopesadas que denotan el esfuerzo cognoscitivo desplegado en el momento, y también en los años siguientes, por parte de Tucídides.

Tucídides prefiere decir: «fue persuadido a efectuar denuncias, fueran verdaderas o falsas». En las palabras que deberían ser las del persua-

---

15. «Vida de Alcibíades», 21.

16. E. Meyer, *Geschichte des Alterthums*, IV, Cotta, Stuttgart, 1901, p. 506 n.; IV.2⁴, ed. de E. Stier, Cotta, Stuttgart, 1956, p. 215, n. 1.

17. *Die Attische Beredsamkeit*, I², Leipzig, 1887, p. 285, n. 3.

sor anónimo interfiere inextricablemente la duda de Tucídides, la duda acerca de la veracidad de las revelaciones hechas a su vez por Andócides. Una duda que, en rigor, puede comportar que la confesión «verídica» sea la que dieciséis años más tarde Andócides quiso hacer creer, mintiendo, que había dado en aquel momento. En ese caso tendremos de su parte una «verdad» retardada, pero falsamente colocada en el lugar de aquello que efectivamente había dicho (y que era falso). Pero todo ello se vuelve completamente oscuro si se considera que en un discurso de algunos años antes, «Sobre el regreso» (fechable en los años 410-405), Andócides hablaba, aunque fuera genéricamente, de la propia «locura juvenil», y se adjudicaba «una parte de la culpa».

Quizá Tucídides colocó deliberadamente en posición tan ambigua las palabras «fueran verdaderas o falsas» como para sugerir (y así lo entendió Plutarco: «mejor salvarse mintiendo») que el persuasor impulsó a Andócides a hablar en cualquier caso, no necesariamente de forma verídica. Lo recalca el siguiente «aunque no hubiera cometido los hechos». Deja entonces abierta la posibilidad de que esa confesión estuviera en verdad viciada desde el origen, pero agrega, a propósito de Andócides: «el cual parecía muy implicado (αἰτιώτατος) en los acontecimientos».

El sarcasmo que Tucídides vierte sobre el alarmismo ateniense-democrático frente a los escándalos de 415, que lo lleva incluso a insertar un entero *excursus* sobre el «verdadero» motivo del tiranicidio de 514, es en realidad un vibrante y polémico alegato contra la interpretación política de los atentados; interpretación que, sin embargo, era *sustancialmente justa*. Ese *excursus* forma parte de una estrategia argumentativa que tiene como objetivo demoler una interpretación política de los acontecimientos. Los dos puntos que le importan a Tucídides son: 1) No queda probado que Alcibíades estuviese implicado en el asunto; 2) por eso la interpretación política según la cual detrás de los atentados había una «trama oligárquica tiránica» es ridícula (desde el momento en que el imputado contumaz Alcibíades era a la vez el principal sospechoso de aspiraciones tiránicas). No olvidemos que, en cambio, pocas semanas después de tomar la decisión de huir, Alcibíades pronunciará en Esparta esas palabras terribles sobre la democracia como locura, y que su primo y homónimo estaba involucrado.

Poner en escena, *en la misma circunstancia*, a Atenágoras siracusano que –como veremos en el capítulo siguiente–, mientras los atenienses están en camino, *denuncia como operación oligárquica el rumor de que los atenienses están en camino* responde a la misma estrategia; vuelve a descalificar –ya sea en Atenas o en Siracusa– el alarmismo democrático, los diagnósticos políticos de los jefes democráticos, su capacidad de evaluar los hechos políticos, y a mostrar las consecuentes prácticas, aberrantes y graves, que la democracia en el poder puede producir.

La clave para la comprensión del delito de los hermes la aporta el propio Tucídides en otra parte de su obra, allí donde observa que en las sociedades secretas –las heterías existentes allí donde, en el orbe griego, había regímenes dominados por el pueblo– los heterios se comprometían recíprocamente por un pacto de fidelidad a la causa, responsabilizándose todos del posible delito.[18] El demo ateniense lo sabía muy bien y por eso entendió enseguida que detrás de ese espectacular acontecimiento, que no tenía que haber sido cometido por muchos hombres ligados entre sí, con acciones simultáneas ejecutadas en una única noche, y por tanto por *conjurados*, era una amenaza política. Esta constatación no sólo confirma el carácter intencionadamente reticente y apologético del relato de Tucídides, sino que demuestra además que se trataba en efecto de una conjura; y que fue probablemente la ola de juicios y la «caída» de los conjurados más débiles, como Andócides, lo que truncó la operación. ¿Cómo no pensar que Alcibíades estaba en el origen del asunto? Todos los pasos posteriores que dio –desde la fuga a Esparta a su activa contribución a la guerra espartana contra Atenas y su inicial proximidad a los golpistas de 411– lo confirman largamente. No es casualidad que las heterías dispuestas a entrar en acción en 411 empezaran por eliminar a Androcles, que cuatro años antes había sido el gran acusador de Alcibíades.

6. *Epimetron: documentos desaparecidos (referentes a Andócides)*

No debe descuidarse el hecho de que nuestro conocimiento del acontecimiento grave y nunca aclarado de la mutilación de los hermes está inevitablemente influido, y por tanto contaminado, por la masa de informaciones tendenciosas que Andócides disemina en el discurso «Sobre los misterios». En primer lugar, habría que librarse de la falsa impre-

---

18. Tucídides III, 82, 6. Lo ha señalado, con su habitual inteligencia para los asuntos atenienses, Henri Weil, «Les hermocopides et le peuple d'Athènes», en *Études sur l'antiquité grecque*, Hachette, París, 1900 p. 287. Acerca del carácter político de toda la provocación, es excelente D. Macdowell, *Andokides. On the mysteries*, Clarendon Press, Oxford, 1962, p. 192: «The fact that the mutilation was planned in advance [*Myst.* 61] shows that it was not just the aftermath of a drunken party.»

sión de que Andócides frecuentara por entretenimiento la hetería de la que Eufileto era uno de los jefes. Por el contrario, el clima de la hetería de Eufileto a la que estaba afiliado Andócides con muchos de sus allegados se nos ilustra mejor gracias a una cita que aporta Plutarco («Temístocles», 32, 3) de un discurso «A los heterios» en el que el propio Andócides «excitaba a los heterios contra el demo», inventando una versión inverosímil del hurto y dispersión de los huesos de Temístocles (sepultado en Magnesia, en Asia) por parte de los demócratas atenienses. Además, otro pasaje oratorio de Andócides, de tono particularmente exacerbado contra los efectos de la guerra y de la estrategia periclea (conservado en el escolio a *Los acarnienses*, 478), parece dirigido una vez más a la hetería y no a la asamblea frente a la que Andócides disertaba. Encenderse a costa del «maldito demo» (moderada expresión que reaparecía en la lápida sobre la tumba de Critias)[19] era por tanto la actividad y la forma predominantes de comunicación en esas reuniones, en constante entrenamiento para la sedición. Sabríamos más de todo esto si dispusiéramos de los discursos de Andócides que Plutarco todavía podía leer (I d. C.), pero con los que ya no contaba el erudito compilador, un poco caótico, que ha compuesto las *Vidas de los diez oradores*, incluido en el gran receptáculo de las *Moralia* de Plutarco (835A).

Sin duda hubiera sido muy interesante para nosotros tener una idea más concreta de los «discursos a la hetería» (en general y de Andócides en particular): ese fragmento aislado agudiza el deseo y nos deja desengañados. Tendríamos que preguntarnos también cómo es posible que intervenciones como ésa tuvieran una redacción escrita, y por quién y cómo fueron conservadas, en qué clase de recopilaciones circularon cuando llegaron a manos de los comentaristas alejandrinos de Aristófanes (de las que descienden las colecciones de escolios que se han conservado) y, más tarde, a las de Plutarco, entre Nerva y Trajano. También los escritos de Critias, cuya *damnatio* fue aún más drástica de la que eliminó a Andócides, después de una vida subterránea, vuelven a emerger en los tiempos de Herodes Ático (medio siglo más joven que Plutarco). El problema radica en comprender, cuando es posible, a qué ambientes se debe la conservación, quién ha tutelado una determinada herencia literaria, y por qué. En el caso de Andócides, el interrogante parece destinado a quedar sin respuesta; sin embargo, el fenómeno mismo de la conservación de tales materiales nos confirma al menos lo que se intuye también por otras vías: es decir, la gran capacidad de conservación de los documentos escritos por el orbe ateniense.

19. Escolio a Esquines, I, 39.

Andócides –aunque habla mucho de sí mismo– gusta de elucubrar no sólo acerca de las propias responsabilidades, sino también sobre las propias vicisitudes. Hay, sin embargo, con toda probabilidad, huellas de un documento que le atañe, en relación con el episodio de los hermes mutilados, conservado gracias a su *incorporación* en la ya recordada vida de Andócides del Pseudo-Plutarco (834C-D). Nos ayuda a identificarla el capítulo que Focio, en la *Biblioteca*, dedica a Andócides (cap. 261), ya que Focio presenta la misma noticia biográfica pero privada de esas diez líneas (véase 488a 25-27).

La hipótesis que se puede formular (descartando las fantasías modernas de interpolaciones en varios estratos) es que, igual que para la vida de Antifonte (833E-834B) –inmediatamente precedente–, también para la de Andócides se haya utilizado (a través de Cecilio de Cálate: 833E) material documental proveniente de la *Recopilación de decretos áticos* de Crátero.[20]

Es útil señalar un detalle que no parece haber recibido la debida atención. En esta densa información sobre Andócides, que tiene probablemente el origen que acabamos de señalar, figura una noticia: que Andócides había participado en «una mutilación *precedente* de *otras estatuas* en el marco de una juerga nocturna» (διὰ τὸ πρότερον ἀκόλαστον ὄντα νύκτωρ κωμάσαντα θρῶσαί τι τῶν ἀγαλμάτων τοῦ θεοῦ) y había sido por eso mismo objeto de una «denuncia» (καὶ εἰσαγγελθέντα) [843C]. Esta noticia encuentra una indirecta pero clara confirmación en una frase del relato de Tucídides que hasta el reciente comentario de Simon Hornblower (Oxford, 2008, p. 377) había pasado inadvertida (VI, 28, 1): algunos metecos y sus esclavos, interrogados sobre la cuestión de los hermes mutilados, «habían denunciado que *no sabían nada de los hermes* pero que, *con anterioridad* (πρότερον), se habían producido mutilaciones de *otras estatuas* (ἄλλων ἀγαλμάτων) por obra de jóvenes juerguistas acicateados por el vino (ὑπὸ νεωτέρων μετὰ παιδιᾶς καὶ οἴνου)».[21] Ambos pasajes, el de Tucídides y el que confluye más tarde en el Pseudo-Plutarco, coinciden casi al pie de la letra. Este detalle está por completo ausente de la oratoria apologética de Andócides,

20. Crátero citaba, en su comentario del decreto sobre Andócides, un detalle que también encontraba en el erudito Cratipo (la matriz corintia del atentado y la cuidadosa elección de los ejecutores). Crátero comentaba los decretos (Plutarco, «Arístides», 26, 2), y probablemente lo que terminó en el «Andócides» del Pseudo-Plutarco es una parte del comentario que Crátero dedicaba al decreto de absolución de Andócides a cambio de la delación.

21. Plutarco, «Alcibíades», 19, 1, copia casi al pie de la letra este pasaje y por tanto no puede ser utilizado como fuente independiente.

pero es probablemente un elemento que completa de manera significativa el retrato del gran orador.

*

Una cuestión terminológica, por último, ha podido introducir un elemento de confusión. Fue señalado de pasada por un notable estudioso de la religión griega, Fritz Graf, en el ensayo «Der Mysterienprozess», incluido en el volumen colectivo *Grosse Prozesse im antiken Athen* (Beck, 2000), editado por Leonhard Burckhardt y Jürgen Ungern-Sternberg. Graf sostenía, de forma injustificada, que «Tucídides y Plutarco llaman a los hermes ἀγάλματα» y reenviaba a VI, 28, 1, y a la «Vida de Alcibíades», 19, 1 (p. 123 y n. 47). No se da cuenta, quizá, del hecho de que en ambos contextos (VI, 27, etc. y «Vida de Alcibíades», 18, 6 y *passim*), cuando se habla de los hermes mutilados por Andócides y compañía, se dice siempre «hermes» (Ἑρμαῖ), y que sólo en referencia *a otro atentado acontecido anteriormente* se habla de «otras estatuas» (ἄλλα ἀγάλματα). Es bien sabido que ἄγαλμα, además de «estatua», puede indicar el donativo para los dioses (desde un trípode a un toro preparado para el sacrificio): es decir, el equivalente de ἀνάθημα, objeto dedicado a la divinidad, *ex voto*. No se puede descuidar, empero, el hecho de que el valor principal de ἄγαλμα es *estatua (en honor a una divinidad*, por cuanto representa a esa divinidad) mientras que εἰκών es la estatua que representa a un ser humano. Por tanto, es inútil tratar de demostrar que los hermes fueran *ex votos*.

Puede ser útil, en cambio, observar, para descartar hipótesis superfluas, que la única utilización del término ἄγαλμα en Tucídides se da en II, 13, 5 y se refiere a la gigantesca *estatua de Atenas Parthenos* ubicada en el Partenón y cubierta de oro puro de un precio equivalente a cuarenta talentos. No está de más una mirada también a Jenofonte, por ejemplo al pasaje del *Hipárquico* (3, 2) sobre los ἱερά y los ἀγάλματα que están en el ágora de Atenas.

Parece débil, entonces, la propuesta de Graf de que en este pasaje de Tucídides (VI, 28, 1) se está hablando de *ex votos*. Es precisamente el contexto lo que desaconseja seguir esa vía: «Dijeron no saber nada de los *hermes* pero revelaron que *otros ἀγάλματα* habían sido mutilados con anterioridad por jóvenes juerguistas, etc.» Aquí hay una clara oposición entre los hermes por un lado y por otro «las otras estatuas» agredidas *con anterioridad*. Dado que no parece que haya sido un «pre-escándalo» de los hermes, queda claro que estas ἀγάλματα eran otra cosa. En cada caso el dato que debe ser puesto de relieve es la referencia cronológica «con anterioridad», es decir, la referencia a un incidente similar (aunque con otro objeto) que había sucedido *con anterioridad*.[22] Éste es el único dato que encontramos en Tucídides, VI, 28, 1, y en el «Andócides» del Pseudo-Plutarco (843C), quienes hablan evidentemente del mismo episodio. Por el Pseudo-Plutarco –o, mejor dicho, por sus fuentes documentales– llegamos a saber que en el episodio anterior (πρότερον) también estuvo implicado Andócides.

---

22. «Earlier mutilation of statues» (sin más profundizaciones): Gomme, Andrewes, Dover, *Historical Commentary on Thucydides*, IV, Oxford, 1970, p. 272.

XIII. LUCHA POLÍTICA EN LA GRAN POTENCIA DE OCCIDENTE: SIRACUSA, 415 A. C.

1

De la oratoria política de las ciudades griegas de Occidente se conserva un único debate, de importancia crucial, que nos es referido e incluso dramatizado de forma directa: el enfrentamiento entre Atenágoras y Hermócrates en la vigilia del ataque ateniense contra Siracusa. Éste es reportado por Tucídides (VI, 32, 3-41) con la acostumbrada pretensión –proclamada al principio del libro– de reproducir la sustancia de las intervenciones de oradores que figuran a lo largo de su obra.[1] Atenágoras, exponente popular, se opuso a las alarmas de Hermócrates en torno a la inminente invasión, contesta radicalmente frente a la posibilidad de una invasión ateniense y advierte en esas alarmas tan sólo una maniobra oligárquica.

La tensión político-social en Siracusa y la aspereza del choque son tales que incluso una circunstancia dramática como el anunciado peligro de invasión no es objeto de verificación, sino que queda insertado inmediatamente en el contencioso entre las facciones; es *ipso facto* el síntoma de un complot que intenta consentir a los enemigos de la democracia para armarse abiertamente (con el «pretexto» de oponerse a una invasión).

Éste es un aspecto, el más inmediato, que ha atraído la mayor atención. En general, los estudiosos se dividen entre quienes despotrican contra Atenágoras y definen sus palabras como «un reflujo de brutal arrogancia, de ciega inconsciencia, de vociferante y perniciosa grosería»,[2] y que se limita a observar que Atenágoras estaba probablemente «poco informado».[3]

---

1. Tucídides, I, 22, 1: τῆς ξυμπάσης γνώμης τῶν ἀληθῶς λεχθέντων.

2. Cfr. *exempla gratia* H. Stein, «Zur Quellenkritik des Thukydides», *Rheinisches Museum*, 55, 1900, p. 547: «eine ins Thersitische spielende Figur».

3. E. A. Freeman, *History of Sicily*, III, Oxford, 1892, p. 121: «a patriotic man, but a man not well informed as to the facts». También Grote, Holm y Busolt convienen en que, evidentemente, Atenágoras estaba poco informado...

Tenemos, por parte de Atenágoras, una reflexión acerca del contenido del sistema democrático: qué es, en qué consiste, de qué enemigos se debe cuidar y cómo. Tucídides, en la sabia dosificación de los discursos que hace pronunciar a sus personajes, crea la polaridad Pericles/Atenágoras: uno en el epitafio describe la democracia vista desde Atenas; el otro, la democracia vista desde Siracusa. Pericles acentúa el componente de tolerancia y garantía de los derechos individuales; Atenágoras, la prevención y preventiva represión de los enemigos de la democracia. Pericles habla en una situación que parece socialmente pacífica; Atenágoras apunta a precisos sujetos hostiles, amenazadora y pertinazmente hostiles al sistema democrático. Éstas son sus palabras:

Me doy perfecta cuenta de que lo que estos hombres desean, no ahora por primera vez sino desde siempre, es asustaros a vosotros, al pueblo. Temo que, a fuerza de intentos, lleguen a conseguirlo. Porque nosotros somos incapaces de ponernos en guardia antes de padecer el daño, ni de perseguir los crímenes una vez los descubrimos. Por eso precisamente nuestra ciudad está pocas veces tranquila y soporta muchas disensiones y un mayor número de luchas en su interior que contra sus enemigos» [VI, 38, 2-3].

Esta declaración es muy significativa. Indica que el conflicto civil es la norma en Siracusa. Por eso es justo decir que la imagen conflictiva que traza Atenágoras está en los antípodas de la «ciudad pacificada» que representa Atenas en el epitafio de Pericles. Añade que a veces estos enemigos «internos» adoptan la forma de «tiranos y potentados inicuos» (τυραννίδας [...] καὶ δυναστείας ἀδίκους), donde ἀδίκους se refiere a ambos términos precedentes.

«Pero yo intentaré», prosigue Atenágoras, «si vosotros queréis seguirme (ἕπεσθαι), no permanecer inerme frente a la posibilidad de que bajo mi autoridad[4] suceda algo semejante.» Explica a continuación cómo se realizará tal propósito: «procuraré convenceros a vosotros, a la mayoría, de que castiguéis a los que urden tales maquinaciones, no sólo al cogerlos en flagrante delito (pues es difícil sorprenderlos), sino en los casos en que tienen la intención pero no los medios».

Aquí, después de una formulación de tal dureza, Atenágoras hace explícita su idea de la lucha política. «Frente al enemigo», dice, «es preciso defenderse por anticipado, no atendiendo sólo a lo que *hace* sino tam-

4. ἐφ'ἡμῶν: cfr., más abajo, n. 10.

bién a sus *proyectos.*»[5] La represión preventiva es el eje en torno al que gira la idea de democracia que Atenágoras ilustra en esta intervención.

Todo el lenguaje de Atenágoras es de batalla y está inspirado por la hipótesis del complot: «Y quienes propalan tales noticias y tratan de atemorizarnos no me asombran por su audacia, sino por su estupidez cuando muestran no haber comprendido que han sido desenmascarados.»[6]

Ésta es la premisa del ataque frontal que sigue poco después y es el núcleo del discurso. Aquí todo se refiere a un conflicto continuamente activo: «lo que estos hombres desean [...] es asustaros a vosotros, al pueblo [...] a fin de hacerse ellos con el dominio de la ciudad [...]. Por eso precisamente nuestra ciudad está pocas veces tranquila y soporta muchas disensiones y un mayor número de luchas en su interior que contra sus enemigos». Aquí aporta una «receta»: «procuraré convenceros a vosotros, a la mayoría, de que castiguéis a los que urden tales maquinaciones, no sólo al cogerlos en flagrante delito (pues es difícil sorprenderlos), sino en los casos en que tienen la intención».[7]

No sabemos por qué Freeman afirma reconocer en el discurso de Atenágoras una analogía con las palabras de Pericles (acerca de la garantía para todos, ricos y no, de ser tenidos en cuenta de acuerdo con su «mérito personal»)[8] o de las teorizaciones de Isócrates en el *Areopagítico*. En la base de esta idílica visión de las palabras de Atenágoras, Freeman pone la frase que el líder democrático pronuncia poco después (IV, 39, 1): «yo afirmo en primer lugar que se llama "demo" al conjunto de los ciudadanos, mientras que el término "oligarquía" es de por sí una facción (μέρος)», con la precisión de que los ricos, de todos modos, pueden estar tranquilos porque él los considera «los mejores guardianes del dinero». Pero en estas palabras no existe el propósito conciliador que Freeman quiere ver en ellas. Por otra parte, después de las muy duras formulaciones sobre la necesidad de la represión preventiva también el tono conciliador tiene otro significado. Hay, por un lado, la pretensión «totalitaria» («el demo es el conjunto de los ciudadanos», «es el todo»), que juega además con el doble sentido de δῆμος (comunidad en su conjunto y también «parte democrática»); por otra parte, está la liquidación de la pretendida superioridad oligárquica (la oligarquía es una «facción» por definición). En cuanto a la concesión tranquilizadora, quiere decir simplemente «no procederemos a expropiaros». Eso es lo que significa la

5. Tucídides, VI, 38, 4.
6. VI, 36, 1.
7. Tucídides, VI, 38.
8. Tucídides, II, 37.

frase «los ricos son mejores guardianes (φύλακες) del dinero».[9] En la práctica de las ciudades democráticas significa también: sabemos a quién volvernos cuando tenemos necesidad.

2

En el sistema político siracusano al líder (o a los líderes) les competía una posición formal en la ciudad y en la asamblea.[10] Este elemento, entre otros, ayuda a explicar por qué en Siracusa el poder personal continuó siendo, todavía en el pasaje del siglo V al IV, una salida natural del predominio del demo o, como dice Diodoro, cuando relata el ascenso de Dionisio (XIII, 92, 3), del δημοτικὸς ὄχλος.

No recorreremos aquí la carrera de Dionisio, quien empieza como partidario de Hermócrates pero a la caída de éste cambia de frente y se abre camino en la parte popular, desacreditando a los estrategos.[11] Si recurre a una guardia de corps lo hace para prevenir (según dice) conjuras y tramas oligárquicas: se mueve en la óptica de los prejuicios fuertemente agitados por Atenágoras.

9. Tanto Freeman como Grote parecen entusiasmados por la frase de Atenágoras sobre los ricos ἄριστοι φύλακες χρημάτων. Grote *(History of Greece*, V, Londres, 1862², p. 163) polemiza con Arnold (Oxford, 1830-1835), quien había creído entender que los ricos son apropiados para la magistratura financiera. Se lanza a una loa a esta concepción de la contribución de los ricos a la comunidad. Ellos son «the guardian of his own properties» en tanto las necesidades estatales no requieran mayores gastos; «in the interim», ellos gozan de sus bienes como les plazca y en su propio interés vigilan para que sus propiedades no desaparezcan. Aquí Grote injerta una consideración más general: en esto consiste el servicio que un propietario tributa al Estado *quatenus* rich man»; y concluye: «éste es uno de los fundamentos de la defensa de la propiedad privada contra el comunismo». Por otra parte, Grote no esconde –en su reflexión sobre las palabras de Atenágoras– que el rico tiende a «contar más» en la vida pública precisamente en razón de la fuerza económica y por eso reconoce que las palabras de Atenágoras limitan la dificultad de βουλεῦσαι al συνετοί, una propuesta de limitación de las «perpetually unjust pretensions to political power» por parte de los propietarios.

10. Cuando Atenágoras dice «ἐφ᾽ἡμῶν (bajo mi autoridad) no consentiré que suceda, etc.», habla en cuanto magistrado; por tanto, ha acertado K. O. Müller, *History of the Literature of Ancien Greece*, II, Londres, 1842, p. 149, al reconocer en su calificación de προστάτης τοῦ δήμου una determinada imputación formalizada. Sobre esto, cfr. S. Sherwin-White, *Ancient Cos. A historial study from the Dorian settlement to the imperial period*, Gotinga, 1978, p. 199 y n. 147, y, a propósito de Siracusa, D. P. Orsi, «Atanide, Eraclide e Archelao prostatai della città», *Chiron*, 25, 1995, pp. 205-212.

11. Diodoro Sículo, XIII, 92, 1.

Si ahora consideramos las palabras de un político ateniense que tenía todos los requisitos y todas las pulsiones para instaurar un poder personal (una «tiranía», como decían sus adversarios) –es decir, Alcibíades–; un político que, precisamente porque en Atenas había tenido que abrirse camino según las ideas-base de la política de su ciudad, y por tanto como amigo de la democracia y por eso mismo enemigo de la tiranía, vemos cómo reconduce con lucidez estas decisiones y estas conductas a los «prejuicios» vigentes, a las idas generalmente aceptadas por el *ethos* público ateniense.[12] Es el acta de nacimiento de la democracia ateniense (Clístenes que –derrotado en la lucha contra Ságoras [508 a. C.]– «hace entrar el demo en su hetería», como dice Heródoto),[13] que explica el modo en que la democracia de Atenas nace antitiránica. Distinto es el caso del orbe griego occidental, que no ha dejado de influir sobre ciertas convulsiones de la República romana.

Éste es el balance. Mientras en Sicilia sigue funcionando (según el modelo arcaico) el circuito democracia/tiranía, en Atenas la democracia ha sido absorbida por las clases altas, que la han asumido como ideología. No es casualidad, en efecto, que esas palabras las pronuncie el alcmeónida Alcibíades. Así como no carece de motivos el hecho de que Atenágoras aporte, respecto de la democracia y de sus contenidos en relación con los derechos individuales (a la ἐλευθερία), una característica que está en los antípodas respecto del «liberalismo» pericleo.

3

En Atenas (y en la era marcada por el modelo ateniense), la retórica antitiránica (para entendernos, al estilo Alceo) ha envuelto e impregnado incluso la parte democrática. La jerga política democrática ateniense prevé, curiosamente, una identificación tiránico-oligárquica.[14] El elemento antitiránico se ha vuelto patrimonio, bagaje lexical ideológico y propagandístico de la democracia ateniense. No así en la Magna Grecia

12. Es el discurso de Alcibíades en Esparta, en el que define con desprecio (¡frente a un público espartano!) la democracia ateniense como «una notoria locura»: cfr., más arriba, p. 149.

13. Heródoto, V, 66.

14. Cfr. Tucídides, VI, 60: «[en el tiempo de los hermocópidas] temían una conjura oligárquica y tiránica». Así, en la parábasis de *Lisístrata* de Aristófanes los viejos atenienses se dan aires de tiranicidas [«tengo la espada en el mirto», etc.] para demostrar que están dispuestos a enfrentarse a una conjura oligárquica.

y en Sicilia. La tradición democrática ateniense es antitiránica, la sícula-magnogriega no.

Como consecuencia de ello, en la Magna Grecia y en Sicilia hubo una tradición democrática totalitaria que desemboca generalmente en «tiranía», es decir, en un fuerte poder personal represivo hacia las clases altas, y, necesariamente, de formas diversas, hacia la sociedad entera. Desde el punto de vista de las imágenes consolidadas de la historiografía griega conservada y posterior, este tipo de democracia totalitaria ha salido derrotada.

La compenetración, en la Magna Grecia y en Sicilia, entre democracia y tiranía explica, o ayuda a comprender, por qué la «tiranía» occidental duró tanto tiempo, prolongando su existencia durante el siglo V y el IV a. C. (en ciertos casos, hasta la conquista romana), precisamente porque es la forma que asumió allí la democracia. Al contrario, en Grecia la «tiranía» desaparece durante una larga fase.

La escena ateniense es del todo distinta. Allí la democracia se compenetra con el individualismo de las clases altas, partidarias, como se sabe, de la ἰσονομία y muy poco dadas, cuando no directamente hostiles, a la δημοκρατία («poder popular»).[15] El principio que informa la concesión aristocrática de la ἐλευθερία/ἰσονομία, largamente teorizado en el epitafio perícleo-tucidídeo, es el siguiente: *todos, ricos o no, son libres de expresar las respectivas potencialidades, pero que gane el mejor.*[16]

Es obvio que los enemigos radicales de la democracia ateniense –como por ejemplo el autor de la *Athenaion Politeia* pseudojenofóntea– se esfuerzan por demostrar que también la democracia de tipo perícleo es totalitaria. Pero son precisamente los fanáticos de la concisión los que sueñan con reducir el cuerpo cívico. Su representación de la Atenas democrática es, al menos en parte, exagerada y parcial, cuando no caricaturesca. Por otra parte, en el siglo IV, tras la guerra civil, la evolución (o degeneración) de la democracia ateniense tomará otros caminos: se establecerá el predominio de una clase política profesional de alta extracción social, dividida en grupos, inamovible y corrupta.

En la Magna Grecia y en Sicilia, en cambio, no parece haberse producido esta compenetración de impulso democrático y «liberalismo» in-

---

15. Sobre esto, cfr. S. Mazzarino, *Tra Oriente e Occidente. Ricerche di storia greca arcaica*, Florencia, 1947, cap. V, en la estela de Ehrenberg: «isonomía como igualdad frente a la ley y, a la vez, equidad de la ley, es una concesión de origen aristocrático». Véase también el sustancial acuerdo de Momigliano en la recensión a Mazzarino, *Revista storica italiana*, 60, 1948, p. 128.

16. Es el mismo principio que Teseo expone al heraldo tebano en Eurípides, *Las suplicantes*, 406-408.

dividualista (para usar la clasificación sugerida por Pohlenz).[17] Probablemente también por un desarrollo distinto del pensamiento político.

Esta bifurcación entre Magna Grecia y Sicilia, por un lado, y democracia de tipo ateniense, por el otro, explica asimismo la hostilidad propagandística e ideológica de algunas voces de la democracia ateniense frente a la tiranía occidental. Entre estas voces destaca la del siciliano Lisias, que sin embargo es culturalmente un ateniense (piénsese que su padre Céfalo pertenecía al círculo de Pericles). Lisias es retóricamente terminante contra la «tiranía» de Dionisio. En cambio, los buscadores de vías de escape del modelo ateniense –Isócrates y Platón ante todo, aunque por caminos distintos– no dudan en mirar con interés la experiencia siciliana.

17. Reseña de *Platon* de Wilamowitz, *Göttingische Gelehrte Anzeigen,* 183, 1921, p. 18.

1

¿Por qué Atenágoras consideraba inverosímil un ataque ateniense contra Siracusa? Sus motivaciones (o, mejor dicho, las que le presta Tucídides) están expresadas únicamente en términos de utilidad militar: «no es verosímil (εἰκός) que ellos dejen a sus espaldas a los peloponesios y, sin haber concluido de forma segura la guerra allí, vengan aquí por voluntad propia para emprender una guerra no menos importante» (VI, 36, 4: palabras que casi coinciden con las de Nicias, que intenta desaconsejar la expedición en VI, 10, 1). Atenágoras, jefe democrático, está en ese momento en el poder; pero no se le ocurre argumentar en términos de inclinación política. Se cuida mucho de decir: ¿por qué el Estado-guía de la democracia, Atenas, debería atacar a la potencia democrática occidental (Siracusa)?

Toda la historia reciente y menos reciente de las relaciones de Atenas con Occidente (ya Pericles había proyectado un ataque a Occidente) está caracterizada por la pura política de potencia. Todavía pocos años antes del ataque a gran escala de 415, Atenas había buscado, con la misión de Féax (422/421), crear una coalición de pequeñas potencias contra Siracusa, independientemente de los regímenes políticos. Los mismos siracusanos no se habían andado con sutilezas en su disputa con Leontino, dividida por importantes conflictos civiles. Después de que los atenienses se hubieran retirado de Sicilia como consecuencia de los acuerdos de 426, los leontinos –según cuenta Tucídides– habían inscrito a muchos nuevos ciudadanos y el demo proyectaba una redistribución de la tierra. Los ricos reaccionaron pidiendo ayuda a Siracusa, que intervino en su favor, dispersando a la parte popular. Pero a continuación los ricos de Leontino, o al menos una parte de ellos, rompieron con los siracusanos. Volvió a encenderse un conflicto en Leontino y los atenienses intentaron entonces volver a inmiscuirse en las cuestiones sicilianas con la misión de Féax en contra de Siracusa, que sin embargo fracasó (V, 4).

Es casi superfluo recordar, entonces, que, una vez derrotada la gran armada (con la ayuda decisiva de los corintios y de los espartanos), los siracusanos exacerbaron en sentido democrático su sistema. Es el momento de la hegemonía política de Diocles (Diodoro, XIII, 34-35) y de sus reformas, que impusieron el sorteo para todas las magistraturas y potenciaron el papel de la asamblea popular contra el de los estrategos. Aristóteles, en el libro V de la *Política*, describe lo acontecido con sintética eficacia: «En Siracusa, el demo, habiendo sido el principal artífice de la victoria contra los atenienses, transformó el régimen político de la *politeia* en *demokratia*» (1304a 25-29). En términos de politología aristotélica la definición es plenamente comprensible: en lugar de la democracia equilibrada por contrapesos constitucionales, Diocles favoreció el predominio incontrolado del demo *(demokratia)*. Ésa fue la consecuencia de la victoria contra los atenienses. En esa página Aristóteles aduce otros ejemplos: su tesis general, en la que se encuadra el caso de Siracusa, es que la clase (o el grupo de poder enrocado en la magistratura) que lleva una ciudad a una importante victoria militar acrecienta su propio poder como consecuencia de tal victoria. Así, ejemplifica, el Areópago acrecentó su poder por el papel decisivo desarrollado durante las guerras persas, y así «la masa de los marinos, que tenía el mérito de la victoria de Salamina y por tanto de la hegemonía marítima de Atenas, potenció la *demokratia*». El caso de Siracusa se explica análogamente: el hecho de que dos «demos» (siracusano y ateniense) se hubieran encontrado, en ese caso, y combatido mortalmente no suscita en él ningún estupor.

El cuadro resultante queda entonces bien articulado y la *Realpolitik* demuestra su fuerza predominante respecto a la ideología y a los teoremas fundados en la ideología. Es un cuadro más convincente y realista que el esquemáticamente ideológico que encontramos en la última parte del diálogo *Sobre el sistema político ateniense*, que gira en torno a la «ley general» que el autor cree haber descubierto, basado en el automatismo de las alianzas: «Siempre que el demo ateniense decidió inclinarse por los *buenos*, interviniendo en conflictos externos, le ha ido mal» (III, 11).

2

Pero en la reseña que Aristóteles desarrolla en esa página del libro V de la *Política* figura un caso, evocado de modo muy sumario, que revela otra faceta de la cuestión. «En Argos», escribe, «los señores *(gnòrimoi)*, habiendo asumido mayor peso después de la batalla de Mantinea contra los espartanos, intentaron derrocar la democracia.» La batalla a la que se refiere es la de 418, en la que la coalición creada por Alcibíades, que giraba sobre la alianza entre Atenas y Argos (única potencia «democrática» del Peloponeso), fue derrotada por los hoplitas espartanos en un memorable choque terrestre. Los «señores» de Argos (los llamados «mil») adquirieron el predominio de la ciudad porque los espartanos, su punto de referencia, habían vencido, y así pudieron –con admirable automatismo– derrocar el poder popular y gobernar durante algunos meses. El ejemplo se adapta, en definitiva, a la tesis general que Aristóteles expone, aunque sea como contraprueba negativa: el demo –con sus decisiones– ha llevado a Argos a la derrota, y por eso perdió el poder interno.

El episodio tiene importancia, además, por el aspecto relativo al automatismo de las alianzas: los señores, apenas la ciudad cae derrotada, someten al demo *gracias a la victoria espartana contra la propia ciudad*. En el caso de los «señores», este automatismo ha funcionado sin sobresaltos ni incertidumbres.

Como consecuencia de su política como potencia (que es su principal objetivo), Atenas puede verse enfrentada incluso con ciudades que no son regidas por oligarquías. Esparta, desde que se desencadenó el conflicto con Atenas por la hegemonía, nunca apoyó un régimen popular. La ayuda a Siracusa se dio en nombre del común origen «dórico», pero, obviamente, tiene su razón de ser en la política de potencia. Se puede arriesgar, por tanto, un diagnóstico de carácter general: en el mundo griego, en la era de los conflictos por la hegemonía, son los oligarcas los verdaderos «internacionalistas».

XV. LA GUERRA TOTAL

1

Entre las guerras del siglo v a. C., la llamada guerra del Peloponeso fue la única que no se resolvió con una o dos batallas («con dos batallas navales y dos terrestres» se había resuelto la mayor de las guerras precedentes, la guerra contra Jerjes, como notaba Tucídides en el último capítulo de su largo prólogo). Pero esto se haría evidente más tarde. O, mejor dicho, se fue haciendo cada vez más evidente a medida que la guerra asumía un aspecto nuevo desde el punto de vista militar: el de *un estado de beligerancia* que podía durar años, a pesar de los choques que, en otro contexto, hubieran resultado inmediatamente resolutivos. Ni la captura, en Esfacteria, de muchos espartanos en un solo choque, ni la derrota ateniense en Delion, bastaron para poner fin al conflicto. Conflicto que se desarrollaba, en los años de la guerra decenal, y después, de nuevo, durante la llamada «guerra decelaica» (413-404 a. C.), como una sucesión de choques marginales y de dimensiones relativas, que desembocan en cierto momento en eventos militares de mayor calado para moderarse a continuación en un conflicto más limitado, y así sucesivamente. Parece como si los beligerantes se estudiaran, lanzándose a choques modestos, con vistas al momento en que imponer al adversario la batalla definitiva en las condiciones menos favorables para él. De aquí la evolución del conflicto, más similar en esto a las guerras modernas que a las arcaicas, en las que los griegos se habían ejercitado hasta ese momento (con la excepción, claro está, del largo, y remoto, sitio de Troya).

2

La razón por la que después de Esfacteria los espartanos, y después de Delion los atenienses, no cerraron la partida sino que la continuaron fue probablemente la conciencia del carácter destructivo del conflicto en

curso. Esta vez se combate hasta la «victoria total», porque
ambas partes (después de la victoria en Sicilia y sobre todo e
propone no ya simplemente humillar a la potencia adversar
cirla a la impotencia, derribarla. Se perfila por primera vez
ciones entre los Estados griegos, la noción y la finalidad política de la
guerra total. Ya que no se combate sólo a la potencia adversaria sino
también el sistema político-social antagónico: como bien lo vio Tucídides (III, 82-84), guerra de clase y guerra externa se entrecruzan. Después
de Esfacteria, Esparta se encaminó (o más bien sondeó) en dirección a
una posible paz, pero sin la voluntad de llegar en verdad a ninguna clase
de acuerdo. Una conducta que encontró su contraste y sustento en la
decisión ateniense de poner condiciones de paz tan mezquinas como
para inducir a Esparta a retomar las hostilidades. A la paz se llegará en
421, con la simultánea desaparición de Brásidas y Cleón; pero, a pesar
del gesto inicial de buena voluntad ateniense de restituir a los prisioneros
de Esfacteria, las reservas mentales en ambientes influyentes de ambas
ciudades fueron suficiente para reiniciar un proceso de recíproca provocación creciente. En este peculiar carácter de guerra total, la guerra del Peloponeso fue, durante largo tiempo, un caso único: no se convirtió en el
modelo de los sucesivos conflictos, que en el siglo IV presentan una trayectoria tradicional (Coronea, 394; Leuctra, 371; Mantinea, 362). Acaso
la causa de ello debe buscarse en un hecho sorprendente, que se manifestó enseguida: que la guerra total que, en 404, parecía haber aniquilado la
potencia naval ateniense no resultó en absoluto resolutiva. Diez años
más tarde, Atenas volvía al mar y tenía murallas nuevas. En poco tiempo
el resultado de un conflicto que había durado veintisiete años había quedado anulado. La razón geopolítica había prevalecido una vez más.

3

Tucídides dedica a la campaña de Esfacteria una de las más meticu-
losas y admirables descripciones de operaciones militares de toda su sabia obra de historiador militar. Esto se lo reconoce incluso un crítico
por lo general severo con él, Dionisio de Halicarnaso. Dionisio presta
una especial atención al célebre episodio de esa singular batalla que fue a
la vez naval y terrestre, en particular a la activa y osada participación de
Brásidas («Segunda carta a Ameo», 4, 2).[1]

1. La *aristeia* de Brásidas volverá, con valor ejemplar, en Plutarco (*Apoftegmi di re
e generali*, 207 F) y en Luciano (*Cómo se debe escribir la historia*, 49). En particular el

Brásidas, que cae combatiendo en Pilos, anticipa, aunque con poca fortuna, el inverosímil vuelco estratégico que verá, al final, al espartano Lisandro derrotando a Atenas por mar. Para vencer, en efecto, Esparta se reconvirtió en potencia marítima y ganó en el terreno en el que Atenas se consideraba imbatible (véase el primer discurso de Pericles en Tucídides). Eso sucedió gracias a hombres como Brásidas, quien fue además el primero en llevar un ejército espartano a combatir por un largo periodo de tiempo lejos de sus bases de partida; o como Lisandro. Hombres mirados con recelo por su carácter emprendedor, que recordaba quizá a algunos el inquietante episodio del «regente» Pausanias, y, en el caso de Lisandro, considerados además «impuros» como espartanos. Ellos han revolucionado el modo de hacer la guerra que hasta entonces había sido característico de la ciudad: una consecuencia, también ésta –y quizá la más importante– de la decisión de librar una guerra «total».

4

La definición de «guerra total» intenta responder al interrogante: por qué en toda la historia milenaria de los griegos sólo la «guerra peloponésica» se extendió tanto tiempo. No nos referimos solamente a la original concepción tucidídea de un único conflicto de veintisiete años de duración, sino también a los dos conflictos «parciales», ambos extendidos durante cerca de diez años, la guerra llamada «decenal» (431-421) y la guerra llamada «decélica» (413-404). Tucídides, cuyo relato es sabiamente selectivo, detrás de la apariencia de una totalidad cerrada y casi intocable (pero aparente), nos guía en la comprensión de una trayectoria bélica en la que el «estado de guerra» perdura con independencia de la frecuencia con la que acontecen los choques terrestres y navales, e independientemente de su grado de destrucción. No es que se combata de modo ininterrumpido, sino que los dos principales contendientes buscan constantemente dónde y cuándo golpear. Cada uno de ellos apunta a infligir golpes con las armas en las que se considera más fuerte, y en el terreno que le parece más favorable. De ahí la discontinuidad del choque directo, a pesar de la continuidad del estatus de guerra y de la amplitud creciente del teatro de operaciones. Es sintomático, y ayuda a comprender

---

episodio narrado por Plutarco, que reconviene a Brásidas por su audaz comportamiento en Esfacteria, es curioso porque muestra que la *aristeia* de Brásidas podía además ser tomada como «prueba» en un proceso entre notables griegos (uno de los cuales era descendiente lejano de Brásidas) todavía en la época de Augusto.

el fenómeno, el hecho de que, ya en el caso de la guerra decenal, Atenas intentó en varias ocasiones intervenir en Sicilia (en 426 y en 422), mucho antes de la intervención a gran escala de 415, que transformará definitivamente, y hasta el momento de la capitulación de Atenas, la guerra del Peloponeso en *guerra mediterránea*, de Siracusa al Bósforo o a las islas del Egeo más cercanas a Asia.

Desde el primer momento, Pericles parece haber comprendido (si no es que Tucídides refleja en él su propia visión de las cosas) que iba a tratarse de una larga guerra de desgaste y de aniquilación. Por eso Tucídides dedica tanto espacio en su discurso a la economía, a la enumeración que hace Pericles de los recursos con que puede contar Atenas (II, 13): desde el constante flujo anual de los tributos aliados a los cuarenta talentos de oro puro que revisten la estatua de Atenea Parthenos ubicada en el Partenón. Ese crucial balance es el indicio más claro del tipo de guerra que preveía Pericles.

Un brillante y discutido historiador militar estadounidense, Victor Davis Hanson, eligió un título muy ilustrativo para su libro sobre la guerra del Peloponeso: *A War Like no Other* (2005), *Una guerra como ninguna;* pero los elementos con los que trató de dar cuerpo a la intuición contenida en el título son en parte decepcionantes. La guerra «como ninguna» le parece tal porque se asemeja más «al pantano de Vietnam, en el que fueron a dar franceses y estadounidenses; al caos sin fin de Oriente Medio o a las crisis balcánicas de los años noventa que a las batallas convencionales de la Segunda Guerra Mundial, caracterizadas por enemigos, batallas, frentes y resultados bien definidos». No es exactamente así: también el segundo conflicto mundial ha visto involucrarse progresivamente nuevos beligerantes en el área abarcada por la guerra, y la coexistencia y complementariedad de un prolongado estatus bélico y de batallas mastodónticas y decisivas, precedidas y seguidas por ataques terroristas, trampas, intentos de «tantear» al enemigo antes de decidir dónde golpearlo. Por haber encerrado en sí todo esto, aunque sea a pequeña escala, la guerra denominada reductivamente «del Peloponeso» es una guerra «moderna» (del mismo modo que lo fue la de Aníbal).

El otro motivo aducido por Hanson para argumentar la *diversidad* es el carácter de «guerra civil» de ese largo conflicto: guerra civil porque fue entre griegos, entre «pueblos de lengua helena». Como sabemos (lo hemos recordado en la «Introducción»), esta visión de la guerra peloponésica como una inmensa guerra civil intragriega estaba ya en Voltaire, en el octavo capítulo de su ensayo sobre el «pirronismo». Este elemento, que fue percibido por los mismos protagonistas –quienes se afearon entre ellos, en un determinado momento, el hacer a los griegos lo que se debía reservar exclusivamente para los bárbaros, es decir, los no griegos–, está sin duda presente en la conciencia de los contemporáneos, más aún si se tiene en cuenta que las «alianzas» establecidas entre las facciones opuestas habían surgido con la motivación fundamental de continuar la guerra contra «el bárbaro» (no de alinearse contra otros griegos).

Ello no basta, sin embargo, para afirmar que esos veintisiete años de guerra fueron distintos de cualesquiera otros: duras guerras intragriegas, o si se quiere «civiles», son las que se combatieron en la primera mitad del siglo IV, al menos hasta Mantinea (362 a. C.).

El concepto de guerra *civil* debe tomarse en un sentido distinto respecto del que Hanson toma de la experiencia de la guerra de Secesión norteamericana. La del Peloponeso fue guerra civil, como se ha dicho (más arriba, § 2), porque estaban en juego al mismo tiempo la hegemonía *y los modelos políticos:* por la simple y macroscópica razón de que la hegemonía que Atenas había ido adquiriendo era *inherente a su sistema político* (la democracia imperial) y se basaba en exportaciones/importaciones de ese modelo en las ciudades aliadas/súbditas. Por eso Lisandro, en el momento de la victoria definitiva, pretende también, y contextualmente, el cambio de régimen en la ciudad finalmente derrotada, aunque tal cambio no figurase formalmente entre las cláusulas de la capitulación.

El hecho de que, poco después de la victoria, las cosas tomaran enseguida otro aspecto, no quita nada de la lúcida intuición del vencedor.

¿Cómo no recordar, en este punto, que también la Segunda Guerra Mundial, a pesar de que casi cada decisión de los contendientes en lucha fue dictada por el cálculo realpolítico más que por las opciones ideológicas y de principio, fue en todo caso una gigantesca *guerra civil?* He aquí por qué la analogía más eficaz, para comprender el interminable conflicto 431-404, es el conflicto que abarcó la primera mitad del siglo XX. Y por qué, también, la única definición apropiada para denominarlo es la de «guerra total».

Cuarta parte

La primera oligarquía:
«Era empresa de no poca envergadura quitar la libertad al pueblo ateniense»

Se ve, pues, que todos los conspiradores contra los príncipes han sido personalidades o amigos íntimos de aquéllos.

MAQUIAVELO,
Discursos sobre la primera década de Tito Livio,
III, 6: *De las conjuraciones*

XVI. ANATOMÍA DE UN GOLPE DE ESTADO: 411

1

El clima político había cambiado en Atenas desde que se tuvo conciencia de la derrota en Sicilia. Una primera señal fueron las propuestas de «buena administración» sobre las que Tucídides pone un velo de ironía.[1] Se da por sentado que para los enemigos de la democracia, para aquellos que desde siempre la habían rechazado como el peor de los regímenes, esa derrota era la prueba de cuán ruinoso podía llegar a ser un régimen en el que «el primero que aparece puede tomar la palabra» y la ciudad puede ser llevada a la ruina por las aventuradas decisiones de un solo día. Después de todo, la democracia se demostraba como un sistema desesperante: «El pueblo siempre puede cargar la responsabilidad de las decisiones sobre quien ha presentado la propuesta o la ha sometido a votación, y los otros escabullirse diciendo: ¡yo no estaba presente!»[2] Es la misma irresponsabilidad política denunciada por Tucídides cuando recuerda la indignación de la gente contra los políticos que habían apoyado la expedición siciliana: «¡Como si no la hubieran votado ellos mismos!»[3]

Parecía llegado el momento de la rendición de cuentas. El desastre era demasiado grande, la emoción y el miedo demasiado fuertes; la ocasión, en suma, demasiado favorable para que los círculos oligárquicos, la oposición oculta, los viejos resentidos y los jóvenes «dorados» de la antidemocracia no pasaran a la acción. La nómina de los diez «ancianos tutores» de la política ciudadana –otra disposición tomada bajo la impresión de la derrota– no era más que una primera señal del nuevo clima que se venía madurando. Un clima en el que lentamente las partes se in-

---

1. Tucídides, VIII, 1, 4: «debido a la situación de pánico, estaban dispuestos a asumir la disciplina: así es como actúa el pueblo».
2. [Jenofonte], *Sobre el sistema político ateniense*, 2, 17.
3. VIII, 1, 1.

virtieron. Si en el predominio popular y asambleario son los señores, los «enemigos del pueblo», quienes por lo general callan, ahora comienza a verificarse lo contrario. Ahora los oligarcas proclaman frente a la asamblea un programa, que era la negación del principio básico de la democracia periclea del salario mínimo para todos: sostenían que sólo quien sirviera en armas podía obtener un salario y que no más de cincuenta mil ciudadanos debían tener acceso a la política. En tiempos normales nadie hubiera osado ni tan siquiera proferir estas hipótesis sin caer bajo la acusación peligrosa de «enemigo del pueblo». La asamblea y el Consejo seguían reuniéndose, pero no decidían sino lo que establecían los conjurados, «y los que hablaban en la asamblea eran ahora sólo ellos y ejercían la censura preventiva sobre cualquier intervención de los demás».[4] La crisis política de Atenas, en aquellos meses cruciales de la primavera de 411, radica enteramente en este cambio: los oligarcas han tomado el poder sirviéndose ni más ni menos que de los instrumentos propios del régimen democrático.

La asamblea popular ateniense ha decretado su propio fin, en un clima de reapropiación de la palabra por parte de los oligarcas y de espontáneo silencio del pueblo y de sus jefes supervivientes (VIII, 67). Vehículo de tal subversión de los roles no fue sólo la consternación y la parálisis de la voluntad como consecuencia de la derrota, sino también, y no menos, el terror desencadenado por la *jeunesse dorée*.

Tucídides dio una descripción de este clima y un análisis psicológico que ocupan un importante espacio en la economía de su relato. Fue ésta, de hecho, la consecuencia ideal del escándalo de los hermes y de los misterios violados: la necesidad de tiranía que entonces algunos sentían y otros temían encontraba por fin su resolución en la primavera siguiente a la catástrofe siciliana. Las personas involucradas fueron en buena medida las mismas. Androcles, que entonces había sido inflexible acusador de Alcibíades, ahora será una de las primeras víctimas de la juventud oligárquica (VIII, 65, 2). El mismo Alcibíades es rozado peligrosamente por la trama, aunque haya sabido mantenerse aparte; tras haber estado al borde de la adhesión (volviéndose incluso el potencial garante y su estandarte), con uno de sus característicos giros inesperados, o si se quiere intuiciones iluminadas, se sube al caballo de la democracia y se pone en posición de protector de la flota estacionada en Samos, vindicador de la democracia y enfrentado con la madre patria dominada por los oligarcas (VIII, 86, 4).

Es decir, que los organizadores del golpe «actuaron por sí solos». Su

4. VIII, 66, 1.

experimento terminará con otra catástrofe militar: la deserción de Eubea, la preciosa isla frente al Ática, cuya caída en manos espartanas después de cuatro meses de régimen oligárquico[5] pareció a todos mucho más grave que la propia catástrofe siciliana. Tal deserción signó el final del nuevo régimen, ya desgarrado por las feroces luchas personales entre los jefes (VIII, 89, 3). Para Tucídides, la reflexión sobre estos hechos, efímeros en sí mismos, se parece a concebir y componer un manual de fenomenología política, cuyos temas son: cómo el pueblo pierde el poder; cómo el terror blanco llega a paralizar la voluntad popular y vuelve inoperante a la «mayoría», forzada a decretar la propia decapitación política; cómo los oligarcas son incapaces de mantener el poder cuando lo han conquistado, porque enseguida explota entre ellos la rivalidad y el impulso al dominio de uno solo; cómo la política exterior determina, en última instancia, la interior, donde la pérdida de Eubea lleva al rápido fin de la oligarquía, del mismo modo en que la derrota en Sicilia había hundido la ya debilitada democracia.

Pero Tucídides no nos da sólo esta suerte de compendio de teoría política, nos da también el más agudo examen de la psicología de masas frente al golpe de Estado que la historiografía antigua nos haya legado. Lo que más llama su atención es el silencio del demo: la forma en que la más locuaz y ruidosa de las democracias pierde repentinamente la palabra. Silencio que comporta otra consecuencia relevante para el político estudioso de los cambios constitucionales: la permanencia de las instituciones características de la democracia pero, a la vez, su completo vaciamiento: «Así y todo, el pueblo se seguía reuniendo, y también se reunía el consejo designado por sorteo, pero no se tomaba ningún acuerdo que no contara con el beneplácito de los conjurados, sino que los oradores eran de los suyos y los discursos que se pronunciaban eran examinados previamente por ellos. No se manifestaba, además, ninguna oposición entre los otros ciudadanos debido al miedo que les causaba el número de los conjurados» (VIII, 66, 1-2). Pero, como conocía la conjura «desde dentro», sabía que los atenienses se engañaban acerca de la entidad de la conjura: «Imaginándola mucho más amplia de lo que era en realidad, estaban ya como vencidos en su ánimo» (66, 3). Por otra parte, agrega, no era fácil tener una idea exacta de la efectiva amplitud de la conjura en una ciudad tan grande, en la que sin duda no todos se conocían.

Los atenienses «veían», evidentemente, los efectos de la conjura. Si por ejemplo alguien levantaba una voz de desacuerdo en las mudas asambleas dominadas por los conjurados, enseguida «era encontrado muerto

5. Aristóteles, *Constitución de los atenienses*, 33, 1.

de alguna manera apropiada» (66, 2): es el caso de Androcles, uno de los jefes democráticos más notorios, asesinado, revela Tucídides, «por algunos jóvenes», sin que se abriera ninguna investigación «a pesar de saberse hacia dónde dirigir las sospechas». El pueblo «no se movía y era presa de un terror tal que quien no sufría violencia, aun sin decir palabra, se consideraba afortunado» (66, 2). Tucídides captó un punto crucial de la psicología de la derrota: el repliegue sobre objetivos elementales y obvios (el no sufrir violencia visto ya como «una fortuna», no importa si pagada con silencio). Silencio que no se limita sólo al momento propiamente político y elocuente (la asamblea):

> Por esta misma razón, si uno estaba indignado, no tenía la posibilidad de manifestar su pesar a otro con vistas a organizar una reacción; pues se habría encontrado con que aquel a quien iba a hablar o era un desconocido, o un conocido que no le inspiraba confianza. En efecto, todos los del pueblo se trataban con recelo, como si el interlocutor hubiera participado en los acontecimientos. Y el hecho es que entre los demócratas había algunos de quienes nunca se hubiera creído que se pasaran a la oligarquía; y fueron éstos los que causaron la mayor desconfianza en la masa y los que más contribuyeron a la seguridad de los oligarcas, al proporcionarles el apoyo de la desconfianza interna del pueblo (66, 4-5).

Esta desconfianza es, a juicio de Tucídides, el mayor éxito de la conjura oligárquica. Por eso insiste sobre esa modificación psicológica de la gente, e indaga los matices para confrontar lo que la gente «ve» (y deduce) con lo que él mismo sabe y ve en el interior del orbe de los conjurados.[6] Es precisamente el análisis psicológico de los comportamientos y de las razones de la gente lo que le permite explicar la renuncia a la palabra, así como, más ampliamente, la relativa facilidad con la que los conjurados cumplieron «la difícil empresa de arrancar la libertad al pueblo de Atenas, cien años después de haber echado a los tiranos» (68, 4).

2

La reflexión sobre la caída de la voluntad de resistir por parte de la mayoría y la penetrante ilustración de los síntomas que denotan tal caí-

---

6. Para la atención que pone Tucídides sobre aquello que *ve* y que los otros *ven*, cfr. su descripción de la partida de la flota del Pireo en 415, más arriba, cap. XI.

da tratan, en la economía del relato tucidídeo, de explicar la increíble facilidad con que habían vencido los conjurados.

Éste es el motivo por el que Tucídides parece seguir casi como un cronista, día tras día, asamblea tras asamblea, el desarrollo de los acontecimientos. La forma de crónica del relato se acentúa precisamente allí donde la psicología de masas adquiere protagonismo, en el momento de la capitulación como en el del renacimiento. Así, sabemos los progresos que hace la conjura día tras día, las concesiones que día a día los conjurados arrancan a las asambleas que ellos mismos convocan repetidamente, a sabiendas de que pueden contar con la parálisis de los posibles adversarios (67, 1-68, 1). Así, cuando desde la escena exterior a la ciudad (Samos, Jonia) el relato tucidídeo regresa a los acontecimientos de Atenas, se vuelve a hacer preciso y casi cotidiano, hasta los momentos de crónica dramática como el del atentado mortal tendido a Frínico apenas regresado de una misión secreta en Esparta (92, 2).

Vemos a Frínico salir de la sede del Consejo, dar unos pocos pasos hacia el ágora; allí alguien lo apuñala; Frínico muere en el acto, el asesino desaparece entre la multitud; es arrestado un cómplice que, sometido a tortura, no pronuncia ningún nombre, dice sólo que en casa del jefe de las guardias y también en otras casas «tenían lugar continuas reuniones secretas».[7] La jornada siguiente fue convulsa y llena de peripecias, transcurrida entre las alarmas sobre un improviso desembarco espartano y el riesgo permanente de choques en la ciudad entre facciones enemigas. Los soldados estacionados en El Pireo sospechaban que algunos oligarcas preparan un desembarco espartano por sorpresa, porque no se explicaban la razón de un extraño muro que se había construido precisamente sobre el promontorio de Eetionea, una franja de tierra al nordeste del Pireo (92, 4). Los rumores de un desembarco espartano iban en aumento, así lo creía (o hacía como que lo creía) incluso Terámenes, que era sin embargo uno de los jefes de la oligarquía. «No era ya posible quedarse quieto», concluyeron, y, como para lanzar una advertencia, detuvieron a Alexicles, un estratego muy ligado a las sociedades secretas oligárquicas. Informados de inmediato, los oligarcas se volvieron, amenazadores, contra Terámenes. Éste se muestra más indignado que ellos y se precipita hacia El Pireo; pero los oligarcas no lo dejan solo y lo hacen seguir de cerca por Aristarco «junto con algunos jóvenes tomados de la caballería» (92, 4-6). «La confusión», observa Tucídides, «era grande y terrorífica» (92, 7). Aquí su crónica no sólo refiere los acontecimientos, sino incluso las erróneas convicciones de algunos y los equívocos, si bien pasajeros, surgidos entre la gente:

7. Cfr., más abajo, cap. XXI.

Los que se habían quedado en la ciudad estaban convencidos de que El Pireo ya había sido ocupado y que el estratego prisionero habría sido asesinado; en El Pireo pensaban, en cambio, que vendrían de la ciudad en masa para castigarlos (92, 7).

Tucídides refiere incluso detalles superfluos: por ejemplo, hace saber que «estaba presente» e interviene también Tucídides de Farsalo, próxeno de Atenas en su ciudad (92, 8). Refiere incluso las palabras que éste grita para dividir a los contendientes dispuestos al choque físico. En este clima de caos, Terámenes, el virtuoso de la ambigüedad, se exhibe en una de sus características más congeniales: reprende a los soldados por haber arrestado al estratego, pero al mismo tiempo avala, después de un dramático diálogo con la masa, que Tucídides refiere textualmente, la exigencia de abatir el misterioso muro. A ello se ponen de inmediato manos a la obra, y todos aquellos que pretenden manifestar oposición al nuevo régimen se unen a la empresa. Es la sanción pública de la derrota de los oligarcas.

«Al día siguiente» los jefes de la oligarquía volvieron a reunirse en la misma sede de la que había salido Frínico, el día anterior junto a quien iba a atentar contra él, «pero eran presa de una profunda turbación» (93, 1). Continuas asambleas de soldados se sucedían en El Pireo y ponían condiciones a las que debían plegarse los oligarcas, haciendo promesas y firmando pactos. La concesión más importante fue la de convocar, pocos días más tarde, una asamblea popular (lo cual no sucedía desde que había cambiado el régimen), en el teatro de Dioniso. Argumento único en discusión: «la pacificación» (93, 3). Concesión muy significativa, pues oficializaba el renacimiento de una oposición antioligárquica. El día previsto se reunieron en el teatro de Dioniso. La asamblea acababa de comenzar cuando se difundió la noticia de que una flota espartana, al mando de Agesándridas, había sido avistada en el estrecho de Salamina (94, 1): todos temieron que fuese el ataque por sorpresa anunciado por Terámenes, y la reacción fue una movilización general. Tucídides se muestra dudoso acerca del verdadero motivo de la aparición de Agesándridas y se limita a formular conjeturas: no excluye que el comandante espartano actuara efectivamente de acuerdo con alguien de Atenas, pero —observa— se puede también suponer que estuviese en la zona debido al conflicto abierto en Atenas, esperando a intervenir en el momento preciso (94, 7).

El día iniciado con el intento de asamblea para la «pacificación» terminaría con la más ruinosa de las derrotas. Tucídides parece seguir de cerca los desplazamientos impulsivos de los atenienses: del teatro rápidamente levantado en armas al Pireo; del Pireo, sobre las primeras naves disponibles, a Eretria, cuando comprenden que el verdadero objetivo de la flota espartana era Eubea (94, 3). En Eretria los atenienses caen en una trampa. De acuerdo con los espartanos, los eretrios cierran el mercado, de modo que, para comer, los atenienses son obligados a desplazarse a las afueras de la ciudad: cuando los espartanos –a una señal de los eretrios– atacaron, muchos soldados se encontraban lejos de las naves. La batalla es una catástrofe, y Eubea entera, con excepción de Óreo (en el extremo norte de la isla) deserta. Así termina la crónica de aquella terrible jornada.

Ante la noticia de la pérdida de Eubea –anota Tucídides– se difunde en Atenas un terror sin precedentes. Ni siquiera en los tiempos de la derrota siciliana, ni en ninguna otra ocasión, habían experimentado un pánico semejante (96, 1). Pánico más que justificado, observa, teniendo en cuenta la completa ausencia de naves y de hombres (la flota de Samos se había negado a reconocer la autoridad del gobierno oligárquico), a la completa falta de defensas en El Pireo, y para colmo privados de Eubea, más vital, para ellos, que el Ática misma. El temor inmediato y más tormentoso era que los espartanos supieran que podían desembarcar impunemente en El Pireo; algunos, incluso, «estaban convencidos de que prácticamente ya habían llegado» (96, 1-3).

El régimen oligárquico no sobrevivió a esta *débâcle*. Apenas llegadas las noticias de Eubea tuvo lugar una primera asamblea en la que los jefes de la oligarquía, los llamados «Cuatrocientos», fueron depuestos y todo el poder pasó a manos de los «Cinco Mil» (cuya lista, por otra parte, sólo entonces quedó definida); en los días posteriores se realizaron una serie de asambleas que llevaron a las elecciones de nomotetas y a otras decisiones relativas a la constitución (97, 2).

XVII. TUCÍDIDES ENTRE LOS «CUATROCIENTOS»

1

El relato tucidídeo de la toma del poder por parte de los Cuatrocientos, de su breve gobierno y de su caída está lleno de revelaciones de *arcana*. No sólo revela quién fue el verdadero ideólogo de la extraordinaria empresa,[1] sino también las auténticas dimensiones de la conjura,[2] además de la identidad (sólo por alusiones) de los asesinos de Androcles,[3] los contactos secretos de Frínico con Astíoco[4] y así sucesivamente. Es razonable pensar que todo este juego de revelaciones sabiamente dosificadas, hecha precisamente de manera de no «descubrir» a quien estuviera vivo, queda claro y comprensible si se proyecta la posibilidad de que Tucídides fuera, en realidad, uno de los Cuatrocientos. Sólo de ese modo se comprende cómo podía estar en condiciones de referir no sólo los detalles cotidianos, impresiones, estados de ánimo de los individuos y de las masas, sino –y especialmente– las discusiones que se desarrollaban día a día dentro de la sala del consejo *(Bouleuterion)*. Hasta el caso límite, en verdad admirable, de la descripción minuciosa y dramática de la jornada de los choques en El Pireo, comandados (y todavía nos preguntamos con qué autoridad) por el próxeno Tucídides de Farsalo,[5] o bien de la larga jornada que se abre con la sesión en el *Bouleuterion* al día siguiente del desenmascaramiento de las operaciones en Eetionea,[6] o bien de esa mucho más dramática que comienza con la asamblea «sobre la concordia» reunida en el teatro de Dioniso en el fallido intento de proteger a Eubea del ataque espartano.[7] No puede ser

1. VIII, 68, 1.
2. VIII, 66, 5.
3. VIII, 65, 2.
4. VIII, 50-53.
5. VIII, 92.
6. VIII, 93.
7. VIII, 94-95.

subestimada la precisión con la que se refieren las puntuales respuestas pronunciadas en el *Bouleuterion:* por ejemplo cuando Terámenes hace notar que «no era normal que una flota que navegaba rumbo a Eubea penetrara en el golfo de Egina».[8] Son detalles minúsculos, momentos mínimos de un tejido de acontecimientos, iniciativas, intervenciones que sólo la anotación directa y diaria puede haber conservado.

En el relato del desarrollo cotidiano de los acontecimientos, Tucídides señala además un pasaje crucial. Tras el atentado mortal contra Frínico, Terámenes y sus acólitos se convencieron de la debilidad de la parte adversaria *porque no veían perfilarse ninguna relación*: «al no producirse a raíz de ello ningún cambio en la situación, Terámenes ya *pasó a la acción con mayor audacia,* y lo mismo podemos decir de Aristócrates y de todos los otros que compartían las mismas ideas, estuvieran dentro o fuera del grupo de los Cuatrocientos».[9] *¡Pasan a la acción porque el atentado contra Frínico tuvo éxito!* Quien se expresa de este modo oculta que Terámenes podría no haber sido ajeno al atentado y que, visto el inesperado éxito –la eliminación de Frínico, que no desencadena contraataques de ningún género–, se vuelve «cada vez más audaz» y, con sus estrechos camaradas, decide dar otro paso adelante, *pasando a la acción.*[10]

No falta una intuición narrativa: es el largo periodo, conscientemente construido, que conecta y liga en concatenación lógica el atentado con la decisión de Terámenes de «pasar a la acción». Tampoco esquivará, en ese relato tan elaborado, el detalle, del que asimismo Tucídides se muestra informado, relativo a los *elementos exteriores* a la Boulé, que estaban en relación con aquellos de los Cuatrocientos que eran seguidores de Terámenes y Aristócrates. Dicho siempre de manera prudente (καὶ τῶν ἔξωθεν).

Al día siguiente de los incidentes, cerca del muro de Eetionea, se reúne nuevamente el Consejo de los Cuatrocientos en el *Bouleuterion,* «aunque estuvieran desolados»:[11] otra noticia desde el interior del consejo. A lo que se agregan los otros movimientos decididos en el consejo, incluido el de mandar a personas escogidas para que hablaran con los hoplitas, lanzados ya a la reconquista (acababan de arrestar a Alexicles y de «encerrarlo en una casa»),[12] «dirigiéndose a cada uno personalmente» *(ad*

---

8. VIII, 92, 3.
9. VIII, 92, 2: ἦσαν ἐπὶ τὰ πράγματα!
10. ἰέναι ἐπὶ τὰ πράγματα.
11. VIII, 93, 1: τεθορυβημένοι.
12. VIII, 92, 4.

hominem).[13] Prometen, en estas conversaciones individuales, que «sacarán a la luz la lista de los Cinco Mil».[14]

2

Terámenes habla siempre que entra en escena, y sus palabras siempre son referidas con puntales paráfrasis.[15] Cuando Terámenes hace su primera aparición, tras haber sido «presentado» varias páginas antes (68, 4), sus palabras son tajantemente desenmascaradas por Tucídides: «Pero eso era sólo un pretexto político esgrimido de palabra»[16] en el intento de ocultar sustanciosas ambiciones. Terámenes «iba repitiendo» que hacía falta hacer un gobierno «más igualitario» y nombrar de hecho, no sólo de palabras, a los Cinco Mil. (En las semanas siguientes, Terámenes intentará llegar a un acuerdo con la flota de Samos y de promover un decreto para el regreso de Alcibíades y de otros exiliados.) Pero, para Tucídides, es precisamente este posicionamiento del versátil «coturno» la ocasión de describir la que a él le parece la dinámica característica que determina la derrota «de una oligarquía nacida de la caída de un régimen democrático»:[17] «secundando *sus ambiciones privadas* (κατ'ἰδίας φιλοτιμίας) la mayoría de ellos [de los Cuatrocientos] eran favorables a perseguir los objetivos que constituyen la principal causa de ruina de una oligarquía nacida de la democracia». Palabras que denotan un *conocimiento cercano y profundo* de esas «ambiciones privadas», más allá del ruinoso despliegue de sus efectos.

Surge entonces la pregunta acerca de qué otras experiencias refieren a esta regla general de la política que es formulada y sancionada casi como de pasada. Sabemos tan poco acerca de la *verdadera* biografía de Tucídides que esta rendija sobre su experiencia política concreta debe necesariamente quedar como tal. Él pretende decir, probablemente, que en el seno de un grupo de oligarcas que ha conseguido tomar el poder liquidando un régimen democrático se libera tal espíritu antiigualitario que inmediatamente se desencadena entre ellos la rivalidad para con-

---

13. ἀνὴρ ἀνδρί.

14. VIII, 93, 2.

15. VIII, 89, 2; 90, 3; 91, 1-2; 92, 2-3 y 6-9; 94, 1.

16. VIII, 89, 3: σχῆμα πολιτικὸν τοῦ λόγου. Para el apodo «coturno» aplicado a Terámenes, cfr., más abajo, cap. XXI, n. 28.

17. VIII, 89, 3.

quistar la supremacía.[18] Este tema de la competencia en el interior del grupo dirigente es desarrollado por Tucídides también en el balance de la completa evolución del conflicto que él agrega –por contraste– a su comentario sobre el perfil de Pericles.[19] Pero el motivo relativo al daño derivado del impulso de todo político por conquistar el poder *asume un valor general*, no es ya referido al caso específico de los oligarcas llegados finalmente al poder e incapaces de mantenerse recíprocamente en un plano de igualdad. Allí se vuelve un criterio general, válido para todo sistema político (no monárquico), y es señalado como causa principal de la derrota de Atenas y de la pérdida del imperio.[20] Si se considera que tal dilatación del diagnóstico es puesta por el autor, como contraste, inmediatamente después de la exaltación de Pericles como *princeps*,[21] felizmente capaz de reducir la democracia a mero nombre, a pura fachada (λόγῳ), entonces es evidente que no era audacia intelectual sino juicio penetrante el de Thomas Hobbes, quien en su fundamental *Introducción a Tucídides* (1648) deduce, de ésta y de otras páginas del historiador, que el ideal político al que, al fin, llega Tucídides es el «monárquico».

Se puede sacar de todo ello una línea de análisis: precisamente el hecho de que en la página sobre el periodo posterior a la muerte de Pericles (II, 65) la crítica del carácter ruinoso de la rivalidad insurgente en el interior de una élite política asuma, respecto a VIII, 89 (la rivalidad que estalla en una oligarquía nacida de una democracia), *un carácter general demuestra que estamos en presencia de la maduración de un pensamiento.* Mientras está inmerso en la excitante e inesperada experiencia de la oligarquía en Atenas, Tucídides llega a una consideración que está, también, inmediatamente centrada sobre esa experiencia. Por otra parte, su crónica desde el interior del golpe de Estado está *escrita al calor de los hechos, día por día* y refleja de modo inmediato *esa* experiencia. Pero el Tucídides que considera ya de forma retrospectiva la completa andadura de la guerra y el resultado final de la derrota (II, 65) ha dado ya un gran paso adelante: ha llegado a la visión sustancialmente negativa de la disputa política en cuanto tal, irremediablemente alimentada por la ambición individual. Por eso se repliega, matizándola, sobre la solución periclea como única alternativa al problema político: sobre la hipótesis del

18. VIII, 89: οὐχ ὅπως ἴσοι ἀλλὰ καὶ πολὺ πρῶτος αὐτὸς ἕκαστος εἶναι. Aristóteles, *Política*, V, 1305a 20-30, ha meditado sobre esta página.
19. II, 65, 10-12.
20. II, 65, 13: κατὰ τὰς ἰδίας διαφορὰς [...] ἐσφάλησαν.
21. τοῦ πρώτου ἀνδρὸς ἀρχή.

princeps incorruptible y antidemagógico y por eso mismo imbuido de un gran prestigio, dominador y no subalterno de la democracia.

Por sus propios derroteros, también Platón, unos veinticinco o treinta años más joven que Tucídides, teniendo conocimiento directo de los regímenes políticos que se sucedieron en la ciudad-laboratorio por excelencia, Atenas, rechazó tanto la experiencia democrática en cualquiera de sus formas (la del último periodo de la guerra y la restaurada) como la oligárquica. Aunque atraído en un primer momento por el gobierno de los pocos que se proclamaban como «los mejores», luego se retractó; buscó fuera —cerca del poder de tipo monárquico reinante en Siracusa— otra vía; a partir de esa desilusión llega finalmente a la compleja y exigente utopía de los «reyes filósofos». Una meta proyectada sobre un futuro problemático, no menos utópico que el de Tucídides cuando proyecta hacia el pasado, hacia la idolatría del modelo perícleo; un modelo manipulado —como Platón no dejó de reprocharle en el *Gorgias*— respecto de lo que efectivamente había sido el largo gobierno de Pericles. Cuál de los dos grandes pensadores —Tucídides o Platón— merecería, entonces, la noble calificación de «realista político» es algo difícil de responder.

Uno se había formado con Sócrates; el otro con Antifonte.

3

También en el caso de Frínico, cada aparición suya en el relato tucidídeo está signada por la *anotación de sus palabras*.[22] Es obvio que Frínico no habla en el momento del atentado[23] ni tampoco cuando Tucídides expone el rol decisivo en el capítulo-revelación sobre las informaciones más reservadas, donde señala los tres verdaderos líderes.[24]

Parece evidente que Tucídides ha ido tomando nota de los momentos en los que —en secreto o en público— han intervenido los dos máximos líderes, Frínico y Terámenes, y ha registrado lo esencial del contenido de esas intervenciones. No necesariamente todos estos bocetos iban a transformarse en discursos cumplidamente elaborados; quizá sólo aquel, ampliamente citado, de Frínico al principio de los acontecimientos.[25] Sin duda es difícil imaginar, frente a estos materiales, que todo de-

22. VIII, 25, 1; 27, 1 y 5; 48, 4; 50-51; 54, 3; 90, 1-2.
23. VIII, 92, 2.
24. VIII, 68.
25. VIII, 48, acerca del cual, más abajo, cap. XIX.

penda de la obra de un *reporter* intermediario, del que Tucídides habría transcrito o pasado en limpio los apuntes.

Tucídides se refiere sólo en dos ocasiones al tercer líder, el «supremo», es decir Antifonte. La primera vez, para revelar que había sido éste el verdadero ideólogo de toda la extraordinaria empresa, y para rendir homenaje a la grandeza y el coraje de su apología frente a sus jueces.[26] La segunda, para hacer notar que Antifonte (no habiendo creído nunca, como es obvio, que el cambio de régimen sirviese para ganar la guerra) promovía continuas misiones diplomáticas a Esparta con el fin de obtener, en todo caso, una conclusión al conflicto; cosa que lo indujo, más tarde, cuando la situación –tras la ruptura con Samos– se había vuelto insostenible, a trasladarse él mismo a Esparta con una delegación muy calificada.[27] Eso fue el principio del fin. Alguien organizó y realizó el atentado contra Frínico. Después del cual, como evidente resultado de la debilidad del polo oligárquico, la oposición, que estaba oculta, se pone cada vez más al descubierto. En el momento de rendir cuentas, la embajada enviada a Esparta bajo el mando de Antifonte en persona se convierte en la base judicial para un proceso a gran escala «por alta traición». (Terámenes era un maestro en este ámbito: también con los estrategos de las Arginusas conseguirá, de modo brillante, la eliminación por vía judicial de los adversarios políticos.)

Ambas menciones de Antifonte, muy significativas y, como queda claro, estrechamente ligadas entre sí, permiten a Tucídides revelar –a posteriori de los acontecimientos– su estrecha relación con el gran viejo, que ya había superado los setenta años cuando fue condenado a muerte. Las palabras que adopta contienen, en efecto, un perfil que se proyecta muy atrás en el tiempo: él está en condiciones de precisar no sólo que Antifonte era el artífice de «*todo* el asunto»,[28] sino que «desde hacía mucho tiempo»[29] esperaba el momento. Con esas palabras (ἐκ πλείστου) Tucídides revela haber formado parte de los proyectos secretos de Antifonte *desde mucho antes de 411;* así como, casi *per incidens,* hace la misma revelación luminosa sobre sus relaciones con Aristarco, cuando lo define como «hombre sumamente enemigo de la democracia *desde hace mucho tiempo*» (ἐκ πλείστου también aquí).[30] Todo lo cual hace evidente que ése era el ambiente en el que se movía. Son ellos los personajes con

26. VIII, 68, 1.
27. VIII, 90, 1-2.
28. ἅπαν τὸ πρᾶγμα.
29. ἐκ πλείστου.
30. VIII, 90, 1: ἀνὴρ ἐν τοῖς μάλιστα καὶ ἐκ πλείστου ἐναντίος τῷ δήμῳ.

los que ha tenido mayor contacto. No de otro modo se explican las precisiones, y la seguridad, con las que indica al lector las verdaderas razones que habían inducido a Antifonte, *durante buena parte de su vida*, a mantenerse alejado de la tribuna pero sin dejar de prestar la ayuda de sus capacidades a los amigos en dificultad. Una política bien calculada, entonces, que apostaba principalmente por la trinchera de los tribunales, porque un compromiso más directo hubiera resultado contraproducente: «Resultaba sospechoso a las masas por su fama de habilidad oratoria (δεινότητος)».[31] Lorenzo Valla traducía «Procter opinionem facultatis in dicendo». Es verdad que la forma exterior y visible de la «habilidad oratoria» de Antifonte era precisamente su palabra, el dominio de la palabra y la fuerza del razonamiento. Pero en esa δεινότης, en esa «fama de ser δεινός (capaz, temible)» y por tanto «sospechoso a las masas» hay mucho más que la capacidad de hablar, de razonar. Está la idea, confusamente percibida por el πλῆθος, de que esa palabra pudiera convertirse en acción; mucho más que la vanidosa palabra autócrata y demagógica de Alcibíades.

Tucídides permanece muy atento al modo en que hablan los políticos que pone en escena. No sólo hace hablar en numerosas ocasiones a Pericles,[32] sino que además se detiene mucho en describir *cómo* hablaba, y los *efectos* de sus palabras. También los comediógrafos contemporáneos[33] decían, entre el escarnio y la admiración, que era «tonante» como Zeus Olimpo. Tucídides dice que era capaz tanto de «aterrorizar» como de «alentar» al pueblo reunido en la asamblea.[34]

De Cleón, cuando está por darle la palabra, dice que era «tan violento como los demás» y añade: «en ese momento era con mucha diferencia aquel que gozaba de mayor credibilidad frente al pueblo (πιθανώτατος)».[35] Posteriormente este retrato, también por los efectos de la violenta caricatura de Aristófanes, se volvería más grave. Desde

31. VIII, 68, 1: ὑπόπτως τῷ πλήθει διὰ δόξαν δεινότητος διακείμενος. Puesto que Antifonte ha actuado *siempre* a un nivel *reservado* y en una posición de superioridad respecto de los otros líderes, esto *da mayor importancia a la revelación* de VIII, 68, 1 sobre el verdadero papel de Antifonte.

32. Más que a ningún otro, a pesar de haber visto a Pericles sólo durante un año de la larga guerra.

33. Plutarco, «Pericles», 8, 4: «Tronaba y relampagueaba, tenía un rayo en la lengua.» La caricatura de esta connotación de la oratoria periclea está en *Acarnesios*, 531 de la que Cicerón *(Oratoria, 29)* comprendió perfectamente el valor de juicio técnico sobre esa oratoria.

34. II, 65, 9.

35. III, 36, 6: καὶ ἐς τὰ ἄλλα βιαιότατος τῶν πολιτῶν τῷ τε δήμῳ πιθανώτατος.

entonces la voz petulante y violenta del demagogo fue puesta en evidencia por Aristófanes como el requisito principal para llegar a ser un jefe popular: «voz repugnante».[36] Aristóteles dirá, en su historia institucional de Atenas, que Cleón fue el máximo «corruptor del pueblo» con sus «arrebatos»,[37] y fue el primero que, desde la tribuna, «gritó e injurió».[38] Tucídides hablaba principalmente de «violencia» y de «plena confianza» del pueblo en él. No menos hábil que Lisias en hacer hablar a cada uno a su manera, Tucídides pone en evidencia el distinto tipo de oratoria de Nicias y de Alcibíades, y en particular la arrogancia sardónica de este último, resentido por la referencia oblicua de Nicias a su «juventud» (como sinónimo de imprudencia).[39] Cuando aparece Brásidas en Acanto, al principio de su afortunada campaña en Tracia, habla breve y eficazmente; Tucídides lo presenta diciendo que Brásidas «para ser espartano, tampoco estaba falto de talento oratorio».[40]

El control, y la eficacia, de la palabra están por tanto en el centro de la atención de Tucídides; no sólo por la profunda convicción personal, suya y del mundo clásico en su conjunto, de que en general la palabra política no es vano sonido sino *acción*,[41] en el mismo plano que las batallas o los crímenes, sino también porque tiene muy presente que el delicado y decisivo *orador-público* es el vehículo principal del consenso, así como del rechazo y de la confrontación. Se trata de un circuito del que el propio Tucídides conoce bien los límites y las trampas.

Un circuito en el cual no basta la excelencia, sino que además es necesaria esa parte de demagogia que es indisoluble del consenso. Admira a Antifonte por no subir a la tribuna, porque su palabra era demasiado eficaz como para no resultar sospechosa. Antifonte, por tanto, no ha

36. *Caballeros*, 213-219.

37. ὁρμαῖς.

38. *Athenaion Politeia*, 28, 3: πρῶτος ἀνέκραγε καὶ ἐλοιδορήσατο.

39. VI, 12, 2; 17, 1. En actitud esnobista, Alcibíades, en un debate de política, empieza por enumerar sus propias victorias deportivas (VI, 16, 2).

40. IV, 84, 2.

41. Hegel, en las páginas introductorias a las *Lecciones sobre la filosofía de la historia universal*, observó: «Los discursos que leemos en Tucídides [...] nunca fueron pronunciados de esa forma. Pero entre los hombres los discursos son acciones; y, a decir verdad, acciones por demás eficaces»; y también: «Aun cuando los discursos como el de Pericles [...] sean sólo obra de Tucídides, no son ajenos a Pericles.» Wilhelm Roscher, en su ensayo primerizo sobre *Leben, Werk und Zeitalter des Thukydides* (Gotinga, 1842, p. 149), ridiculizaba a aquellos que se tomaban en serio a «gratipo» y su teoría sobre Dionisio de Halicarnaso (*Sobre Tucídides,* 16), según la cual Tucídides habría descartado incluir discursos en su obra por la creciente desaprobación del público. «¡Vaya motivos elegía este discípulo de Tucídides!», comenta.

concedido su palabra a la «masa», hostil y sospechosa, del mismo modo que Tucídides se vanagloria de su decisión de no componer una historia para la lectura pública, donde se compite por el éxito. Le basta, como destinataria, una élite política a la que no debe desagradarle la búsqueda de la verdad;[42] así como a Antifonte le bastó, durante la larga espera que precedió a la imprevista ocasión de 411, reservar su palabra a los «heterios», en espera de que esa palabra, verídica aunque impopular, pudiera convertirse en acción.

Hay un nexo profundo entre Tucídides y Antifonte (no siempre los modernos alcanzan a ver la envergadura): Tucídides lo sugiere y hasta lo declara, en la página en la que aparece Antifonte por primera vez. Pero quizá este nexo se expresa aún de modo más refinado en el paralelismo entre la renuncia de Antifonte al éxito en la asamblea y la renuncia de Tucídides al éxito agonal-popular.

4

Tucídides va dando con precisión los nombres de los estrategos nombrados por los Treinta.[43] En VIII, 92, 6 menciona otro estratego, curiosamente sin dar el nombre, y lo define como «uno que estaba de acuerdo con Terámenes [scil. en querer ir a liberar a Alexicles, el estratego secuestrado por la guardia de frontera]: «Y haciéndose acompañar por un estratego que compartía sus ideas, se fue al Pireo.» El consejo estaba en plena sesión cuando cayó sobre los presentes la noticia del secuestro de Alexicles. Tucídides describe las amenazas que, en esa sesión, son dirigidas a Terámenes, claramente por parte de la «facción» de Aristarco y los suyos; da la noticia de la iniciativa de Terámenes que, para detener el ataque, promete precipitarse hacia El Pireo para liberar a Alexicles, llevando consigo a otro estratego de quien cree poder fiarse o que, al menos, ha manifestado el mismo propósito. Después de lo cual el relato de Tucídides sigue paso a paso a Terámenes en ese movimiento temerario, y describe minuciosamente los incidentes que se verificaron a la salida de ambos del *Bouleuterion*. Recoge, además, la intervención de Tucídides de Farsalo, quien se interpone cuando las dos partes están a punto de chocar físicamente y grita (ἐπιβοωμένου) «no debemos destruir la patria cuando el enemigo está a las puertas». La crónica sigue a Terámenes hasta El Pireo, y cuenta cómo éste finge reconvenir a los hoplitas mien-

42. I, 22, 4.
43. VIII, 89, 2; 92, 4 y 9; 98, 3.

280

tras Aristarco y los suyos se vuelven cada vez más amenazadores. Llega a referir el escueto diálogo entre Terámenes y los hoplitas, que desembocó en la adopción de parte de ambos de la consigna: «quien quisiera que gobernaran los Cinco Mil en lugar de los Cuatrocientos tiene que ponerse manos a la obra» (VIII, 92, 10-11). ¿Cómo habrá conocido Tucídides estos detalles? ¿Quién habrá sido el «informador» que le ha aportado la crónica minuto a minuto de la jornada y de los incidentes? El otro estratego que siguió a Terámenes en aquel momento, ¿no sería el propio Tucídides? Es legítimo sospecharlo. La singularidad de este silencio acerca del nombre del «otro» estratego fue destacada ya en su momento por Gomme-Andrewes-Dover,[44] así como en el más reciente y aún más explícito comentario de Hornblower,[45] quien precisamente observa que «Tucídides conocía sin duda el nombre» de este personaje innominado.

¿Tucídides tuvo la prudencia de dudar ante la posibilidad de declarar abiertamente su participación en el asunto? ¿Y, más precisamente, de reconocer que estuvo, en el momento clave en que el grupo recién llegado al poder se resquebraja, de parte de Terámenes, acerca de quien su juicio de conjunto es decididamente negativo?

Un caso en parte análogo podría ser el del relato de Jenofonte sobre la guerra civil, en el que la guerra es relatada casi exclusivamente desde el punto de vista de la caballería y sin embargo de los dos hiparcos sólo es citado uno, Lisímaco, para cargarle sólo a él las vilezas cometidas por los miembros de la caballería. Surge la pregunta acerca de por qué Jenofonte calla rigurosamente el nombre del otro hiparco. Tratándose —en ambos casos— de relatos de protagonistas de los hechos, estos silencios no son casuales y deben ser como mínimo puestos de relieve.

5

Densidad narrativa. Éste es el elemento distintivo de ese *unicum* que es la crónica de los menos de cuatro meses del gobierno oligárquico de 411, que leemos en el libro VIII de Tucídides, del cual ocupa la mitad. Ningún episodio tiene, en la obra, un espacio semejante. Quizá sólo Es-

44. *A Historical Commentary on Thucydides,* V, Clarendon Press, Oxford, 1981, p. 312: «But is curious that the majority allowed him to take a sympathetic colleague, with no safeguard but Aristarchos and his cavalrymen, who proved insufficient.»

45. *A Commentary on Thucydides,* III, University Press, Oxford, 2008, p. 1021: «Thucydides, who surely know the name of the like-minded general, keeps him anonymous, thus maintaining the primary focus on Theramenes.» Classen y Steup ignoran el problema.

facteria (más de dos meses), y Tucídides probablemente estaba allí y *vio* de cerca el asedio.

No basta con decir que «se informaba». Ninguna información recavada interrogando a testigos puede producir una narración prácticamente *diaria*, capaz de reflejar el desarrollo cotidiano de los acontecimientos. Una confrontación obligada e iluminadora es Heródoto. Éste narra hechos que sin duda *no ha visto* (las guerras persas) con una densidad narrativa ilusoria: la *densidad* de su relato, también en la segunda guerra persa, es mucho más laxa. He afrontado la cuestión del carácter aparentemente total (sin «vacíos») pero en realidad selectivo de la narración historiográfica en general, y antigua sobre todo, hace casi cuarenta años en *Totalità e selezione nella storiografia classica* (Laterza). Sigo siendo del parecer que ese criterio es válido: la «densidad narrativa» como instrumento que nos puede orientar en la evaluación de la génesis de lo que leemos en las obras historiográficas de los antiguos. El punto de partida sigue siendo la intuición de Eduard Schwartz en las primeras páginas de su ensayo sobre las *Helénicas* de Jenofonte.

XVIII. EL RESPONSABLE PRINCIPAL

1

Si es verdad que «la historia verdadera es la historia secreta», como escribió acertadamente Ronald Syme,[1] más que nunca lo es en el caso de una conjura; más en general, allí donde la acción política es desarrollada o promovida por sociedades secretas. Las «heterías» atenienses lo eran sin duda, aun cuando, como sucede con frecuencia en organizaciones de ese tipo, algo se filtrara al exterior. Existía un nivel más abierto, que se manifestaba y se expresaba en el contexto lúdico del banquete. Pero existía también otro nivel, mucho más delicado y menos abierto, en el que se hacían proyectos, se intrigaba, se rivalizaba y, llegado el caso, se traicionaba, como sucedió en las convulsas jornadas de las delaciones y contradelaciones sucesivas a los escándalos «sacramentales», en realidad escándalos políticos, de 415. No se nos debe escapar la precisión terminológica de Tucídides: por un lado habla de «heterios» cuando, por ejemplo, se refiere a la reunión de los conjurados en la que Frínico expone sus dudas a contracorriente;[2] por otra parte, cuando habla de Pisandro en plena acción, lanzado a la organización concreta de la trama, dice que éste se puso en contacto, en Atenas, una por una, «con las conjuras entonces existentes».[3]

En general, debe decirse que es característica de los grupos políticos de todos los tiempos la organización en círculos concéntricos; de tal modo que las decisiones más importantes parten del nivel más restringido, donde tiene lugar, en el mayor secreto (especialmente cuando se tra-

---

1. «Livy and Augustus», *Harvard Studies in Classical Philology*, 64, 1959, p. 69.
2. Tucídides, VIII, 48, 3: «una vez que informaron a la tropa (τῷ πλήθει) se reunieron a considerar la situación en sesión restringida (ἐν σφίσιν αὐτοῖς) y con gran parte de los miembros de la hetería (τοῦ ἑταιρικοῦ τῷ πλέονι)».
3. Tucídides, VIII, 54, 4: τάς τε ξυνωμοσίας αἵπερ ἐτύγχανον πρότερον ἐν τῇ πόλει οὖσαι.

ta de heterías), la discusión que lleva a las opciones operativas. Es bien conocida la preciosa información que a este propósito nos aporta Séneca sobre Cayo Graco y Livio Druso, y sobre la estructura de los círculos concéntricos de sus grupos políticos. La expresión que adopta Séneca es «dividir en grupos» *(segregare):* «alios in secretum recipere, alios cum pluribus, alios universos».[4]

El aspecto más fascinante y más significativo del relato de Tucídides sobre la crisis política ateniense, aunque sistemáticamente ignorado por los estudiosos modernos, consiste en el perfecto conocimiento que demuestra poseer el historiador acerca de cuanto se decía *en los diversos niveles de la conjura,* e incluso en el más alto de todos: del que proviene la revelación del verdadero artífice e impulsor de la conjura, es decir Antifonte. (Si hace tal revelación es porque, cuando escribe, su «héroe» ya está muerto, por obra de Terámenes.) Conoce la comunicación de los oligarcas con el exterior, conoce la discusión en el círculo más restringido, conoce y señala los tres «distintos jefes», y revela, en fin, que Antifonte, y no Pisandro, a pesar de su exposición en la gestión del golpe, era «quien había organizado todo el asunto de modo que alcanzara este resultado y quien se había cuidado de ello más que nadie».[5] A continuación, y según un grado decreciente de peso específico, señala a Frínico (también él ya muerto cuando Tucídides le atribuye ese papel principal)[6] y, en fin, Terámenes. Sobre Frínico se expresa Tucídides, no sin cierta sorpresa para el lector distraído, de modo muy comprometedor: «una vez comprometido, demostró que era *el hombre con el que más se podía contar».*[7] La traducción más acertada de esta frase se debe a Denis Roussel [1964]: «Une fois qu'il fut associé au mouvement, il apparut qu'on pouvait, devant le danger, compter absolument sur lui.»[8] Si se considera que la acusación tópica contra Frínico era que se trataba de un «intrigante»,[9] queda claro que la definición de él como «más leal que ningún otro» es el mentís más contundente, por parte de Tucídides, de

4. Séneca, *De beneficiis,* VI, 34, 2.

5. Tucídides, VIII, 68, 1.

6. Un eco de tal papel está en la expresión del corifeo en *Las ranas* de Aristófanes (v. 689: «Si alguien ha pecado, corrompido por las intrigas de Frínico»).

7. Tucídides, VIII, 68, 3: φερεγγυώτατος ἐφάνη. La apreciación no se le escapa a Hornblower (p. 958).

8. Cfr. *Thucydide. La guerre du Péloponnèse,* pref. de P. Vidal Naquet, Gallimard, Folio-classique, París, 2000, p. 642. Es asimismo acertada la anotación del viejo comentario de Ammendola (Lofredo, Nápoles 1928, p. 175): «Es φερέγγυος precisamente lo que da plena confianza, garantía (ἐγγύη): el muy fiel.»

9. Tejedor de παλαίσματα, según Aristófanes.

tal cliché. Tucídides –como veremos– se hace intérprete profundo y plenamente partidario del pensamiento expresado por Frínico en la crucial reunión preparatoria de los conjurados celebrada en Samos.[10] Tucídides es además la única fuente fiable acerca del oscuro episodio del atentado mortal contra Frínico. Aquí –en el capítulo-revelación (VIII, 68)– aparece como vindicador del honor de Frínico, definido como un conjurado «profundamente leal», en evidente antítesis respecto del tercer personaje principal de la conjura, mencionado inmediatamente después, es decir, de Terámenes. A éste Tucídides le reserva un tratamiento bien distinto, a pesar de reconocerle el papel protagonista, que ciertamente Terámenes había intentado hacer que se olvidara. Si es el único del que aporta el patronímico («hijo de Hagnón»), quizá no se trate de una casualidad, dado que Hagnón había sido, como Próbulo, uno de los «padres inspiradores» de las operaciones ideadas y realizadas por los conjurados. Equivale a decir que Terámenes estaba allí –y había subido directamente a la «cima»– también en virtud de la autoridad paterna en el mundo de los oligarcas, del mismo modo que Critias se encontró *naturaliter* entre los Cuatrocientos por el hecho mismo de ser el hijo de Calescro, uno de los líderes, bien visible en la escena, del nuevo régimen.

Pero es el juicio acerca de la persona de Terámenes lo que merece atención. Éste es formulado por Tucídides de modo que se entienda que le es bien conocido su papel principal, pero también de modo que aparezca clara la lejanía del historiador respecto de él y de su persona: «Terámenes, hijo de Hagnón, asimismo tuvo un papel principal entre los que se unieron para derrocar el gobierno popular.»[11] Con πρῶτος ἦν quiere decir, sin duda, «el más tenaz». A lo que agrega: «persona no incapacitada ni para hablar ni para juzgar».[12] Un juicio mucho más frío y reductivo respecto a lo dicho poco antes sobre Antifonte: «quien había organizado todo el asunto de modo que alcanzara este resultado y quien se había cuidado de ello más que nadie era Antifonte, un hombre que por su capacidad no era inferior a ninguno de los atenienses de su época en el campo de la *areté* [*virtud* como cualidad moral] y sí el mejor dotado para pensar y expresar sus ideas».[13]

Terámenes no es entonces una pálida copia del gran Antifonte. Tu-

10. Tucídides, VIII, 48.

11. Tucídides, VIII, 68, 4: ἐν τοῖς ξυγκαταλύουσι τὸν δῆμον πρῶτος ἦν.

12. οὔτε εἰπεῖν οὔτε γνῶναι ἀδύνατος.

13. Tucídides, VIII, 68, 1: ἀνὴρ Ἀθηναίων τῶν καθ'ἑαυτὸν ἀρετῇ τε οὐδενὸς ὕστερος καὶ κράτιστος ἐνθυμηθῆναι γενόμενος καὶ ἃ γνοίη εἰπεῖν.

cídides, que los pone tan abiertamente en contraposición, sabe –porque acaba de hablar del proceso en el que Antifonte fue condenado y se defendió con insuperada maestría– que fue precisamente Terámenes quien acusó a Antifonte y lo quiso condenar ejemplarmente a muerte, con el fin de salvarse a sí mismo.

2

La página sobre Antifonte es, quizá –junto con aquella en la que se hace la valoración de Pericles (II, 65)–, una de las más importantes de toda la obra tucidídea. Una página fundamental, sobre la que han meditado tanto Platón[14] como Aristóteles,[15] así como, en esa estela, Cicerón,[16] pero que no atrajo a los modernos, quienes incluso la desprecian[17] porque revela, por si aún hiciera falta, que Tucídides fue testigo del proceso contra Antifonte, además de partícipe de todo el episodio del gobierno oligárquico.

Esta página es crucial por la revelación con la que se abre, pero lo es también, y no en menor grado, por el *retrato moral* de Antifonte.

Quien tenga sensibilidad para la lengua griega o para el estilo no puede dejar de pensar –frente a las palabras, con valor de verdadero y propio epitafio, «no era inferior a ninguno de los atenienses de su época en el campo de la *areté*», y a las que siguen (κράτιστος ἐνθυμηθῆναι)– en el epitafio con el que se concluye el *Fedón* platónico: «Éste fue el fin que tuvo nuestro amigo, el mejor hombre (ἀρίστου),[18] podemos decir nosotros, de los que entonces conocimos y sin duda el más inteligente y el más justo.»[19] Es probable que este epitafio sea también una réplica del que escribe Tucídides sobre Antifonte; es decir, que también en el *Fedón* Platón sigue desarrollando su contraposición a las valoraciones de Tucídides, como se advierte en varios diálogos, desde el *Gorgias* (515e) –donde son «condenados» los dos grandes del «Panteón» tucidídeo, Temístocles y Pericles– al *Menéxeno*.

En el ya lejano 1846 Franz Wolfgang Ullrich, el fundador, en la estela de Karl Wilhelm Krüger, de la «cuestión tucidídea», lanzó una hi-

14. *Fedón*, 118a.
15. Fr. 137 Rose (= 125 Gigon).
16. *Brutus*, 47.
17. Hornblower, por ejemplo: *A Comentary on Thucydides*, III, op. cit., pp. 50-53.
18. Es decir, en la *areté*.
19. *Fedón*, 118a.

pótesis. Especuló con la posibilidad de que el juicio de Tucídides, que figura en ese mismo pasaje, sobre la apología pronunciada por Antifonte en el proceso en su contra por alta traición («el mejor discurso de defensa en una causa semejante hasta el tiempo presente») aludiese polémicamente a la apología de Sócrates.[20] Se comprende que, contra la opinión dominante, Ullrich asumía como cierto que Tucídides hubiera muerto en 399 (el mismo año del juicio y muerte de Sócrates). Por otra parte, el tono con el que, en el libro II, Tucídides describe la obra civilizadora del soberano de Macedonia, Arquelao (muerto también en 399), parece un balance *póstumo* de la obra de aquel gran soberano. Quien crea en cambio en la «leyenda tucidídea» (es decir, en su muerte violenta en el momento de volver a Atenas, en 404 o 403)[21] no puede acogerse a la sugerencia de Ullrich.

Un documento muestra que después de 398 Tucídides continuaba con vida,[22] y por tanto no hay impedimentos cronológicos insuperables a la propuesta formulada por Ullrich, y acogida con incomodidad prejuiciosa por algunos modernos, de una polémica alusión, por parte de Tucídides, a la apología de Sócrates. Pero si esta hipótesis, tomada en sí misma, no puede sino quedar como tal (y es sin embargo muy atractiva y persuasiva, si se tiene en mente la oposición entre Sócrates y Antifonte testimoniada por Jenofonte en los *Memorables*),[23] ella toma fuerza a la luz de la observación inversa, es decir, que el final del *Fedón* («el mejor hombre, el más inteligente y más justo») estuviera dirigido, y quisiera rebatir, la drástica afirmación tucidídea sobre el primado moral de Antifonte («no era inferior a ninguno en cuanto a virtud») *respecto de todos los atenienses de su tiempo.*

3

En el discurso «Contra Eratóstenes, el que fue de los Treinta», que puede fecharse entre 403 y 401, Lisias define a Terámenes como «el *prin-*

20. *Beiträge zur Erklärung des Thukydides*, Perthes-Besser & Maule, Hamburgo, 1846, p. 137, n. 160.

21. Es la conclusión, aunque del todo conjetural, de la biografía antigua.

22. J. Pouilloux, F. Salviat, «Lichas, Lacédémonien, archonte à Thasos et le livre VIII de Thucydide», *Comptes rendus de l'Académie des Incriptions et Belles-Lettres*, 1983, pp. 376-403. *Contra*, erróneamente, J. y L. Robert, *Revue des Études Grecques*, 97, 1984, pp. 468-470.

23. I, 6.

cipal responsable (αἰτιώτατος) de la primera oligarquía».[24] Ahora bien, ¿en qué sentido fue Terámenes el motor principal del golpe de Estado?

Un juicio tal, sin duda enfatizado por Lisias con fines judiciales, no mancha al de Tucídides sobre el papel de Antifonte. El mismo Tucídides dice que Terámenes era «el primero» entre quienes se empleaban en derrocar el régimen democrático. No pretende, sin duda, desmentir lo que acaba de decir en la misma página acerca del indiscutible predominio de Antifonte en la concepción y dirección de la memorable empresa. En todo caso, esa expresión tiene, por parte de Tucídides, otro sentido: es una réplica a la engañosa reconstrucción de los hechos que Terámenes debía avalar y sostener en el periodo de su poder en Atenas, entre el final de los Cuatrocientos y el regreso de Alcibíades. Se trata de una polémica confutación (¡«él estaba en primera fila»!) de cuanto Terámenes deseaba que pareciese en relación con su aporte al golpe de Estado: que, en el fondo, él había sido sobre todo el opositor interno y, poco más tarde, el que la había demolido. Tucídides no niega que, a partir de un determinado momento, las cosas fueron así, e incluso en este aspecto es para nosotros la fuente principal, pero no pretende que pase inadvertida la manipulación de la verdad. Quiere que quede claro que al principio, y en la primera fase, Terámenes estaba «en primera línea» y fue uno de los tres principales artífices de la revolución oligárquica. Si, por tanto, a la luz de todo ello, se relee el elogio dedicado, justo antes, a la «lealtad» de Frínico, se comprende bien que remachar —como hace Tucídides— el hecho de que Terámenes haya estado «en primera fila» en la operación orientada a socavar la democracia significa estigmatizar su astucia, y confirmar todo lo que, por motivos opuestos, los adversarios de Terámenes echaban en cara al demasiado atrevido hijo de Hagón: un oportuno cambio de chaqueta de consecuencias mortales para sus compañeros de aventura política.

Tucídides, Lisias y Critias dicen, en momentos no demasiado lejanos entre sí, lo mismo. Lisias inserta en el discurso de acusación contra Eratóstenes —uno de los Treinta, que había matado a su hermano Polemarco cuando los Treinta decidieron expulsar a parte de los metecos ricos— una digresión meridiana sobre el comportamiento efectivo de Terámenes en los meses cruciales del final de la guerra y de la inmediata posguerra. Lo hace porque su adversario (y no era el único) buscaba la salvación proclamándose «terameniano». Con análoga dureza se expresa Critias en el discurso que Jenofonte le atribuye al principio del relato de la guerra civil ateniense. Es el momento de la rendición de cuentas entre

24. Lisias, XII, 65.

ambos, después de pocas semanas de gobierno común, siendo ambos exponentes destacados del colegio de los Treinta. Estamos en 404. Critias ataca al rival por sorpresa e inmediatamente lo hace arrestar y asesinar. El acta de acusación se centra en la traición perpetrada, en perjuicio de los amigos, por Terámenes en 411, siete años antes: «Fue el primero de ellos»: ἐπρώτευεν ἐν ἐκείνοις.[25] Son las mismas palabras de Tucídides, en el capítulo-revelación (VIII, 68): «Estaba entre los primeros» (πρῶτος ἦν). «Pero cuando», prosigue Critias en la transcripción de Jenofonte, «vio que se había constituido un partido contrario a la oligarquía, de nuevo se convirtió en el primer (πρῶτος) guía del pueblo contra ellos. De aquí le viene, sin duda, el sobrenombre de *coturno*, etc.»

Como es natural, Critias se cuida bien de mencionar el hecho de que él mismo (¡para salvarse!) había apoyado a Terámenes en la obra de demoler la primera oligarquía, prestándose a fungir de acusador del difunto Frínico, y por tanto también de Aristarco y de Alexicles (testigos a su favor), y sobre todo a hacerse promotor, *suffragante Theramene*,[26] del regreso de Alcibíades. Pero no es esto lo que sorprende. Cada político se inventa habitualmente su propia coherencia, con un trabajo –habría dicho Lucrecio– semejante al de Sísifo. En la situación de mayor fuerza y de choque definitivo, y sin exclusión de los golpes a vida o muerte, Critias no puede ni quiere salirse por la tangente. Se puede notar, en cambio, con cierta sorpresa, que en la réplica que Jenofonte le hace pronunciar a Terámenes[27] esa obvia e incómoda demanda no aparece en absoluto. Terámenes, en el discurso que le atribuye Jenofonte, contraataca desenfundando una página «negra» de Critias, que se remonta a los años 407-404, en la que se había refugiado en Tesalia porque ya no era tolerado en la Atenas que había recuperado la democracia; le reprocha el tener «sucias las manos» por fraternizar con ciertos grupos de esclavos o de siervos agrícolas rebeldes a sus patrones. Pero no dice lo más obvio y que Terámenes sí dirá: que precisamente Critias había estado a su lado en la pirueta mortal de 411, cuando se había intentado liquidar a los oligarcas mejor preparados para salvarse.

¿Por qué Jenofonte, que ha parafraseado las palabras de Critias con bastante fidelidad, recrea aquí con mayor libertad las palabras de Terámenes, concediéndose una singular omisión que debilita el contraataque de éste? Se puede arriesgar una explicación. Jenofonte está relatando aquí hechos en los que está directamente involucrado y comprometido.

25. Jenofonte, *Helénicas*, II, 3, 30.
26. Cornelio Nepote, *Vida de Alcibíades*, 5, 4.
27. *Helénicas*, II, 3, 35-49.

Sabe bien que sus lectores lo saben. También él, entonces, a la manera del Eratóstenes contra el que se lanza Lisias, se quiere «salvar» poniéndose en el cono de luz de Terámenes. Es verdad que lo hace de modo *indirecto*, contando esos acontecimientos y, en tal relato, construyendo un Terámenes heroico y víctima, modelo de rectitud y amigo exclusivamente de la verdad y de la justicia, incluso a costa de su propia vida. Por eso su Terámenes, cuyo final en el relato jenofónteo es casi socrático, no puede desencadenarse en una acusación de complicidad frente a Critias, no pude decirle: ¡esa traición de los amigos para salvar la piel la hemos cometido juntos y tú has sido mi instrumento! Si dijera esto la imagen del valiente abanderado de la justicia y la verdad quedaría destruida. Por eso, el Terámenes de Jenofonte desmonta las acusaciones que se le dirigen, contraataca hablando de lo que Critias hizo en Tasalia pero no hace alusión a lo que ambos hicieron juntos en ese turbio episodio que los ha visto muy unidos y dispuestos a salvarse liquidando a los demás. Para salvarse a sí mismo, Critias favorece a Terámenes y perjudica a Critias.

Imita a Tucídides en el esfuerzo por hacer hablar verídicamente a los protagonistas de su historia; aquí el esfuerzo no es grande porque él está allí, miembro de la caballería con los Treinta, presente en el consejo[28] guarnecido de soldados fieles y amenazadores mientras se desarrolla el duelo oratorio. Pero si se ha elaborado una buena paráfrasis de las palabras de Critias (que podría casi insertarse entre los fragmentos de él mismo), con las palabras de Terámenes ha hecho trampa, o mejor dicho ha pecado por omisión.

28. S. Usher, «Xenophon, Critias and Theramenes», *Journal of Hellenic Studies*, 88, 1968, pp. 128-135, admite que Jenofonte refiere fielmente el discurso de Critias, pero recurre a la hipótesis superflua de que el texto se lo habría facilitado uno de los presentes, ya que Jenofonte, que tenía entonces poco menos de treinta años, no podía formar parte de la Boulé. Sobre este punto remite a C. Hignett, *A History of the Athenian Constitution*, Oxford, 1952, p. 224, lo que no es procedente, porque Hignett se refiere a la Boulé clisténica, no a la revolucionaria de los Treinta, cuya selección hará con desenvoltura. Por otra parte, Jenofonte tenía probablemente ya treinta años (como aparece en la biografía antigua), dado que inmediatamente después de Cunaxa fue elegido estratego junto al nuevo jefe de los Diez Mil (*Anábasis*, III, 1, 47).

XIX. FRÍNICO EL REVOLUCIONARIO

1

En 412 Frínico, hijo de Estratónides, del demo ático de Diriadites, era estratego. Había atacado con éxito inicial la flota espartana atrincherada en Mileto, pero después había tenido que retirarse «dejando su victoria inacabada», como dice Tucídides.[1] Eran los meses en los que se estaba incubando la crisis política más grave de Atenas. Los oligarcas salían a la luz y, tras décadas de abstinencia política, pensaban que había llegado por fin su momento. Sus *clubs* secretos (las «heterías») se habían puesto en movimiento, no ya como lugares de estériles lamentos privados sino como posibles núcleos de acción; empezaban a comunicarse entre ellos con vistas a una acción unitaria dirigida al derrocamiento del sistema democrático.[2] En los albores de la conjura se pensaba que Alcibíades había podido desarrollar un papel, por ejemplo poner al rey de Persia, a través de la ayuda del sátrapa Tisafernes, de parte de Atenas. El regreso de Alcibíades a la ciudad y el derrocamiento de la democracia parecían etapas necesarias de un mismo proyecto.

Frínico participaba de las reuniones secretas.[3] Sin embargo, se murmuraba acerca de sus orígenes sociales. Si damos crédito al hostil orador del discurso judicial «En defensa de Polístrato» (que se conservó gracias a quedar incluido en el *corpus* de Lisias), Frínico, de niño, había sido «guardián de manadas»;[4] más tarde, ya en la ciudad, habría vivido de la política, frecuentando los tribunales y formándose como «sicofante»; lo cual, si tomamos literalmente aquello que con frecuencia es una injuria genérica, debería significar que se ganaba la vida con acusaciones discu-

---

1. Tucídides, VIII, 27.
2. Tucídides, VIII, 54, 4: un pasaje de gran importancia para comprender cómo funcionaba este mundo casi invisible.
3. Tucídides, VIII, 48.
4. [Lisias], XX, 11.

tibles, quizá falsas, pero en todo caso rentables.[5] Este defensor de Polístrato está muy interesado en presentar a Frínico bajo una luz negativa. Tratándose de un muerto, podría incluso jugar sucio, frente a los juicios, precisamente en el punto delicado del presunto origen social bajo (lo llama incluso *pobre* [πένης]) de un personaje tan notable. El hecho de que haya sido estratego nos hace comprender que, de todos modos, Frínico no debía de estar en mala posición social. Merece atención la definición con la que Lisias engloba a Pisandro y Frínico: «demagogos».[6] Es obvio que Tucídides, que dedica mucha atención a Frínico, registra los movimientos, refiere sus pensamientos e incluso los pareceres expresados en círculos restringidos, pero no hace nunca alusión a esos orígenes humildes ni a un pasado «infamante». En *Las avispas* (422 a. C.), Aristófanes habla de Frínico como del jefe de un grupo presumiblemente político, designado con el nombre de «los de Frínico» (v. 1302), aunque en un contexto grotesco, el de la juerga final en la que Filocleón, superados sus caprichos, se enfurece. Para Tucídides, Frínico no sólo es hombre muy juicioso sino que además se ha revelado como tal «en todos los proyectos en los que intervino»;[7] por tanto claramente también en el más importante de todos, el golpe de Estado contra la democracia. Tucídides refiere también una verdadera «lección sobre las relaciones de fuerza», impartida por Frínico a los demás comandantes atenienses:[8] una lección en la que resuenan algunos motivos que los delegados atenienses habían expresado con dureza en el diálogo con los melios; en particular, una desmitificadora impugnación del «sentido del honor», que puede llevar a decisiones ruinosas.[9]

Las palabras decisivas, que constituyen asimismo un diagnóstico sobre el funcionamiento del imperio ateniense y sobre su base social, las pronuncia Frínico –y Tucídides las refiere puntualmente– cuando, poco después, comienzan en Samos las reuniones secretas de los conjurados. Entonces Tucídides parece casi levantar el «acta» de una sesión de hetería.[10]

Los temas en discusión parecen ser dos: si anclar la fortuna de la inminente acción subversiva a la demanda de Alcibíades, reservando y reconociendo entonces al exigente exiliado el papel protagonista; y si contar con el automatismo del cambio de régimen incluso en las ciudades

5. [Lisias], XX, 12: ἐσυκοφάντει.
6. Lisias, XXV, 9.
7. Tucídides, VIII, 27, 5.
8. Tucídides, VIII, 27, 1-3.
9. Cfr. las palabras de los delegados atenienses en Tucídides, V, 111, 3.
10. Tucídides, VIII, 48, 4-7.

aliadas, una vez tomado el poder en Atenas. Sobre ambos puntos –anota Tucídides con admiración y consentimiento– Frínico veía más lejos que los demás. Hablaba claro (como es comprensible, por otra parte, entre los oligarcas, cuando no hace falta poner en funcionamiento la retórica demagógica). A los otros les parecía plausible, y aceptable, el ofrecimiento de Alcibíades: un acuerdo con Persia a cambio de regresar a Atenas, que ya no estaba en democracia.[11] Frínico, en cambio, lanzaba advertencias. Decía –según refiere Tucídides,[12] como alguien que ha estado presente–: a mí, Alcibíades no me parece en absoluto favorable a un régimen más que a otro, lo único que le importa es poder regresar, de una manera o de otra, «llamado por su hetería (ὑπὸ τῶν ἑταίρων παρακληθείς) tras haber subvertido el orden establecido en la ciudad». Aquí Tucídides inserta un comentario: «estaba en lo cierto». Agregaba Frínico que también el argumento relativo a las intenciones del Gran Rey le parecía equivocado: «Pensaban asimismo que no resultaba interesante para el Gran Rey –en un momento en que los peloponesios habían igualado a los atenienses en el mar y tenían en su poder ciudades que no eran las menos importantes de su imperio– meterse en problemas poniéndose de lado de los atenienses, en los que no tenía confianza, cuando le era posible conseguir la amistad de los peloponesios, de quienes no había recibido hasta entonces ningún daño.» Palabras muy significativas, que evocan el rencor nunca relajado en Persia respecto de Atenas por el papel asumido en la revuelta de Jonia, noventa años atrás. Frínico pasaba así a explicar –y Tucídides asegura que ésas fueron exactamente sus palabras–[13] que las ciudades aliadas, oprimidas por el gobierno popular ateniense, no hubieran elegido permanecer de buen grado con Atenas después del golpe de mano y la instauración de un gobierno oligárquico: no querrán «ser esclavas, ni en un régimen democrático ni en uno oligárquico (δουλεύειν μετ᾽ὀλιγαρχίας)», quieren liberarse, simplemente. Aquí agrega lo que Moses Finley habría de definir como «la paradoja de Frínico»:[14] «no olvidemos», dice, «que el imperio nos conviene también a nosotros y que gran parte de nuestras ventajas materiales vienen precisamente del imperio». Dice también algo más punzante, vistas las circunstancias y el ambiente en que hablaba: que la desafección de los aliados-súbditos no

11. Tucídides, VIII, 47, 2.
12. VIII, 48.
13. VIII, 48, 5: εὖ εἰδέναι, ἔφη, κτλ.
14. «The Fifth-Century Athenian Empire: a Balance Sheet», en el volumen editado por P. D. A. Garnsey, C. R. Whittaker, *Imperialism in the Ancient World*, Cambridge University Press, Cambridge, 1978, p. 123.

se modificaría ni siquiera después del cambio de régimen, ya que los aliados-súbditos sabían bien que los propios «señores» (los *kalokagathoi*)[15] habían sido los responsables y promotores de los crímenes cometidos contra ellos por el régimen democrático.

Esta discusión, en la que los participantes no tienen ninguna necesidad de practicar la seducción oratoria (no teniendo delante materia prima humana a la que destinarla), sino que miran a la realidad a la cara, quizá con una división de los roles que se forma en el curso mismo de la discusión, es muy semejante a la que se desarrolla en el recordado diálogo *Sobre el sistema político ateniense*. Reproduzcamos algunas intervenciones del final del diálogo:

—Uno podría observar que nadie en Atenas ha sido sometido a *atimia*[16] injustamente.

—Digo en cambio que hay quienes han sido sometidos a *atimia* injustamente, aunque son pocos, y para derrocar la democracia en Atenas hacen falta más de unos pocos.[17]

Poco después, la conclusión acontece, por obra, se diría, del interlocutor que ha abierto la cuestión («¿con cuántos *atimoi* podemos contar?»): «A *la luz de este cálculo* (ταῦτα λογιζόμενον) es inevitable concluir que los *atimoi* no constituyen una seria amenaza para el régimen democrático.»[18] Es el mismo procedimiento racional que precede a la discusión entre Frínico y los otros conjurados sobre las dos cuestiones cruciales: qué hará Alcibíades, qué harán los aliados. Es el tono de los diálogos escenificados por Platón (donde se busca la verdad, no se intenta arrancar el consentimiento); es el tono de las discusiones en la hetería cuando se debe pasar a la acción y no simplemente excitar a los «heterios» al odio contra el poder popular, quizá inventando detalles históricos falsos, como había hecho Andócides en el «Discurso a su hetería».[19]

15. Tucídides, VIII, 48, 6: τούς τε καλοὺς κἀγαθοὺς ὀνομαζομένους [...] ποριστὰς καὶ ἐσηγητάς.

16. Privación de los derechos políticos.

17. [Jenofonte], *Sobre el sistema político ateniense*, III, 12, Cfr., más arriba, Primera parte, cap. IV.

18. También Frínico incita a *calcular la relación de fuerzas* cuando hace que se detengan los otros comandantes después del semifallido ataque ateniense a Mileto (Tucídides, VIII, 27, 2).

19. Se inventó que los atenienses habían profanado la tumba de Temístocles, que en verdad estaba enterrado en Asia. Plutarco, «Vida de Temístocles», 32, comenta: «miente con el fin de excitar a los oligarcas contra el demo».

Frínico va aún más allá en este «juego de la verdad» que es la discusión entre los oligarcas. Llega a decir que estaba seguro de que la opinión dominante en las ciudades súbditas era: «Si sólo dependiera de los "señores" se podrían esperar violencia y condenas sumarias sin juicios regulares»; mientras, en cambio, el demo ateniense, al menos, constituía un freno frente a los señores (ἐκείνων σωφρονιστήν) e (incluso) un «refugio protector» (καταφυγήν!).[20] Concluía garantizando a los presentes, después de una declaración tan impactante: «me parece que los aliados piensan de este modo porque la experiencia concreta los ha llevado a la lúcida comprensión de este estado de cosas».[21] Difícil imaginar una discusión más desinhibida, en la que se nos pueden decir incluso *las verdades* más desagradables. En el diálogo *Sobre el sistema político ateniense* el interlocutor principal (en última instancia, el propio Critias) sostenía otra tesis: que el «pueblo soberano» reinante en Atenas es el principal explotador y maltratador de los aliados-súbditos. El autor de ese diálogo se concede la libertad intelectual de reconocer la coherencia aunque sea perversa del poder popular, pero no puede desviar su visión esquemática y facciosa según la cual sólo los «señores» encarnar la *eunomia*, el «buen gobierno». Frínico es mucho más profundo e incide sin miramientos en el punto más sensible y embarazoso: el imperio y la explotación de los aliados nos resultan cómodos también a nosotros. Es un diagnóstico que, desvelando la comunidad de intereses imperiales entre señores y pueblo, despliega también los motivos por los que ese compromiso ha durado tanto.

Tucídides está plenamente de acuerdo con esa valoración que, sin embargo, en la discusión entre los conjurados, había salido derrotada. Por eso, algunas páginas después, en su cuidadosa crónica del golpe de Estado, da relieve a un episodio aparentemente marginal pero que le sirve como prueba de lo acertado del análisis de Frínico. Cuando los conjurados, antes incluso de pasar a la acción directamente en Atenas, derrocan los regímenes democráticos en algunas ciudades aliadas, el efecto que se produce, poco más tarde, es el de una pura y simple deserción. Vale el ejemplo de Tasos, donde, tan sólo dos meses después del cambio de régimen, la ciudad se pasa al bando enemigo. Tucídides comenta: «Así pues, en lo que respecta a Tasos, ocurrió lo contrario de lo que esperaban los atenienses que implantaron la oligarquía, y me parece que

20. Tucídides, VIII, 48, 6.
21. Tucídides, VIII, 48, 7.

pasó lo mismo en el caso de otros muchos pueblos sometidos a Atenas; pues, una vez que las ciudades recuperaron la cordura [fórmula oligárquica para decir: *derrocaron la* democracia][22] y la libertad de actuar sin miedo a represalias, escogieron la senda de la auténtica libertad que tenían a su alcance, sin preferir la ambigua *eunomia* ofrecida por Atenas.»[23]

Este pasaje de Tucídides tiene una extraordinaria importancia. Es uno de los lugares en los que expresa de forma directa su punto de vista político; cosa que, por otra parte, le sucede con mayor frecuencia de lo habitual en este largo diario de la crisis de 411. (Piénsese en la clara valoración positiva, como «primer auténtico buen gobierno de Atenas», del gobierno de Terámenes y los Cinco Mil.) Pero este pasaje también es extraordinario en un plano más profundo, inherente a la concepción misma de la historiografía que Tucídides practica en su escritura. El estudio de la política viva *es* para él la única forma verdadera de conocimiento histórico: de ahí el acento que se pone en el valor ejemplar de los acontecimientos considerados en su propio desarrollo respecto de los diagnósticos y pronósticos, de las que el verdadero político, necesariamente previsor, se demuestra capaz. Frínico ha visto lo que los otros no han querido entender aunque hayan sido puestos sobre aviso. Por eso van al encuentro del fracaso: la experiencia de un gobierno finalmente no dominado por los humores populares y por la necesidad de secundarlos (es decir, la democracia) fracasará cuando Eubea se desprenda del imperio, y entonces se intentará remediarlo liquidando el gobierno de Antifonte, Aristarco y compañía. Esta salida representa una gran –aunque estéril– victoria póstuma para Frínico (quien mientras tanto ha sido asesinado en circunstancias nunca aclaradas del todo).

Tucídides fue partícipe directo de esa discusión en la que Frínico había dicho la verdad y sin embargo resultó perdedor. No se comprendería de otro modo por qué, de todo el debate y de las opiniones expresadas en esa decisiva sesión en la que se decidieron las operaciones que, poco más tarde, llevarían a los oligarcas al poder, Tucídides da espacio casi únicamente al discurso de Frínico, con el que se identifica. Una selección semejante es decisión enteramente suya, original y significativa. Frente a un fenómeno como ése parece en cambio ingenua la invención, a la que algunos se creen obligados, de un diligente «informador», una especie de «doble», al que Tucídides debería todo lo que sabe sobre la

22. σωφροσύνην λαβοῦσαι. Para σωφροσύνη = gobierno no democrático, y por tanto buen gobierno, cfr. Platón, *Gorgias*, 519a.
23. Tucídides, VIII, 64, 5.

crisis de 411.[24] (Invención que desciende del prejuicio de un aislamiento del historiador, en un exilio que duró veinte años, de 424 a 404, alejado en tales condiciones de los lugares y de las circunstancias decisivas del acontecimiento que relata tan abiertamente de primera mano.) Habría que imaginar algo que va mucho más allá de un «doble»: un «informador» dotado de las mismas preferencias intelectuales y políticas, de la misma sensibilidad que Tucídides. En definitiva, de una «sombra», de un segundo Tucídides no exiliado y por tanto dueño de absoluta libertad en el corazón del imperio ateniense (en este caso, cerca de la flota de Samos). O, peor aún, deberemos imaginar que el Tucídides «visible» que nosotros conocemos era en realidad, en algunas de las páginas más relevantes de su obra, tan sólo un subalterno que repetía lo que ese doble le decía, además —a falta de conocimientos directos— de necesariamente alineado con las opciones, opiniones políticas, juicios y preferencias de éste. En definitiva, Tucídides, maestro de historiografía política desde hace dos mil años, no sería sino el firmante de la obra que nos ha llegado, pero el verdadero autor habría sido un desconocido (su «doble», precisamente), cuyo pensamiento histórico-político frente al gigantesco hecho de la crisis de la democracia ateniense, «después de cien años ininterrumpidos de poder popular»,[25] fue —por suerte para nosotros— tomada muy en serio por el Tucídides «visible» y que nosotros conocemos, meritorio en todo caso por haber sabido escoger a sus colaboradores. Este formidable desconocido nos hace recordar aquel partenopeo «don Michele» —del que habla Benedetto Croce— quien pretendía haber sido el verdadero artífice del plan de batalla, y por tanto de la victoria, de Austerlitz: «¡el verdadero genio de Napoleón!».[26]

3

Las propuestas, los análisis, las sugerencias de Frínico salieron derrotadas de esa discusión secreta. Pero, como observa Tucídides, habiendo tenido la fortuna de ver de cerca la obra de ese puñado de hombres «in-

24. Así Dover en A. W. Gomme, A. Andrewes, K. J. Dover, *A Historical Commentary on Thucydides*, V (libro VIII); Clarendon Press, Oxford, 1981, p. 310: «Thucydides' informant left Athens at the fall of the Four Hundred.» En verdad, fue el propio Tucídides quien abandonó Atenas después de haberse expuesto demasiado directamente en esa aventura, que lo exaltó en un determinado momento (cfr. VIII, 88, 4).
25. Tucídides, VIII, 68, 4.
26. En *Curiosità storiche*, Ricciardi, Nápoles, 1921, p. 204.

teligentes» (tal como los define),[27] los oligarcas tienen un punto débil: son incapaces de ponerse de acuerdo, especialmente cuando toman el poder sobre las ruinas de un régimen democrático.[28] Explotó entre ellos una rivalidad que se tradujo en una grave discordia operativa.

Quizá Frínico había, además, subestimado la activa y hábil presencia, en el grupo central de la conspiración, de un ex líder democrático que, cínicamente, se había pasado a la parte opuesta: Pisandro, del demo de Acarne. Sin duda, un adiestramiento tan riguroso rinde sus frutos. Pisandro hizo jaque mate a Frínico.

---

27. Tucídides, VIII, 68, 4: ἀπ'ἀνδρῶν πολλῶν καὶ ξυνετῶν πραχθὲν τὸ ἔργον οὐκ ἀπεικότως καίπερ μέγα ὂν προυχώρησεν.

28. Tucídides, VIII, 89, 3: un pensamiento que agradó, como ya se ha observado, a Aristóteles, *Política*, V, 1305b 22-30.

XX. FRÍNICO CAE Y RESURGE: VARIACIONES
SOBRE EL TEMA DE LA TRAICIÓN

1

Gillaume Guizot, astuto ministro de Luis Felipe, definía al marqués de Lafayette como el «adorno de todas las conspiraciones», ya que durante casi medio siglo su nombre se mencionaba puntualmente en todas las conspiraciones; incluso durante la Restauración, cuando la inquietud pululaba en los ambientes militares tras el regreso del Borbón al trono de Francia.

Alcibíades, respecto de la crisis crónica y de las convulsiones de la política, desde la paz de Nicias (421) hasta el gobierno de los Treinta (404), podría ser el Lafayette de la República ateniense. En 421, cuando apenas tenía treinta años, era el hombre que conspiraba para hacer saltar la paz apenas firmada; dos años más tarde es el gran urdidor de la fallida coalición derrotada en Mantinea; en 415 es el principal sospechoso en la tormenta de los escándalos sacramentales, a los que sin duda no era ajeno, y que, a pesar del sarcasmo tucidídeo acerca del alarmismo patológico de la mentalidad democrática, escondían una trama política. En el periodo transcurrido en Esparta, y después en el *entourage* del sátrapa Tisafernes, consiguió despertar sospechas en todos. En 411 aparece en el centro, como potencial o hipotético cómplice más que como promotor, de todas las maniobras en curso. Pasa por ser el hombre sin el cual no se puede ganar, sin el cual Persia seguiría siendo hostil; y que sin embargo sólo volvería a la ciudad después de un cambio de régimen, o sea –como mandó a decir a los conjurados– «no bajo la democracia, culpable de haberme desterrado».[1]

Para los más activos entre los conjurados –pero no para Frínico–, Alcibíades era el eje sobre el que giraba toda la acción. Por eso enviaron a Pisandro a Atenas, con el fin de que preparase el terreno para el regre-

---

1. Tucídides, VIII, 47, 2.

so de Alcibíades y el cambio de régimen.[2] Pero habían subestimado a Frínico.

El movimiento que Frínico puso en marcha fue mortífero. Informó al navarca espartano Astíoco, que se encontraba en Mileto,[3] del inminente cambio de bando de Alcibíades; éste –escribe Frínico a Astíoco– se dispone a golpearos propiciando la alianza de Tisafernes con los atenienses. Agregaba, para explicar su gesto a los ojos del enemigo, que debía intentar causar perjuicio a un adversario personal, y que además era dañino para la ciudad.[4] Astíoco informó de inmediato a Alcibíades y éste a su vez informó diligentemente a los comandantes atenienses estacionados en Samos. Frínico, en graves dificultades, escribe nuevamente a Astíoco lamentándose mucho del secreto tan clamorosamente violado, pero no se rindió; al contrario, subió la apuesta. Se declara dispuesto a traicionar a la flota de Samos, incluso le da detalles militares precisos para un eventual ataque por sorpresa contra Samos, «en ese momento completamente indefensa (ἀτείχιστος)»; y también en esta ocasión dice que no puede aceptar (si Alcibíades ganara la partida) caer en manos de sus peores enemigos. También esta vez Astíoco se lo cuenta todo a Alcibíades. Pero Frínico consigue averiguar a tiempo que Alcibíades se aprestaba a revelarle todo a los atenienses; por eso, en un golpe sorpresa, se anticipó y se precipitó a Samos, anunciando con las máximas alarmas que los espartanos se aprestaban a atacar aprovechando la falta de defensas, y sugiriendo a grandes voces la necesidad de construir a toda prisa una muralla defensiva. En efecto, los atenienses procedieron a ello con la máxima diligencia. En este punto llegó la carta de Alcibíades denunciando a Frínico, que decía textualmente: «Frínico está traicionando al ejército y los enemigos se disponen a atacar.» Pero entonces la carta de Alcibíades pareció sospechosa: ¿por qué –se preguntaban– Alcibíades conocía por anticipado los planes de los enemigos? Evidentemente –se dijeron– por pura enemistad estaba inventando que Frínico era cómplice de los espartanos (¡justo cuando tenía, al menos, el mérito de haber conocido oportunamente el plan del enemigo[5] y se había apresurado a dar la alarma!). Por tanto –concluye Tucídides, quien conoce hasta los mínimos detalles de los pensamientos y movimientos de Frínico, y de los comandantes atenienses en Samos– la carta de Alcibíades fue un fracaso: no dañó en absoluto a Frínico, sino que sirvió más bien para con-

---

2. Tucídides, VIII, 49.
3. Pocas semanas antes había combatido contra ellos precisamente en Mileto.
4. Tucídides, VIII, 50, 2.
5. El espionaje fue instrumento permanente a lo largo del conflicto.

firmar la veracidad de las alarmas lanzadas por él. En definitiva, fue Alcibíades quien resultó «no ser digno de crédito».[6]

2

Mientras Alcibíades, que ignoraba el fracaso de su contramaniobra, se afanaba en agrietar la confianza de Tisafernes en los espartanos,[7] Pisandro desembarcaba con sus hombres en Atenas. Se presentó como mensajero de la flota de Samos y habló frente a la asamblea popular; sin embargo seguía siendo, en la consideración general, un «demagogo» de largo recorrido. En síntesis, su discurso fue: se os ofrece la posibilidad de tener al Gran Rey como aliado y por tanto de derrotar a los espartanos; las condiciones son: a) hacer que vuelva Alcibíades, b) por eso mismo, «adoptar *otra forma de democracia*».[8] Esta fórmula es una joya, una veta de la mistificación lingüística de la palabra política. Pisandro está preparando la trama que tiene como objetivo el derrocamiento del régimen democrático, pero debe conseguir consenso, y entonces inventa la fórmula *«otra forma de democracia»,* porque «no podemos seguir practicando la democracia de la misma manera» si queremos que «Alcibíades vuelva y nos conduzca a una alianza con Persia».

Tucídides refiere con gran precisión los detalles de la andadura de esa asamblea y los esfuerzos de astucia y de dialéctica que Pisandro siguió desarrollando en el curso de la misma, bastante agitado. Es curioso, dicho sea de paso, que, al contrario de lo que es habitual en él, Tucídides, cuando hace entrar en escena a Pisandro, describe con viveza su acción y comportamiento, pero no lo «presenta» al lector: no habla de sus precedentes, el más importante de los cuales era su papel, en 416/15, como líder democrático-radical en la comisión de investigación sobre los escándalos sacramentales. Él había sido, en sustancia, uno de los principales acusadores de Alcibíades, por cuyo regreso ahora se batía encarnizadamente. Quizá se trata de la conocida reticencia de Tucídides a hablar claro sobre aquellos acontecimientos.[9] Pero es más probable que se trate de un rasgo compositivo. Estas páginas[10] constituyen, en efecto, su «diario» del golpe de Estado, escrito día a día, al calor de los hechos;

6. Tucídides, VIII, 51.
7. Tucídides, VIII, 52: προθύμως τὸν Τισσαφέρνην θεραπεύων προσέκειτο.
8. Tucídides, VIII, 53, 1: μὴ τὸν αὐτὸν τρόπον δημοκρατουμένοις.
9. Cfr., más arriba, cap. XII.
10. Tucídides, VIII, 45-98.

de aquí la inmediatez con la que los personajes entran en escena, sin la perspectiva con la que el historiador, en la redacción definitiva, *asume el punto de vista del lector* y, en consecuencia, la distancia cronológica de los hechos (como queda claro en las fórmulas del tipo «el cual en aquel tiempo era, etc.»). Pero volvamos a la asamblea de Pisandro.

La reacción a sus astutas propuestas fue, al principio, áspera y muy negativa. No gustaba en absoluto esa alusión, dejada caer hábilmente, a «otra forma de democracia». «Se manifestaba una gran oposición a que se reformara la democracia»,[11] que evidentemente podía dejar de ser democracia, una vez que se impusiera la condición de «gobernarla de otro modo». Estaban además los numerosos enemigos personales de Alcibíades, quienes «gritaban» (διαβοώντων) que no se podía tolerar que éste volviera a la ciudad después de haber «violado las leyes» (βιασάμενος τοὺς νόμους). También estaban los grupos sacerdotales, los eumólpidas y cérices, quienes relataron con pelos y señales en qué consistieron los crímenes contra la religión por los cuales Alcibíades había decidido autoexiliarse. Entonces Pisandro, experto manipulador de asambleas, subió de nuevo a la tribuna y, frente a esta acumulación de objeciones y rechazos, adoptó una táctica insólita en un líder pero típica de los grandes encubridores: hizo que se acercaran, uno por uno –llamándolos por su nombre– a los opositores[12] y a cada uno individualmente le hacía la pregunta: «Si tenían alguna esperanza de salvar la ciudad cuando los peloponesios tenían en el mar, prestas al combate, un número de naves no inferior al suyo y contaban con más ciudades aliadas, y cuando el Gran Rey y Tisafernes les procuraban dinero, cosa que ellos ya no tenían, a no ser que alguien lograra persuadir al Gran Rey de pasarse del lado de Atenas.»[13] El interlocutor no sabía qué responder a la cuestión de si habría alguna *otra forma* de salvación. En ese punto Pisandro acosaba: «Pues bien, eso no es posible conseguirlo si no nos gobernamos con *mayor moderación* y no confiamos el poder a unos pocos ciudadanos[14] con el fin de que el Gran Rey se fíe de nosotros, y si en las presentes circunstancias no deliberamos menos sobre el régimen (pues más adelante también nos será posible cambiar nuestra constitución en caso de que algún punto no sea de nuestro agrado) que sobre nuestra salvación y, en fin, si no hacemos volver del exilio a Alci-

---

11. Tucídides, VIII, 53, 2: περὶ τῆς δημοκρατίας.

12. Ibídem: ἠρώτα ἕνα ἕκαστον παράγων τῶν ἀντιλεγόντων.

13. Ibídem. Frente a este informe, resulta difícil creer en la existencia de un «informador» como fuente de todo esto para un Tucídides exiliado.

14. ἐς ὀλίγους μᾶλλον τὰς ἀρχὰς ποιήσομεν.

bíades, que hoy por hoy es el único hombre capaz de alcanzar este objetivo.»[15]

Maestro en el trato cercano y en la promesa engañosa con tal de alcanzar sus resultados, Pisandro es ideal en el papel de ex demagogo pasado al servicio de los oligarcas y, por eso, precioso para éstos, por su capacidad de hacerse escuchar por el pueblo y de tocar las cuerdas justas. Hace deslizar la palabra más significativa («de los pocos») e, inmediatamente después, la más indigesta a la mentalidad democrática: «un sistema político *más moderado* (σωφρονέστερον)». Conocemos este uso de σωφροσύνη.[16] Pero enseguida concede, consciente de que miente: «más adelante también nos será posible cambiar nuestra constitución en caso de que algún punto no sea de nuestro agrado». De este modo rompe la resistencia. Al principio, el pueblo toleraba mal «la referencia a la oligarquía» (Pisandro había pronunciado la palabra más odiada: «los pocos»), pero persuadidos por Pisandro de que no había otra vía de salvación, «teme y espera al mismo tiempo». Así se expresa Tucídides, buen conocedor de la psicología de masas.[17] El pueblo está temeroso porque entreveé la derrota militar y no puede más que temerla, pero también porque conoce el espíritu de abuso y de venganza de los oligarcas. Pero tiene también la autoilusión a la que agarrarse (se la ha regalado Pisandro con su taimado «más adelante también nos será posible cambiar»): por eso Tucídides no dice «esperaban» (ἤλπιζον) sino que adopta ἐπελπίζω, que quiere decir exactamente «mantenerse a flote con una esperanza». Por eso –concluye– el pueblo «cedió» (ἐνέδωκεν).

Es hábil la construcción de esta frase, que se cierra con la declaración de una *caída* de las resistencias que constituían para el demo un reflejo condicionado: rechazo del predominio de los «pocos», rechazo de aquel que es siempre *sospechoso* de aspirar a la tiranía, es decir, Alcibíades. Aquí Tucídides registra la primera *capitulación* de la asamblea a la presión de la oligarquía; seguirán otras en las semanas sucesivas hasta la liquidación, por obra de la propia asamblea popular ya debilitada, de los pilares que garantizan el mecanismo democrático. Mientras tanto votaron un decreto que dejaba todo en manos de Pisandro (¿acaso no había sido hasta hacía unos pocos años el favorito del pueblo?), que lo emplazaba a tratar en una comisión de diez miembros las dos cuestiones que, en el fondo, se reducían a una sola, Tisafernes y Alcibíades.

---

15. Tucídides, VIII, 53, 3 dice sin circunlocuciones, cuando habla del golpe oligárquico en Tasos, «recuperada la moderación». Cfr., más arriba, cap. XIX.

16. VIII, 64, 5.

17. Siempre que no se tengan que remitir también estas cualidades al «informante»...

Obtenido este éxito, Pisandro —auténtico político que no olvida nada— quiso liquidar a Frínico. Antes de dejar la asamblea, fortalecido por el éxito que acababa de obtener, pidió y se le concedió la destitución de Frínico del cargo de estratego bajo la acusación (inventada) de traición: había —sostuvo— entregado Yaso al enemigo. (Era una semiverdad: Tisafernes pudo tomar por sorpresa Yaso porque Frínico había sugerido a los otros comandantes atenienses que no se enfrentaran a las fuerzas debilitadas de los espartanos en Mileto.[18] Pero Frínico, según su admirador Tucídides, no se había equivocado al dar ese consejo, ya que las relaciones de fuerza eran efectivamente desfavorables.) ¿Por qué esta rendición de cuentas entre oligarcas? Tucídides lo explica con su habitual lucidez: porque Frínico era —según Pisandro— un serio obstáculo en la maniobra en curso de aproximación a Alcibíades.

3

Esto hizo Pisandro a plena luz del día. Pero había además otra realidad sumergida, invisible, de la que Tucídides estaba, sin embargo, al corriente.[19] Antes de abandonar Atenas para ejecutar la misión que el pueblo le había confiado, Pisandro «se puso en contacto con todas las asociaciones secretas, que ya antes existían en la ciudad para ejercer su influencia en los procesos y en las elecciones de los cargos».[20] Se puso en contacto con *todas* y las «exhortó a unirse y a concertar sus esfuerzos con vistas a derrocar la democracia».[21] La trama oligárquica es doble: por una parte los conjurados que se han reunidos en Samos y que creen tener a Alcibíades como carta principal, por otra parte las *heterías*, «las numerosas sociedades secretas que operaban en la ciudad desde siempre». En efecto, cuando Pisandro regrese a Atenas para la etapa final, se encontrará con que la mayor parte del «trabajo» ya está hecho. Tucídides lo dice clara y repetidamente: «Por esa misma época, e incluso antes, la democracia había sido derrocada en Atenas»;[22] «allí se encontraron con que *la mayor parte del trabajo* ya había sido llevado a cabo por las

18. Tucídides, VIII, 27-28 (especialmente 28, 2-3).
19. VIII, 54, 4.
20. [...] τάς τε ξυνωμοσίας αἵπερ ἐτύγχανον πρότερον ἐν τῇ πόλει οὖσαι ἐπὶ δίκαις καὶ ἀρχαῖς (VIII, 54, 4).
21. [...] ξυστραφέντες καὶ κοινῇ βουλευσάμενοι καταλύσουσι τὸν δῆμον (VIII, 54, 4).
22. Tucídides, VIII, 63, 3. Esto es lo que significa κατελέλυτο. El relato sigue, en paralelo, diversos teatros de operaciones. Cuando el relato se desplaza, la cronología vuelve atrás.

heterías».[23] Lenguaje cómplice: «la mayor parte del trabajo» (τὰ πλεῖστα προειργασμένα). A continuación explica de qué trabajo se trata: habían matado a Androcles, uno de los jefes populares que más se había empeñado en la expulsión de Alcibíades. Los heterios habían sido instruidos por Pisandro en la anterior incursión en Atenas, y por tanto habían comprendido que era necesario propiciar el regreso de Alcibíades. De aquí la decisión de quitar de en medio a ese obstinado defensor de la legalidad, público acusador de Alcibíades. No sabían que entretanto la posición respecto de Alcibíades había cambiado; de todos modos, con su terrorismo descaradamente impune habían conseguido paralizar al pueblo, o a la parte más activa de éste, y desgastar los intentos de reacción. Pero no nos anticipemos a los acontecimientos.

Pisandro conoce esta estructura secreta fragmentada en muchas asociaciones que tenían, en su mayoría, el fin de hacer ganar las elecciones a sus amigos y parar, hasta donde fuera posible, los eventuales golpes de los tribunales, rigurosos en general cuando se trataba de ricos. Incluso Platón, sobrino de Critias, conocía bien esta realidad. En el *Teeteto* apunta a la influencia de las «heterías» sobre las elecciones (173d) –además de a su costumbre de hacer jolgorio en alegres banquetes con las flautistas– y en la *República* se refiere a las heterías como organizaciones secretas (365d). Un discurso judicial recopilado con los de Demóstenes se detiene en detalle sobre los mecanismos de fabricación de los falsos testimonios, implementado por las heterías para salvar a sus adeptos en dificultades frente al tribunal.[24]

4

Hasta aquí la partida parece ganada por Pisandro en toda regla: Alcibíades volverá; la asamblea, aunque a regañadientes, se lo ha tragado; Frínico está acabado; las heterías están alertadas y dispuestas a la unidad de acción; y él, el ex demagogo, pasará a la historia como artífice del más impensable de los cambios.

Sin embargo, no todo sucederá como estaba previsto. La alta política reserva sorpresas. Alcibíades era un elemento impredecible. Para Tisafernes, el objetivo era desgastar a ambos bandos; para Alcibíades, era guiar él mismo la partida, no ya ser usado por los oligarcas que ahora mostraban esforzarse para su regreso. Para indicar su cambio de posi-

23. VIII, 65, 2: καταλαμβάνουσι τὰ πλεῖστα τοῖς ἑταίροις προειργασμένα.
24. [Demóstenes], LIV, 31-37.

ción, Tucídides adopta una expresión que hace referencia a la modificación del aspecto físico: «Adopta esta otra cara.»[25] Pero quiere lanzarse más en profundidad en la comprensión de las dinámicas mentales de estos inquietantes protagonistas de la nueva e inédita partida a tres (no sólo Atenas-Esparta-Persia, sino también oligarcas-Alcibíades-Tisafernes). Aventura que Alcibíades eligió la línea de sugerir a Tisafernes exigencias cada vez más inaceptables para hacer fracasar las negociaciones entre los atenienses, porque en el fondo no estaba en absoluto persuadido de poder poner a Tisafernes de su lado; y que, por su parte, Tisafernes tenía el mismo objetivo que Alcibíades, aunque por razones diversas.[26] Está claro que las pretensiones de Tisafernes —en el coloquio con los atenienses, en el que estuvo presente Alcibíades— se volvieron tan exorbitantes que los delegados atenienses encabezados por Pisandro abandonaron las negociaciones presos de la ira.[27] Tisafernes, entonces, pudo establecer el tercer acuerdo con los espartanos.[28] Con ello la maniobra que vinculaba regreso de Alcibíades/cambio de régimen en Atenas/pasaje de Persia al bando de Atenas (elemento principal de la trama) fracasaba definitivamente.

De este modo, Alcibíades evitaba *in extremis* el error de volver a Atenas en la estela de un golpe oligárquico; Frínico volvía a escena a lo grande, como quien había comprendido todo desde el principio; y la maquinaria del golpe de Estado, puesta en funcionamiento, avanzaba ya imparable (quizá imparable, precisamente, gracias al desgaste de las resistencias internas de Atenas), pero con un equilibrio distinto de las fuerzas en el mando de la conjura. Tucídides lo señala una vez más mostrándose perfectamente al día de los secretos propósitos, temores y proyectos de Frínico. Pisandro es una vez más el hombre que aparece en primer plano: es él quien regresa a Atenas después del fracaso de la embajada enviada a Tisafernes y Alcibíades, y encuentra que «la mayor parte del trabajo ya había sido llevado a cabo por las heterías» a las que él mismo, en la primera estancia, había dado las órdenes operativas; es él quien «se ocupa de completar el trabajo»;[29] es él quien, en la asamblea reunida en Colono (lugar insólito), presenta y hace aprobar las propuestas que anulan los dos fundamentos de la democracia (las acusaciones

---

25. Tucídides, VIII, 56, 2: τρέπεται ἐπὶ τοιόνδε εἶδος. La expresión, con análogos matices, recorre también el discurso de Hermócrates en Camarina (Tucídides, VI, 77, 2).

26. Tucídides, VIII, 56, 3.

27. Tucídides, VIII, 56, 4: δι᾽ ὀργῆς.

28. Tucídides, VIII, 58 aporta el texto integral, en ático.

29. Tucídides, VIII, 67, 1: τῶν λοιπῶν εἴχοντο.

por ilegalidad y el salario para los cargos públicos) de las que salen los Cuatrocientos y que se hace conceder plenos poderes, incluido el debilitamiento del Consejo de los Quinientos, puntal y símbolo de la democracia clisténica.

Tucídides revela que Pisandro era quien obraba públicamente[30] (y era muy útil a la hora de afrontar y dirigir una asamblea), pero el verdadero ideólogo y estratego de toda la trama era Antifonte, desde hacía largo tiempo.[31] Tucídides dedica a Antifonte –como se sabe– el más admirado retrato que se lee en toda su obra (aparte del de Pericles).[32] Completa el retrato de los *verdaderos* jefes y completa el tríptico Antifonte, Frínico, Terámenes concluyendo con el célebre comentario: «Así pues, al ser dirigida por muchos hombres inteligentes, nada tiene de extraño que esta empresa tuviera éxito, a pesar de que se trataba de un asunto de mucha envergadura, pues era difícil, casi exactamente a los cien años del derrocamiento de los tiranos, privar de su libertad al pueblo ateniense, un pueblo que no sólo no se había visto sometido, sino que durante más de la mitad de aquel siglo se había acostumbrado a dominar sobre otros.»[33] (Un auténtico condensado de fraseología oligárquica: «privar [παῦσαι] de su libertad al pueblo ateniense».) De Terámenes, hijo de Hagnón[34] –nombrado aquí por primera vez–, dice sin medias tintas que *«era el primero*[35] entre quienes derrocaron la democracia».[36] En cuanto a su valor, es muy preciso: «no era en absoluto incapaz ni de hablar ni de realizar proyectos». Pero lo incluye entre los tres *máximos responsables* de la empresa.

Inmediatamente por detrás de Antifonte coloca a Frínico. Frínico había sido liquidado; o mejor dicho Pisandro se había hecho la ilusión de haberlo liquidado, lo había hecho destituir del cargo de estratego bajo la acusación de traición, por haber cedido Yaso al enemigo. De este modo –pensaba Pisandro– su ascenso, en el momento en que se instalaba un nuevo régimen, quedaba bloqueado definitivamente. Pero ese cálculo había saltado por los aires como consecuencia del cambio de bando de Alcibíades. Está claro que, en este punto, Frínico volvía a la escena; era él quien había pronosticado de improviso y ante la general increduli-

30. Tucídides, VIII, 68, 1: ἐκ τοῦ προφανοῦς.

31. Ibídem: ἐκ πλείστου.

32. Tucídides, II, 65.

33. Tucídides, VIII, 68, 4.

34. El fundador de Antípolis, sin duda bien conocido por Tucídides también por ello.

35. πρῶτος ἦν.

36. Sobre esto, cfr., más arriba, cap. XVIII, § 3.

dad que Alcibíades no tendría ningún interés en regresar gracias a su ayuda. Así como no se había dado por vencido tras el golpe que le infringió Pisandro, ahora podía recobrar su posición en el primer plano que –según Tucídides– había tenido desde el primer momento: «*Ostentaba más que ninguno de los otros* su celo por la instauración de una oligarquía.» Era el camino más directo para recobrar protagonismo. Temía sobre todo a Alcibíades, «sabedor de que éste estaba al corriente de todo lo que había tramado con Astíoco cuando se encontraba en Samos»,[37] pero era verdad que no iba a entrar en el régimen oligárquico.

Paradójico cruce de verdadero y falso. La acusación contra Frínico, lanzada abiertamente por Pisandro, había sido de *traición*. Pero era una acusación falsa, porque Frínico no había «cedido Yaso al enemigo» en absoluto, sino que, en todo caso, había demostrado a los otros comandantes que aceptar de nuevo una batalla en Mileto no era prudente y eso tuvo como consecuencia la pérdida de Yaso. Sin embargo, Frínico había cometido en efecto traición; pero no entonces, sino cuando había revelado a Astíoco los planes atenienses, y además le había sugerido atacar Samos, que estaba desguarnecida todavía. Se había salvado adelantándose a Alcibíades, que estaba a punto de desenmascararlo; y había conseguido presentarse como quien había llegado a tiempo de salvar Samos del inminente ataque enemigo. Por tanto, en el fondo, había cometido traición, pero no por las falsas razones adoptadas por Pisandro; en todo caso, sólo Astíoco y Alcibíades estaban al tanto de esos acontecimientos. Por otra parte, había puesto oportunos reparos a las posibles consecuencias de su traición incompleta.

Para quien está en la cúspide, la traición está siempre al alcance de la mano. Alcibíades mismo había estado en esa situación y seguía siendo un ejemplo imponente e indescifrable; aún no se entendía del todo de qué parte estaba en aquel momento. Si a esto se agrega el espíritu de facción, toda rémora ética queda anulada. ¿No es acaso Critias quien conjetura que por suerte Atenas no es una isla, porque en ese caso «sería imposible abrir las puertas al enemigo»?[38]

37. Tucídides, VIII, 68, 3.
38. [Jenofonte], *Sobre el sistema político ateniense*, II, 15. Para ser precisos, dice: «Sólo una cosa les falta a los atenienses. Si, dueños como son del mar, habitaran una isla, tendrían la posibilidad de atacar sin recibir daño [...] además de eso estarían libres también de todo temor, si habitaran una isla: la ciudad nunca podría ser traicionada por los oligarcas (ὑπ᾽ὀλίγων) ni se podrían abrir las puertas al enemigo para dejarlo entrar. Ya que ¿cómo podría suceder algo así si habitaran una isla? No se podría tampoco provocar una revolución contra la democracia si habitaran una isla.» Teniendo en cuenta que quien escribe está inequívocamente de parte de los oligarcas y que considera

5

La andadura fugaz (menos de cuatro meses)[39] de los Cuatrocientos desembocó en la «traición», aunque fallida. Se habían puesto en marcha bajo la consigna, que parecía definitiva: «Sólo si nosotros estamos en el gobierno Alcibíades volverá y ganaremos la guerra.» Éste había sido el argumento con el que Pisandro había vencido las resistencias de la asamblea durante su primera misión en Atenas; y era lo que había seguido repitiendo. Pero en el momento decisivo Alcibíades cambió de idea y ellos, en cambio, habían seguido adelante. Los verdaderos ideólogos de la trama no querían *ganar la guerra*, querían en todo caso cerrar el conflicto alcanzando con Esparta una paz honrosa. Como buenos ideólogos, estaban convencidos de que en Esparta serían escuchados, ahora que *ellos* estaban en el poder, ellos que siempre habían idolatrado el modelo espartano, aunque desde lejos. De hecho, lo primero que hicieron cuando tomaron el poder fue enviar una embajada a Agis, el rey de Esparta, que estaba en ese momento en Decelia, su suelo ático, convertida desde hacía un par de años, por sugerencia de Alcibíades, en permanente plaza fuerte espartana en tierra ática. El mensaje que le hicieron llegar era el siguiente: pretendemos alcanzar un acuerdo de paz y estamos convencidos de que querrás ponerte de acuerdo con nosotros y no ya con la poco fiable democracia, que acaba de abandonar la escena.[40]

El desenlace fue desastroso. Agis, lejos de aceptar la propuesta, intensificó la guerra. No se fiaba de la estabilidad del nuevo gobierno oligárquico y además pensaba que el pueblo «no renunciaría tan fácilmente a su antigua libertad».[41] Agis tenía una visión más clara y realista que los ideólogos atenienses recién llegados al poder. Sabía que el modelo democrático-asambleario estaba demasiado arraigado en la mentalidad de los atenienses para desaparecer como por encanto. Además, la larga guerra era ya una apuesta demasiado alta, sanguinariamente seguida por años y años: no podía terminarse *in piscem* con un acuerdo de compromiso.

Para los oligarcas recién llegados al poder en Atenas era un asunto grave: estaban obligado a proseguir la guerra contra su adorada Esparta, a conducirla hacia una probable derrota, y sin Alcibíades. La sucesión de fracasos, la abierta deserción de la flota en Samos, que se les enfrentó

---

el poder popular como algo nefasto, es evidente que estamos en presencia de una lúcida e insistente exaltación de la traición como recurso político.

39. Aristóteles, *Constitución de los atenienses*, 33, 1.
40. Tucídides, VIII, 70, 2.
41. Tucídides, VIII, 71, 1.

como un contrapoder, como una suerte de «ciudad en el exilio», impulsaron rápidamente a los jefes más coherentes (Antifonte, Aristarco) o a aquellos que en una vuelta a la democracia no hubieran tenido salvación (Pisandro) a dar rápidamente con el camino inevitable: abrir las puertas al enemigo. A tal fin emprendieron con gran diligencia la construcción de un muro en el muelle de Eetionea (en El Pireo), con el propósito de hacer desembarcar allí, a escondidas, una flota espartana.[42]

Para acortar los tiempos de esta desesperada y arriesgada solución enviaron a Esparta una embajada altamente calificada, incluyendo a los dos jefes máximos, Antifonte y Frínico,[43] para establecer las modalidades concretas de la entrada espartana en la ciudad. Pero entonces se produjo la secesión de Terámenes e hizo fracasar el plan. Terámenes denunció abiertamente la maniobra, apeló a numerosas personalidades, incluso de la «base política» de la oligarquía, que no habrían aceptado esa solución extremista y, por así decir, genuinamente «internacionalista», y sobre todo supo sacar rédito de la exclusión de hecho de los Cinco Mil, a quienes los Cuatrocientos habían evocado pero dejándolos fuera del gobierno.[44] En la lucha que estalló en la ciudad cuando Terámenes y Aristócratas quisieron bloquear los trabajos en curso en Eetionea, los jefes radicales cobraron conciencia de que tenían las de perder.

Por otra parte, Antifonte y Frínico habían regresado de Esparta sin resultados visibles: la motivación aparente con la que habían conseguido el encargo de la misión era un nuevo intento de estipular un acuerdo de paz que, en los hechos, no se verificó. Al regreso de Esparta, Frínico fue apuñalado mortalmente en plena ágora.

Poco después, bajo el acoso de la flota espartana, no interesada en una paz improvisada, Eubea desertó. Para los jefes de los Cuatrocientos fue el final. Para Terámenes, el triunfo. Ahora él era el dueño de la situación.

---

42. Tucídides, VIII, 90, 3.
43. Tucídides, VIII, 90, 2.
44. Tucídides, VIII, 92, 11: quizá la lista de los Cinco Mil ni siquiera existía.

XXI. MUERTE DE FRÍNICO Y JUICIO A UN CADÁVER

1

¿Quién había matado a Frínico?

Tucídides describe la escena del crimen como testigo ocular: «Fríni-co, que había regresado de la misión en Esparta, fue atacado a traición por un hombre de la guardia de frontera, a la hora en que el ágora está llena de gente. El crimen era fruto de un complot. Frínico pudo dar algunos pasos alejándose de la sede del Consejo,[1] pero enseguida cayó al suelo.»

La dinámica del ataque está descrita con extrema precisión, así como las escenas dramáticas que siguieron: «el asesino huyó, y su cómplice, un argivo, apresado y sometido a tormento por los Cuatrocientos, no dijo el nombre del que había dado la orden ni ninguna otra cosa, salvo que sabía que muchas personas se reunían en casa del comandante de los guardias de frontera y también en otras casas».[2] Tucídides no descuida ningún detalle: el increíble acontecimiento de un gobierno oligárquico en Atenas era el hecho más impredecible y más importante al que se podía asistir, tanto político como histórico. Por eso dedica un espacio muy extenso al asunto, sin cuidar de los así llamados equilibrios narrativos. Por eso, también, «explota» en exclamaciones según las cuales sólo hombres de gran capacidad podrían realizar

---

1. Las traducciones corrientes suelen mezclar ambos momentos (el golpe de puñal y los pasos posteriores que Frínico da antes de caer): pero la sintaxis es inequívoca. La traducción más apropiada es la de Charles Forster Smith («Loeb Library»): «[Frinico] was stabbed in full market [...] and before he had gone far from the Senate-chamber suddenly died». Por otra parte es preferible la variante προελθών registrada por el ilustre Additional 11727: Frínico, ya apuñalado, consigue dar todavía unos pasos, después cae. Está claro que el atentado ha sucedido cerca del *Bouleuterion*, del que Frínico consigue alejarse poco antes de caer.

2. Tucídides, VIII, 92, 2: ¡conocía hasta el contenido del interrogatorio de este argivo!

una empresa semejante.[3] Es curiosa la obstinación en negar valor al testimonio de Aristóteles,[4] según el cual Tucídides asistió personalmente al juicio contra Antifonte celebrado algunas semanas más tarde, bajo el gobierno «de los Cinco Mil».

Tucídides es la principal fuente sobre el crimen que costó la vida al personaje a quien él tenía en alta consideración y estima, y a quien siguió muy de cerca en el curso de estos acontecimientos.

Pero la verdad oficial, consagrada como tal más de un año después, fue otra. El asesino era Trasíbulo de Calidón.[5] Bajo propuesta de Erasínides,[6] le fue concedida a Trasíbulo la ciudadanía ateniense, un bien escaso y celosamente escanciado. El decreto se conserva[7] y está datado en 409, es decir, en la inminencia de la formal y solemne proclamación del retorno a la democracia. El año 409 es el de la restauración, del solemne juramento colectivo de fidelidad a la democracia, de las Grandes Dionisias en las que ganó el *Filoctetes* de Sófocles, que era también una apelación indirecta al regreso del gran exiliado considerado más que nunca la única y verdadera carta triunfadora a la que apostar. El decreto, propuesto por Erasínides, preveía que precisamente con ocasión de esas Dionisias le fuese concedida a Trasíbulo de Calidón una corona de oro por valor de 1.000 dracmas.

Ese decreto, bastante bien conservado,[8] resulta muy instructivo. En la tercera y última parte (líneas 38-47) se lee que un tal Eudico puso en marcha una comisión de investigación para averiguar si en verdad había habido corrupción en el origen del decreto que había rendido honores a un tal Apolodoro, como partícipe también él del asesinato de Frínico. Efectivamente el nombre de este Apolodoro (un Apolodoro de Megara, del que, en 399, habla Lisias en el discurso «Contra Agorato») en el decreto no es incluido entre los conjurados del crimen: son citados como «benefactores del pueblo», por haber contribuido a organizar el asesinato, Agorato (el personaje contra el que se despacha Lisias), Común, Simos y Filino. (En las líneas 26 y 27 hay sitio para otros dos nombres, pero en todo caso el espacio disponible excluye que se pueda tratar de *Apolodoro.*) El hecho de que Lisias, diez años más tarde, en el

---

3. Tucídides, VIII, 68, 4.

4. Fr. 137 Rose (= Cicerón, *Brutus*, 47).

5. Ciudad de Etolia.

6. Quien poco después sería condenado a muerte en el juicio contra los generales vencedores en las Arginusas, cfr., más abajo, cap. XXVII.

7. *IG*, I² 110 = *ML*, 85 = *IG*, I³ 102.

8. Se puede reconstruir casi por completo. Son 47 líneas, y sólo en las líneas 26-28 hay algunas lagunas.

duro discurso «Contra Agorato», dé por sentado que los autores del asesinato han sido Trasíbulo de Calidón y Apolodoro de Megara significa sólo que la comisión de investigación había archivado la grave acusación de *atribución comprada* del mérito del asesinato por parte de Apolodoro.

No era ésa la verdad necesariamente. También Agorato pretendía haber matado a Frínico. Lisias se esfuerza en negarlo, aportando una reconstrucción del delito en la que no puede haber espacio para Agorato. Éste se jactaba de tal mérito «democrático» –probablemente inventado, o hinchado– para ocultar los crímenes cometidos por él bajo los Treinta, por los que Lisias lo ataca. Pero Agorato tenía cierto apoyo, dado que su nombre había conseguido entrar en el decreto de 409 (línea 26) entre aquellos que «habían hecho un bien al pueblo de Atenas» (donde *pueblo* vale, obviamente, por *democracia)*. Sin embargo, sabemos bien que esta «verdad» se había ido formando en el curso de los once/doce meses transcurridos entre el asesinato de Frínico y el decreto, y que el informe de un testigo ocular como Tucídides dice otra cosa distinta. Tucídides habla de *un asesino* (ὁ πατάξας, el que había atacado a la víctima) que era guardia de fronteras (por tanto, un ateniense) y de su cómplice (συνεργός), que era de Argos. En cambio Lisias lo cuenta de este modo: «¡Jueces! La emboscada a Frínico la prepararon juntos Trasíbulo de Calidón y Apolodoro de Megara. Abalanzándose sobre él mientras paseaba, Trasíbulo lo atacó y lo tiró al suelo, en cambio Apolodoro no lo tocó en absoluto.[9] Al instante estallaron gritos y *ambos atacantes consiguieron huir*. Como veis, Agorato no sólo no participó del complot sino que ni siquiera estaba presente y no vio absolutamente nada.»[10]

Aquí hay dos puntos débiles: 1) el ataque sucede casi por casualidad, mientras Frínico «paseaba» (βαδίζοντι); 2) desconcertante noticia, *ambos* atacantes consiguieron huir. Difícil tomar por buena esta versión: de otro modo el argivo capturado, torturado y reo confeso, de quien Tucídides sabe incluso lo que dijo bajo tormento, se vuelve un fantasma. Acerca del primer punto, el relato o, mejor dicho, la *película* del atentado referida por Tucídides es muy preferible, más ajustado a una situación concreta y dotado de la indicación exacta del lugar del atentado. En cuanto al segundo punto, es evidente que alguien había sido capturado en el momento mismo del ataque, o en los instantes inmediatamente posteriores, y había hablado y había señalado, bajo tormento, una pista precisa: el jefe de los guardias de frontera (un cuerpo militar no comba-

9. Es razonable que surgieran impugnaciones de esta frágil premisa.
10. «Contra Agorato», 71.

tiente y por tanto secundario, sobre el que evidentemente los Cuatrocientos no habían podido ejercer la necesaria «depuración» cuando tomaron el poder). El arrestado era un argivo, y no había podido demostrar su no vinculación con los hechos; la presencia misma de un argivo en Atenas, en ese momento, dado que Argos era la aliada democrática de Atenas en el Peloponeso, es destacable y pone al arrestado bajo una luz que a los investigadores debe de haberles parecido más sospechosa.

Plutarco confirma el relato tucidídeo, y también señala el nombre del guardia que había atacado a Frínico «en el ágora»: Hermón.[11] Evidentemente lo saca de una fuente que a su vez se basaba en algún documento. En esta fuente encontró (cabe presumir) que Hermón (y no Trasíbulo de Calidón) y sus cómplices habían sido premiados con una corona por haber matado al traidor Frínico: «Habiéndose puesto en marcha un juicio, condenaron al difunto Frínico por traición y premiaron con una corona a Hermón y a sus cómplices.»[12] Lo cual nos hace preguntarnos si no habrían también otros decretos, quizá surgidos con el correr del tiempo.[13] En todo caso, este elemento cuestiona la versión de los hechos presentada por Lisias. Debe observarse, por otra parte, que el decreto de honores y ciudadanía a Trasíbulo de Calidón, que es completo, no dice nunca que él haya matado a Frínico: dice que «ha beneficiado al pueblo de Atenas». Es Lisias quien lo presenta como «quien asestó el golpe». Adopta además como «prueba» precisamente el decreto de Erasínides. En efecto, para impugnar la pretensión de Agorato de haber sido él quien *mató* a Frínico, le objeta que eso no puede ser, en cuanto el decreto[14] dice: «Trasíbulo y Apolodoro son ciudadanos atenienses», y no que «Agorato sea ciudadano ateniense».[15] Razonamiento muy singular, dado que, después de todo, Agorato en el decreto es cita-

11. Plutarco, «Vida de Alcibíades», 25, 14. En ese capítulo Plutarco explota largamente cuanto Tucídides había escrito sobre Frínico (VIII, 48-54), pero este detalle lo saca de otra fuente.

12. Plutarco, «Vida de Alcibíades», 25, 14.

13. Pseudoepigrafía de la que Atenas no estuvo a salvo. Piénsese en el caso más famoso: el llamado «decreto de Temístocles», estudiado críticamente por C. Habicht («Falsche Urkunden zur Geschichte Athens im Zeitalter der Perserkriege», *Hermes,* 89, 1961, pp. 1-35). Sin pruebas convincentes, en cambio, se ha establecido entre los modernos una certeza que, como máximo, podría ser una conjetura: que Plutarco, encontrando en el relato de Tucídides el nombre de Ἕρμων, se haya persuadido o haya incurrido en el error de creer que ha sido éste el atacante. Faltaría explicar, en ese caso, cómo sabía que a Ἕρμων le había sido entregada una corona.

14. Del que exige la lectura, pero que obviamente no es transmitido en el cuerpo de la oración.

15. «Contra Agorato», 72.

do como «benefactor del pueblo de Atenas». En realidad Lisias *no encuentra* en el decreto la noticia de que sea Trasíbulo quien ha *matado* a Frínico, lo deduce del hecho de que le ha sido concedida la ciudadanía. De otro modo, para impugnar la pretensión de Agorato hubiera podido hacerle notar que *otro* y no él estaba señalado en el decreto como autor del ataque (¡pero el decreto no dice esto!). En todo caso, comete una notable distorsión cuando cita a su modo el decreto y mete el nombre de Apolodoro, quien sin embargo en el decreto aparece por otras causas, y menos honorables. Pero Lisias no está para sutilezas. Su objetivo es demostrar de un modo u otro que el asesino no había sido Agorato.

2

En este punto surge otra voz que pone seriamente en duda lo afirmado por Lisias. Es el orador ateniense Licurgo, sesenta años más tarde. Licurgo, en la acusación «Contra Leócrates», pronunciada tras el desastre de Queronea (338 a. C.) contra un tal Leócrates acusado de deserción, no es, bien entendido, testimonio ni fuente; evoca, en todo caso, tradiciones patrióticas. Lo hace de este modo: «Como sabéis, Frínico fue asesinado en plena noche [*sic*] cerca de la fuente de los mimbres[16] por Apolodoro y Trasíbulo. Éstos fueron apresados y enviados a la cárcel por los amigos de Frínico. Pero el pueblo, habiéndose enterado de lo sucedido, hizo liberar a los arrestados. Después de lo cual hizo abrir una investigación y examinar los acontecimientos incluso con recurso a la tortura,[17] y, al cabo de la investigación, se encontró con que Frínico había traicionado a la ciudad y que quienes lo habían asesinado habían sido encarcelados injustamente. En ese punto el pueblo hizo emanar un decreto, a propuesta de Critias, etc.»[18] (Veremos enseguida de qué decreto se trata.)

Es evidente en esta evocación el considerable desvío de los hechos. Lo que no ha impedido a los modernos, obviamente, hacer toda clase de conjeturas, ubicando la desconocida fuente en cierto punto del ágora, dado que Tucídides (¡a pesar de ser considerado fuente degradada por hallarse ausente!)[19] localiza en el ágora el atentado, concretamente en las cercanías del *Bouleuterion*. La noche y la fuente hacen buena pareja, por lo menos en el ámbito paisajístico, y Licurgo no tiene ningún prurito en

---

16. (κρήνη) ἐν τοῖς οἰσύοις, «in the basket-market» *LSJ, s.v.* οἴσυον.
17. A estas alturas ya no se entiende *quién* fue torturado.
18. Licurgo, «Contra Leócrates», 112.
19. Al contrario que Licurgo, quien en 411 ni siquiera había nacido.

inventar tal ambientación. No parece tener idea de si Apolodoro y Trasíbulo eran o no atenienses y prudentemente no especifica ni qué eran ni de dónde venían, pero arma una especie de pareja Harmodio-Aristogitón. Tampoco tiene idea de la situación concreta en la que se produjo el asesinato, e imagina un pueblo vigilante que hace excarcelar a ambos (que por otra parte no habían sido nunca encarcelados, si en verdad hablamos de Trasíbulo de Calidón y Apolodoro de Megara) después de haberse «enterado» del arresto (¡sucedido en secreto!). La tortura entra en juego como una parte de la información conservada respecto del verdadero devenir de los acontecimientos; pero en el relato amasado por Licurgo no se comprende quién fue el torturado. Se puede temer además que Licurgo sobrentienda, si lo tomamos en serio, que Apolodoro y Trasíbulo, sometidos a tortura, finalmente confesaron que Frínico era un traidor. (¿Pero no lo habían matado por eso? ¿Había necesidad de torturarlos para que declararan eso?)

En suma, es evidente que la tradición acerca del oscuro asesinato de Frínico se empezó a complicar desde el principio, y las deformaciones han crecido como una bola de nieve hasta el nivel casi aberrante del informe de Licurgo. El único relato con fundamento es obviamente el de Tucídides; todo el resto es como mínimo opinable.

El fenómeno, no muy distinto, por otra parte, de la nebulosa que envuelve otros varios asesinatos políticos y análogos «misterios de la República», puede compararse con la leyenda creada en torno al ataque contra Hiparco (514 a. C.), que, casi un siglo antes, había dado inicio a la caída de la tiranía. Un episodio acerca del cual el propio Tucídides había llevado a cabo investigaciones rigurosas y apremiantes, que lo habían conducido a una reescritura netamente revisionista de la *Vulgata* en torno al llamado acto fundacional de la democracia ateniense.

El nexo entre ambos «tiranicidios» formaba parte ya de la retórica pública ateniense. Por el decreto de Erasínides sabemos[20] que, en las vísperas de las Grandes Dionisias de 409 –en las que iba a producirse la solemne ceremonia de juramento colectivo de fidelidad a la democracia, expresada en la forma sanguinariamente antitiránica que conocemos por el decreto de Demofanto–,[21] «habrían sido públicamente proclamadas las razones por las que el demo había decidido entregar una corona a Trasíbulo».[22]

---

20. *IG*, I^2 110 (= I^3 102), ll. 12-14.

21. Andócides, I, 98: «Si uno mata a quien atenta contra la democracia lo honraré y favoreceré, a él y a sus hijos, como Harmodio y Aristogitón y a sus descendientes.»

22. El nexo, intencional, entre ambos «tiranicidios» a través de la ceremonia de las Grandes Dionisias de 409 es sacado a la luz por B. Bleckmann, *Athens Weg in die Niederlage*, Teuber, Stuttgart-Leipzig, 1998, p. 380.

Éste es el motivo por el cual la solución menos aconsejable es la que ha dominado la crítica histórica moderna. Ésta consiste en deshacerse de Tucídides, tal vez reduciéndolo al lugar de exiliado mal informado, tomar como eje la frágil y en el fondo arbitraria *combinación* del parcial «discurso» de Lisias con el decreto de Erasínides, dejando, obviamente, en la sombra los detalles que no cuadran,[23] e ignorando de hecho todas las otras fuentes cuyas contradicciones son como mínimo instructivas. Para reconstruir los acontecimientos no basta combinar, o incluso hacer desaparecer, los fragmentos disponibles, sino que deben identificarse los estratos, las progresivas deformaciones, en una palabra la historia de un proceso tradicional: de los posibles núcleos de verdad a las deformaciones extremas, que sólo sabremos tratar si intentamos comprender su sentido.

Esto significa, para volver al caso controvertido del asesinato de Frínico, que conviene recurrir a Tucídides antes que a las «verdades» que se fueron construyendo en los meses y en los años posteriores.

No debe olvidarse que el decreto de Erasínides, que hemos mencionado en varias ocasiones, «certificaba», aunque fuera de modo genérico, los méritos de Trasíbulo de Calidón frente al «pueblo de Atenas» (no los especifica, los sobrentiende); pero parece presuponer, antes de tal deliberación pública, una larga gestación: los hechos ocurren en el verano de 411 y el decreto es de febrero-marzo de 409 (en las vísperas de las Grandes Dionisias). Además, en su parte final, el decreto demuestra que sigue abierta la discusión acerca del papel efectivamente desarrollado por Apolodoro y sobre sus méritos, y las dudas son tales que se vuelve necesaria una comisión de investigación. Pero la leyenda patriótica de un nuevo tiranicidio como sello de la nueva restauración democrática parecía necesaria. La retórica cívica necesita de los mitos, de símbolos, de certezas, y a veces hasta de monumentos, aunque sean falsos, con tal de que resulten políticamente productivos.[24]

Quién y por qué asesinó a Frínico en los convulsos meses del pendenciero poder oligárquico de los Cuatrocientos no era asunto del todo claro ni siquiera para los protagonistas directos de los acontecimientos. Es notorio que Pisandro los odiaba y buscaba su ruina de todas las maneras posibles; también, que el choque por el predominio explotó ensegui-

23. Ejemplo insigne es el artículo de I. M. J. Valeton, «De inscriptionis Phrynicheae partis ultimae lacunis explendis», *Hermes*, 43, 1908, pp. 483-510, en el que se establece la hipótesis de que Tucídides recibiera prontamente la información «exprimida» al argivo torturado, pero después no tuvo modo de ponerse al día de los hechos relacionados con todo el asunto tras la caída de los Cuatrocientos.

24. Un refinado ejemplo literario aparece en el cuento de G. de Bruyn «Un héroe de Brandeburgo» (1978).

da entre los jefes de la oligarquía.[25] El hecho de que entre quienes podían jactarse de haber ayudado a realizar el atentado se encontrara una figura de oscuro origen como Agorato –quien había concluido su carrera como *killer* a cuenta de los Treinta–[26] arroja una luz inquietante acerca de los acontecimientos del atentado contra Frínico. En el codicilo de Diocles al decreto de Erasínides,[27] Agorato es reconocido, junto a otros, como «benefactor del pueblo de Atenas», y recibe importantes privilegios.

El problema verdadero es que Frínico, ya muerto, quienquiera que hubiera tomado la iniciativa de asesinarlo, se convertía en un excelente chivo expiatorio para el grupo oligárquico dispuesto a reciclarse y a ponerse de acuerdo con la armada democrática de Samos. Fue Terámenes el gran director de escena del anhelado cambio indoloro que, en las intenciones del ambidiestro «coturno»,[28] hubiera debido ser prácticamente sólo aparente.

3

La serie de evocaciones a las que se lanza Licurgo en «Contra Leócrates» es asimismo desconcertante. En primer lugar, nos da una noticia: fue Critias quien fungió como acusador del monstruoso juicio puesto en marcha contra el cadáver de Frínico, exhumado y procesado por «traición». Sabemos que había sido Pisandro quien martilló la consigna «Frínico es un traidor». Pero Frínico había parado hábilmente el golpe y había conseguido revertir la situación. Después, todos juntos tomaron el poder. Además se produjo la ruptura con la armada de Samos, las derrotas sobre el terreno, el intento de ser escuchados por Esparta; y Frínico y Antifonte habían sido enviados a Esparta con la esperanza de conseguir al menos el resultado de una paz mínimamente honrosa. Pero apenas regresado de esa misión Frínico, como sabemos, fue asesinado. ¿En qué consistía, entonces, la «traición»? Sobre todo: ¿en qué preciso momento fue puesto en marcha el grotesco guión del proceso póstumo? Licurgo aporta esta noticia:

[Una vez demostrado que Frínico era un traidor y que quienes atentaron contra él habían sido arrestados injustamente] *el pueblo*

25. Tucídides, VIII, 89, 3.
26. El discurso XIII de Lisias versa precisamente sobre eso.
27. Inscrito en el mismo documento (*IG*, I² 110, 16-38).
28. Sobrenombre con el que Terámenes, como sabemos, era llamado normalmente: cfr. Aristófanes, *Las ranas*, 967-970, y Jenofonte, *Helénicas*, II, 3, 31 (discurso de acusación a Critias contra él). El coturno es un calzado que se adapta a ambos pies.

decretó,[29] a instancias de Critias, acusar de traición al muerto[30] y si le parecía que había sido enterrado en su tierra mientras era traidor, desenterrar sus huesos y arrojarlos fuera de los confines del Ática, para que no reposen en nuestra tierra ni siquiera los huesos del que traicionaba a su tierra y a su ciudad.

Si este lenguaje no es aproximativo sino técnicamente correcto, se deduce de este pasaje que fue la asamblea popular la que decidió reabrir el caso de Frínico. Estamos, por tanto, en 410/409, y ya se ha restablecido el marco y la praxis democrática.

Licurgo prosigue: «Decretaron también que, si el muerto era convicto de culpa, los que por ventura asumieran la defensa del finado, fueran también reos de las mismas penas.»[31]

El inflexible acusador de Leócrates añade en este punto: ¡consideraban igualmente traidor a quien ayudara a un traidor! Tras la lectura del decreto de Critias,[32] comenta, aportando otras informaciones sobre el resultado del juicio: «Así pues, aquéllos desenterraron los huesos del traidor y los arrojaron fuera del Ática, y a sus defensores, Aristarco y Alexicles, les dieron muerte y ni siquiera permitieron que fueran enterrados en el Ática.»[33]

En el capítulo siguiente veremos frente a qué público y en qué situación política se desarrollaron estos juicios. Es verdad que la puesta en escena del juicio al muerto («tirano» y «traidor»), con la consiguiente ceremonia tétrica de los huesos desenterrados y dispersados, intentaba causar impresión en una masa popular no sólo susceptible de movilizarse si era manipulada por el discurso de los políticos, sino incluso sensible al aspecto sagrado y macabro de la sepultura negada.

4

La reconstrucción patriótico-democrática había sido la siguiente: 1) se abre una investigación sobre el asesinato de Frínico; 2) sale a la luz

29. «Contra Leócrates», 113: ψηφίζεται ὁ δῆμος. [Se toma aquí como referencia la edición y traducción del discurso de Licurgo a cargo de José Miguel García Ruiz, *Oradores menores; discursos y fragmentos*, Madrid, Biblioteca Clásica Gredos, 2000. *(N. del T.)*]

30. No dice τὸν τεθνεῶτα sino τὸν νεκρόν (= el cadáver), pero la exhumación de los huesos debería haber tenido lugar tras el veredicto de culpabilidad.

31. «Contra Leócrates», 114.

32. El hecho de que se trate de Critias no le crea ninguna incomodidad.

33. «Contra Leócrates», 115.

que Frínico estaba a punto de traicionar a Atenas; 3) sus asesinos son liberados y cubiertos de honores; 4) vuelve la democracia.

La reconstrucción aportada por Tucídides es: 1) uno de los atacantes (un argivo) revela que hay «reuniones en la ciudad» en los ambientes de la oposición; 2) Terámenes y Aristócrates ven que Antifonte y los suyos no ponen en marcha una reacción seria y efectiva al asesinato de Frínico; 3) por eso «pasan a la acción» abiertamente; 4) buscan sorprender con ello a quienes construían el muelle de Eetionea; 5) siguen enfrentamientos de preguerra civil; 6) en este clima cae como un rayo la noticia de la deserción de Eubea; 7) Terámenes hace «derrocar a los Cuatrocientos» (o, mejor dicho, decapita la Boulé oligárquica y restablece a los Cinco Mil). En estas circunstancias, Critias se salva poniéndose al servicio de Terámenes, prestándose cínicamente al juicio póstumo contra Frínico y a la invención de «verdaderos» asesinos tiranicidas.

Es obvio que esta segunda secuencia de hechos es la verdadera, mientras que la patriótica –que predominó en el siglo IV–, reconstruida por Trasíbulo de Calidón a partir de los decretos, es insostenible, incompleta, inconsistente y «manipulada».

Los oradores (y quizá la historiografía se atiene a Diodoro en este punto) siguen la versión «patriótica». La reconstrucción de Tucídides permanece aislada y derrotada (no creída) también en razón de la desconfianza hacia un autor (Tucídides) abiertamente no «patriótico», que fue difundido por otro (Jenofonte) que, por su parte, se había tenido que exiliar por culpa de su grave compromiso político.

XXII. EL JUICIO A ANTIFONTE

Bajo el arconte Teopompo [411/410 a. C.]. Decreto del Consejo. Vigésimo primer día de la pritanía. Demónico de Alopece era el secretario. Filóstrato de Palene, el presidente. Propuesta de Andrón a propósito de los hombres que, según la denuncia de los estrategos, han acudido en embajada a Esparta para perjudicar a Atenas y al ejército,[1] embarcándose en una nave enemiga y pasando a través de Decelea: Arqueptólemo, Onomacles, Antifonte. Son arrestados y llevados ante el tribunal, para recibir su castigo. Los estrategos y los componentes del consejo que los estrategos querían elegir (hasta un máximo de diez) los entregan a la justicia para que el juicio se desarrolle en presencia de los imputados. Los tesmotetes[2] los citarán a comparecer en juicio mañana y, transcurrido el intervalo de tiempo regular,[3] los conducirán frente al tribunal con la acusación de traición. La acusación debe ser sostenida por abogados públicos, por los estrategos y por quien quiera. Quienes sean declarados culpables serán tratados de conformidad con la ley vigente para los traidores.

La condena fue expresada en los términos siguientes:

Han sido declarados culpables de traición: Arqueptólemo, hijo de Hipodamo, del demos de Agryle, presente en el juicio; Antifonte, hijo de Sófilo, del demo de Ramunte, presente en el juicio. Las penas previstas son las siguientes: sean entregados a los Once;[4] sus bienes sean confiscados y la décima parte versada en el tesoro de la Diosa; sus casas

---

1. Prefiero leer, con Reiske, καὶ τοῦ στρατοπέδου, no καὶ ἐκ τοῦ στρατοπέδου.
2. Los seis arcontes más jóvenes, encargados de las tareas judiciales.
3. Cuatro días.
4. Encargados de las ejecuciones capitales.

sean destruidas y en el suelo donde se erigían sean colocadas lápidas con la inscripción *de Arqueptólemo y de Antifonte, traidores*. Los dos demarcos leerán la lista de sus bienes. No sea consentido sepultar a Arqueptólemo ni a Antifonte en tierra ática o en tierras bajo mando ateniense. Arqueptólemo y Antifonte sean declarados *atimoi*, así como su descendencia legítima y también los bastardos. Si alguien adoptara uno de los descendientes de Arqueptólemo o de Antifonte, la condena de la *atimia* se extienda también sobre él. Esta sentencia sea inscrita en una plancha de bronce y sea colocada donde están los decretos referidos a Frínico.

¿Quién era Andrón? Platón habla de él en el *Gorgias*[5] y en el *Protágoras*.[6] Era hijo de un Androción y padre del Androción discípulo de Isócrates y atidógrafo, que ha dejado huella en la historiografía sobre Atenas, en tendencias por así decir «teramenianas».[7] En el *Protágoras*, Andrón es representado mientras escucha, en respetuoso silencio, junto con otros, un discurso de Hipias de Elides. En el *Gorgias*, Platón atribuye a Sócrates un gracioso y singular retrato de Andrón, empeñado en discutir con Cálicles, Tisandro y otros en torno al tema: «¿Hasta qué punto se debe practicar el conocimiento?»[8] «Sé que prevaleció entre vosotros», continuaba Sócrates, «una opinión similar a la de afanarse en filosofar hasta la perfección, sino que os recomendasteis mutuamente precaución para que, al volveros más sabios de lo debido, no fuerais pervertidos subrepticiamente.»[9] El hecho de que Andrón se haya prestado como *longa manus* de Terámenes en el juicio contra Antifonte, es decir, contra el sector más importante de los Cuatrocientos (así como Critias en el juicio-farsa contra Frínico) resulta comprensible a la luz de los vínculos familiares y de clan representados por Androción. Su *Historia ática (Tais)* es considerada una de las fuentes que tiene en cuenta Aristóteles en la *Constitución de los atenienses*. Lo cual justifica la enfática apología de Terámenes como prototipo del «buen ciudadano» que leemos en el opúsculo aristotélico.[10]

5. *Gorgias*, 487c.
6. *Protágoras*, 315c.
7. Cfr., más abajo, cap. XXVIII.
8. Pero σοφία es «sabiduría», y a la vez «destreza», así como, también, es un sinónimo de *filosofía* (como queda claro, por otra parte, del conjunto de las palabras de Sócrates).
9. Platón, *Protágoras, Gorgias, Carta Séptima*, trad. de Javier Martínez García, Alianza, Madrid, 1998, p. 191. *(N. del T.)*
10. *Constitución de los atenienses*, 28 (sobre esto, véase más abajo).

Estos dos documentos, de importancia fundamental, habían sido incluidos por Crátero el Macedonio[11] en su *Recopilación de decretos áticos*;[12] y el anónimo autor del tratado con igual título que acabó en el *mare magnum* de los *Moralia* de Plutarco los copió, como él mismo dice, de Cecilio.[13] Así fue como se conservaron.

Nos aportan informaciones de todo género. En primer lugar, que entre los acusadores estaban «los estrategos». Así como el arconte señalado al principio del decreto es Teopompo, es decir el arconte de 411/410, sustituido en Mnesíloco, epónimo bajo los Cuatrocientos y depuesto junto con ellos,[14] es evidente que el estratego efectivamente operante era Terámenes (que ya era estratego, por otra parte, bajo los Cuatrocientos, aunque fue principal artífice de su caída)[15] probablemente junto con Timócares, también éste fungible tanto con los Cuatrocientos[16] como después de su caída.[17] Los demás –Trasíbulo, Alcibíades, Trasilo, Conón– estaban en Samos, mientras lentamente se remediaba la duplicidad de poderes creada con la rebelión de la flota hacia el gobierno oligárquico instalado en Atenas. Alguna anomalía, como suele pasar en tiempos de revoluciones, complicaba el cuadro: la elección de los estrategos «de la flota» no tenía todos los requerimientos de legalidad, a la vista del modo en que se había producido;[18] para no hablar del «caso» Alcibíades, elegido estratego de la flota pero exiliado a todos los efectos, y todavía condenado por delitos de la mayor gravedad. Pero en ese momento las cartas ganadoras estaban en manos de Terámenes. Fue éste quien sostuvo más encarnizadamente que nadie la acusación contra Antifonte y los demás.[19] Onomacles se había sustraído al fugarse. También él había formado parte de la embajada de alto nivel enviada a Esparta y guiada por Antifonte y Frínico. Eran doce en

11. Con frecuencia identificado con el hijo del homónimo general de Alejandro.
12. Cfr. Harpocración, *Léxico de los diez oradores*, en la voz Ἄνδρων.
13. [Plutarco], *Vidas de los diez oradores*, 833E-834B.
14. Aristóteles, *Constitución de los atenienses*, 33, 1.
15. Tucídides, VIII, 92, 9.
16. Tucídides, VIII, 95, 2.
17. *Helénicas*, I, 1, 1.
18. Pero queda implícita una convalidación en lo que escribe Tucídides, VIII, 97, 3: los nuevos jefes en Atenas mandaron medios a la flota de Samos con la invitación a «operar activamente» (ἀνθάπτεσθαι τῶν πραγμάτων).
19. Lisias, XII, 67: Ἀντιφῶντα καὶ Ἀρχεπτόλεμον φιλτάτους ὄντας αὐτῷ κατηγορῶν ἀπέκτεινεν.

total,[20] pero la acusación formalizada con el decreto de Andrón se refería a estos tres. También había sido «procesado» el difunto Frínico, con Critias como acusador; es obvio que para Frínico se requería un procedimiento aparte, por varias razones, entre ellas, y no la última, la cláusula que reclamaba, en perjuicio de Antifonte, Onomacles y Arquептólemo, la «presencia de los imputados».[21] Cuando fue emitida la sentencia de condena contra Antifonte y Arquептólemo, el juicio a Frínico ya había terminado; en efecto, la disposición final de la sentencia prevé que la placa que contenga el texto de la condena sea colocada «donde están los decretos referidos a Frínico».[22] Al contrario que Aristarco, que volvió y fue sometido a juicio, Onomacles se guardó bien de volver a Atenas, y por eso fue incluido, en 404, en el colegio de los Treinta, como también Aristóteles, a quien por primera vez –en 411– se le había encargado una misión en Esparta.

El decreto de Andrón y la consiguiente sentencia sirven para precisar la cronología. La burda puesta en escena judicial contra el difunto Frínico ya había tenido lugar; cuando Andrón presenta el decreto, estamos en la parte restante de 411/410 («bajo el arconte Teopompo»); éste confirma, entre otras cosas, que la identificación de Trasíbulo de Calidón y Apolodoro de Megara como asesinos-tiranicidas de Frínico aconteció (409)[23] bastante después del juicio a Frínico. Éste había sido procesado como miembro de esa embajada, independientemente de cualquier verificación sobre la matriz del ataque mortal del que fue víctima. En los prescritos del decreto de Andrón sólo se habla de una «decisión del Consejo»,[24] mientras que en el decreto de Trasíbulo de Calidón es ya «decisión del Consejo y de la asamblea popular».[25]

20. Tucídides, VIII, 90, 2: «enviaron a toda prisa a Antifonte, Frínico y otros diez embajadores».

21. περὶ παρόντων (833F).

22. 834B.

23. *IG*, II² 110.

24. Ἔδοξε τῇ βουλῇ. La pertenencia del presidente y el secretario a la misma tribu confirma que estamos aún bajo los Cinco Mil y no bajo la democracia restaurada, cuando tal coincidencia sería intolerable (cfr. C. Hignett, *A History of the Athenian Constitution*, Oxford, 1952, p. 376).

25. Ἔδοξε τῇ βουλῇ καὶ τῷ δήμῳ.

La acusación era de traición, y por eso la condena fue la forma más grave y arcaica de *atimia:* no limitada a la privación de los derechos políticos, como se hizo con quienes, en diverso modo, habían «colaborado» con los Cuatrocientos.[26] Es lo que tanto excitaba a los oradores del siglo siguiente cuando señalaban al público el epígrafe que contenía el decreto contra Artmio de Celea, presunto agente del rey de Persia en el Peloponeso, detenido y condenado en Atenas,[27] condenado precisamente a la *atimia:* «no lo que comúnmente se entiende por *atimia*», precisa Demóstenes, «sino aquella por la cual es sancionado, en las leyes sobre delitos de sangre *E muoia atimos,* lo que significa *que no es culpable quien mata a uno de éstos*».[28] Por tanto, la acusación fue de traición y de acuerdo con el enemigo (como había sido, en su momento, para Artmio); no de «derrocamiento de la democracia» (δήμου καταλύσεως): Antifonte y los otros se habían dirigido a Esparta «para hacer daño a la ciudad» (es decir, para ofrecer una hipótesis de paz perjudicial para la ciudad) y encima «en naves enemigas» y «atravesando territorio enemigo» (Decelea). No caben dudas acerca de la naturaleza de la acusación: el decreto de Andrón es claro, detallado e inequívoco. Como consecuencia de ello, es fácil imaginar que la apología pronunciada por Antifonte debió de centrarse en la reconstrucción de aquella embajada y en la puntual impugnación de la acusación de «traición». Antifonte debió de ser diestro al rememorar a sus acusadores, *in primis* a Terámenes, que desde el primer momento, *y habiéndose puesto de acuerdo el conjunto de los Cuatrocientos, Terámenes incluido*, habían apuntado a un rápido acuerdo de paz con Esparta.[29] Pero la cuestión del muelle de Eetionea debió de pesar como una losa. Antifonte no pudo eludir el argumento.

En cambio, lo que Antifonte difícilmente pudo hacer, entre otras cosas porque se habría ganado la fama (desaconsejable ante el tribunal) de

---

26. En defensa de estos *atimoi* habla, exitosamente, Aristófanes en *Las ranas*, 689-692 (marzo-abril de 405). La situación de los *atimoi* sería subsanada con el decreto de Patrocleides (Andócides, I, 80), al principio del sitio espartano (¿septiembre de 405?).

27. Demóstenes, IX, 41-44; XIX, 271; Esquines, III, 258; Dinarco, *Contra Aristigitón*, 24. Pero el decreto era falso y había sido elaborado en el siglo IV: cfr. C. Habicht, en *Hermes,* 89, 1961, pp. 23-25.

28. Demóstenes, IX, 44.

29. Tucídides, VIII, 70, 2. Pero son instructivas, en este punto, las palabras del mismo Terámenes (Jenofonte, *Helénicas,* II, 3, 45): «el demo fue emplazado a renunciar a la democracia, con el argumento de que sólo de ese modo los espartanos habrían aceptado los tratados de paz».

hablar «fuera del tema» (ἔξω τοῦ πράγματος), es ponerse a argumentar acerca de su propia inclinación a la democracia. En un momento en que la democracia no había sido restaurada y existía en cambio ese «mejor gobierno» de tipo mixto que se ganaba el desmesurado elogio de Tucídides[30] y finalmente gobernaban los «Cinco Mil» (y en las prescripciones de los actos públicos no existía aún la detestada fórmula καὶ τῷ δήμῳ, sino que se escribía solamente ἔδοξε τῇ βουλῇ),[31] no habría tenido sentido, por parte de Terámenes o de los acusadores, denunciar a Antifonte por «atentado contra la democracia» ni, por parte de Antifonte, defenderse (con un efecto seguramente cómico) de tal acusación. *Precisamente como una alternativa necesaria a la democracia* se había hecho tragar al demo, muy a regañadientes, un régimen basado en la limitación de la ciudadanía a cinco mil acomodados.[32] La contraposición entre democracia y «régimen de los Cinco Mil» había estado continuamente presente en todas las fases del golpe. Por tanto, es ridículo pensar que, una vez concretado al fin ese régimen de los Cinco Mil, que anulaba los vicios radicales de la democracia (y que los más extremistas de los Cuatrocientos habían rechazado por distintos motivos), los líderes de tal régimen hablaran de éste como de una democracia restaurada o, aún peor, acusaran a su adversario Antifonte de haber *atentado contra la democracia*.

Estas consideraciones palmarias hacen improbable la conjetural, y con frecuencia machacona, atribución del llamado «papiro Nicole» a la *apología de Antifonte* sólo porque quien habla en ese fragmento dice que su acusador es Terámenes. Quien habla en ese fragmento no sólo declara reiteradamente la propia inclinación por la democracia (adopta varias veces este término notoriamente aborrecido por los oligarcas y entendido como *violencia, atropello popular),* sino que además sostiene: «¡Es impensable que yo deseara un gobierno oligárquico!»

Las razones por las que el papiro ginebrino editado por J. Nicole le ha sido endilgado a la apología de Antifonte carecen de fundamento. Responde a esta cadena de deducciones:

a) se trata de un discurso ático;

b) quien habla ha sido acusado por Terámenes de haber colaborado a derrocar la democracia;

c) en el fragmento es mencionado Frínico;

d) entonces, ¡quien habla *tiene* que ser Antifonte!

Si esta tontería no se hubiera convertido casi en lugar común, ni si-

---

30. Tucídides, VIII, 97, 2.
31. Es el caso, precisamente, del decreto de Andrón.
32. Tucídides, VIII, 53, 1-2; 67, 3; 72, 1.

quiera valdría la pena discutirla. Quizá bastaría simplemente con observar que los mismos argumentos que el presunto Antifonte desarrolla al principio del fragmento que se ha conservado («¿Acaso he cometido alguna malversación? ¿Fui acaso *atimos?* ¿Se preparaba un gran juicio en mi contra? Éstas son las razones por las que se aspira a un cambio de régimen») son las mismas que desarrolla el defensor de Polístrato (Lisias, XX), procesado por ser miembro también él de los Cuatrocientos, al principio del discurso: «¿Por qué razones debía desear la oligarquía? ¿Acaso la edad no le permitía tener éxito como orador? [...] ¿Acaso era *atimos?* ¿Había cometido algún crimen? Sin duda son los que están en tal situación quienes desean un cambio de régimen.»[33]

3

Se puede observar que, antes del descubrimiento del papiro ginebrino llamado *Apología de Antifonte* (1907),[34] el mayor conocedor de la historia antigua, Friedrich Blass, tanto en la primera como en la segunda edición del *Attische Beredsamkeit,* había señalado con lucidez el posible contenido del discurso apologético de Antifonte.[35] Se basaba ante todo en el auto de acusación y, marginalmente, en dos fragmentos citados por el lexicógrafo Harpocración: uno, sarcástico, en el que Antifonte replica a Apolexis, y otro, aún más despreciativo, en el que le tomaba el pelo a quien había puesto en guardia a los jueces para que no se dejaran conmover por las (eventuales) lágrimas del imputado.[36] Argüía Blass: Antifonte «habrá hablado de Eetionea, y del pasado de su familia [en respuesta a la insinuación de Apolexis]; y *tiene que haberse apoyado sobre todo en el hecho de que él no había actuado en ningún aspecto de modo diverso a como lo habían hecho todos los otros miembros del colegio de los Cuatrocientos, en particular de sus acusadores.* Había rechazado decididamente, según parece, la eventualidad misma de abrir brecha en el sentimiento (de los jueces) con plegarias y lágrimas».

Una vez aparecido el papiro comprado en El Cairo por Jules Nicole (1907), su atribución a la *Apología de Antifonte,* apresurada e ingenua-

33. La proximidad entre ambos fragmentos fue sugerida por G. Pasquali, «Antifonte?», *Revista storica per l'antichità,* 1, 1908, pp. 46-57; pp. 51-52. Cfr., más abajo, § 7.

34. J. Nicole, *L'apologie d'Antiphon,* Librairie Georg, Ginebra-Basilea, 1907: P. Genève inv. 264bis+267.

35. *Die attische Beredsameit,* I, Leipzig, 1873, p. 89; I, Leipzig, 1887^2, pp. 100-101.

36. Suidas, *s.v.* ἱκετεύω: pero no se dice a qué discurso pertenecen estas palabras.

mente argumentada, fue casi unánime. La cuestión se explica, al menos en parte, con el deseo ardiente de los estudiosos de la Antigüedad de poder declarar el hallazgo de aquello que la destrucción humana y la rapacidad del tiempo se habían llevado consigo. Es casi increíble que hasta Wilamowitz haya caído en la trampa,[37] aunque sea con un guiño crítico en un rápido comentario desilusionado: «No es regocijante constatar, en base al único fragmento de sentido completo [el papiro Nicole], que Antifonte no tuvo el valor de proclamar las propias ideas sino que más bien intentó arreglárselas con sofismas.» Las palabras a las que se refiere Wilamowitz son aquellas en que el hablante, después de haber hecho la lista de las situaciones incómodas que podrían inducir al complot (haber ocupado una magistratura y temer la rendición de cuentas; ser *atimos;* haber hecho un mal servicio de la ciudad; temer un proceso inminente) y después de proclamar que no se encontraba en ninguna de tales condiciones, pasa a definir cuáles serían los impulsos que pueden inducir a auspiciar un cambio de régimen: habiendo cometido delitos, no querer someterse a la maquinaria judicial o bien querer vengar una injusticia sufrida sin por ello exponerse a un nuevo ajuste de cuentas. Y agrega: «tampoco éste era mi caso, yo no me encontraba en ninguna de tales situaciones». Entonces observa: «mis acusadores, sin embargo, sostienen que yo preparaba comparecencias defensivas en favor de otros y que obtenía beneficios de esa actividad. La verdad es que bajo un régimen oligárquico (ἐν μὲν τῇ ὀλιγαρχίᾳ) esto no me hubiera resultado posible. Por el contrario, bajo un régimen democrático (ἐν δὲ τῇ δημοκρατίᾳ), yo dispongo de mí sin ataduras (?) (ὁ κρ[ατῶν?] εἰμι ἐγώ)». A continuación hay una declaración aún más desconcertante: «bajo un régimen oligárquico yo no hubiera sido digno de ninguna consideración; en democracia gozaba, en cambio, de mucha». Conclusión: «En definitiva, ¿cómo puede pensarse que yo deseara un régimen oligárquico? ¿Acaso no puedo rendir cuentas? ¿Sería yo el único de los atenienses en no saber calcular su ganancia?»

¡Hace falta cierto coraje para imaginar que Antifonte pudiera haber dicho semejantes tonterías y que, después de todo, pueda haber tenido la esperanza de que se iba a dar crédito, en presencia de sus compañeros de aventura, a su afirmación de «no haber auspiciado un régimen oligárquico»! Lo que parece legítimo, en todo caso, es suponer que este incómodo e inverosímil desarrollo podría ser una amplificación algo grotesca[38] de la única noticia biográfica que da Tucídides cuando esboza la

37. *Deutsche Literaturzeitung*, 3 de octubre de 1907, col. 2521.
38. Se podría decir también: groseramente cómica...

figura de Antifonte: era extraordinario en concebir y dar forma a su pensamiento; aunque en primera persona no se presentaba ni en la tribuna ni en el tribunal, *«sin embargo, para quienes intervenían en los debates ante los tribunales o en la Asamblea, no tenía igual a la hora de prestar ayuda a quien le pedía consejo».*[39]

Hay también otro elemento que debería mover a la reflexión. La acusación consolidada contra Antifonte, surgida de los escarnios de la comedia, era su avidez de dinero. El Platón cómico lo atacaba por eso en *Pisandro*,[40] y Filóstrato en la *Vida de Antifonte* dice: «La comedia lo atacaba por ser excelente (δεινοῦ)[41] en materia judicial y porque *a cambio de mucho dinero* componía discursos que predisponían a la justicia a favor de clientes envueltos en causas complejas.»[42] Éste era un cliché hostil que lo acompañaba.[43] Queda excluido el hecho de que Antifonte, a pesar de ser consciente, como es obvio, de tales rumores lanzados públicamente en su contra, *se jactase*, en la situación extrema en que pronunció la apología, de *haber ganado, gracias a la democracia, una buena cantidad de dinero como logógrafo,* ¡y de estar por ello libre de sospecha de aspirar a la oligarquía! Todo ello para ganarse la simpatía de un jurado que no pretendía en absoluto restaurar la democracia y que además no lo acusaba de eso. ¡Quien habla en el «papiro Nicole» parece poner juntas las noticias conocidas de sus fuentes y hacer propio (en contra de sus intereses) el cliché del logógrafo ávido de dinero!

4

Harpocración leyó, en la segunda mitad del siglo II d. C., en su colección de discursos de Antifonte, un escrito titulado *Sobre la revolución* (Περὶ τῆς μεταστάσεως). Son fragmentos muy sugerentes: aparece la palabra «Eetionea»,[44] y es obvio que Antifonte hablaba de ello; la palabra «Cuatrocientos»;[45] está la réplica al insulto lanzado por Apolexis («faccioso, tú igual que tu abuelo», a lo que Antifonte habría respondido

---

39. Tucídides, VIII, 68, 1.
40. Fr. 110 Kassel-Austin.
41. Es en *malam partem* la misma δεινότης exaltada por Tucídides (VIII, 68, 1).
42. *Vida de los sofistas*, I, 15, 2.
43. Tucídides deja entender, sin embargo, que se trataba de una ayuda desinteresada a los amigos políticos con problemas.
44. Harpocración, *s.v.*
45. Harpocración, *s.v.* τετρακόσιοι.

asumiendo el término en su valor de «doríforo» (los guardias de corps de los tiranos atenienses: «es imposible», hubiera rebatido Antifonte, «que nuestros antepasados hayan podido castigar a los tiranos y en cambio no hayan estado en condiciones de hacer lo mismo con los doríforos»).[46]

Sin embargo, no hay razón para suponer que el texto contenido en el «papiro Nicole» y el que figura en la recopilación de Antifonte[47] conocida por Harpocración fueran el mismo.

Por otra parte, habría que hacerse preguntas fundamentales en el caso del discurso pronunciado por Antifonte poco antes de su ejecución. ¿Preparó por escrito su propia defensa y el manuscrito se salvó milagrosamente a pesar de la confiscación de todos sus bienes e incluso de la destrucción de su casa dispuesta en la sentencia condenatoria? ¿A pesar de las graves amenazas a los eventuales secuaces que pretendieran ayudar a sus herederos? Si, por el contrario, no había hecho una completa redacción escrita de la apología para recitarla frente a los jueces, difícilmente hubiera podido hacerlo mientras los Once se «hacían cargo» de él. La cuestión no se le escapó a algún perspicaz moderno. Michael Gagarin ha conjeturado esta solución combinatoria: «Si bien Antifonte pronunció oralmente el discurso,[48] lo confió también a la escritura, realizando así el primer texto (hasta donde alcanza nuestro conocimiento) escrito de un discurso compuesto por la misma persona que lo pronunciaba»[49] (es como decir que Antifonte llevó a cabo, a punto de morir, casi una revolución mediática). El hecho de que las versiones escritas de muchos discursos redactados por Antifonte se hubieran conservado era consecuencia, obviamente, de que se trataba de discursos escritos *para otros*. Sabemos poco sobre la forma de trabajar de Antifonte en relación con la escritura y a la improvisación; mientras que, en cambio, sabemos mucho en lo que respecta a Demóstenes, de quien ya sus contemporáneos y, más tarde, los críticos de las sucesivas generaciones señalan como una anómala peculiaridad la tendencia a poner por escrito los discursos que pretendía pronunciar. Con excepción del imponente y magmático campo de la logografía, la norma no parece que haya sido la

46. Harpocración, *s.v.* στασιώτης («faccioso»). El sentido exacto de este parlamento se nos escapa: cfr. al respecto los intentos de Nicole, *L'apologie d'Antiphon,* op. cit., p. 37.

47. Unos sesenta discursos, según el Pseudo-Plutarco, de los que al menos veinticinco son falsos.

48. ¿Cómo podría haber sido de otro modo?

49. *Antiphon. The speeches*, Cambridge University Press, Cambridge, 1977, p. 248. Este «pensamiento» desaparece sin embargo en la edición más popular del mismo Gagarin: *Antiphon and Andocides*, University of Texas Press, Austin, 1998, p. 90.

redacción por escrito (a juzgar por un célebre pasaje del *Fedro* de Platón,[50] entre otros).

Un dato certero es que el *corpus* de los escritos atribuidos a Antifonte se había ido incubando con aportes auténticos (cerca de la mitad de la recopilación). Nada más obvio que el anhelo de «completar» la recopilación haya llevado, en un determinado momento, a la incorporación en el *corpus* de un subrogado del último y memorable[51] discurso suyo: su *apología*. Volveremos un poco más abajo sobre esta eventualidad.

5

En este punto, es oportuno realizar una distinción. Nos encontramos, en efecto, frente a dos títulos diferentes.

Harpocración, como sabemos, cita un escrito de Antifonte titulado «Sobre la revolución» (Περὶ τῆς μεταστάσεως). En cambio, el anónimo autor de las *Vidas de los diez oradores*, quien dice claramente que se refiere a la apología, adopta otro título: «Sobre la acusación» (Περὶ τῆς εἰσαγγελίας), «que compuso en defensa propia».[52] Leonhard Spengel, el Néstor de los estudios decimonónicos sobre la oratoria griega, consideraba que los fragmentos del discurso «Sobre la revolución» no se referían a la apología y se apoyaba en la diversidad de los acusadores: Terámenes en un caso, Apolexis en el otro.[53]

Si está claro que, por lo general, el título de los discursos no judiciales no son puestos por el autor, ¿por qué la apología *en un juicio por traición* habría sido titulada[54] «Sobre la revolución» (Περὶ τῆς μεταστάσεως)? En cambio, el eje del discurso apologético de Antifonte debe consistir en la *demolición de la acusación de traición*, y en el restablecimiento de la verdad a propósito de la embajada a Esparta. De esto hablaba exclusivamente la acusación, como queda claro por el decreto de Andrón. El juicio no giraba en torno a la mayor o menor oportunidad de la «revolución» (de cuyos efectos positivos estaban igualmente persuadidos, y se beneficiaban, tanto los acusadores como el acusado), sino sobre el contenido de las negociaciones sostenidas por Antifonte en Esparta.

---

50. Platón, *Fedro*, 257d. Por eso, como observó agudamente Émile Egger, hay tal penuria de discursos asamblearios atenienses *(Des documents qui ont servi aux anciens historiens grecs*, Typographie Georges Chamerot, París, 1875).
51. Tucídides, VIII, 68, 2.
52. *Vidas de los diez oradores*, 833D.
53. L. Spengel, *Synagogè technôn*, J. G. Cotta, Stuttgart, 1828, pp. 113-114.
54. Por Calímaco o por otros antes o después de él.

Los escasos fragmentos de los que disponemos gracias a Harpocración deben examinarse *a la luz del único dato seguro:* que el discurso de los que provienen se refería a la revolución oligárquica y fue por eso titulado «Sobre la revolución». Baiter y Sauppe, quienes sin embargo no compartían las observaciones de Spengel, escriben que esos fragmentos pueden pertenecer a un discurso compuesto «imperio Quadringentorum *vel durante* vel everso».[55]

De hecho, nada excluye que Antifonte, durante los meses del gobierno comandado por él y desgarrado por fuertes rivalidades personales,[56] pueda haber compuesto un escrito «Sobre la revolución», es decir, sobre lo que había sucedido y estaba sucediendo. No sorprendería que en un escrito semejante fuera mencionada Eetionea. La frase «habéis echado a quienes se ponían en medio»[57] parece no sólo adecuada, sino sugestiva en diversas direcciones. Incluso la réplica a Apolexis, que acusaba a Antifonte de ser por tradición familiar un «revolucionario» (στασιώτης), podría en rigor referirse a cualquier otro momento del juicio. Apolexis era uno de los «legisladores» (συγγραφεῖς) que habían puesto en movimiento el episodio que desembocó en la «revolución».[58] Convertirlo sin más en uno de los acusadores del juicio constituye una *petitio principii.* Sería necesario haber *demostrado* antes que Περὶ τῆς μεταστάσεως era la apología pronunciada por Antifonte durante el juicio. Apolexis podría haber sido uno de los diez *próbulos* (otro fue Sófocles) que después confluyeron en el colegio de los treinta συγγραφεῖς. Los próbulos eran una magistratura de emergencia, pero no del todo subversiva, pues surgían aún de un marco de legalidad. No se debe olvidar la incomodidad de Sófocles cuando le fue reprochado el haber abierto el camino a la oligarquía.[59] Por tanto, los roces entre Apolexis y Antifonte podrían referirse a otras fases del episodio, y no es inevitable hacer de Apolexis un acusador en el proceso en el que fue condenado Antifonte.

Hay, en definitiva, tres entidades distintas:

a) el escrito «Sobre la revolución», conocido por Harpocración;

b) el discurso «Sobre la acusación», es decir, la apología mencionada en la *Vida* del Pseudo-Plutarco.

c) el «papiro Nicole».

55. *Oratores Attici*, II, Zúrich, 1850, p. 138.
56. Tucídides, VIII, 89, 3.
57. Harpocración, *s.v.* ἐμποδών: καὶ τοὺς ἐμποδὼν ἐκολάσατε.
58. Harpocración, *s.v.* στασιώτης, cfr. Tucídides, VIII, 67, 1.
59. Aristóteles, *Retórica*, 1419a 25-29.

No hay ninguna razón que obligue a relacionar el texto contenido en ese papiro (c) con (a) o con (b). Podemos incluso preguntarnos por qué el acusado que habla en ese papiro *debe* ser necesariamente Antifonte. La colección de discursos que circulan bajo el nombre de Lisias (por ejemplo, los discursos XX a XXV) demuestra que los procesos en los que un imputado comprometido políticamente debía explicar, aclarar o justificar qué había hecho durante las dos oligarquías en Atenas fueron numerosos y produjeron los más oscuros razonamientos autoabsolutorios. El «papiro Nicole» podría en rigor entrar en este muestrario de casos humanos. Haber mezclado lo que Harpocración nos da del Περὶ τῆς μεταστάσεως que encontraba en la recopilación de Antifonte con el «papiro Nicole» sólo ha creado confusión.[60]

5 bis

Si, en cambio, ponemos de relieve el hecho de que quien habla en el «papiro Nicole» parece presuponer (y usar de modo paradójicamente apologético) el cliché cómico de la venalidad de Antifonte mezclándolo con el célebre retrato de Tucídides, entonces no se puede excluir otra eventualidad: que el papiro provenga de una obra historiográfica. Parece, aunque la noticia es confusa, que Teopompo habló de la condena a muerte de Antifonte en el libro XV de las *Historias filípicas*.[61] Es verdad que para Teopompo –célebre por su menosprecio de los políticos atenienses, a quienes dedicó el letal libro X de las *Filípicas*– hacer hablar de ese modo a Antifonte, lanzado, a punto de morir, a exaltar lo que ganaba de la floreciente actividad judicial en tiempos de la democracia, era algo muy atractivo. Pero podría tratarse de otro Antifonte, hijo de Lisó-

60. Se ha aducido en favor de la atribución del papiro Nicole a Antifonte una apariencia de argumento «filosófico»: a) el argumento fundado en εἰκός «tantas veces explotada en su [de Antifonte] carrera de logógrafo»; b) «desde el punto de vista conceptual se apeló a aquello que él había indicado, en la *Verdad*, como causa fundamental de las acciones humanas: la búsqueda de lo útil» (F. Decleva Caizzi, *CPF*, I.1, Olschki, Florencia, 1989, p. 230). Ambos son elementos inconsistentes. Por (a) concurren Esquilo, *Agamenón*, 915; *Las suplicantes*, 403, etc., además de los numerosos ejemplos de εἰκός y de εἰκότως en Demóstenes, la cincuentena larga de εἰκός en Tucídides, por no hablar de numerosos casos de εἰκός en un *corpusculum* como el de Andócides y del flujo de εἰκότως en Isócrates (pero se podría seguir hasta Procopio de Gaza, y aún más allá). Por (b) es algo embarazoso tener que señalar las infinitas controversias sobre lo útil y lo justo que abunda en toda la producción literaria griega (a partir como mínimo del diálogo melio-ateniense).

61. [Plutarco], *Vidas de los diez oradores*, 833A-B, Cfr. *FGrHist* 115 F 120.

nides, a quien[62] Cratino –en 423 a. C.– había atacado en la comedia *La botella*. El otro Antifonte habría sido asesinado «bajo los Treinta». Pero no se puede excluir una confusión entre «tiranos», dado que Filóstrato, en la *Vida de los sofistas*, dice acerca de Antifonte que «impuso a los atenienses un pueblo de cuatrocientos tiranos».[63]

Si se quisiera permanecer fiel a la idea recibida de que el papiro Nicole sea el Περὶ τῆς μεταστάσεως conocido por Harpocración, se debería tener en cuenta un fenómeno del que sabemos que ha resultado cierto en otros casos: la «transmigración» de un discurso de origen historiográfico al *corpus* de un orador. Eso ha sucedido en la recopilación demosténica antes incluso de Dídimo (siglo I a. C.).[64] Fenómenos de ese tipo deben haber sido más frecuentes de lo que pensamos, a juzgar por la sistemática presencia, desde la Antigüedad, de consistentes *spuria* en las recopilaciones de los oradores.[65] En la recopilación de Antifonte, según dice la *Vida* anónima, al menos veinticinco fragmentos de los sesenta eran sospechosos.

6

Lo cierto es que el Περὶ τῆς μεταστάσεως lo cita *únicamente* Harpocración (siglo II d. C.). El Περὶ τῆς εἰσαγγελίας, únicamente el Pseudo-Plutarco. Nadie más los cita ni demuestra conocerlos.

Quienes se refieren a la *Apología* de Antifonte, como Aristóteles, no parecen haberla leído: éste no expresa en efecto una valoración propia acerca de ella sino que se remite al juicio de Tucídides, testigo ocular.[66] Lo testimonia Cicerón, que traduce así las palabras del filósofo: «... quo [de Antifonte] neminem umquam melius ullam oravisse capitis causam, cum se ipse defenderet, *se audiente locuples auctor scripsit Thucydides*».[67] Estas palabras fueron atacadas y maltratadas de distintas maneras por parte de los modernos. Significan, muy sencillamente, que Aristóteles *no leía una «Apología de Antifonte»*, sino que imitaba a los contemporáneos de Antifonte que lo habían oído hablar en aquella memorable batalla judicial. En efecto, también cuando se apunta a la *Ética Eufemia* se vuelve sobre el juicio de los otros: esta vez el juicio de Agatón.[68] Allí

---

62. Si era exacta la identificación propuesta en las listas de κωμῳδούμενοι.
63. *Vida de los sofistas*, I, 15.
64. Cfr. P. Berol, 9780, col. XI.
65. Harían falta nuevas investigaciones en esta materia.
66. Fr. 137 Rose = 125 Gigon.
67. *Brtutus*, 47.
68. 1232b 7-8.

cuenta Aristóteles, para apoyar la tesis de que «*un* juicio competente vale mucho más que *muchos* juicios cualesquiera», que «exactamente estas palabras dijo Antifonte, ya condenado, a Agatón, que lo había elogiado en su apología».

Cicerón –como hemos visto– hace propio el juicio de Aristóteles, quien a su vez se refería al juicio de Tucídides. Quintiliano (siglo I d. C.), en la *Institutio*, cuando habla de la *Ars rhetorica* (Τέχνη) de Antifonte, recuerda que éste fue el primero en instaurar la práctica del discurso escrito («orationem primus omnium scripsit») y agrega: «y *se considera* que ha pronunciado también un excelente discurso en defensa propia» («et pro se dixisse optime *est creditus»*).[69] Parece, por tanto –para concluir–, que, *también para Quintiliano*, y no sólo para Cicerón, la apología de Antifonte *no era un texto disponible*, sino un discurso del que *se transmitía la idea* de que había sido particularmente eficaz.[70] Sobre la base, evidentemente, del célebre juicio tucidídeo y de las ocasiones en que, a partir de Aristóteles, se había vuelto a ese juicio. También hay que tener en cuenta la posibilidad de que el papiro Nicole, si en verdad se refiere a Antifonte, sea sencillamente una *declamatio*, es decir, un discurso ficticio, nacido posteriormente, como sucedía en compensación de los célebres ἐλλείποντα.

7

En 1908, poco después de la publicación del «papiro Nicole», Giorgio Pasquali levantó fuertes y fundadas dudas acerca de la atribución a Antifonte de las infaustas frases contenidas en el papiro.[71] Sus perplejidades convencieron a historiadores y helenistas de valía, como Karl Julius Beloch[72] y Pierre Roussel, el gran editor de los epígrafes de Delos.[73] Ambos convencieron a Julius Steup, quien en 1919, y más tarde en la reedición de 1922 de su insuperado comentario del libro VIII de Tucídides, dio fe de que Pasquali había acertado en su juicio. Por eso causa perplejidad el hecho de que el artículo de Pasquali sobre el «papiro Ni-

---

69. *Institutio oratoria*, III, 1, 11.

70. Quintiliano sabía bien *(Institutio oratoria*, II, 4, 41-42) que, a partir de la época y del ambiente de Demetrio de Falero, se había producido «apud Graecos» mucha oratoria ficticia ambientada en situaciones históricas.

71. «Antifonte?», art. cit., más arriba, n. 33.

72. *Griechische Geschichte*, II, 1, Trübner, Estrasburgo, 1914[2], p. 392, n. 1.

73. «La prétendue défense d'Antiphon», *Revue des études anciennes*, 27, 1925, pp. 5-10.

cole» haya sido excluido, en 1986, por los editores de sus *Escritos filológicos*, con el argumento apodíctico de que allí Pasquali «sostiene tesis *completa o casi completamente superadas*» [p. V]. Sería como reeditar la *Historia de la tradición y crítica del texto* quitando el capítulo sobre las variantes de autor, con el argumento de que muchos mediocres lo han juzgado «audaz». Es una renuncia a pensar atrincherándose detrás del tranquilizador adverbio «generalmente». El «principio de mayoría», ya de por sí carente de fundamento lógico, no debería tener ningún valor al menos en el campo de los estudios y de las investigaciones científicas. Sorprende observar cómo actúa siempre una especie de «servicio de orden del *opinio comunis*», que entra en juego cuando las certezas (erróneamente) consolidadas corren el riesgo de vacilar.

Así, para volver al asunto, crucial, del peso a atribuir al relato que hace Tucídides de la crisis ateniense de 411, sorprende cómo los testimonios externos (Aristóteles, etc.) e internos (el tipo de informaciones que tenía Tucídides) que imponen considerar que Tucídides estaba presente en Atenas durante aquella memorable crisis son tratadas brutalmente: incluso al precio de tachar a Aristóteles o a Cicerón, o a ambos a la vez, de fantasiosos. Al precio, también, de inventarse un «doble» (un clon) de Tucídides –¡por suerte para él, no un exiliado vitalicio!– como fuente de todo lo que Tucídides sabe y revela. Como la bien atestada presencia de Tucídides en Atenas ha inducido a un crítico discreto y prudente como G. B. Alberti a considerar «suspectum» el dato del exilio ininterrumpido de *veinte años* (424-404 a. C.) que se lee en el llamado «segundo proemio» (V, 26),[74] es curioso observar cómo, a lo largo de las meditaciones sobre la obvia deducción de que aquellos años no pueden ser veinte si en 411 Tucídides estaba en Atenas, críticos inmovilistas, como el voluntarioso Simon Hornblower, en su neocomentario a Tucídides, ¡prefieren –en lugar de esforzarse por comprender– reprender a Alberti por lo que ha osado decir![75]

Es una verdad indiscutible que en nuestra disciplina, más que en ninguna otra, siempre hay espacio para dar pasos atrás.

8

Recapitulemos. El punto de partida debe ser lo que escribe Tucídides sobre aquel memorable proceso, cuyo veredicto ya estaba escrito de

74. *Thucydidis Historiae*, Istituto Poligrafico dello Stato, II, Roma, 1992, p. 246.
75. *A Commentary on Thucydides*, III, Clarendon Press, Oxford, 2008, p. 50.

entrada. Antifonte era el primero en ser consciente de ello. ¿Cómo pensar que desmintiese puerilmente sus propias ideas, que eran bien conocidas para sus acusadores y visibles por su comportamiento? ¿Cómo pensar que Tucídides, si en verdad tenía frente a sí una apología en la que Antifonte se sacude de encima toda responsabilidad en el golpe de Estado y todo cargo de sentimientos antidemocráticos, se lanzase, en el mismo contexto, a señalar a Antifonte como el verdadero artífice del golpe de Estado y a exaltar su apología como «excelente» y hasta insuperada?

Esa página de Tucídides está quizá, junto con su larga reflexión sobre el estilo de gobierno de Pericles y el fracaso de sus sucesores (II, 65), entre las más importantes de toda la obra, y sin duda entre las más significativas, incluso desde el punto de vista de la biografía del historiador.

XXIII. LOS OTROS JUICIOS

1

La asamblea, que había vuelto a existir por un breve plazo, aunque diezmada y confusa, no era ya la combativa, omnipresente y temible asamblea del pueblo soberano. Era un instrumento dócil en manos de Terámenes, y de quienes habían preferido alinearse con él (quizá para salvar la propia cabeza). Funcionaba una Boulé: probablemente lo que quedaba de la Boulé de los Quinientos, que había sido brutalmente enviada a casa cuatro meses antes,[1] dado que la de los Cuatrocientos había sido disuelta. Obedecía también ésta a Terámenes, como se deduce, por ejemplo, del decreto de Andrón, emanado precisamente de una Boulé.

Del decreto de Andrón se deduce claramente que Terámenes había iniciado una ráfaga de juicios y que la intención era cazar a *quienes estaban efectivamente presentes* en Atenas.[2] El decreto habla de *tres* imputados: Onomacles, Antifonte, Arqueptólemo; pero la condena se refiere sólo a dos: Onomacles y Antifonte. Onomacles había conseguido huir y probablemente fue condenado en rebeldía.

Onomacles se mantuvo lejos del Ática y de los territorios controlados por Atenas hasta el colapso de 404, cuando volvió al séquito de los espartanos. Lo reencontramos en la lista de los Treinta,[3] en representación de la tribu Cecrópida. Aristarco, Alexicles y Pisandro habían huido a Decelea, hacia el campo espartano del rey Agis, cuando apenas se había verificado el «giro», el «cambio»[4] del que Terámenes había sido el gran director: revivificación de la asamblea, derrocamiento de los Cuatrocientos, efectiva toma de posesión de los Cinco Mil, drástica confirmación de la prohibición de salario para los cargos públicos, nombra-

---

1. Tucídides, VIII, 69, 4-70, 1.
2. «Que el juicio se desarrolle en presencia de los imputados», dice el decreto.
3. Jenofonte, *Helénicas*, II, 3, 2.
4. ἐν τῇ μεταβολῇ dice Tucídides, VIII, 98, 1.

miento de una nueva comisión legislativa y llamada a algunos exiliados, Alcibíades entre ellos.[5] El «cambio» no significaba en absoluto un retorno a la democracia; incluso se puede decir que los dos puntos fuertes de la nueva situación eran los antípodas de la democracia (sólo cinco mil ciudadanos de *pleno iure* y prohibición categórica, con penas severas para los transgresores, del «salario»). El «salario» era el símbolo mismo, el baluarte de la democracia, que los viejos, caricaturescos, del coro de *Lisístrata* juran estar dispuestos a defender hasta con las armas.[6] Por tanto, era una frontera absoluta contra el retorno del «viejo régimen» democrático. Sin embargo, para los jefes del grupo hasta entonces dominante –Antifonte, Pisandro, Arqueptólemo, Onomacles, Aristarco, Alexicles– la única solución era huir a Esparta. Es evidente que temían un ajuste de cuentas en el que, como siempre en la lucha política ateniense, no habría medias tintas: o matar o morir.

Aristarco hizo algo más. Quiso dañar lo máximo posible a Atenas mientras se daba a la fuga; él, que era estratego en activo. Seguido de una guardia de corps compuesta de los elementos «más bárbaros»,[7] arqueros íberos del Cáucaso, como se sabe por un fragmento del *Triphales* de Aristófanes,[8] se detuvo en Énoe, un fortín ateniense en la frontera con Beocia. Desde Énoe, los atenienses tenían eficaces salidas, pero ahora el fortín estaba sitiado por tropas corintias y beocias arribadas en socorro. En complicidad con los asediadores, Aristarco engañó a la guarnición ateniense: dijo que la paz con Esparta estaba ya firmada y que los acuerdos preveían la cesión del fuerte a los beocios. De este modo, éstos se rindieron al enemigo y cedieron el fortín, que pasó a manos de los beocios.[9]

Sin embargo, Aristarco y Alexicles enseguida retrocedieron.[10] Si son exactas las noticias de Licurgo cuando evoca el juicio contra Frínico,

5. Tucídides, VIII, 97.

6. Aristófanes, *Lisístrata*, 618-625.

7. Tucídides, VIII, 98, 1: τοξότας βαρβαρωτάτους. Había guardias armados al servicio de los Cuatrocientos: cfr. Tucídides, VIII, 69, 4.

8. Fr. 564 Kassel-Austin.

9. Tucídides, VIII, 98, 2-4.

10. W. Schmid (*Geschichte der griechischen Literatur*, I.3, Múnich, 1940, p. 171) piensa que la «teatral» iniciativa de Critias de hacer desenterrar el cadáver de Frínico se explica en el clima de momentánea «Erregung des Volkes», es decir inmediatamente después del atentado. *Se equivoca.* El hecho de que Aristarco y Alexicles hayan sido testigos pro Frínico y a su turno sometidos a juicio y condenados a muerte demuestra que todo se desarrolló cuando Aristarco, después de haber huido, volvió a Atenas; por tanto, bastante después del atentado contra Frínico.

ambos testimoniaron a favor del difunto líder.[11] Dado que la sentencia contra Antifonte y Onomacles hace referencia a la condena a Frínico, se debe concluir que Aristarco y Alexicles regresaron a Atenas incluso antes de que se celebrara el juicio a Antifonte. Euriptólemo, en el curso de su intervención en favor de los estrategos vencedores en las Arginusas, dice que Aristarco había vuelto y había sido procesado y condenado, y lo describe con gran detalle.[12]

Una noticia que debemos a Aristóteles[13] parece indicar inequívocamente que también Pisandro había vuelto. Fue sometido a juicio, no sabemos con qué resultado, e intentó involucrar en el proceso también al viejo ex próbulo Sófocles. Aristóteles parece depender de una fuente que conocía el proceso verbal del interrogatorio:

> Sófocles, a la pregunta de Pisandro de si hubiera estado de acuerdo también él, como otros próbulos, con la instauración de los Cuatrocientos, reconoció que sí. Entonces Pisandro preguntó: ¿Cómo? ¿No te parecía algo muy malo? Sófocles admitió también esto. Pisandro: ¡Entonces admites el haber sido partícipe también tú de esta pésima empresa! Sí –respondió Sófocles–, porque en ese momento no había alternativas mejores.

Pensar en otro Sófocles o en otro Pisandro no tiene mucho sentido. Poner en duda el testimonio de Aristóteles lo tiene aún menos.[14] El contexto en el que se desarrolla el coloquio, tan dramático, entre Pisandro y Sófocles no puede ser sino judicial. Resulta bastante sencillo reconstruir el sentido. Pisandro intentó apoyarse en el hecho de que los próbulos –y por tanto también el muy popular Sófocles– habían contribuido al nacimiento de la oligarquía, y más específicamente a la construcción del Consejo de los Cuatrocientos.[15] Implicar a Sófocles para salvarse: ésta había sido la táctica de Pisandro en el juicio. De lo que refiere Aristóteles se deduce claramente que Sófocles no tuvo más remedio que admitir la sustancial fundamentación del planteamiento de Pisandro, lanzándose a una admisión muy comprometedora: «en ese momento no había alternativas mejores». Es impensable que esta escena suce-

11. «Contra Leócrates», 115.
12. *Helénicas*, I, 7, 28. Cfr., más abajo, cap. XXVII.
13. *Retórica*, 1419a 25-29.
14. Cfr. *TrGF*, IV: *Sophocles*, p. 46 (n. 27 y aparato).
15. Los diez próbulos, junto a los veinte *syngrapheis*, habían convocado la asamblea de Colono teniendo como objeto el cambio radical del régimen político. En esa asamblea se habían realizado los pasos decisivos (Tucídides, VIII, 67).

diera después de 409 y del solemne juramento colectivo de «echar físicamente a cualquiera que haya atentado o pretenda atentar contra la democracia y a quien ha ostentado cargos[16] después del derrocamiento de la democracia».

Con semejante premisa el juicio no hubiera ni siquiera comenzado y Pisandro simplemente habría sido expulsado. Por tanto, también el juicio en el curso del cual Pisandro trató de «meter» a Sófocles para salvarse a sí mismo[17] debe ubicarse en el mismo periodo de tiempo en el que fueron procesados Frínico (y quienes atestiguaron a su favor, Aristarco y Alexicles), Antifonte y Arqueptólemo: entre la caída de los Cuatrocientos y las Grandes Dionisias de 409. Se deberá suponer que la sentencia fue condenatoria.

La pregunta, entonces, es: ¿por qué Aristarco, que había seguido siendo un «traidor» hasta el final, entregando Énoe al enemigo; por qué Alexicles y también Pisandro habían vuelto? Dos factores habían pesado: a) no había vuelto la democracia tradicional (como se podía temer cuando Terámenes la puso temporalmente en funcionamiento, al convocar a la asamblea para liquidar el Consejo de los Cuatrocientos); b) los juicios contra Frínico y contra Antifonte (Arqueptólemo y Onomacles) eran «por traición», es decir, por la embajada en Esparta «en una nave espartana» y «a través de Decelea»: por tanto, quien no había formado parte de la embajada[18] podía considerar que no tenía por qué temer lo peor.

Es probable que Terámenes los hubiera incitado a volver: debe haberles hecho llegar algún tipo de mensaje tranquilizador. Una vez regresados, cayeron en la trampa: se iniciaron los juicios que determinaron su fin. Es difícil dictaminar cómo pudo suceder que Aristarco y Alexicles fueran inducidos a testimoniar por Frínico (si las noticias de Licurgo en la *Leocratea* son exactas). El balance para Terámenes fue positivo: eliminó por vía judicial a una serie de adversarios y de potenciales rivales.

Es evidente que, frente a estos resultados, Alcibíades decidió no valerse, de momento, de la posibilidad de regresar a Atenas. Estos precedentes no eran, en verdad, alentadores. No podía dejarse coger sin más por Terámenes, después de todas las insidias de que había sido

16. Decreto de Demofanto (Andócides, I, 96-98).
17. Pero ¿dónde podría haber encontrado Aristóteles un documento que recogía las huellas de ese diálogo en el tribunal? ¿Acaso fueron los cómicos quienes conservaron esas huellas? Pero entonces Aristóteles no lo habría presentado como un diálogo que efectivamente tuvo lugar.
18. Evidentemente ni Aristarco ni Pisandro habían formado parte de ella.

objeto por parte de Esparta y de Tisafernes. Sobre todo, pesaba sobre él la condena (imposible de anular) por delitos sagrados, que podía recobrar vigencia a pesar del permiso para volver a la ciudad, como le sucedería algunos años más tarde a Andócides. ¿Quién podía garantizarle la «lealtad» de Terámenes, que estaba llevando a cabo una sistemática masacre judicial de sus compañeros de aventura? Era obvio que debía postergar su regreso para un momento en que su fuerza política fuera mayor y más débil la de Terámenes. De hecho, ese regreso sólo será efectivo tras la restauración de la democracia en 409 y las grandes victorias navales que invirtieron, por un largo periodo, la suerte de la guerra.

2

Hubo entonces una oleada de juicios, además de aquellos de los que quedó huella específica en las fuentes. Un pasaje deteriorado del precioso capítulo-revelación de Tucídides dice que «las cosas de los Cuatrocientos, tras su caída, *terminaron en juicios*».[19] La fórmula allí adoptada deja entender que varios otros componentes de esa Boulé con mala fama debieron afrontar un ajuste de cuentas judicial. Terámenes fue público acusador en el proceso contra Antifonte y Arqueptólemo; Critias lo fue en el juicio-farsa contra Frínico, pero seguramente también contra los dos caídos en la trampa como testigos (Aristarco y Alexicles). En cuanto a los otros, no sabemos nada preciso; es evidente, en todo caso, que al menos los otros diez que, con Frínico y Antifonte, habían ido a toda prisa a Esparta[20] «en una nave espartana» para sellar una paz *in extremis* serán llevados a juicio con análoga imputación. Serán otros los acusadores, dado que Lisias parece señalar específicamente a Antifonte y Arqueptólemo «a pesar de ser muy amigos» como víctimas del cambio de bando de Terámenes, quien pasó de amigo a acusador público.[21]

Conocemos bien el caso de un tal Polístrato porque el discurso que un logógrafo preparó en su defensa terminó en el *corpus* de los discursos

---

19. VIII, 68, 2: ἐς ἀγῶνας κατέστη. Las palabras «eran maltratados por el pueblo» (ὑπὸ τοῦ δήμου ἐκακοῦτο) son probablemente una glosa mal hecha: el ajuste de cuentas con los jefes de los Cuatrocientos sucedió *antes* de la restauración democrática. Acierta, a este respecto, Hornblower (III, p. 957). Justo antes, el insostenible ἡ δημοκρατία es un error precisamente por su contrario ἡ ὀλιγαρχία. Es la oligarquía que «se transforma» con el acontecimiento de los Cinco Mil.

20. VIII, 90, 2 καὶ ἄλλους δέκα.

21. Lisias, XII, 67.

de Lisias.[22] Es un discurso de extraordinario interés como ejemplo concreto de los métodos y de los argumentos encaminados a la salvación individual después de un cambio de régimen y cuando llega el momento de la rendición de cuentas. Polístrato había sido uno de los Cuatrocientos y por añadidura el encargado de recopilar, junto a otros, la lista de los Cinco Mil. Además, era del mismo demo que Frínico, lo cual debía tener importancia dado que su defensor se refiere enérgicamente a ello. (Había sido elegido por el propio Frínico, aunque no le gustara admitirlo; por eso se explaya en un ejercicio de «vidas paralelas», la suya y la del líder asesinado.) Como mérito de Polístrato, su defensor destaca el hecho de que hubiera compilado una lista de nueve mil, mientras la tarea era la de identificar cinco mil ciudadanos de pleno derecho.[23] No son afirmaciones para ser tomadas muy en serio: ¿cómo hubiera podido un único «encargado del catálogo» permitirse duplicar casi la medida prevista por los jefes? Estas cifras lanzadas a la ligera y la confusión que se entrevé detrás de estas palabras (como mucho, Polístrato habrá suscitado el interrogante de si la cifra prevista no era demasiado restringida) parecen en todo caso confirmar la «revelación» de Tucídides de que la lista de la que tanto se hablaba, en efecto, no existía.[24]

Polístrato sostenía haber pasado enseguida a Eubea para las operaciones militares, en las que se habría además cubierto de gloria y de heridas, y por tanto haber permanecido en el Consejo durante sólo ocho días.[25] (Lo cual ayuda a comprender cuán poco seria era su reivindicación de haber sido atacado por realizar el «catálogo» de los nueve mil.) Está claro que, a su regreso a Eubea, hubo un primer proceso en su contra, en la época de los juicios contra Antifonte y los otros líderes. La pena que se le impuso fue una fuerte multa.[26] Pero el defensor –que habla en un segundo juicio, que se desarrolla cuando ya los Cinco Mil están fuera del gobierno y ha regresado la democracia– aporta importantes detalles sobre la primera oleada de juicios a los Cuatrocientos. Habla de numerosas absoluciones. También aquí se generan sospechas sobre su credibilidad, dado que, más allá de todo, habla de un régimen caído; pero los detalles que aporta parecen en todo caso inquietantes. «Aquellos que parecían haber cometido injusticia fueron salvados por las ple-

---

22. [Lisias], XX. Lisias comenzó más tarde la carrera de logógrafo, por eso sin duda el discurso no es suyo.
23. [Lisias], XX, 13.
24. VIII, 92, 11.
25. [Lisias], XX, 14.
26. Ibídem.

garias de algunos políticos que habían sido celosos seguidores vuestros.»[27] Frase sibilina, pero sin duda fácilmente descifrable para los presentes. Probablemente alude a Terámenes, de quien habla bien y mal al mismo tiempo (ha salvado a quien no se lo merecía, pero había sido un guía voluntarioso), y sin duda se refiere a alguien que en aquel momento tenía suficiente fuerza política para influir en el veredicto. Terámenes conserva poder incluso después de la liquidación del régimen liderado por él, el de los Cinco Mil; conservó su posición después del solemne y amenazador juramento colectivo impuesto por el decreto de Demofanto; rigió también bajo la breve «dictadura de Alcibíades» (ocupándose poco después de disolver su clan).[28] Por tanto, no parece prudente atacarlo pronunciando su nombre abiertamente. Está claro que Polístrato no era un temerario.

Más grave es la otra información que nos aporta acerca de esos juicios:[29] «Quien se había manchado de injusticia compró a los acusadores y así resultó inocente.» La acusación es grave. No sabemos quiénes eran estos acusadores venales ni quiénes los salvados. Pero sin duda aquí Polístrato es hábil al referirse a juicios que tuvieron lugar bajo el régimen oligárquico (o semioligárquico, si se prefiere), la típica acusación de venalidad dirigida a los adversarios en los tribunales que trabajaban, a tiempo completo, durante la democracia. También éste es un óptimo movimiento por parte de la defensa de Polístrato, cualquiera que sea la parte de verdad contenida en su grave denuncia. Por eso es magistral el pasaje siguiente: «La verdad es que los culpables no son ellos sino aquellos que los han engañado»,[30] y el orador, en este momento, se permite incluso recriminar a la corte (un tribunal popular, en este segundo proceso contra Polístrato): ¡no debe olvidarse que sois vosotros quienes en-

27. [Lisias], XX, 15 ὑπὸ τῶν ὑμῖν προθύμων ἐν τοῖς πράγμασι γενομένων.

28. Cfr., más abajo, cap. XXVII.

29. En un determinado punto de [Lisias], XX (desde § 11) el imputado habla en primera persona. Wilamowitz, *Aristoteles und Athen*, II, 1893, pp. 357-367, ha demostrado que se trata de dos discursos fundidos en uno solo en la tradición manuscrita. Un caso análogo es el de Lisias XXXIV, sobre el que cfr., más abajo, cap. XXXII.

30. Cito de la óptima traducción de Umberto Albini, *Lisia, I Discorsi*, Sansoni, Florencia, 1955, p. 381. Albini, que fue un gran conocedor e intérprete de la oratoria y del teatro de Atenas, es decir de las dos formas cardinales de la comunicación colectiva en la conflictiva ciudad democrática, ha escrito además libros importantes sobre Atenas (como por ejemplo el más reciente, *Atene segreta*, Garzanti, Milán, 2002), en los que, entre otras cosas, acierta acerca del asesinato de Frínico («eliminado por sicarios identificados y condenados; pero el nombre de quien los mandó no saldrá nunca a la luz»: p. 90). Aquí la traducción exacta del «ataque» Ἀλλ᾽οὐχ οὗτοι ἀδικοῦσι, etc., es precisamente «la verdad es que...».

tregasteis (con decisión tomada en asamblea) el poder a los Cinco Mil! (Se puede hablar –ahora– contra los Cinco Mil, pero no contra Terámenes.)

3

¿Qué pasó con los estrategos de la oligarquía? No sólo habían sido *designados* directamente por los Cuatrocientos, y por tanto no *electos* como estipulaba la práctica democrática, sino que además habían sido dotados de poderes extraordinarios.[31] Eso los convertía en los principales responsables de las acciones cumplidas en los cuatro meses de gobierno. (No casualmente, cada vez que nombra uno de ellos, Tucídides –en su admirable relato de esos meses– precisa que cumplían esas determinadas acciones «siendo estrategos».)[32]

Si entonces consideramos los ocho nombres conocidos de los estrategos de la oligarquía –Terámenes, Diítrefes, Aristarco, Aristóteles, Alexicles, Timócrates, Melancio y Aristócrates–[33] podemos observar que, de ellos, sin duda fueron condenados Aristarco y Alexicles. Terámenes y Aristócrates fueron los promotores del vuelco y seguirán en posiciones de mando en diversos ámbitos (hasta que Terámenes deje caer a Aristócrates durante el juicio a los estrategos de las Arginusas). Timócares permanece activo al mando de la flota incluso después de la caída de los Cuatrocientos. No sabemos qué pasó finalmente con Melancio (que, junto con Aristóteles y Aristarco, era impulsor de la construcción del muro de Eetionea). A Aristóteles volvemos a encontrarlo en 404, en el colegio de los Treinta; lo que significa que podría haber huido a tiempo, sin caer en la trampa de Terámenes, y por tanto cometer el error de volver y hacerse juzgar. Menos probable es que se haya quedado en Atenas, salvándose (quizá por las razones indicadas por Polístrato) de un veredicto condenatorio; en todo caso difícilmente hubiera conseguido eludir los efectos del decreto de Demofanto.

Podría considerarse el de Diítrefes, participante en la masacre (413 a. C.)

31. Lo que se deduce del documento citado por Aristóteles, *Constitución de los atenienses*, 31, 2, cualquiera que sea el juicio que se haga de esa particular «constitución»; sobre esto es exhaustivo C. Hignett, *A History of the Athenian Constitution to the End of the Fifth Century BC*, Clarendon Press, Oxford, 1952, pp. 367-378.

32. VIII, 89, 2; 92, 4 y 9; 98, 3.

33. No hay motivo para expurgar la palabra στρατηγῶν en Tucídides, VIII, 89, 2. Al contrario, Tucídides está en condiciones de indicar incluso quiénes eran «los estregos más visibles» de los mencionados entre los Cuatrocientos.

de Micaleso,[34] como un caso límite: se trató de una masacre horrenda, de la que Tucídides aporta todos los detalles, incluido la matanza de todos los niños en una escuela. Aquél, después de haber apoyado desde el primer momento[35] la conjura oligárquica, asumió la estrategia con los Cuatrocientos, y compartió la andadura entera. Pero en 408/407 –gracias a una lápida muy bien conservada– lo encontramos en Atenas promoviendo un decreto honorífico para un tal Eníades de Palaiskiathos. Pausanias describe una estatua de Diítrefes, colocada en la Acrópolis. En definitiva, es evidente que Diítrefes ejemplifica a la perfección esos casos que Polístrato estigmatiza duramente en su apología.

---

34. VII, 29.

35. VIII, 64, 2. Es él quien derroca el gobierno popular en Tasos y determina de hecho la deserción. En ese momento era estratego τῶν ἐπὶ Θρᾴκης.

1

El Platón cómico –que consiguió su primera victoria en las Dionisias después de 414– definía a Diítrefes, en la comedia titulada *Fiestas*, como «extranjero, cretense, difícilmente ático».[1] «Rapaz, malvado, mequetrefe», lo definían los cómicos, según un escolio a *Las aves* de Aristófanes. En *Las aves* (de 414) Aristófanes hace decir al coro que Diítrefes «desde la nada se ha convertido en un peso pesado» porque «los atenienses lo han puesto al frente de la caballería».[2] No es improbable que también las *Fiestas* del Platón cómico reflejen, como *Las aves*, la incomodidad de la ciudad, trastornada por la crisis de los Hermocópidas.[3] Diítrefes irrumpe en la política y se abre camino rápidamente en aquel terrible momento. La comedia no le quita ojo. Por el poco material que se ha conservado no estamos en condiciones de saber si su espectacular travesía a través del golpe de Estado y la restauración democrática también fue objeto de ataques en la escena cómica. No sabemos mucho tampoco acerca de la relación de la comedia con el rápido colapso de la oligarquía ante la ráfaga de juicios fratricidas entre oligarcas de diversas filiaciones desencadenada por la victoria política de Terámenes.

Un par de fragmentos del *Fallo triple (Triphales)* de Aristófanes[4] parecen pertenecer a un contexto en el que se apuntaba a la fuga de Aristarco junto con su séquito de arqueros «de los más bárbaros». Lo que

---

1. Fr. 30 Kassel-Austin. Para los exordios de Platón cómico, cfr. S. Pirrotta, *Plato comicus*, Verlag Antike, Berlín, 2009, p. 22.

2. Aristófanes, *Las aves*, 798-800. Aquí el escolio citado arriba.

3. El fragmento 33 Kassel-Austin en el que se hace referencia a «la cama con dos almohadas» (uno de los objetos confiscados a Alcibíades después de la condena en rebeldía) así lo deja entender.

4. Fr. 564 Kassel-Austin. Éstos se transmitieron en el cap. 23 del *De administrando imperio* de Constantino VII (siglo X d. C.). Doy las gracias a Antonietta Russo –quien prepara un comentario a ese arduo texto– por haber llamado mi atención sobre este pasaje.

tenemos es demasiado escaso como para formular hipótesis certeras, pero la sugerencia no parece despreciable. «Sabiendo que los íberos, los que desde hacía tiempo (estaban) con Aristarco»; y, quizá, poco después: «Los íberos de que me provees[5] deben venir a toda prisa.»[6] La cercanía con la descripción aportada por Tucídides de la fuga de Aristarco es evidente: «tomó consigo apresuradamente algunos arqueros, los más bárbaros, y se dirigió a Énoe».[7] Parece razonable pensar que el *Triphales* presupone el episodio clamoroso de la fuga de Aristarco, que había causado impacto por la entrega de Énoe al enemigo, y probablemente también por su juicio. Es ésta, entonces, otra huella del interés que Aristófanes prestó a «la crónica», y cómo dio su versión de la larga crisis que desemboca en el golpe de Estado y en sus prolongadas consecuencias.

2

Acerca de ello tenemos un documento decisivo, que se remonta a las semanas inmediatamente anteriores al cambio de la situación: la *Lisístrata*, en escena en marzo-abril de 411.[8] *Lisístrata* no es sino la casi «profética» puesta en escena de un golpe de Estado. Es poco antes de mayo de 411,[9] cuando los Cuatrocientos asumen el poder y ponen en marcha su plan, que ya estaba en el aire desde hacía tiempo, al menos desde que el sistema político había sido puesto bajo la tutela de los diez próbulos —entre los que figuraban Sófocles y Hagnón, padre de Terámenes—, quienes la asumieron al día siguiente del desastre en Sicilia y de la llegada a Atenas de la terrible noticia sobre las acciones del «comité de salud pública».[10] El «Próbulo» aparece en *Lisístrata* (desde el v. 387) y tiene una áspera discusión con la protagonista, que es la ideóloga y artí-

5. Οὓς χορηγεῖς. O quizá: «que guías».

6. Βοηθῆσαι δρόμῳ.

7. Tucídides, VIII, 98, 1: Λαβὼν κατὰ τάχος τοξότας τινὰς βαρβαρωτάτους.

8. Son muchos los que han argumentado de manera convincente que *Lisístrata* subió a escena en las Dionisias y no en las Leneas: de Droysen a C. F. Russo y T. Gelzer. Los argumentos en favor de las Leneas adoptados por Dover en el volumen V del *Historical Commentary on Thucydides* (1981), pp. 184-193, son densos pero no persuasivos. El ataque explícito a Pisandro (v. 490) implica a «todos los que aspiran a los cargos». Es un parlamento bueno en cualquier estación.

9. El cálculo exacto es posible gracias a Aristóteles, *Constitución de los atenienses*, 33. 1.

10. Tucídides, VIII, 1, 3: οἵτινες περὶ τῶν παρόντων [...] προβουλεύσουσιν.

fice del golpe de Estado. Por otra parte, el coro de los viejos lanza la alarma de un inminente intento de subvertir la democracia (vv. 618-619: «¡Siento olor de Hipias!»). Se podría observar también que Lisístrata ejecuta el golpe de Estado en complicidad con mujeres espartanas; ocupa la Acrópolis e impone la conclusión de la paz. *Es exactamente eso lo que el grupo más selecto y decidido de los Cuatrocientos pretendía hacer para dar el golpe de Estado.* Más allá de las promesas de «victoria posible sólo con la ayuda de Alcibíades y de Persia», proferidas con el fin de obtener el consenso de la asamblea,[11] el verdadero propósito de los jefes de la oligarquía era la paz rápida con Esparta. (Sobre este punto quedan todavía cabos sueltos.)

Es interesante el hecho de que Aristófanes «prevea» una escena tan precisamente coincidente con la realidad de los hechos inminentes. Nunca será posible comprender cómo, en qué ambientes, a través de qué canales, circulan los humores del cambio en la inminencia del golpe de Estado, pero hay que tener en cuenta las redes de vínculos personales en el interior de la élite ateniense. Sófocles, que por entonces tenía ochenta y cinco años, sigue siendo uno de los próbulos en esa fase preparatoria.

Más allá del tema de la paz inmediata y a cualquier coste, los jefes de la oligarquía apuntaban desde muy pronto a la reforma que, por sí sola, hubiera podido vaciar de sentido a la democracia incluso antes de suprimirla formalmente: la abolición del salario (μισθός). Merece atención el modo en que Tucídides representa el surgimiento —por parte de los conjurados— de este punto programático vinculante, significativo y, para ellos, irrenunciable: «Y entonces[12] se propuso *abiertamente*[13] que no se siguiera ejerciendo ningún cargo público de acuerdo con el ordenamiento vigente, ni se pagara sueldo alguno.» Se decía ya «abiertamente» lo que de modo evidente venía circulando como instancia que se hace aflorar para que la opinión pública —atormentada por los atentados impunes,[14] la censura preventiva sobre los acontecimientos asambleaarios[15] y el monopolio de las intervenciones en la asamblea por parte de los afiliados a la conjura— estuviera dispuesta a asumir el golpe más duro. Por otra parte, es el mismo Tucídides —consciente de la importan-

11. Tucídides, VIII, 53 (Pisandro es quien más insiste en este argumento).

12. Es decir, a la asamblea de Colono convocada conjuntamente por próbulos y *syngrapheis* (VIII, 67, 3).

13. λαμπρῶς ἐλέγετο ἤδη.

14. Tucídides, VIII, 66, 2.

15. Tucídides, VIII, 66, 1.

cia crucial de tal procedimiento– quien revela que la abolición del «salario» (μισθός) *era el argumento que las heterías, incluso antes de que Pisandro desembarcara en Atenas, habían hecho circular.*[16] Es decir, mucho antes de que se proclamara en la asamblea de Colono, donde la decisión fue formalizada. En definitiva, los viejos del coro de *Lisístrata* que declaman «temo que algunos espartanos, reunidos en casa de Clístenes, instiguen a estas mujeres enemigas de los dioses a quedarse con nuestro dinero, *el salario* que es mi vida»[17] no hablan en vano: hacen una referencia precisa a una amenaza que ya se está insinuando.

Son ridiculizados por Aristófanes, que les hace decir con efecto cómico (dado el tipo de golpe que se desarrolla en la escena): «Pues es indigno que éstas ahora se pongan a reprender a los ciudadanos; que parloteen y que se dispongan a reconciliarnos a nosotros con los espartanos, en los que se puede confiar tanto como en un lobo con la boca abierta. Esto lo han tramado, compañeros, con vistas a una tiranía. ¡Pero lo que es a mí, no van a tiranizarme, porque *estaré alerta y llevaré mi espada en lo sucesivo en una rama de mirto,* y pasearé por la plaza con mis armas cerca de la estatua de Aristogitón!»[18]

La aceleración con vistas a un acuerdo con Esparta no es una invención suya. En cambio, es presentada como un aspecto de la insensata «complotmanía» de la democracia.

Al contrario que muchos críticos modernos que tienden a perderse detrás de la trama «feminista» de *Lisístrata*, Johann Gustav Droysen vio enseguida lo esencial y en su admirable introducción a las comedias de Aristófanes (1835-1838) observó frente a este explícito parlamento del coro de los viejos: «Este pasaje *y el tono completo de la comedia* parecen demostrar que la puesta en escena haya sucedido en medio de aquel periodo convulso, pocas semanas antes del colapso de la constitución, en las Dionisias.»[19]

Droysen capta con precisión los diversos aspectos y efectos de la comedia:

El insensato plan de las mujeres, que proyectan conseguir la paz mediante el rechazo del deber conyugal, y el júbilo final cuando la reconciliación es completa, podrían hacer olvidar por un momento al

16. Tucídides, VIII, 65, 3.
17. *Lisístrata*, 620-625.
18. *Lisístrata*, 626-635.
19. J. G. Droysen, *Aristofane. Introduzione alle commedie*, Sellerio, Palermo, 1998, p. 212.

pueblo las angustias del presente. Pero la comedia refleja también la opresión sofocante que caracterizaba el estado de ánimo de la ciudad. El poeta evita con cautela casi ansiosa el acostumbrado exceso de irrisión y de sarcasmo contra la personalidad destacada. Incluso las situaciones francamente ridículas apenas arañan la superficie.[20]

Sin duda está en lo cierto. El guiño a Pisandro («Pues Pisandro y los que andan detrás de los puestos públicos, para poder robar, arman siempre algún alboroto»)[21] queda diluido en una mofa genérica dirigida contra todos los políticos; y por añadidura la acusación de «robar» es a tal punto genérica y generalizada en la usual antipolítica, muy difundida en la escena cómica como hábil cobertura para ahorrar a la concurrencia ataques más profundos y precisos, que las elucubraciones basadas en este verso (que serían demasiado audaces si Pisandro estuviera ya «en el poder»)[22] pierden significado. Más allá de todo estaba claro que Pisandro era el hombre de paja enviado al frente por ser un demagogo de largo recorrido (el primer apunte sobre su avidez de dinero está ya en *Los babilonios*) y por tanto adecuado para hacerles tragar, a las reiteradas asambleas, el cambio inminente.

Por otra parte, no se nos escapa que en la discusión Próbulo-Lisístrata aflora la cuestión del tesoro público para gastar (o no gastar) en la guerra (vv. 493-500): es un problema que desde el verano de 412 se había convertido en lacerante, porque se había echado mano a esos miles de talentos que hubieran debido permanecer intactos durante toda la duración del conflicto.

3

Es sabia la parodia, en realidad muy próxima al original, del lenguaje político del momento. Se deduce de la discusión Próbulo-Lisístrata sobre la administración del tesoro y se capta en el ataque mismo con que los viejos lanzan su grito de alarma: «¡Quien sea un hombre libre no puede quedarse dormido!»[23] No es en absoluto casual que el coro de los viejos adopte un léxico político en el que *oligarquía* y *tiranía* valen como

20. Droysen, *Aristofane*, trad. cit., p. 213.
21. *Lisístrata*, 490.
22. Sobre esto, Bonacina en la edición de Droysen, *Aristofane*, trad. cit., p. 211, n. 116.
23. *Lisístrata*, 614: ὅστις ἔστ᾽ ἐλεύθερος.

sinónimos. Éste es un aspecto central del lenguaje por parte democrática, del que Tucídides nos da dos veces –en pasajes cruciales de su relato– un testimonio capital, y que tiene que ver con la construcción ideológica más fuerte de la democracia ateniense: la autorrepresentación de la democracia como antítesis popular de la tiranía. Cosa que no está del todo desvinculada de la dinámica real de la lucha política. Tucídides mismo sabe (y Aristóteles repite) que entre los oligarcas estalla enseguida la carrera ya que «todos quieren ser el primero»;[24] y el oligarca tipo del célebre y muy agudo retrato delineado por Teofrasto en los *Caracteres* bromea repitiendo continuamente el verso homérico «¡que uno sea el jefe!»; del mismo modo que –como consigna de la misma política– repite el estribillo: «¡En la ciudad, o nosotros o ellos!»

En las ocasiones en que Tucídides habla de golpes de Estado en Atenas –el que se temía (y quizá fue abortado) en 415 y el llevado a efecto en 411– atribuye a la *conciencia popular* («El demo, pensando que etc.», «el demo, recordando lo que sabía por tradición oral, etc.») el temor de una «conjura», así se expresa, «oligárquica y tiránica».[25] En este caso se refiere a pensamientos corrientes en el demo. Comentando sin embargo el *exploit* de los tres artífices de la revolución oligárquica –y dando en este caso la idea de hablar en primera persona– observa que era una gran empresa el «quitar la libertad al demo después de casi cien años de la caída de los tiranos».[26] En este segundo caso parece que haga propia esa identificación oligarquía/tiranía que es la ideología de base del demo ateniense, confirmada y ratificada año tras año por los epitafios. En realidad, la frase es deliberadamente ambigua. Hay en efecto otra manera de utilizar el concepto «libertad del pueblo»: es el modo sumamente hostil del opúsculo dialógico *Sobre el sistema político ateniense* que denuncia como elemento central del régimen democrático el hecho de que «el pueblo *quiere ser libre*, no subyugarse a la *eunomia*».[27] Resulta evidente, a la luz de los otros, explícitos, juicios de Tucídides sobre la irresponsabilidad con la que el pueblo hace uso de la propia ilimitada libertad de acción en democracia (ποιεῖν ὅ τι βούλεται), que es precisamente de esto de lo que Tucídides quiere hablar. La libertad que «parecía imposible quitarle al demo después de un siglo» es precisamente ese ποιεῖν ὅ τι ἂν δοκῇ, ese ponerse por encima de las leyes que *connota* el

24. Tucídides, VIII, 89, 2.
25. VI, 60, 1.
26. VIII, 68, 4.
27. [Jenofonte], *Sobre el sistema político de los atenienses*, I, 8: ἀλλ᾽ ἐλεύθερος εἶναι.

«poder popular».[28] Por eso, completando el pensamiento acerca de la libertad/arbitrio que los conjurados habían finalmente consumado, Tucídides prosigue observando que esa «libertad» del pueblo ateniense había consistido esencialmente en el dominio sobre los demás;[29] porque la libertad del pueblo ateniense se sustenta en la tiranía que éste ejerce sobre los demás.

El coro de los viejos, a su vez, enciende las alarmas con un extraordinario ataque oratorio que apela a «quien quiera ser *libre*»[30] y a continuación declara temer la tiranía («olor de Hipias», «puñal de mirto», «estatua de Aristogitón»), para pasar a identificar concretamente la libertad con el μισθός, que la tiranía precisamente pondría en peligro. Es una muestra perfecta de la jerga democrática. Queda sin respuesta la pregunta, legítima, acerca de si Aristófanes está simplemente describiendo el alarmismo democrático o está aprovechando la escena cómica para encender una alarma.

4

Se sabe que la fecha de representación de *Las tesmoforiantes* es, según algunos, 411; según otros, 410. La datación en 411 pende de un hilo: 1) en el v. 1.060 Eco dice haber colaborado «el año pasado en este mismo lugar» (en el teatro de Dioniso) con Eurípides; 2) inmediatamente después del «pariente de Eurípides» se pone a recitar la *Andrómeda* de éste en la que figuraba Eco como personaje; 3) un escolio al v. 53 de *Las ranas* sostenía haber estado inmerso en la lectura de la *Andrómeda* (cuando estaba en la victoriosa nave que había hundido a doce de las enemigas) y no en cambio en la lectura de tragedias representadas en los tiempos más cercanos, por eso precisa que «la *Andrómeda* era ocho años anterior» (referencia que, en un cálculo preciso, debería llevar a 412).

Pero este tenue hilo (todo depende de la exactitud de esa cifra «ocho») puede ser puesto en duda por las referencias explícitas contenidas en la comedia, todas ellas vinculadas, de un modo u otro, a los acontecimientos de la oligarquía en 411.

En su gran libro *The Athenian Boule* (Oxford, 1985), P. J. Rhodes muestra que esas referencias de la comedia a los poderes de la Boulé (ante todo, el de imponer penas capitales [vv. 943-944, pero también

28. Lo explica Pericles al joven Alcibíades en Jenofonte, *Los memorables*, I, 2, 44.
29. Αὐτὸν ἄλλων ἄρχειν εἰωθότα.
30. *Lisístrata*, 614.

76-80]) se explican en función de la Boulé de los Cuatrocientos, que efectivamente, después de haber expulsado a la legítima Boulé de los Quinientos, se arrogó tal poder y lo ejerció duramente (Tucídides, VIII, 67, 3 y 70, 2). Se podría agregar un dato, bastante fuerte, también relativo a la Boulé.

En la parábasis, cuando la corifea se pone a hacer la lista razonada que lleva a afirmar la superioridad de las mujeres sobre los hombres, su comicidad consiste en el recurso a nombres femeninos expresivos a los que contraponer *défaillances* masculinas en el ámbito evocado sucesivamente por esos nombres. Así, el nombre de Nausímaca sirve para proclamar la inferioridad de Carmino, estratego superviviente de una derrota naval (v. 805); el nombre de Eubule (v. 808) sirve para ridiculizar a «uno cualquiera de los *buleutas del año pasado* que han delegado en otros su función (τὴν βουλείαν)». El escolio declara aquí no comprender («no está claro lo que significa»). Es evidente, sin embargo, la referencia a la Boulé «desahuciada» de los Cuatrocientos, como comprendieron Le Paulmier, Rogers y Van Leeuwen, entre otros.

No tiene mucho sentido suponer (como hizo Enger, aprobado por Blaydes) que la referencia sea a un solo buleuta holgazán. Para salvar la datación en 411 Colin Austin (comentario a las *Tesmoforiantes*, Oxford, 2004, p. 269) piensa en una referencia indirecta a los próbulos nombrados en 413; imagina acaso que las palabras con las que Tucídides (VIII, 1, 3) indica sus cuentas (οἵτινες περὶ τῶν παρόντων προβουλεύσουσιν) significan que los próbulos habrían sustraído tales cuentas a la Boulé. Pero justamente Hornblower (III, p. 752) advierte contra la posibilidad de dar un valor técnico a esa expresión. Como mucho, los próbulos quitaban espacio a helenotamias y estrategos. Pero en 413 no se trató de una «ruindad» de la Boulé sino de una decisión acordada con la asamblea popular y por tanto precedida de un *proboulema* de la Boulé misma. La increíble sumisión y aquiescencia frente al atropello de los Cuatrocientos hace que se destaque la ruindad de los buleutas.

Tucídides (VIII, 69) describe la escena y, como acostumbra, conoce todos los detalles preparatorios del episodio (incluidos la procedencia y el tipo de armamento de los conjurados que debían estar preparados ante la eventualidad de que los buleutas opusieran resistencia). Este hecho aún no había tenido lugar cuando se celebraron las Dionisias de 411, y por tanto deberíamos inclinarnos por 410. Se puede añadir que en esta comedia se habla con frecuencia de la Boulé –de la depuesta y de los poderes de la nueva–, lo cual se entiende si se considera el efecto que debió de causar la liquidación indolora del órgano más representativo de la democracia: precisamente, la Boulé clisténica.

Debe destacarse ante todo el tono desdeñoso de Aristófanes hacia la temerosa Boulé democrática, que se dejó derrocar y desalojar sin oponer resistencia. Ni siquiera los oligarcas esperaban que todo fuera tan rodado. Por eso, como informa Tucídides (VIII, 69), habían alertado a una importante fuerza de choque, bien armada, para que estuviera preparada: unos trescientos hombres oriundos de Andros, Tinos y Caristo, además de un grupo de Egina y unos ciento veinte jóvenes con puñales, «de los que se servían regularmente, cuando se pasaba a los hechos», precisa Tucídides; además, los propios Cuatrocientos iban armados con puñales escondidos en sus vestimentas. La Boulé en funciones no opuso ninguna resistencia, y Aristófanes, con sarcasmo, hace decir a la corifea que los «buleutas del año pasado [...] habían entregado la βουλεία a otros».

Poco después de la disolución de la Boulé clisténica tuvo lugar en Samos un golpe de mano oligárquico (que iba a tener vida efímera), sincronizado con el perpetrado en Atenas. También aquí Pisandro tiene un papel importante. Los conjurados oligarcas, para rubricar el pacto de fidelidad entre ellos, decidieron cometer el delito al mismo tiempo, como recíproco pacto de sangre. Mataron a Hipérbolo, el líder popular que había sido condenado al ostracismo gracias a la improvisada e instrumental alianza entre Nicias y Alcibíades pocos años antes (Tucídides, VIII, 73, 2-3). Sabemos con cuánto desprecio Tucídides habla de Hipérbolo cuando cuenta su asesinato a sangre fría a manos de los conjurados. Pero aquí debemos notar el tono también displicente, e irrisorio, que adopta Aristófanes hacia Hipérbolo, asesinado poco antes, por boca de la corifea, unos versos más abajo: «¿Cómo se puede admitir», despotrica la corifea, «que la madre de Hipérbolo, vestida de blanco y con la cabellera suelta, esté junto a la de Lámaco?» (vv. 839-841).

Parece claro que la comparación que la corifea, es decir Aristófanes, quiere instituir es entre dos madres de luto: la de Lámaco y la del héroe muerto en Sicilia: la madre de Hipérbolo y la madre del pícaro; por tanto, no es justo que la segunda aparezca en público con la misma digna actitud que la primera (en Atenas el luto duraba treinta días –Lisias, I, 14–; transcurrido ese lapso las mujeres usaban vestidos claros y se dejaban suelta la melena).

Pero si éste es –tal como le pareció a Rogers, Van Leeuwen y otros respetables intérpretes– el sentido del iracundo parangón entre ambas madres, es evidente que esta parte de la parábasis presupone que Hipérbolo ya ha sido asesinado. Esta referencia también nos lleva, entonces, mucho más allá de las Dionisias de 411. Se trata de un pasaje particularmente complaciente hacia los nuevos dominadores de la escena política: arrojar desdeñoso descrédito sobre Hipérbolo, ya asesinado, significa avalar el fundamento sustancial de esa ejecución. (Hasta se conocía el nombre de los autores materiales del asesinato; al menos Tucídides [73, 3] lo revela: uno era el estratego Carmino, que de este modo había tratado de congraciarse con los nuevos jefes, mencionado irónicamente por la propia corifea algunos versos antes.)

Ese pasaje, en la parábasis de los *Tesmofiorantes*, es una clara toma de posición que contribuye a poner bajo una luz positiva la liquidación física de Hipérbolo por parte de los oligarcas.

5

Seis años más tarde, en una situación política y militar completamente distinta, en la parábasis de *Las ranas* (marzo-abril de 405), Aristófanes vuelve una vez más sobre los prolongados efectos de la crisis de 411. En el ínterin Alcibíades había vuelto (408) y caído de nuevo (407); se perdió en Noto, pero se ganó con graves pérdidas la mayor batalla naval de toda la guerra en las islas Arginusas (406), y los estrategos vencedores fueron liquidados por Terámenes. Aunque en *Las ranas* se bromea sobre las Arginusas[31] no se hace ni la menor mención al alucinante juicio,[32] es decir, al más grave hecho político de aquellos años. Se vuelve, al final, a hablar de Alcibíades, y Aristófanes le hace decir tortuosamente a Esquilo, el triunfador moral además de artístico en la lucha puesta en escena en la comedia, que es mejor dejar que vuelva el «cachorro del león» resignándose a sus costumbres; pero el verdadero *mitin*, confiado a la parábasis, se refiere una vez más a «aquellos que cayeron en la trampa de los engaños de Frínico».[33] Se vuelve, una vez más, a 411. ¿Por qué? Para formular una propuesta que acaso determinó también el éxito estruendoso de la comedia, dado que una noticia verdadera, debida a Dicearco –quien había estudiado «antigüedad» teatral en la escuela de Aristóteles–, nos deja saber que se ordenó hacer una ré-

31. *Las ranas*, 191 (cfr. 693).

32. No lo es ciertamente el epíteto κομψός (hábil, sutil, respetable) que Aristófanes dirige a Terámenes a través del parlamento de Eurípides *(Las ranas*, 967). Jacques Le Paulmier, en las *Exercitationes in optimos fere auctores* [1668], en la edición de Gronovio, 1687, pp. 774-775, reconocía aquí una alusión al juicio: no hay razón para ello.

33. *Las ranas*, 689.

plica de la comedia «a causa de la parábasis».[34] Por tanto Aristófanes
había dicho las palabras precisas, las que muchos esperaban: amnistiar
a quien aún sufría las consecuencias de los compromisos con el gobierno de 411. El «mitin» está sabiamente construido y se abre, como es
preciso y habitual en la oratoria parlamentaria, con el anuncio de que
quien se apresta a hablar dirá «cosas útiles para la ciudad». Se lanza enseguida a la cuestión que más le importa y lo hace con un argumento
que sabe seguramente eficaz, en nombre de un valor bien aceptado por
el demo: la «igualdad». «Hay que tratar con igualdad a los
ciudadanos»;[35] pero lo dice de manera aún más radical: «Hay que hacer
iguales a los ciudadanos» (hacer de manera que sean iguales). *Ison* significa igual y justo, y éste es uno de los puntos esenciales de la democracia antigua. Prosigue: «Nuestra primera atención debe ser establecer
la igualdad entre los ciudadanos y librarlos de temores; después, si alguno faltó, engañado por los artificios de Frínico, creo que debe per-
mitírsele defenderse y justificarse.»[36] Es curioso que sólo se mencione
el nombre de Frínico como responsable-símbolo de ese acontecimiento. «Defenderse y justificarse» significa sin duda que los juicios están
aún en curso (es el caso por ejemplo del segundo juicio contra Polístrato) y que, en general, no terminan bien para los imputados. La petición formal que aquí se adelanta —en la pausa muy seria de una comedia— es *anular* la *atmia*[37] infligida en su momento a todos los que de
diverso modo se habían «comprometido» con el gobierno oligárquico.
No debían ser pocos. Algunos meses más tarde, bajo el efecto de la inesperada derrota de Egospótamos, cuando ya había comenzado el sitio, la
misma propuesta será hecha por un político como Patrocleides, y la
propuesta pasará a la asamblea[38] como procedimiento extraordinario y
presumiblemente útil para contrarrestar el desastre inminente.[39] La
propuesta tenía sentido sólo si afectaba a una parte importante de la
ciudadanía, así como su valor como medida defensiva en el momento
de peligro. Esto ayuda a comprender las que podríamos definir como
dimensión del consenso de la oligarquía. Está claro, por otra parte, que
la medida punitiva habrá sido adecuada al espíritu del decreto de De-

---

34. Son las últimas palabras del *Argumento Primero*, conservado tanto en el manuscrito al que debemos cuanto se ha salvado de Aristófanes (el Ravenés 137) como en
el Marciano griego 474.

35. *Las ranas*, 688: ἐξισῶσαι τοὺς πολίτας.

36. *Las ranas*, 689-691.

37. *Las ranas*, 692: ἄτιμόν φημι χρῆναι μηδέν᾽ εἶν᾽ ἐν τῇ πόλει.

38. Andócides, I, 80.

39. *Helénicas*, II, 2, 11.

mofranto y del juramento prestado por los ciudadanos en las Dionisias de 409.[40]

Después de las grandes victorias navales debidas esencialmente a Alcibíades en 411/410 (Abidos y Cícico), cuando Esparta pide la paz sin obtenerla,[41] el clima en la democracia restaurada empezaba a ser el de rendición de cuentas.

En su hábil y certero «mitin» Aristófanes explota además otro argumento, de eso que siempre producen un efecto seguro sobre el demo celoso de su bien principal: la ciudadanía. Sería en verdad vergonzoso –dice– que los esclavos que habían participado en las Arginusas obtuviesen la *ius civitatis*, equiparable a la que se les había concedido a quienes lucharon en Platea,[42] y así «de sirvientes pasen a patrones»,[43] y en cambio no perdonar «esta única desventura» (μίαν συμφοράν: ya no dice «culpa») a quien ha combatido por vosotros en tantas ocasiones, ellos y sus padres, y que son vuestros parientes. El golpe es magistral, porque al buen demócrata ateniense no le gusta que el bien de la ciudadanía quede diluido; y Aristófanes lo sabe perfectamente. Por eso arenga a su público insinuando que estos ex esclavos que acaban de convertirse en ciudadanos ya se dan aires de patrones. Critias, en el diálogo *Sobre el sistema político ateniense,* llega incluso a hacer decir a uno de los participantes del diálogo que en Atenas se corre el riesgo, por culpa de la democracia, de convertirse en «esclavos de los esclavos».[44] El muy serio Aristófanes sin duda no ignoraba el lenguaje político al uso. Por eso no duda en concluir con una perorata seductora: «vosotros, atenienses, que sois sabios por naturaleza,[45] ¡aplacad vuestra indignación!». Además, lanza una advertencia que sólo a una mirada superficial puede resultarle desproporcionada después de las Arginusas: «sobre todo ahora que estamos *a merced de la tormenta;*[46] si no somos sabios ahora en un futuro nos tendrán por locos».

---

40. No se nos debe escapar la importancia de lo que se dice en el teatro si se considera que el juramento de fidelidad a la democracia fue hecho en ese contexto.

41. Diodoro, XII, 52-53; Aristóteles, *Constitución de los atenienses*, 34, 1 ubica la petición espartana después de las Arginusas; quizá se trataba de la misma propuesta.

42. En 427 a. C., tras el exterminio de Platea a manos de Esparta.

43. *Las ranas*, 694; estocada de maestro.

44. [Jenofonte], *Sobre el sistema político ateniense*, I, 10-11.

45. *Las ranas*, 700: ὦ σοφώτατοι φύσει!

46. *Las ranas*, 704: κυμάτων ἐν ἀγκάλαις (que es cita de Arquíloco).

Pero esta «cólera» no se aplacó tan rápidamente. Está claro que después del juramento público requerido por el decreto de Demofanto el clima en la ciudad había cambiado. No debe sorprendernos, por tanto, que precisamente a partir de ese momento empezara el éxodo de personalidades, del que ha quedado noticia en las fuentes conservadas.

Hubo quien supo sobrevivir políticamente por más tiempo, como Critias, que, mientras parecía velarse la estrella de Terámenes,[47] trató de acercarse al nuevo dueño de la escena política, Alcibíades.[48] Hubo más de uno que decidió irse a la corte de Arquelao, el «Pedro el Grande» de Macedonia, a cuya obra de modernizador erige –porque la había visto con sus propios ojos– un monumento sólo aparentemente inmotivado, y se diría que póstumo, Tucídides cuando habla de él, aunque sea incidentalmente, al final del tercer año de la guerra.[49]

Agatón, que había felicitado a Antifonte por su magnífica, aunque desafortunada, apología, se va a Macedonia.[50] Cuando es evocado su nombre, al principio de *Las ranas*, en el hilarante diálogo entre Heracles y Dionisos, el dios del teatro dice que Agatón, «buen poeta y amigo querido,»[51] se fue «al banquete de los bienaventurados».[52] El escolio[53] plantea dos explicaciones para «el banquete de los bienaventurados»: que sea una paráfrasis para aludir a la muerte (pero no tendría sentido dada la impostación misma de la comedia puesta en marcha por la muerte de Eurípides en Macedonia y por la oportunidad de un encuentro en ultratumba con Esquilo) o que sea un modo elusivo para hablar de su autoexilio en Macedonia. Otro escolio se expresa de manera más específica: «fue *acusado* de haber *huido* con el rey de los macedonios, Arquelao».[54] De esta clase de léxico se debería argüir algo más que un

47. Quien, sin embargo, es trierarco en las Arginusas, igual que Trasíbulo.

48. Véase, más abajo, cap. XXV.

49. II, 100, 1-2. Arquelao murió en 399 a. C., y Tucídides dice de él que construyó calles y baluartes «que todavía están allí». Por tanto escribe cuando Arquelao ya ha muerto. También esta palmaria deducción hace sufrir a algunos modernos, demasiado aficionados a las fábulas de la tradición biográfica sobre Tucídides (*Thukydideslegende*, tal como, a sus veintiocho años, la definió con precisión Wilamowitz).

50. Eliano, *Varia historia*, XIII, 4; escolio a *Las ranas*, 83-84.

51. *Las ranas*, 84, ποθεινὸς τοῖς φίλοις: «objeto de deseo» es el pleno valor del término.

52. εἰς μακάρων εὐωχίαν.

53. Que está incluido también en Suidas (α 124).

54. *Scholia in Aristophanem*, ed. Dübner (Didor), p. 516, col. I (Ὁ Ἀγάθων οὗτος ποιητὴς ἦν κωμῳδίας δεξιὸς, καὶ τὸν τρόπον ἀγαθός. Κατηγορήθη δὲ ὅτι ἀπέδρασε πρὸς τὸν βασιλέα τῶν Μακεδόνων Ἀρχέλαον).

autoexilio salido de factores poéticos o personales que no son fáciles de identificar. Aquí se habla de una *fuga* y de un *juicio* (quizá en rebeldía) en el que la *acusación* era formulada. En la misma época que Agatón, también Eurípides se va a Macedonia; y se conoce la frágil leyenda biográfica antigua según la cual Eurípides se había ido porque estaba amargado.[55]

En la misma época, o poco después, probablemente acosado por un juicio iniciado por Cleofonte[56] –figura emergente de la política democrática–, Critias huye a Tesalia. Cuando se celebraba el juicio contra los estrategos vencedores de las Arginusas (406), Critias no estaba ya en Atenas, sino en Tesalia, y le daba su apoyo a un tal «Prometeo» –quizá un apodo de Jasón de Feres– en su hostigamiento, como años antes había hecho Aminias,[57] a los penestas (es decir, los ilotas de Tesalia) «contra los patrones».[58] La alianza con Alcibíades no se sostuvo o quizá ni siquiera llegó a ponerse en marcha.

No debe descuidarse el hecho de que Cleofonte fue, en ese mismo momento, el acusador de Alcibíades después del desafortunado enfrentamiento de Noto (sólo indirectamente imputable a Alcibíades).[59]

Por la misma época también se mudaba Tucídides a la corte de Arquelao. Probablemente esto sucedió después de los juicios a los jefes de los Cuatrocientos. El testimonio de Praxífanes a este respecto está fuera de toda duda.[60]

En este punto debe tomarse en consideración el importante testimonio del tratado (dialógico) *Sobre la historia* del peripatético Praxífanes, el

---

55. *Vida de Eurípides*, en *TrGF* V.1, T1, IB, 3.

56. Aristóteles, *Retórica*, 1375b 32.

57. Aristófanes, *Las avispas*, 1270-1275.

58. Terámenes, en 404, en el choque oratorio mortal con Critias, da esta detallada noticia: Jenofonte, *Helénicas*, II, 3, 36.

59. Swoboda, *RE*, XI.1, 1921, *s.v. Kleopho*, col. 793, lanza la hipótesis de que se tratase de una «denuncia por traición» (γραφὴ προδοσίας). La fuente es Imerio *(Declamaciones*, 36, 15) citado por Focio, *Biblioteca*, cap. 243, 377a 18. Cfr. G. Gilbert, *Beiträge zur innern Geschichte Athens*, Teubner, Leipzig, 1877, p. 366. Buena discusión de las aspectos formales de la denuncia en J. Hatzfeld, *Alcibiade*, PUF, París, 1940, p. 316 y n. 2. W. Schmid *(Griechische Literatur*, Beck, Múnich, 1940, I.3, p. 171, n. 11) tiende a vincular la segunda caída de Alcibíades y el exilio de Critias. Es justo preguntarse si Cleofonte tenía ya la fuerza política para liquidarlos a ambos, o se debe en cambio suponer que habría podido contar con una alianza política más amplia: por ejemplo con Terámenes, quien poco después se dedicará a liquidar a los amigos de Alcibíades. Cfr., más abajo, cap. XXVII.

60. Paraxífanes (fr. 18 Wehrli = fr. 10 Brink) según Marcelino, *Vida de Tucídides*, 29-30.

discípulo más joven y amigo de Teofrasto (autor también él de un tratado de idéntico título). Praxífanes, quien hablaba de Tucídides en relación con Arquelao («mientras vivió Arquelao casi no tuvo fama»), testimoniaba un sincronismo entre Tucídides, de una parte, y, de la otra, los siguientes poetas representantes de los diversos géneros literarios: Platón cómico; Agatón, Nicerato y Querilo, poetas épicos; y Melanípides músico y ditirambógrafo. Parece obvio que el diálogo de Praxífenes *Sobre la historia* versa sobre el asunto típicamente aristotélico de la relación historia/poesía, y que por eso Tucídides discute allí con los representantes de los diversos géneros poéticos, con una peculiaridad: que Agatón, Nicerato, Querilo y Melanípides (además del propio Tucídides) estaban, en un determinado momento, en la corte de Arquelao. A esta especie de «escuela de Atenas en el exilio» alude Aristófanes cuando dice que Agatón no está porque se ha marchado al «banquete de los bienaventurados».[61] En particular Querilo de Samos y Nicerato de Heraclea se habían exhibido servilmente con Lisandro vencedor y, en su infinita vanidad, promotor de los Λυσάνδρεια.[62] Después se marcharon a la corte de Arquelao.

Todo hace pensar que Praxífanes, quien escribía un siglo más tarde aunque su erudición literaria era tributaria del primer Peripato, había puesto a dialogar, en la corte de los reyes de Macedonia, a autores que efectivamente habían estado allí (aunque quizá no todos en el mismo momento). En todo caso es difícil no pensar que, si ha incluido a Platón cómico, Platón también haya tenido un periodo macedonio, aunque lógicamente no estamos en condiciones de ubicarlo con exactitud en el tiempo. Cabe pensar, en todo caso, que en la Atenas de 407-405, dominada por Cleofonte, el autor de una comedia titulada *Cleofonte*[63] –en la que se decía, en un determinado momento, «liberémonos de la gran codicia de este hombre»– pudo tener algunos problemas.

Al mismo tiempo –después de la representación de *Orestes* (408)– se va Eurípides, acerca de cuya colaboración dramatúrgica con Critias ya hemos hablado.[64] Es obvio que no podemos pretender leer entre líneas

61. *Las ranas*, 85.

62. Cfr. Plutarco, «Vida de Lisandro», 18, además de W. Schmid, *Griechische Literatur*, I.2, p. 542, y E. Diehl, *RE*, XVII, 1936, col. 313 (la mejor traducción de Nicerato).

63. Platón cómico, fr. 58 Kassel-Austin. Platón había escrito también un *Pisandro* y un *Hipérbolo;* no se puede decir que sus simpatías se dirigieran hacia los jefes populares.

64. Cfr., más arriba, Primera parte, cap. II.

en una tradición biográfica tan contaminada como la que se sedimenta en torno a la figura de Eurípides. Respecto de tal tradición es de por sí muy significativo el hecho de que Aristófanes lo tuviera más en la mira que el propio Sócrates. Es un inútil derroche de energía el intento de encasillar a Eurípides dentro de alguna de las corrientes democráticas atenienses; tiene más sentido, en cambio, constatar que el radicalismo de su crítica de las costumbres lo ubica en esa zona intelectual de los críticos radicales de las convenciones sobre las que se apoya la ciudad democrática, que podía ver en la toma del poder por parte de doctrinarios como Antifonte o Critias, o de incrédulos de la democracia como Terámenes, un hecho positivo. Expuestos a quedar desilusionados, como dice Platón de sí mismo al principio de la *Carta séptima*. No puede ser casualidad que en *Las ranas*, al querer señalar a los «discípulos» de Eurípides, Aristófanes haya indicado a Terámenes y Clitofonte.[65] Éste –¡cuyo nombre es el título de un diálogo platónico que tiene como asunto la justicia!– es aquel que, en 411, había apoyado el decreto de Pitodoro que puso en movimiento el procedimiento para nombrar a los Cuatrocientos, mediante un decreto que ordenaba volver a examinar las leyes conocidas como de Clístenes, por cuanto la «verdadera» constitución de Clístenes no era democrática sino, en todo caso, soloniana.[66]

Critias, Terámenes, Clitofonte (que reaparecerá puntualmente en 404):[67] si éste es el *milieu* intelectual-político de Eurípides, no es difícil comprender por qué la atmósfera de la agresiva restauración democrática de 409 le podía resultar irrespirable.

Aristófanes, en cambio, y a pesar de todo, hasta donde sabemos, se quedó. Sentía antipatía por los líderes democráticos; estos doctrinarios, cuya «coherencia» podía volverse homicida, no eran precisamente de su agrado. Alguien que, después del año terrible de los escándalos sacramentales, de las persecuciones judiciales y de las traiciones de todos hacia todos, escribe *Las aves* (414), evidentemente no confía ni en unos ni en otros.[68]

---

65. *Las ranas*, 967.
66. Aristóteles, *Constitución de los atenienses*, 29, 3 (cfr. 34, 3).
67. Ibídem, 34, 3.
68. Escribe Droysen, a propósito de *Los pájaros*, que la comprensión de esta comedia «depende, en lo esencial, del conocimiento exacto de los hechos bien determinados, que sin embargo nunca son mencionados».

Quinta parte

Entre Alcibíades y Terámenes

XXV. UNA VERDAD DETRÁS DE DOS VERSOS

«Yo escribí el decreto para tu vuelta a la patria, y en junta lo propuse: obra fue mía y así, formalizado el decreto, realicé esta obra.»

Estos versos, un dístico elegiaco, son de Critias, quien fue identificado como *genio del mal:* su memoria fue borrada hasta donde fue posible, especialmente sus escritos. Simbólicamente los atenienses borraron incluso de la lista de los arcontes el nombre de Pitodoro, bajo cuyo arcontado (404/403) Critias había gobernado; ese año fue denominado «anarquía».[1] Sin embargo, no se consiguió la completa supresión de sus escritos, como por lo general no se consigue tal eliminación ni siquiera en épocas de férrea censura. Platón, sobrino de Critias y en un principio favorable a su gobierno, no honró su memoria. Jenofonte, en su «diario de la guerra civil»,[2] relata sin benevolencia los actos de gobierno y busca además, indirectamente, pasar por secuaz, estrictamente hablando, del antagonista de Critias, Terámenes (como tantos, después del final del infausto régimen), aunque guarda consigo y saca partido a los escritos del *genio del mal:* imita la *Constitución de los espartanos,* donde inserta el diálogo sobre el ordenamiento ateniense[3] (que, así, ha llegado hasta nosotros, y no por casualidad, entre las obras de Jenofonte). Se sabe –ya lo hemos recordado– que en el siglo II d. C. Herodes Ático, exponente destacado de la llamada «Segunda sofística», «exhumó» obras de Critias consideradas perdidas e impulsó su relanzamiento. Pero ya Plutarco (siglo I d. C.) leía las elegías de Critias, y obviamente, en el siglo siguiente, en los tiempos de Herodes Ático, las leían también Hefestión el gramático (en el capítulo «Sobre la sinéresis») y Ateneo cita un buen trozo en los *Deipnosofistas.*

1. *Helénicas,* II, 3, 1.
2. *Helénicas,* II, 3 y 4.
3. Cfr., más arriba, Introducción, cap. I, n. 24.

A Plutarco («Vida de Alcibíades», cap. 33) debemos estos dos versos, procedentes de una elegía de Critias, sin duda dirigida a Alcibíades: «El decreto para el retorno de Alcibíades», escribe Plutarco, «había sido aprobado antes [es decir, con anterioridad a que Alcibíades efectivamente volviera a Atenas] y lo había presentado y sometido a votación Critias, hijo de Calescro, como él mismo lo ha dicho en versos, en las elegías, allí donde rememora a Alcibíades el favor realizado, y se expresa de este modo: *Yo escribí el decreto para tu vuelta,* etc.»

En estos versos, Critias se dirige directamente a Alcibíades («el decreto para *tu* vuelta a la patria»): lo apostrofa como si estuviera presente. ¿Se debe pensar, entonces, que ambos estaban en Atenas en ese momento, y que la situación concreta en que aquellas palabras se dirigen de uno a otro deben identificarse con el contexto de un banquete? Ayuda, acaso, otro fragmento elegiaco de Critias, también éste dirigido a Alcibíades, que debemos a Hefestión. Nos ha favorecido una peculiaridad métrica. Dice en efecto Hefestión en el capítulo «Sobre la sinéresis» que el fenómeno por el que dos sílabas breves valen como una «es raro en versos hexamétricos, como por ejemplo en Critias, *en la Elegía a Alcibíades*».[4] Cita, en este punto, dos dísticos, el primero del cual es: «Y ahora coronaré al hijo de Clinias, ateniense, Alcibíades, loándolo de un modo nuevo»; el segundo explica por qué el dístico anterior no podía ser compuesto en un hexámetro y un pentámetro, sino que está compuesto, excepcionalmente, de un hexámetro y un pentámero yámbico:[5] «tu nombre Ἀλκιβιάδης no puede, en efecto, adaptarse al pentámetro, y por eso ahora se encontrará, sin violar el metro, en un verso yámbico».

No aburriríamos al lector con cuestiones de prosodia y de métrica griega si no tuviéramos aquí un doble testimonio precioso. La escena aquí representada es, en efecto, la del banquete, en el curso del cual Critias se dirige a los presentes –entre los cuales está obviamente Alcibíades– y anuncia que «coronará» a éste. Además, Hefestión cita con exactitud «en la elegía a Alcibíades» y testimonia con ello que los dos fragmentos elegiacos de Critias dirigidos a Alcibíades pertenecen a la misma composición. Por tanto se deduce que Critias se dirige, con sus versos, a Alcibíades regresado del exilio y lo corona (probablemente en el contexto de un banquete). Es decir, que Critias está en Atenas en 408, cuando Alcibíades regresa; y probablemente la elegía surgió en el contexto del regreso de Alcibíades y de los solemnes festejos que en esa

---

4. Hefestión, 2, 3 (= 88B4 Diels-Kranz): ἐν τῇ εἰς Ἀλκιβιάδην ἐλεγείᾳ.
5. Primer ejemplo de estrofa «pitiyámbica»

ocasión se produjeron, de los que Plutarco da cuenta en el mismo contexto.

Pero dos años más tarde (406), cuando tiene lugar el monstruoso proceso contra los generales vencedores en las Arginusas, Critias ya no está en Atenas, está «en el exilio» en Tesalia, como le reprocha Terámenes en el tan duro como ineficaz discurso que Jenofonte le hace pronunciar en su *Diario de la guerra civil:* «Cuando sucedían esos hechos [los juicios], él no estaba aquí sino en Tesalia, con Prometeo, instaurando la violencia popular y armando a los penestes contra los jefes.»[6] Se ha exiliado para evitar el juicio a que quería someterlo Cleofón. (En el ínterin, después de Noto, se exilió también Alcibíades.) Es cierto que Critias desaparece de Atenas después de 408 y que sólo vuelve con la capitulación de abril de 404, cuando una de las cláusulas impuestas por Esparta fue, precisamente, «el regreso de los exiliados», gente por lo general condenada o que había huido de las condenas por delitos políticos de alguna clase.

Pero si, en la loa –con la elegía– a Alcibíades, al coronarlo, Critias le recuerda que el decreto para su regreso lo había presentado él, ¿a qué decreto se refiere y cuándo lo hizo votar «en presencia de todos» (ἐν ἅπασι)?

Critias, que en 415 había sido denunciado por Dioclides como uno de los responsables de la mutilación de los hermes, pero había sido exculpado gracias a la delación de Andócides y había permanecido al margen de la política, en 411 –cuando tenía ya cuarenta años– fue, junto a Calescro, su padre, uno de los jefes más activos de la oligarquía de los Cuatrocientos.[7] Sin embargo, a pesar de ser sospechoso de figurar entre quienes se disponían a acoger, por sorpresa, a los espartanos en el muelle de Eetionea, Critias consiguió no verse implicado en el cambio de bando de Terámenes, cuando éste se volvió patriota, liquidó a los jefes abiertamente filoespartanos de los Cuatrocientos (Antifonte y Artitarco *in primis),* desenfundó la lista de los Cinco Mil ciudadanos de pleno derecho y consideró que podía mandar largo tiempo en una Atenas regida por un sistema político moderadamente oligárquico o, como dice Tucídides, «mixto».[8] Fue desconcertante el cambio de Critias, no menos que

---

6. *Helénicas,* II, 3, 35-36.
7. [Demóstenes], *Contra Teócrines,* 67: «Critias y sus cómplices se aprestaban a acoger a los espartanos en el muelle de Eetionea.» Erróneamente los modernos ignoran este indiscutible testimonio. Según Libanio *(Hipótesis),* «la mayoría pensaba que el autor del discurso era Dinarco».
8. Tucídides, VIII, 97, 2.

el imprevisto viraje de Terámenes. El hijo de Calescro, el «terrorista» probablemente corresponsable de la bravata de los hermes mutilados con la intención de consternar a la mojigatería democrática, ahora se ponía, de un día para otro, al servicio de Terámenes. Eso es lo que da a entender la noticia contenida en la *Elegía a Alcibíades*. Con esos versos Critias se reivindica como autor del decreto para el regreso de Alcibíades; y del relato casi periodístico de Tucídides sobre el golpe de Estado de 411 sabemos también con exactitud cuándo sucedió: inmediatamente después de la deserción de Eubea y el consecuente derrocamiento de los Cuatrocientos, al día siguiente del desenmascaramiento de la maniobra urdida en Eetionea. Se suceden en esos días una serie de asambleas, mientras huyen los jefes más comprometidos; el poder pasó a los Cinco Mil (que se convirtieron en el nuevo cuerpo cívico, en lugar de los cerca de treinta mil) y «es cuando parece, al menos en mi tiempo», escribe Tucídides, «que los atenienses han tenido mejor gobierno»,[9] porque el ordenamiento político fue de tipo «mixto» («equilibrio [ξύγκρασις] del principio oligárquico y del democrático» lo llama). En ese «feliz» momento –prosigue– «decretaron que volvieran Alcibíades y sus compañeros de exilio», y además enviaron mensajes a la flota ateniense en Samos, que había permanecido irreductiblemente hostil a los oligarcas, exhortándolos a «proseguir gallardamente las operaciones bélicas (ἀνθάπτεσθαι τῶν πραγμάτων)».

Por tanto Critias presenta en ese momento, bajo la égida de Terámenes –el nuevo dueño de la situación en Atenas–, la propuesta, el decreto para el regreso de Alcibíades «y sus compañeros de exilio».[10] No puede ser otro que el decreto del que Critias se jacta en la *Elegía a Alcibíades*. ¿Fue un decreto *ad personam* o acumulativo (quizá para otros condenados por los mismos delitos sacramentales)? El hecho de que el decreto lo haya debido presentar materialmente el propio Critias –que cuatro años antes había sido imputado por los mismos delitos– es una de las muchas «obras maestras» de Terámenes (podía ser peligroso someter a votación la nulidad de una condena por delito sacramental). ¿Dónde tuvo lugar la votación? Critias, en la elegía, dice «en la junta» (ἐν ἅπασι), pero obviamente no puede sino referirse a los Cinco Mil reunidos en asamblea, como cuerpo cívico y como órgano deliberante. Hábilmente, en 408, cuando ya había sido restaurada (410/409) la democracia tradicional y el cuerpo cívico volvió a ser el de siempre (los teóricos

9. VIII, 97.
10. Tucídides, VIII, 97, 3: ἐψηφίσαντο δὲ καὶ Ἀλκιβιάδην καὶ ἄλλους μετ᾽αὐτοῦ κατιέναι.

treinta mil ciudadanos de *pleno iure)*, dice «en la junta», sin precisar más: porque, en 408, ese cuerpo cívico de cinco mil no era ya un órgano legítimo. Además, él había actuado a las órdenes de Terámenes,[11] quien en cambio con el regreso de Alcibíades, nuevo dueño de la situación en Atenas, había pasado a una segunda o tercera fila.

11. Diodoro, XIII, 42, 2 y Cornelio Nipote, *Vida de Alcibíades*, 5, 4 indican únicamente a Terámenes como promotor del regreso de Alcibíades. Detrás de Diodoro, en este libro, está sin duda Éforo. Las palabras usadas por éste (con frecuencia Diodoro lo transcribe al pie de la letra) son muy interesantes: «*aconsejó* al pueblo que hiciera volver a Alcibíades (τῷ δήμῳ συνεβούλευσε κατάγειν τὸν Ἀλκιβιάδην)». Por tanto ha apoyado, en la asamblea, la propuesta, evidentemente formalizada por otro, es decir por Critias, quien por ello en la elegía dice que «sobre esta obra [el regreso de Alcibíades] está la σφραγίς [el sello] de mi lengua». *Las palabras* del decreto eran las suyas, Terámenes había apoyado la iniciativa, y eso había sido decisivo. Por eso Cornelio Nipote dice, no menos puntualmente que Eforo-Diodoro: «postulador Terámenes». Todas las demás interpretaciones de la palabra σφραγίς en este verso de Critias corren el riesgo de quedar fuera de lugar. Es evidente, por otra parte, el guiño culto (la referencia a la σφραγίς de Teognis), que un «gran señor» como Alcibíades, instrumentalmente amigo del pueblo pero que íntimamente despreciaba la democracia, podía percibir y apreciar con facilidad.

XXVI. EL RETORNO DE ALCIBÍADES

1

Habiéndose refugiado en Esparta tras fugarse de Siracusa (415 a. C.), condenado en rebeldía, empeñado en combatir sin miramientos a su propia ciudad, Alcibíades sugiere a sus nuevos protectores espartanos la más mortal de las acciones bélicas: la ocupación estable del demo ático de Decelea, como base para una presión constante sobre Atenas. Es uno de los mayores daños que, devenido enemigo como exiliado, Alcibíades ha dirigido a su propia ciudad. La proximidad y presencia constante de los espartanos en suelo ático, unido a la consternación por la derrota en Sicilia (413 a. C.), fue un factor no secundario de la crisis desencadenada poco más tarde en Atenas: los oligarcas tomaron aliento porque sabían además que tenían a sus aliados espartanos a dos pasos de distancia. Pero precisamente en el momento de la crisis constitucional (411 a. C.) Alcibíades –que en el ínterin había chocado con los espartanos y se había refugiado en la corte del sátrapa persa Tisafernes– se encontró en la ribera opuesta al grupo que derrocó la democracia. Curiosamente, el alcmeónida víctima del alarmismo democrático (el exilio por los presuntos delitos sacramentales se explica precisamente con el «pánico al tirano») se acercó, y después se unió, a la flota ateniense de Samos, guiada por los campeones de la reconquista democrática de los Cuatrocientos.

Tras la caída de los Cuatrocientos, de inmediato se votó el regreso de Alcibíades, pero el exiliado prefirió no regresar. Sólo en 408, después de muchas dudas y sobre todo después de haber llevado a la victoria a la flota ateniense, Alcibíades se decidió a volver a Atenas. Su regreso es presentado por las tradiciones historiográficas novelescas (por ejemplo por Duris, quien pretendía ser descendiente de Alcibíades) como una auténtica apoteosis.[1]

El retorno de Alcibíades fue preparado con extrema cautela. Desde

---

1. *FGrHist*, 76 F 76.

la caída de los Cuatrocientos ese regreso era posible. La promulgación de un decreto para reclamar su regreso (mientras tanto Alcibíades había sido elegido estratego de la flota en Samos) es una de las primeras actuaciones del nuevo régimen, si bien Alcibíades no quiso aprovecharlo de inmediato: no consideró prudente volver gracias a una «concesión» de Terámenes en una Atenas dominada por éste. Prefirió postergar la cuestión de su propio regreso para después de haber conseguido una serie de brillantes éxitos militares en la guerra naval y cuando los equilibrios políticos se hubieran modificado en su favor. Quiso volver como triunfador y dentro de un contexto político que le fuera favorable. No le bastó la garantía de su elección como estratego *in absentia*.[2] Sin embargo, tras esa decisión comenzó una cauta «marcha de aproximación»; para llegar al Ática, desde Samos se desplazó primero –con algunos tirremes– a Paros, después se dirigió a Gitión (en Laconia) para espiar los movimientos de la flota espartana pero también «para comprender mejor cómo se preparaba la ciudad ante su regreso».[3] Por fin desembarca en El Pireo; encuentra el terreno propicio, la acogida es triunfal y masiva, aunque no carente de voces de desacuerdo. A pesar de todo, aún ante la inminencia del desembarco, Alcibíades duda: se detiene sobre el puente de la nave «para ver si sus parientes y amigos vienen a recibirlo».[4] Sólo después de haber escoltado a Euriptolemo, pariente suyo, y a los otros «amigos y parientes», descendió a tierra, y se adentró hacia la ciudad acompañado por una escolta preparada para la ocasión, pronta a intervenir en caso de atentados.[5] La ceremonia prosiguió con una doble «apología» –primero frente a la asamblea, después frente a la Boulé–: resarcimiento completo de la condena en rebeldía que se le había aplicado en su tiempo, sin que, obviamente, hubiera podido defenderse.

En estos dos discursos Alcibíades denuncia ya como enemigos personales a quienes, poco después de haberlo exiliado, habían derrocado la democracia en 411. Al menos según los relatos que se han conservado,[6] Alcibíades no pronuncia nombres, pero su gesto involucra a Terámenes, que había sido protagonista de aquel infausto experimento oligárquico. Creo incluso que en las palabras de Alcibíades se puede percibir una referencia punzante hacia Terámenes allí donde aquél dice acerca de sus enemigos, artífices del golpe de Estado: «cuando pudieron aniqui-

2. *Helénicas*, I, 4, 10.
3. I, 4, 11.
4. I, 4, 18.
5. I, 4, 19.
6. Cfr. Isócrates, *Sobre la biga*, 4 y 19-20; *Helénicas*, I, 4, 16.

lar a los mejores y quedarse ellos solos, eran estimados por los ciudadanos por eso mismo, porque no podían tratar con otros mejores».[7]

2

El relato de lo que dijo Alcibíades a su regreso, tal como se ha conservado,[8] presenta algunas dificultades. Hay ante todo, visiblemente, una evidente desproporción entre lo que debería ser el pensamiento de los partidarios de Alcibíades (13-16) y el de sus críticos (dos líneas del párrafo 17). Pero para que el amplio desarrollo favorable pueda ser entendido precisamente como pensamiento de otros sobre Alcibíades, fue necesario poner en marcha una serie de intervenciones, por otra parte no resolutivas ni satisfactorias:

a) la expurgación de las palabras «se defendió», ἀπελογήθη ὡς, en 13 (palabras que ya algunos códices remiendan de diversas maneras);

b) la modificación del término conservado ἑαυτῷ, en 16, en αὐτῷ, precisamente en reconocimiento a la opinión según la cual aquí son otros quienes hablan de Alcibíades.

A pesar de todo eso, la sintaxis y la sucesión de los pensamientos siguen siendo insatisfactorios. Es sintomático que las dos correcciones presenten una orientación precisa: eliminan un indicio presente en el texto –es decir, que alguien (precisamente Alcibíades) está hablando en primera persona y defendiéndose a sí mismo: un discurso referido en *oratio obliqua* e introducido por las palabras «se defendió», ἀπελογήθη ὡς, de las cuales no tiene sentido liberarse. Palabras dirigidas a introducir un discurso apologético: la apología pronunciada por Alcibíades, a su regreso, frente al Consejo y frente a la asamblea popular, según las modalidades y los contenidos brevemente citados, poco después, en 20: «se defendió frente a la Boulé y frente a la asamblea, sosteniendo no haber cometido sacrilegio y haber sido objeto de una injusticia».

En este punto de las *Helénicas* nos encontramos frente a la siguiente situación textual: un marco narrativo en el que se refieren de manera muy breve las posiciones favorables y contrarias a Alcibíades, la noticia

---

7. *Helénicas*, I, 4, 16.

8. *Helénicas*, I, 4, 13-20. Transcribimos aquí el confuso exordio del pasaje: καταπλέοντος δ᾽ αὐτοῦ ὅ τε ἐκ τοῦ Πειραιῶς καὶ ὁ ἐκ τοῦ ἄστεως ὄχλος ἡθροίσθη πρὸς τὰς ναῦς, θαυμάζοντες καὶ ἰδεῖν βουλόμενοι τὸν Ἀλκιβιάδην, λέγοντες [ὅτι] οἱ μὲν ὡς κράτιστος εἴη τῶν πολιτῶν καὶ μόνος [ἀπελογήθη ὡς] οὐ δικαίως φύγοι, ἐπιβουλευθεὶς δὲ ὑπὸ τῶν ἔλαττον ἐκείνου δυναμένων μοχθηρότερά τε λεγόντων καὶ πρὸς τὸ αὐτῶν ἴδιον κέρδος πολιτευόντων. Damos la traducción en las páginas siguientes.

de su desembarco en Atenas y la noticia de dos discursos pronunciados por él frente al Consejo y la asamblea (13 hasta καὶ μόνος + 17-20); encajado a duras penas en este marco hay un pasaje (de 13 ἀπελογήθη ὡς hasta el final de 16 οὐκ εἶχον χρῆσθαι, que constituye en realidad un discurso apologético referido en forma de *oratio obliqua*. Por tanto, la «ficha» que contiene el desarrollo del discurso en forma de *oratio obliqua* (discurso del que se da noticia en 20) fue colocada aquí de modo bastante torpe por parte de los editores póstumos. Una situación textual como ésta impone ciertas deducciones: que el manuscrito de esta parte de las *Helénicas* se presentaba del todo inacabado (coexistían en él un texto-esbozo y una ficha que representaba el desarrollo, todavía no fundido con el contexto, de un discurso del que el contexto apenas aportaba la noticia), además de que se representaba todavía bajo la forma de fichas a ordenar. En definitiva, una condición textual que nos lleva a aquellos papeles de Tucídides inéditos y todavía un poco informes de los que Jenofonte debió disponer para esta parte de su trabajo. Precisamente a partir de un caso como éste se afirma la tesis según la cual las *Helénicas* I-II, 3, 10 son en realidad parte de aquellos *Paralipómenos* tucidídeos que Jenofonte publicó al pergeñar la edición «completa» de la obra incompleta de su predecesor.

Si esta hipótesis es correcta, estamos no sólo en presencia de un ejemplo concreto de cómo se presentaban los «papeles inéditos» de Tucídides, sino también de su modo de trabajar: se trata del registro *objetivo* de una fase de elaboración previa al nivel de elaboración de, por ejemplo, el libro VIII.

Tucídides partía de la trama del relato; aparte, en fichas autónomas, elaboraba algunos discursos, de los que el relato de base daba sólo una noticia sumaria: es el caso de I, 4, 13-20; donde coexisten la sumaria noticia de 20 (ἀπολογησάμενος ὡς οὐκ ἠσεβήκει) y el desarrollo de tal discurso (13: ἀπελογήθη ὡς..., hasta el fin de 16); después metía estos discursos, elaborados todavía en *oratio obliqua*, en la trama narrativa: es precisamente lo que sucede en el libro VIII. Naturalmente, todo hace pensar –y con frecuencia se ha puesto en evidencia– que también este libro VIII presenta un nivel provisional de redacción, cuyo perfeccionamiento posterior no podía constituir sino la elaboración de modo directo de algunos de estos discursos todavía sintetizados de forma indirecta. El discurso apologético que Alcibíades recita al regreso de Atenas –uno de los principales puntos de inflexión de su carrera y de toda la guerra– debía estar, presumiblemente, destinado a esa elaboración posterior.

Todo esto se nos hace evidente en virtud de la identificación de esta ficha, que fue compuesta aparte del texto. La clave de bóveda está precisamente en las palabras ἀπελογήθη ὡς, verdadera «cruz» de los críticos. Han sido vanos los intentos de salvar el texto tal como está, y de darle un sentido. Es imposible de entender: «unos decían que eran el mejor ciudadano y que alegó únicamente en su defensa que no fue desterrado con justicia»: no sólo porque sería una afirmación bastante ridícula y del todo falsa, sino además porque Alcibíades no se había podido defender de ninguna manera, ni en el tribunal ni en la asamblea, dado que había sido condenado en rebeldía. Lo que viene a continuación de ἀπελογήθη ὡς sólo puede tener sentido como apología dicha por el mismo Alcibíades (por ejemplo, el recuerdo de los peligros personales corridos durante los difíciles años del exilio, la imposibilidad de contar con el consejo de los amigos, ni siquiera de los más cercanos, etc.). Inversamente, si se asume que tenemos aquí la apología pronunciada por Alcibíades como justificación propia y aclaración de la propia aventura personal, todo el texto resulta aceptable y ya no parece necesaria ninguna de las hipótesis de los modernos. Es la puntuación lo que cambia: la frase inicial del 16 (οὐκ ἔφασαν... μεταστάσεως) es una pregunta, que Alcibíades formula, y en la que retoma (e inmediatamente impugna) la más grave e insistente de las acusaciones dirigidas en tiempos de los sucesos de los hermocópidas, la de haber querido preparar un violento golpe de Estado (cfr. Tucídides, VI, 27: νεωτέρων πραγμάτων: 28, y 60-61). Aquí Alcibíades retoma una acusación, muy grave –y que ahora más que nunca, recién regresado y a punto de asumir nuevas responsabilidades políticas oficiales y de primer nivel, era necesario borrar por completo–, y replica observando que, al contrario, era el pueblo mismo quien le había concedido una condición de prestigio particular. Así quedaría, entonces, la traducción del discurso apologético de Alcibíades (13-16):

[13] Se defendió sosteniendo que había sido injustamente enviado al exilio, acosado por gente que valía menos que él, que sólo hacía discursos reprobables, cuya acción política buscaba el beneficio personal, mientras él en cambio siempre había favorecido a la comunidad con sus propios medios y con los de la ciudad. [14] Cuando en su momento él había querido ser juzgado de inmediato, apenas formulada la acusación de impiedad hacia los misterios, sus enemigos –con la táctica de la dilación– lo habían privado, en ausencia, de la patria: [15] durante ese periodo había sido obligado, en una situación sin salida posible, a granjearse los peores enemigos [Esparta], arriesgándose cada día a ser expulsado, y, a pesar de ver cómo se equivocaba la ciudad, incluyendo a los ciudadanos y amigos más cercanos, no le había sido posible ayudar-

los, impedido por su condición de exiliado. [16] ¿Acaso no habían dicho que era típico de gente como él desear la revolución mucho más que los cambios políticos? Pero el pueblo le había concedido a él un papel más importante que el de sus coetáneos y no menor que el de los más ancianos [y por tanto «alguien como él» no tenía necesidad de καινὰ πράγματα]. Sus enemigos, en cambio, debieron aparecer como aquellos que habían sido capaces de liquidar a los mejores y –quedando como únicos supervivientes– fueron aceptados por sus conciudadanos por la única razón de que no había otros, mejores, de los que beneficiarse.[9]

3

«La asamblea tomó una serie de medidas extraordinarias en favor de Alcibíades, que borraban el pasado y adoptaban compromisos para el futuro. La estela de *atimia* en la que se inscribía el nombre de Alcibíades fue solemnemente arrojada al mar, según una antigua costumbre que, a través de este gesto, sancionaba la anulación religiosa de un dato de hecho (καταποντισμός). Los colegios sacerdotales de los Eumólpidas y de los *Kerukes* debieron pronunciar una fórmula que anulaba la maldición lanzada contra él [Diodoro XIII, 69]. En fin, la asamblea quiso refrendar de manera formal el voto con el que las tripulaciones de la flota de Samos habían electo estratego a Alcibíades. Con la precisión de que se trataba de un cargo extraordinario, de *plenos poderes*, ἀπάντων ἡγεμὼν αὐτοκράτωρ [*Helénicas*, I, 4, 20].»[10] Se trató, entonces, de un procedimiento absolutamente inaudito: plenos poderes que consentían al magistrado investido el tomar en todos los ámbitos las medidas que considerara indispensables para la seguridad, sin la obligación de recurrir a la asamblea ni a la Boulé. La noticia que leemos en las *Helénicas* es cierta y confirmada por fuentes que tienen orígenes independientes: Diodoro, es decir Éforo, y Plutarco.[11] Entre las primeras medidas tomadas por Alcibíades, ya investido de plenos poderes, estuvo el equipamiento de cien trirremes y una leva de otros quinientos hoplitas. Para demostrar la fuerza renovada de Atenas, además de su *pietas* personal, de la que los

9. Una justificación más analítica de esta restauración textual, en *Revue des Études grecques,* 95, 1982, pp. 140-144.

10. Hatzfeld, *Alcibíades,* op. cit., p. 297.

11. Diodoro, XIII, 69; Plutarco, *Alcibíades,* 33 (que quizá depende de las *Helénicas* de Teopompo). Ambos hablan de στρατηγὸς αὐτοκράτωρ.

colegios sacerdotales no estaban del todo convencidos, organizó solemnemente la procesión de los «Misterios», desafiando la presencia espartana en el suelo ático y evitando cualquier incidente con las tropas que ocupaban Decelea. Desde que los espartanos se habían establecido en Ática de manera estable la procesión se realizaba por mar; Alcibíades demostró que la situación había cambiado, haciendo que se desarrollara por tierra y escoltada por el ejército al completo.[12]

El retorno de la democracia dio nuevo impulso a la ciudad, y señaló el reencuentro de la flota –ya bajo las órdenes de Alcibíades– con los ciudadanos, después del divorcio que había seguido a la toma del poder por parte de los Cuatrocientos. Alcibíades había vuelto, por tanto, con la convicción general de que era el único restaurador posible de la potencia ateniense. En las fuentes que hablan de estos acontecimientos aparece con frecuencia la expresión «el único» (μόνος).[13] Pero, como veremos, la armonía entre Alcibíades y sus conciudadanos no iba a durar mucho.

4

Al principio se produjo un fenómeno inaudito: la atribución de plenos poderes a Alcibíades. La gente humilde, «los pobres» –refiere Plutarco–, se dirigían con insistencia a la residencia de Alcibíades y le pedían que asumiera «la tiranía». Plutarco, que nos aporta esta importante noticia –ausente, como es obvio, en los apuntes de Tucídides ordenados por Jenofonte–, dice exactamente que esta masa de pobres «era presa del deseo increíble (ἐρᾶν ἔρωτα θαυμαστόν) de ponerse bajo su tiranía».[14] No sólo eso: lo incitaban a derogar leyes y decretos, y a políticos profesionales (a quienes definían como «los charlatanes») responsables de «causar la ruina de la ciudad». Ésta es una parte de la realidad que, sin la capacidad de Plutarco para dar cuenta de sus inmensas lecturas, se hubiera perdido. Resulta sumamente instructivo: demuestra una vez más, casi en perfecta coincidencia con la experiencia de Pisístrato,[15] la proximidad, al menos desde el punto de vista de la base social, entre democracia y tira-

---

12. *Helénicas*, I, 4, 20.

13. *Helénicas*, I, 4, 13 y 17; véase también Tucídides, VIII, 53, 3.

14. *Alcibíades*, 34, 7. Recordemos que Tucídides (VII, 1) hablaba de *eros* que *impulsaba* a la masa de los atenienses a desear la guerra contra Siracusa.

15. Aristóteles, *Constitución de los atenienses*, 22, 3: «Pisístrato, siendo jefe popular, se hizo tirano.»

nía. Pero hay algo más: este ataque a los «charlatanes» ruinosos para la ciudad indica que, a veinte años de la muerte de Pericles (*princeps* según Tucídides y «tirano» según los cómicos), la confianza en la clase política había caído en desgracia. Por lo menos entre las capas más pobres, persuadidos del «engaño» democrático, de su propia insignificancia a pesar del mecanismo aparentemente igualitario de la asamblea, querían eliminar la mediación de la clase política que los había decepcionado, y apuntaban a un nuevo «tirano» de su confianza.

Un ciclo de la historia política ateniense se estaba cerrando. Plutarco comenta justamente (35, 1) que no conseguimos entender «cuál hubiese sido su modo de pensar acerca de esta propuesta de tiranía». Se limita a notar la parálisis de los otros políticos frente a ese peligroso triunfo, cuya única intención es liberarse de él: «que volviera al mar lo antes posible»; y le concedieron también, cosa inaudita aunque incluida en los «plenos poderes», «escoger los compañeros que deseaba». Por eso, poco más tarde, el fracaso en Noto de un subordinado suyo impedirá su reelección e impondrá su nueva retirada de la escena.

No se había atrevido a dar ese paso audaz, quizá demasiado arriesgado, que se le había propuesto; había pensado que era mejor confiarse al «método» de Pericles y apuntar a la reelección anual; por eso pudo ser golpeado al primer fracaso. Sin embargo, por un momento no breve la posición adquirida le había parecido que no exigía la explícita asunción de la tiranía. Un gran polígrafo del siglo XIX, que dedica una admirable y apasionada biografía a Alcibíades, Henry Houssaye, describió bien esta perplejidad: «nombrado general con plenos poderes para todo el ejército, tanto marítimo como terrestre, jefe de la política interna y de la externa, aclamado en la asamblea cada vez que aparecía en ella, idolatrado por el pueblo, temido en toda Grecia no menos que por el rey de Persia, ¿no tenía acaso ya en su mano poderes soberanos? Consagrado *dictador* (αὐτοκράτωρ) de la voluntad popular, ¿por qué hubiera debido traicionarla para hacerse tirano? Investido por las leyes de plenos poderes, ¿por qué iba a violarlas?».[16]

16. H. Houssaye, *Histoire d'Alcibiade et de la République Athénienne*, II, Didier, París, 1894⁴, pp. 336-337. Fritz Taeger, en la revisión (Múnich, 1943) de su *Alkibiades* de 1925, piensa que las invocaciones de Alcibíades para hacerse «Herrscher» estaban orquestadas provocativamente por sus adversarios «aristócratas» (p. 215). No se entiende por qué. Pero Taeger está fuertemente influido, en la reconstrucción histórica, por los fantasmas del presente.

XXVII. EL JUICIO DE LOS ESTRATEGOS

1

Alcibíades había conseguido su objetivo: no volvió por concesión de Terámenes sino sobre la base de un pleno resarcimiento de la humillación y de la derrota sufridas a su tiempo. No falta, como se ha visto –en el marco del regreso triunfal–, una denuncia pública, por parte de Alcibíades, de sus propios «enemigos» (Terámenes, sin duda) como artífices del golpe de Estado.

Hay entre ambos, también, un choque en el plano político. Alcibíades apunta siempre a la victoria militar –de allí su compleja relación con Tisafernes, por la intención de alejar a Persia de Esparta–, y apunta a la victoria en cuanto ella coincide con su interés personal (de modo que resulte claro su mérito como artífice de la positiva solución militar del conflicto), dado que el eslogan sobre cuya base acontece su regreso es precisamente el de que él era el único en condiciones de restablecer la fortuna de la ciudad. Terámenes en cambio apunta a la paz de compromiso, concebible –desde su punto de vista– sólo en el marco de una consolidación, en Atenas, de un poder moderado del que él hubiera sido, como es obvio, el epicentro. También a este respecto el regreso de Alcibíades, tal como tuvo lugar, se hizo «contra» Terámenes. Sin embargo, cuatro meses después del regreso triunfal, Alcibíades se vio asociado, aunque fuera como «estratego de tierra», a Aristócrates,[1] fiel secuaz de Terámenes, un personaje activo en la escena política desde los tiempos de la paz de Nicias (421), de la que había sido signatario, un personaje que le había manifestado hostilidad ya desde el momento en que los Cuatrocientos declinaban y Aristócrates se asociaba con Terámenes en la solicitud de la efectiva instauración de los Cinco Mil.[2] Ni siquiera la designación del otro estratego próximo a Alcibíades –Adimanto– parece

1. *Helénicas*, I, 4, 21.
2. Tucídides, VIII, 89, 2.

carecer de significado. Se trata, en efecto, de uno de los procesados y exiliados en los tiempos de la profanación de los misterios;[3] si se tiene en cuenta el clima de recíprocas delaciones instaurado en esa circunstancia, podría hacer pensar en un personaje que no agradaba a Alcibíades. Es evidente entonces que la tensión permaneció incluso después del regreso triunfal de Alcibíades, y que cada uno de los grupos siguió instalando a sus propios hombres en el colegio de los estrategos.

Precisamente esta larga tensión explica por qué el incidente de Noto —modesto en términos militares y debido en todo caso a la imprudencia de Antíoco, oficial de segunda línea— fue explotado por los grupos hostiles a Alcibíades con el fin de removerlo del mando.[4]

No reelegido estratego, asediado por una campaña hostil, decide retirarse a Quersoneso, «a una fortaleza particular».[5] Lo que no quita que en el nuevo colegio de los estrategos su clan esté fuertemente representado. Ello resulta de analizar la composición de ese colegio. Ante todo, tres nombres son significativos: Pericles el joven, hijo de Pericles y de Aspasia; Diomedonte y Arquéstrato.[6] En cuanto a este último, es «amigo íntimo» (συμβιωτής) de Pericles el joven, en base a una noticia del malicioso Antístenes, retomada por Ateneo.[7]

Pero incluso sin Alcibíades, los atenienses consiguieron, gracias también al nuevo colegio de los estrategos, una de las más brillantes y contrastadas victorias navales de su historia: cerca de las islas Arginusas, entre Lesbos y la costa asiática vecina (406). La descripción muy cuidada de la batalla es uno de los pasajes más elaborados de los llamados «paralipómenos».[8] Fue la más comprometida de las batallas navales de todo el conflicto, signada por pérdidas importantes, también por parte ateniense. Pero una tormenta después de la batalla hizo imposible a los responsables de la flota ateniense la recuperación de los náufragos y de los cadáveres de los marinos. Esa recuperación no cumplida se convir-

---

3. Andócides, I, 16: «Agarista, esposa de Alcmeónides, denunció que en casa de Cármides veneraban los misterios Alcibíades, Axíoco y Adimanto.»

4. *Helénicas*, I, 5, 16.

5. *Helénicas*, I, 5, 17.

6. De los dos primeros, en el discurso en defensa de los estrategos, Euriptólemo —un pariente cuya sola vista había bastado para asegurar a Alcibíades el regreso— definirá al primero como «partidario mío» y al segundo como «amigo» *(Helénicas, I, 7, 16)*.

7. V, 220d. Para la identificación de este Arquestrato con el estratego de las Arginusas, cfr. Wilamowitz, *Aristoteles und Athen*, Berlín, 1893, p. 69, n. 40. Arquestrato muere durante el bloqueo espartano de Mitilene, por tanto no vio la conclusión de la batalla; lo sustituyó un tal Lisias *(Helénicas, I, 6, 30)*.

8. Se trata del sexto capítulo completo del libro I de las *Helénicas*.

tió en la causa de una controversia que iba a concluir de manera dramática. Las versiones contratantes se enfrentaron en un juicio desarrollado frente a la asamblea popular, en razón de la gravedad del delito comprobado. La recuperación hubiera debido esperar a los trierarcas, entre quienes estaban Terámenes y Trasíbulo. Pero los estrategos no consideraron necesario comunicar por escrito a la ciudad que los trierarcas habían fallado en la empresa, y tal ingenuidad iba a costarles la vida. Formulada una denuncia por «omisión de socorro», en el inevitable juicio los estrategos vencedores se encontraron en el banquillo de los acusados, mientras Terámenes, hábil director del interrogatorio popular, aunque responsable de la fallida recuperación, se encontró del lado de los acusadores.

2

Terámenes pretendía liquidar, mediante un sabio uso de la emotividad popular, a los amigos de Alcibíades, presentes en buen número entre los estrategos de ese año. Entre los condenados a muerte estaba Trasilo, el restaurador de la democracia contra el efímero experimento terameniano del gobierno de los Cinco Mil, y el hijo de Pericles. El principal sostenedor de Alcibíades, Euriptólemo, intentó en vano oponer una hábil defensa a las tramas y a la puesta en escena de Terámenes. Todas las excepciones jurídicas a las que se apeló para evitar el juicio de condena sumaria y colectiva —cosa que constituía una ilegalidad— fueron rechazadas. Solamente Sócrates, que por entonces era uno de los pritanos, se opuso: poco faltó para que lo humillaran arrastrándolo fuera de su asiento.[9] El triunfo del insuperable «coturno» fue completo.

Una consideración aparte merece el caso de Erasínides, quien es llamado a declarar en primer término, por iniciativa de Arquedemo, «que era por entonces el líder popular más prominente». Arquedemo acusaba a Erasínides de haberse «apropiado de dinero que correspondía al demo, procedente del Helesponto». Lo acusaba además «por su gestión como estratego».[10] De estas palabras se deduce que la acusación de enriquecimiento indebido no se refería a la actividad de Erasínides como estrate-

---

9. *Helénicas*, I, 7, 15; Platón, *Apología de Sócrates*, 32b, describe la escena, particularmente colorida, en la que algunos políticos gritan a favor de arrojar a Sócrates de su escaño; en la *Apología* Sócrates argumenta que la ilegalidad del proceso consistió en juzgar a los imputados en conjunto (ἀθρόους κρίνειν).

10. *Helénicas*, I, 7, 2.

go, sino a su –quizá anterior– actividad en el Helesponto. Si se considera que la instalación en Crisópolis, por parte ateniense y tras la victoria de Cícico, de un puesto de aduana para recaudar el diezmo de las naves que salían del Ponto fue –como sabemos por Polibio–[11] una iniciativa de Alcibíades, se puede pensar que esta presunta apropiación de «ingresos estatales en el Helesponto» pone a Erasínides (promotor desde 409 de honores para los asesinos de Frínico)[12] en relación precisamente con Alcibíades y con la organización económico-militar impuesta por él en el Helesponto después de Cícico.[13] Debe decirse también, entonces, que la acción promovida contra Erasínedes parece distinta de la más general contra los estrategos; se debe pensar, en definitiva, en dos acciones distintas que inmediatamente convergieron, la primera promovida por Arquedemo en el tribunal y dirigida contra Erasínides, y la otra inspirada por Terámenes referida a la espinosa cuestión del fallido socorro a los náufragos.

Acerca del acontecimiento que fue objeto del juicio, el relato de las *Helénicas* no es, al principio, del todo claro.[14] Se menciona enseguida el derrocamiento de los estrategos –que acaso es mejor entender como una prórroga fallida–, sin aclarar el motivo. Por tanto, se nos da la noticia de un informe de los estrategos frente a la Boulé «respecto de la batalla y de la tempestad», sin que se nos diga la causa por la que los estrategos se vieron obligados a hablar acerca de este punto: la acusación de omisión de socorro a los náufragos queda sobrentendida. Hay sin embargo un hiato narrativo entre el elaborado y tenso relato de la batalla y el no menos elaborado y dramático relato del juicio: es como si nos encontráramos frente a una composición en bloques (que quizá deberían estar mejor encadenados). Una duda surge del enfrentamiento con el relato de Diodoro: si el ataque partió de los estrategos o del tetrarca Terámenes. Según Diodoro, los estrategos se habrían hecho preceder de un mensaje al pueblo en el que acusaban abiertamente a Terámenes y Trasíbulo de la omisión de socorro. Esto se explica porque Diodoro sigue a Éforo, el cual fue filoteraminiano, y tiende por tanto a exonerar a Terámenes de la acusación de haber promovido el proceso.

Hay además un nombre muy significativo: Trasilo, quien era además el «presidente» del colegio de los estrategos el día de la batalla, se-

---

11. IV, 44, 4. Cfr. *Helénicas*, I, 1, 22.

12. *IG*, I² 110 = 1³ 102 = *ML* 85.

13. Demetrio de Falero (*FGrHist* 228 F 31 ter = III B, p. 744) hablaba directamente de una acusación de hurto contra Erasínides.

14. *Helénicas*, I, 7, 1-3.

gún la deducción de Beloch.[15] Trasilo es un personaje de gran relieve, si no por otra cosa al menos por el papel desempeñado en Samos como exponente preponderante de la flota, junto a Trasíbulo. Trasilo siempre sostuvo con firmeza, y tanto más tras la caída de los Cuatrocientos, la idea de la continuación a ultranza de la guerra.[16] La línea política de Trasilo era, por tanto, doblemente opuesta a Terámenes, ya sea por lo que respecta a la liquidación de los Cinco Mil como a la restauración, propugnada por Trasilo, de la democracia radical, ya sea por lo que respecta a la prosecución a ultranza de la guerra. Golpear a Trasilo, involucrándolo en la condena en bloque de los estrategos, es para Terámenes un movimiento no sólo hábil, sino incluso necesario: así consigue, con un único golpe, arrastrar a la ruina política tanto al clan de Alcibíades como al principal exponente de la democracia radical.

Trasíbulo en cambio se encontró en el bando opuesto: junto a Terámenes, contra Trasilo. La posición asumida por Trasíbulo exige una aclaración. En este juicio él, que había capitaneado junto con Trasilo la resistencia antioligárquica en Samos, actúa a remolque de Terámenes: ambos tetrarcas habían desatendido la orden de los estrategos de poner a salvo a los náufragos. De este modo, Trasíbulo queda implicado en el juego de Terámenes e involucrado también él en el dilema: o salvarse hundiendo a los estrategos o salir malparado en el caso de que éstos sean absueltos.

Una vez más (como en el momento del regreso de Alcibíades), la figura clave es precisamente Euriptólemo, el protector de Alcibíades, su lugarteniente en la paz de Calcedonia.[17] Euriptólemo es quien asume el papel principal en la defensa de los estrategos. Naturalmente, se siente próximo a Pericles y Diomedonte, como explica desde las primeras palabras. Su insistencia en pedir un juicio «individual» para los estrategos se comprende por el propósito de luchar sistemáticamente por la salvación de cada uno de ellos. Nos sólo se empeña a fondo sino que asume en primera persona unos riesgos notables, ante todo el de oponer al *proboulema* de Calixeno (que proponía un juicio sumario de todos los estrategos en bloque) el arma más eficaz y peligrosa que ofrecía la legislación ateniense, la «excepción de ilegalidad».[18] Arma peligrosa porque, en caso

15. A partir de Lisias, XXI, 7.

16. Walther Schwahn relaciona la estancia de Trasilo en Atenas en el invierno de 411 con el rechazo, en la primavera de 410, de las propuestas espartanas de paz después de Cícico: *RE, s.v. Thrasyllos* (1936), col. 579, 15-29.

17. *Helénicas*, I, 3, 12.

18. *Helénicas*, I, 7, 12.

de perder, podía volverse contra quien la esgrimía: es raro que el jefe de un bando se alce elevando tal excepción en primera persona, en general un arma que adoptan los gregarios. Es por tanto sintomático, de por sí, que Euriptólemo adoptara por sí mismo esta arma (evidentemente se exponía al riesgo de darle peso y máximo relieve a un movimiento semejante), aunque más tarde decidió renunciar a ella,[19] probablemente por el temor de perderlo todo en el caso de una derrota en tal marco procesal. Retirada la excepción de ilegalidad, al revelarse estéril también la oposición de Sócrates en el seno del colegio de los pritanos,[20] Euriptólemo intenta, con un largo y complejo discurso, dirigir el proceso hacia una vía más favorable.[21]

Del choque salió vencedor Terámenes, quien decapitó el «partido de la guerra» golpeando ambas almas: la democrática radical representada por Trasilo, y la alcibídea. La derrota del clan de Alcibíades es claro, no sólo porque son enviados a la muerte Diodemonte y el hijo de Pericles, sino también porque el hábil y siempre activo Euriptólemo queda en una situación ruinosa.

En el nuevo colegio de los estrategos, que reemplaza al derrocado[22] y sometido a juicio, destaca un personaje como Adimanto, a quien ya hemos visto cerca de Alcibíades. Sobre Adimanto –prisionero inopinadamente perdonado por Lisandro– pesaba la sospecha de haber «traicionado a la flota» (septiembre de 405) en Egospótamos.[23] Esta sospecha es presentada por Lisias[24] como un dato de hecho, y que parece encontrar confirmación en un pasaje de Demóstenes.[25] Se comprende así el pleno significado del diagnóstico tucidídeo según el cual las destructivas «rivalidades internas» habían hecho perder la guerra.[26] La traición de Adimanto se encuadra en la lucha de facciones y podría haber sido un movimiento extremo del partido de la paz a toda costa.

En cuanto a los estrategos del colegio que reemplaza a los desventurados vencedores de las Arginusas, es sintomático el episodio que se ve-

19. I, 7, 13.

20. I, 7, 15. También Sócrates, «padre espiritual» de Alcibíades, descendió al campo en defensa de estos estrategos.

21. No carece de relevancia el hecho de que, en el relato del juicio que hace Diodoro (un relato sin duda independiente del de las *Helénicas*, I, 7), precisamente a Diomedonte se le confía un papel central en la autodefensa de los estrategos.

22. *Helénicas*, I, 7, 1.

23. *Helénicas*, II, 1, 32.

24. XIV, 38.

25. Cfr., más abajo, cap. XXVIII, § 4.

26. Tucídides, II, 65, 12.

rifica precisamente en la inminencia de los Egospótamos. Alarmado por la conducción de la guerra diseñada por los nuevos estrategos, Alcibíades deja temporalmente sus «fortificaciones» y se presenta en el campo ateniense para emplazar a los estrategos a establecer el campamento en las cercanías de Sesto; pero Tideo y Menandro –dos estrategos particularmente hostiles a él– lo echan proclamando que «ahora comandaban ellos y ya no él».[27] Tideo y Menandro mostraron entonces tener plena conciencia del cambio que se había producido con la liquidación del colegio anterior. Sus ásperas palabras dirigidas a Alcibíades en sustancia significan no lo obvio, es decir, que Alcibíades ya no es estratego, sino que ya no son sus hombres los que están en el poder.

Es una victoria completa, por tanto, la que Terámenes consigue con el procesamiento de los estrategos. Incluso en el momento del «arrepentimiento», cuando el demo decida castigar a quienes lo habían «engañado» durante el juicio, será Calíxeno el objeto del resentimiento popular y no Terámenes.[28] En el curso del proceso Terámenes supo guiar la indignación popular en favor de sus propios objetivos políticos, quedando protegido de los contragolpes del mutable clima político (si se exceptúa la *apodokimasía* –de incierta datación– que bloqueará, en el tribunal, su reelección como estratego).

Es controvertida la identidad política de Calíxeno. Tanto Diodoro (XIII, 103, 2) como las *Helénicas* (I, 7, 35) nos dan, en fiel paráfrasis, el texto del decreto que golpeó a «Calíxeno y a los otros que habían engañado al pueblo». En cambio, hay divergencia en lo que respecta a la suerte que correspondió a Calíxeno. Según las *Helénicas*, Calíxeno, encarcelado, consiguió huir en el curso de los altercados en que murió Cleofonte; regresó «cuando volvieron los del Pireo» (es decir, Trasíbulo y los suyos); entonces murió «odiado por todos». Diodoro en cambio conoce únicamente su arresto y su fuga «junto a los enemigos, en Decelea». A partir de esta noticia no faltó quien se viera inducido a pensar que Calíxeno era un hombre de las heterías oligárquicas.[29] En realidad, quien huía de Atenas durante la ocupación de Decelea (y de la Eubea) difícilmente habría tenido otra opción.[30] En el pasaje ahora evocado de las *Helénicas*, en que Calíxeno vuelve a Atenas «cuando volvieron los del

27. *Helénicas*, II, 1, 25-26.

28. *Helénicas*, I, 7, 35; Diodoro, XIII, 103, 2; cfr. Aristóteles, *Constitución de los atenienses*, 34, 1.

29. P. Cloché, «L'affaire des Arginuses», *Revue Historique*, 130, 1919, pp. 50-51.

30. Incluidos los veinte mil esclavos de Tucídides, VII, 27, 5 que se refugiaron en Decelia.

Pireo», ¿autoriza a pensar que éstos habían combatido junto a Trasíbulo por la restauración democrática? ¿Y que se lo pueda definir como «un jefe de la mayoría radical» de la Boulé?[31] Quizá, más sencillamente, Calíxeno se aprovechó del clima de reconciliación propiciado por la amnistía de 403. La parquedad de los datos ha determinado dos imágenes opuestas: la de Calíxeno hombre de las heterías y la de Calíxeno secuaz de Trasíbulo. Quizá, simplemente, fue hombre de Terámenes.

31. Así J. Beloch, *Die Attische Politik seit Pericles*, Teubner, Leipzig, 1884, p. 88, n. 4, quien se ve obligado a sostener sin embargo que la siguiente noticia «murió de hambre» no debe ser tomada al pie de la letra.

1

En este punto comienza a ser evidente al lector que en torno a la figura de Terámenes se ha abierto una batalla, política y después historiográfica, que comenzó cuando él aún vivía, y que siguió al menos hasta la «codificación» aristotélica de la historia constitucional de Atenas, donde destaca el inquietante capítulo 28, que culmina con una especie de *plaidoyer* de Aristóteles en defensa de Terámenes, «modelo del buen ciudadano». Resulta inquietante el capítulo por varios motivos, y entre ellos no es el último la exclusión de Pericles del grupo de los «buenos políticos» y la inclusión, en cambio, de Tucídides, hijo de Melesia, su desafortunado adversario, entre los tres mejores de todos (βέλτιστοι) junto a Nicias y Terámenes. En parte habrá pesado en esta decisión el influjo de la dura valoración platónica en lo que respecta a Pericles. Pero esto no basta para explicar la singularidad de ese capítulo. Entre otras cosas Terámenes está del todo ausente del «mundo de Platón» y nos sorprendería encontrárnoslo, dado el vínculo nunca renegado –declarado y exaltado en un diálogo que lleva su nombre– de Platón con Critias.

El hecho es que Aristóteles mira a Atenas, a su historia política, desde el exterior, como no ateniense. Se siente próximo a la ciudad pero se reserva un juicio nada condicionado por pasiones «ciudadanas». Aristóteles se pone como un «entomólogo» frente a sus insectos en lo que respecta a la realidad de las πόλεις griegas, y de Atenas en particular. Son preciosos objetos de análisis, sobre todo por la *tipología constitucional*, analizada en la *Política*. Ni más ni menos. El súbdito del rey de Macedonia e hijo de su médico adopta el propósito de fundar su análisis sobre la más extensa base documental. Sólo estudiando la lucha política de las πόλεις griegas puede obtener material suficiente para su tipología.[1] Si

---

1. Así como ha recogido masas de oraciones antiguas para dar vida a la *Retórica* y de tragedias para dar vida a la *Poética*.

contáramos con sus muchas otras πολιτεῖαι, además de la ateniense, veríamos a Aristóteles dedicar tanto interés, atención y energía exegéticas a tantas otras «constituciones» (de Cartago a Siracusa, Esparta, Beocia, Argos, etc.). Por eso es justo hablar de actitud de «entomólogo». Una vez comprendido esto, es evidente que no se puede acercar el caso del Aristóteles analista de la política ateniense al del Platón inmerso en el conflicto por razones personales, afectivas (relación con Sócrates), familiares (clan de Critias, etc.). *La visión de Platón enraíza en el conflicto y persigue objetivos utopistas* (como, por otra parte, a su modo, lo hizo Critias durante su breve gobierno). La visión de Aristóteles, muy crítica hacia el maestro sobre todo en el ámbito político, está a tal punto exenta de inclinaciones y pasiones que por momentos roza la incomprensión. Esto explica quizá también el éxito de la *medietas* aristotélica en otros observadores externos, como fueron los pensadores y politólogos romanos (Cicerón) o que habían asumido como propio el punto de vista de los romanos (Polibio).

2

Pero volvamos al capítulo 28 de la *Constitución de los atenienses* y a su *plaidoyer* de Terámenes. Escribe entonces Aristóteles que mientras el juicio respecto al primado de Nicias y de Tucídides hijo de Melesia es «casi universalmente compartido»,[2] sobre Terámenes hay discusión porque los acontecimientos políticos en los que operó fueron «turbulentos» (ταραχώδεις): de ahí «la controversia en el juicio sobre él». Aquí Aristóteles se expresa con fuerza en primera persona, algo que no le gusta hacer cuando narra los acontecimientos atenienses:

> Los que emiten un juicio no sin fundamentos consideran que Terámenes no intentaba disolver todos los gobiernos [ya sean democráticos u oligárquicos], acusación que con frecuencia le era dirigida, sino que impulsaba a todos en tanto no obraban contra la ley, como hombre capaz de gobernar con todos, hecho que precisamente es propio de un buen ciudadano; pero si se apartaban de la ley no los consentía, aun a costa de hacerse odioso.[3]

2. *Constitución de los atenienses*, 28, 5: πάντες σχεδὸν ὁμολογοῦσιν.
3. *Constitución de los atenienses* 28, 5 [basado en la trad. de Manuela García Valdés, Gredos, Madrid, 1982, p. 124].

Esta página bien meditada contiene, obviamente, alguna grieta: las palabras «acusación que con frecuencia le era dirigida»[4] hacen comprender que las voces contrarias, o críticas, hacia Terámenes estaban en realidad muy difundidas; y que en la discusión (ἀμφισβήτησις) –viva, por lo que parece, incluso setenta años después de los hechos– era cualquier cosa menos predominante la posición de los filoteramenianos. Pero Aristóteles –quien evita, cuando se trata del juicio de los estrategos, señalar las responsabilidades de Terámenes en la condena–[5] va mucho más allá en el empeño apologético y llega a adoptar una reconstrucción de los hechos que trastoca en sentido indebidamente «patriótico» la acción de Terámenes en el momento de la capitulación de Atenas y de la formación del colegio de los Treinta. Por otra parte, su dependencia de fuentes abiertamente manipuladoras se deduce además de la inclusión, que él da por cierta, de la *patrios politeia* entre las cláusulas de la capitulación.[6] Pero no se trata de una manipulación propia de un político. Es la premisa para sacar a la luz positiva la decisión de Terámenes de entrar a formar parte de los Treinta. Llega incluso, siempre en la estela de sus fuentes, a imaginar un «partido» de la *patrios politeia* encabezado por el propio Terámenes e ilustrado por la presencia de Anito (quien más tarde será el acusador de Sócrates) y Arquino (el «moderado» por excelencia), y a sostener que la oligarquía, desviación ilícita respecto de la *patrios politeia*, había sido una distorsión impuesta por Lisandro.[7] Naturalmente se cuida bien de recodar que, en complicidad con Lisandro, Terámenes había doblegado las reticencias atenienses durante el terrible asedio espartano, que duró meses, y lo había hecho mediante el hambre.[8]

Un relato semejante emerge también de las páginas en las que Diodoro Sículo –siguiendo a Éforo de Cumas– narra estos acontecimientos.[9] También aquí encontramos la cláusula inverosímil de la capitulación que hubiera comportado la adopción de la *patrios politeia*, además de toda una página (de pura fantasía) en la que Terámenes se bate como un león, en una asamblea reunida bajo la amenaza de las tropas espartanas de ocupación y de Lisandro directamente presente y hablando, en

---

4. ὡς αὐτὸν διαβάλλουσι: que sea una acusación *corriente* se deduce precisamente de la expresión ὡς διαβάλλουσι (no ὡς ἔνιοι διαβάλλουσι).

5. Aristóteles, *Constitución de los atenienses*, 34, 1: los estrategos fueron condenados a muerte por culpa de unos imprecisos «instigadores del pueblo».

6. *Constitución de los atenienses*, 34, 3.

7. Ibídem.

8. *Helénicas*, II, 2, 16.

9. *Biblioteca histórica*, XIV, 3.

defensa de la *patrios politeia* y de la «libertad» y contra la instauración de la oligarquía: a la que, aterrorizado, se ve obligado a resignarse, bajo la admonición de las amenazadoras y extorsivas palabras de Lisandro.

Es evidente, por tanto, que Éforo está en la base de la reconstrucción de los hechos que Aristóteles hace propia. La obra historiográfica de Éforo –con permiso de los hipercríticos– reenvía directamente a Isócrates, su maestro, como bien sabía Cicerón.[10] Por tanto no sorprenderá encontrar en el último Isócrates, ya nonagenario y particularmente explícito en sus juicios históricos y políticos, es decir, en el *Panatenaico*, un pronunciamiento sobre la perfecta adaptación del buen ciudadano a todo sistema político con tal de que no consienta desvíos,[11] análoga a la que Aristóteles adopta para apuntalar su *Rettung* de Terámenes.

Isócrates, ya muy anciano y dado a buscar la solución de la crisis política endémica de las ciudades griegas fuera de Atenas, y con una mirada de favor hacia el soberano macedonio que había confiado a Aristóteles la educación de su heredero, parece acercarse a esa mirada de «entomólogo» de la política que permite a Aristóteles expresarse atenuando y casi velando las lacerantes comparaciones entre los sistemas políticos.

3

El hecho de que Terámenes haya estado en el centro de una discusión política historiográfica de gran relieve –que investía los momentos decisivos del drama ateniense (la paz coactiva convertida en capitulación incondicionada; la segunda oligarquía y la guerra civil)– queda demostrado por la diametral oposición entre los dos retratos de Terámenes que emergen de las fuentes, además de la violencia polémica de los impulsores de esos perfiles opuestos. Violento es, en efecto, el detallado retrato que inserta Lisias en el *Contra Eratóstenes;* apasionada, y bien lejana de la habitual frialdad, es la apología que hace de él Aristóteles (y antes Éforo). Fuentes reaparecidas por casualidad del naufragio de las literaturas antiguas, por ejemplo el llamado «Papiro Michigan de Terámenes», nos permiten constatar que motivos de ardiente polémica presentes en las palabras de un testigo ocular como Lisias («los otros usan el secreto contra el enemigo, Terámenes lo ha adoptado en contra de

10. *Brutus*, 204, etc.
11. *Panatenaico*, 132.

389

vosotros»)[12] eran recurrentes en la historiografía; de hecho, proviene de una obra de historia ese fragmento de papiro.[13] Allí se le daba la palabra a Terámenes, quien con argumentos eficaces defendía su línea: conducir unas negociaciones escondiendo los contenidos a sus conciudadanos. Era difícil para él sustraerse a la reputación de haber pretendido la confianza incondicional[14] para después enviar a la ruina a la ciudad que se había puesto, desesperadamente, en sus manos.[15] Lisias es perentorio acerca de este punto, pero aún más duro —aunque sin cargar las tintas, incluso en un estilo seco y objetivo— es el resumen de la conducta de Terámenes en aquellos meses, incluido en el segundo libro de las *Helénicas*.

4

El punto de partida de esa narración es la desastrosa batalla de Egospótamos (verano de 405); el punto de llegada es la capitulación de Atenas y la destrucción de la muralla (abril de 404): en medio, el asedio y la agónica resistencia de Atenas —que se extendió durante casi nueve meses— al bloqueo espartano después de la pérdida de la última flota.

El clima de feroz rendición de cuentas que se vivió al final de la guerra queda claro ya en el modo en que Lisandro, vencedor de Egospótamos quizá gracias a la traición, trata a los vencidos: con excepción de Adimanto, el general felón, único prisionero que Lisandro salva, todos fueron pasados por las armas. La traición es, como se sabe, parte esencial de la guerra. Sólo las «almas bellas» se estremecen frente al inevitable carácter sospechoso de los grandes líderes que han debido saldar cuentas con la obsesiva sospecha de traición. «No hay asunto que no requiera la utilización de espías», enseña el maestro Sun Tzu en el capítulo XIII de *El arte de la guerra*.

«Algunos» sostuvieron que Adimanto había querido «entregar las naves».[16] El autor de la «Acusación contra el hijo de Alcibíades»[17] —que quizá no es Lisias— da por demostrado que Adimanto «traicionó

---

12. Lisias, XII, 69.

13. Quizá las *Helénicas* de Teopompo, quien sabía mucho acerca de aquellos acontecimientos, a través de su maestro Isócrates.

14. Lisias, XII, 68: ἐκέλευσε αὐτῷ πιστεύειν.

15. Ibídem: ἐπαγγειλάμενος σώσειν τὴν πόλιν αὐτὸς ἀπώλεσε.

16. *Helénicas*, II, 1, 32.

17. Es el XIV de los discursos del *corpus* lisíaco.

las naves» y de modo tendencioso le atribuye como cómplice[18] a Alcibíades (padre del acusado).

En realidad, como bien sabemos, Alcibíades, a pesar de autoexiliarse por segunda vez y estar por tanto fuera de juego en sentido político, había intentado advertir a Adimanto, Filocles y los demás estrategos del error táctico que estaban cometiendo al aceptar combatir en Egospótamos, pero había sido rechazado con desprecio.[19] En sustancia, Alcibíades había identificado en ellos esa suerte de voluntad de perder que en la guerra raya en la traición: la de lanzarse a la palestra aceptando presentar batalla en una posición muy desfavorable. Por parte de Adimanto había algo más que una mera irresponsabilidad. En efecto, años después Conón lo llevaría ante el tribunal para rendir cuenta de aquellos acontecimientos.[20] De todos modos, Lisandro, en Egopóstamos, venció sin grandes esfuerzos y liquidó la última flota de la que Atenas podía disponer. Adimanto sería el único ateniense al que le fue perdonada la vida en la feroz hecatombe, llevada a cabo como represalia, de millares de prisioneros.[21]

En Atenas se anunció de noche la desgracia, cuando llegó la Páralos,[22] y un gemido se extendió desde El Pireo a la capital a través de los Muros Largos, al comunicarlo unos a otros, de modo que nadie se acostó aquella noche,[23] pues no lloraban sólo a los desaparecidos,[24]

18. Lisias, XIV, 38.

19. *Helénicas*, II, 1, 26.

20. Demóstenes, XIX, 191. A. Kirchhoff en *Jahrbücher für classische Philologie* 6.1, 1860, p. 240, sugirió que Conón no llevó a Adimanto ante el tribunal sino que simplemente lo acusó en un documento.

21. *Helénicas*, II, 1, 32: Filocles había hecho arrojar a un precipicio (una fosa común, diríamos hoy) a los prisioneros de una nave corintia. Existe además una tradición sobre Filocles, que se remonta a Teofrasto y está registrada por Plutarco (*Lisandro*, 13, 2), que tiende a presentarlo bajo una luz heroica. Lisandro, antes de pasar por la espada a los tres mil prisioneros atenienses capturados después de Egispóstamos, «llamó al estratego Filocles y le preguntó a qué castigo se hubiera condenado él mismo [...]. Filocles, no dejándose llevar en absoluto por la adversidad, le dijo que no adoptara el papel de acusador en ausencia de un juez. Dado que era el vencedor, no debía hacer otra cosa que infligir a los vencidos el tratamiento que habría sufrido si hubiese sido él el derrotado. Después de eso, habiéndose lavado y vestido una capa suntuosa, se puso a la cabeza de los otros prisioneros y fue a hacerse degollar, tal como lo cuenta Teofrasto».

22. La nave sagrada, portadora de las noticias oficiales.

23. César (*De bello civili*, I, 21, 5-6) quiso parafrasear estas célebres palabras a propósito de la angustia de los habitantes de Corfinio la noche primera de la rendición. Lo cual es un buen indicio de la autoestima del dictador.

24. En la matanza de los prisioneros impulsada por Lisandro (*Helénicas*, II, 1, 32).

sino mucho más aún por sí mismos, *pensando que iban a sufrir lo que ellos hicieron a los melios, que eran colonos de los espartanos,*[25] cuando los vencieron en el asedio y también a los histieos, a los esciones, a los toroneos, a los eginetas y a muchos helenos más. Al día siguiente tuvieron una asamblea en la que se decidió cerrar los puertos, salvo uno, reparar las murallas, poner en ellas centinelas y todo lo demás para preparar la ciudad para el asedio.[26]

Lisandro, sin embargo, no atacó enseguida, sino que se dedicó a la metódica demolición de cuanto quedaba en pie del imperio: intervino personalmente en Lesbos y en Mitilene, y envió a Eteonico a Tracia con la misión de hacer desertar a cuantos estaban todavía con Atenas. «También el resto de la Hélade se había separado de los atenienses inmediatamente después de la batalla naval, salvo los samios. Éstos degollaron a los ilustres y dominaban la ciudad.»[27] En este punto, recibidos los mensajeros de Lisandro (que Agis lleva a Decelia y Pausanias a Esparta), los espartanos lanzaron la movilización general de todos los peloponesios para invadir el Ática. Sólo los argivos se mantuvieron al margen. «El ejército peloponesio acampó junto a la ciudad, fuera de la muralla, donde había un gimnasio llamado Academia.» Mientras tanto, el cerco se cierra. «Lisandro,[28] cuando llegó a Egina, devolvió la ciudad a los eginetas, tras reunir al mayor número de ellos que pudo. *Lo mismo hizo con los melios* y otros que estaban privados de sus ciudades. Luego, tras saquear Salamina, ancló cerca del Pireo con ciento cincuenta naves e impedía la entrada a los barcos de carga.»[29]

Los atenienses, asediados por tierra y por mar, no sabían qué hacer: no tenían más naves, aliados, ni grano. Pensaban que no había salvación ninguna, *salvo sufrir lo que ellos hicieron, por vengarse, pues habían maltratado a hombres de pequeñas ciudades por insolencia y no por otra causa más que porque eran aliados de los espartanos.*[30]

25. Hay que señalar que aquí se retoman, como epíteto, las palabras con las que Tucídides «presenta» a los melios en el preámbulo del diálogo (V, 84, 2). Sobre esto cfr., más arriba, capítulo X.

26. *Helénicas*, II, 2, 3-4 [trad. de Orlando Guntiñas Tuñón, Gredos, Madrid, 2000].

27. *Helénicas*, II, 2, 5-6.

28. Quien capitaneaba una flota de doscientas naves (*Helénicas*, II, 2, 7).

29. *Helénicas*, II, 2, 8-9.

30. *Helénicas*, II, 2, 10. Para la integración, paleográficamente obvia y no problemática, de un <no> (οὐ) antes de συνεμάχουν, cfr. L. Canfora, «Per una storia del

Por eso tomaron la decisión de restituir los derechos políticos a los *atimoi*, y la llevaron hasta las últimas consecuencias. Mucha gente en la ciudad moría de hambre, pero ellos no pretendían abrir negociaciones de paz con el enemigo. Sin embargo, cuando las reservas de grano se acabaron del todo,[31] mandaron embajadores a Ágidas.[32] La propuesta era que Atenas quería ser aliada [*sic*] de los espartanos conservando sin embargo las murallas del Pireo; en estas condiciones estaban dispuestos a suscribir un tratado de paz. Ágidas les respondió que fueran a Esparta, que él no tenía el poder para tomar esa decisión. Los embajadores refirieron la respuesta a Atenas, y entonces los atenienses invadieron Esparta. Cuando llegaron a Selasia, en el límite con Laconia, y los éforos tuvieron conocimiento del hecho de que éstos llevaban las mismas propuestas que habían presentado a Ágidas, recibieron la orden de largarse con esta puntualización: si en verdad queréis la paz, volved después de haber tomado mejores decisiones. Ellos, una vez regresados, refirieron la respuesta a la ciudad. Todos fueron presa del abatimiento. Pensaban, ahora, que serían reducidos a esclavitud; hasta que no enviaran nuevos embajadores muchos morirían de hambre. Pero nadie quería sugerir que se discutiese la cuestión de la demolición de las murallas, puesto que Arquestrato había sido arrestado tras una sesión de la Boulé en la que había dicho que lo mejor sería aceptar la paz en las condiciones propuestas.[33] La propuesta era derrocar un tramo de diez estadios de las largas murallas, en cualquiera de sus vertientes.[34] Entonces fue aprobado un decreto que prohibía llevar a debate el asunto de las murallas.

---

dialogo dei Melii e degli Ateniesi», *Belfagor,* 26, 1971, p. 426. Para ἐκείνοις con valor reflexivo (ἑαυτοῖς), cfr. R. Kühner, B. Gerth, *Satzlehre*, I, p. 649.

31. *Helénicas*, II, 2, 11: παντελῶς ἐπελελοίπει. Aquí se aprecia muy bien el carácter de apuntes no revisados de estas páginas. En efecto, poco después (II, 2, 16) se dice que Terámenes hizo que pasaran otros tres meses «*a la espera de que se acabaran las reservas de trigo*». Por tanto, παντελῶς ἐπελελοίπει quedaba modificado.

32. El rey de Esparta al mando de las tropas que ocupaban Decelea.

33. Nótese la gravedad del procedimiento: Arquestrato fue arrestado por haber dicho algo en una sesión del Consejo, no por una propuesta formalizada como decreto ni por haber señalado un *probuleuma*.

34. Esta noticia es cuanto menos sorprendente: no se ve, en base al relato contenido en las *Helénicas*, cuándo habían tomado forma estas propuestas espartanas, visto que los delegados atenienses enviados a Esparta, de los que se habla poco antes, no habían sido ni siquiera recibidos por el rey. Buena parte de esta narración discontinua –poco más que un acopio de apuntes– se comprende si se la vincula a la reconstrucción de los hechos contenidos en el *Contra Agorato* de Lisias (5-10). Allí se habla de los delegados espartanos que llevaron a Atenas la exigencia a la que hace referencia Arquestrato.

En esta situación, Terámenes declaró ante la asamblea que si los atenienses estaban de acuerdo con mandarlo a ver a Lisandro, él volvería tras haber averiguado si la intención espartana era la de *reducir a Atenas a la esclavitud* y por eso insistían en la cuestión de las murallas o si en cambio lo hacían sólo para obtener una garantía fiable. Fue enviado.[35] Se dirigió hacia Lisandro *por más de tres meses, a la espera del momento en que los atenienses estuvieran dispuestos a aceptar cualquier propuesta a medida que se terminaban sus reservas de trigo.*

En el cuarto mes volvió a Ateneas y *declaró que había sido Lisandro quien lo había entretenido* y que de todos modos lo emplazaba a dirigirse directamente a Esparta, con plenos poderes, con otros nueve embajadores. Mientras tanto Lisandro mandó a Esparta, a toda prisa, a Aristóteles, un desertor ateniense,[36] para que informase a los éforos de lo que le había respondido Terámenes: que eran ellos quienes debían decidir acerca de la paz o de la guerra.

Terámenes y los demás, una vez llegados a Selasia, fueron interrogados por los éforos: «¿con qué *logos* habéis venido aquí?», y respondieron que apenas tenían poder en materia de acuerdos de paz.

Sólo entonces los éforos ordenaron que fueran convocados.

Cuando estuvieron presentes, los éforos convocaron una asamblea en la que corintios y tebanos sobre todo, pero también muchos otros griegos, solicitaban no aceptar ninguna propuesta para llegar a un acuerdo con los atenienses, sino extirparlos. Los espartanos replicaron

35. Debe notarse que Terámenes se empeña en determinar, apelando directamente a las fuentes, si los espartanos pretendían proceder a la *andrapodismòs* de Atenas. *Andrapodismòs* significa destrucción de la ciudad y reducción a la esclavitud de sus habitantes. Tal era, por otra parte, el temor principal de los atenienses desde el principio, desde que se había recibido la noticia del desastre de Egospótamos («temían sufrir lo que ellos mismos hicieron a los melios»: II, 2, 3). Cómo sería posible una solución tan extrema se explica indirectamente: Atenas ha infringido ese tratamiento feroz a ciudades griegas (Melo, Espión, etc.) y además ha adoptado en la guerra comportamientos inaceptables hacia prisioneros griegos. En II, 1, 32 leemos con cierta incomodidad que el estratego ateniense Filocles, hecho prisionero, fue decapitado en el mismo lugar, inmediatamente después de Egospótamos, porque «había empezado a adoptar comportamientos ilegales respecto de los griegos», como le reprocha Lisandro en el interrogatorio que precede a la ejecución. Tucídides (I, 23, 2) señala la extrema ferocidad de la destrucción de las ciudades griegas sucedida en el curso de la guerra.

36. Este oligarca ateniense al que Lisandro da refugio es sin duda el Aristóteles que figura en II, 3, 2 en la lista de los Treinta. Es también el Aristóteles que junto a Melancio y Aristarco, componentes de la Boulé de los Cuatrocientos, se había empeñado, en 411, en la construcción del muelle de Eetionea. Es asimismo el mismo Aristóteles que los Treinta mandarán a Esparta para convencer a Lisandro de instalar una guarnición espartana en Atenas para proteger mejor a los Treinta (II, 3, 13).

que no reducirían a esclavitud a una ciudad griega que había sido de gran ayuda en el momento de los mayores peligros corridos por Grecia. Por eso estipularon un acuerdo sobre la base de las siguientes cláusulas: *derrocar las Grandes Murallas y El Pireo; entregar todas las naves, con excepción de doce; hacer que volvieran los exiliados; tener los mismos amigos y los mismos enemigos que los espartanos; aceptar su guía por tierra y por mar allí donde ellos decidan guiarlos.*

Terámenes y los otros nueve embajadores llevaron este oráculo a Atenas. Mientras entraban en la ciudad una gran masa popular se agrupaba a su alrededor: ¡temían que hubieran regresado con las manos vacías! Y es que ya no se podía dilatar la situación *debido a la gran masa de muertos por el hambre.*

El día después los embajadores anunciaron las condiciones de paz dictadas por los espartanos. *El primero en hablar fue Terámenes.* Dijo: hay que obedecer a los espartanos y destruir las murallas. Algunos se levantaron para hablar en contra pero fue muy superior el número de quienes se pronunciaron a favor. Se votó aprobar las condiciones de paz.

Después de lo cual Lisandro desembarcaba en El Pireo y los exiliados volvieron y (ellos) derrumbaron las murallas al son de los flautistas, con gran celo y mucho tesón, considerando que de ese modo se daba inicio a la libertad de Grecia.[37]

5

El Terámenes de las páginas finales sobre el asedio y la rendición de Atenas es un frío intrigante, bien relacionado con el poder espartano, que decide servirse del crecimiento exponencial de las muertes por hambre en Atenas a fin de consumir una democracia imperial que de otro modo, y a pesar de todo, permanecía indómita. Por eso, conscientemente, permanece cerca de Lisandro, y durante tres meses no hace nada; sólo después de esa feroz tardanza decide moverse, de acuerdo con Lisandro, para llevar a la ciudad renuente a la capitulación y sobre todo a la destrucción de las murallas, que era el máximo objetivo espartano. No debe olvidarse que Terámenes confía a la asamblea el objetivo de sondear a los espartanos acerca de la cuestión crucial: es decir, si pretendían tratar a Atenas de modo destructivo hasta el sometimiento total o si la destrucción de las murallas era solicitada como imprescindible condición con el único fin de tener una garantía (πίστις) contra toda veleidad de recuperación por parte ateniense.

37. *Helénicas*, II, 2, 1-23.

Este Terámenes es coherente con el Terámenes manipulador de la asamblea y pérfido director de la liquidación física de los generales vencedores en las Arginusas, tal como se presenta, con lujo de detalles, en el capítulo 7 del libro I de las *Helénicas*. Si todas estas páginas son el legado tucidídeo que Jenofonte ha simplemente «montado» para la circulación en libro, éste es, entonces, el Terámenes de Tucídides: el mismo que aparece en el capítulo-revelación del libro VIII, puesto en antítesis con la lealtad de Frínico, y después descrito en su hábil cambio de chaqueta frente a los más cercanos compañeros de aventura de la primera oligarquía, la de 411. El Terámenes del libro VIII y el Terámenes de legado tucidídeo incluido en las *Helénicas*[38] son equivalentes. No puede decirse que Tucídides atenuara el tono en la descripción de su acción insidiosa y exclusivamente dirigida a su propia afirmación.

Muy distinto es el Terámenes convertido en héroe y *libertatis vindex* del *Diario* jenofónteo de la guerra civil.

En su hábil reconstrucción de los acontecimientos de los Treinta, Jenofonte afirma desde un principio la legitimidad de su ascenso al poder. Están ausentes de su relato, por tanto, los detalles embarazosos acerca de la distorsión de que había nacido ese régimen, así como sobre la incómoda presencia de Lisandro y del ejército espartano, que en cambio Plutarco saca claramente a la luz en la «Vida de Lisandro». Al mismo tiempo, Jenofonte intenta distinguir, desde las primeras fases, entre la conducta correcta de Terámenes y el estilo de gobierno de Critias. El programa de gobierno era bueno –éste es el planteamiento de Jenofontes–, pero la actuación pronto encalló y fue desviada: «elegidos para redactar leyes con las que pudieran gobernarse, aplazaban continuamente el redactarlas y promulgarlas».[39]

Otro pasaje típico de este relato jenofónteo (que influyó también sobre la historiografía romana) es el juicio sobre los *bona initia*[40] del gobierno oligárquico: «a todos los que habían vivido, durante el régimen democrático, de la actividad de los sicofantes, o que se cernían amenazadores sobre los señores, los hicieron arrestar y los condenaron a muerte. La Boulé los condenaba de buen grado, y los otros, que sabían que no serían perseguidos, no encontraban nada que alegar». Enseguida se deriva hacia comportamientos abusivos. Sin embargo, también en este punto Jenofonte distingue responsabilidades: desde el momento en que los hombres en el poder empiezan a proponerse la disposición a su placer

38. *Helénicas*, I-II, 2, 23 (es decir, I-II, 3, 10).
39. *Helénicas*, II, 3, 11.
40. Cfr. la forma en que Salustio (*Catilina*, 51, 29) retoma estas palabras.

de la ciudad, mandan una delegación a Esparta, encabezada por aquel Aristóteles que ya se había destacado bajo la oligarquía anterior, para pedir el envío de una guarnición y de un harmosta.[41]

Aquí, repentinamente, Jenofonte pone en escena el creciente desacuerdo entre Critias y Terámenes. Análoga fórmula adopta Jenofonte en el libro I de los *Memorables* para sacar a la luz la discrepancia que se manifestó casi de inmediato entre Critias y Sócrates.[42] Tampoco en aquel caso se trataba de reivindicar el buen nombre del filósofo (quizá dejando en la sombra el hecho de que éste había sido uno de quienes «se quedaron en la ciudad»), sino de salvarse a sí mismo en cuanto partícipe de ese círculo.

Una vez que la guarnición espartana había tomado posesión de sus funciones comenzaron los arrestos ilegales. Terámenes se separa de los otros,[43] y Jenofonte registra, paso a paso, todas sus polémicas tomas de posición, incluso frases aisladas o réplicas; lo que significa implícitamente su constante proximidad con aquellos que poco más tarde –en el gran duelo oratorio con Critias y en la inmediata precipitación de los acontecimientos– se convierten en héroes verdaderos de todo el asunto. Es evidente que la reconstrucción de los intrincados acontecimientos y de los roles respectivos se vuelve ardua debido a la espesa capa de manipulaciones y supresiones. Por un lado, Critias es *damnatus* y por tanto la verdad acerca de él es negada: salvo Platón, los otros no hablan de ello. Por otro lado, Terámenes es ascendido a la categoría de héroe (por las razones ya expuestas) y por tanto igualmente la tradición respectiva no es digna de atención.

La impresión que queda es, en todo caso, que al regreso de Critias, junto con los exiliados que volvieron a la ciudad gracias a las cláusulas de la capitulación, Terámenes debió constatar que no tenía ya frente a sí el dócil instrumento que en 411/410 había actuado bajo sus directrices,[44] sino a un líder –endurecido por el exilio y por la experiencia en Tesalia– que no tenía intenciones de ceder el mando, esta vez, al viejo y consumado politicastro. Es sintomática la frase de Terámenes dirigida a Critias, que registra Jenofonte como testigo ocular: «puesto que tú y yo dijimos e hicimos muchas cosas con intenciones dema-

41. *Helénicas*, II, 3, 13.
42. *Memorables*, I, 2. Las dos *Rettungen* quedan rigurosamente separadas: Terámenes en las *Helénicas*, Sócrates en los *Memorables*.
43. *Helénicas*, II, 3, 15.
44. Juicio póstumo a Frínico, llamada a Alcibíades.

gógicas».[45] Evidente alusión a su colaboración durante el denominado periodo de los Cinco Mil. Pero ahora Critias le hacía frente y no dudaba en ostentar su método realpolítico: «Quien quiera vencer no puede ceder ante los que deseaban tener más, de modo que no impidiese quitar de en medio a los más capaces.»[46] Una referencia dirigida precisamente a Terámenes.

Mientras tanto mucha gente era injustamente condenada a muerte.[47] Estaba claro que muchos se organizaban y se preguntaban: ¿adónde iría a parar la *politeia?* Por su parte, Terámenes manifestaba su desacuerdo afirmando: «Si no implicamos en nuestro régimen a un número suficiente de personas el régimen no podrá durar.» Premisa seguida por la impugnación de la lista de los Tres Mil ciudadanos de *pleno iure* preparada por Critias. También sobre este punto Jenofonte sigue largamente el *dicta Theramenis.* Decía: «Terámenes, por su parte, alegaba respecto a este punto que le parecía ridículo, primero porque querían hacer partícipes a los mejores ciudadanos, tres mil, como si este número tuviese necesariamente por lógica que ser el de los perfectos y no fuera posible encontrar personas competentes fuera de ésos y depravados *(ponerós)* dentro de ellos.» Y agregaba: «Me parece que estamos haciendo dos cosas muy contradictorias, preparando un gobierno fuerte y a la vez inferior a los gobernados.»[48] Si esta información es verdadera, se debería argüir que la decisión de limitar la ciudadanía a tres mil se manifestó con el correr del tiempo, no desde el principio; y que Terámenes impugnaba los presupuestos mismos sobre los que se apoyaba el experimento oligárquico. La oposición de Terámenes iba a exacerbarse poco después, cuando comienzan los arrestos arbitrarios de personas ricas: «Mas no me parece justo que nosotros», diría, «que nos proclamamos los *mejores* cometamos mayores injusticias que los sicofantes. Pues aquellos dejaban vivir a quienes desposeían de sus bienes; ¿mataremos nosotros a personas que no tienen ninguna culpa solamente para apoderarnos de sus bienes?»[49]

En este punto, tras la proclamación de tan radical desacuerdo, empezó la persecución. Primero lo desacreditaron frente a cada uno de los buleutas, sosteniendo que su intención era derrocar al gobierno. Después formaron un grupo de esbirros preparados para intervenir en el

45. *Helénicas,* II, 3, 15: τοῦ ἀρέσκειν ἕνεκα τῇ πόλει.
46. *Helénicas,* II, 3, 16.
47. *Helénicas,* II, 3, 17.
48. *Helénicas,* II, 3, 19.
49. *Helénicas,* II, 3, 22.

transcurso de la reunión de la Boulé, en la que Critias iba a desencadenar el ataque. El ataque de Critias[50] no deja espacio a los compromisos: la orden es la eliminación física del potencial traidor. Quizá en esta laboriosa reescritura tenemos al Critias sustancialmente auténtico: no se puede decir lo mismo de la réplica de Terámenes,[51] en la que algunos pasajes tienden abiertamente a dibujar un retrato de «mártir» y a remodelar el entero perfil de su carrera.

6

De acuerdo con el relato de Jenofonte, Terámenes, en un determinado momento de su apología, replicando el ataque lanzado por Critias, habría dicho: «Por otra parte, sobre lo que dijo, que yo soy capaz de cambiar en cualquier ocasión, considerad lo que voy a deciros: efectivamente el gobierno de los Cuatrocientos lo votó el mismo partido popular (ὁ δῆμος), informado de que los espartanos darían más fe a cualquier gobierno antes que a la democracia. Pero cuando aquéllos no aflojaron nada y el grupo de estrategos de Aristóteles, Melantio y Aristarco fueron descubiertos mientras construían un parapeto en el dique, por el que querían recibir a los enemigos y someter la ciudad a sí mismos y a su grupo; si yo al advertirlo lo impedí, ¿es esto ser un traidor de los amigos?»[52]

En estas palabras que Jenofonte atribuye a Terámenes hay un elemento de evidente inverosimilitud. Terámenes, acusado por Critias de haber traicionado a los «amigos» (los heterios) en la época de la primera oligarquía, se defendería confirmando la acusación frente a un consejo que condenaba la acción con la que a su vez Terámenes había propiciado la caída de los Cuatrocientos. Lo haría, por añadidura, acusando a Aristóteles, uno de los Treinta, presente allí para escuchar la apología del acusado. Además, haría responsable a Aristóteles y a los otros (Melancio y Aristarco) de haber construido ese muelle con el propósito de facilitar la entrada en la ciudad del «enemigo». Es decir, de los espartanos, que en ese momento son los aliados de Atenas y los protectores de los Treinta (además de interlocutores del propio Terámenes, hasta hacía unas pocas semanas). Por otra parte, subrayaría la acusación precisando que Aristóteles (allí presente) y Melancio y los demás pretendían, una

50. *Helénicas*, II, 3, 24-34.
51. *Helénicas*, II, 3, 25-49.
52. *Helénicas*, II, 3, 45-46.

vez introducidos en la ciudad los «enemigos», imponer en la ciudad el dominio de los «heterios»; es decir, de aquellos a quienes el propio Terámenes había llevado al poder siete años antes y que ahora habían vuelto a él con su complicidad directa.

En definitiva —como ya hemos visto por otros indicios— es evidente que el discurso (jenofónteo) de Terámenes no tiene ninguna posibilidad de ser una paráfrasis plausible de las palabras dichas efectivamente por Terámenes; quien, como es obvio, jugaba a ganar, no a perder. Por lo tanto, no puede haber hablado con la intención de estimular en su contra la hostilidad de los presentes, en particular de los más influyentes. (Como mucho, puede considerarse plausible esa parte en que el ataque se concentra sobre Critias e intenta denunciar los comportamientos filo-«populares» en Tesalia, no necesariamente conocidos por los otros, y por tanto capaces de molestar y de levantar sospechas entre los oligarcas más rigurosos.)

Por tanto, el problema es el siguiente: ¿por qué Jenofonte lo hace hablar de ese modo? Porque así contribuye a la creación de una imagen positiva de Terámenes, del Terámenes destinado, poco más tarde, a un final socrático y a ser el intrépido asertor de la verdad, aunque fuera ante la presencia de un auditorio adverso. A Jenofonte, se podría decir, le salió mal la *apología de Sócrates*, pero en compensación le salió bien esta (inverosímil) *apología de Terámenes*. Apología que le importaba mucho más que la otra, porque la recuperación bajo una luz heroica-positiva del intrépido Terámenes reverberaba indirectamente también sobre su persona, así como sobre todos aquellos que a posteriori, a toro pasado, querían hacer hincapié en la distinción entre distintas líneas políticas (una, derrotada pero noble, cuya cabeza visible era Terámenes) en el interior del gobierno de los Treinta.

7

Otro elemento que parecer vincular idealmente a Terámenes con Sócrates, ambos en la diana de los Treinta, es la referencia circunstancial, por parte de Terámenes, a la muerte de León de Salamina;[53] episodio al que está ligado la clamorosa «desobediencia» de Sócrates a los Treinta.[54]

---

53. *Helénicas*, II, 3, 39.
54. Platón, *Apología*, 32c. Querían comprometerlo encargándole el arresto de León, pero él se negó. Cfr. también la *Séptima carta*, 324e; 325c.

También en este caso Jenofonte parece haber querido embellecer la figura de Terámenes con otro elemento socrático, probablemente ausente en el «verdadero» discurso de Terámenes. Deriva de allí un anacronismo. Terámenes habla de la muerte de León como si se tratara de un acontecimiento pasado, ubicándolo como el primero de los episodios que habían creado las bases para la formación de una oposición; después se habían producido los casos de Nicerato, hijo de Nicias, y de un tal Antifonte, y más tarde el ataque a los metecos. En cambio Sócrates, en la *Apología*, dice que por suerte para él los Treinta habían caído *poco después* de su desobediencia; de otro modo, se lo hubieran hecho pagar. No parece que se puedan conciliar ambas cronologías. La de Sócrates parece la más plausible. El Terámenes de Jenofonte en cambio está cometiendo un acto de acusación en el que pone juntos una serie de episodios sin darle demasiada importancia a la cronología. Es otro indicio de cuál es el fin que persigue Jenofonte en su formulación del discurso de Terámenes.

8

La operación de recuperación de Terámenes culmina en la serie de anécdotas sobre las intervenciones en su favor en el momento en que está por ser condenado. En Éforo (es decir, Diodoro, XIV, 4-5) eran «Sócrates el filósofo con dos de sus amigos» quienes trataron de arrancar a Terámenes de las manos de los servidores de los Once.[55] En la tradición biográfica sobre Isócrates, en cambio, es Isócrates quien salva a Terámenes *(Vida de los diez oradores*, 836f-837a).[56] El resto de la tradición acerca de Sócrates ignora el episodio. Es difícil seguir o imaginar las deformaciones gracias a las cuales esta tradición abiertamente fantasiosa se bifurcó (Sócrates-Isócrates), quizá por «culpa» de una variante gráfica.

55. Encargados de las penas capitales.
56. También aparece así en la *Vida anónima* (p. XXXIV, ed. Mathieu-Brémond).

Intermedio

XXIX. LOS ESPARTANOS NO EXPORTARON LA LIBERTAD: ISÓCRATES CONTRA TUCÍDIDES

> Creían que aquel día comenzaba la libertad para Grecia.
>
> *Helénicas*, II, 2, 23

1

Esta frase epigráficamente concluyente es contestada frontal y duramente por Isócrates en el *Panegírico*, que es, como se ha dicho, una réplica a la por entonces reciente difusión, por mano de Jenofonte, de Tucídides completo. (Isócrates empezó a trabajar en el *Panegírico* alrededor de 392 y lo terminó hacia 380 a. C.) Isócrates dice con toda claridad (§ 119) que «el fin del imperio de Atenas *fue la causa de todos los males de los griegos*», y poco antes: «¡en absoluto libertad ni autonomía!» (§ 117). La polémica es evidente tanto más si se considera el énfasis extremo de esta frase final del relato tucidídeo de la guerra.[1] Debe decirse aquí que la relevancia de ese final, contra el cual Isócrates se lanza vigorosamente, resulta aún más evidente si se considera la más antigua división en libros de las *Helénicas* (libro I hasta I, 5, 7;[2] libro II hasta II, 2, 23 pero comprendiendo la serie de notas en bruto, no desarrolladas, hasta II, 3, 9;[3] libro III desde II, 3, 10 hasta II, 4, 43).[4] De estos tres libros (equivalentes a los libros I-II de la división que se haría definitiva), los primeros dos son el legado tucidídeo (lo que demuestra que Tucídides registró *incluso el ascenso al poder de los Treinta*, mientras que en Samos continuaba durante seis meses más la desesperada resistencia de los demócratas en el poder convertidos en bloque, por extraordinaria concesión de una Atenas ya languideciente, en ciudadanos atenienses) y el tercero es el «Diario de la guerra civil» de Jenofonte.

---

1. Acerca de esto cfr., más arriba, cap. X.
2. Cfr. P. Vindob, Gr. 24568 (Papiro Rainer).
3. Cfr. Harpocración, *s.v.* Θέογνις.
4. Cfr. Harpocración, *s.v.* Πενέσται. Acerca de todo esto, cfr. la concluyente reconstrucción de R. Otranto, «La più antica edizione superstite delle Elleniche», *Quaderni di storia*, 62, 2005, pp. 167-191.

La frase final de *Helénicas*, II, 2, 23, muy leída y muy admirada, es asimismo muy oscura. Es un apunte braquilógico, a menos que no se trate de una ambigüedad intencional y particularmente pérfida. Los propios atenienses fueron obligados a derrocar las murallas, como se deduce claramente de Plutarco («Vida de Lisandro», 15). Plutarco refiere, en efecto, que, como arma de coacción contra los atenienses para imponerles también a ellos el cambio de régimen político, Lisandro desenfundó una acusación mortal: «Los atenienses habían violado los acuerdos de capitulación porque no habían procedido aún al derrocamiento de las murallas aunque ya había transcurrido el plazo en el que debían hacerlo.» Finalmente, bajo la amenaza de una completa reducción a esclavitud como represalia, los atenienses procedieron a la destrucción de las murallas. Lisandro «hizo venir de la ciudad a muchas flautistas y, reunidas también todas las que estaban en su campamento, al sonido de la flauta *hacía derrocar* las murallas». Κατέσκαπτε: a la luz de lo relatado justo antes, el verbo no puede significar otra cosa que *hacer derrocar*. La duda de los modernos frente a τὰ τείχη κατέσκαπτον sin un explícito y claro sujeto, en el final de *Helénicas*, II, 2, 23, es comprensible. Busolt dice que «die Verbündeten», los aliados de Esparta y los propios espartanos, pusieron manos a la obra en la destrucción de las murallas.[5] Otros también lo entienden así. Más prudente es Jean Hatzfeld, quien prefiere una forma impersonal: «et l'on commença à démolir les murailles».[6] Ludwig Breitenbach, en su comentario alemán (1884), se decanta por un misterioso «ellos comenzaron a destruir las murallas».[7]

Aclarado que los propios atenienses fueron obligados a cumplir la humillante operación, el problema de la frase final sobre la que estamos conjeturando nace de la fórmula *«pensando* que aquel día comenzaba la paz para Grecia». Es decir: aquellos que *derrocaban pensaban* esto. La ambigüedad del que así escribe sería máxima si pretendiese decir que los atenienses pensaban eso de verdad —preocupándose afectuosamente de los otros griegos, al fin libres— mientras destruían, bajo apremiante extorsión, las propias murallas, tan denodadamente defendidas hasta el último minuto. Está claro que quienes *pensaron* que «aquel día comenzaba la libertad para Grecia» habrán sido en todo caso los ex aliados y ex súb-

---

5. *Griechische Geschichte*, III, 2, Perthes, Gothaz, 1904, p. 1638.
6. *Xénophon, Helléniques*, Collection Budé, París, 1949, I, p. 82.
7. *Xenophons, Hellenizka*, I, Weidemann, Berlín, 1884[2], p. 185: «Sie fingen an, etc.»

ditos de Atenas, que asistían a la demolición del instrumento que había hecho temible y prácticamente imbatible a Atenas durante más de sesenta años: las murallas, precisamente.

Pero quizá esa frase final es sólo otro indicio de la extensión incompleta, de la naturaleza de apuntes no siempre completados o redactados, que tienen las páginas de las *Helénicas* acerca de los últimos años de la guerra.

3

Este memorable final se relaciona claramente, por otra parte, con el ultimátum espartano comunicado de manera solemne a Atenas al principio del conflicto (si no «dejáis libres a los griegos» tendréis guerra). Tucídides lo destaca al principio de su relato,[8] y lo retoma poco después de manera aún más enfática con la profecía de Melesipo, el encargado de lanzar ese ultimátum.[9] No cabe duda de que entre ambos textos —el ultimátum y la glosa con la que termina el relato de la guerra— hay un nexo intencional. Cosa que vuelve aún más comprensible la áspera réplica por parte de Isócrates.

8. Tucídides, I, 139, 3.
9. Tucídides, II, 12, 3: «*Este día* será para los griegos el principio de grandes desgracias.» En las *Helénicas* esto se retoma en la frase «aquel día [el de la destrucción de la muralla] comenzaba la libertad para Grecia».

Sexta parte
La guerra civil

> Tal es el círculo en el que giran todas las repúblicas, ya sean gobernadas o se gobiernen; pero rara vez restablecen la misma organización gubernativa, porque casi ningún estado tiene tan larga vida que sufra muchas mutaciones y permanezca en pie.
>
> MAQUIAVELO,
> *Discursos sobre la primera década*
> *de Tito Livio*, I, 2, 4

XXX. ATENAS AÑO CERO. CÓMO SALIR DE LA GUERRA CIVIL

1

Una vez más, en Atenas una asamblea popular derrocó la democracia. Bajo la mirada de Lisandro y con los espartanos en armas en la ciudad, la asamblea eligió a los Treinta: una magistratura extraordinaria que tenía el cometido de escribir una nueva constitución. Fueron elegidos los oligarcas más destacados. Entre ellos, Terámenes, quien, según Lisias, fue además el promotor de la propuesta. Pero esa vez el «coturno» sería rápidamente liquidado por hombres como Critias, más desprejuiciados y quizá también, a diferencia de Terámenes, favorables a la ruptura con el pasado de Atenas, aunque fuera casi imposible. Así empezó el feroz régimen de los Treinta.

Lo que sabemos sobre la rápida y traumática experiencia vivida por Atenas bajo los Treinta se lo debemos a un testigo que fue a la vez protagonista, pero que hace toda clase de esfuerzos por excluir su propia persona de la crónica de ese desventurado gobierno: se trata de Jenofonte, miembro de la caballería bajo los Treinta y cercano, junto a un tal Lisímaco, al mando de la formación, primero bajo los Treinta y después bajo los denominados Diez, la magistratura extraordinaria que tuvo lugar cuando los Treinta se retiraron a Eleusis.

En esta crónica, como sabemos, Jenofonte no pronuncia nunca su propio nombre; cosa comprensible, porque sin duda no era agradable recordar el haber participado de los Treinta, y acaso con cargos de relieve como el mando de la caballería, aunque sea compartido con un hiparco, el único a quien Jenofonte nombra, para hablar de él todo lo mal que se pueda. Por otra parte, años después, Jenofonte escribió un breve tratado sobre el perfecto *Comandante de caballería*, en el que se expresa como alguien que ha ostentado tal cargo. Es curioso que en los *Memorables* ponga a Sócrates a dialogar con un hiparco, del que sin embargo no dice el nombre. De todos modos su relato está claramente construido «desde el punto de vista» de la caballería de los Treinta. Sabe incluso que un ataque por sorpresa había pillado a la caballería de los Treinta al alba, mientras los soldados se levantaban y los palafreneros «hacían mucho ruido al almohazar los caballos»; por tanto no puede sino haber sido testigo ocular y partícipe del acontecimiento. Más allá de todo, los únicos combates de los que tenemos noticia son precisamente aquellos en los que estuvo implicada la caballería.

La caballería fue el arma que los Treinta quisieron comprometer principalmente, quizá por el origen social de sus componentes. Cuando Critias concibió, en su creciente crueldad, la masacre de Eleusis, fueron los miembros de la caballería –en particular, nota Jenofonte, el hiparco Lisímaco– quienes se encargaron de la ejecución material del oscuro asunto. Los habitantes de Eleusis fueron obligados a salir en fila por una pequeña puerta de la muralla de la ciudad que daba a la playa, y allí, extramuros, estaban los caballeros formados en dos filas: un mortal pasillo humano del que nadie escapó. Critias habló claro y dijo a los miembros de la caballería: «Si este régimen os place, debéis compartir también sus riesgos», después de lo cual los impulsó, en presencia de la guarnición espartana, a votar en pro o en contra de la condena a muerte de los prisioneros. Jenofonte registra minuciosos detalles sobre los caballeros: que «los palafreneros hacían ruido al almohazar los caballos» (*Helénicas*, II, 4, 6) y que en los primeros choques con Trasíbulo resultó muerto un caballero de nombre Nicóstrato, apodado «el Bello» (II, 4, 6); que después de la caída del Pireo en manos de los rebeldes «los caballeros dormían en el Odeón junto a sus caballos y escudos» (II, 4, 24); que Lisímaco, uno de los hiparcos, hizo matar a algunos campesinos durante una salida, a pesar de las súplicas de éstos y de las protestas de algunos caballeros (II, 4, 26), y que, a su vez, en una salida los hombres de Trasíbulo «mataron a Calístrato, de la tribu de Leóntide» (II, 4, 27); y así sucesivamente. De los dos hiparcos, ambos integrantes del mando durante los Treinta, nombra a uno solo, Lisímaco, y le endosa las más graves brutalidades con un vago tono de delación: del arresto de los ciudadanos de Eleusis a la masacre de los campesinos desarmados (II, 4, 26: «Lisímaco, el jefe de la caballería, los decapitó»).

Critias murió en un enfrentamiento con los hombres de Trasíbulo, el antiguo adversario de 411, descendido una vez más al campo a luchar contra la oligarquía con un ejército de exiliados. La inesperada derrota y la pérdida del verdadero jefe del régimen dispersaron a los supervivientes de los Treinta. Al describir la escena del «día después», a la que sin duda asistió, Jenofonte parece imitar una escena análoga del relato de Tucídides, la de los Cuatrocientos, «el día después» de la destrucción de la muralla de Eetionea. Abandonados y depuestos por quienes los sostenían, los supervivientes de los Treinta se refugiaron en Eleusis. En Atenas fueron elegidos los Diez, a cuyo mando se sumaron dos hiparcos. La fiel caballería no había seguido el destino de los Treinta; incluso el cruel Lisímaco se quedó con los Diez. Así, también el relato de Jenofonte abandona en este punto a los Treinta a su destino y prosigue narrando cómo terminaron los Diez, cómo los propios espartanos, sobre todo el rey Pausanias por rivalidad hacia Lisandro, los indujeron a una pacificación con Trasíbulo y los suyos; pero sobre todo —es éste una vez más el hilo conductor— nos cuenta qué hicieron los miembros de la caballería en esta última y difícil etapa de la guerra civil. Jenofonte relata todos los detalles acerca de ellos. No confiando en nadie, hacían continuos turnos de guardia. Su temor era obviamente un ataque sorpresa por parte de los hombres de Trasíbulo, ya establecidos en El Pireo. Los caballeros —prosigue— eran los únicos que osaron hacer salidas en armas fuera de la ciudad, y de vez en cuando conseguían sorprender a algún adversario en el campo. En una ocasión se toparon con un grupo de campesinos exoneos; el hiparco Lisímaco los hizo matar, a pesar de que imploraron para salvar su vida. Fue una escena muy penosa, «y muchos caballeros», comenta, «protestaron por ese hecho». En otra ocasión un caballero cayó en una emboscada de los hombres de Trasíbulo y fue asesinado; se llamaba Calístrato y era de la tribu Leóntide. Esta crónica es acaso el único relato en el que se narra también la emboscada de un único caballero, del que se dan el nombre y la tribu. Peor que aquellas monografías acerca de las cuales dirá Polibio que por necesidad agigantan los hechos, y narran incluso los episodios menores y accesorios, «como por ejemplo los choques y combates en los que mueren quizá diez soldados, o incluso menos, y aún menos caballeros» (XXXIX, 12, 2-3).

El fin de los Diez fue impulsado por el rey espartano Pausanias, llamado en ayuda de ellos, pero claramente favorable a Trasíbulo y a la restauración de la democracia en Atenas. Jenofonte, que quizá estuvo entre los miembros de la caballería atenienses que Pausanias sumó a sus propias tropas, lo dice explícitamente: «trataba de que no fuera evidente el hecho de que él era favorable a los de Pireo», pero «mandaba a decirles, a escondidas, qué propuestas debían hacerle llegar». Pausanias detestaba a Lisandro, que habría hecho de una Atenas bajo su control la base de un peligroso poder personal.

La paz impuesta por Pausanias favorecía sustancialmente a los demócratas, quienes en efecto obtendrán el control de la ciudad, mientras reservaba a los irreductibles secuaces de los Treinta y de los Diez la posibilidad de retirarse indemnes a Eleusis. Durante cerca de tres años, Eleusis fue como una pequeña república oligárquica independiente, hasta que, a traición, según lo que sin muchos detalles cuenta Jenofonte en las últimas líneas de su crónica, los demócratas acabaron con ella.

Con el regreso de Trasíbulo y su célebre discurso de pacificación se interrumpe la crónica de Jenofonte.[1] El discurso pronunciado por Trasíbulo, una vez regresado a Atenas con los suyos y después de haber subido a la Acrópolis para hacer sacrificios a Atenea, es quizá el testimonio directo más importante acerca de la compleja conclusión de la guerra civil.[2] Singular destino de la página final de las *Helénicas:* el duro discurso de Trasíbulo termina por aparecer, en la interpretación moderna, como una intervención en favor de la paz.

2

La escena en la que Trasíbulo habla frente a la asamblea es posterior a la de la subida a la Acrópolis de parte de los «libertadores» en armas. La única intervención a la que el relato da lugar es precisamente la de Trasíbulo: «Cuando descendieron, convocaron una asamblea [no está claro quién la convocó, porque en este punto el texto es opinable] y Trasíbulo habló.» Para los modernos, estas palabras sólo responderían a las obligaciones estipuladas en los acuerdos de paz.

Es sabido cómo terminó la guerra civil. A pesar de las versiones «patrióticas», muy presentes en la oratoria del siglo IV, está claro, sobre todo en la minuciosa crónica jenofóntea, que el peso militar ejercido por la potencia vencedora, es decir Esparta, y sobre todo el desacuerdo entre Pausanias y Lisandro (adversario el primero, partidario de los Treinta el segundo) determinaron, finalmente, la derrota de los Treinta y de los Diez. Trasíbulo y los suyos no ganaron, por tanto, en el campo de batalla, aun cuando obtuvieran significativos éxitos parciales: volvieron, con todos los honores, a la ciudad porque Pausanias decidió abandonar a los Treinta a su destino (y en todo caso les reservó un pequeño territorio autónomo, en Eleusis, ajeno a la autoridad ateniense). Por eso el gozne de la pacificación, es decir, la «amnistía» (= «olvidar los males sufridos e infligidos»), no es sino el resultado previsible de

---

1. En este punto, en el paso del segundo al tercer libro de las *Helénicas*, hay un verdadero hiato. Jenofonte opta por un expeditivo resumen de otro de sus libros, la *Anábasis*, que finge atribuir a un imaginario Temistógenes Siracusano, después de lo cual pasa a las campañas espartanas en Asia, de las que —como veremos— fue, una vez más, testigo directo.

2. Jenofonte, *Helénicas*, II, 4, 39-42.

este equilibrio de fuerzas, de este final acordado y tutelado para la guerra civil. La amnistía es coherente con el modo en el que la guerra civil concluyó, pero está en los antípodas de lo que, terminada la ceremonia en la Acrópolis, Trasíbulo dice a los adversarios y a los suyos, en su improvisado mitin.

«Hombres de la ciudad (ὑμῖν ἐκ τοῦ ἄστεως)», término que connotaba en esa época a los partidarios activos o incluso sólo «pasivos» frente a la dictadura, «os aconsejo que os conozcáis a vosotros mismos (γνῶναι ὑμᾶς αὐτούς).» Parece casi una nueva versión (¿o un retorcimiento?) del conocido precepto socrático. También Sócrates –como se sabe– había «permanecido en la ciudad». «Y os podéis conocer sobre todo si reflexionáis acerca de a qué responde vuestro sentimiento de superioridad, que os impulsa a intentar dominarnos. ¿Es que sois más justos? Bien, el pueblo, que es más pobre que vosotros, nunca os ofendió en nada por riquezas, pero vosotros, que sois más ricos que todos, habéis cometido muchas cosas vergonzosas por avaricia. Y ya que de la justicia nada podéis reclamar, mirad, pues, si por vuestro coraje os debéis sentir orgullosos. ¿Y qué mejor juicio de ello habría que cuando luchamos unos con otros? ¿Mas diréis que nos aventajáis en sabiduría política [¡la γνώμη!, palabra típica de la orgullosa reivindicación oligárquica], que nos superáis? ¿Vosotros estaríais dotados de γνώμη, vosotros que, teniendo murallas, armas, dinero y aliados peloponesos, habéis sido acosados por quienes no tenían nada de esto?» Falso, y mucho más chocante aún viniendo de Jenofonte, porque el relato inmediatamente precedente muestra con claridad el papel determinante del rey espartano Pausanias al favorecer la victoria de Trasíbulo y de los suyos.

«¿O es que fundáis sobre los espartanos vuestra pretensión de superioridad? ¿Acaso no veis que han hecho con vosotros como se hace con los perros rabiosos cuando se atan con cadenas? Así lo hacen ellos con vosotros: ¡os han dejado como botín a vuestras víctimas, como botín a nosotros, que hemos sufrido vuestra injusticia, y se han ido!» Declaración amenazadora, en la que se deja entrever que los oligarcas alimentan todavía pretensiones hegemónicas fundadas en un pretendido apoyo espartano y en el que la verdad histórica sobre el papel de Esparta es sacada a la luz de la manera más polémica posible: para eclipsar el hecho de que la partida de los espartanos del Ática podría, a espaldas de las cláusulas de la amnistía, abrir amplios espacios a las venganzas y los castigos personales de los hombres comprometidos con el régimen anterior. Pero inmediatamente después, Trasíbulo se frena. En efecto, agrega: «Sin embargo, camaradas míos [aquí les habla a los suyos, dividiendo en dos al auditorio], al menos a vosotros os exijo que no quebrantéis nada de lo que habéis jurado, mas incluso deis prueba de lo siguiente además de otras cosas buenas: que sois fieles a lo jurado, y piadosos.»

Discurso probablemente verídico, y oído por Jenofonte en persona, y sin duda con el recelo de quien había estado con los Treinta y después con los Diez. Discurso muy duro y amenazador, a pesar de la conclusión políticamente dirigida a refrenar los ánimos a los suyos, a los que había instigado hasta ese momento.

Jenofonte ha referido las palabras del adversario por la parte que chocaba más frontalmente con el clima de reconciliación. Ha querido dar relieve a la *oratio recta* precisamente en la parte polémica y que no dejaba entrever nada bueno. La segunda parte del discurso de Trasíbulo, colmada de las contraseñas del momento, la resume Jenfonte en dos frases, que en realidad corren el riesgo de parecer casi irrisorias después de lo que acabamos de oír. Así es como Jenofonte parafrasea ese final: «Después de exponer esto y otras razones semejantes, y también que no se debía en absoluto promover desórdenes sino servirse de las leyes antiguas, levantó la asamblea.»

Sin embargo, es la inmediata continuación del relato lo que vuelve particularmente venenosa y polémica esta reconstrucción historiogáfico-memorialista. Acortando los tiempos y falseando drásticamente la cronología, Jenofonte hace de modo que la feroz e inesperada agresión contra «los de Eleusis» (es decir, contra los secuaces de los Treinta que no habían aceptado quedarse en la ciudad después de la pacificación) –agresión que tendrá lugar casi tres años más tarde– es colocada aquí al abrigo de las palabras de Trasíbulo. «Entonces», así continúa el relato jenofónteo, «eligieron a los magistrados y se reemprendió la *routine* habitual; aunque más tarde, como oyeran rumores de que los de Eleusis pagaban a mercenarios extranjeros, hicieron una expedición en masa contra ellos y dieron muerte a sus estrategos que habían venido para unas conversaciones, y a los amigos y allegados de éstos les persuadieron de reconciliarse.»

Es evidente que, de este modo, el discurso de Trasíbulo asume una luz particularmente siniestra, y el acortamiento de la cronología aparece como mínimo intencionada. Equivale a decir: la masacre a traición de los jefes de Eleusis –¡violando el acuerdo de paz, y con el pretexto de simples «rumores» (ἀκούσαντες) del enrolamiento de mercenarios!– no es más que la materialización de la amenaza que Trasíbulo había lanzado al decir: «¿Acaso no veis que han hecho con vosotros como se hace con los perros rabiosos cuando se atan con cadenas? Así lo hacen ellos con vosotros: ¡os han dejado como botín a vuestras víctimas, como botín a nosotros, que hemos sufrido vuestra injusticia, y se han ido!» Trasíbulo, sin duda, había repetido las frases corrientes en los meses de los acuerdos de paz (que no se debían crear disturbios, etc.), pero después había obrado según su auténtica y radical intención, como quedó dramáticamente probado en la emboscada de Eleusis. Por eso Jenofonte refiere las palabras amenazadoras *in extenso*, tal como las había oído, mientras que las otras, puramente propagandísticas, las parafrasea con un escarnecedor desapego.

3

Esta operación funciona, y puede resultar convincente para el lector que no dispone de otras fuentes de información, por cuanto ambos acontecimientos son puestos en completa proximidad. Sólo el descubrimiento de la *Constitución de los atenienses* de Aristóteles ha puesto en evidencia esta manipulación. Por Aristóteles sabemos que «bajo el arcontado de Xenainetos (= 401/400)» sucedió la emboscada de Eleusis, por tanto unos tres años más tarde:[3] en concomitancia –podría decirse– con los enrolamientos de mercenarios de los que, en otra obra suya, nos habla el propio Jenofonte: por ejemplo, ese enrolamiento de mercenarios que llevó al propio Jenofonte a Asia, por sugerencia, según parece, del tebano Proxeno.

Pero la errónea cronología propuesta por Jenofonte tuvo éxito en la tradición historiográfica. La atidografía erudita del siglo siguiente, conocida por Aristóteles, puso en orden las fechas, frustrando el tendencioso engaño. Sin embargo, las antigüedades eruditas tienen una tradición distinta de la historiográfica y una influencia menor. Así por ejemplo, Justino (V, 10, 8-10), a pesar de reflejar una tradición del todo adversa a los Treinta y a los Diez, repite sin embargo la cronología ofrecida por las *Helénicas*. Incluso responsabilizando completamente a «los de Eleusis» de la nueva ruptura, Justino admite que ésta se puso en práctica de inmediato al calor del acuerdo de paz. «Establecida la paz de este modo, *unos pocos días después* [*interiectis diebus*], los tiranos se enfurecieron, indignados por el regreso de los exiliados como si ellos mismos hubieran sido relegados al exilio, como si la libertad de los otros implicara la esclavitud para ellos. *Por eso agradecieron a los atenienses* [*bellum inferunt*]. Pero, al acudir al diálogo con el ánimo de quien se apresta a retomar las riendas del poder, cayeron en una trampa [*per insidias*] y fueron capturados y masacrados como víctimas sacrificiales del tratado de paz.» La

---

3. Aristóteles, *Constitución de los atenienses*, 40, 4.

voluntad de presentar a los supervivientes de los Treinta como culpables sin duda lleva al autor (o a su fuente) a imaginar que estos oligarcas derrotados habrían reemprendido las hostilidades.

El elemento «per insidias» no puede, como es obvio, desaparecer; por otra parte no se explica, en el relato de Justino, cómo se pudo haber llegado a un encuentro en que esas *insidiae* pudieran producirse, si en verdad habían ya retomado las armas, y si ya «inferebant bellum»...

En realidad lo que sucede aquí es que una fuente «filodemocrática» ha elucubrado sobre el dato viciado de Jenofonte, sobre su cronología tendenciosa, que sería desenmascarada (por así decir) por los estudios antiguos, de los que deriva el opúsculo de Aristóteles. La tendenciosa cronología jenofóntea tiene además un objetivo personal, el de esconder un dato evidente a sus contemporáneos y conciudadanos: el hecho de que la cuestión de los «enrolamientos de los mercenarios», señalada como uno de los factores decisivos de la crisis de 401, lo implicaba a él mismo, dado que él se había beneficiado de esos enrolamientos al aceptar, a pesar de la prudencia aconsejada por Sócrates, embarcarse con Proxeno y Ciro para escapar de Atenas.

Sin duda con mayor sensatez que Justino (o que sus fuentes), George Grote —quien escribió antes del descubrimiento de la *Athenaion Politeia*—, aunque sigue de cerca a Jenofonte, lo armoniza aquí y allá con su propia orientación historiográfica. Así, el discurso de Trasíbulo, aunque Grote lo traduce íntegramente (V, p. 598), se vuelve, en su juicio conclusivo, una «invitación a los camaradas a respetar los juramentos recién hechos, y a observar una armonía sin reservas hacia los nuevos conciudadanos». Por otra parte, la emboscada de Eleusis (en la misma página) viene inmediatamente después de la arenga de Trasíbulo, y es presentada como el castigo evidente infligido a los irreductibles Treinta, quienes, con su intento de conquistar «a mercenary force at Eleusis» (dato que por otra parte Jenofonte sostenía haber oído, ἀκούσαντες, y al que se le confiere categoría de hecho verificado), fueron —escribe Grote— «la causa de su propia ruina». Ejemplo insigne de cómo los modernos se ven inducidos, con frecuencia, a mezclar sus simpatías e intuiciones con noticias provenientes de fuentes unilaterales o parciales.

En cuanto a Jenofonte, el carácter malicioso de su operación queda meridianamente claro en su frase final. Es la célebre frase con la que se cierra el libro, con la que concluía toda la obra, antes de que el relato fuera retomado, años más tarde, en el actual libro III, introducido, como hemos dicho, por un rápido resumen de la *Anábasis*. La frase final dice, de modo telegráfico y aparentemente impersonal, una cosa terrible: ¡que inmediatamente después de la masacre, los aterrorizados supervivientes de Eleusis fueron obligados a prestar juramente «de no guardar rencor»! Entonces agrega: «y aún ahora se gobiernan pacíficamente unidos y el pueblo permanece fiel a los juramentos». No se nos escapa el amargo sarcasmo de este cierre, a pesar de que a Gaetano De Sanctis, y a otros, le pareció la frase de un Jenofonte que rinde solemne testimonio de su lealtad al demos.

En el relato jenofónteo, Trasíbulo aparece, entonces (como, por otra parte, sucedió en la realidad), como el líder de la democracia radical, el político inclinado a cortar de raíz el mal del que había nacido la tiranía oligárquica. Todo su discurso en la Acrópolis, pronunciado frente a los suyos todavía en armas, suena como una reflexión sobre las características profundas del adversario: sobre las características económicas y culturales del tradicional comportamiento antipopular de esa clase, que en el feroz gobierno de 404/403 había encontrado una repentina y cruenta realización. Por eso Trasíbulo propugna un radical *arrasar con todo* (que sólo en parte se realizó con la violenta reunificación de Eleusis con el Ática en 401/400).

A pesar de la emboscada de Eleusis, ese «corte de raíz», que Trasíbulo había hecho centellear, no sucedió. La «democracia restaurada», tal como la conocemos a través de las numerosas fuentes del siglo IV, por la oratoria ante todo, fue distinta de la *politeia* radical de finales del siglo V, a la que se opusieron los oligarcas mediante la trama secreta y el golpe de Estado. En la democracia restaurada, la importante minoría de los no-propietarios, de aquellos que habían arropado a Trasíbulo en El Pireo, tendrá cada vez menos peso. Mucho menos que en los años en los que Cleón y Cleofonte habían dirigido la ciudad pospericlea, encontrando la oposición incondicional de los biempensantes, de Tucídides a Aristófanes.

XXXI. DESPUÉS DE LA GUERRA CIVIL: LA SALVACIÓN INDIVIDUAL (401-399 A. C.)

1

La «paz» fue, en verdad, no poco tormentosa. Lo sabemos gracias a Aristóteles. Éste nos informa, ante todo –cosa que Jenofonte omite decir–, de que no sólo los supervivientes de los Treinta sino también los Diez (y por tanto evidentemente también los hiparcos que habían compartido el poder con los Diez) fueron excluidos de la amnistía y debieron someterse a juicio: como por ejemplo un tal Rinon,[1] que por otra parte –asegura Aristóteles– supo salir bien parado. Nos hace saber también que ni siquiera los demócratas se habían puesto del todo de acuerdo; que Trasíbulo –quien, por así decir, había pasado a la historia como el hombre de la «amnistía»–,[2] precisamente Trasíbulo, había alentado las venganzas, que de hecho no tardaron en manifestarse; que además Trasíbulo quería conceder la ciudadanía a todos los que habían combatido a su lado, «incluso a algunos que eran sin duda esclavos»,[3] y que, en definitiva, de no haber sido por la prudencia del moderado Arquino, regresado también él con los demócratas, todos los buenos propósitos de la restauración democrática habrían fracasado. Pero precisamente Arquino no había dudado en hacer ajusticiar, sin juicio previo, a uno de los «supervivientes» del Pireo que había amenazado con arreglar cuentas

---

1. Aristóteles, *Constitución de los atenienses*, 38, 3-4.
2. La presentación más fuertemente orientada en este sentido es la que se lee en la breve y muy interesante *Vida de Trasíbulo* de Cornelio Nepote, octava de lo que se conservó del libro *Sobre los generales extranjeros*. El tono de Cornelio parece a tal punto convincente que el humanista Denis Lambin construye un comentario completo a las *Vidas* de Cornelio en función de esta de Trasíbulo (1569) como instrumento para caldear la pacificación entre posiciones opuestas en el ápice de las guerras religiosas en Francia. Por eso fue duramente criticado por influyentes sabios católicos, hasta el punto de que murió del susto tras la noche de San Bartolomé. Sobre este acontecimiento, véase L. Canfora, *Le vie del classicismo 2. Classicismo e libertà*, Laterza, Roma-Bari, 1997, pp. 18-43.
3. Aristóteles, *Constitución de los atenienses*, 40, 2.

con algún miembro del pasado régimen.[4] Por lo demás, el juicio intentado por Lisias contra Eratóstenes (que no había huido a Eleusis junto con los otros supervivientes de los Treinta, tras la muerte de Critias) es un indicio más de un clima nada «pacífico». En ese discurso, Lisias pide insistentemente que se ataque Eleusis, cosa que sucedería poco después[5] y de manera bastante traicionera. En particular, los caballeros «que habían luchado a favor de los Treinta» (incluido Mantiteo, defendido por Lisias) siguieron siendo considerados como un grupo en sí: cuando, en 399, los espartanos, empeñados en una guerra de desgaste en Asia como consecuencia de su apoyo a la fracasada rebelión de Ciro contra Artajerjes, pidieron tropas a Atenas (en nombre del tratado de 404 que imponía a Atenas «los mismos amigos y los mismos enemigos» que Esparta), los atenienses —observa Jenofonte— no supieron hacer nada mejor que mandar «a algunos que habían servido en la caballería con los Treinta, pues consideraban una ventaja para el pueblo enviarlos fuera e incluso perecer allá».[6]

2

Para el caballero Jenofonte, el ambiente en Atenas no era de los mejores. Además era amigo de Sócrates, a quien se reprochaba haber criado a Critias y también a Alcibíades («culpa» de la cual el propio Jenofonte se esforzará por exculparlo en los *Memorables).*[7] A Sócrates precisamente le pide consejo. Un viejo amigo tebano, Próxeno, lo invita a tomar parte de una misteriosa expedición, durante la cual prometía presentarle a Ciro, el hijo del difunto rey de Persia y hermano del actual soberano. Es el mismo Ciro que durante los últimos años de la guerra había ayudado a los espartanos a pagar el costoso sueldo de sus marineros: intervención determinante que había sustraído a Atenas la única verdadera arma, la supremacía marítima. Próxeno, amigo de Ciro, recogía en realidad adhesiones para la expedición que el príncipe se predisponía a dirigir contra su hermano, pero no podía revelar el objetivo: aludía a una expedición a Pisidia. Se trata tal vez del reclutamiento de mercenarios que dio inicio a la emboscada de Eleusis.

Se sabe que en esta ocasión Jenofonte había «desobedecido» a Sócra-

---

4. Ibídem.
5. Cfr., más arriba, cap. XXX, § 3.
6. Jenofonte, *Helénicas*, III, 1, 4.
7. Véase, más arriba, Introducción, cap. V.

tes. Éste le había aconsejado, aunque en vano, según parece, que pidiera consejo al oráculo délfico sobre la eventualidad de su viaje, aunque tampoco había dejado de explicarle el riesgo de enrolarse con Ciro, de quien los atenienses conservaban muy mal recuerdo. Pero Jenofonte ya estaba decidido a abandonar Atenas y se limitó a pedir consejo al oráculo sobre un detalle: ¿a qué dioses hacer sacrificios para augurar un buen viaje?[8] Así, en 401, quizá poco después de la matanza de Eleusis, Jenofonte desaparece de Atenas por una temporada bastante más larga de lo que dejaba entender el breve diálogo con Sócrates.

También en la *Anábasis* –donde este episodio es narrado con cierto énfasis, y donde por otra parte Jenofonte habla continuamente de sí mismo– la reticencia es grande, sobre todo en el punto principal: por qué Jenofonte había decidido desaparecer de Atenas. Sólo hacia el final del largo relato llegamos a saber que pendía sobre su cabeza una acusación (lo que significa que Jenofonte se había embarcado clandestinamente en Atenas para reunirse con Próxeno y Ciro en Sardes); y sabemos también que en 399, cuando ya –terminada la extenuante y tortuosa retirada– Jenofonte se disponía a volver a Atenas, la noticia de una condena en rebeldía en el exilio lo había inducido a permanecer en Asia, al servicio del nuevo comandante espartano, Tibrón. El mismo Tibrón al que, en el preciso momento en el que condenaban a Jenofonte al exilio, los atenienses habían confiado sin tapujos algunos miembros de la caballería de los Treinta, esperando librarse de ellos para siempre. El hecho de que la condena en rebeldía le haya caído precisamente en ese momento explica por qué Jenofonte no sólo permaneció al servicio de Tibrón sino también de sus sucesores: Dercílidas, y sobre todo Argesilao. En las *Helénicas*, como dejando ver, en su habitual modo sibilino, su propia presencia, Jenofonte se refiere a un no menos oscuro «jefe de los hombres que habían militado con Ciro» (de los *cirèi*), que no es otro que el propio Jenofonte, quien habla orgullosa y decorosamente con Dercílidas, comandante espartano.

Jenofonte sabía, en realidad, que su regreso a Atenas era imposible. Por eso durante la retirada de los «Diez Mil» no hizo más que maniobras de dilación, intentos de refundar su propia existencia; de allí la idea –que no gustó a sus hombres– de fundar una colonia en el Mar Negro para establecerse allí; de aquí también la aventura en Tracia. Cuando, pasados los Dardanelos, se encontró de vuelta en Europa, se cuidó bien de proponerse regresar a Atenas, pero se empeñó, al mando de los «Diez Mil» (reducidos ya casi a la mitad), en una campaña en Tracia, con la

8. Jenofonte, *Anábasis*, III, 1, 4-7.

perspectiva de quedarse, estrechando quizá los lazos familiares con el príncipe Seutes. Sólo los recelos respecto de Seutes y sobre todo el creciente malhumor de sus hombres lo indujeron a renunciar al proyecto. Pero en este punto, de manera inexplicable si no supiéramos lo que le esperaba en Atenas, Jenofonte vuelve a atravesar el estrecho y, por tierra, a través de la Tróade fue de Lámpsaco hasta Pérgamo, para entregar al nuevo comandante espartano los restos de la armada y permanecer él mismo a su servicio. Astutamente, la noticia de que le esperaba de manera inminente una condena al exilio[9] nos la da en el momento en el que se apresta, «por la insistencia de las tropas», a volver de Europa a Asia.

En definitiva, Jenofonte había dejado Atenas en 401 porque se vio implicado en un juicio. No es difícil imaginar que se tratara de algo que había acontecido precisamente cuando Jenofonte combatía, durante la guerra civil, en la caballería de los Treinta.

3

Hemos comenzado a conocer a Jenofonte, a seguirlo allí donde se esconde, en su obra, y deja trazas que quizá son también, desde su punto de vista, «imprudentes». Es la parte de su vida que él mismo tiene en poca estima, de la que borraría casi hasta el recuerdo: son los acontecimientos posteriores –aquellos de los que sí quiere hablar y mediante los cuales quiere afirmar su verdad– los que lo obligan a dar al menos algunos indicios. ¿Cuántos modernos, supervivientes de su implicación en regímenes «malditos», no han vivido la misma experiencia?

La gran aventura en Asia es la inesperada ocasión de su vida, el *akmé* del que quiere hablar y narrar, y para el que inventa un nuevo género: el diario de guerra. La marcha por el corazón de Asia hasta las puertas de Babilonia, la batalla de Cunaxa –una batalla de dimensiones ciclópeas por las masas de hombres involucrados y la longitud de los frentes–, la retirada, la participación en un comando colegiado (para él, que se había enrolado por libre, al modo de un curioso «periodista» griego) y finalmente la asunción, en solitario, del comando de los mercenarios pasados de Asia a Tracia para conducirlos a una campaña que Jenofonte tiende a contar con tono de epopeya. Significa, ante todo, el gran encuentro de su vida: la amistad con Argesilao, rey de Esparta. Jenofonte permanecerá definitivamente en el séquito de Argesilao, a quien le dedicará una biografía encomiástica en la que vuelve a utilizar partes enteras de las *Helénicas*.

9. Jenofonte, *Anábasis*, VII, 7, 57.

Con Argesilao volverá a Grecia[10] en 394, a una Grecia muy distinta de la que había dejado siete años antes: atenienses y espartanos estaban otra vez en guerra en campos contrapuestos, y en Coronea Jenofonte (que, por otra parte, había perdido la ciudadanía ateniense debido al exilio) se encontrará con Argesilao en campo espartano, y de vuelta en el Peloponeso recibirá de los espartanos el más alto de los dones: una especie de segunda patria, una finca en Escilunte, en Élide, donde permanecerá hasta que nuevas crisis, esta vez en el interior del Peloponeso, lo obligarán a partir hacia Corinto. Mientras tanto el exilio, determinado por acontecimientos remotos y por así decir pertenecientes a otra época, había sido revocado. No está claro cuándo exactamente; sus hijos –Grilo y Diodoro– también fueron miembros de la caballería ateniense, y Grilo murió en Mantinea en 362, combatiendo por Atenas. Según Aristóteles, en aquella época la autoridad del viejo Jenofonte era ya tan grande en Atenas que se prodigaron los encomios con ocasión de la muerte de su hijo.

Acerca de esta segunda fase de su vida, Jenofonte escribió una página autobiográfica de singular serenidad: una especie de nuevo exordio en el corazón de la *Anábasis*, que señala en cierto modo que allí comienza una segunda parte, escrita en otro momento. En esta página Jenofonte describe en tono idílico su propia existencia en la finca de Escilunte. Sin embargo, también aquí, donde todo parece claro y en calma, hay cierta oscuridad peculiar: parece comprenderse que una de las razones, y no la menor, de ese pasaje autobiográfico sea el de dar cuenta, de algún modo, del origen de una fortuna monetaria.

Jenofonte cuenta una historia tortuosa de diezmos votivos y de botines[11] que parece entrar en flagrante contradicción con la extrema pobreza en que declara encontrarse en las últimas páginas de la *Anábasis*.

En los últimos años Jenofonte vivió en Corinto, donde murió «muy viejo». Ésta y otras noticias las tenemos a través del orador Dinarco, quien había nacido en Corinto poco antes de que Jenofonte muriese, y donde pasó su juventud, hasta que se trasladó a Atenas a estudiar retórica y a ejercer el oficio de abogado.

4

Jenofonte no asistió al juicio a Sócrates. Había desaparecido dos años antes para unirse al ejército de mercenarios griegos enrolados por el

---

10. Jenofonte, *Helénicas*, IV, 3, 3.
11. Jenofonte, *Anábasis*, V, 3, 4-13.

joven Ciro, que se había rebelado contra su hermano Artajerjes. En el ejército del usurpador, Jenofonte fue testigo de una historia y de un mundo de grandes dimensiones. La muerte en combate de Ciro, la consecuente derrota de su ejército, y la matanza final de los jefes mercenarios en una emboscada urdida por Tisafernes, proyectaron a Jenofonte a una situación totalmente nueva: de mero corresponsal de guerra a comandante de una división. Así se encontró dirigiendo, junto a otros capitanes improvisados, la retirada de los «Diez Mil».

La asunción de una jefatura en esa extraña guerra de mercenarios griegos en fuga contra los persas –vencedores pero temerosos y finalmente fugitivos– y después contra innumerables poblaciones encontradas a lo largo del camino, fue la experiencia central de su vida: pretendía además fijar por escrito y documentar aquello que, como exiliado, había visto y comprendido. Puesto que esos acontecimientos de mercenarios en fuga por la satrapía del imperio había desvelado, entre otras cosas –tal como repetirá en diversas ocasiones Isócrates, a quien por cierto Jenofonte no le tenía ninguna simpatía–, la íntima fragilidad del imperio persa. En todo caso, el final apologético era importante: pretendía agregar una palabra clarificadora acerca de muchos puntos oscuros de la vida del autor de ese libro. Además circulaban otras *Anábasis*, de otros participantes en la empresa, y esto impedía que Jenofonte callara. En especial, acerca de una cuestión: sobre el propósito, según él nunca abandonado, de «volver» a la patria. Es casi un hilo conductor del relato. Se advierte en el modo sutil con que el autor, al principio, desliza casi inadvertidamente el dato biográfico más importante: el de haber permanecido junto a Ciro, cualquiera que fuera y cualquiera que resultara ser finalmente el objetivo de ese misterioso viaje. Después, en el curso de la retirada, se habían producido episodios clamorosos: Jenofonte había intentado inducir a los mercenarios a instalarse en el Ponto, a fundar allí una colonia, pero esta iniciativa no fue acogida favorablemente. En el relato de la *Anábasis*, las cosas se presentan de modo bien distinto: «Algunos tuvieron la osadía de decir que Jenofonte, queriendo fundar una ciudad en aquel punto, había persuadido al adivino para que dijese que los sacrificios no se mostraban favorables a la marcha» (VI, 4, 14). En el libro anterior, se ve obligado a recordar, para darlas por falsas, las acusaciones lanzadas contra él por los comandantes aqueos: «que Jenofonte en privado convence a los soldados para permanecer y hace sacrificios con este fin, mientras en público no revela sus intenciones» (V, 6, 27). Está, además, la digresión más impresionante, hiriente e inmotivada, y precisamente por eso contada sin ninguna aclaración que ilumine el sentido: la larga etapa en Tracia, cuando, pasados a Europa, los ya seis mil supervivientes de la larga marcha, ya sólo bajo el mando de Jenofonte (tras la muerte del espartano Quirísofo), en lugar de volver a sus respectivas ciudades, se ponen al servicio de Seutes, soberano-bandido local; y Jenofonte prácticamente se lanza a instaurar con éste un vínculo filial y se instala en Tracia. Aflora una vez más la acusación recurrente –«Jenofonte no quiere volver» (VII, 6, 9)– que Jenofonte se afana en refutar mediante un largo discurso (VII, 6, 11-38).

Allí, poco antes de las conclusiones, aparece una frase reveladora, precisamente porque a primera vista parece superflua. Jenofonte se ha reunido en Tracia, pocos meses antes, con Tibrón, el general que Esparta envió a Asia para combatir contra los sátrapas del Gran Rey. Para Tibrón, Jenofonte y sus hombres son un ejército mercenario disponible en el mercado, y por eso desde Asia se lo convoca alentándolos con ofertas. Ya de por sí este episodio revela en qué se habían convertido los «Diez Mil»: en un ejército de mercenarios disponible al mejor postor (y en este sentido Tibrón era más atractivo que Seutes). También en este caso la narración, vivaz y semejante a una crónica, con su rápida y colorida sucesión de acontecimientos presentados como en obvia y natural concatenación, deja en la sombra el sentido de lo que se cuenta. Para Jenofonte no es fácil conciliar la decisión, ya consumada, de ponerse a sueldo de Tibrón con el pretexto, repetido con frecuencia, de no haber abandonado el propósito de volver. Por eso se las ha de ver con lo que podría denominarse *el relato de un hecho no sucedido*.

He aquí el relato. Obtenido cuanto Seutes le debía, superadas las inevitables disputas entre los soldados por el reparto del botín, Jenofonte se mantiene al margen. «Jenofonte no compareció en el campo; estaba claro que se disponía a volver a la patria, ya que en Atenas su exilio no había sido aún sometido a votación.» Sus amigos se le acercan «y le piden que no se vaya antes de haber conducido fuera de Tracia a los hombres y de haberlos consignado a Tibrón [en Asia]» (VII, 7, 57). Jenofonte no declara abiertamente haber aceptado tal solicitud, pero ya en la línea siguiente él y sus hombres están en el mar, a la vista de Lámpsaco, el puerto sobre la vertiente asiática de los Dardanelos. Nada se dice acerca de cómo se procuraron las naves que hicieron posible la travesía; en cambio se refiere con multitud de detalles una conversación que Jenofonte tiene, en alta mar, con el adivino Euclides. Ésta discurre sobre la dificultad de Jenofonte para volver porque «no puede pagarse el viaje» y debe resignarse a vender su amado caballo. Poco más tarde sabemos que el caballo ha sido vendido por cincuenta dáricos y que después unos amigos lo volvieron a comprar y se lo restituyeron (VII, 8, 6) de modo que la dificultad material que le impedía el regreso parecía superada. La escena se desplaza a continuación de Lámpsaco a Pérgamo. Aquí una mujer afable acoge a Jenofonte y le sugiere un atraco muy rentable; él se aplica de inmediato a la labor, y asiste, en la última página de su relato, a una incursión nocturna tierra adentro que le proporciona doscientos esclavos y numerosas ovejas. La última noticia es que esa vez Jenofonte se queda con una buena parte del botín, aunque lo diga con un eufemismo. Llega Tibrón y se pone al mando de las tropas. Fin del relato. ¿Dónde está Jenofonte?

Lo entrevemos, sin que se mencione ya su nombre, en el libro III de las *Helénicas*, y comprendemos que ya no ha abandonado Asia. Tibrón ha sido sustituido por otro comandante espartano, Dercílidas, «Sísifo» para los soldados. Las operaciones de Dercílidas en Asia son relatadas con todo detalle: sus palabras, sus diálogos... La conducta de este comandante es muy apreciada por Jenofonte. Cuando llegan de Esparta los mensajeros de los éforos con el fin de prorrogar la comandancia de Dercílidas y elogiar su conducta, reprochando a los soldados por las incursiones realizadas bajo Tibrón, se levanta para hablar «el jefe de los cireos (es decir, de los mercenarios que habían luchado con Ciro) y dice pocas pero sabrosas palabras: «Bien, espartanos, nosotros somos los mismos ahora y el año anterior, mas uno es el jefe ahora y otro era el año pasado. Creo entonces que está clara la causa por la que nuestra conducta también ha cambiado» (III, 2, 7). «El jefe de los cireos» es, obviamente, el propio Jenofonte. Así sabemos, aunque sea veladamente, que el propósito de volver nunca se llegó a realizar; que Jenofonte –quien, en Tracia, en el momento de la despedida de Seutes, «estaba claro que se disponía a volver a la patria»– ha permanecido en Asia con Tibrón, y más tarde con Dercílidas; y continuará aún con Agesilao.

La dosificación de las noticias no es ingenua. Dividida entre dos obras distintas consiguen volverse más huidizas. En rigor, nada queda silenciado: bastaba con saberlo decir. El hecho de que pesara sobre Jenofonte, ya antes de su partida, una «votación» que decidió su «exilio» lo sabemos cuando la *Anábasis* está por terminar, y nos es dicho en un inciso que casi se pierde, dispuesto como está junto a la noticia que parecería más importante («estaba claro que Jenofonte se disponía a volver») y que sin embargo se refiere a un hecho que nunca iba a materializarse. Es inevitable deducir que precisamente esa inminente «votación», es decir el procedimiento en su contra que tuvo lugar antes de la partida de Jenofonte a Asia, haya sido el *primum movens* de todo el periplo: de la decisión de partir; de la continua tentación de establecerse en otro lugar, incluso entre los bárbaros tracios; y, en fin, del pasaje al servicio de los jefes espartanos que tuvo lugar en Asia en los cinco años que siguieron a la conclusión de la peripecia de los «Diez Mil».

Por eso Jenofonte no estuvo presente en el juicio a Sócrates. No sorprende, tampoco, que Sócrates le desaconsejara irse de Atenas, ya que el propio Sócrates, a su turno, decide precisamente no salvarse abandonando Atenas; lo cual, según sabemos por el *Critón* platónico, habría podido hacer hasta el último momento. Jenofonte hizo, entonces, desobedeciendo a Sócrates, lo que Sócrates no quiso hacer: se sustrajo a la justicia de su ciudad. En verdad, su situación debía ser bastante seria: dado que su condena fue el exilio, el delito debía ser de sangre; y sabemos que la amnistía de 403 no valía para estos delitos (Aristóteles, *Constitución de los atenienses*, 39, 5). Ello explicaría la decisión de retirarse a Eleusis, y la consiguiente de desaparecer en el ejército de Ciro cuando la república oligárquica de Eleusis fue derrotada a traición. También para Sócrates se trataba de un tardío contragolpe de la guerra civil: para él, que «había permanecido en la ciudad», como se decía entonces de aquellos que no se habían sumado a los demócratas del Pireo, y que, ante todo, era conocido por haber «educado» a Critias, como le fue reprochado *post mortem* en un conocido libelo e, incluso, muchos años después por Esquines en un discurso judicial de gran resonancia (I, 173). ¿Acaso su memoria no nos ha sido conservada por los jóvenes «ricos» de cuya amistad él se enorgullecía en la *Apología* platónica (23c)? Entonces el juicio en su contra, en 399, un año rico en juicios abiertamente disonantes con la letra y el espíritu de la amnistía, formaba parte de ese ajuste de cuentas que constituye, con frecuencia, la más penosa prolongación de una guerra civil.

Jenofonte no supo silenciar este dolor; así, después de muchos años, escribió una *Apología* de Sócrates en la que sostenía que en realidad Sócrates deseaba morir y por eso había afrontado el juicio de esa manera. «Es cierto que también otros han escrito sobre ello», así empieza la *Apología*, «y que todos han captado su capacidad discursiva [...]. Sin embargo, no han llegado a clarificar lo siguiente: el hecho de que, al fin y al cabo, consideró que para él era ya preferible la muerte a la vida. De manera que su capacidad discursiva da la impresión de ser considerablemente insensata.» Esta premisa es vista en general como una torpeza, y hasta ha habido más de un crítico que considerara espurio el opúsculo (un pensamiento semejante se encuentra al final de los *Memorables);* sin embargo, se trata de la justificación que Jenofonte eligió frente al trágico final al que Sócrates se entregó, y al que él mismo, en cambio, se había sustraído.

1

En su historia constitucional de Atenas, Aristóteles dedica un importante espacio a las dos crisis que interrumpieron la continuidad del orden democrático.[1] No sigue, como es obvio, paso a paso el hilo de los acontecimientos, si bien dedica cierta atención a los aspectos militares de la guerra civil. Le preocupan los actos relativos a la modificación y restauración del orden, y por tanto también las disposiciones (cap. 39) y la ingeniería institucional (caps. 30 y 31). No menos interés le dedica al choque entre las facciones y a sus orientaciones político-constitucionales: señala las distintas posiciones que, según su conocimiento, se enfrentan en el momento de la capitulación (34, 3), y señala el papel de freno que Arquino ejerció respecto de las amenazas de excesos y venganzas tras la restauración democrática (40). No habla explícitamente de discusiones sobre el tipo de ordenamiento a adoptar, una vez hubieran regresado a la ciudad «los del Pireo». Dice que «el pueblo, de nuevo dueño (κύριος) de la vida pública (τῶν πραγμάτων), instauró el ordenamiento actualmente vigente» (41, 1). Alude al hecho de que ello sucedió después de una deliberación. Lo dice con una frase que, a pesar de que en el papiro aparece defectuosa, suena claramente así: «Parece justo[2] que el pueblo recuperase la *politeia* [= el orden estatal en sus aspectos institucionales y de praxis política] porque el pueblo *gracias a sus propias fuerzas* (δι᾽αὐτοῦ) había conseguido volver.» Precisa además, en el ámbito de la misma noticia, que esta *decisión* fue tomada «cuando aún era arconte Pitodoro», es decir el arconte de 404/403, cuyo nombre fue borrado, tras la restauración, y sustituido, como sabemos, por

---

1. *Constitución de los atenienses*, 29-41.
2. Δοκοῦντος δικαίως (o quizá δικαίου).

indicación «ningún arconte» (ἀναρχία), porque Pito-... ...ercido el cargo bajo el régimen de los Treinta y, después, ...ez.

La información es preciosa. En el breve lapso de tiempo entre el regreso en armas de Trasíbulo y *los suyos (ceremonia en la Acrópolis y discurso sobre los «perros encadenados»)*[4] y la supresión del *nombre de Pitodoro* como consecuencia de la sancionada y formalizada restauración democrática, fue una discusión acerca de la oportunidad o no de restaurar *sic et simpliciter* el orden preexistente *restituyendo al demo el dominio de la politeia.*[5] En ese contexto, y por efecto de tal discusión, *parece justo* que ello sucediese —tal fue el argumento absolutamente parcial sino completamente falso— dado que «el pueblo había vuelto a la ciudad gracias (únicamente) a sus propias fuerzas».

Se ha objetado que Aristóteles había dicho poco antes[6] que el pacto de pacificación había tenido lugar «bajo Euclides», es decir bajo el arconte de 403/402. No hay motivo para intervenir modificando el texto.[7] Se debe comprender, en todo caso, y saber apreciar la noticia.[8] Aristóteles se refiere, con mucha probabilidad, a una discusión que tuvo lugar *inmediatamente después del regreso*, podríamos decir, quizá, inmediatamente después del discurso de Trasíbulo.

Más allá de todo, es oportuno recordar que Euclides debió asumir el cargo más tarde, dado que la capitulación de los Diez y la entrada de Trasíbulo en la ciudad sucedieron en septiembre de 403.[9] Por tanto *retroactivamente*, y por mera *fictio iuris*, Euclides cubrió el año entero,[10] y sólo en virtud de esta *fictio iuris* se puede decir (así será escrito en el do-

---

3. *Helénicas*, II, 3, 1. Lo apreciaron acertadamente Wilamowitz y Kaibel (en la edición del papiro aristotélico) cuando propusieron que debía figurar aquí, después del nombre de Pitodoro, una referencia a su posterior *damnatio*.

4. Cfr., más abajo, cap. XXX.

5. La expresión clave es κύριος τῶν πραγμάτων γενόμενος.

6. *Constitución de los atenienses*, 39, 1.

7. Blass proponía poner el nombre de Euclides en el lugar del de Pitodoro también en 41, 1.

8. Las consideraciones más sensatas son las de J. P. Rhodes (*A Commentary on the Aristotelean Athenaion Politeia*, Oxford University Press, 1981, pp. 481-482) y sobre todo de Mortimer Chambers (*Aristoteles, Staat der Atener*, Akademie Verlag, Berlín, 1990, pp. 323-324).

9. Cfr. H. Bengtson. *Griechische Geschichte*, Beck, Múnich, 1977[5], p. 260.

10. El año ático comenzaba en junio-julio. El arconte de la oligarquía, Pitodoro, permanecerá en el cargo por *prorogatio*, pero obviamente eso también fue formalmente borrado con la casación misma de su nombre. Se refiere a ello Mortimer Chambers en el comentario (op. cit., p. 324).

cumento oficial) que el tratado de paz (αἱ διαλύσεις) había acontecido bajo su mandato.[11] Por eso resulta del todo lógico que Aristóteles diga que la deliberación fundamental sobre la restauración del régimen preexistente, necesariamente ocurrida apenas verificado el «regreso a la ciudad», sucede «aún bajo Pitodoro».

2

La preciosa noticia aristotélica, relativa a una discusión pública en la que se impuso el principio de que el pueblo se había liberado *por sus propias fuerzas* y que, por tanto, merecía la restitución del *pleno poder* del que gozaba antes del advenimiento de los Treinta, está en relación con las informaciones con las que Dionisio de Halicarnaso introdujo una larga cita de un discurso de Lisias que se suele titular «Sobre la no abolición de la constitución tradicional en Atenas», el llamado discurso XXXIV.[12] Dice Dionisio en esa página introductoria:

> El argumento de este discurso es que no se debe derrocar la *patrios politeia* en Atenas. En efecto, cuando el pueblo [= la parte popular políticamente activa y agrupada bajo el mando de Trasíbulo] volvió a la ciudad y votó la aceptación pacífica y la aprobación de la propuesta de amnistía, surgió el temor de que de nuevo la masa popular se ensañara contra los ricos en cuanto hubiera recuperado su antiguo poder supremo. *Hubo muchas discusiones.*[13] Un tal Formisio, que había vuelto a la ciudad junto con la parte popular, presentó una propuesta cuyo núcleo era: de acuerdo con el regreso de los exiliados, pero la ciudadanía [= la plenitud de los derechos políticos] no debe concedérsele a todos, sino sólo a quien resulte propietario de tierras; y agregaba que éste era asimismo el deseo de los espartanos.
>
> Si esta propuesta hubiera sido aprobada, cerca de cinco mil atenienses habrían sido excluidos de la participación en la vida pública.
>
> Con el fin de que tal cosa no sucediese, Lisias escribió este discurso, por encargo de un político prominente.

---

11. Por otra parte, Jenofonte (*Helénicas*, II, 4, 38), cuando se refiere a los términos del tratado de paz, no dice que haya tenido lugar «bajo Euclides».

12. *Sobre Lisias*, 31-32. Los tres discursos de los que Dionisio aporta *exempla* al final de su breve tratado sobre Lisias son ubicados como coda al *corpus* conservado en el códice Palatino de Heidelberg gr. 88.

13. Καὶ πολλῶν ὑπὲρ τούτου γενομένων λόγων.

No se sabe si el discurso fue efectivamente pronunciado; en todo caso, surgió sin duda de un debate real.

El dato más evidente que se deduce de esta página, y que concuerda con lo que dice el pasaje de Aristóteles, es que: 1) inmediatamente después del «regreso a la ciudad» hubo un periodo de incertidumbre sobre el orden a seguir; 2) hubo discusiones acerca de ese punto; 3) alguien intentó que se aceptaran limitaciones en el acceso a la ciudadanía como instrumento orientado a tranquilizar a «los ricos». Fue Formisio quien dio forma a propuestas de ese tipo. Dado que Dionisio se remite constantemente a la atidografía para comentar la oratoria,[14] todo hace pensar que también aquí haya una fuente atidográfica como base.

3

El hecho de que, en cualquier caso, la restauración de los ordenamientos preexistentes no haya sucedido de una vez sino como efecto de un no breve proceso político-legislativo se deduce claramente, también, de la detallada noticia de Andócides sobre el procedimiento con que se llegó, bajo Euclides (403/402), al decreto de Tisámeno.[15] Estipulado el pacto de paz —recuerda puntillosamente Andócides— elegisteis un comité de veinte personas con el encargo de «cuidar de la ciudad hasta que se establecieran nuevas leyes» y de «basarse, mientras tanto, sólo sobre las de Solón y de Dracón»; pero «cuando, más tarde, sorteasteis la nueva Boulé de los Quinientos os disteis cuenta de que muchos, por lo que habían hecho últimamente, resultaban imputables según las leyes solonianas y también según las de Dracón»;[16] entonces «convocasteis una asamblea que decidió un nuevo examen de todos los textos legales y las exposiciones en el pórtico de aquellos textos que hubieran superado el examen». (Es precisamente el decreto de Tisámeno el que estableció esto, y Andócides lo transcribe por entero.) Se ve entonces claramente cuán accidentado ha sido el proceso de restauración democrática: a partir de esa discusión de base, a la que hace referencia Aristóteles, sobre el hecho mismo de proceder a tal restauración plena.

Lo cierto es que no todos aquellos que, antes o después, se habían alineado con Trasíbulo estaban de acuerdo acerca de este punto funda-

---

14. Cfr. *Primera carta a Ammeo*, 9, y *Dinarco*, 3.
15. Andócidas, «Sobre los misterios», 81-84.
16. Baste pensar en el malestar creado por los numerosos delitos de sangre.

mental: la integración de los «teramenianos» del tipo de Formisio en el campo de los «liberadores» –como se los denominaba entonces– introducía un nuevo freno.

4

Formisio era un personaje bien conocido por Aristóteles: era, según un divulgado pasaje de la *Constitución de los atenienses*, un exponente de la facción terameniana, junto con Arquino, Anito y Clitofonte.[17] Por tanto, es más que probable que, tras la ruina de Terámenes, Trasíbulo encontrase la ocasión de volver con él a la ciudad. Es igualmente verosímil que, una vez regresado, impulsara propuestas encaminadas a evitar que se recayese en una antigua praxis democrática («en el antiguo y excesivo poder popular», dice Dionisio). Podía, entonces, ser suya una propuesta a la que se refiere Dionisio, que corría el riesgo de producir la exclusión de una parte no pequeña de la población más pobre del derecho de ciudadanía. (No sabemos si eran en verdad cinco mil, cifra que nos encontramos frecuentemente con otro valor.) La peculiaridad de la propuesta era –según la interpretación de Dionisio– vincular la ciudadanía a la propiedad de la tierra (no importa, evidentemente, en qué medida). Es un *unicum* en la historia ateniense. Si Dionisio refiere exactamente lo que encontraba en sus fuentes (o incluso en las partes del discurso que no transcribe) se debe concluir que los indigentes y el pueblo vinculado a los oficios del mar quedaban fuera. Hay quien ha pensado que la medida pretendía, sobre todo, perjudicar a los clerucos[18] de Atenas, que volvían en masa ahora que el imperio se había terminado, y eran auténticos «sin tierra».[19] Pero la documentación de la que disponemos nos hace dudar de que en 404, en el momento de la capitulación, los clerucos obligados a volver alcanzaran una cifra tan elevada. Una ci-

17. *Constitución de los atenienses*, 34, 3. Formisio era también el hazmerreír de los cómicos por hechos no políticos, como por ejemplo su barba particularmente tupida (Aristófanes, *Ecclesiazuse*, 95-97). En *Las ranas*, Aristófanes incluye a Formisio entre los «discípulos» de Esquilo (965) y a Terámenes entre los de Eurípides (967), cosa que no concuerda con lo que dice Aristóteles.

18. Ciudadanos radicados en las islas dominadas por Atenas, pero que conservaban la ciudadanía ateniense.

19. Wilamowitz, *Aristoteles und Athen*, op. cit., I, p. 228. Expresaron su perplejidad ante esta hipótesis A. W. Gomme, *The Population of Athens in the Fifth and Fourth Centuries B. C.*, Blackwell, Oxford 1993, p. 27, y M. Finley, *Studies in Land and Credit in Ancient Athens*, Rutgers University Press, Nueva York, 1951.

fra (cinco mil) que reaparece en los acontecimientos atenienses de finales del siglo V, con las funciones más diversas: de los cinco mil acomodados que se pretendían como cuerpo cívico restringido en 411 a los cinco mil echados por los Treinta en 404, a los que alude Isócrates cuando, en el *Areopagítico*, evoca las fechorías de ese gobierno.[20]

Pero es precisamente la cifra de cinco mil la que, en el caso que nos ocupa, no cuadra si se entiende como la entendía Dionisio. Hacia el año 400 se estima que los «tetos» (indigentes) eran en torno a once mil (Gomme, *The Population of Athens*). Cinco mil es una cifra imposible en referencia a la población no propietaria del Ática. Por eso Gomme, en su célebre estudio demográfico (p. 27), sugirió que en la base de las noticias aportadas por Dionisio había una confusión con los cinco mil «best citizens» de las constituciones preferidas por los oligarcas.

5

El discurso que Dionisio creía redactado por Lisias, aunque pronunciado por algún político eminente,[21] habría sido, según el propio Dionisio leía en sus fuentes, la intervención que había puesto freno al intento restrictivo de Formisio. Pero el texto que Dionisio transcribe a continuación en su valiosa introducción presenta algunos problemas serios.

Dionisio considera que se trata de *un único discurso*. Como veremos, en cambio, es posible que Dionisio haya transcrito el principio de una intervención y el final de otra, que acaso se encontraban bajo el mismo rótulo. Pero si los discursos son dos y, como queda claro, de orientación opuesta, se corre el riesgo de cambiar radicalmente las interpretaciones de ambos, del primero sobre todo.

Dionisio tenía algunas dudas acerca de la interpretación de los acontecimientos, como se demuestra ya en el «título» (o, mejor dicho, en el sumario sintético) que esbozó para este discurso: «Contra el derrocamiento de la *patrios politeia* en Atenas». Esta fórmula es un intento aproximativo de dar cuenta del objeto de la disputa en la que habría intervenido el «político importante», fuerte del discurso preparado por Li-

---

20. *Areopagítico*, 67: «Condenaron a muerte, sin juicio, a 1.500 ciudadanos, y exiliaron en El Pireo a más de 5.000.»

21. A tal punto inexperto en oratoria política, sin embargo, como para hacerse escribir el discurso por un logógrafo. Al propio Dionisio esto no le pareció del todo creíble y por eso lanza la hipótesis de que el discurso de Lisias fuese ficticio («no sabemos si fue en verdad pronunciado»): quizá se trató de un *pamphlet* en forma de discurso a la asamblea.

sias. El presupuesto es que *patrios politeia* es la democracia. En realidad *patrios politeia* («orden tradicional») era una fórmula adoptada con significado diverso por fuerzas de muy distinta orientación.

Es muy posible, obviamente, que quien, en esa discusión, abogó por la plena restauración democrática haya definido tal orden como *patrios politeia*. Según Diodoro, el propio Trasíbulo habría proclamado que no dejaría de combatir a los Treinta «hasta que el demo no haya recuperado la *patrios politeia*».[22] pero Diodoro, es decir Éforo, siempre es sospechoso de haber querido «teramenizar» la restauración democrática y sus artífices. En cualquier caso, ninguna referencia o reclamo a la *patrios politeia* figura en el discurso que transcribe Dionisio, y por tanto es lícito preguntarse cómo llegó a formular ese título-sumario: «Contra el derrocamiento de la patrios politeia en Atenas». Dionisio, por otra parte, conservó en el tratado *Sobre Demóstenes (Opuscula*, I, pp. 132-134 Usener-Radermacher) un pasaje de Trasímaco de Calcedonia en el que se sacaba a la luz la presencia de la fórmula *patrios politeia* en la elocuencia y en los programas de oradores de tendencias opuestas: «En primer lugar demostraré», escribía Trasímaco, «que quienes, entre los oradores políticos y todos los demás, están en desacuerdo entre sí, cuando hablan, deberían sufrir lo que toca necesariamente a quienes disputan sin razón; en efecto, en la convicción de sostener los unos argumentos contrarios a los otros no se dan cuenta de que todos persiguen un resultado idéntico y que la tesis del adversario está comprendida en el propio discurso. Examinad desde el principio aquello que buscan tanto uno como otros: en primer lugar creen ver motivos de discordia en la constitución de los padres *(patrios politeia),* a pesar de que ésta es perfectamente accesible a la conciencia, y bien común de todos.»[23]

Pero no es sólo la ambigüedad del «título», o mejor dicho de la definición dada por Dionisio del argumento tratado. Hay también una contradicción sustancial entre la primera y la segunda parte. En la primera [§§ 1-5], quien habla parece combatir una propuesta de limitación de la ciudadanía *en detrimento de los propietarios*, con el argumento, entre otros, que es mejor no molestar a los espartanos (§ 4: «seréis de mayor provecho para los aliados»). En la segunda, quien habla combate con gran pasión la posición de aquellos que se preguntan «¿Qué salvación habrá para nosotros si no hacemos cuanto nos exigen los espartanos?», y replica con fuerza invitando a éstos a formular la pregunta de este

22. Diodoro, XIV, 32, 6.
23. Edición de Mario Untersteiner, *Sofisti*, III, La Nuova Italia, Florencia, 1954, p. 29.

modo: «¿Qué le sucederá al pueblo si hacemos lo que ellos pretenden?»; después de lo cual prosigue con aliento patriótico la resistencia contra los espartanos, como ya hicieron los argivos y los mantineos (§§ 6-7).

Está claro que 1-5 y 6-11 son dichos por dos personas distintas, una serena y acomodada a la situación concreta (que pide no incomodar a los «aliados», es decir, en 403, a los espartanos), la otra apasionadamente patriótico-retórica (que no se arredra frente a la hipótesis bastante improbable de un choque con los espartanos). Dionisio debió de leer el principio del primero y el final del segundo discurso y creyó que eran el principio y el fin del mismo discurso; por eso hizo una síntesis errada.

El primer discurso se abre con la aguda observación según la cual aquellos que hicieron la propuesta sometida a debate han colaborado con «los del Pireo» pero tienen los hábitos mentales propios de «los de la ciudad» (es decir, de los Treinta y sus secuaces): tienen, en efecto, unos hábitos mentales dados a la proscripción. ¿A quién pretendían proscribir, es decir, echar de la ciudadanía? A los propietarios de tierras. Por eso el orador pasa a desarrollar sus argumentos *en defensa* de los propietarios amenazados de quedar excluidos de la ciudadanía: a) os priváis de hoplitas y de jinetes no menos preciosos para la democracia que las naves; b) no es verdad que durante las dos oligarquías los propietarios hayan estado en el poder con los oligarcas, incluso algunos de ellos fueron perseguidos (y de hecho el pueblo les ha reintegrado siempre sus posesiones). Argumentos de este tipo no pueden desarrollarse sino contra un proyecto dirigido a excluir a los propietarios de la plena ciudadanía, y no —como creyó Dionisio— contra un proyecto encaminado a limitar la ciudadanía solamente a los propietarios. Quien habla aquí expresa la voz de los propietarios que se han posicionado en contra de los Treinta durante la guerra civil, y que debido a eso serían «castigados» por una medida injusta; recurre además a un argumento que echa luz sobre la división que subsistía en el seno de la clase propietaria: los oligarcas —dice— se verían complacidos por una medida como ésa, porque de ese modo os podrían coger «sin aliados» (y tales son precisamente aquellos propietarios que en la guerra civil se habían posicionado contra la oligarquía).

La propuesta que se estaba debatiendo, y que castigaba a los propietarios en general, parece entonces una réplica radical —típica del primer momento posterior a la guerra civil— de la ráfaga de *atimias* infligidas a quienes, en 411, habían colaborado con los Cuatrocientos.

6

Si en verdad fue así como sucedieron las cosas quedan aclarados varios puntos. Ante todo, se desvanece la idea de que haya existido una propuesta limitadora de la ciudadanía vinculada al requisito de «poseer tierra». En la larga historia ateniense de la lucha en torno a la posesión de la ciudadanía esto sería un *unicum* que contrasta con el criterio básico propuesto en todas las otras ocasiones, es decir el del censo. En cambio, una vez entendido correctamente el sentido primero del discurso se comprende que, en esas asambleas a las que se refiere Aristóteles, se había lanzado alguna propuesta punitiva ultrademocrática para excluir a los grandes propietarios de tierras, es decir, a la clase más rica (en el espíritu del discurso sobre los «perros encadenados»), y que el primer orador de este conjunto de discursos contrastó la iniciativa argumentando que también los ricos propietarios habían sido «patriotas». El orador podría ser, en tal caso, el propio Formisio, cuyo nombre Dionisio encontraba registrado como protagonista de aquellos acontecimientos.

Se comprende mejor la referencia a la *patrios politeia*, que Dionisio no puede haber inventado por completo. Precisamente, a propósito de Formisio dice Aristóteles, al incluirlo entre los teramenianos empeñados en oponerse a la decisión de Lisandro de imponer el gobierno de Critias, que, en el momento de la derrota y de la capitulación, este grupo «apuntaba a la *patrios politeia*».[24] Es evidente que el primer orador (Formisio, probablemente) buscó contrastar la propuesta radical-antiplutocrática encaminada a excluir a los grandes propietarios de la democracia restaurada con el argumento de que así se hería mortalmente a la *patrios politeia*.

Naturalmente no sabemos por qué, en el rollo del que disponía Dionisio, este discurso de Fromisio figuraba junto a un texto, de orientación opuesta, atribuido a Lisias. Probablemente Lisias se había expresado o bien en forma de panfleto o con un auténtico discurso (en los primeros días del regreso de los exiliados nadie podía impedir a uno de los financiadores de Trasíbulo hablar en la asamblea, aunque fuera extranjero: sea cual sea la fecha exacta del decreto de Trasíbulo que extendía la ciudadanía), y había desarrollado esos argumentos radical-patrióticos que leemos en los §§ 6-7. Dado que su blanco era el discurso demasiado moderado e independiente de los espartanos que Formisio había pronunciado en aquella ocasión, los dos textos fueron, en cierto punto, unidos. El discurso del segundo orador (es decir, Lisias) respecto a la otra intervención

24. *Constitución de los atenienses*, 34, 3.

(Formisio) parece versar no tanto sobre el mérito de la propuesta a la que Formisio se opone, sino sobre la independencia frente a los espartanos: sobre el hecho de que Formisio sabía muy bien que Pausanias, por aversión a Lisandro, había sido el artífice de la liquidación del gobierno oligárquico, y por tanto de la restauración del orden preexistente. (Aunque quizá a Pausanias le hubiera gustado una moderada *patrios politeia*,[25] mientras Trasíbulo y Lisias y muchos otros pretendían una democracia plenamente restaurada.)

Por eso el núcleo de los argumentos desarrollados por el segundo orador es: *no debemos aceptar ninguna tutela espartana* y, si fuera necesario, estamos dispuestos a enfrentarnos también a ellos (abierta insensatez extremista). ¿Esta impostura no es acaso la que Aristóteles, en su breve referencia, dice que se afirmó y fue asumida como premisa para la plena restauración democrática? «El pueblo se ha liberado con sus propias fuerzas»: por tanto no debemos nada a Pausanias ni a los espartanos. Ésta es la posición del segundo orador, ésta es su idea fundamental: favoreció claramente la restauración democrática, aun cuando, obviamente, la propuesta de reducir la *atimia* a los propietarios, tradicionales sustentadores de la oligarquía, fuera dejada de lado. Quizá, también, gracias a Formisio.

25. No olvidemos que en los primeros tiempos se atuvieron a las «leyes de Solón» (Andócides, «Sobre los misterios», 81).

Séptima parte

Una mirada al siglo IV

XXXIII. CORRUPCIÓN POLÍTICA

1

Dado que la mayor parte de la oratoria ática que se ha conservado es del siglo IV, resulta comprensible que estemos ampliamente informados acerca de la corrupción política en cada uno de sus aspectos. Grandes y admirados oradores, protagonistas de la vida política, se intercambian, en ese terreno, las acusaciones más graves, en un entrelazamiento de verdades y falsedades que, para nosotros, resulta con frecuencia inextricable. Por eso son determinantes las alineaciones, los puntos de vista.

Desde el punto de vista de los grupos políticos favorables al predominio macedonio, la política demosténica está «a sueldo de Persia». Esquines *(Contra Ctesifonte*, 156 a 239) y Dinarco *(Contra Demóstenes*, 10 y 18) son explícitos, aunque se refieran sobre todo a la época posterior a Queronea (388 a. C.). Pero nada autoriza a pensar que antes de la derrota de Queronea las cosas fueran de otro modo. Una tradición historiográfica, evidentemente filomacedonia, aportaba también detalles sobre el asunto: Alejandro habría encontrado en Sardos, después de la caída del imperio persa y de la conquista de sus archivos, las cartas del rey de Persia en las que los sátrapas de Jonia recibían la orden de apoyar a Demóstenes por todos los medios posibles y de aportarle sumas colosales (Plutarco, «Vida de Demóstenes», 20, 4-5). El rey de Persia era consciente de la amenaza que representaban las aspiraciones macedonias y la agresividad de Filipo, y por eso pagaba a Demóstenes para que fomentase la oposición a Filipo en Grecia.

Plutarco, quien podría depender aquí de Teopompo, de su duro e implacable libro sobre «demagogos atenienses», insertado en las *Historias filípicas*, precisa además que Alejandro encontró, en los archivos persas, una documentación completa: no sólo las cartas del rey de Persia a los sátrapas, sino también las cartas de Demóstenes, evidentemente dirigidas a sus interlocutores persas, y además los informes de los sátrapas, que registraban las sumas aportadas al orador ateniense.

No tenemos indicios tan detallados de la eventual relación entre el rey de Macedonia y los adversarios de Demóstenes. Son los adversarios –Esquines y Filócrates, por ejemplo– a los que Demóstenes reprocha continuamente el ser «pagados» por el soberano macedonio y actuar, en la escena política ateniense, siempre y sólo en pro del interés del soberano macedonio. Pero tampoco tenemos razones para dudar de que Demóstenes dice la verdad cuando golpea obsesivamente sobre esta tecla. Es obvio que ninguna de las dos posiciones actúa abiertamente como representante de los intereses de una o de otra potencia: el apoyo viene dado de manera indirecta. El objetivo de Esquines y de sus amigos es silenciar las alarmas que Demóstenes y los suyos lanzan sin parar contra los macedonios: Esquines y los suyos tienden a mostrar los pronunciamientos de Demóstenes como un alarmismo infundado; cuando el desgaste se hace evidente y ya es imposible negar la hostilidad de Filipo hacia Atenas, tienden a demostrar que es la política provocativa de Demóstenes y de los suyos la que ha llevado a la situación a su punto de ruptura. Al mismo tiempo, se esfuerzan de todas las formas posibles para sacar a la luz el hecho de que Demóstenes se inclina por la ruptura frontal y sin mediaciones frente a Macedonia, ya que trabaja para el rey de Persia, lo cual predomina por encima del encendido y ostentoso patriotismo que ocupa una buena parte de sus discursos.

2

No es una novedad de finales del siglo IV. Las llamadas *Helénicas de Oxirrinco* (es decir, con toda probabilidad, las *Helénicas* de Teopompo), descubiertas por Grenfell y Hunt en 1906 (papiro de Oxirrinco 842) se abren, en el fragmento conservado, con la descripción de las maniobras que precedieron a la llamada «guerra corintia» que el rey de Persia impulsó en Grecia, a espaldas de Agesilao, ocupado en la campaña de Asia de 395. En el centro de esas maniobras está el envío de un fiduciario, Timócrates de Rodas, encargado de comprar apoyos políticos en Grecia, en Atenas en particular. Timócrates, en Atenas, paga a Epícrates y Céfalo, y ambos dan vida a una amplia maniobra de alianza oculta entre Atenas, Beocia y otras ciudades, que desembocará poco más tarde en el conflicto que obligará a Agesilao a volver a Grecia, renunciando definitivamente al proyecto de atacar el corazón del imperio persa.

Pero podemos remontarnos aún más atrás y observar otros aspectos de la influencia decisiva del dinero en la política. Una página de la «Vida de Pericles» de Plutarco (cap. 9) describe y confronta dos modos diversos de conseguir el consenso: el de Pericles, precisamente, al menos en el comienzo de su carrera, y el de Cimón, su adversario, que sale visiblemente perdedor. «Al principio», escribe Plutarco, «Pericles, al verse obligado a enfrentar el prestigio de que gozaba Cimón, trató de ganarse la simpatía del pueblo. Pero Cimón lo superaba en riquezas y propiedades, y se servía de ello para poner de su lado a los indigentes, ofreciendo todos los días comida a quien la solicitase, proveyendo de vestimenta a los más ancianos, y derrocando las empalizadas que rodeaban sus campos, para permitir a quien quisiera recoger los frutos.»

Se trata aquí, como queda claro, de otro tipo de interferencia del «dinero» en la política: la conquista del consenso. Es obvio que el fenómeno no está del todo separado del anterior, ya que el dinero que Demóstenes y Esquines obtenían de sus respectivos puntos de referencia «externos» servía *también* para permitir a uno y a otro conquistar el consenso en el interior de la ciudad. Sin embargo el caso Pericles/Cimón es visto por Plutarco no tanto como ejemplo de conquista del consenso mediante regalos (es decir, esto no le parece abiertamente inquietante), sino desde el punto de vista de la *procedencia* del dinero y de las riquezas utilizadas, ya sea por Pericles como por Cimón, para conquistar el consenso. Mientras Cimón daba de lo suyo, «Pericles, apelando al arte de la demagogia, decretó subvenciones de dinero extraídas de las arcas públicas». «Con las dádivas, pues, para los teatros y para los juicios, y con otros premios y diversiones, corrompió a la muchedumbre, y se valió de su poder contra el consejo del Areópago.»

Pericles aparece, en esta reconstrucción, como quien derrocha el dinero del Estado para conseguir popularidad. La fuente explotada por Plutarco para esta parte de su relato es de inspiración hostil a Pericles y a su política «filopopular». Por eso, poco después, relaciona la política «social» períclea con el riesgo que la emergencia de un opositor tenaz como Tucídides de Melesia representa para Pericles:

Los aristócratas, viendo ya a Pericles engrandecido y tan preferido a los demás ciudadanos, quisieron contraponerle alguno de su partido en la ciudad, y debilitar su poder para que no fuese absolutamente, de un monarca; y con la mira de que le resistiese, echaron mano de Tucídides, de la tribu Alopecia, hombre prudente y cuñado de Cimón [...] y bien pronto produjo una división en el gobierno. En efecto: estorbó que los ciudadanos que se decían principales se allegaran y confundieran como antes con la plebe, mancillando su dignidad, y más bien manifestándolos separados, y reuniendo como en un punto el poder de todos ellos, le hizo de más resistencia, y que viniera a ser como un contrapeso en la balanza [...]. Por esto mismo, soltando más entonces Pericles las riendas a la plebe, gobernaba a gusto de ésta, disponiendo que continuamente hubiese en la ciudad, o un espectáculo público, o un banquete solemne, o una ceremonia aparatosa, entreteniendo al pueblo con diversiones del mejor gusto. Hacía, además, salir cada año sesenta galeras, en las que navegaban muchos ciudadanos, asalariados por espacio de ocho meses, y al mismo tiempo se ejercitaban y aprendían la ciencia náutica.

Plutarco observa, a continuación, que de este modo Pericles liberaba a la ciudad de una peligrosa «muchedumbre holgazana», e incluye entre las iniciativas «demagógicas» del gran político ateniense el inicio de la célebre política urbanística, que adornó la ciudad con monumentos destinados a una fama perdurable.

Es evidente el punto de vista parcial con que la fuente de Plutarco presenta el fenómeno Pericles. Una política de obras públicas que tiene como fin «social» un salario para los indigentes se convierte –desde esta perspectiva– en un instrumento de corrupción generalizada. Se agrupan fenómenos distintos entre sí: la política de obras públicas, el deseo de enriquecimiento por parte de los arquitectos que las dirigieron, el «salario» a los espectadores del teatro y la multiplicación de las ocasiones festivas en cuanto ocasiones «demagógicas». También el diálogo *Sobre el sistema político ateniense* subraya este punto: «Los atenienses celebran el doble de fiestas que los demás» (III, 8). Las fiestas se vuelven ocasiones demagógicas, por cuanto, además de todo, son el momento ideal para el consumo gratuito de carne, alimento costoso para los que no tienen una situación desahogada.

3

El lugar «clásico» de la «corrupción» democrática es, en Atenas, el tribunal. Por otra parte, el tribunal tiene, en la sociedad ateniense de los siglos V y IV, una centralidad equivalente, y quizá superior, a la de la asamblea y el teatro. Desembocan en el tribunal el conjunto de las infinitas controversias relativas a la propiedad: la lucha en torno a la propiedad, a los modos de ejercicio de los cargos públicos, en especial los que comportan administración de dinero, las controversias referidas al cargo de los gastos de que los más ricos debían hacerse cargo en beneficio de la comunidad (las denominadas «liturgias»): todo ello tiene en el tribunal su campo de batalla cotidiano. Por eso Aristófanes dedica buena parte de sus comedias a satirizar la manía ateniense por los tribunales. Los jurados, que son varios centenares, se eligen por sorteo: todo ciudadano puede ser juez (no se requiere una competencia específica), y no sólo tiene la ventaja de recibir un salario por tal prestación de utilidad pública, sino, encontrándose en enfrentamientos que versan por lo general sobre títulos de propiedad, tienen ocasión de dejarse corromper (y conseguir así una ganancia suplementaria) por los actores y los participantes que están dispuestos a todo con tal de ganar el pleito.

El diálogo *Sobre el sistema político ateniense* dedica a la corrupción de los tribunales una parte considerable. En el cuadro allí esbozado toda la maquinaria administrativa y política de la ciudad resulta extremadamente corruptible («Si uno se presenta ante el Consejo o la asamblea con dinero, se resolverá su caso»: III, 3), pero es sobre todo el tribunal el objeto de la reflexión. El autor llega a la conclusión de que la masa de controversias que recae sobre los tribunales es tal que, de todos modos, el mecanismo está destinado a bloquearse, *cualquiera que sea el grado de corrupción* con que se impulse su funcionamiento. «Yo estaría de acuerdo con éstos en que muchos asuntos se resuelven en Atenas pagando, y en que todavía se resolverían en mayor número si aún más gente diera dinero. [Es interesante este punto de vista sobre la corrupción como vehículo de *celeridad* de la vida pública.] Pero sé bien esto otro, que la ciudad no es capaz de resolverles sus asuntos a la totalidad de los que presentan peticiones, ni aunque les dieran la cantidad que fuese de oro y plata.» Pasa entonces a la ejemplificación de los «tipos de causa»: «Si uno no repara una nave o construye en terreno público; y dictar sentencia todos los años en lo que se refiere a los coregos que han de costear las Dionisias, las Targelias, las Panateneas, las Prometeas y las Hefestias; y cada año se nombra a cuatrocientos trierarcas, y hay que dictar sentencia todos los años en relación con lo que se requiere de éstos; además es preciso someter a prueba el desempeño de las magistraturas y dictar sentencia sobre ellas, y someter a prueba a los huérfanos y designar a los guardias de los presos.» La lista prosigue hasta que se abre un singular debate entre los dos dialogantes, de los cuales uno sugiere hacer «menos juicios por vez» (en los procesos individuales) y el otro objeta que, con «pocos juicios por cada tribunal», «sería más fácil enmarañar y corromper» (III, 3-7).

4

Un ámbito del que se habla poco en general, porque tampoco existen muchos estudios sobre el tema, es el del espionaje. Espionaje interno en la ciudad, en el que opera una tupida serie de informadores de diverso tipo, al servicio de privados, de grupos influyentes, de magistrados; y espionaje hacia el exterior *(intelligence)*. En ambos casos el vehículo común para obtener los servicios de estos informadores es el dinero.

Son conocidas las circunstancias y situaciones concretas, que remiten a fenómenos más generales. Ante todo, una vez más, los juicios: los grandes juicios en primer lugar, aquellos en que los contendientes cuentan con grupos más o menos organizados, colaboradores, etc. Se trata de procesos políticos de cierto relieve, e incluso de juicios en que están en juego fortunas enteras. Se ha observado que, en los discursos que se conservan (los casos en los que contamos tanto con la acusación como con la defensa no son muchos, pero son sin duda significativos), con frecuencia las partes muestran un conocimiento recíproco de las argumentaciones que en rigor hubieran podido conocer sólo durante el curso de los debates. Estas «anticipaciones de los argumentos», como han sido denominadas (Dorjahn), tienen origen en diversas fuentes de información. Pero cuando son muy detalladas no pueden circunscribirnos a instancias oficiales (y por necesidad muy sumarias) como por ejemplo la llamada *anàkrasis* (una suerte de pre-juicio que se desarrolla en una fecha establecida en el momento de depositar la acusación). Se remontan más probablemente a *informadores*. Éstos a veces se presentan espontáneamente: son enemigos personales de una de las dos partes y aprovechan la ocasión del proceso para «ponerse a disposición» de la otra parte, sin duda a cambio de un provecho. Demóstenes, en su discurso «Contra Midias» –rico y agresivo personaje con el que había chocado por una cuestión inherente a los gastos teatrales–, nos hace saber que los enemigos de Midias se le presentaron espontáneamente y le ofrecieron ayuda (XXI, 23; 25; 26). En otra ocasión da a conocer los nombres de informadores que, según dice, colaboraron con Esquines en su contra. Es cierto que en una sociedad pequeña –que, exagerando, algunos sociólogos anglosajones catalogaron como del tipo *face to face*– no todos, pero sí muchos se conocen y *saben* mucho unos de otros. La ateniense es una sociedad en la que no sólo se vive mucho «en la plaza pública», sino que además todos, o la mayoría, conocen los asuntos de los demás: desde los esclavos que oyen a hurtadillas y «venden» pequeñas informaciones cotidianas a los impostores y entrometidos de profesión, tales como los diversos Escafontes y Pitángelo, conocidos porque estaban al servicio de un temible promotor de juicios, el llamado «perro del pueblo» Aristogitón.

En momentos altamente dramáticos, como en 415, los juicios por la mutilación de los hermes y la profanación de los misterios, las fuentes

(Tucídides y Adnócides ante todo), aunque sea con cautela y reticencias, aportan un nutrido cuadro de delatores, informadores, calumniadores, espías. En casos de este tipo, siempre envueltos en amplias zonas de sombra, podemos postular el mecanismo del espionaje asalariado; del mismo modo en que adivinamos indirectamente su huella en las informaciones sobre algunas operaciones militares. Luis Losada estudió *The Fifth Column in the Peloponnesian War* (1972). Muchos siglos antes, Onasandro, escritor táctico, observaba en su tratado: «No existe ejército en el que tanto los esclavos como los hombres libres no deserten pasando a la parte enemiga, en las numerosas ocasiones que la guerra necesariamente ofrece» (X, 24). También la singular noticia referida por el tardío biógrafo de Tucídides, Marcelino, según el cual el historiador pagaba a soldados de ambos bandos para obtener la información necesaria para su relato («Vida de Tucídides», 21), alcanza para probar la costumbre de obtener noticias a cambio de compensaciones. El tardío biógrafo, no sin cierta *pruderie*, se pregunta qué necesidad había de pagar también a informadores espartanos, pero enseguida objeta que Tucídides lo hacía por amor a la verdad, para tener las versiones de los hechos de unos y otros.

5

Los comportamientos de la magistratura eran constantemente escrutados y sometidos a control, puesto que de ella dependía la estrategia, que regía la suerte de la ciudad. La magistratura era electiva (junto con la hiparquía), aunque estaba reservada a los exponentes de las clases más altas del censo (pentacosiomedimnos y miembros de la caballería). Esto explica por qué esas dos magistraturas están constantemente «bajo observación»: no sólo por la extrema delicadeza de su función, y por el enorme poder que ostentaban, sino además por el tipo de personas, siempre sospechosas a los ojos del pueblo, que las ejercían.

A pesar de que los estrategos son por lo general hombres ricos, una de las sospechas que pesan siempre sobre ellos es la de dejarse corromper. Por otra parte, su trabajo era controlado mensualmente, sometido a examen *(epicheirotonia),* y si resultaba que algo no cuadraba en la gestión de alguno de ellos eran convocados *(apocheirotonia)* a Atenas y procesados; además estaban los casos en los que las reservas sobre el trabajo de uno u otro estratego eran controladas al final de su gestión. Es el caso, por ejemplo, de la importante condena de al menos tres estrategos del colegio en activo en 425/424 (Pitodoro, Sófocles y Eurimedonte), todos ellos condenados, al regresar a Atenas, por una causa de corrupción *(graphé doron)*. Según Tucídides, la condena fue, para Sófocles y Pitodoro, «el exilio» (la condena más grave después de la capital) y para Eurimedonte una pena económica. La acusación, considerada como válida, fue la siguiente: «A pesar de que ellos hubieran podido poner bajo control la situación en Sicilia, se retiraron, dejándose corromper con regalos» (IV, 65).[1]

Desde el punto de vista léxico es interesante notar que para indicar la noción de «corromper» se adopta el verbo «persuadir» *(peisthéntes)*. Desde el punto de vista político lo destacable es que la motivación de la sentencia –citada literalmente por Tucídides– saca brutalmente a la luz el hecho de que el fin que los tres generales habían perseguido en Sicilia no era (según se les había confiado formalmente) el de «ayudar a los leontinos» (tal como lo refiere Filocoro, *FGrHist* 328 F 127) sino el meramente imperialista de «poner bajo control» *(katastrépsasthai)* la situación en Sicilia. El demo (ya que el juicio debe de haberse desarrollado en la asamblea, y no en un tribunal ordinario, dado que la acusación era, sustancialmente, la de traición) no duda en expresar claramente las propias aspiraciones imperialistas. Por eso considera obvio (y puede ser dicho en un documento) que una misión formalmente destinada a «dar ayuda» a una ciudad deba llevar en realidad a un mayor control ateniense sobre la política siciliana. Los tres estrategos han interpretado –quizá, en efecto, bajo soborno– su mandato en el sentido más reductivo, y por eso fueron condenados, se entiende que «por corrupción».

---

1. Si, como sugiere D. L. Drew, *Clasical Review*, 42, 1928, pp. 56-57, el Sófocles que «por ambición de riqueza se habría hecho al mar hasta sobre una estera de mimbre», el blanco de Aristófanes *(Paz*, 695-699) es el estratego de 425/424 (y no el poeta Sófocles, como se considera generalmente), se puede suponer que el eco del juicio de Estado de 424 permaneciera aún vivo dos años más tarde, cuando Aristófanes escribe y pone en escena la *Paz*.

XXXIV. DEMÓSTENES

> Está convencido de tener razón y no puede to-
> lerar que ponga en riesgo su misión. Su sed de po-
> der proviene de una enorme convicción de que sus
> principios son justos y quizá de la incapacidad
> –muy útil para un político– de adoptar el punto
> de vista del adversario.
>
> LUNACHARSKI sobre Lenin

1

Muchos hijos de industriales se convirtieron en abogados *(logógra-fos)* en la Atenas del siglo IV. En los casos que conocemos, la aproxima-ción a tal oficio fue consecuencia de la ruina económica de la familia. Lisias e Isócrates, por efecto de la devastadora guerra civil. Lisias era además un meteco, y las fábricas heredadas de su padre Céfalo fueron destruidas por los esbirros de los Treinta; no pudo, salvo por un breve lapso de tiempo, obtener la ciudadanía ateniense, y se dedicó al oficio de abogado, que en una ciudad hirviente de procesos daba beneficios se-guros. Isócrates debió realizar la misma elección pero intentó desvincu-larse de ese oficio lo antes posible, prefiriendo sacar dividendos de la en-señanza: sus acaudalados alumnos le pagaban bien. Intentó que se olvidara, en la medida de lo posible, ese paréntesis leguleyo de su vida. Demóstenes, nacido mucho después que ellos, hacia el año 384, coetá-neo de Aristóteles, algunos años más joven que insignes abogados como Hipérides, era hijo, también él, de un rico industrial, propietario de dos fábricas (de armas y de muebles) que rendían, respectivamente, treinta y doce minas cada año.

Si el padre no hubiera muerto cuando él tenía apenas siete años, y si sus tutores no hubieran saqueado su patrimonio, sólo recuperado en una modesta parte después de largos procesos, la elección de vida de Demóstenes habría sido, probablemente, otra. Adueñarse del instru-mento de la oratoria y del conocimiento de las leyes fue una necesidad imperativa, dado que las leyes le imponían afrontar el juicio contra sus tutores en primera persona. La tradición biográfica antigua le atribuye a Iseo como maestro, y sin duda –si las cosas fueron en verdad así– no hu-biera podido elegir mejor. A su vez, la vía de la abogacía, que largamen-te practicó, como lo testimonia la vasta recopilación de sus discursos que se han conservado, desembocaba en la política. El ingreso en la política llegó, precisamente, a través de una serie de grandes procesos de relieve político, los cuales fueron otros tantos escalones en el camino que llevaba gradualmente al papel de líder reconocido y siempre autorizado: «Contra Androción» (355), «Contra la ley de Leptines» (354), este último pronunciado por él directamente en los tribunales, «Contra Timócrates» y «Contra Aristócrates» (352).

Si se tiene en cuenta cuáles eran las vicisitudes que, en el siglo precedente, llevaban a lo más alto de la ciudad –en el contexto de la Atenas imperial dirigida por los exponentes de las grandes familias expertas en la palabra tanto como en el arte de la guerra–, se comprende el espíritu de la época: el cambio estructural, el distinto mecanismo de reclutamiento del personal político y, sobre todo, la clara división de los papeles. La imagen caricaturesca de la «Advokatenrepublik», debida a un gran erudito alemán, Engelbert Drerup (1916), demasiado tolerante con la propaganda de guerra antifrancesa, no está sin embargo infundada. Pero, respecto a la «república de los abogados», Demóstenes se ubica a un nivel mental más profundo: concibe un *proyecto político* de dimensiones internacionales, basado en una visión de la historia de Atenas no menos que sobre el análisis de la realpolítica, necesariamente desprejuiciada, de las grandes potencias en escena. En los años (351-348) en los que Demóstenes accede a la cumbre de la política ateniense –en concomitancia con la irrupción de Filipo en el área geopolítica hasta entonces bajo influencia ateniense (Amfípolis, Olinto)–, las otras ciudades, en otros tiempos rivales en la lucha por la hegemonía, quedan al margen. Atenas es, incluso después de la infausta guerra «social» que cierra a duras penas la parábola del segundo imperio, la única potencia griega que tiene relieve y que puede interesar o preocupar a las grandes potencias que se asomaban al Egeo. Lo que –con la aquiescencia de sus adversarios– hace de Demóstenes un político de estatura períclea, en una situación material muy distinta, es su capacidad de dar cuerpo a un proyecto, de encajarlo en una estrategia, y de no perderlo nunca de vista, cualquiera sea el compromiso táctico al que lo obligue (incluso ensuciarse las manos tratando con el traidor Hárpalo). Se le adjudica también a él, legítimamente, la célebre fórmula períclea orgullosa y sin matices: «Atenienses, soy siempre del mismo parecer: que no se debe ceder.»[1] Tucídides fue, como se puede demostrar de modo analítico, y como la doctrina literaria antigua había comprendido, una de las lecturas en las que se formó Demóstenes.

1. Tucídides, I, 140, 1.

En una Atenas ya sin imperio, dirigir una política de miras amplias, una política «de potencia», significaba enfrentarse diariamente con las tensiones internas de la ciudad; la más hiriente era la establecida entre los pobres y los propietarios. La palabra escrita de Demóstenes que se ha conservado testimonia ampliamente su empeño, en ese momento, frente a los conflictos sociales. El panorama de la política interna ateniense era candente y pleno de insidias: un líder no puede quemarse, y por eso vemos formarse a su alrededor un grupo político cuyo *corpus* de escritos conservados sirve de huella, pero no puede tampoco eludir el choque principal que divide a la ciudad, carente ya de fáciles y constantes recursos externos. Además de los «abogados» están los «perros», perros guardianes de los intereses populares, como ellos mismos se proclamaban; a quienes les resultaba más fácil crear consenso. La asamblea sigue siendo el órgano soberano de decisión: allí se puede maniobrar e incluso manipular, si el líder está bien dispuesto, pero no se puede prescindir de ella; hay que hacer las cuentas con ese mecanismo paralizante y arcaico en una época de política veloz y de continua «guerra sin cuartel», como la instaurada y hábilmente conducida por Filipo de Macedonia. De aquí la actitud dura, nunca demagógica, que Demóstenes imprime a su oratoria, desde que se afirma como líder, a la cabeza de un grupo político influyente. No debe olvidarse que –como se ha esbozado antes– estos políticos destacados de la segunda mitad del siglo IV (de la Atenas sin imperio) no tienen necesidad, para tener poder, de hacerse elegir estrategos, de obtener el consenso de los electores, imprevisible y que debe renovarse cada vez. Para ejercer su influencia, dialogan con la asamblea, o con la Boulé; controlan, con frecuentes embajadas, la política extranjera de la ciudad. Sin embargo, es mucho más importante, para su peso político, conseguir éxitos significativos en la palestra jurídica. Se destinan a la asamblea intervenciones bien recalcadas en el tiempo, más estratégicas que de acción inmediata: ésta, por prudencia, se deja a los gregarios.

3

El tono de los discursos asamblearios de Demóstenes –según ha escrito Wilamowitz– muestra que no estaban destinados al «populacho soberano de la Pnyx», sino a un ideal de pueblo ateniense: lo que confirmaría, según tal punto de vista, que no se trataba de discursos verdaderos. El tono admonitorio y de continuo reproche hacia «vosotros que estáis sentados» es un rasgo distintivo de la política de Demóstenes. Incluso puede decirse que donde el tono se hace admonitorio y severo se adensan también los ingredientes patrióticos: de un tal amasijo lingüístico-político nace la impresión de que se le esté hablando a un pueblo «ideal».

Las admoniciones al demo para que haga «lo que debe» son la antítesis, en cierto sentido, del programa popular, que un historiador oligarca resume en la fórmula: «que el pueblo haga lo que le parece»;[2] son inherentes al rango mismo de *rhetor*, separado del demo, por encima del demo. Por lo que se configuran dos actitudes: la admonitoria (Demóstenes, Licurgo y otros *rhetores*) y la de los «perros», es decir la de quien, por principio y por instinto, está siempre de parte del demo, incluso cuando se trata de secundar explosiones oscurantistas o de egoísmo de casta (como el juicio de Aristogitón contra Hipérides, que había propuesto la ciudadanía para los metecos y la libertad para los esclavos, después de Queronea). Egoísmo de casta, porque el demo –también el demo empobrecido y turbulento de finales del siglo IV–, si ya no es el weberiano «clan que se reparte el botín», dado que con el final del imperio no hay ya «botín», sigue siendo «una clase dominante excepcionalmente vasta y diversa»,[3] destinada a vivir de subvenciones.

Demóstenes no esconde su aversión hacia la propaganda y los programas de la democracia radical. Tampoco le entusiasma el gobierno popular, a cuya lentitud y a cuya publicidad no duda en contraponer la libertad de acción y la prontitud de las que goza un Filipo.[4]

«¡Llegaremos siempre demasiado tarde!», protesta en la «Primera filípica» (32). El compilador de un discurso «demosténico» como la «Respuesta a la carta de Filipo» no descuida este ingrediente: «él (Filipo) afronta los peligros sin dejar escapar ninguna ocasión y en toda estación del año, mientras vosotros estáis aquí sentados, etc.» (XI, 17). Se trata, en definitiva, de la inferioridad de los regímenes democráticos, estorbados por su propio mecanismo.

Para Demóstenes, entonces, se impone la confrontación continua con los éxitos de Filipo. No esconde una suerte de admiración por Filipo, por su fulminante carrera, por el elemento de voluntarismo de su praxis político-militar (I, 14: «mira siempre más allá de lo que ya posee»), por la diligencia de la acción (VIII, 11: la razón de su éxito es que se mueve antes que los demás).

2. *Helénicas*, I, 7, 12.
3. V. Gordon Childe, *What Happened in History* (1941) [trad. esp.: *Qué sucedió en la historia*, Cátedra, Madrid, 2002].
4. I, 4; II, 23; IV, 36; VIII, 11, 32-33; XVIII, 235.

En el discurso «Sobre la paz» *(c.* 356), Isócrates imagina que dirige a la asamblea este reproche: «sé bien que no es fácil estar en desacuerdo con vosotros y que en un régimen democrático no hay *parrhesia* sino para los más osados de los que hablan en esta tribuna» (§ 14). También Demóstenes se lamenta de ello, y en el proemio sostiene que el «alboroto» de la asamblea impide tomar las decisiones correctas (proemio IV), con una fraseología antipopular de tipo platónico.[5] Demóstenes incluso se lamenta con frecuencia, en los mismos términos que Isócrates, de la falta de *parrhesia:* de los primeros discursos (XV, 1; XIII, 15; III, 32: «no hay *parrhesia* acerca de todos los argumentos de esta asamblea y me sorprende que la haya habido en esta ocasión») a los más maduros (VIII, 32; IX, 3). En la «Tercera filípica» el ataque es directamente a los hábitos democráticos: «En todos los demás ámbitos vosotros habéis extendido la *parrhesia* a todos los que habitan en la ciudad, incluso a los esclavos y a los extranjeros: entre nosotros, tienen más libertad de palabra muchos esclavos que los ciudadanos en otras ciudades.[6] ¡Pero habéis expulsado la *parrhesia* de la asamblea!» (IX, 3).

Demóstenes –que, como parte de la fortuna paterna, había heredado dos fábricas con cincuenta esclavos (XXVII, 9)– conjetura que las persecuciones y la violencia física deben aplicarse a los esclavos, no a los libres (VIII, 51). En cambio, un orador partidario del pueblo, como el autor del discurso «Sobre el tratado con Alejandro», se expresa de manera diversa: «ninguno de nosotros quisiera ver condenado a muerte ni siquiera a un esclavo» (XVII, 3).

Según Plutarco, una característica elemental de la política demosténica es la orientación antipopular (ἀριστοκρατικὸν πολίτευμα: «Vida de Demóstenes», 14, 5); como prueba de ello, Plutarco cita la acusación que le dirige a la sacerdotisa Teórides, culpable de «instigar a los esclavos». Los modernos se preguntan si la acusación contra Teórides fue dirigida por Demóstenes en persona, y observan además que el término «sacerdotisa», adoptado por Plutarco, es, en rigor, impropio.[7] En todo caso, es interesante observar que, ya fuera maga o sacerdotisa, Teórides pertenecía al círculo del «perro» Aristogitón; incluso, según Demóstenes, el hermano de Aristogitón se había procurado venenos y sortilegios propios de la esclava de Teórides (XXV, 80). Ambiente ser-

5. *República,* VI, 492b-c: «alboroto» de la asamblea reduplicado por el eco.
6. Acerca de las normas legales sobre el tratamiento de los esclavos, cfr. Demóstenes, XXI, 46.
7. L. Ziehen, *RE,* V.A., 1934, *s.v. Theoris,* n. 1, col. 2237-2238.

vil, «magia» o quizá sólo religión popular, el «perro» andrajoso es huésped habitual de las prisiones de Atenas: un mundo repugnante para un *rhetor* de buena familia.

Naturalmente, la reivindicación demosténica de *parrhesia* es tan antiliberal como el «alboroto» de la asamblea: «¡es escandaloso», sostiene en un momento muy favorable, «que en Atenas se pueda hablar impunemente a favor de Filipo!» (VIII, 66). Incluso la feroz petición de violencia física contra los adversarios políticos (VIII, 61) es un rasgo desconcertante de la oratoria demosténica, una mutación de la retórica judiciaria. En los discursos de 341 la amenaza es remachada casi con las mismas palabras: a aquellos que se han vendido a Filipo «hay que golpearlos hasta la muerte» (VIII, 61), no se puede vencer a los enemigos externos antes de haber acabado con los internos (VIII, 61 y IX, 53). Probablemente, en este tipo de política terrorista pensaba Platón cuando equiparaba a los *rhetores* con los tiranos, porque condenan a muerte, exilian y despojan de los bienes que anhelan *(Gorgias,* 466d). Eran, en el fondo, los mismos métodos de los odiados «perros»; también Aristogitón −según Demóstenes− era dado a atacar a los adversarios con estas amenazas («gritando a voz en cuello que era necesario someterlos a tortura»).[8]

4

En el primer discurso a la asamblea que se ha conservado, «Sobre Simorias», de 354 −que es quizá su primera intervención en la asamblea−, Demóstenes demuestra desde el principio «a favor de quién habla»:[9] «Las riquezas», amonesta, «hay que dejárselas a los ricos; no hay mejor medio de tenerlas a salvo para la ciudad» (XIV, 28). Es un rasgo perdurable de su política, no sólo en el comienzo. En este sentido sus reivindicaciones de coherencia son fundamentales: «permaneció con firmeza de parte de quienes había escogido desde el primer momento», señala Plutarco («Demóstenes», 13, 2), polemizando con Teopompo, quien, quizá en el *excursus* «Sobre los demagogos atenienses», acusaba a Demóstenes de «inestabilidad».[10]

Un fragmento de la «Cuarta filípica», tal vez de los más antiguos del

8. «Contra Aristogitón», 47.
9. E. Schwartz, *Demosthenes. Erste Philippika*, Elwert, Marburgo, 1893, p. 44.
10. *FGrHist* 115 F 326. Pero cfr. Demóstenes, VIII, 71.

texto, es en este sentido significativo. Es una propuesta de «tregua social», evidentemente formulada en un momento de tensión particular: Demóstenes comienza por criticar a los detractores del *theorikón*, un subsidio –dice– beneficioso para los pobres y que por eso es defendido; pero, como contrapartida, pide mayores garantías para los propietarios; dado que –precisa– no es aceptable la praxis de las confiscaciones sistemáticas con que se aterroriza a los propietarios (X, 35-45). En el epílogo a la «Primera olintíaca», su idea es que los ricos deben pagar «lo poco» que es necesario para «garantizarse a sí mismos el goce de todo lo demás sin preocupaciones» (I, 28). En un discurso de la misma época, «Sobre el ordenamiento del Estado», el blanco es explícito; es un ataque directo a la propaganda popular: es necesario «curar los oídos de los atenienses»; dejar de gritar en cada ocasión, incluso por incidentes modestos, «¡se quiere derrocar la democracia!»; hay que rechazar consignas como «la democracia se defiende en los tribunales» o bien «con el voto [*scil.* del ciudadano en el papel de juez] se defiende la constitución» (XIII, 13-16). Bajo la apariencia de atacar el alarmismo popular –aunque la prevención era completamente injustificada– vuelve sobre el tema habitual: la odiada omnipotencia de los tribunales populares, verdadero terror de los propietarios. La aversión vuelve, idéntica, varios años más tarde: en 341, en el discurso «Sobre el Quersoneso», Demóstenes traza un balance retrospectivo de la propia conducta política o, mejor, lo hace emerger, por contraste, esbozando la figura del «mal ciudadano» y mostrando la propia lejanía respecto de una imagen tal; la característica esencial del «mal ciudadano» es que «emprende juicios, confisca patrimonios y propone la nueva distribución de éstos» (VIII, 69).

En general, Aristóteles observa que, de los cinco temas habituales en los debates populares, el primero son «los recursos» y el segundo «la paz y la guerra» *(Retórica,* 1359b 19-21). Después de 354, según escribe Rostovtzeff, «el interés de Atenas comenzó a desplazarse hacia las cuestiones puramente económicas».[11] Incluso en la asamblea los debates se centraban en este tema.

El colapso financiero del Estado ateniense al día siguiente de la guerra social se refleja en algunas cifras: la renta de la ciudad es de 130 talentos («Cuarta filípica», 37), mientras que, sólo para sustentar la maquinaria estatal, hacían falta como mínimo 300. Por eso, en la última fase de la guerra se había recurrido a procedimientos extremos, aunque

---

11. *Social and Economic History of the Hellenistic World*, Oxford University Press, 1953² [trad. esp.: *Historia social y económica del mundo helenístico,* trad. de Francisco José Presedo Velo, Espasa Calpe, Madrid, 1967].

no muy eficaces, como la ley de Leptino para la abolición del privilegio de la inmunidad o el intento de recaudar los impuestos atrasados de los últimos veinte años (que sólo reunió 14 talentos).[12] Decadencia demográfica, concentración del latifundio (Demóstenes, XIII, 30: «poseen más tierras de lo que nunca hubieran soñado»), decadencia del trabajo libre e incremento del servil, carestías (algunas catastróficas, como la que duró de 331 a 324), dificultad en las reservas de grano, desocupación –inagotable acopio de mercenarios–[13] hacen aún más áspero el choque entre el demo y los propietarios. Éstos recurren a toda forma de resistencia contra las confiscaciones, las expropiaciones, los juicios, la *antídosis* (intercambio de patrimonios en caso de negarse a someterse a una liturgia); por ejemplo esconden los capitales, como se ve claramente –entre otros– en algunos testimonios demosténicos, como la exhortación a dejar los capitales «en custodia» en manos de los ricos (XIV, 28) o la confiada y cómplice declaración, en el mismo discurso, de que –cuando haya verdadera necesidad– los capitales, que son enormes («más que en todas las otras ciudades juntas») saldrán a la luz, y sin necesidad de medios coercitivos (XIV, 25-26). Naturalmente, un fenómeno de este tipo frenaba las inversiones, es decir, que agudizaba la crisis y los conflictos de clase.[14]

La «tregua social» sólo iba a ser obtenida por los propietarios bajo el dominio macedonio: una de las cláusulas principales de la «paz común» estipulada entre Filipo y los Estados griegos (338), y confirmada en 336 por Alejandro,[15] comprometía a todos los Estados y ciudades firmantes a impedir «exilios, confiscaciones de bienes, subdivisiones de tierras, remisión de deudas y liberación de esclavos con fines sediciosos».[16] El tratado de 338 fue tomado como base no sólo del de 336 sino incluso del de 319, por iniciativa de Filipo III y Poliperconte; y en 302, con Demetrio Poliorcetes y Antígono Monóftalmos.[17] Es interesante observar el tono de gran respeto con el que Filipo, en la «Carta a los atenienses», recogida en la recopilación demosténica, habla de los «ciudadanos más ilustres» (*gnorimòtatoi*) de las ciudades griegas, perseguidos por los ca-

12. Demóstenes, «Contra Androción», 44.

13. Isócrates, *Filipo*, 120-121; Demóstenes, XIV, 31.

14. G. Bodei Giglioni, *Xenophontis de vectigalibus*, Florencia, 1970, p. XVIII, n. 19.

15. H. H. Schmitt, *Die Staatsverträge des Altertums*, III, Beck, Múnich, 1969, p. 10, ll. 31-32.

16. Pseudo-Demóstenes, «Sobre el tratado con Alejandro», 15.

17. Schmitt, *Die Staatsvertäge des Altertums*, op. cit., n. 446. Pero, sobre la novedad de este último tratado respecto de la «paz común» de 338, cfr. L. Moretti, *Iscrizioni storiche ellenistiche*, I, Florencia, 1967, p. 117. Para Filipo III, cfr. Diodoro, XVIII, 56.

lumniadores que quieren congraciarse con el demo (XII, 19): se puede observar que aquí Filipo adopta términos técnicos propios de la lucha político-social de los Estados griegos.

5

La rivalidad fundamental en la época demosténica radicaba entre los partidarios y los adversarios del predominio macedonio: tal es el punto de vista de Demóstenes. Pero precisamente los testimonios demosténicos dejan entrever la indiferencia del demo por ese punto de vista: Demóstenes se esfuerza por probar que Filipo es el «verdadero enemigo» a un público no del todo persuadido; incluso cuando manifiesta su propia hostilidad hacia Filipo, se limita a explosiones de cólera discursiva. Por lo demás, un fiel «perro del pueblo» como Aristogitón atacaba por igual al filomacedonio Démades y a los antimacedonios Demóstenes e Hipérides.[18] Es probable que al demo le resultara prioritario el conflicto político y económico con los propietarios: de aquí el éxito de un Aristogitón y la indiferencia lamentada por Demóstenes.[19] Por eso se suele tachar de obtuso y provinciano el egoísmo del demo ateniense, centrado en sus intereses (a sus privilegios) pero indiferente hacia la política de gran potencia sugerida por Demóstenes. Se descuida, sin embargo, el hecho de que Demóstenes es un pésimo propagandista cuando da crédito a la imagen de una Macedonia deformada por un Estado bárbaro (IX, 31) y «secundario» (II, 14).

Un pasaje de la «Cuarta filípica», escrito precisamente en la inminencia del conflicto, resulta iluminador: no sólo Demóstenes se muestra muy informado acerca de los asuntos internos de Persia (arresto de Hermias, el «tirano» de Atarneo amigo de Filipo y Aristóteles),[20] sino que además ataca abiertamente las consabidas fórmulas políticas antipersas que, años atrás, aunque redimensionándolas, había tratado con respeto:

18. Cfr. Demóstenes, XXV, 47; [Plutarco], *Vidas de los diez oradores*, 848F-849A.
19. Los términos con los que se refiere al demo son siempre los mismos: ῥᾳθυμία, ῥᾳθυμεῖτε, μαλακία, ἀπράγμονες.
20. Incluso prevé la confesión de Hermias. También Filipo está muy bien informado acerca de los acontecimientos y la lucha política en Atenas: en la «Carta», cita a los «expertos de vuestra política» (§ 19); análogamente, Demóstenes cita a «amigos de confianza» que han referido el intenso descontento en Macedonia contra Filipo (cfr. también VIII, 14-15, a propósito de Bizancio). Si esta red se extendía también a Persia, como parece en la «Cuarta filípica», podía fácilmente ser presentada bajo una luz tendenciosa y deformadora.

«tenemos que abandonar esa actitud fatua que tantas veces os ha conducido a la derrota: "el bárbaro", "el enemigo común" y así sucesivamente. Porque yo, cuando veo a alguien que tiene miedo de este hombre que vive en Susa o Ecbatana y afirma tener malas intenciones a propósito de Atenas, a pesar de habernos ayudado a arreglar nuestra ciudad e incluso os hacía ofrecimientos —y si vosotros no los habéis aceptado, si los habéis rechazado, la culpa no es suya—, y en cambio, hablando de ese que está a nuestras mismas puertas, de ese salteador de griegos, que tan grande está haciéndose en el mismo corazón del país, usa un lenguaje tan diferente, me maravillo; y en lo que a mí se refiere, tengo miedo de él, sea quien fuere, ya que él no lo tiene de Filipo» (X, 33-34). Este discurso político, que data de 340 aproximadamente, parece dicho en la inminencia del envío a Persia de una embajada ateniense, a la que Demóstenes parece estar dando instrucciones (§ 33: «de todo esto deduzco que los embajadores deben tratar con el rey»); y quizá se trata de la embajada propuesta en 341 como conclusión a la «Tercera filípica» (70-71: también aquí contradecía los tradicionales lugares comunes patrióticos).

Desde su primera arenga, Demóstenes muestra ideas muy claras sobre el papel de Persia en la política griega, y rechaza con elegancia los tópicos patrióticos (XIV, 3: «Yo también sé que el rey es el "común enemigo" de todos los griegos, pero, etc.»). Esta lúcida visión, fundada en la experiencia del siglo V percibida como pasado todavía vivo, la compendia Demóstenes en una síntesis que aporta, en cierto sentido, una «clave» de su política: «En cuanto al Rey, todos desconfiábamos de él por igual cuando se aislaba; mas al aliarse con quienes perdían en la guerra, hasta haber restablecido el equilibrio con el vencedor, obtenía su confianza a pesar de que después, quienes habían sido por él salvados, le odiasen más que aquellos que desde el principio eran enemigos suyos» («Cuarta filípica», 51).[21] La referencia es, evidentemente, a la política persa de apoyo a Esparta contra Atenas en la guerra de Decelia, y más tarde antiespartana y filoateniense en los tiempos de Conón (Cnido, reconstrucción de las murallas). *Precisamente a la luz de estas explícitas sugerencias, la política demosténica se configura como un intento de repetir, contra Filipo, el juego de alianzas puesto de manifiesto en la lucha por la hegemonía, en especial contra Esparta:* por eso las referencias constantes de la política demosténica son las mayores potencias; Tebas, al principio aliada de Filipo, pero que no podía serlo por largo tiempo, como De-

---

21. Demóstenes sigue señalando, una vez más, las desavenencias con Persia: «Ahora, en cambio, no mantiene buenas relaciones con nadie y menos con nosotros, a no ser que hagamos algo para mejorar la situación» (§ 52).

móstenes había comprendido enseguida; y Persia, tradicional dominadora de la política griega y con la que Filipo iba a chocar tarde o temprano. En este sentido, la política demosténica puede entenderse como filopersa: no a la luz denigradora bajo la que la han querido ver los adversarios, sino en la auténtica tradición de los políticos atenienses, que va de Alcibíades a Conón. En tal sentido, la experiencia del siglo V es determinante y es un constante punto de referencia para la política demosténica: si vuelve con frecuencia sobre los grandes políticos del pasado no es sólo para complacer a la audiencia con los tópicos sobre los «antepasados», sino además para comparar su propia política con modelos y fórmulas accesibles.

En todo caso, precisamente esta impostación exclusivamente histórico-política constituye un límite: sobre todo en lo que respecta a la crisis del imperio persa, las distintas relaciones de fuerza y el éxito de la penetración macedonia en los Estados griegos. Todo eso, en definitiva, se resume en el brutal menosprecio de la historiografía «prusiana» hacia el abogado incapaz de entender la nueva era que estaba surgiendo a su alrededor. Desprecio que resulta, finalmente, de la incapacidad de entender el *lúcido tradicionalismo* de la política demosténica, de poner y apreciar a Demóstenes *dentro de la historia política ateniense* (así como Tucídides permaneció «perícleo» hasta el final).

Por tanto, después de Queronea, Demóstenes no «se sobrevivió a sí mismo»; o, mejor dicho, pudo considerar con coherencia el no haber sobrevivido, y pudo intentar tejer nuevamente desde el principio la misma trama, incluso desde antes de la muerte de Filipo (si tienen algún fundamento los datos manejados por Plutarco, «Demóstenes», 20, 4-5) y aún más después de 336 («Demóstenes», 23, 2). Se puede observar además que sólo cuando el imperio persa se desintegró –«inesperadamente», como reconocía el mismo Esquines («Contra Ctesifonte», 132)– se puede percibir una suerte de «cansancio» demosténico, una desconfianza en la posibilidad de un cambio efectivo de los equilibrios.

6

Cuarenta años antes de que Demóstenes pronunciara la «Cuarta filípica», Isócrates, en la parte final del *Panegírico* (380 a. C.), exponía frente a su audiencia «panhelénica» la debilidad estatal y militar del imperio persa: deducía su vulnerabilidad y, por tanto, la oportunidad para los griegos de promover la guerra de Europa contra Asia. El *Panegírico* no es, en efecto, un ejercicio de retórica tendiente a caldear un vacuo y genérico programa patriótico. Cuando se entra en el corazón de la argumentación política, superadas las arenas movedizas de los lugares comunes del género epidíctico (de la «autoctonía» ateniense al motivo del inigualable crédito conquistado con la victoria sobre los persas), el *Panegírico* se nos aparece tal como es: un duro discurso parcial, escrito desde la conciencia de los crímenes «imperiales» cometidos por Atenas y por eso mismo desarrollado en torno al motivo apologético característico en estos casos: nuestros adversarios lo han hecho peor que nosotros. Mediante esa argumentación, Isócrates muestra perfecta conciencia de la política del tardío siglo V y de las primeras décadas del IV: época de la que es testigo y, a su manera, también historiador, no menos que su rival Jenofonte.[22] Su polémica defensa del imperio pasado de Atenas es tan áspera que lo induce casi a una palinodia: «he recordado estos acontecimientos con dureza, a pesar de haber anunciado que quería pronunciar un discurso de reconciliación» (§ 129).

Después de lo cual, reequilibrada la balanza propagandística, Isócrates afronta el tema que le parece políticamente relevante: Persia. Un observador externo —dice—, que estuviera entre nosotros, no podría sino considerar insensatos tanto a los espartanos como a los atenienses, quienes, con sus conflictos y rivalidades, dañan la propia patria, en lugar de «explotar Asia» (§ 133). Así, mientras los griegos se disputan unas pequeñas islas de las Cícladas, el rey de Persia domina Chipre, y encima le es reconocido por espartanos y atenienses —lo cual no le fue concedido a ninguno de sus antepasados (§ 137)—[23] el dominio sin resistencia sobre las ciudades griegas de Asia. Pero esto —agrega— sucede gracias a la locura de los griegos, no por la fuerza del rey de Persia. Así, evocado el tema de la problemática fuerza del Gran Rey, pasa al tema del que se considera en condiciones de aportar una contribución no ya genéricamente política sino científica, que aporte un mayor conocimiento: Asia —según su tesis— es más débil de lo que imaginan los griegos, y el imperio persa es vulnerable (§§ 138-156).

Antes de entrar en lo esencial de la demostración, Isócrates despeja el campo del argumento que podía contrastar más fuertemente con su convicción de la sustancial debilidad de Asia. Se trata precisamente del argumento que Demóstenes («Cuarta filípica», 51) va a adoptar cuarenta años más tarde para justificar su idea de la centralidad de Persia. Si —objeta—, en los tiempos de nuestra rivalidad, el rey de Persia pudo ha-

22. Cfr., más arriba, Introducción, cap. VI.
23. Pasaje que recordará Demóstenes, hablando de Filipo, en la «Tercera filípica» (§ 22).

460

cer más fuertes ya a los unos ya a los otros con un simple cambio de alianzas, «esto no constituye una prueba de su fuerza; en situaciones como éstas, de hecho, incluso modestos aportes de fuerzas suelen determinar grandes desequilibrios» (§ 139).

Aquí, al fin, desarrolla su tesis. Declara repetidamente su polémico objetivo: se trata de «aquellos que afirman que el rey de Persia es imbatible» (§ 138), o bien «aquellos que nunca dejan de exaltar el mundo de los bárbaros» (§ 143), o bien «aquellos que tienen la costumbre de exaltar el coraje de los persas» (§ 146). Incluso las iniciativas tan ensalzadas del rey de Persia –el sitio de Evágoras, la victoria naval de Cnido– se revelan, bien miradas, algo muy alejado del éxito fulminante (§§ 141-143); pero es sobre todo una iniciativa como la de los mercenarios a sueldo de Ciro (los célebres «Diez Mil» de Jenofonte), quienes hicieron frente a las mejores tropas enemigas y, después de la muerte de Ciro, incluso «a todos los habitantes de Asia» (§ 146), la que sirve para «quitar toda razón a los habituales elogiadores del coraje de los persas». Todo el pasaje es muy estudiado y no está libre de perfidia, si se observa que el juicio arduamente depresivo y casi despreciativo acerca de los mercenarios («gente inepta que, en sus respectivas ciudades, no hubieran tenido de qué vivir»: y el dardo apunta al mismo Jenofonte) es, *en los términos en que se expresa*, parte esencial del razonamiento: los persas no son temibles, precisamente porque fueron vencidos por una caterva de individuos semejantes.

Es muy probable que la *Anábasis* jenofóntea sea el blanco colateral de este pasaje, que no casualmente se cierra con una alusión –hace tiempo identificada– a la *Anábasis:* ἐνικῶμεν τὸν βασιλέα ἐπὶ ταῖς θύραις αὐτοῦ καὶ καταγελάσαντες ἀπήλθομεν de *Anábasis,* II, 4, 4, retomado de *Panegírico,* 149: ὑπ᾽αὐτοῖς τοῖς βασιλείοις καταγέλαστοι γεγόνασιν *(scil.,* los soldados persas). La referencia a Jenofonte parece clara si se considera que Isócrates continúa refutando la eficacia del «sistema educativo» persa (§ 150), sobre todo en lo que se refiere a la formación militar (§ 151): exactamente lo contrario de lo que sostiene Jenofonte en el libro I de la *Ciropedia.*

La *Anábasis* y la *Ciropedia* (así como obviamente las *Helénicas*) fueron obras que se formaron a lo largo del tiempo, y que sin duda gozaron de difusiones provisionales y parciales. De allí la considerable probabilidad de que Isócrates discuta también aquí, polémicamente, con Jenofonte, así como en los §§ 100-114 había rechazado sus «piaginestei»[24] sobre el triste destino de los melios (§ 110: τὰς Μηλίων ὀδυρόμενοι συμφοράς).

24. Cfr., más arriba, cap. X.

La precoz previsión formulada por Isócrates en el «Panegírico» casi medio siglo antes del colapso del imperio persa de Alejandro resulta, entonces, del todo fundada y visionaria. Demóstenes, todavía en 341/340, sigue razonando según un panorama tradicional: como si hiciese política en plena guerra de Decelia. Para él Persia –que, en realidad, iba a caer cinco o seis años más tarde– es sin embargo el árbitro de la política griega, es la indiscutida «gran potencia» de la escena mundial.

Desde este punto de vista, por tanto, Isócrates está mucho más avanzado, cosa que lo revela como un «buen político» por cuanto es capaz de hacer previsiones acertadas (según un criterio de valoración del buen político apreciado por Tucídides, I, 138). Está más avanzado que Demóstenes, quien sin embargo ha leído y en ocasiones explotado su obra escrita, y también de su casi coetáneo Jenofonte, quien había tenido noticia directa y experiencia propia de la debilidad del imperio persa, pero que continuaba idealizando, sin embargo, ese mundo y su *paideia*. Sólo en el último y tardío capítulo de la *Ciropedia* Jenofonte mostrará alarma hacia las grietas que afloraban en la cohesión del antiguo imperio asiático. Entonces él también establecerá, como lo habían hecho Isócrates en el *Panegírico*, un nexo entre la aventura de los «Diez Mil» y la crisis del imperio, aunque en términos políticamente poco incisivos. En efecto, reconocerá en el engaño del que fueron víctima los jefes mercenarios, asesinados a traición por Tisafernes, la prueba de la crisis moral y por tanto de la decadencia de Persia, entendida por él en la fórmula: «a tales gobernantes tales gobernados». Un diagnóstico singular que le permitirá –quizá también bajo la influencia del nuevo clima, del que Isócrates es una parte no despreciable– modificar, años más tarde, su antiguo elogio del modelo persa.

8

El juicio de los modernos acerca del anacronismo de la política internacional de Demóstenes se basa sobre todo en este diagnóstico suyo, desmentido por los hechos, en torno a la extensión y a la perdurabilidad del papel del imperio persa. Por eso una de las explosiones de ira de *Advokatenrepublik*, el libro de guerra de Drerup, dice: «las ideas políticas de Demóstenes contrastaban con las fuerzas reales de la vida política de su tiempo»; y además: «no podemos olvidar que en su naturaleza estaba el abogado que equipara el bien público al interés partidario, y la patria a la ambición de poder personal» (p. 187).

Sería fácil objetar que todo político de rango está completamente persuadido de que su propio predominio coincide con el interés general, en un sentido más profundo del que comúnmente se tiene al pensar en el político medio. El contraste está en todo caso en la clarividencia acerca de las posibilidades futuras, pero incluso la de Pericles se reveló fatal para la grandeza de Atenas.

Una voz más aguda, que se eleva por encima de la banalidad del antidemostenismo de la posteridad, es la de Polibio. Éste se arriesga con un problema que en realidad lo implica y lo inviste directamente: ¿por qué Demóstenes adoptó, sin bajar nunca el tono, la línea de ataque en la que son definidos como «traidores» todos aquellos que se apartaron de su política y le hicieron frente? La respuesta del historiador de Megalópolis es que, vencido por los romanos, eligió a los romanos y justificó con fatalismo historicista el predominio sobre su propio país; lo que es casi una apología de sí mismo: depende –tal es su réplica– del punto de vista del observador. La óptica de Demóstenes, observa, fue exclusivamente ateniense («estaba convencido de que los griegos debían volver la mirada hacia Atenas; en caso contrario se les debía llamar traidores») y desde esta óptica (y aquí la posteridad insistiría sobre la cuestión de la clarividencia) «maltrató la verdad, porque lo que les pasó entonces a los griegos demuestra que Demóstenes no supo prever bien el futuro» (XVIII, 14). Curioso reproche a Demóstenes por no haber advertido la supremacía macedonia, por parte de un historiador que pone sin ninguna vacilación en la lógica inmanente de la historia la supremacía conseguida por los romanos sobre los hasta entonces imbatibles macedonios. Parecería, dentro de esta lógica, que la suprema clarividencia es sumarse cada vez a la estela de la victoria de los más fuertes.

9

Se podría cerrar la discusión acerca de estas cuestiones con la escueta réplica de un gran historiador liberal, George Macaulay Trevelyan, a las nunca aplacadas críticas dirigidas contra las Gran Rebelión puritana: «los hombres eran lo que eran, no influidos por la tardía sagacidad de los que vinieron después, y actuaron en consecuencia».[25] Juicio tanto más significativo al venir de parte de un convencido admirador de la «gloriosa revolución» de 1688.

Pero lo que sorprende del caso de Demóstenes es la enconada discu-

25. *England under Quenn Anna*, Longmans, Londres, 1930, cap. III.

sión en torno a su acción y su persona, que empieza durante su vida y aún no se ha extinguido. Ni siquiera en torno al controvertido gobierno de Pericles se ha desplegado un encarnizamiento semejante. La razón puede buscarse en factores diversos, entre los cuales no es el menos importante el hecho de que Pericles no asistiera, habiendo desaparecido por un imprevisto factor externo, al fracaso de su política; Demóstenes sí. Pero esto no basta. Es el tipo de sociedad política, tan distinta respecto al siglo anterior y tan especializada en el sentido de la *política como profesión*, tan densamente poblada de protagonistas y aspirantes a protagonistas en constante rivalidad recíproca, lo que explica el encarnizamiento: la rivalidad ininterrumpida, el riesgo permanente de cambio y de modificaciones en los alineamientos, la obligación de cuidarse de los aliados no menos que de los adversarios, y tantas otras cosas que los textos conservados (de oratoria, historiográficos y eruditos) deja entrever.

Es emblemático el caso del juicio harpálico. Es decir, el hecho de que la ruina política de Demóstenes no se haya producido por haber llevado a la ciudad y a los aliados a la derrota de Queronea sino por la sospecha de haber aceptado una gran suma por parte del tesorero de Alejandro, Hárpalo, «huido con la caja»: ése es el signo más claro del cambio en los fundamentos de la política, de los nuevos parámetros mentales del «profesionalismo político» de la Atenas de finales del siglo IV.

En agosto de 338, en Queronea, colapsa un modelo diplomático-militar tejido y preparado durante años. La partida no se había perdido al principio, como demuestra el júbilo desproporcionado de Filipo.[26] Pero el veredicto de las armas fue irrevocable: se trataba de la típica guerra en la que una sola batalla lo decidía todo. Porque a las espaldas de los vencidos había un frente interno fracturado, con una parte no despreciable del aparato político dispuesto a aplaudir la victoria macedonia y a arreglar las cuentas con el líder obstinado, que no se había detenido ante nada con tal de llevar a la ciudad a arriesgarse en esa tremenda aventura. Y a perder la partida. Sin embargo, la ciudad confió a Demóstenes el propósito de pronunciar el epitafio para los muertos de Queronea: el propósito, en fin, de decir oficialmente, en nombre de la ciudad, frente a los caídos y a sus deudos, «teníamos razón aunque hayamos perdido». Nunca un líder derrotado ha recibido un reconocimiento tan grande. Ello explica, más que ninguna otra cosa, el tono y el contenido del discurso «Sobre la corona», que culmina en el juramento que rema-

26. Cfr., más arriba, Introducción, cap. II.

cha, en nombre de los muertos de Maratón, de Platea, de Salamina y de Artemisia, que «nuestra decisión fue acertada».[27] La aplastante victoria en ese juicio fue la mayor confirmación, a años de distancia.

Pero en 324, cundo Hárpalo puso proa hacia Atenas con sus tesoros y sus treinta naves, huyendo de un Alejandro cada vez más imprevisible incluso para un viejo camarada como Hárpalo,[28] la escena cambia. Explota la sospecha de todos contra todos. No hubo un solo político que no «pusiese los ojos» sobre esas riquezas –así es como se expresa Plutarco– y no aprobase la decisión de acoger al fugitivo en la ciudad, desafiando al lejano Alejandro. En este punto se manifiesta un contraste de las noticias, de fuentes tardías o de contemporáneos hostiles, acerca de la conducta de Demóstenes. Aunque basado en una tradición hostil, el relato de Plutarco deja ver que Demóstenes ha pasado de una oposición inicial a acoger al inesperado fugitivo hacia una posición posibilista. Según la tradición que Plutarco toma por buena sin dudarlo, el cambio se debió a un importante donativo: «Hárpalo fue muy perspicaz en descubrir por la expresión del semblante y de la mirada [de Doméstenes] el carácter de un hombre codicioso del oro.» De ahí el cambio de actitud y la escena penosa de un Demóstenes que se presenta en la asamblea pero no habla, aduciendo el torpe pretexto de una inoportuna afonía. Siguió a ello un juicio humillante, una condena desmesurada (50 talentos),[29] la fuga de la prisión, el exilio.

En la vertiente opuesta existe una tradición, conocida por Pausanias Periegeta, según la cual el administrador del dinero procedente de Hárpalo, sometido a tortura, dio numerosos nombres de políticos «comprados» por Hárpalo pero no el de Demóstenes (II, 33, 4-5). No podrá la crítica moderna pronunciar un veredicto definitivo. Pero se puede observar el fuego concéntrico desencadenado sobre Demóstenes: «Este hombre es un asalariado, atenienses, un asalariado desde hace mucho tiempo. No absolváis a quien se le imputan todas las desventuras de la ciudad», grita el cliente para el que Dinarco escribió «Contra Demóstenes» (§§ 28-29). De este apunte sobre las desventuras pasadas, es decir, sobre Queronea, se comprende la orientación del acusador. En la vertiente opuesta es el aliado Hipérides quien no ahorra golpes al ex líder indiscutible de la facción antimacedonia: le reprocha haber dudado en aprovechar inmediatamente la oportunidad ofrecida por el desembarco

27. Demóstenes, XVIII, 208.
28. Plutarco, «Vida de Demóstenes», 25.
29. En las cajas del Estado había en total 130 después de la guerra social («Cuarta filípica», 37).

de Hárpalo en Atenas.[30] Imposible no ver en este ataque de Hipérides el deseo de sustituirlo en la cumbre, diríamos en lenguaje moderno, «del partido».[31]

Hárpalo pudo huir, a escondidas y con todas las garantías necesarias. Poco más tarde su dinero resultaría precioso para pagar a los mercenarios que constituyeron el eje del ejército en la nueva guerra contra Macedonia. Al llegar la noticia de la muerte de Alejandro (323 a. C.), Atenas, guiada ahora por Hipérides, y con Leóstenes en relaciones muy fluidas con el mundo de los mercenarios, suscitó la revuelta antimacedonia conocida como «guerra lamiaca» (323-322 a. C.). Demóstenes dio su apoyo, primero desde el exilio y después en Atenas, adonde regresó poco antes de la derrota. Justo a tiempo para ser entregado al vencedor y salvarse con el suicidio. «Si había para un griego una causa por la que valía la pena luchar ésa era principalmente aquella por la que Demóstenes combatió y murió»: es el veredicto de un erudito británico moderado, expresado en los años en los que Europa decretaba su propio fin.[32]

30. «Contra Demóstenes», col. XVII, 1-6 (p. 12 Jensen): «Fingiendo hablar en defensa del pueblo, hablabas en realidad en favor de Alejandro.»

31. Muy atinado, sobre este punto, W. Eder, «Die Harpalos-Affare», en *Grosse Prozesse im antiken Athen,* op. cit., pp. 214-215.

32. A. W. Pickard-Cambridge, *Demostenes and the Last Days of Greek Freedom,* Londres, 1914, p. 489.

XXXV. EPÍLOGO. DE LA DEMOCRACIA A LA UTOPÍA

1

La democracia y el imperio habían nacido conjuntamente. Tesmístocles, que en Salamina lleva a Atenas a la victoria, engendra a ambas a la vez; su intuición de proveer inmediatamente a la ciudad de un poderoso sistema de murallas, superando con engaños la resistencia y la oposición espartana, sella, con el necesario instrumento defensivo, la victoria conseguida y sienta las bases para el futuro conflicto con Esparta. Esas murallas constituyen el baluarte tanto de la democracia como del imperio, y formalizan la ruptura de los equilibrios centrados hasta entonces en la indiscutida hegemonía espartana sobre el conjunto del mundo griego. Por otra parte, la pretensión espartana de impedir a una ciudad, Atenas, proveerse de murallas denota de por sí que *de facto* el predominio de Esparta interfería incluso en la vida interna de las otras comunidades. El conflicto duraba desde el principio. Es una mera formalidad limitar el periodo de guerra a los últimos treinta años del siglo V: en un *crescendo*, ese conflicto tiene inicio con el nacimiento mismo de las murallas. Las murallas serán, en el momento de la capitulación de Atenas (404), el principal objetivo de los vencedores y el objeto de una desesperada y vana defensa por parte de los vencidos. El renacimiento de esas murallas en 394 signará el nuevo principio de una segunda aventura imperial, menos duradera aunque no poco fecunda.

Imperio y democracia, por tanto, actúan conjuntamente: es el imperio el que permite al demo participar de sustanciales beneficios materiales. El pueblo –deplora Platón– ya ha «bebido vino no mezclado» (*República*, 562c-d) y por eso, ya liberado y sin frenos, «salta a Eubea y se lanza a las islas» según la dura denuncia de un cómico que podría ser Teléclides.[1] Critias, en la *Athenaion Politeia*, lo dice claramente, y por eso, cuando estuvo en el poder, hizo girar el *bema*, la rudimentaria

1. *PCG*, VIII, p. 195, n.º 700.

tribuna desde la que los oradores hablaban al pueblo reunido sobre la Pnyx, «para que no miraran el mar» mientras hablaban al pueblo.[2] La democracia funciona porque «se reparte el botín», es decir, las ganancias imperiales. Terminado el imperio, los conflictos sociales se vuelven endémicos, y se perfila en el horizonte −en las escuelas de filosofía tanto como en la escena teatral− la utopía social.

2

Podría afirmarse que toda la obra de Platón, allí donde se enfrenta directamente con el problema político (la República es el documento más importante pero en absoluto el único), presupone que el imperio ya no existe y que el conflicto social no conoce techo y alcanza cimas de aspereza; allí la necesidad de encontrar una solución completamente nueva, más profunda, del problema político se anuda inextricablemente con la conflictividad social. Llevando al extremo la cuestión, Aristóteles, en los libros III y IV de la *Política*, llega a la completa identificación entre formas políticas y grupos sociales y formula la identificación completa democracia = dominio (gobierno) de los pobres *versus* oligarquía = dominio (gobierno) de los ricos, con independencia de la consistencia numérica de los dos grupos contrapuestos.[3]

En la *República*, frente a un cuadro de conflictos políticos-sociales irresolubles y violentos, Platón propone un gobierno confiado a una *élite* seleccionada mediante la experiencia filosófica de la búsqueda del sumo bien y desvinculada de la empírica búsqueda de la riqueza; ello mediante la solución comunista de la abolición de la propiedad (es decir, de la herencia de los bienes y de la plutocracia). Tal es la respuesta al problema insoluble de una convivencia constantemente amenazada por el conflicto. No se nos escapa que tal construcción, cuando se ha puesto en práctica, ha terminado siempre por parecerse inevitablemente a la estructura piramidal del modelo espartano. Pero el punto fuerte y el elemento de

2. Plutarco, «Vida de Temístocles», 19 5-6: «Temístocles, pues, no juntó El Pireo con la ciudad, que es la expresión del cómico Aristófanes, sino que arrimó la ciudad al Pireo, y la tierra a la mar, con lo que el pueblo se hizo más poderoso contra los principales, y tomó orgullo, pasando la autoridad a los marineros, a los remeros y a los pilotos. Por esto, la tribuna que se puso en el Pnyx estaba mirando al mar; pero luego los Treinta la volvieron hacia el continente, teniendo por cierto que el mando y superioridad en el mar era origen de democracia, y que los labradores eran menos difíciles con la oligarquía.»

3. Aristóteles, *Política*, IV, 3 (1290a-b), 6-7.

radical novedad de esta utopía radica precisamente en la compleja característica de los «filósofos-gobernantes», que no puede reducirse a una variante intelectualizada de la *gerusía* espartana.

Resulta vano polemizar acerca de la fiabilidad de los datos, a favor o en contra de la hipótesis de que existe un nexo entre la *República* de Platón (que contempla el hecho de que las mujeres sean comunes —es decir, que ninguna mujer habitará permanentemente con un hombre en particular— como una de las características «comunistas» de la *élite* dirigente) y *La asamblea de las mujeres* de Aristófanes (392 a. C.), donde ese motivo es insistente y obsesivamente llevado hasta la burla. Imaginar que Aristófanes pretendiera burlarse de la propuesta platónica implicaría aceptar una cronología muy —incluso demasiado— alta de la *República* (o al menos de parte de ella). La hipótesis opuesta, es decir, que Platón se inspirara en la comedia de Aristófanes, suscitó el rechazo indignado de Wilamowitz («me avergüenzo de tener que desperdiciar una palabra acerca de esta locura, etc.»).[4] Es preferible pensar que los motivos de la utopía social, los motivos comunistas, tenían su propia circulación. Así, por un lado no es osado pensar que, junto a tantos otros elementos, constituyan el trasfondo de la visión platónica, tal como viene propuesta en la *República;* y, por otra parte, es necesario pensar que sólo la circulación de motivos de este tipo explica la decisión de Aristófanes de hacer de ella el objeto de una sátira feroz. Esta comedia sólo pudo plasmarse y ser eventualmente apreciada por el público si las propuestas y «programas» de este tipo eran ya conocidos, es decir, si habían entrado en circulación; gracias, también —se puede suponer—, a actitudes filosófico-políticas determinadas por la diáspora del socratismo.

Programas «utópicos» y empobrecimiento de las clases más desfavorecidas suelen ir de la mano. Es de por sí significativo que el último Aristófanes que conocemos —*La asamblea de las mujeres* y *Pluto*— tenga que ver, de una u otra manera, con el problema de la justicia social, ya sea en la forma grotesca de *La asamblea de las mujeres* (escarnio de las instancias de igualdad coactivas) o en la forma, esta vez no escarnecedora sino comprensiva, que *Pluto* (388 a. C.) pone en escena, otorgándole el lugar central, precisamente, al problema de la pobreza. Una se cierra sin posible salvación, con la vulgaridad extrema de la escena de la comida común a la que acuden toda clase de oportunistas (incluso los menos persuadidos por la nueva moral social) al grito de «¡La república nos llama!»; la otra concluye en cambio con la recuperación de la

4. Wilamowitz, *Platon* II, Weidmann, Berlín, 1919, p. 199.

vista por parte del *Plutos* (la riqueza) y con el retorno de una precaria prosperidad.[5]

3

Aproximadamente por los mismos años, Falea de Calcedonia formulaba sus programas igualitarios de saneamiento de la vida ciudadana como «único remedio posible a las revoluciones», suscitadas precisamente por la desigualdad de las fortunas. Lo único que sabemos de él se lo debemos a una paráfrasis nada ecuánime que Aristóteles hace de su pensamiento.[6] No es fácil, por ejemplo, comprender a quién se dirigía Falea y si pretendía proponer una fórmula válida para todas las comunidades. Sin duda su escrito político debió tener resonancia dado que Aristóteles le dedica una tan minuciosa confutación.

La expresión adoptada por Aristóteles (τοῦτ᾽εἰσήνεγκε) puede significar tanto que *hizo tales propuestas* como que *introdujo tales reformas*. Los intérpretes discrepan acerca de este punto,[7] pero parece más razonable la segunda interpretación: probablemente Falea escribió una *Politeia* en la que proponía «que la propiedad fuera equitativa entre los ciudadanos» y, teniendo en cuenta la dificultad de la igualación de las riquezas en una comunidad ya estructurada, con inspiración gradualista, propuso diversas fórmulas (por ejemplo, en relación con el mecanismo de la «dote» en caso de matrimonio entre ricos y pobres) y sobre todo lanzó la idea de «nacionalizar» a los artesanos reduciéndolos a la condición de «funcionarios públicos».[8] Se ha discutido acerca de estas informaciones. También aquí Aristóteles constituye la única fuente, y tiene en este caso (mucho más que cuando se esfuerza en demoler las teorías políticas de Platón) la mala costumbre de aplastar con sus propias críticas el pensa-

5. No sabemos cuál podría ser el contenido de otra comedia aristofanesca titulada igualmente *Pluto*, que se remonta a 408, dado que sólo se conoce el título. No se sostiene la hipótesis de Kaibel, de la que se apropian Kassel y Austin *(PCG,* III. 2, p. 244), según la cual el tema era el mismo del segundo *Pluto,* aunque se distinguían por la *tractatio.*

6. Aristóteles, *Política,* 1266a, 39-1267b 21, 1274b 9.

7. *Exempli gratia:* Jean Aubonnet (Aristóteles, *Politique,* I, Les Belles Lettres, París, 1968, p. 69) traduce «introduisit cette réglementation» (seguido por C. A. Viano, trad. Utet y BUR); Robert Pöhlmann *(Geschichte des antiken Sozialismus und Kommunismos,* I, Beck, Múnich, 1893, p. 265) considera que Falea era el autor de un tratado sobre la *Politeia.*

8. Aristóteles, *Política,* 1267b 15: δημόσιοι. Por lo general se interpreta «esclavos públicos».

miento que está criticando. Por eso se vuelve arduo el esfuerzo de comprender qué es lo que efectivamente Falea pretendía decir con *demosioi*, en caso de que en verdad haya utilizado ese término.

De modo que la interpretación prevaleciente (*«esclavos* públicos»)[9] no resulta satisfactoria. En rigor, *demosios* significa «que se debe al Estado» (público dependiente).[10] Es preferible pensar que Falea sugiriera una «estatización» de todas las actividades artesanales: en sustancia, el monopolio estatal de la producción de los bienes y la regulación oficial de este sector.

Un brillante polígrafo francés, que a principios de los años treinta publicó un laborioso ensayo sobre los «orígenes» judíos, cristianos y clásicos del comunismo, Gérard Walter, aportó buenos argumentos para sostener la interpretación, que parece la más precisa,[11] de un «monopolio estatal de la industria». Más allá de todo, no se ha dicho que la frase completa con que Aristóteles resume el proyecto reformador de Falea («y que los artesanos no constituyeran *un complemento* [πλήρωμα] *de la ciudad»*) signifique la exclusión de los artesanos del cuerpo cívico: podría significar todo lo contrario.[12] Walter recurre a una analogía histórica sugestiva. Se puede pensar –observa– que Falea proyectase un «poder ilimitado del Estado sobre todos aquellos que practicaban los oficios manuales»: éstos no se beneficiarían del nuevo orden como sí lo harían en cambio los pequeños propietarios (beneficiarios de la prevista igualación de la propiedad). «La situación imaginada por Falea», comenta Walter, «recuerda mucho los resultados obtenidos en Rusia en 1917 por la política agraria del gobierno; ésta aportó beneficios efectivos a los campesinos pobres pero no modificó en nada la penosa situación de la clase obrera urbana, sometida a jornadas de trabajo sobrehumanas.»[13]

Una lectura del todo distinta de las reformas proyectadas por Falea ve en él un exponente de la reacción aristocrático-dórica frente al regreso de la democracia de tipo ateniense, primero en Bizancio y más tarde en la propia Calcedonia, tras el colapso de la flota espartana en Cnido (394 a. C.). Teopompo se refiere a ello en las *Filípicas* con un arresto de espanto.[14] La respuesta de Falea no sería entonces distinta de la que se

9. Pölhmann llega a decir que la reforma de Falea era en el fondo ultraelitista.
10. Cfr. ad es. P. Fayoûm, 12, 34.
11. Cfr. también K. Ziegler, *s.v. Phaleas*, en *Kleine Pauly*, IV, 1975, col. 699.
12. W. L. Newman, *The Politics of Aristotle*, II, Clarendon Press, Oxford, 1887, p. 293, y, en su estela, Aubonnet (I, p. 152) encuentran que «Falea era contrario a los artesanos». Pero no explican πλήρωμα de modo satisfactorio.
13. G. Walter, *Les origines du communisme*, Payot, París, 1931, pp. 316-317.
14. *FGrHist* 115 F 62.

encierra en el proyecto platónico que condenaba a los *banausoi*, es decir, a los trabajadores manuales, a una absoluta marginalidad y a una condición subalterna. Esta interpretación también es compatible con las escasas e incompletas noticias que aporta Aristóteles. Muchos la comparten: desde Hermann Henkel[15] a Robert Pöhlmann;[16] de Newman[17] a Guthrie.[18] Pero esa posición ha llevado a construir fuertes analogías con las luchas sociales y la ingeniería social de los modernos. Al preparar la nueva edición del gran libro de Pöhlmann, en la década de 1920, Friedrich Oertel añade un párrafo en el capítulo sobre Falea, en el que viene a decir que Falea, precisamente por las condiciones de «objetos en manos del Estado» a las que pretendía reducir a los productores (los *technitai*), anticipaba la socialdemocracia moderna.[19] Curiosa toma de partido —que se escora hacia conclusiones análogas a las de G. Walter— en años de encarnizada contraposición entre socialdemocracia y sovietismo. Pero para entender mejor la fuerza, en aquellas décadas, de la sugestión analógica con los incandescentes conflictos sociales del mundo baste recordar el intento wilamowitziano de relacionar la ingeniería social proyectada por Platón en la *República* con una «auténtica» y no demagógica socialdemocracia.[20]

4

Las afinidades entre el proyecto de Falea y la ingeniería social platónica, probablemente contemporáneas —Aristóteles las critica con dureza en el mismo contexto del libro II de la *Política*—, han sido varias veces destacadas por los modernos. El precioso testimonio de Teopompo en el libro VIII de las *Historias filípicas* ayuda a encuadrar concretamente estos proyectos palingenésicos. No se nos puede escapar el hecho de que ambos nacen cuando la conflictividad social, tanto en Atenas como en las ciudades del estrecho (Calcedonia en particular, de acuerdo con

15. H. Henkel, *Studien zur Geschichte der griechischen Lehre vom Staat*, Teubner, Leipzig, 1872, p. 165.

16. R. Pöhlmann, *Geschichte des antiken Kommunismus und Sozialismus*, I, Beck, Múnich, 1893, pp. 266-267.

17. Newman, *The Politics of Aristotle*, op. cit., p. 293 (muy prudente).

18. W. K. C. Guthrie, *A History of Greek Philosophy*, III, Cambridge University Press, Cambridge, 1969, p. 152 y n. 1.

19. *Geschichte der sozialen Frage und des Sozialismus in der antiken Welt*, II, Beck, Múnich, 1925³, p. 8.

20. *Der griechische und der platoniche Staatsgedanke*, Weidmann, Berlín, 1919.

lo que nos refiere Teopompo), se había agudizado: en Atenas, por el «regreso del demo», tras la guerra civil, en una ciudad degradada al rango de ex gran potencia, privada ya del imperio, que había sido fuente de bienestar para todas las clases y ahora se veía obligada a contar sólo con sus propios recursos; en Calcedonia, en el momento en que, después de Cnido, las masas de desposeídos volvían a contar y a pretender su propia parte de la riqueza.

Un programa en ciertos aspectos afín al de Faleas, en cuanto a la «nacionalización» de los artesanos, es el que traza Jenofonte, para Atenas, en el opúsculo *De los ingresos públicos* (Πόροι). También aquí se trata de una reforma «desde lo alto», pensada «en el escritorio», que apunta al uso racional y socialmente «optimizado» de la masa de esclavos, a partir de un recurso que otros no poseen: las minas de plata de Laurión.

5

No era la primera vez que Jenofonte se empeñaba en la reflexión sobre el mejor ordenamiento social. Durante la mayor parte de su vida había permanecido firme en la convicción de la superioridad de la *eunomia* espartana sobre cualquier otra forma de ordenamiento político y social. Por otra parte, había armonizado su forma de vida con esas convicciones. Si hasta las guerras persas Esparta había sido indiscutiblemente *la* gran potencia, además del modelo de comunidad centrada en el ejército de tierra y en la identidad ciudadana-guerrera (aún semejante en la Atenas de Milcíades), con la irrupción de la flota ateniense y del imperio, y por tanto de la democracia, ese *cosmos* espartanocéntrico se había quebrado. Se había hundido y había producido una secuela de guerras y conflictos, hasta llegar al interminable y cruel de la catástrofe final. Todo ello le había parecido a muchos, y a Jenofonte *in primis*, una confirmación de la gravedad del error de partida: haberse alejado de la *eunomia*. El «credo» jenofónteo de estos años, culminado con su participación directa en la guerra civil en el bando oligárquico, está contenido, y retrospectivamente reafirmado, en su *Constitución de los espartanos*. En Esparta –observa– está prohibido poseer oro y el valor principal es la obediencia a los magistrados: incluso los poderosos se adecuan a esas normas (cap. 8).

El caso de Jenofonte es extremo. Todo el opúsculo tiene un tono de completa adhesión a los ordenamientos y el estilo vigentes en Esparta. Hacia el final, contiene una página[21] en la que los espartanos «de nuestro

---

21. Cap. XIV de la disposición moderna.

tiempo» (pero no sabemos exactamente cuándo escribió esas palabras Jenofonte) son reconvenidos por haberse alejado, en la práctica, de los sanos dictámenes de Licurgo. Bien mirado, Jenofonte es el único ateniense hostil al ordenamiento democrático de su ciudad que hizo converger la admiración por Esparta y por el *cosmos* espartano –difundido en todo el ambiente socrático– con la decisión de marcharse a vivir a Esparta. También Alcibíades, tras haber roto con la democracia ateniense, después de intentar dirigirla a la manera de su pariente Pericles, se había ido a vivir a Esparta y había adoptado los comportamientos más duros de esa sociedad (incluso el corte drástico del pelo y la «sopa negra»), aunque no la soportó por mucho tiempo. Sócrates, a quien todos ellos habían frecuentado y que era él mismo un admirador de Esparta,[22] cuando se encontró bajo el gobierno de Critias con la pretensión de instaurar en el Ática un régimen modelado sobre Esparta, *desobedeció*, poniendo en peligro su vida. Critias, que encontraba «bella» la constitución espartana,[23] murió combatiendo contra un improvisado ejército de irregulares que intentaba derrocar el nuevo gobierno para restaurar el antiguo régimen.

Jenofonte militó bajo Critias en la guerra civil: él sí *obedeció* al gobierno. En su «diario», aunque escrito tiempo después de romper con Critias, mantuvo firme su convicción acerca de la superioridad del ordenamiento espartano sobre cualquier otro. El opúsculo es una declaración inequívoca acerca de su credo político. Tanto más clara cuanto que le reprocha a los espartanos de los tiempos recientes haber degenerado ese modelo. En el opúsculo exalta precisamente el valor de la obediencia a ese tipo de gobierno. Se vuelve polémico, y abiertamente se refiere a Atenas, cuando escribe, en ese mismo contexto: «En cambio en las otras ciudades *los ciudadanos más poderosos no quieren dar la impresión de temer a los magistrados,* considerando que tal comportamiento sería indigno de hombres libres.»

Escribe en ático, en un límpido y ejemplar dialecto ático, considerado así ya por los antiguos. Entonces, ¿*para quién* escribe esa reivindicación sin grietas de la superioridad del ordenamiento espartano? No sin duda para los propios espartanos, cuya élite dirigente no tenía necesidad de ser persuadida de su propia superioridad (y que en todo caso no se dejaría amonestar por un exiliado para «volver a lo antiguo»). Escribe acaso para un público panhelénico, pero en primer lugar quiere dar lecciones a quien lo ha exiliado, a sus conciudadanos entregados al viejo sistema, desgarrado

22. Platón, *Critón*, 52e.
23. Jenofonte, *Helénicas*, II, 3, 34.

una vez más por la eterna tensión entre las aspiraciones populares y las ambiciones de sus líderes, con el habitual condimento de corrupción política, avidez y excesos judiciales. Ese opúsculo es también, y acaso sobre todo, una implícita reivindicación del acierto de sus propias decisiones.

6

Sin embargo, en un determinado momento, Jenofonte escribe otro opúsculo, dirigido a sus conciudadanos: los *Poroi (De los ingresos públicos)*. Esta vez sus únicos destinatarios son los atenienses, y presenta un proyecto de reforma económica con pretensiones casi palingenésicas si no utopistas.

¿Qué sucedió mientras tanto? ¿Qué hay en la base de este cambio? Para tratar de comprender las razones del cambio de actitud de un personaje clave como Jenofonte es necesario remontarse algunas décadas atrás y considerar, desde el punto de vista de los equilibrios sociales, la Atenas del siglo IV, la Atenas sin imperio.

El grado de tensión del conflicto social tras la restauración democrática queda bien representado por ese fragmento de oratoria que Dionisio de Halicarnaso incluyó en su selección de Lisias.[24] Dionisio, que disponía del discurso entero del que selecciona esos fragmentos, comenta que esas alarmantes propuestas de limitación del derecho de ciudadanía nacían en un clima en el que, apenas restaurada la democracia, ya se temía que «el pueblo volviese a su antiguo carácter licencioso». El cuadro que traza Aristóteles, complacido, en la *Constitución de los atenienses*, acerca de la dureza con la que los moderados al estilo de Arquino debieron poner freno a los extremistas democráticos al estilo de Trasíbulo (cap. 40) deja entender que el retorno al ordenamiento precedente fue no sólo traumático sino además fuente de diversos conflictos. Es quizá sintomático, para tener una idea de la situación hacia mediados del siglo IV, un pasaje del «Arquidamos» de Isócrates (366 a. C.). Aquí el soberano de Esparta, dirigiéndose a los suyos tras el desastre de Leuctra, dice (es decir, así es como Isócrates lo hace hablar) aproximadamente: hemos sido abatidos *como las otras ciudades griegas*. Y dibuja este cuadro: «Temen más a sus conciudadanos que a los enemigos externos. En lugar de la antigua concordia se ha llegado a tal nivel de incomprensión recíproca que los ricos están dispuestos a tirar al mar sus riquezas antes que ponerlas a disposición de los indigentes» (§ 67).

24. Cfr., más arriba, cap. XXXII.

En ese momento Jenofonte vive en el Peloponeso, en Élide, aún bajo el ala de sus protectores espartanos; y tiene, sin embargo, ya a la vista este cuadro. Era un golpe muy duro a sus convicciones, si incluso el Peloponeso se parecía ya al resto de Grecia. Poco después, en Mantinea (362 a. C.), donde su hijo encontrará la muerte como miembro de la caballería ateniense, naufragará toda esperanza de un nuevo orden internacional (*Helénicas*, VII, 5, 27). La reconciliación espartano-ateniense, que ha comportado, probablemente, su reintegración al cuerpo cívico de su ciudad natal, no remedia en absoluto, más allá del plano personal, el desorden generalizado y la falta de perspectivas. Sobre todo, una nueva guerra –la de Atenas contra sus aliados miembros de la renovada liga marina– viene a destruir todas las ilusiones (357-355 a. C.).

La segunda liga había surgido en 378 a. C., con solemnes promesas de no repetir los abusos del pasado, pero ya a mediados de la década de 360 la imposición de millares de colonos *(cleruqui)* en las ciudades aliadas (dos mil sólo en Samos, en 365)[25] había vuelto a proponer el esquema de explotación y de alianzas desiguales que había hundido al primer imperio. Con los hechos consumados, con la guerra ya perdida, la justificación adoptada por los políticos atenienses para explicar la repetición del antiguo escenario imperial fue muy cruda e instructiva. La recabamos de las primeras palabras con las que Jenofonte entra en el tema, al principio de los *Poroi:* «Algunos jefes atenienses[26] han dicho que saben muy bien qué es la justicia, tanto como los otros seres humanos, pero *la pobreza de las masas*[27] los había obligado[28] a comportamientos injustos con las ciudades aliadas.» La «pobreza de las masas» es, por tanto, el motor que empuja a la ciudad a usar el imperio de manera egoísta.

Aquí Jenofonte se siente obligado a hablar de su ciudad, ahora que, tras la «guerra social», también el segundo imperio se ha desvanecido. Precisamente porque la cuestión de todas las cuestiones es «la pobreza de las masas» –argumenta Jenofonte–, «yo he intentado ver *si los atenienses podían encontrar el modo de mantenerse con sus propios recursos*». Sería –agrega– la solución en sí más justa y a la vez evitaría a los atenienses «parecer sospechosos a los otros griegos». Su proyecto de reforma tiene un epicentro: las minas de Laurión y el sistemático empleo, para su explotación, de millares de esclavos públicos (cap. 4). «Mi propuesta», escribe, «es que la ciudad, bajo el ejemplo de los ciudadanos privados,

---

25. Diodoro, XVIII, 18, 9.
26. Probablemente se refiere a los diversos Aristofontes y Cares.
27. διὰ τὴν τοῦ πλήθους πενίαν.
28. ἀναγκάζεσθαι.

quienes se han asegurado una renta vitalicia con la posesión de esclavos, adquiera esclavos públicos hasta alcanzar el número de tres por cada ateniense» (4, 17); «el tesoro público puede procurarse dinero mediante la adquisición de hombres más fácilmente que los privados»; «dentro de cinco o seis años se alcanzaría el tope de seis mil esclavos públicos; si cada uno de ellos rindiera un óbolo por día, se obtendría una renta de sesenta talentos» (4, 23); «alcanzado el número de diez mil esclavos públicos, la renta será de cien talentos» (4, 24).

La atención que Jenofonte presta a los mecanismos económicos es un rasgo distintivo que los estudiosos modernos descuidan e ignoran. Se olvida que escribió también el *Económico* y que incluso en los *Memorables* se habla de economía y de los esclavos que explotaba Nicias, dándolos en alquiler a los empresarios de las minas. Tucídides también sabía mucho de minería –estaba a cargo de la explotación de las minas de oro de Pangeo y de allí venía su prestigio en la región–; éste es otro elemento importante que vincula estrechamente a Jenofonte con Tucídides. Si el correspondiente jenofónteo de la *República* platónica es la *Constitución de los espartanos*, el correspondiente de las *Leyes* son los *Poroi*. Vidas paralelas de los dos socráticos mayores. Ambos respondieron con la ingeniería social a las primeras y segundas catástrofes, a la crisis social ateniense, que se agudizó tras el hundimiento de la primera y se agravó aún más con el colapso del segundo imperio. La respuesta platónica no parece mirar especialmente a Atenas (que al infausto huésped de los tiranos siracusanos debía parecerle desde un principio un sistema insalvable); la respuesta de Jenofonte, nostálgica y didáctica cuando aún apuntaba al modelo de Licurgo «en estado puro», se volvió en cambio concreta y ligada a la praxis y a los recursos verdaderos y posibles, en la prosa seca y urgente de los *Poroi*.

7

No se nos debe escapar el carácter utópico de este proyecto, lanzado por un gran superviviente de la Atenas de los nuevos políticos. Éste consiste no tanto en la infravaloración de la impermeabilidad a toda ingeniería social por parte de la clase política, de toda clase política, que funciona como clase o mira ante todo a su autoconservación, con la dificultad de superar el egoísmo de los propietarios. Casi contemporánea de la propuesta de Jenofonte respecto de la minería es la primera aparición de Demóstenes en la asamblea: el discurso «Sobre las simorias» (355-354 a. C.). También él tiene su propuesta: aumentar el número de ciudadanos empleados en la construcción de la flota. Pero Demóstenes, hijo de un industrial y prematuramente huérfano, se había tenido que dedicar a la abogacía tras haber sido despojado de su fortuna por sus propios tutores, y sabía por tanto cómo funcionaban las dos ciudades contrapuestas que vivían dentro de las mismas murallas: la ciudad de los ricos y la de los no propietarios. La de los ricos la conocía por dentro. Por eso, frente al clásico y probado instrumento de una «patrimonial» sobre la riqueza (la «duodécima», que en teoría podía dar un rédito de alrededor de quinientos talentos), objeta: «¡Atenienses! En esta ciudad hay tantas riquezas como en todas las demás juntas. Pero aunque todos los oradores se esforzasen en alarmar a los ricos diciendo que está por llegar el Rey de Persia, e incluso que ya ha llegado, y si junto a los oradores estuvieran además los adivinos haciendo la misma previsión, los ricos no sólo no darían nada sino que esconderían sus riquezas y hasta afirmarían que no poseen ninguna» («Sobre las simorias», 25). De allí que, sin dilaciones, concluya: «En cuanto al dinero, por ahora dejémoslo en manos de quien lo posee: es el mejor cofre para la ciudad» (28).

La cuestión social domina el siglo IV como domina la oratoria demosténica: incluso cuando el orador parece estar hablando de otra cosa. Cuando existía el imperio, el conflicto se desarrollaba dentro del «clan», para decirlo una vez más con Weber, y tenía como objeto el reparto del botín. Perdido el imperio una primera y una segunda vez, la reacción inmediata de las clases poderosas fue la de intentar la reducción de la ciudadanía. En los años que corren entre el inicio de la aventura política de Demóstenes, encaminada a encontrar para su ciudad el espacio para una tercera «hegemonía» (quizá en la órbita de Persia), y la derrota definitiva de 322, es decir, en el curso de esos treinta años, se consuma una vez más un choque social que no conoce techo. Cuando los acomodados y biempensantes tengan a los macedonios como garantes de la derrota de la última reencarnación de la democracia imperial, lo primero que harán será reducir el cuerpo cívico a nueve mil ciudadanos, sobre la base del censo y bajo la explícita solicitud de Antípatro.[29] Es la Atenas de Foción, con soberanía restringida. Es el inicio del declive definitivo.

En los tiempos de Cicerón y de Posidonio de Apamea, en los tiempos de Sila en guerra contra Mitrídates, el último estremecimiento de Atenas, alineada con Mitrídates, será el gobierno del filósofo y político Atenión. Posidonio, de quien se ha conservado una página en la que se narra ese episodio, no duda en reducir, con inusitada ferocidad, el mito

29. Diodoro, XVIII, 18, 4-5.

de la gran Atenas —que habla por boca de Atenión, caricatura de Demóstenes— a una farsa: «Basta ya de templos clausurados y gimnasios abandonados, del teatro desierto, los mudos tribunales y la Pnyx, sagrada para los dioses, abandonada por el demo.» Esto dice el demagogo, en la irrisoria paráfrasis del filósofo de Apamea,[30] cliente de poderosos romanos. Atenas era ya, para él, como para Cicerón, el lugar de la *nimia libertas*, reducida a una farsa. Así, juzgaban, era como había terminado.

30. *FGrHist* 87 F 36.

BIBLIOGRAFÍA ESCOGIDA[1]

La crítica histórica está representada por una
lectura casi infinita, en la que cada autor presenta
como resultado de la verdadera crítica histórica sus
propias afirmaciones, y estas afirmaciones son con
frecuencia no del todo concordantes o incluso del
todo opuestas a las de los otros [...]. Tomar las
obras más recientes y creer en ellas sería muy có-
modo y expeditivo; pero no siempre el libro más
reciente nos aporta los mejores resultados: haber
sido el último en hablar no quiere decir tener razón; y, para citar un ejemplo acorde a nuestro caso,
el pequeño libro ya casi cincuentenario de Tocqueville sobre *L'ancien régime et la Révolution* contiene
tantos resultados sólidos e incontrovertibles, alcan-
zados a través de investigaciones amplias y profundas e iluminados por una admirable genialidad,
como no se encuentran en centenares de volúmenes publicados más tarde. Para poder aceptar con
plena seguridad las afirmaciones de un autor por
encima de las de otro sería necesario remontarse a
las fuentes y hacer de nuevo para cada una de las
noticias contrastadas el trabajo crítico ya hecho por
los otros; sería necesario incluso, rigurosamente hablando, volver a hacer el trabajo sobre las noticias
aceptadas por todos, en cuanto no está dicho que la
concordia universal sea prueba segura de la verdad.

G. SALVEMINI,
La rivoluzione francese, 1907, pp. VIII-IX

1. La selección se ha realizado en función de los temas tratados en el libro.

Cuando en la Europa del siglo XIX, terminada hacía tiempo la experiencia jacobina, se abre camino un modelo «democrático» que es el resultado del encuentro-desencuentro entre las instancias populares y el predominio parlamentario de élites propietarias, y progresivamente el modelo se concreta a través de la extensión del sufragio, la historiografía liberal «progresista» (George Grote) simpatiza vivamente con Atenas, en la que reconoce su propio modelo remoto, mientras que la historiografía conservadora (Eduard Meyer, Wilamowitz, Beloch, Bogner) la rechaza como antecedente remoto del modelo «Tercera República francesa».

En la segunda parte (cap. XLVI) de la *History of Greece* (Londres [1849], 1862, 2.ª ed.), George Grote describe el funcionamiento de la democracia ateniense con una adhesión identificatoria, en vivaz oposición respecto de las críticas tradicionales (antiguas, pero también modernas). Empieza por describir los «partidos»: «Pericles y Efialtes demócratas; Cimón oligarca y conservador» (p. 101). Aquí ya se ejecuta una distorsión, puesto que difícilmente se podría definir como «oligárquico» a un político que, como Cimón, acepta el juego político asambleario (ostracismo incluido). No se nos escapa, obviamente, la brillante actualización, común en general a toda la historiografía decimonónica sobre la Grecia antigua, que lleva a Grote a un comportamiento «demagógico» (p. 108): evidentemente con referencia a la «generosidad» de Cimón, subrayada por Plutarco, al poner a disposición de los ciudadanos sus jardines y huertos. Precisamente Grote focaliza su atención en el funcionamiento de los tribunales populares y su derrocamiento del poder del Areópago, redimensionado, en sus poderes, por la reforma de Efialtes. Grote defiende el buen nombre de los tribunales populares atenienses, considerados con frecuencia el punto esencial del predominio popular contra las clases pudientes. Invoca, así, la defensa de dos argumentos: a) el elevado número de los componentes de cada una de las cortes fue «fundamentalmente para excluir la corrupción» (pp. 123-126); b) los tribunales no estaban compuestos sólo por pobres sino también por ciudadanos pertenecientes a las clases medias (p. 143). Sobre otros numerosos puntos Grote procede en dirección apologética, en una prosa vivaz y erudita a la vez, rica en parangones modernos (sobre todo con las situaciones inglesa y estadounidense). Grote afirma, por otra parte, que la democracia ateniense habría permanecido inmutable hasta la instauración, a finales del siglo IV, de la hegemonía macedonia (pp. 121-122). Todo lo cual significa infravalorar el cambio que se produjo progresivamente tras la guerra civil de 404/403: en la democracia restaurada se acentúa la profesionalización de la clase política (cfr. el ensayo de W. Pilz, *Der Rhetor im attischen Staat*, Diss. Leipzig, 1934) y se hace más fuerte la distinción entre rol político y militar (cuya coincidencia es característica del siglo V, prácticamente hasta el final del gran conflicto con Esparta). Por otra parte, Grote atenúa mucho la áspera realidad de la intolerancia entre los aliados, convertidos ya en súbditos, en las relaciones con Atenas. Ello a pesar de que el propio Pericles hubiera definido el imperio como «tiranía» en un discurso que Tucídides (II, 63, 2) le atribuye. Para Grote se trataba ante todo de «indiferencia o consentimiento y no de sentimiento de odio» (p. 172). Grote conoce, obviamente, el célebre juicio de Tucídides sobre Pericles como líder de una «democracia que sólo era tal en las palabras» (p. 293), pero explota también otra parte importante de esa página (sobre todo, el elogio de Pericles como incorruptible). A la luz de todo ello, no sorprenderá la mirada positiva que Grote dirige además a una figura tradicionalmente mal vista como Cleón (desde su contemporáneo Aristófanes y, después, Aristóteles; pp. 356-358, 434-435 y 538). En esto Grote había sido precedido por Johann Gustav Droysen, en su ensayo sobre *Los caballeros* (1835, 1838, 2.ª ed.). Es notable que en algunos casos sus conclusiones coincidan con las de Droysen, cuya formación era del todo distinta, no ajena al pensamiento histórico de Hegel. Éste, en las *Lecciones sobre la filosofía de la historia universal* definió la democracia griega como «la obra maestra de la política» (parte II, cap. III) y a Pericles como «el hombre de Estado más profundamente culto, auténtico y noble» (Introducción).

Del todo distinta es la escena en el ambiente alemán, en la época guillermina (finales del siglo XIX). El nombre más importante (mucho más allá del ámbito alemán) es el de Eduard Meyer. Al contrario de Grote, Meyer, en su monumental y, lamentablemente, incompleta *Geschichte des Altertums* (IV.1, Stuttgart, 1911, 2.ª ed.; 1939, 3.ª ed., edición de Hans Stier), pone en el centro de la reconstrucción precisamente la desmesurada e incoherente posición de Pericles en el conjunto de un ordenamiento «democrático» (pp. 695-702). Sin embargo, tampoco Meyer, tan alejado de Grote e influido en cambio por el pensamiento conservador de finales de siglo (como queda claro por sus artículos en prensa, de elevado nivel, publicados durante la Primera Guerra Mundial, contra la «democracia de tipo occidental»), explotará la intuición hobbesiana en torno a la verdadera naturaleza del poder de Pericles, pero apuntando sobre todo a los defectos estructurales de la democracia antigua (griega), precursora de la «occidental». En todo caso, Pericles aparece aquí como impulsado hacia una actitud «conservadora» tras la conquista del poder absoluto (p. 696), por efecto de esa misma conquista. Valoración histórico-política que no debe infravalorarse, en la que se puede acaso reconocer la influencia del diagnóstico plutárqueo, según el cual el gobierno de Pericles se manifestó como «aristocrático» *en cuanto estaba fundado en su posición como princeps* («Vida de Pericles», 9, 1). Plutarco interpretaba a Tucídides, II, 65, 9, y Meyer, probablemente, interpreta y da valor a Plutarco.

Es digno de destacarse el modo en que incluso Meyer queda en parte enredado en la aplicación al mundo griego de la noción moderna de *partido político*.

En ese sentido, una terminología explícitamente modernizante está presente, en cambio, en el casi contemporáneo ensayo de Maurice Croiset, *Aristophane et les partis à Athènes* (Fontemoing, París, 1906), en el que se habla con insistencia de «partido oligárquico», «democrático», «moderado», también con el propósito de encontrar una posición –en dicho panorama– en la que ubicar a Aristófanes. Mucho más pertinente resultan, en esa línea, las páginas de G. E. M. de Ste. Croix (*The Origins of the Peloponnesian War*, Ducworth, Londres, 1972, Apéndice 29) acerca de la «política» de Aristófanes, justamente definida, por el historiador marxista inglés, como de inspiración «cimoniana» (pp. 355-371).

Más que seguir de modo sistemático las progresivas oposiciones de las apreciaciones de los modernos frente al fenómeno de la democracia griega, señalaremos algunos momentos significativos connotándolos a través de estudios emblemáticos de las orientaciones enfrentadas: la Primera Guerra Mundial, la Primera República alemana, la época de los fascismos, la segunda mitad del siglo XX.

A) A partir de 1914, en el curso de la denominada «guerra de los espíritus» (*Krieg der Geister)*, provocada por la guerra mundial, entre los estudiosos alemanes y la intelectualidad de la Triple Alianza, está en juego la imagen de la Atenas de Demóstenes. Dos libros deben ser señalados en este contexto: *Aus einer alten Advocatenrepublik* de Engelbert Drerup (1916) –donde la «antigua república de los abogados» es la Atenas de Demóstenes, identificada a través de esa fórmula con la enemiga Francia «democrática»– y, desde poco más tarde hasta finales del conflicto, el *Demóstenes* de Georges Clemenceau, el vencedor, por parte francesa, contra la Macedonia-Prusia del káiser Guillermo II. La identificación de Clemenceau con su héroe positivo es completa, y se refiere también al destino personal –marcado por la ingratitud de los conciudadanos– tanto del antiguo como del moderno campeón de la democracia.

B) Para los años de la República de Weimar, recordaremos dos obras «menores», pero muy claras: por un lado *Demokratie und Klassenkampf im Altertum* de Arthur Rosenberg (Velhagen & Klasing, Bielefeld, 1921), y en la vertiente opuesta *Die verwirklichte Demokratie (La democracia realizada)* de Hans Bogner (Hanseatische Verlagsanstalt, Hamburgo-Berlín-Leipzig, 1930). Rosenberg es uno de los mayores historiadores alemanes de la época de Weimar, discípulo de Eduard Meyer y profesor de Historia antigua en Berlín, parlamentario del KPD, exiliado en 1933, refugiado en Estados Unidos, donde murió prematuramente en 1939, firme partidario del New Deal rooseveltiano. Bogner es un culto periodista de derechas (nacido en 1895), activo a principios del régimen nazi, traductor de autores clásicos. Para Rosenberg el experimento democrático ateniense constituye una suerte de «Estado social» *in nuce*. Para Bogner el sistema ateniense, la «democracia realizada», como la llama, no es otra cosa que el antecedente de la moderna «dictadura del proletariado»: a fin de dejar claro lo detestable de este sistema, Bogner traduce (pp. 96-107) por entero la *Athenaion Politeia* pseudojenofóntea y la define como «incomparable, inmediata y vivaz» descripción de ese sistema; con la precisión de que cuando Pericles sale de la escena («der heimliche Monarch»: ¿eco de Hobbes?) el sistema se manifiesta en toda su negatividad.

C) En la época nazi se destaca, por obra de Helmut Berve, uno de los

484

mayores exponentes de las generaciones que dominaron en las universidades durante el Tercer Riech, el intento de establecer una continuidad que, a partir del Pericles tucidídeo, alcanza al Führer. Sobre este tema existe el importante libro de Beat Näf, *Von Perikles zu Hitler?* (Lang, Berna-Frankfurt-Nueva York, 1986), que traza además un perfil esencial del debate historiográfico precedente acerca de la democracia ateniense (pp. 14-91). Junto a este inquietante paradigma se desarrolla además, o mejor dicho se retoma, la discusión acerca de Demóstenes. Mal visto ya en época guillermina por estudiosos de primer orden como Beloch y Wilamowitz (pero admirado por profesores del noble y muy eficaz «Gimnasio humanístico»), Demóstenes vuelve a la discusión por mérito del libro de Werner Jaeger *(Demosthenes. The Origin and Growth of His Policy)*, que salió primero en Estados Unidos (1938) e inmediatamente después en Alemania (1939).

D) En la década de 1960 comenzó a abrirse camino en los estudios sobre el mundo griego una importante novedad. Nos referimos a esa orientación de los estudios denominada «prosopográfica», que desde un principio había influido en los estudios de historia romana. Tal orientación pone de relieve los vínculos personales, familiares y de clan vigentes también en un mundo políticamente evolucionado como el ateniense de los siglos V y IV a. C. Un fruto importante en esta línea es el ensayo de J. K. Davies *Athenian Propertied Families, 600-300 B. C.* (Clarendon Press, Oxford, 1971). Allí se da una nueva dimensión a la visión decimonónica, demasiado modernizante y demasiado proclive a reconocer en los grupos políticos de la Atenas de edad clásica a verdaderas formaciones partidistas. Esta sana reacción puede encuadrarse, más que en la corriente típicamente anglosajona denominada prosopográfica, en el choque más general entre «primitivistas» y «modernistas» que ha investido la interpretación de la historia económica y social del mundo antiguo.

Ello no ha impedido que la interpretación tradicional de los conflictos políticos atenienses tomara nuevo aliento en vastos frescos histórico-políticos. Así, la adhesión emotiva a la democracia ática se advierte en estudios como *La démocratie athénienne* de Paul Cloché (PUF, París, 1951), de los que se recomiendan, por la noble ingenuidad y la inquietante defensa de la gestión ateniense del imperio, las últimas páginas. Análogo propósito aflora asimismo en un trabajo muy comprometido, que inspira pasión por momentos, como *Democrazia* (Laterza, Roma-Bari, 1995) de Domenico Musti. Para una meditada puesta al día, que es a la vez una reconstrucción crítica y documentada de los acontecimientos que llevaron de la «tiranía» a la reforma clisténica, se puede recorrer el ensayo de Giorgio Camassa *(Atene. La costruzione della democrazia,* «L'Erma» de Bretschneider, Roma, 2007). No se descuidan tampoco los intentos de una lectura no inculpatoria sino política de los acontecimientos de los «Treinta»: *The Thirty at Athens* de Peter Krentz (Cornell University Press, Ithaca, 1982). Este libro tiene el mérito de afrontar seriamente la cuestión de cuál era el *programa* de los «Treinta» (y de Critias en particular), y llega sensatamente a la conclusión de que su proyecto era el de moldear, mediante métodos violentos, a Atenas «on the lines of the Spartan Constitution» (p. 127). Naturalmente, la experiencia de la historia viviente puede inducir a apasionadas y sugestivas analogías: por ejemplo, a la lectura de los acontecimientos de los Treinta propuesta por Jules Isaac (*Les Oligarques* [escrito en 1942], prefacio de Pascal Ory, Calman-Lévy, París, 1989) en la que se lee, entre líneas, el nacimiento, bajo el choque de la victoria alemana, del régimen de Vichy (1940-1945).

ABREVIATURAS

ATL   B. D. Meritt, H. T. Wade-Gery y M. F. McGregor, *The Athenian Tribute Lists*, III, The American School of Classical Studies at Athens, Princeton, 1950.

CAH   *The Cambridge Ancient History*, V: *The Fifth Century B. C.*, ed. de D. M. Lewis, J. Boardman, J. K. Davies y M. Ostwald, Cambridge University Press, Cambridge, 1992.

FGrHist   *Die Fragmente der griechischen Historiker*, Weidmann, Berlín; Brill, Leiden, 1923 (continúa en la actualidad al cuidado de G. Schepens y otros).

IG   *Inscriptiones Graecae* (pero véase, más abajo, «Instrumentos», 3).

LSJ   H. G. Liddel y R. Scott, *A Greek-English Lexican*, nueva edición revisada y ampliada de H. S. Jones [1940^9], con nuevos añadidos, Clarendon Press, Oxford, 1996.

ML   R. Meiggs y D. Lewis, *A Selection of Greek Historical Inscriptions to the End of the Fifth Century B. C.*, Clarendon Press, Oxford, 1988^2.

PA   J. Kirchner, *Prosopographia Attica*, I-II, Georg Reimer, Berlín, 1901-1903.

PCG   *Poetae comici Graeci*, ed. R. Kassel, C. Austin, de Gruyter, Berlín y Nueva York, 1983-2001 (8 tomos en la actualidad).

RE   *Paulys Realencyclopädie der klassischen Altertumswissenschaft*, nueva revisión con la colaboración de numerosos colegas, ed. de G. Wissowa, W. Kroll, K. Witte, K. Ziegler, I-XXIX, I.A.-X.A, supl. I-XV. Metzler-Druckenmüller, Stuttgart-Múnich, 1893-1980 [particularmente notables son las entradas sobre Aristófanes, Isócrates, Jenofonte, *Triakonta* y Tucídides].

Syll.^{3} *Sylloge inscriptionum Graecarum*, ed. de Guilelmus Dittenberger, apud S. Hirzelium, Leipzig, 1915-1924.

TrGF   *Tragicorum Graecorum fragmenta*, ed. de R. Kannicht, S. Radt, B. Snell, I-V, Vandenhoeck und Ruprecht, Gotinga, 1971-2007.

VS   H. Diels y W. Kranz, *Die Fragmente der Vorsokratiker* [1934-1937], I-III, Weidmann, Berlín, 1952^6 (última revisión).

1) *Prosopografías*

H. Berve, *Das Alexanderreich auf prosopographischer Grundlage*, I-II, Beck, Múnich, 1926.

C. G. Cobet, *Commentatio, qua continetur Prosopographia Xenophontea*, Luchtmans, Leiden, 1836.

J. K. Davies, *Athenian Propertied Families (600-300 B. C.)*, Clarendon Press, Oxford, 1971.

C. W. Fornara, *The Athenian Board of Generals from 501 to 404*, Steiner, Wiesbaden, 1971.

H. A. Holden, *Onomasticon Aristophaneum sive Index nominum quae apud Aristopkanem legentur*, University Press, Cambridge, 1902².

J. Kirchner, *Prosopographia Attica*, I-II, Georg Reimer, Berlín, 1901-1903 (= *PA*).

D. Nails, *The People of Plato. A Prosopography of Plato and Other Socratics*, Hackett, Indianápolis, 2002.

P. Poralla, *Prosopographie der Lekedaimonier bis auf die Zeit Alexanders des Grossen*, Max, Breslau, 1913; *A Prosopography of Lacedaemonians from the Earliest Times to the Death of Alexander the Great (X-323 B. C.)*, 2.ª ed. con añadidos, correcciones e introducción de A. S. Bradford, Ares, Chicago, 1985.

J. S. Traill, *Persons of Ancient Athens*, Athenians, Toronto, 1994 (19 volúmenes en la actualidad).

2) *Historiadores griegos en fragmentos*

F. Jacoby, *Atthis. The Local Chronices of Ancient Athens*, Clarendon Press, Oxford, 1949.

F. Jacoby, *Die Fragmente der griechischen Historiker*, Weidmann, Berlín; Brill, Leiden, 1923-1958 (= *FGrHist*).

J. Marincola (ed.), *A Companion to Greek and Roman Historiography*, 2 vols., Blackwell, Malden, 2007.

J. Marincola (ed.), *Greek and Roman Historiography* (Oxford Readings in Classical Studies), Oxford University Press, Oxford, 2011.

3) *Inscripciones*

W. Dittenberger, *Sylloge Inscriptionum Graecarum*, I-IV, Hirzel, Leipzig, 1915-1924 (= *Syll.*³).

Inscriptiones Atticae Euclidis anno anteriores, ed. de F. Hiller von Gaertringen, De Gruyter, Berlín, 1924 [aporta una encomiable cronología al final del volumen] (= *IG*, I²).

Inscriptiones Atticae Euclidis anno anteriores, I: *Decreta et tabulae magistratuum*, ed. de D. Lewis, De Gruyter, Berlín, 1981; II: *Dedicationes. Catalogi. Termini. Tituli sepulcrales. Varia. Tituli extra Atticam reperti*, ed. de D. Lewis y L. Jeffery, De Gruyter, Berlín, 1994; III: *Indices*, ed. de D. Lewis, E. Erxleben y K. Hallf, De Gruyter, Berlín, 1998 (= *IG*, I[3]).

Inscriptiones Atticae Euclides anno posteriores, ed. de J. Kirchner, De Gruyter, Berlín, 1913-1940 (= *IG*, II[2] y III[2]).

R. Meiggs y D. Lewis, *A Selection of Greek Historical Insriptions to the End of the Fifth Century B. C.*, Clarendon Pres, Oxford, 1988[2] (= *ML*).

B. D. Meritt, H. T. Wade-Gery y M. F. McGregor, *The Athenian Tribute Lists*, III, The American School of Classical Studies at Athens, Princeton, 1950.

M. N. Tod, *A Selection of Greek Historical Incriptions*, I-II, Clarendon Press, Oxford, 1933-1948.

4) *Historias generales*

K. J. Beloch, *Griechische Geschichte*, Trübner, Estrasburgo; De Gruyter, Berlín-Leipzig, 1912-1927[2].

H. Bengston, *Griechische Geschichte*, Beck, Múnich, 1977[5].

H. Berve, *Storia Graeca* [1931/1933[1],1951/1952[2]], trad. it. Laterza, Bari, 1966, 1976[2], 1983[3].

J. Burckhardt, *Griechische Kulturgeschiihte*, Spemann, Berlín, 1898-1902 [trad. esp.: *Historia de la cultura griega*, trad. de Eugenio Imaz, Iberia, Madrid, 1965].

G. Busolt, *Griechichte Geschichte bis zur Schlacht bei Chaeroneia*, I-III, Perthes, Gotha, 1893-1904[2].

G. Busolt, *Griechische Staatskunde*, I: *Allgemeine Darstellung des Griechischen Staaten*, II: *Darstellung einzelner Staaten und der Zwischenstaatlichen Beziehungen*, ed. de H. Swoboda, Beck, Múnich, 1920-1926 (*Handbuch der Altertumswisenschaft*, 4/1).

The Cambridge Ancient History, V: *The Fifth Century B. C.*, ed. de D. M. Lewis, J. Boardman, J. K. Davies y M. Ostwald, Cambridge University Press, Cambridge, 1992.

G. de Sanctis, *Storia dei Greci*, I-II, La Nuova Italia, Florencia, 1939.

G. Glotz y R. Cohen, *Histoire Grecque*, I-IV, PUF, París, 1925-1938.

G. Grote, *A History of Greece*, I-VIII, J. Murray, Londres, 1846-1856[1], 1862[2].

E. Meyer, *Geschichte des Altertums*, 2.ª impr.; I (1907-1909)-II (1928-1931, H. E. Stier)-III (1915, 1937, H. E. Stier)-IV (1915)-V (1913), Cotta, Stuttgart-Berlín.

W. Mitford, *History of Greece*, I-V, Murray and Robson, Londres, 1784-1810.

M. Weber, *Economía y sociedad* [*Wirtschaft und Gesellschaft*, 1922] [trad. esp. de J. Medina Echevarría, FCE, México, 1964].

M. Weber, *Historia económica general* [*Wirtschafigeschichte*, 1923] [trad. esp. de Manuel Sánchez Sarto, FCE, México, 1974].

U. von Wilamowitz-Moellendorff y B. Niese, *Staat und Gesellschafi der Griechen und Römer*, Teubner, Berlín-Leipzlg, 1910 («Die Kultur der Gegenwart» II, IV.1), 1923[2].

5) *Sobre Atenas*

S. Accame, *La lega ateniese del sec. IV a. C.*, Signorelli, Roma, 1941.

A. M. Andrades, *Storia delle finanze greche dai tempi eroici fino all'inizio dell'eta greco-macedonica*, Cedam, Padua, 1961.

M. Beard, *Il Partenone* [2002], trad. it. de B. Gregori, Laterza. Roma-Bari, 2004.

J. Beloch, *Die Attische Politik seit Perlkles*, Teubner, Leipzig, 1884.

H. Berve, *Die Tyrannis bei den Griechen*, Beck, Múnich, 1967.

F. Blass, *Die attische Beredsamkeit*, I-III.2, Teubner, Leipzig, 1887-1898[2].

B. Bleckmann, *Athens Weg in die Niederlage. Die letzten Jahre des Peloponnesischen Kriegs*, Teubner, Stuttgart-Leipzig, 1998.

A. Boeckh, *Die Staatshaushaltung der Athener*, I-II, Reimer, Berlín, 1817[1] [en 1817 apareció la primera edición de esta obra fundamental, al mismo tiempo en que Letronne preparaba en Francia un trabajo semejante, que permanecería inédito. Se trataba de los efectos de la instauración de un estudio sistemático de la documentación epigráfica. Por los mismos años, en efecto, Boeckh preparaba el *corpus Inscriptionum Graecarum* con el apoyo de la Academia de las Ciencias de Berlín. En 1834 aparece un tercer volumen de la *Economía pública de los atenienses* que contenía la documentación epigráfica sobre la marina ateniense; en 1851 aparece la 2.ª edición con nuevo material sobre las finanzas atenienses; la 3.ª edición, póstuma (Boeckh murió en 1867), apareció en 1886 al cuidado de M. Frankel y fue traducida al italiano por Ciccotti (1899-1902). En 1828 había aparecido la traducción francesa. El traductor, A. Laligant, apunta en el prólogo que la peculiaridad de este gran libro no había sido sencillamente la recopilación e interconexión de los *débrie épars* de documentación, sino sobre todo la capacidad reconstructiva de recuperar el funcionamiento del *sistema financiero ateniense*].

G. Camassa, *Atene. La costruzione della democrazia*, «L'Erma» di Bretschneider, Roma, 2007.

G. Camblano, *Polis. Un modello per la cultura europea*, Laterza, Roma-Bari, 2000 [muy importante para la imagen moderna de Atenas].

J. Carcopino, *L'ostracisme athénien*, 2.ª ed., Félix Alcan, París, 1935.

R. Carpenter, *Gli architetti del Partenone* [1970], trad. it. Einaudi, Turín, 1979.

V. Chankowski, *Athènes et Délos à l'époque classique. Recherches sur l'administration du sanctuaire d'Apollon délien,* École française d'Athènes, Atenas, 2008.

P. Cloché, *La démocratie athénienne*, PUF, París, 1951.

K. J. Dover, *Greek Popular Morality in the Time of Plato and Aristotle*, University of California Press, Berkeley, 1914; trad. it. Paideia, Brescia, 1983.

K. J. Dover, «The Freedom of the Intellectual in Greek Society», *Talanta,* 7, 1976, pp. 24-54 [demasiado optimista: no olvidemos que Meleto pide la pena de muerte para Sócrates].

C. A. D. Filon, *Histoire de la démocratie athénienne*, Durand, París, 1854.

G. Gera, *L'imposizione progressiva nell'antica Atene*, Bretschneider, Roma, 1975.

L. Gernet, *L'approvisionnement d'Athènes en blé au Ve et au IVe siècle* (Mélanges d'histoire ancienne), Alcan, París, 1909.

G. Gilbert, *Beiträge zur innern Geschichte Athens im Zeitalter des Peloponnesischen Krieges*, Teubner, Leipzig, 1877.

G. Grossi, *Frinico tra propaganda democratica e giudizio tucidideo*, «L'Erma» de Bretschleider, Roma, 1984.

M. H. Hansen, *The Athenian Ecclesia*, I-II, Museum Tusculanum Press, Copenhague, 1983-1989.

M. H. Hansen, *The Athenian Democracy in the Age of Demosthenes: Structure, Principles and Ideology*, Blackwell, Oxford, 1991; trad. it. Led, Milán, 2003.

A. R. W. Harrison, *The Law of Athens. The Family and Property*, Clarendon Press, Oxford, I, 1968; II, 1971.

C. Hignett, *A History of the Athenian Constitution*, Clarendon Press, Oxford, 1952.

F. Hurni, *Théramène ne plaidera pas coupable. Un homme politique engagé dans les révolutions athéniennes de la fin du Ve siècle av. J.-C.*, Schwabe, Basilea, 2010 [libro ingenuamente elaborado con el propósito de «salvar» la reputación de Terámenes, operación ya intentada por Aristóteles].

A. W. Lintott, *Violence, Civil Strife and Revolution in the Classical City* (750-330 B. C.), Croom Helm, Londres, 1982 [es útil por su bibliografía].

S. Mansouri, *Athènes vue par ses métèques. V^e-IVe siècle av. J.-C.*, Tallandier, París, 2011.

G. Marasco, *Democare di Leuconoe. Politica e cultura in Atene fra IV e III sec. a. C.*, Dipartimento di Scienze dell'Antichità Giorgio Pasquali, Università di Firenze, Florencia, 1984.

C. Meier, *Athen. Ein Neubeginn der Weltgeschichte*, Siedler, Berlín, 1993; trad. it. Garzanti, Milán, 1996.

R. Meiggs, *The Athenian Empire*, Clarendon Press, Oxford, 1972.

A. Momigliano, *Filippo il Macedone*, Le Monnier, Florencia, 1934.

C. Mossé, *Au nom de la loi. Justice et politique à Athènes d l'époque classique*, Payot, París, 2010.

M. Noussia, *The Language of Tyranny in Cratinus*, PCG 258, *Proceedings of the Cambridge Philological Society*, 49, 2003, pp. 74-88.

M. Noussia-Fantuzzi, *Solon the Athenian, the Poetic Fragments*, Brill, Leiden-Boston, 2010.

M. Pohlenz, reseña de U. von Wilamowltz-Moellendorf, *Platon* (1919), en *Gottingische Gelehrte Anzeigen*, 183, 1921, pp. 1-30 (= *Kleine Schrillen*, I, Olms, Hildesheim, 1965, pp. 559-588).

P. J. Rhodes, *The Athenian Boule*, Clarendon Press, Oxford, 1972[1], 1985[2].

J. Schvarcz, *Die Demokratie von Athen*, E. Avenarius, Leipzig, 1901[2] [violenta invectiva contra la democracia ateniense desde un punto de vista rigurosamente reaccionario].

G. E. M. de Ste. Croix, *The Origins of the Peloponnesian War*, Duckworth, Londres, 1972.

G. E. M. de Ste. Croix, *The Class Struggle in the Ancient Greek World from the Archaic Age to the Arab Conquest*, Duckworth, Londres, 1981.

F. R. Wüst, *Philipp II von Makedonien und Griechenland in den Jahren von 346 bis 338*, Beck, Múnich, 1938.

6) *Sobre Pericles*

V. Azoulay, *Périclès. La démocratie athénienne à l'épreuve du grand homme*, Colin, París, 2010.

F. Schachermeyer, *Perikles*, Kohlhammer, Stuttgart, 1969; trad. it. *Pericle*, Salerno, Roma, 1985.

P. A. Stadter, *A Commentary on Plutarch's Pericles*, Chapel Hill-Londres, 1989.

7) *Sobre Alcibíades*

É. Delebecque, *Thucydide et Alcibiade*, Ophrys, París, 1965.

J. Hatzfeld, *Alcibiade. Étude sur l'histoire d'Athènes de la fin du Veme siècle*, PUF, París, 1940, 1951[2].

H. Houssaye, *Histoire d'Alcibiade et de la République athénienne depuis la mort de Périclis jusqu'à l'avènement des trente tyrans*, Didier, París, 1873.

J. de Romilly, *Alcibiade, ou les dangers de l'ambition*, Fallois, París, 1995.

F. Taeger, *Alkibiades*, Perthes, Gotha-Stuttgart, 1925; Bruckmann, Múnich, 1943[2].

H. Weil, *Les hermocopides et le peuple d'Athènes* [1891], en *Études sur l'antiquité grecque*, Hachette, París, 1900, pp. 285-288.

8) *Aspectos militares de la guerra peloponésica*

V. D. Hanson, *A War Like No Other*, Random House, Nueva York, 2005.

J. F. Lazenby, *The Peloponnesian War: A Military Study*, Routledge, Londres, 2004.

9) *Sobre Tucídides*
(comentarios)

J. Classen y J. Steup, *Thucydides*, I-VIII, Weidmann, Berlín, 1879-1922[3].

C. Ginzburg, *Rapporti di forza: storia, retorica, prova*, Feltrinelli, Milán, 2000 (capítulo sobre Milos: pp. 15-22).

A. W. Gomme, A. Andrews y K. J. Dover, *A Historical Commentary on Thucydides*, I-V, Clarendon Press, Oxford, 1945-1981.

H. T. Goodhart, *The Eighth Book of Thucydides*, Macmillan, Londres, 1893.

S. Hornblower, *A Commentary on Thucydides*, I-III, Clarendon Press, Oxford, 1991-2008.

S. Hornblower, *Thucydidean Themes*, Oxford University Press, Oxford, 2011.

K. W. Krüger, ΘΟΥΚΥΔΙΔΟΥ ΣΥΓΓΡΑΦΗ, I-III, Berlín, 1846[1], 1858-1861[2], 1860[3].

E. F. Poppo y I. M. Stahl, *Thucydidis de bello Peloponnesiaco libri octo*, I-IV, Teubner, Leipzig, 1875-1889.

(ensayos)

R. Aron, «Thucydide et le récit des événements», *History and Theory*, 1, 1961, pp. 103-128.

N. G. L. Hammond., *The Meaning and Significance of the Reported Speech of Phrynichus in Thucydides 8, 48*, en K. H. Kinzl (ed.), *Greece and the Eastern Mediterranean in Ancient History and Prehistory. Studies presented to Fritz Schachermeyr*, de Gruyter, Berlín-Nueva York, 1977, pp. 141-157 [recomendable por la lucidez con que registra las simpatías oligárquicas de Tucídides, en particular por Frínico].

G. W. F. Hegel, *Vorlesungen über die Philosophie der Weltgeschichte* [1837], ed. de K. Hegel, Dunker y Humblot, Berlín, 1840 [trad. esp. de José Gaos, Círculo de Lectores, Barcelona, 1996].

T. Hobbes, *The History of the Grecian War written by Thucydides*, en *The English Works of Thomas Hobbes of Malmesbury*, VIII, Londres, 1843, reimpr. Scientia, Aalen, 1966.

L. Kallet-Marx, *Money, Expense, and Naval Power in Thucydides'History 1-5.24*, University of California Press, Berkeley, 1993.

K. W. Krüger, *Untersuchungen über das Leben des Thukydides*, Krüger, Berlín, 1832.

N. Maquiavelo, *Discorsi sopra la prima deca di Tito Livio*, libro III, cap. 16 [véase sobre esto M. Martelli, *Machiavelli e gli storici antichi: osservazioni su alcuni luoghi dei discorsi sopra la prima deca di Tito Livio*, Salerno, Roma, 1998].

G. Rechenauer y V. Pothou (eds.), *Thucydides - a Violent Teacher? History and Its Representations*, V&R Unipress, Gotinga, 2011.

A. Rengakos y A. Tsakmakis (eds.), *Brill's Companion to Thucydides*, Brill, Leiden, 2006.

W. Roscher, *Leben, Werk und Zeitalter des Thukydides*, Vandenhoeck und Ruprecht, Gotinga, 1842.

J. S. Rusten (ed.), *Thucydides* (Oxford Readings in Classical Studies), Oxford University Press, Oxford, 2009.

E. Schwartz, *Das Geschichtswerk des Thukydides*, Cohen, Bonn, 1919.

L. Strauss, *La ciudad y el hombre (ensayos sobre Aristóteles, Platón y Tucídides* [1964] [trad. esp.: Katz, Madrid, 2006].

F. W. Ullrich, *Beiträge zur Erklärung des Thukydides*, Perthes-Besser und Mauke, Hamburgo, 1846.

10) *Sobre el Pseudo-Jenofonte, «Athenaion Politeia»*

G. W. Bowersock, «Pseudo-Xenophon», *Harvard Studies in Classical Philology*, 71, 1966, pp. 33-55.

E. Degani, reseña de L. Canfora, «Studi sull'Athenaion Politeia pseudosenofontea» (1980), *Atene e Roma*, 29, 1984, pp. 186-187.

W. G. Forrest, «An Athenian generation gap», *Yale Classical Studies,* 24, 1975, pp. 37-52 [inteligente recuperación de la hipótesis dialógica propuesta por C. G. Cobet].

H. Frisch, *The Constitution of the Athenians,* Gyldendal, Copenhague, 1942.

E. Kalinka, *Die pseudoxenophontische Athenaion Politeia, Einleitung, Uberset-zung, Erklärung,* Teubner, Leipzig y Berlín, 1913 [sigue siendo el comentario más completo].

W. Lapini, *Commento all'Athenaion Politeia dello pseudo-Senofonte,* Dipartimento di Scienze dell'Antichità Giorgio Pasquali, Università di Firenze, Florencia, 1997.

G. Serra, *La costituzione degli Ateniesi dello pseudo-Senofonte,* «L'Erma» di Bretschneider, Roma, 1979 [encomiable el *index verborum*].

G. Weber, *Pseudo-Xenophon. Die Verfassung der Athener,* Wissenschaftlische Buchgesellschaft, Darmstadt, 2010 [buena actualización, también bibliográfica].

11) *Sobre Jenofonte*

G. Bodei Giglioni, *Xenophon. De vectigalibus,* introducción, texto crítico y traducción, La Nuova Italia, Florencia, 1970.

G. Colin, *Xénophon Historien d'après le livre II des Helléniques (hiver 406/5 à 401/0),* Les Belles Lettres, París, 1933.

É. Delebecque, *Essai sur la vie de Xénophon,* Klincksieck, París, 1957.

A. Kappelmacher, «Xenophon und Isokrates», *Wiener Studien,* 43, 1922, pp. 212-213.

P. Krentz, *The Thirty at Athens,* Cornell University Press, Ithaca-Londres, 1982.

M. Lupi, «Tibrone, Senofonte e le Lakedaimonion politeiai del IV secolo», en M. Polito y C. Talamo (eds.), *La Politica di Aristotele e la storiografia locale. Atti della giornata di studio* (Fisciano, 12-13 de junio de 2008), Tored, Tívoli, 2010, pp. 149-155.

G. B. Nussbaum, *The Ten Thousand. A Study in Social Organization and Action in Xenophon's Anabasis,* Brill, Leiden, 1967.

G. Proietti, *Xenophon's Sparta. An Introduction,* Brill, Leiden-Nueva York-Copenhague-Colonia, 1987.

F. Roscalla, *Biaios didaskalos. Rappresentazioni della crisi di Atene della fine V secolo,* ETS, Pisa, 2005.

S. Usher, «Xenophon, Critias and Theramenes», *Journal of Hellenic Studies,* 88, 1968, pp. 128-135.

12) *Sobre Aristófanes*

J. G. Droysen, *Aristofane. Introduzione alle commedie,* ed. de G. Bonacina, Sellerio, Palermo, 1998.

V. Ehrenberg, *The People of Aristophanes,* Blackwell, Oxford, 1951[2]; trad. it. *L'Atene di Aristofane,* La Nuova Italia, Florencia, 1957.

G. Mastromarco, *Commedie di Aristofane*, I-II, UTEI, Turín, 1983-2006.

C. F. Russo, *Aristofane autore di teatro*, Sansoni, Florencia, 1962; trad. ingl. Routledge, Londres, 1994.

P. Thiercy, *Aristophane. Théâtre complet*, Gallimard, París, 1997.

Avispas: W. J. M. Starkie (Macmillan, Londres, 1897).

La paz: S. Douglas Olson (Clarendon Press, Oxford, 1998); M. Platnauer (Clarendon Press, Oxford, 1964).

Lisístrata: S. Halliwell (Clarendon Press, Oxford, 1991); I. Henderson (Loeb Classical Library, Londres, 2000); A. H. Sommerstein (Aris&Phillips, Warminster, 1990); Wilamowitz (Weidmann, Berlín, 1927).

Las tesmoforiantes: C. Austin y S. Douglas Olson (Oxford University Press, Oxford, 2004); F. H. M. Blaydes («in Orphanotrophei Libraria», Halle, 1880); R. Enger (König, Bonn, 1844); J. Henderson (Loeb Classical Library, Londres, 2000); J. van Leeuwen (Sijthofi, Leiden, 1904); C. Prato, D. del Como (Mondadori, Fondazione Lorenzo Valla, Milán, 2001); B. B. Rogers y G. Murray (G. Bell and Sons, Londres, 1920); G. Mastromarco, «La parodia dell'Andromeda euripidea nelle *Tesmoforiazuse* di Aristofane», *Cuadernos de Filología Clásica. Estudios griegos e indoeuropeos*, 18, 2008, pp. 177-188.

Las ranas: K. J. Dover (Clarendon Press, Oxford, 1993).

13) *Sobre Lisias*

K. J. Dover, *Lysias and the Corpus Lysiacum*, University of California Press, Berkeley-Los Ángeles, 1968.

D. Piovan (ed.), *Lisia. Difesa dall'accusa di attentato alla democrazia*, Antenore, Roma-Padua, 2009.

D. Piovan, *Memoria e oblio della guerra civile. Strategie giudiziarie e racconto del passato in Lisia*, ETS, Pisa, 2011.

14) *Sobre Isócrates*
(estudios generales)

K. Bringmann, *Studien zu den politischen Ideen des Isokrates*, Vandenhoeck & Ruprecht, Gotinga, 1965.

E. Buchner, *Die politischen Ideen im Panegyrikos des Isokrates*, Erlangen, 1952.

P. Cloché, *Isocrate et son temps*, Les Belles Lettres, París, 1963.

H. Koch, *Quomodo Isocrates saeculi quinti res enarraverit*, Diss., Giessen, 1914.

G. Mathieu, «Isocrate et Thucydide», *Revue de Philologie*, 42, 1918, pp. 122-129.

G. Mathieu, *Les idées politiques d'Isocrate*, Les Belles Lettres, París, 1925.

R. von Pöhlmann, *Isokrates und das Problem der Demokratie*, Múnich, 1913.

(sobre *Panegírico* y *Panatenaico*)

E. Buchner, *Der Panegyrikos des Isokrates. Eine historisch-philologische Untersuchung*, Steiner, Wiesbaden, 1958.

C. Eucken, «Der platonische *Menexenos* und der *Panegyrikos* des Isokrates», *Museum Helveticum*, 67, 2010, pp. 131-145 [considera el *Panegírico* una respuesta al *Menéxeno* y fecha a éste en torno a 387/386].

C. W. Müller, «Platon und der Panegyrikos des Isokrates; Überlegungen zum platonischen Menexenos», *Philologus*, 135, 1991, pp. 140-156, y E. Heitsch, «Zur Datienrng des *Menexenos*», *Philologus*, 152, 2008, pp. 183-190 [consideran el *Menéxeno* una réplica al *Panegírico* puesta en circulación inmediatamente después de que Isócrates lo publicara, en 380; pero sobre esto véase, más arriba, Introducción, cap. VI].

Der Panathenaikos des Isokrates, trad. y notas de P. Roth («Beiträge zur Altertumskunde», 196), Saur, Múnich, 2003.

15) *Sobre Aristóteles*, Constitución de los atenienses (Athenaion Politeia)

M. Chambers, *Aristoteles. Staat der Athener*, trad. y comentarios, Akademia Verlag, Berlín, 1990.

P. J. Rhodes, *A commentary on the Aristotelian Athenaion Politeia*, Clarendon Press, Oxford, 1981.

U. von Wilamowitz-Moellendorff, *Aristoteles und Athen*, I-II, Weidmann, Berlín, 1893.

16) *Sobre Demóstenes*

P. Carlier, *Démosthène*, Fayard, París, 1990.

G. Clemenceau, *Démosthène*, Librairie Plon, París, 1926 [esta obra se debe en buena medida a Robert Cohen: véase B. Hemmerdinger, *Quaderni di storia*, 36, 1992, pp. 149-152].

P. Cloché, *Démosthènes et la fin de la démocratie athénienne*, Payot, París, 1937.

W. Eder, «Die Harpalos-Affäre», en L. A. Burckhardt y J. von Ungern-Sternberg (eds.), *Grosse Prozesse im antiken Athen*, Beck, Múnich, 2000, pp. 201-215 [importante balance político-jurídico de los hechos; útil clarificación sobre el papel de Hipérides].

W. Jaeger, *Demosthenes, der Staatsmann und sein Werden*, de Gruyter, Berlín, 1939; trad. it. Einaudi, Turín, 1942.

J. R. Knipfing, «German Historians and Macedonian Imperialism», *American Historical Review*, 26, 1921, pp. 657-671.

G. A. Lehmann, *Demosthenes von Athen. Ein Leben für die Freiheit*, Beck, Múnich, 2004.

A. Momigliano, «Contributi alla caratteristica di Demostene», *Civiltà moderna*, 3, 1931, pp. 717-744; 975-976 (= «Quinto contributo», *Edizioni di storia e letteratura*, Roma, 1975, pp. 235-266).

A. Schaefer, *Demosthenes und seine Zeit*, I-III, Teubner, Leipzig, 1856-1858[1]; 1885-1887[2] [la primera edición aventaja a la segunda por el volumen III.2, de discusiones histórico-textuales de gran valor].

H. Wankel, *Demosthenes. Rede für Ktesiphon über den Kranz*, I-II, Winter. Heidelberg, 1976.

17) *Sobre la democracia siracusana*

L. Asmonti, «Diodoro e la democracia di Siracusa (Diod. 13.20-32)», *Aristo-nothos. Scritti per il Mediterraneo antico,* 2, 2008, pp. 79-91.

E. A. Freeman, *The History of Sicilyfrom the Earliest Times,* II: *From the Beginning of Greek Settlement to the Beginning of Athenian Intervention,* Clarendon Press, Oxford, 1891 (trad. alemana de B. Lupus, Teubner, Leipzig, 1897).

H. Wentker, *Sizilien und Athen: die Begegnung der attischen Macht mit den Westgriechen,* Quelle & Meyer, Heidelberg, 1956.

CRONOLOGÍA

561-527	Pisístrato tirano de Atenas	
559-530	Reinado de Ciro el Grande	
c. 550	Tiranía de Teágenes de Megara	
547	Caída de Sardes	
c. 540		apogeo de Teógnides
539	Ciro el Grande conquista Babilonia	
535		Institución, bajo la égida estatal, de las representaciones de tragedias en las fiestas de las Dionisias
533-522	Polícrates, tirano de Samos	
530-522	Reinado de Cambises	
528/7	Muerte de Pisístrato; inicio de la tiranía de Hipias e Hiparco	
525		Nacimiento de Esquilo
523-520		Primera representación del poeta trágico ateniense Querilo
522	Asesinato de Polícrates de Samos	Anacreonte, invitado por Hiparco, llega a Atenas
522-486	Darío I, rey de los persas	
514	Asesinato de Hiparco durante las Grandes Panateneas	Anacreonte se retira a Tesalia; Simónides deja Atenas y pasa al servicio de la familia de los Escópadas de Cranón, en Tesalia
513/2	Expedición de Darío I contra los escitas; Milcíades, vasallo del rey persa	
511/10	Crotona destruye Síbari	

511-508	67.ª Olimpíadas	Primera victoria del poeta trágico Frínico
510	Hipias se retira a Sigeo	
508/7	Reforma de Clístenes	
506	Victoria de los ateniense sobre los beocios y los calcídeos	
500 (o 499)-494	Revuelta jónica	
c. 500	Histieo de Mileto, retenido en la corte del Gran Rey, envía a Aristágoras el mensaje que incita a la revuelta; Aristágoras va a Esparta para ver al rey Cleómenes	Hecateo de Mileto escribe un catálogo de los pueblos gobernados por Darío
498	Los jonios conquistan Sardes	
497/6	Nacimiento de Pericles	
494	Caída de Mileto; fin de la revuelta jónica	
493/2	Arcontato de Temístocles	Frínico pone en escena *La toma de Mileto*
492	Expedición de Mardonio a Tracia	
490	Primera guerra persa; expedición por mar de Datis y Artafernes; destrucción de Eretria; batalla de Maratón	
490 (poco después)		Simóndes vuelve a Atenas
488/7(?)	Guerra entre Atenas y Egina	Institución de los agones cómicos en la fiesta de las Dionisias
487/6	Reforma constitucional en Atenas: los arcontes son elegidos por sorteo; Megacles, que más tarde será condenado al ostracismo por Atenas, gana en la carrera de cuadrigas de las fiestas píticas	Píndaro dedica a Megacles la «Pítica» VII
486-465/4	Reinado de Jerjes	
485/4		Esquilo consigue la primera victoria en los concursos trágicos; nacimiento de Heródoto de Halicarnaso

482	Temístocles emprende la construcción de la armada ateniense	
481	Proclamación de la paz general en Grecia	
480	Segunda guerra persa; batalla de las Termópilas y del Artemisio; victoria de Salamina; Gelón de Siracusa derrota en Himera a los cartagineses.	
479	Batalla de Platea y Mícala; los jonios se separan de los persas	
479/8-431	«Pentecontecia»: cincuenta años entre la victoria sobre Jerjes y el estallido de la guerra entre Esparta y Atenas	
479/8	Victoria ateniense de Sexto; construcción de la muralla de Atenas; Hierón se convierte en tirano de Siracusa tras la muerte de Gelón	
478/7	Fundación de la liga delio-ática; Leotíquidas en Tesalia; Pausanias es llamado de vuelta a su patria	
476	Bizancio se libera de Pausanias	Frínico gana en los agones trágicos con *Las fenicias*, de las que Temístocles es corego; Simónides y su sobrino Baquílides van a Siracusa, a la corte del tirano Hierón; Píndaro se traslada a Siracusa y escribe para Hierón la *Olímpica* I
476/5	Cimón vence a Eyón en el Estrimón	
475	Cimón conquista Esciro y Caristo	
474 (o 472?)	Temístocles es condenado al ostracismo	

472		Pericles es corego de Esquilo, que presenta, consiguiendo el triunfo, la tetralogía que incluye *Los persas;* Magnetes gana en los agones cómicos
471/70	Temístocles, prófugo en Argos	Nacimiento de Tucídides (según Apolodoro de Atenas; pero es probable que esta fecha sea demasiado alta)
470	Fundación de Etna por parte de Hierón de Siracusa; es confiada al hijo de Dinómenes; Hierón gana con la cuadriga en Delfos	Primer viaje de Esquilo a Sicilia, en ocasión de la fundación de Etna, y representación de *Las etnias;* Píndaro compone, en honor de Hierón, la «Pítica» I; Baquílides compone, para Hierón, la oda IV; nace Sócrates
468	Hierón consigue la victoria en Olimpia en la carrera de caballos; Cimón vence en el Eurimedonte	Baquílides es invitado por Hierón a celebrar la victoria olímpica; Píndaro escribe la «Pítica» II para Hierón y la «Olímpica» VI para un amigo de Hierón; rotura de relaciones entre Píndaro y Hierón; muerte de Simónides de Ceos
467	Los oligarcas toman el poder en Argos; muerte de Pausanias	Esquilo gana con la trilogía *Layo, Edipo, Siete contra Tebas* y el drama satírico *La esfinge*
466(?)	Temístocles, condenado en rebeldía por «alta traición»	
465-464	Conflicto entre Atenas y Tasos	
464	Los atenienses, derrotados en Drabesco: capitulación de Tasos; terremoto en el Peloponeso, revuelta de los ilotas, tercera guerra mesénica	
463	Cimón es proscrito bajo la acusación de corrupción del Areópago	Esquilo gana en los agones trágicos con una tetralogía que incluye *Las suplicantes*
462/1	Campaña de Cimón en Itome; Efialtes, con el apoyo de Pericles, reduce el poder del Areópago	

461	Asesinato de Efialtes; ostracismo de Cimón	
460	Expedición ateniense a Egipto	
460-454	Revuelta en Egipto	
459/8	Fin de la tercera guerra mesénica	
458		Esquilo representa con éxito *La Orestiada (Agamenón, Coéforas, Euménides)* y el drama satírico *Proteo*
457	Campaña de Tanagra; batalla de Enofita, Atenas revalida su supremacía en Beocia	
456	Capitulación de Eginas; los atenienses, asediados en la isla Prosopítide, en el Nilo, son derrotados por los persas	Segundo viaje de Esquilo a Sicilia; muerte de Esquilo
455		Debut de Eurípides en los concursos trágicos con *Los pelíadas*
454	Halicarnaso empieza a pagar su tributo a Atenas; el tesoro de la liga delio-ática es llevado a Atenas	
453		El comediógrafo Cratino gana por primera vez en las Dionisias
453(?)	Paz de cinco años entre Atenas y Esparta	
451/50	Paz de treinta años entre Esparta y Argos	
c. 450	Parménides escribe el código de las leyes de la ciudad de Helea	
450	Victoria naval de Atenas sobre los persas en Salamina, Chipre	
449/8	Paz de Calias	
447/6	Revuelta de Beocia y de Eubea	
446	Invasión del Ática por parte de Plistionates; reconquista de la Eubea; paz de treinta años entre Esparta y Atenas	

444/3	Fundación de la colonia panhelénica de Turios; ostracismo de Tucídides de Melesia	Protágoras escribe la constitución de Turios, Hipodamo hace el plano urbanístico y Heródoto asume la ciudadanía de la colonia
c. 444-441		Nacimiento de Jenofonte [según la biografía antigua]
c. 443/2	Año de los dos secretarios del colegio de los helenotamias; Sófocles es presidente del colegio; nueva tasación de los impuestos de la liga delio-ática	
442		Sófocles escribe una oda de despedida para Heródoto, que parte hacia Turos; victoria de Sófocles con *Antígona*
441/40	Meliso, discípulo de Parménides, estratego y antagonista de Pericles; Sófocles y Pericles, estrategos	Primera victoria de Eurípides
440	Deserción de Samos; en su represión participan Sófocles y Pericles; «Decreto de Moríquides» por el que Pericles limita la libertad de expresión en el teatro cómico	
438		Muerte de Píndaro; Eurípides consigue el segundo puesto, detrás de Sófocles, con *Las cretenses, Alcmeón en Psófide, Télefo* y *Alcestis*
436		Nacimiento de Isócrates
434	Turios quita a Atenas el rango de «metrópolis»	
432	Campaña ateniense en Potidea	
432/1	Congreso de Esparta; proceso contra Fidias, Anaxágoras y Aspasia	
431	Guerra del Peoloponeso: invasión espartana del Ática; ataque tebano contra Platea	Apogeo de Tucídides (según Apolodoro de Atenas)

431/30	Pericles pronuncia el discurso fúnebre por los caídos durante el primer año de la guerra	El filocleoniano Hermipo ataca a Pericles
431-421	Guerra arquidámica	
431-399	Arquelao, rey de Macedonia	
430	Segunda invasión espartana del Ática; la peste en Atenas; los atenienses matan a los embajadores peloponesios en tránsito de Tracia a Persia	
430/29(?)		Muerte de Heródoto
429	Peste en Atenas; muerte de Pericles	
428	Tercera invasión del Ática por parte de los espartanos; Hygiainón intenta iniciar un juicio por «sustitución» contra Eurípides; Sófocles participa como estratego en la campaña con los aneos, junto a Nicias	
427	Rebelión de Mitilene; se agrava la peste en Atenas; Gorgias de Leontinos va en misión a Atenas; capitulación de Platea; primera expedición ateniense en Sicilia (al mando de Laques)	Nacimiento de Platón; Aristófanes presenta *Los convidados;* Eupolis representa *Los Taxiarcos* (parodia de Pericles)
426	Cleón ataca a Aristófanes	*Los babilonios* de Aristófanes es puesto en escena por Calístrato y gana las Dionisias
425	Cuarta invasión del Ática; capitulación de los espartanos en Esfacteria; Cleón aumenta de 2 a 3 óbolos la tasa de los juicios populares y triplica el impuesto, hasta los 1.460 talentos	Aristófanes gana en las Leneas con *Los acarnienses*, por delante de Eupolis *(Novilunios)* y Crátino *(Los golpeados)*
424	Sócrates participa en la batalla de Delion entre atenienses y beocios	Aristófanes gana con *Los caballeros* en las Leneas; Eupolis ataca a Cleón en la comedia *La edad de oro*

424/3	Tucídides, estratego en Tracia, con sede en Tasos; ataque espartano a Anfípolis; intervención de Tucídides con siete trirremes para salvar Anfípolis; salva Elión	
423		Cratino gana con la comedia *La botella* por última vez en las Dionisias, seguido de Amipsias y Aristófanes (*Las nubes*)
423/2	«Tregua de un año» de Laques	
422	Muerte de Brásidas y de Cleón en Anfípolis	
421	Paz de Nicias	
421-414	«Paz infiel»	
420	Tratado entre Atenas, Argos, Mantinea y Élide; alianza entre Esparta y Beocia; introducción en Atenas del culto a Asclepio	
419/8		Platón cómico ataca a Hipérbolo en la comedia homónima
418	Batalla de Mantinea	
418-415(?)	Ostracismo de Hipérbolo	
417	Nicias en Tracia	
416	Los atenienses atacan Milo; los espartanos son expulsados de los Juegos Olímpicos; Alcibíades gana en Olimpia	Eurípides escribe un epinicio en honor de Alcibíades, ganador en la carrera de las cuadrigas en las Olimpíadas
415	Mutilación de los hermes; partida de la flota ateniense hacia Sicilia, guiada por Nicias, Lámaco y Alcibíades. Denuncia contra Alcibíades. Critias, bajo denuncia de un primo de Alcibíades, figura entre los acusados por la mutilación de los hermes	Eurípides queda segundo en las Dionisias, detrás de Jenocles, con la trilogía *Alejandro*, *Palamedes* y *Las troyanas*, y del drama satírico *Sísifo* (cuyo autor es casi con seguridad Critias)
415/4	Decreto de Siracosio: prohíbe atacar nominalmente a personalidades políticas	Diágoras de Melos es condenado a muerte por ateísmo
415-413	Guerra de Atenas contra Siracusa	

414	Asedio de Siracusa; llegada de Gilipo en auxilio de Siracusa; se reabre la guerra entre Atenas y Esparta	Platón cómico gana en las Dionisias; Aristófanes queda segundo con *Los pájaros*
413	Los espartanos ocupan Decelia; fracaso de la expedición ateniense a Sicilia; en Atenas es instituida la magistratura de los próbulos	A finales del verano Sófocles acepta entrar a formar parte del colegio de los 10 próbulos
413-404	Guerra «decélica»	
412	Acuerdo entre Esparta y Persia	Eupolis presenta la comedia *Los demos;* Eurípides presenta las dos tragedias *Helena* y *Andrómaca*
411	Nuevo tratado espartano-persa; gobierno de los Cuatrocientos; están implicados en el golpe de Estado: Antífones, Terámenes, Pisandro, Frínico y Callescro y su hijo Critias; los Cuatrocientos derogan los salarios para los oficios públicos y «las acusaciones de ilegalidad»; caída del gobierno de los Cuatrocientos; Constitución de Terámenes; gobierno moderado de los «Cinco mil»; Antifonte es condenado a muerte; los demócratas de Samos convocan a Alcibíades; batalla de Eretria; victoria ateniense en Cinosema y Abidos	Representación de *Ifigenia en Táuride* de Eurípides; Aristófanes presenta *Lisístrata* y Platón cómico, *Pisandro;* Eurípides está presente en las Dionisias con el *Ion;* Andócides, liberado, abandona Atenas
411/10		Aristófanes: *Los tesmoforiantes*
410	Victoria ateniense en Cícico; caída del gobierno de los «Cinco mil»	
410/9	Tratado de tregua entre Atenas y Farnabazo; Alcibíades entra triunfalmente en Bizancio	

409	Pisandro, uno de los mayores responsables del golpe de Estado de los Cuatrocientos, es sometido a juicio; Trasíbulo de Calidón, presunto asesino de Frínico, es coronado con ocasión de las Dionisias	Sófocles gana en las Dionisias con *Filoctetes;* Sófocles se ve implicado en el juicio contra Pisandro
408	Alcibíades, a pesar de encontrarse ausente, es elegido estratego; vuelve a Atenas	
408/7		Agatón y Eurípides se dirigen a Pella, a la corte del rey Arquelao; Sófocles y Sócrates rechazan la invitación de Aquelao
407	Victoria de Lisandro en Notion; nuevo autoexilio de Alcibíades	Con el fin de huir del juicio que Cleofón pretende iniciarle, Critias huye a Tesalia
407/6		Muerte de Eurípides
406	Victoria ateniense en las islas Arginusas; juicio contra los estrategos vencedores en las Arginusas	Muerte de Sófocles
406/5	Agrigento cae en manos de los cartagineses	Aristófanes gana en los concursos lenaicos con *Las ranas,* por delante de Frínico *(Las musas)* y Platón cómico *(Clefón)*
405	Derrota ateniense en Egospótamos; decreto de Patrocleides por el que se restituyen los derechos a los *atimoi*	
404	Tras la capitulación, Atenas es gobernada por cinco éforos, entre los cuales está Critias; Critias pide a Lisandro la eliminación de Alcibíades; Lisandro entra en Atenas y condiciona la asamblea popular que decreta el fin de la democracia	

404/3	Gobierno de los Treinta: Lisias huye a Megara, desde donde ayuda a Trasíbulo, que está en Filé; Éucrates, hermano de Nicias, y Polemarco, hermano de Licias, están entre las víctimas de los Treinta; los Treinta publican la lista de los tres mil ciudadanos; Egipto se separa del imperio persa	Platón se adhiere al gobierno de los Treinta, se «identifica con él»; Jenofonte está en la caballería con los Treinta; los Treinta prohíben enseñar a Sócrates
403	Choque entre las fuerzas de Trasíbulo y las de los Treinta; muerte en batalla de Cármides y de Critias; gobierno de los Diez; Pausanias impone la pacificación; amnistía general, de la que quedan excluidos los Treinta y los Diez; creación del Estado oligárquico de Eleusis; restauración de la democracia en Atenas	Vuelve Andócides
403/2	Arquino denuncia «por ilegalidad» a Trasíbulo, acusado de haber presentado un decreto por el que se otorgaba la ciudadanía a todos los que habían regresado a Atenas, entre los que había esclavos	
401	Batalla de Cunaxa; muerte de Ciro el Joven	
401/400	Próxeno enrola mercenarios para enviar en auxilio de Ciro contra Artajerjes; Esparta pide a Atenas trescientos miembros de la caballería para enviar en la expedición a Asia; fin del compromiso en Atenas; ataque de Eleusis y asesinato de los oligarcas	

400/399		Andócides es nuevamente arrastrado a los tribunales por el escándalo de los hermocópidas; Andócides pronuncia «Sobre los misterios»
399	Juicio y condena a muerte de Sócrates	Jenofonte, en Asia, recibe la condena al exilio y pasa al servicio del espartano Tibrón; tras la muerte de Sócrates, Platón deja Atenas y realiza viajes, quizá a Cirene, en la Magna Grecia, y a Megara, en Egipto
396-394	Agesilao dirige una campaña contra Tixafernes	Jenofonte participa en la campaña de Argesilao
395	Estalla la guerra entre Corinto y Esparta; batalla de Aliarto	
394	Agesilao vuelve a Grecia; la marina espartana es derrotada en Cnido por la marina persa al mando de Conón; Atenas reconstruye las grandes murallas con el dinero persa	Jenofonte combate contra Atenas en Queronea; por los servicios realizados obtiene una casa y una finca en Escilunte, en Élide
392		Aristófanes: *La asamblea de las mujeres*
392/1	Tentativas de paz entre Esparta y Atenas; Andócides, después del fracaso de la embajada en Esparta, en la que había participado, marcha nuevamente al exilio	
388		Aristófanes: *Pluto II*
388/7		Primera estadía de Platón en Siracusa
387		El espartano Pólide, por consejo del tirano Dionisio, vende a Platón como esclavo a los eginetas, en guerra contra Atenas
386	Paz de Antálcidas	Platón funda la Academia
c. 385		Muerte de Aristófanes

382	Guerra entre Esparta y Olinto; el espartano Febidas ocupa Cadmea, en Tebas	
380		*Panegírico de Isócrates*
380/79(?)		Revocación de la condena al exilio de Jenofonte, pero el antiguo caballero no volverá a Atenas
después de 380		Muerte de Lisias
379	Liberación de Tebas, expulsión del presidio espartano de Cadmea	
378/7	Fundación de la segunda liga ática (decreto de Aristóteles), a la que se adhiere, aunque sólo nominalmente, también Tebas	
376	El ateniense Cabria derrota en Naxos a la armada peloponesia	
375/4	Congreso de paz en Esparta	
374/3	Tebas ocupa Platea, aliada de Atenas; Timoteo, hijo de Conón, conquista Córcira; acusado por Ifícrates, es expulsado del mando	Isócrates, en acuerdo con Timoteo, pide, en el *Plataico*, que Tebas sea castigada
372	Unificación de Tesalia bajo Jasón de Feres	
371	El tebano Epaminondas derrota en Leuctra a los espartanos	Jenofonte deja Escilunte y se refugia con su familia en Lepreo y después en Corinto
371-362	Hegemonía tebana	
370	Primera expedición de Epaminondas al Peloponeso	
369	Epaminondas, con la segunda expedición al Peloponeso, libera Mesenia; creación de un Estado mesenio independiente	
368	Congreso de paz en Delfos	
367/6	Muerte de Diógenes I; Diógenes II, tirano de Siracusa	
367-347		Aristóteles frecuenta la Academia
366		Platón vuelve a Siracusa

365	Timoteo conquista Samos	Isócrates colabora con Timoteo
364/3	Timoteo reconquista Potidea; muerte de Pelópidas en la batalla de Cinoscéfalos en un choque con Alejandro de Feres	
362	Batalla de Mantinea; muerte de Epaminondas	Los hijos de Jenofonte combaten en Mantinea con la caballería ateniense: Grilo, uno de ellos, muere
362/1	Paz general en Grecia, de la que queda excluida Esparta	
361/60		Tercera estancia de Platón en Siracusa
360	Muerte de Argesilao; Platón huye de Siracusa por intervención de Arquitas de Tarento	Jeonfonte escribe el *Agesilao*
359/8	A la muerte de Pérdicas III, Filipo II se convierte en rey de los macedonios y derrota a los ilirios; Demóstenes, en Atenas, asume la trierarquía	
358	Artajerjes III Oco se convierte en rey de Persia	
357	Filipo II se adueña de Anfípolis y Pidna; Dion expulsa a Dionisio II del trono de Siracusa	Isócrates pronuncia el *Areopagítico*
357-355	Guerra de los aliados contra Atenas («guerra social»)	
357-346	Guerra sacra	
356	Filippo conquista y destruye Potidea; nace Alejandro, hijo de Filipo; Timoteo cae definitivamente en desgracia	
356/5	Fin de la guerra social; Eubulo toma el poder en Atenas	Isócrates lanza sugerencias programáticas a Eubulo en el discurso «Sobre la paz»
355/4	Léptines pide la derogación de todas las exenciones de impuestos. Demóstenes pronuncia el «Contra Léptines»	

355-351	Demóstenes se distancia de Eubulo; campaña del orador por la conversión a fines militares del *theorikón*	
354	Eubulo está a la cabeza de la comisión que administra la caja del *theorikón;* Dion es asesinado en Siracusa, en una conjura de mercenarios capitaneada por el ateniense Calipo	Muerte de Jenofonte; Demóstenes pronuncia y divulga el discurso «Sobre las simorias»; Platón sugiere para Siracusa *(Carta séptima)* una monarquía constitucional con tres reyes: Hiparino, Dionisio II y el hijo de éste, Dion
353/2		Isócrates publica el discurso «Sobre el intercambio»
352	Por primera vez Demóstenes lanza la alarma contra los objetivos de Filipo, en el discurso judicial «Contra Aristócrates»	
351	«Primera filípica» y «Por la libertad de los rodios» de Demóstenes	
349/8		Demóstenes: «Olínticas»
348	Atenas envía ayuda a Olinto, epicentro de la liga calcídica, contra Filipo; Foción, exponente moderado filomacedonio, estratego contra Filipo de Eubea; Apolodoro se convierte en portavoz de Demóstenes y propone en la asamblea el uso para necesidades militares del *theoritikón;* consigue imponer su propia tesis pero debe afrontar la acusación de «ilegalidad» presentada por Estéfano	
347		Muerte de Platón; Espeusipo, sobrino de Platón, se convierte en escolarca de la Academia; Aristóteles abandona Atenas y se dirige a Atarneo

347-345	Hermias funda el reino de Asos, satélite de Macedonia; Aristóteles, huésped de Hermias en Asos, donde se constituye una «Academia en el exilio»	
346	Atenas firma con Filipo la paz de Filócrates; la Fócida se rinde, Filipo II sustituye a los focenses en la anfictionía délfica; Filipo asume la presidencia de los juegos píticos	Isócrates escribe *Filipo*; Demóstenes: «Sobre la paz»
345/4		Aristóteles se aleja de Hermias y se dirige a Mitilene
344	«Segunda filípica» de Demóstenes	
343/2	En Atenas se encuentran embajadores macedonios y persas; Licurgo y Demóstenes toman parte en las embajadas al Peloponeso; Artajerjes Oco emprende la reconquista de Egipto; decreto ático por el que la Boulé propone un «examen» para premiar al mejor político	Aristóteles deja Mitilene y se dirige a Macedonia, a la corte del rey Filipo; Isócrates comienza a escribir el *Panatenaico*
342-339		*Panatenaico* de Isócrates
341	Foción, estratego contra Filipo en Megara; la Eubea es liberada del control macedonio; Demóstenes pronuncia el discurso «Sobre los hechos del Quersoneso» y la «Tercera filípica»	
340	Hermias, aliado de Filipo, es capturado y crucificado en Susa; se rompe la paz de Filócrates; Filipo ataca Perinto	Aristóteles compone un himno en honor a Hermias, el «Himno a la virtud»
340/39	Constitución de una liga helénica por iniciativa de Demóstenes	
339	Foción, estratego contra Filipo en Bizancio; Demóstenes consigue que se devuelva el *therotikón* a los gastos militares	

339/8	Licurgo asume la dirección de las finanzas en Atenas	Muerte de Espeusipo, la dirección de la Academia pasa a manos de Jenócrates; Aristóteles funda el Liceo
338	2 de agosto, victoria macedonia en Queronea; Hipérides propone liberar a 150.000 esclavos, pero es sometido a juicio «por ilegalidad»; la Liga de Corinto concede la *prostasía* a Filipo; «paz común». Se le confía a Demóstenes el epitafio por los muertos en Queronea	(Tras Queronea) Isócrates escribe la «Tercera carta» a Filipo; en septiembre muere, tras catorce días de ayuno
337	Ctesifontes propone la coronación de Demóstenes en las Dionisias, por sus servicios al Estado; Demóstenes dirige la defensa de las murallas; el Congreso de Corinto vota la guerra contra Persia	
336	Asesinato de Filipo II; revuelta antimacedonia, con epicentro en Tebas; destrucción de Tebas; Alejandro firma la «paz común» de 338	Esquines ataca Ctesifonte («Contra Ctesifonte») por haber propuesto la corona para un magistrado en funciones, Demóstenes; Demóstenes defiende a Ctesifonte con el discurso «Sobre la corona»; Esquines, derrotado, se retira a Rodas
335		Aristóteles vuelve a Atenas
334	Alejandro parte a Asia; victoria en el Gránico	
333	Batalla de Issos	
331	Fundación de Alejandría; victoria macedonia en Gaugamela; Alejandro asume el título de «rey de Asia»	
330	Agis, rey de Esparta, es derrotado en Megalópolis por Antípatro; incendio de Persépolis; muerte de Darío III	Eumenes de Cardia redacta las *Efemérides*

328	Demóstenes administra la caja para la compra de cereales	
327	Conjura de los «pajes» contra Alejandro	
327-325	Expedición de Alejandro a India	
324	Alejandro en Pasargada; boda masiva en Susa; Alejandro pide la apoteosis de parte de los griegos; Hárpalo se presenta en El Pireo; Atenas lo toma como rehén; fuga de Árpalo a Creta, donde lo matan	Muerte de Licurgo; Hipérides pronuncia, en el juicio harpálico, el discurso «Contra Demóstenes»
323	Muerte de Alejandro	Hipérides y Leóstenes enrolan mercenarios en el cabo Ténaro; restitución de Demóstenes; Aristóteles abandona Atenas y se retira a Cálcida, Eubea
323/2	Guerra lamiaca; las ciudades griegas se rebelan, mientras Antípatro es asediado en Lamia por Leóstenes	
322	Victoria definitiva de Macedonia; muerte de Demóstenes e Hipérides	

GLOSARIO[1]

Anakrisis: fase preliminar de instrucción de un juicio llevada a cabo por al magistrado que sería, más tarde, el encargado de presidir la causa.

Andrapodismos: destrucción de una ciudad y reducción a esclavitud de sus habitantes.

Antídosis: *intercambio de patrimonios*. Institución por medio de la cual aquel que había sido obligado a proveer los gastos de una liturgia podía solicitar que la prestación fuera asumida por otro, en razón de la mayor riqueza de éste.

Apodokimasia: declaración de inadmisibilidad como conclusión de un examen sobre la cualidad política del candidato a una magistratura (véase *dokimasia*).

Apophorà: dinero entregado al dueño de los esclavos dados en alquiler en virtud de las ganancias provenientes del trabajo prestado a un tercero.

Apoqueirotonia: votación de la asamblea, a mano alzada, frente a los magistrados declarados culpables de abusos, que comportaba la suspensión del cargo y la apertura de un juicio.

Areópago: la colina de Ares, al sur de la Ágora, entre la Acrópolis y la Pnyx, donde tenía su sede el más antiguo tribunal de Atenas, consejo vitalicio compuesto por ex arcontes que entraban a formar parte de él después del año de arcontado.

Atimia: pena consistente en la privación de los derechos políticos para quienes no hubieran cumplido con determinadas obligaciones hacia el Estado. Le fue aplicada también a los ciudadanos considerados cómplices de la oligarquía.

Banausoi: trabajadores manuales.

Bema: la tribuna del orador.

Boulé: designa generalmente al Consejo de los Quinientos, instituido por Clístenes, que comprendía 50 buleutas por cada una de las diez tribus, elegidos mediante sorteo, y del que se esperaban iniciativas legislativas. Tras el golpe de Estado oligárquico de 411 a. C., el número de miembros fue reducido a 400.

---

1. Al cuidado de Antonietta Russo.

Bouleuterion: la sala de reunión del Consejo.

Cleruco: ciudadano ateniense, por lo general de baja extracción social, enviado a administrar un lote de terreno en territorio aliado *(cleruquía),* elegido al azar, a fin de controlarlo de manera más eficaz. Ello no comportaba la pérdida de la ciudadanía de origen.

Coregia: liturgia consistente en el montaje de espectáculos teatrales.

Demarco: magistrado a cargo de la administración del demo. Tenía la función de convocar y presidir la asamblea de la comunidad, de custodiar los registros de los ciudadanos y de acoger a nuevos miembros en el demo, con el beneplácito de la comunidad.

Demegoria: discurso pronunciado por un orador al pueblo reunido en asamblea.

Demosios: esclavo público.

Dionisias: festividades en honor de Dioniso Eleutheros. Las Grandes Dionisias se celebraban en primavera, en el mes de elafebolión, e incluían, además de procesiones litúrgicas, comedias y ditirambos.

Dokimasia: examen desarrollado frente al Consejo de los Quinientos y el Tribunal popular, con el fin de verificar la idoneidad de un candidato a una magistratura, previa a la adjudicación efectiva del cargo.

Eliea: tribunal popular constituido por 6.000 eliastas, ciudadanos mayores de treinta años.

Epiqueirotonia: criba a la que eran sometidos periódicamente los magistrados sospechosos de abuso en el ejercicio de su cargo.

Estrategia: mando del ejército confiado a un colegio de 10 estrategos (uno por cada una de las 10 tribus territoriales) elegidos anualmente, a la que se confiaba el mando del ejército y de la flota.

Gerusía: consejo de los ancianos de Esparta, con funciones legislativas y judiciales.

Graphé doron: acusación de corrupción.

Graphé paranomon: acusación pública contra quien hubiese propuesto cualquier decreto judicial «contrario a la ley» o desventajoso. El que lo había propuesto era castigado y el decreto se derogaba.

Graphé prodosias: acusación de traición.

Harmosta: jefe de la prisión militar espartana, prepósito del control de las ciudades «aliadas».

Helenotamia: colegio de diez, más tarde veinte, tesoreros dedicados a la recaudación del tributo de la confederación y a la administración de la caja común de la liga delio-ática.

Hetería: liga de carácter político entre nobles griegos.

Hiparco: comandante de la caballería.

Ilotas: en el sistema social de Esparta, aquellos que vivían en condiciones de esclavitud.

Leneas: festividades en honor de Dioniso Leneo. Tenían lugar en invierno, en el mes de gamelión, e incluían la puesta en escena de certámenes teatrales.

Liga delio-ática: alianza de Estados ligados política y militarmente a Atenas, instituida en 478/477 a. C.

Liturgia: carga económica de duración anual asumida por un ciudadano pudiente para financiar un servicio público.

Medimno: unidad de medida de capacidad de los áridos (= 52,40 litros = 2 *amphorae).*

Meteco: extranjero de condición libre residente en el Ática por un periodo de tiempo determinado, privado de derechos políticos, sometido a la tutela de un patrón *(prostates)* y obligado a pagar una tasa anual *(metoikion).*

Metreta: unidad de medida de capacidad de líquidos (= 39,39 litros).

Misthos: indemnización que correspondía a los ciudadanos que asumían cargos públicos, instituida por Pericles a fin de incentivar la participación activa en la vida pública incluso para ciudadanos de modesta condición económica.

Nomotetas: comisión legislativa, compuesta por entre 500 y 1.000 personas escogidas entre los jueces mediante sorteo, encargada durante un solo día de aprobar a mano alzada la institución de una ley.

Óbolo: medida de peso y moneda divisionaria equivalente a 1/6 de dracma.

Ostracismo: procedimiento, instituido por Clístenes y en vigor durante todo el siglo IV, por medio del cual se condenaba a un exilio de diez años a la personalidad política cuyo nombre, como consecuencia de una votación, figuraba con la máxima frecuencia sobre un total de 6.000 conchas *(ostraka),* por cuanto era considerado peligroso para la estabilidad del Estado.

Patrios politeia: hipotética «constitución originaria» de Atenas: noción vaga, utilizada instrumentalmente por diversas formaciones políticas.

Penestas: peones de Tesalia, de condición no libre, semejantes a los ilotas de Esparta.

Pentacosiomedimnos: miembros de la más elevada de las cuatro clases de censo instituidas por Solón. Estaban incluidos los ciudadanos con rentas anuales equivalentes a 500 medimnos de cereales (véase *medimno),* o bien 500 metretas de vino o aceite (véase *metreta).* Les estaba permitido el acceso a los más altos cargos del Estado.

Pnyx: colina ubicada al sudoeste del ágora, sede de la asamblea ateniense *(ekklesia).*

Pritanía: periodo equivalente a la décima parte del año (35/36 días) durante el cual 50 ciudadanos (pritanos), escogidos por turnos entre los miembros de la boulé de los 500, presidían el Consejo y la asamblea popular.

Probouleuma: resolución preliminar del Consejo de los Quinientos, como consecuencia del cual la asamblea popular podía discutir una cuestión genérica, o bien ratificar una propuesta específica del Consejo.

Próbulo: miembro de un colegio de 10, instituido tras la derrota en Sicilia, a la que estaba confiado el poder ejecutivo.

Prostasía: patrocinio al cual estaba obligado un extranjero que se convertía en meteco. El *prostates* elegido por él procedía al registro del meteco en el demo de pertenencia y garantizaba el pago de la tasa anual *(metoikion).*

Próxeno: ciudadano eminente de la *polis* que, a cambio de títulos honorarios recibidos del Estado, se encargaba, corriendo él mismo con los gastos, de acoger y proteger a los embajadores extranjeros.

Seisachtheia: lit. «sacudimiento de los pesos». Procedimiento puesto en marcha por Solón, que preveía la abolición de las deudas, ya fueran públicas o privadas.

Sicofante: originalmente designaba a la persona encargada de denunciar el robo de higos de los bosques sagrados. Más tarde pasó a indicar a aquellos que, mediante compensación, sostenían denuncias, aun cuando fueran falsas.

Simmoria: grupo constituido por ciudadanos pudientes que se repartían el peso de la contribución para el pago de la *eisphorá* o de la *proeisphorá*, para la preparación de una liturgia o para la ejecución de la trierarquía.

Syngrapheus: miembro de una comisión de expertos, encargados de formular propuestas relativas a cuestiones particularmente complejas.

Taxiarco: comandante de una formación de hoplitas *(taxis)*, al servicio del estratego. Eran diez, uno por cada tribu territorial.

Tesmoteta: título de seis de los nueves arcontes elegidos anualmente por sorteo (los tres restantes eran el arconte epónimo, el rey y el polemarco), encargados de instruir los juicios.

Tetos: miembros de la cuarta y última clase del censo, instituida por Solón, cuya renta era inferior a 200 medimnos, o 200 metretas, o bien indigentes. Gozaban del derecho electoral activo, a pesar de que les estaba vedado el acceso a las magistraturas.

Theorikón: fondo para los espectáculos teatrales, con el cual se garantizaba a los ciudadanos más pobres una subvención especial de dos óbolos por la participación en las representaciones escénicas.

Theseion: así llamado por cuanto era considerado el lugar en el que estaba sepultado Teseo. Fue posteriormente identificado con el templo de Hefesto *(Hephasteion)*, situado sobre la cima del *Kolonos Agoraios*, en el flanco occidental del ágora.

Trierarca: magistrado al que le era confiado el equipamiento de un trirreme *(trieres)*, del que asumía el mando.

Mapas

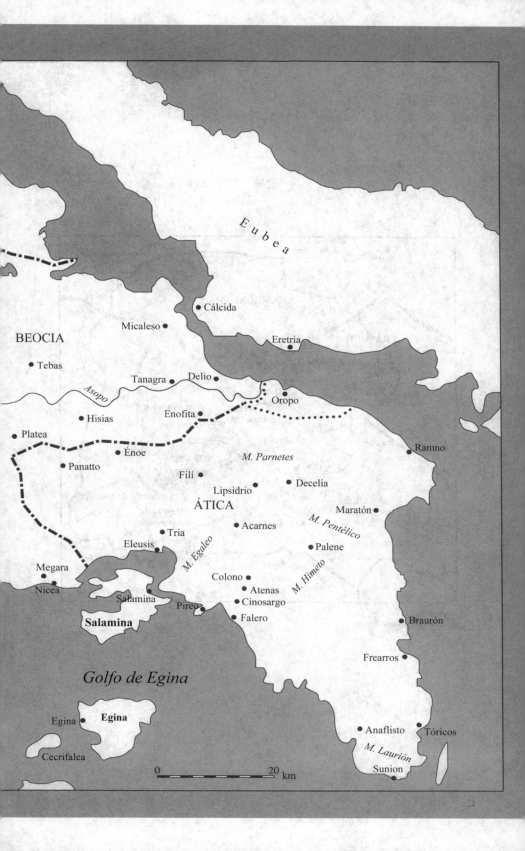

Plano de Atenas

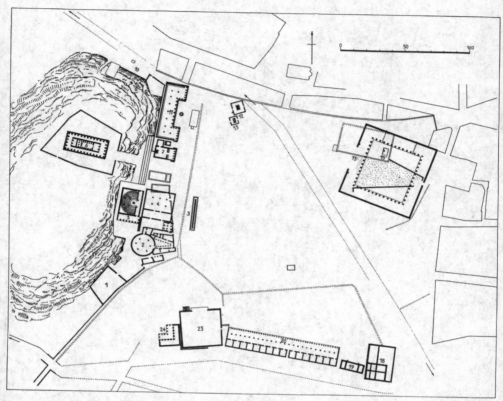

Plano del ágora hacia el 300 a. C.: 1) el denominado Estrategeion 2) Tholos. 3) Monumento a los héroes epónimos. 4) Metroón. 5) Buleuterión. 6) Hefaisteión. 7) Templo de Apolo Patroos. 10) Horos del Cerámico. 11) Stoa de Zeus Eleutherios (¿Basileos?). 12) Altar de los doce dioses. 13) Recinto con altar sacrificial (¿Aiakeión?). 15) Peristilo 15') Tribunal. 18) Casa de la Moneda. 19) Fuente Sudeste. 20) Stoa Sur 1. 23) La llamada Heltaia. 24) Fuente Suroeste (de Hesperia).

ÍNDICE ONOMÁSTICO

---

* Al cuidado de Francesca De Robertis y Antonietta Russo.

Andócides (pseudo), 182, 188n, 189n

Andrewes, Antony, 68n, 174, 247n, 281

Androción, atidógrafo, 322

Androción, padre de Andrón, 322

Androcles, político ateniense, 73, 209

Andrón, hijo de Androción, político ateniense, 321-322, 324-325, 326n, 331, 338

Aníbal, 60

Anito, político ateniense, 72, 388, 433

Antidoro, hermocópida, 224n

Antifonte, hijo de Lisónides, 333-334, 401

Antifonte de Ramnunte, 73, 75-76, 100, 101 y n, 102-107, 109-111, 127-129, 157, 164 y n, 165 y n, 223n, 245, 276-277, 278 y n, 279-280, 284-288, 296, 307, 310, 312, 318, 320-323, 324 y n, 325-326, 327 y n, 328-332, 333 y n, 334, 335 y n, 337-343, 359, 362, 367, 401

Antígono I Monóftalmos, 456

Antioco, estratego ateniense, 379

Antípatro, general macedonio, 478

Antístenes, filósofo, 379

Apolodoro de Megara, asesino de Frínico, 312-313, 315-317, 324

Apsefiones, buleuta hermocópida, 223, 226

Aristarco, estratego de la oligarquía, 269, 277, 280

Arístides, político ateniense llamado «el justo», 41, 70, 134

Arístides, Publio Elio, 18

Aristócrates, estratego de la oligarquía, 273, 320, 345, 378, 450

Aristódico de Tanagra, asesino de Efialtes, 127

Aristófanes, 15n, 19-20, 23n, 40 y n, 43n, 62, 70n, 76, 79, 81, 91-96, 112-113, 118, 126, 129, 132-133, 136, 139, 148, 150, 160, 165, 167, 191, 211n, 244, 252n, 278-279, 284n, 292, 318n, 325n, 339 y n, 347 y n, 348-350, 353, 355, 356 y n, 357 y n, 358, 360n, 361-362, 419, 433n, 444, 448n, 468n, 469

Aristofontes, líder ateniense, 476n

Aristogitón, orador político ateniense, 446, 452-453, 457

Aristogitón, tiranicida, 210, 316 y n, 350

Aristóteles, estratego de la oligarquía, 324, 345, 394 y n, 397, 399

Aristóteles, padre de Cármides, el sobrino de Andócides, 227

Aristóteles de Estagira, filósofo, 17n, , 21n, 38-39, 41, 42 y n, 65-66, 68n, 69, 70 y n, 74, 77n, 86, 97n, 100n, 101-104, 106, 111n, 117n, 125, 125n, 127-128, 136-138, 147, 149n, 159-161, 164n, 166n, 168n, 256-257, 267n, 275n, 279, 286, 298n, 309n, 312, 322, 323n, 332n, 334-336, 340, 341n, 345n, 348n, 352, 356, 358n, 360n, 362, 376n, 384n, 386-387, 388 y n, 389-390, 417 y n, 418, 420 y n, 424, 428, 429-432, 433 y n, 437-438, 449, 455, 457, 468 y n, 470 y n, 471-472, 475, 483

Aristóteles de Maratón, político ateniense, 25

Arnold, Thomas, 251n

Arquedemo, político ateniense, 380-381

Arquelao I de Macedonia, 33, 110-112, 151, 287, 359 y n, 360-361

Arqueptólemo, político ateniense, 321-322, 324, 338-339, 341-342

Arquestrato, estratego ateniense, 379 y n, 393 y n

Arquídamo, hermocópida, 224n

Arquíloco de Paros, 63, 358n

Cármides, hijo de Glaucón, político ateniense, 19, 76, 107, 227n

Carmino, estratego ateniense, 354, 356

Catón, Marco Porcio, «el viejo», 144

Cecilio de Cálate, 245, 323

Céfalo, padre de Lisias, 254, 449

Céfalo, político ateniense, 442

Cefisio, acusador de Andócides, 221

César, Cayo Julio, 60, 391

Chambers, Mortimer, 430n

Cicerón, Marco Tulio, 23 y n, 45n, 60, 79, 83, 123, 197 y n, 278n, 286, 312n, 334-336, 387, 389, 478

Cilón, atleta golpista, 31

Cimón, 30, 70, 98, 123, 125, 135, 145-146, 150, 443, 466

Cirno, joven amado por Teógnis, 149

Ciro el joven, 80, 83, 195, 418

Classen, Johannes, 38, 281n

Claudio, emperador, 65

Cleípides, estratego ateninese, 21

Clemenceau, Georges, 55, 484

Cleofonte, político ateniense, 21, 73, 138

Cleón, político ateniense, 21, 40-41, 45

Cleopatra VII, 60

Clinias, padre de Alcibíades, 130, 182, 366

Clístenes, 29-30, 66-68, 69n, 159n, 163

Clitofonte, político ateniense, 19, 68 y n

Cloché, Paul, 384n, 485

Cobet, Carel Gabriel, 17n, 146

Común, agresor de Frínico, 312

Conón, estratego ateniense, 24, 26, 83, 203, 323, 391 y n, 458

Constant, Henri-Benjamin, 45, 79, 97

Constantino VII Porfirogénito, 347n

Cornelio Nepote, 70n, 289n, 369n, 420n

Crátero el Macedonio, 135, 245 y n, 323

Cratino, comediógrafo, 129 y n, 334

Cratipo, historiador, 245n, 279n

Critias, oligarca, 17, 17n, 19, 23, 25, 44, 76-77, 80-82, 86, 100, 105 y n, 106-107, 108 y n, 109 y n, 110, 117n, 123, 151n, 156, 165-167, 176, 192n, 195n, 223, 227, 244, 285, 289, 290 y n, 295, 305, 308, 315, 318 y n, 319 y n, 320, 322, 324, 339n, 342, 358-359, 360 y n, 361, 365-366, 367 y n, 368, 369n, 386-387, 396-400, 411-412, 421, 428, 437, 467, 474

Critias el Mayor, 123

Croce, Benedetto, 297

Croiset, Maurice, 483

Ctesicles, cronógrafo, 42n

Ctesifonte, ateniese, 34

Damónides de Oie, consejero de Pericles, 147

Darío I, rey de Persia, 131

Daux, Georges, 21n

Davies, John Kenyon, 165n, 485

De Bruyn, Günter, 317n

De Robertis, Francesca, 10

De Sanctis, Gaetano, 180n, 419

Debrunner, Albert, 158n

Decleva Caizzi, Fernanda, 333n

Degani, Enzo, 18n

Delebecque, Édouard, 196n

Démades, orador y político ateniense, 457

Demetrio de Falero, 42, 335n, 381n

Demetrio de Magnesia, gramático, 25

Demetrio Poliorcetes, 456

Demócares, político, sobrino de Demóstenes, 78

Demócrates de Esción, tragediógrafo, 191

Demócrito de Abdera, 164, 141n

Demofanto, político ateniense, 316, 341n, 344-345, 357-358

Demónico de Alopece, político ateniense, 321

Glicón, acusador de Fidias, 15

Glotz, Gustave, 47 y n

Goethe, Johann Wolfang von, 89

Gomme, Arnold Wycombe, 144n, 168n, 247n, 281, 297n, 433n, 434

Goossens, Roger, 118

Gordon Childe, Vere, 452n

Gorgias di Leontini, sofista, 164

Graco, Cayo Sempronio, 284

Graf, Fritz, 246

Grenfell, Bernard Pyne, 442

Grilo, hijo de Jenofonte, 424

Grisanzio, Elisabetta, 10

Grote, George, 11, 23, 44-45, 46n, 47 y n, 173, 248n, 251n, 418, 482-483

Guicciardini, Francesco, 38, 39n

Guillermo II, rey de Prusia y emperador de Alemania, 59, 484

Guizot, Guillaume, 299

Guthrie, William Keith Chambers, 472 y n

Haacke, Christoph Friedrich Ferdinand, 197-198

Haarhoff, Theodore Johannes, 54 y n

Habicht, Christian, 129n, 314n, 325n

Hagnón, padre de Terámenes, 285, 307, 348

Hanson, Victor Davis, 261-262

Harmodio, tiranicida, 210, 316 y n

Hárpalo, tesorero de Alejandro, 450, 464-465

Harpocración, Valerio, lexicógrafo, 128n, 323n, 327, 329 y n, 330 y n, 331, 332 y n, 333-334, 405n

Hatzfeld, Jean, 137n, 360n, 375n, 406

Hefestión, gramático, 365, 366y n

Hegel, Georg Wilhelm Friedrich, 279n, 483

Helánico de Lesbos, 234

Hemmerdinger, Bertrand, 69n, 167n

Henderson, Jeffrey, 96n

Henkel, Hermann, 472 y n

Hermias, tirano de Atarneo, 457 y n

Hermipo, comediógrafo, 15, 130, 132

Hermócrates de Siracusa, 32, 248, 251, 306n

Hermón, guardia de frontera, 314

Herodes, clérigo ateniense, 127

Herodes Ático, orador, 151 y n, 244, 365

Herodes Ático (pseudo), 151 y n

Heródoto, 27 y n, 28 yn, 29 y n, 30, 31n, 70 y n, 98n, 117 y n, 111 y n, 121, 124, 130-131, 159, 160 y n, 163 y n, 252 y n, 282

Hesíodo, 52

Hignett, Charles, 134, 290n, 324n, 345n

Hiparco, hijo de Pisístrato, 67-68, 210, 316

Hiparco, llamado «el bello», 70 y n

Hipérbolo, político ateniense, 21, 70-71, 182, 355-356

Hipérides, 21n, 43n, 92, 449, 452, 457, 465-466

Hipias, hijo de Pisístrato, 29, 70, 210, 349, 353

Hipias de Élide, filósofo y matemático griego, 322

Hipodamo, padre de Arqueptólemos, del demo de Agryle, 321

Hipodamo de Mileto, arquitecto, 130, 226

Hipónico, rico ateniense, 169n

Hirzel, Rudolf, 150n

Hitler, Adolf, 33, 485

Hobbes, Thomas, 123, 275

Holm, Adolf, 248n

Homero, 84

Horacio Flaco, Quinto, 60

Hornblower, Simon, 245, 281, 284n, 286n, 336, 342n, 354

Houssaye, Henry, 377 y n